Martin W. Friesen

Neuvo hogar
en el
inhóspito Chaco

Asociación Civil
Chortitzer
Komitee

Publicado por:

Departamento de Historia
Loma Plata – Colonia Menno

Bibliografische Information der Deutschen Nationalbibliothek:
Die Deutsche Nationalbibliothek verzeichnet diese Publikation in der Deutschen Nationalbibliografie; detaillierte bibliografische Daten sind im Internet über

http://dnb.dnb.de abrufbar.

Impreso:
Fotos de tapa:
    Salida del primer grupo menonita al Paraguay en diciembre de 1926.
    Cruz Pionera en el Urunde´y en el punto mas occidental de la expedición de 1921
Titulo original en alemán: Neue Heimat in der Chacowildnis (1987)
Autor: Martin W. Friesen
Traducción:Franklin Klassen, Uwe Friesen
Corrección: Oscar Alberto Barrios
Editor: © Asociación Civil Chortitzer Komitee
Diseño: Uwe Friesen & Imprenta Friesen, Loma Plata

Herausgeber: Verlagsagentur JustBestEBooks.de Rudolf Dück Sawatzky.
25451 Quickborn, Deutschland
Herstellung und Verlag: BoD – Books on Demand, Norderstedt,
EAN : 9783741226076

CONTENIDO

CAPITULO V

CAPITULO VI

CAPITULO VII

CAPITULO VIII
Los asientos en el camino hacia el desierto 207

CAPITULO IX
El ferrocarril que dejó esperar 227

CAPITULO X
La gran mortandad..239

CAPITULO XVI
Fred Engen, el pionero del Chaco

CAPITULO XVII
Vienen los "rusos"

CAPITULO XVIII
El espinoso camino de la administración del asentamiento

Introducción y Prólogo a la segunda edición

Ya en mi juventud tuve la idea de escribir algún día la historia de nuestro asentamiento en el inhóspito Chaco paraguayo. Mi padre, el Anciano Martin C. Friesen, tuvo una función dirigencial durante el proceso de asentamiento y fundación de la Colonia Menno. Ese hecho, seguramente contribuyó para que mis motivaciones durante mi niñez fueran más intensas, por más que mi entendimiento se viera limitado. Especialmente se gravó profundamente en mi memoria el camino de migración desde Puerto Casado hasta el interior del inhóspito Chaco, región poblada en aquel entonces, únicamente por los indígenas. Yo viví todo eso como joven de 15 años.

Mis primeros intentos de escribir eran los de un joven inmaduro y se reducían a algunas frases. ¿Qué más se podía esperar? El tiempo de los comienzos del asentamiento consistió en duros trabajos físicos. Exigía todas las energías. Más tarde fui empleado como secretario de la colonia ocupando una actividad de tinte espiritual, pero de escribir la historia no había todavía una sola palabra. Cuando empecé a constituir una familia propia, ella debía tener la prioridad por la manutención que requería. Los trabajos de historia todavía no podían tomarse en cuenta.

Recién en el año 1965, 38 años después de la inmigración, me consultó el administrador de aquél entonces, el señor Jacobo B. Reimer, si podía dedicarme a recoger datos sobre los comienzos del asentamiento de la Colonia Menno, y en su momento elaborar una documentación por escrito referente a sus orígenes. Por más que estaba a tiempo completo en el servicio escolar, acepté tal invitación. La administración de la Colonia me empleó para este fin conjuntamente con el trabajo de la enseñanza en la escuela. Vivían en aquel entonces muchos pioneros que fueron consultados y sus entrevistas anotadas. Al mismo tiempo fui recogiendo diferentes escritos. Así se originó el Archivo de Historia de la Colonia Menno.

En el año 1971 estuve cinco meses en América del Norte, donde primero en Canadá y después en los Estados Unidos recogí materiales históricos sobre la Colonia Menno. Mucho material encontré en los archivos del Bethel-College y en el Goshen-College. En Goshen se encontraba todo el material escrito de la Corporación Paraguaya, de la Intercontinental Company de los años 1920 a 1930. Eran especialmente cartas e investigaciones diferentes sobre el origen de la Colonia Menno. Estos escritos tan valiosos le había legado la Central Menonita a Goshen para su cuidado y protección cuando en el año 1935 comprara la propiedad de la Corporación Paraguaya. El material recogido en Norteamérica, era demasiado para llevarlo en la maleta. Por eso lo envié como carga.

De a poco empecé a elaborar el material para un libro. Muchos colaboraron para que la historia del asentamiento pueda ser escrita. En primer lugar, los administradores de la Colonia. Jacobo B. Reimer dio luz verde a la cuestión. Jacobo N. Giesbrecht abrió el camino para poder recoger el material en América del Norte. Cornelius B. Sawatzky se ofreció para ayudar a que el manuscrito pueda ser editado como libro. Además el Comité de Historia de la Colonia Menno, bajo la administración de los miembros Juan B. Giesbrecht y Abram K. Ginter supervisó y fomentó la edición. El profesor Heinrich Ratzlaff se me fue recomendado de parte de la administración de la colonia y del Comité de Historia como consejero en idiomas. Pero él fue mucho más que eso. Cuando el ánimo en el trabajo largo se me quería escapar, era él quien que me levantaba los brazos.

También gente de afuera ha fomentado ostensiblemente la obra, por lo tanto, no puede dejar de ser mencionada en esta lista; el pastor Gerhard Lorenz de Winnipeg, el Dr. Cornelius Krahn, quien fuera profesor de historia por muchos años en el Bethel-College, y el Dr. Melvin Gingerich, profesor de historia del Goshen. Los tres ya fallecieron. Además han de ser mencionados el señor Leonard Gross, el responsable del archivo de Goshen, el señor profesor Dr. Cornelius Dyck del Seminario de los Menonitas Asociados de Elkhart y el señor Ted Friesen de Altona, Manitoba, quien magnánimamente se esmeró como propietario de la imprenta para que el libro fuera impreso.

Ponemos esta segunda edición en las manos de los lectores interesados, edición apoyada por la administración de la Colonia Menno bajo el mando del presidente Bernardo Wiebe, bajo la siguiente cita bíblica: "Acuérdate de los días de antaño; considera los años de todas las generaciones. Pregunta a tu padre, y él te lo hará saber; a tus ancianos, y ellos te lo dirán", según Deuteronomio 32, 7.

Loma Plata, Enero de 1994.
Martin W. Friesen

Introducción

El tema central del libro es la formación del asentamiento pionero menonita "MENNO" en el Chaco Paraguayo en los años 1926 - 1927. Las palabras "asentamiento pionero" pueden ser tomadas en sentido literal, ya que en verdad fue una empresa pionera y colonizadora, porque fue el primer asentamiento menonita en América del Sur y la primera vez que una empresa de tamaña magnitud, tuvo éxito en el hemisferio sur.

Así el Chaco se había abierto a la colonización de parte de los menonitas. Esta oportunidad se dio muy rápidamente cuando el Comité Central Menonita de Norteamérica buscaba tierras para asentar a miles de menonitas, quienes habían logrado escapar de las fauces soviéticas, y además, le había asegurado a Alemania llevarlos a otras latitudes tan pronto como le prometieran recibirlos temporalmente. El Comité Central Menonita se había atrevido a proponer al Paraguay como destino de esta gente por contar ya en este país con un asentamiento menonita.

Como los miembros de la Colonia Menno pertenecían originariamente a la Colonia Bergthal de Rusia, era imprescindible una mirada retrospectiva al concepto de su esencia de ser y de sus valores fundamentales en relación a la comprensión de su comunidad, más al proceso histórico desde Prusia. Porque en Prusia se habían formado clases sociales según el nivel económico de las personas durante los últimos doscientos años. Las diferentes clases sociales tenían una necesaria relación de pertenencia desde la óptica de la fe, pero entre si se habían formado caracteres específicos de grupos. Esta pertenencia a grupos específicos y clases se ha acentuado más todavía durante las emigraciones y asentamientos separados, y en consecuencia ha contribuido a la creación de tipos de menonitas con una impregnación propia y con caracteres que se conservan cuando menonitas de diferente origen viven juntos durante decenios de años, como es el caso de Norte- y Sudamérica.

Martin W. Friesen toca en el primer capítulo en forma corta, pero esencial la posición en Prusia. Se queda más tiempo con la primera migración a Rusia y el origen de la primera Colonia, la Colonia Chortitza en el año 1789. Luego de 40 años de vida de la Colonia Chortitza, por falta de tierras, se buscaron nuevos asentamientos para comprar. Se compró un complejo de tierras a 200 km de la colonia madre y en 1836 surgió ahí la nueva colonia menonita en Rusia, la Colonia Bergthal. Esta colonia tuvo una existencia de tan solo 38 años. Ellos salieron de Rusia en 1874 por motivos de la intromisión del Estado y la pérdida de sus privilegios. Partieron a Canadá y se asentaron en Manitoba, al sur de aquel Fort Gary, hoy llamado Winnipeg. Es importante mencionar aquí que la Colonia Bergthal en Rusia se originó antes de que pensamientos y exigencias reformatorias surgieran en la vieja Colonia Chortitza para su ejecución. Los de Bergthal no fueron tocados por tales esfuerzos. Conservaron su herencia en forma inalterable y lo llevaron consigo a Canadá. El capítulo dos trata en forma muy detallada el actuar y la vida de la Iglesia de los Bergthaler en Canadá, porque la iglesia y el asentamiento tenían aquí el mismo significado. Los Bergthaler ya no estaban solos. Al mismo tiempo y algunos años más tarde había migrado un grupo de la Iglesia Pequeña de Rusia, algunos miles de la Colonia Antigua (Chortitza) y casi todo el asentamiento llamado "Fürstenland", también de Rusia, a Canadá y se habían asentado lado a lado en Manitoba.

Un tiempo de tranquilidad, de recogimiento y de apaciguamiento interior no habrá experimentado aquí la iglesia. Al comienzo, fuertes conflictos dificultaron la convivencia entre las diferentes iglesias, y más tarde, después de 50 años de existencia del asentamiento hubo fuertes desavenencias con el gobierno. Las libertades garantizadas empezaron a desestabilizarse, los valores de la educación parecían estar amenazados y de nuevo el grupo que no aceptaba la forma de vida prefijada por el estado empezaba a buscar un nuevo lugar en donde refugiarse.

El tercer capítulo dice: "Paraguay en la perspectiva de buscadores menonitas de una nueva patria", y se ocupa especialmente de la historia previa, y las posibilidades de asentamiento en este país. Fred Engen y los colonos viejos serán los precursores de los buscadores de tierra de los Bergthaler Antiguos. El cuarto capítulo es el más largo, y se llama: "Luz verde para el infierno verde", y trata todo el viaje de expedición de la delegación menonita con Fred Engen en el Chaco paraguayo, más las tratativas con el gobierno paraguayo sobre los privilegios y con el señor Casado sobre la compra de tierras. No se relata solamente el proceso de expedición sobre la base de los diarios, sino el capítulo contiene también los relatos tanto de la delegación y de Fred Engen sobre este viaje de expedición. Los delegados viajaron después de esta expedición a México, y el capítulo trae las libertades prometidas del Paraguay y de México. Al mismo tiempo encontramos aquí los resultados de votación de las diferentes iglesias de los antiguos Bergthaler en Canadá sobre la elección del lugar a dónde emigrar.

Con esto empezó a rodar la emigración a Paraguay y los títulos de los capítulos sobrantes son lo suficientemente capaces de despertar interés y curiosidad.

El libro no es una novela que se degusta rápidamente, sino una documentación, que ha sido elaborada con mucho ahínco durante dos décadas, y con el mismo espíritu quiere ser estudiado. El mayor valor lo tiene para los miembros de esta comunidad y para sus descendientes. Quien sabe poco o nada de la historia menonita, se verá dificultado en conocer y reconocer la importancia de las particularidades aquí tratadas con mucho detenimiento. Los afectados y sus descendientes encuentran muchas veces en estas particularidades aquellos caracteres, en los cuales reconocen los sucesos relatados como los suyos.

Como uno que ha vivenciado el proceso de asentamiento desde sus comienzos, Martin W. Friesen estaba en condiciones de diferenciar en los documentos históricos lo significativo de lo secundario. Quien quiere informarse profunda- y debidamente sobre lo complejo de la historia menonita, encuentra en este libro la obra de fuente más abarcante y mejor fundada, porque según presentación, alcance y profundidad en contenido el libro es una obra standard que no debería faltar en ninguna biblioteca menonita. El distendido estilo, en parte relatando y en otra contando, hace de la lectura del libro un deleite para todos.

Heinrich Ratzlaff

Loma Plata, 17 de octubre de 1994

CAPÍTULO I

EL ASENTAMIENTO "BERGTHAL" EN RUSIA

Cuando un predicador hoy en día - eso quiere decir uno preparado - menciona un texto y algunos versos, él puede también hablar sobre el ferrocarril o lo que pasa en el mundo, siempre y cuando no lee solamente...

Anciano C. Wiebe: Emigración Rusia Canadá,
página 9 - Edición vieja

Motivos para la emigración de Prusia a Rusia

En el año 1789 se fundó el primer asentamiento en Rusia. Los colonos venían de Prusia Occidental, donde por negar el servicio militar habían entrado en apuros económicos. Se les había limitado fuertemente como agricultores. No podían extenderse más en el campo agrícola por haberse limitado su espacio definitivamente. Cualquier compra de tierras para gente joven que quería independizarse lo había porhibido el gobierno. Por eso la mayoría de las nuevas familias se habían quedado sin tierras.

Los menonitas de Prusia Occidental sin tierras se decidían a emigrar, cuando llegó la primera invitación de parte del gobierno ruso, a ocupar como agricultores pioneros a las estepas del sur de Rusia. Se fueron a la región del Mar Negro y se asentaron en la cercanía del río Dnjepr sobre el afluente Chortitza. Aquí fundaron las primeras ocho aldeas. La aldea más centralizada recibió el nombre del afluente Chortitza. El nombre lo recibió también la colonia misma: Asentamiento Chortitza. Este asentamiento recibió más tarde, cuando ya existían más asentamientos menonitas, especialmente en comparación con el asentamiento Molotschna, el nombre de colonia antigua, y las personas que venían de esta colonia fueron llamados "Colonos Antiguos".

Después de 40 años los colonos de Chortitza ya sentían la falta de tierras. Las tierras disponibles estaban totalmente ocupadas por los colonos más antiguos. Tierras en la cercanía ya no existían más. A pesar de la falta de tierras seguía la constitución de nuevas familias. Esto motivó a lo que se llamaban los vecinos. Los vecinos tenían el derecho de vivir en la aldea, pero no podían comprarse ninguna propiedad. No era posible comprarse un terreno y consecuentemente no tenían el derecho al voto.

El problema de los sin tierra en Chortiza, como en Prusia demostraba una hoja de mala fama en la historia de los menonitas en Rusia. Más tarde ocurriría lo mismo en Molotschna.

Fundación de la Colonia Bergthal

En el año 1833 el asentamiento Chortitza aprovechó una inmejorable oportunidad y compró un complejo de tierra para fundar una nueva colonia. Las tierras estaban lejos de la colonia madre, a unos 200 km. Estaba cerca del mar Asov en la región de la ciudad portuaria de Mariupol. Hoy esta ciudad se llama Schdanow. Aquí surgiría tres años más tarde el asentamiento Bergthal. Bergthal es una colonia fundada desde Choritza, el primer asentamiento fundado por otro anterior en Rusia.

Al comienzo de los años 1830 el asentamiento de Chortitza se encontró en una situación económica difícil a causa de malas cosechas. Por eso se fundó el nuevo asentamiento recién en 1836. El inicio del asentamiento joven lo realizó la colonia madre. Las familias sin tierra no tenían medios y necesitaban del apoyo total de esta.

El esforzado traslado al nuevo lugar, lejos de la colonia, lo hicieron los agricultores de Chortitzer con sus carros tirados por caballos en forma de un servicio alternado. Cada viaje duraba de tres a cuatro días. Cuando el primer grupo estuvo listo para salir, la iglesia organizó una fiesta de despedida con las respectivas palabras alusivas a la ocación expresadas por el pastor Gerhard Dyck. Muchos lloraron, porque esto significaba de que había que separarse de amigos y parientes, también de parientes muy cercanos.

Los ancianos de la colonia Chortitza se acordaban vívidamente de los comienzos diíciles del asentamiento y en especial de la discordia en cuanto a las cuestiones económico-sociales y eclesiásticas, que tantas consecuencias nefastas había conllevado.

En Prusia habían existido dos direcciones eclesiásticas, los "Flamische" y los "Friesische" (Flaminger y Friesen). El quiebre ya existía en Holanda. Se llegó hasta tal punto que se prohibió el matrimonio entre miembros de los dos grupos.

El gobierno ruso, conociendo estos conflictos existentes les había pedido a los menonitas de Prusia no traer este espíritu partidario a Rusia, sino organizarse desde el vamos en una iglesia. También los menonitas de Holanda se habían dirigido a los menonitas prusianos en una carta pidiéndoles erradicar el espíritu partidario y unirse. Los menonitas de Prusia prometieron hacerlo.

Antes de que los emigrantes dejaran Prusia, los que se quedaron trataron de instituir pastores para el grupo. Se organizó una asamblea para tal efecto, pero no se llegó a votar por un pastor. No se pudo unificar criterios entre los hermanos del grupo para instituir al pastor. Se tuvo que resignar el punto. Ninguno de los pastores acompañó al grupo, por ser propietarios de bienes inmuebles no tener necesidad económica alguna, pero en caso de que alguno de ellos hubiera decidido de irse, el permiso lo tendría que haber recibido del gobierno ruso mismo. Esta inconveniencia nadie quería cargársela sobre las espaldas.

En estas condiciones de desorganización eclesiástica se habían trasladado de Prusia a Rusia. Consecuentemente nacieron dificultades muy prolongadas. Después de idas y vueltas de elección de pastor en el nuevo lugar se vieron algunos "Friesische" en desventaja y el viejo espíritu partidario rebrotó de nuevo.

Los viejos y experimentados colonos de Chortitza sabían que esto no debía repetirse, teniendo en la memoria todavía aquellos tiempos frustrantes de los comienzos del asentamiento. Sabían que los colonos jóvenes iban a tener que superar suficientes pruebas de fuego. Lo que se podía evitar, debía de evitarse. Así los jóvenes colonos salieron preparados para el asentamiento y para la iglesia, pero con la necesidad de apoyo de la colonia madre, a la estepa lejana para un nuevo comienzo.

La colonia madre encomendó a los jóvenes colonas el predicador de Jacob Braun quien ejercía el servicio desde 1824. El fue nombrado como Anciano de la iglesia de esta colonia en 1840. La colonia madre les hizo acompañar por tres familias de sus agricultores diligentes quienes tendrían que aconsejar y dirigir a los jóvenes colonos de la nueva colonia. Eran las familias de Wilhelm Rempel, Jakob Martens y Johann Wiebe. Eran capaces y con suficiente experiencia de fomentar la nueva colonia. En el período de 1836 a 1862 se fundaron cinco aldeas: Bergthal, Schönfeld, Schönthal, Heubuden y Friedrichsthal. La primera aldea fue Bergthal. El nombre para la aldea se dedujo de la particularidad natural de la región, donde fue creada. Una alargada loma, bastante alta y al lado en la llanura la aldea Berg-thal (Montaña - Valle).

Tal como los colonos de Chortitza habían nombrado a su asentamiento según el nombre de la primera aldea, es decir Chortitza, así lo hacían también los colonos ahora: Bergthal. En esta aldea se desarrollaba el centro del asentamiento.

Por más que el asentamiento Bergthal había sido fundado por la colonia madre Chortitza, ésta se administró independientemente desde los comienzos no solo económicamente sino también eclesiásticamene, independiente del apoyo que la colonia madre le hiciera llegar. La gran distancia exigía una independencia total desde el primer día.

Primero se intaló la autoadministración con un presidente regional y un secretario. La administración recibía el nombre de 'Administración Regional' que hoy en día sería la Administración de la Colonia. Además, las aldeas tenían sus alcaldes. La administración regional estaba subordinado al comité de solidaridad, un órgano de gobierno creado en 1818 para supervisar los asentamientos originados por la inmigración extranjera. El nombre completo de esta administración era: 'Comité de Previsión' para los colonos del sur de Rusia (Fürsorge-Komitee). El asiento central del gobierno ruso en aquel entonces estaba en San Petersburgo - la capital del Imperio Ruso.

Recién a partir de 1867, la colonia Bergthal organizó su propia administración de fideicomiso (Waisenamt – atención a huérfanos). Hasta ese entonces era un anexo de la colonia madre. Determinar las relaciones con la colonia madre y la iglesia no es posible. Posiblemente no eran muy fluidas por la misma distancia. Con los medios de transporte precarios se necesitaba mucho tiempo para ir y venir. Más cerca que la colonia madre se encontraba la colonia Molotschna, fundada en 1804. Estaba a 60 Km hacia el suroeste. Por ella pasaba el camino a Chortitza.

El muy transitado camino mercantil por los de Bergthal y el camino a las oficinas del gobierno que había que recorrer indicaban en dirección contraria, al este y al sureste. Los vecinos de los Bergthaler era una mezcla de gente de Prusia, colonos alemanes de fe católica y luterana, más gente del lugar. Los rusos robaban repetidas veces a los colonos. Especialmente se interesaban por los hermosos caballos de los colonos menonitas. Con los vecinos de habla alemana solo hubo relaciones económicas y comerciales.

Relaciones con la Colonia Molotschna

Uno podría preguntarse, por qué los Bergthaler no solían relacionarse comunitariamente con los de la Colonia Molotschna, siendo los más cercanos hermanos en la fe. Una respuesta inmediata posiblemente no se ha de encontrar. La podemos deducir de aquellas circunstancias, de las actitudes espirituales y sociales de los conservadores de la tradición por un lado y de los que se desviaron de la tradición rígida por el otro. La actitud en estos asuntos se diferenciaba fuertemente en los dos asentamientos.

En Molotschna existía ya una escuela secundaria al fundarse la colonia Bergthal. Un poco más tarde se introdujo una reforma escolar general y profunda. Esta colonia ya había demostrado un espíritu pro-escuela y de formación en los años 1820. En el asentamiento Chortitzer, la colonia madre de los Bergthaler, este espíritu llegó recién en los años 1840, cuando los Berthaler ya no estaban en la colonia. Los Bergthaler eran gente que aún no estaba infestada. Ellos se habían educado dentro de un espíritu escolar tradicional de un bajo nivel formativo, porque habían sido formados como sus padres cuando de Prusia se trasladaron a Rusia. El al inicio reducido interés de mejorar la educación se debilitó aún más. Cuando con el correr del tiempo se efectivizaba una mejoría ostensible en la enseñanza formal en la mayoría de los asentamientos menonitas de Rusia (a veces con fuerte dolores de parto),

Bergthal prohibía cualquier intento de intromisión en su dirección escolar y se quedó con el viejo plan de enseñanza y con el acostumbrado método rígido de la enseñanza. Los Bergthaler no permitieron la intromisión de nadie.

El aislamiento geográfico contribuyó - visto desde afuera - mucho para que el egoísmo y la actitud defensiva tuvieran exito. Determinante fue la unidad en la defensa del sistema, especialmente en lo que se refería a la educación de sus hijos. Al mismo tiempo de los intentos de otras personas de reformar su educación, se observó en algunos maestros cierta inseguridad en cuanto a la metodología de enseñanza. La dirección de la iglesia hizo todo lo posible para abrirles los ojos y señalar a todos los intentos de renovación como arte malo del diablo.

El sistema escolar

Las escuelas debían de mantenerse como estaban. En la esencia y en el espíritu de la escuela se veía también el espíritu de la iglesia. De ahí resultaba la consigna de mantener el nivel bajo de formación de la juventud, para que en él se viera reflejado el grado de humildad de la iglesia y de cada miembro de la misma. La inamovible opinión era la de proteger a la juventud de una formación superior y era el pensamiento de los conductores de la iglesia mantenerla alejada de esa formación. El método fue exitoso. Los beneficios que resultaron de tal actitud hoy día tendrían un valor totalmente distinto.

Que la iglesia sería lo que es la escuela, no era simplemente un parafraseo vacío. Era una realidad demasiado verdadera en vista al sistema escolar de los Bergthaler. Ellos miraban solamente lo que la formación superior resultaba en el mundo. Se puede verlo desde otra perspectiva: un sistema escolar rígido conduce a un sistema eclesiástico rígido. En otras palabras: un sistema escolar sin una enseñanza de contenido origina una vida eclesiástica cerrada y sin vida. No tenemos el derecho de decir que ningún responsable de la dirección de Bergthal fue lo suficientemente capaz de ser creativo y abierto. En general reinaba una rigidez, un tradicionalismo, que se pintaba como una especie de 'humildad' desde su perspectiva de la vida cristiana.

Wilhelm Schröder informó que en 1843 Johann Cornies le había enviado al 'Comité de Previsión' un informe diciendo que él personalmente iba a ocuparse de equipar las escuelas de Bergthal con maestros del asentamiento de Molotschna. Cornies murió antes de que pudiera ejecutar esta propuesta. Con su muerte (1848) terminó toda esperanza de realizar una reforma escolar en Bergthal. La pregunta queda abierta, ¿qué lo que hubiera hecho Cornies con los Bergthaler? ¿Cuál de los dos se hubiera quedado con el éxito y finalmente, con la enseñanza?

Se conoce que dos jóvenes fueron convencidos de visitar la escuela secundaria de Chortitza, para después de terminar sus estudios volver al asentamiento para enseñar. Los dos terminaron la escuela después de cuatro años para ocupar el oficio de maestro. El jefe de la iglesia se hizo sentir para que no fueran empleados. Su argumento: No lleva a la humildad emplearlos como maestros. Si todo eso lo hacemos pasar por nuestros ojos, nos damos cuenta de que la colonia Molotschna no ejercía ninguna fuerza de atracción sobre los Bergthaler.

La vida de la iglesia era generalmente el ejercicio de muchas formas y costumbres tradicionales. Desde esta posición fundamental fueron censuradas muchas iglesias menonitas que no llenaron las expectativas de las costumbres de los padres de Bergthal y que fueron criticadas por considerarse 'dirigidas hacia el mundo'.

También en cuestiones económicas los Bergthaler estuvieron atrasados en comparación de los otros asentamientos menonitas. En 1870 la colonia tenía ya muchos colonos sin tierra. En 1860 ya se había querido comprar nuevas tierras, pero no se pudo realizar. A consecuencia de eso la colonia tenía muchos pobres. La emigración a América dentro de algunos años solo fue posible gracias a la unidad de los colonos, así como lo fue también unos 50 años más tarde cuando sus descendientes, los Chortitzer de Manitoba, emigraron al Paraguay en Sudamérica.

La nueva legislación rusa

Cuando en 1870 se supo que el gobierno ruso cambiaría su legislación para introducir en forma general el servicio militar obligatorio, toda la comunidad menonita de Rusia empezó a inquietarse.

Los Bergthaler participaron también de las reuniones entre los colonos menonitas en Rusia en los siguientes años, cuando vieron amenazados sus 'libertades concedidas'. No eran conferencias que buscaban caminos viables de emigración, sino se trataba de buscar una fórmula unificada de solicitud al gobierno de los zares en San Petersburgo, para aclarar las dudas en relación a cómo el gobierno y cómo el mismo Zar iban a tener en cuenta en el proyecto de ley el principio menonita del 'no a las armas'. En estas conferencias se eligió varias veces una delegación menonita para ir a San Petersburgo y apersonarse ante el Zar para presentar la preocupación menonita. En todo eso participaron los Bergthaler sin tener en mente la emigración.

La cuestión de la presentación de las solicitudes aclaratorias ante el gobierno duró tres años. Nadie pudo llegar al Zar. No recibieron ningúna respuesta clara a su pregunta. Los encargados del Zar, con los cuales entraron en contacto, procuraron motivar a los menonitas a esperar. Ellos decían que su principio del no a las armas recibiría su debida atención en el projecto de ley, solo tendrían que confiar en el Zar.

Muchos de los menonitas se sentían apesadumbrados y decían que se trataba de una maniobra de dilatación que servía solamente para acostumbrarles a los menonitas lentamente a la idea del servicio militar obligatorio e infiltrarlos silenciosamente en el mismo. El gobierno ruso no quería dejar salir a los menonitas, siendo un pueblo de agricultores muy apreciados y con fuerte apego al trabajo. Mientras duraban los intentos de aclaración (1870 - 1873), la mayoría de los menonitas rusos estaban pensando en la emigración. Más o menos una tercera parte emigró. Unos 16.000 menonitas se fueron a Norteamérica, 7.000 de ellos a Manitoba, Canadá, y los otros a Estados Unidos. Los que se quedaron, las dos terceras partes, se contentaron con un servicio sustitutivo que fuera sancionado dentro del marco jurídico como una obligación que reemplazaba el servicio militar   obligatorio.

De las 1.280 familias (que eran 6.670 personas) que emigraron a Manitoba, 500 familias eran Bergthaler. Los colonos de Bergthal emigró casi por completo, menos 34 familias, que se quedaron mudándose a otras colonias menonitas en Rusia.

Solicitudes al gobierno de los zares

Los Bergthaler se mostraron muy reservados en las conferencias hasta que encontraron su propio camino a la emigración. La relación con los otros menonitas era tensa, como se lee en los informes del Anciano de la Iglesia, Gerhard Wiebe. A causa de la desconfianza hacia los otros grupos y sin informarles habían mandado una petición al Zar antes de que partiera la primera solicitud elaborada por todos. Esto ocurría en 1873. El Anciano Gerhard Wiebe lo relata así: *"Ahora nos fuimos a casa* (de la penúltima reunión, de la cual habían participado, MWF), *y nos pusimos a pensar entre nosotros lo que debíamos de hacer; porque aquel escrito se había confeccionado en nombre de todas las iglesias y esto podría condicionarnos también. Por eso decidimos preparar nuestra porpia petición para el Zar y mandarlo lo más pronto posible."*

La solicitud de los Bergthaler recibida por el Zar causó alguna inquietud en la conferencia. Pero los Berthaler se responsabilizaron de sus actos y todo se pudo arreglar. Por eso recién al término del ese año la conferencia entregó la solicitud al Zar. La solicitud entregada contenía lo mismo que la de los Bergthaler, pero tenía un poco más de estilo y de ímpetu. Cuando comparamos el contenido de las dos solicitudes, nos damos cuenta que la desconfianza de los Berthaler no tenía fundamento. Ellos se mostraron demasiado temorosos en cuanto a la cooperación.

Después de este pequeño incidente de la solicitud se llegó al definitivo resquebrajamiento entre la conferencia y los Bergthaler. Escribió el Anciano G. Wiebe: *"Ahora la cinta, que en algo nos había unido a todos, se rompió en forma definitiva; decidí de despedirme con amor. Así sucedió, aunque con debilidad. "*

La emigración cerrada a Canadá

Antes de la mitad del año 1873 los Bergthaler mandaron a dos de sus integrantes como delegados a Canadá, para buscar posibilidades legales de asentamiento. Fueron ellos el administrador Jakob Peters y el predicador Heinrich Wiebe. Se unió a ellos el señor Kornelius Buhr costeando él mismo su viaje.

En América se unieron a otros nueve menonitas que querían estudiar también posibilidades de asentamiento. Ocho de ellos venían de Rusia y uno de Prusia Occidental. Representaban a cinco diferentes iglesias, entre ellas a los "Huterer". En Manitoba se separó el grupo, cuando siete de ellos que habían visto lo suficiente de Manitoba se fueron a los Estados Unidos. Los restantes cinco investigaron a profundidad las posibilidades de asentamiento en Manitoba. Tres de ellos eran los mencionados Bergthaler y dos eran de la "Pequeña Iglesia". Todos se decidieron por Manitoba. En setiembre volvieron a Rusia después de haber estado afuera durante cinco meses. Aconsejaban a sus iglesias elegir Manitoba como meta de emigración.

Pronto se disolvió la colonia Bergthal. Cuatro aldeas fueron vendidas a los vecinos colonos alemanes y la quinta aldea la compraron ricos agricultores rusos.

El gobierno ruso con disgusto vio salir a los menonitas. Por ese motivo se apuró en esclarecer lo que los menonitas podían hacer dentro del marco de la nueva ley del servicio militar, es decir, un servicio sustitutivo. Los ya mencionados dos tercios de los menonitas de Rusia dejaron sin efecto las probabilidades de emigrar y aceptaron el compromiso del servicio sustitutivo. J.F. Harms ilustra el lado de los interesados en la emigración: *"Paralelamente al miedo, el deber hacer el servicio militar en Rusia en contra de la conciencia moral, estaba cerca el pensamiento de que el Gobierno ruso quería complementar el plan de rusificar a todos los alemanes que vivían en Rusia. Influyó también negativamente en el odio hacia los alemanes expresado en los libros y revistas rusos. La gran mayoría de los menonitas se quedó en Rusia y asumió el servicio forestal en tiempos de paz y en tiempos de guerra el servicio de sanidad. Sobre los emigrantes cayeron muchos juicios denigrantes. Después de las terribles experiencias que tuvieron que sufrir nuestros hermanos que se habían quedado ahí y los otros menonitas (me refiero a los que no pertenecen a los hermanos menonitas, MWF) en los últimos diez años (1914 - 1924) y especialmente en la actualidad deben tomar la copa del tormento hasta la sangre, a cada uno debe de quedar claro que la emigración era la voluntad de Dios, para que como José fuéramos enviados con anticipación para poder servir mejor a los que se habían quedado."*

Uno de los que se quedó escribió antes del comienzo de la mala era en Rusia: *"La importancia de esta emigración fue explicada en 1874 por uno de los opositores a ella: El elemento extremo desaparece, que la angosta relación permitida y querida por Dios con la sociedad rusa en su atención a la impunidad del sentimiento religioso, garantizado por la ley rusa a los menonitas - claro está que la conciencia religiosa no exigiera la propaganda en Rusia - incapacita y limita a los feligreses. El bajito, angosto y muy cerrado chiquero menonita se airea y empieza a moverse. Los que se van a América, los más cerrados, entran en una esfera cultural y antes de que se den cuenta y lo quieran, aspiran nuevo aire e ímpetu de vida. El roce religioso que acá y allá seguirá existiendo producirá nuevo calor religioso.*

Así fue. Estos hombres querían y conocían de Rusia no otra cosa que su rico suelo y el Zar como un elevado abstractum, quien le significaba la realidad como dador y protector del gran privilegio, y a quien ellos estaban dispuestos de dar el honor, la patria y el impuesto, como también a sus conciudadanos extraños una dádiva cristiana en tiempos de dificultades. En la colaboración propia para con las necesidades y los con-pesares en las dificultades de este pueblo no pensaban en absoluto, ni eran capaces de pensar en eso. "

Estas connotaciones sobre los emigrantes se refieren no solo a los Bergthaler, sino a todos los que dejaron Rusia en aquellos años de 1874 - 1880. Los Bergthaler eran los más cerrados entre los 16.000 que buscaban una nueva patria. Los Bergthaler constituían la sexta parte de todos estos.

Bergthal era la única colonia en Rusia que se disolvió por completo durante la emigración a América. El asentamiento se había constituido de cinco aldeas: Bergthal, Schönfeld, Schönthal, Heubuden y Friedrichsthal.

Iglesia de los Bergthaler en Rusia hacia 1870.

Una casa menonita en la aldea Schönfeld
en la Colonia Bergthal en Rusia, actual Ucrania.

CAPÍTULO II

LA IGLESIA MENONITA DE LOS BERGTHALER EN CANADA

Otra vez los buscadores de patria están en un desierto (Manitoba), como sus antepasados hace muchos años en Chortitza y Berthal en Rusia y son forzados de hacer por tercera vez (Chortitza, Bergthal y Manitoba) una patria de la nada...

Dr. Quiring en
'Alemanes rusos buscan una patria'

Grupos de emigración y rutas de viaje

El objetivo de los 7.000 emigrantes de Rusia en aquel tiempo fue Manitoba. La mayoría de ellos llegó en los años 1874 a 1876. En pequeños grupos siguieron llegando hasta 1880. Según el profesor H. L. Sawatzky se dibuja el marco general de las inmigraciones menonitas de Rusia a Manitoba en líneas generales de conteos más o menos así: Berthaler: 3.000 personas, Fürstenländer: 1.100 personas, colonos de Chortitza que se unieron a los de Fürstenländer, unas 2.100 personas, y los de la Pequeña Iglesia con unas 800 personas. Esto resulta en más o menos 7.000 personas. Los primeros emigrantes eran los Bergthaler y de la 'Pequeña Iglesia'. Esta última había sido fundada por Klaas Reimer en el asentamiento de Molotschna con 18 a 20 familias descontentas con la vida religiosa en Molotschna.. Esta iglesia que por su severo estilo de vida llegara a crecer poco, se parecía en todo lo que se refería a los interrogantes del servicio militar, de la educación formal y de todo el mundanal rodaje de los Bergthaler. Por eso era muy normal que ahora como los Bergthaler toda solución la veían en la emigración. En 1875 se sumaron los Fürstenländer, que más tarde serán tratados en este libro.

La ruta de viaje de los grupos de inmigración no siempre era la misma. Todos tenían que cruzar desde Ontario en barco el Lago Superior de los Estados Unidos. De aquí tomaron el ferrocarril hasta el Red River y finalmente en balsa río abajo hasta Manitoba. En la región de la actual Niverville se asentaron finalmente.

¡Era un desierto!

¡Ningún camino! ¡Ningún ferrocarril!

El primer ferrocarril en Manitoba - y el único en esta región - se terminó de construir recién en 1879. Los hombres que es ocuparon de los inmigrantes fueron un encargado de gobierno, el señor William Hespeler y un menonita de Ontario, el señor Jakob Schantz.

Los que llegaron fueron transportados en carros de bueyes, que se llamaron 'Red River Carts', hasta las barracas a unas millas de distancia, donde encontraron su primer hospedaje. Con el alojamiento se había ocupado el señor Schantz. En setiembre llegaron los primeros colonos y ya no había mucho tiempo hasta la llegada del invierno. En primer lugar hicieron los planos para las aldeas, limitaron los lotes y levantaron precarios toldos de tierra para su estadía durante el invierno, y lo llamaron Semlin. La palabra Semlin viene del ruso y significa Tierra por la palabra rusa 'Semlja'.

Esta gente conocía el invierno de Rusia. Cuando pasaron un invierno en este lugar se dieron cuenta de que el invierno de Manitoba era mucho más duro que el del sur de Rusia. Lo más difícil era el manejo con el ganado que se habían comprado antes del invierno.

El primer invierno era sin duda el más difícil. Para el invierno venidero ya se habían preparado mejor. Más difícil resultó ser el tema de la alimentación en los comienzos. Resultó casi imposible conseguir suficiente alimento. Algunos colonos perdieron la vida por el frio en el camino. El viaje a Winnipeg, el mercado más cercano, no fue algo placentero en un carro o trineo tirado por bueyes. Desde el asentamiento hasta la ciudad eran entre 25 a 30 millas, o sea 40 a 50 Km. También en verano el camino estaba en malas condiciones. Mientras los primeros colonos vivían todavía en barracas, que se habían levantado a la vera del camino, tenían que levantar allí 35 lomitas de sepulcro. En de tres semanas habían muerto muchos niños y ancianos, estresados por las condiciones extremas del viaje. Muchos hubieran querido volver enseguida hasta allá de donde habían venido. Esto era imposible.

Los Bergthaler y las familias de la Iglesia pequeña ocuparon los ocho 'Townships' (Exprese: Taunschips) al este del Red River. Un Townships es un cuadrado de 6 millas. Así se usa tanto en los Estados Unidos como en Canadá Occidental para describir un terreno definido de tierra, y también como unidad administrativa.

Como el gobierno de la provincia de Manitoba había reservado la tierra para los menonitas a los dos lados del Red River, se hablaba siempre de la Reserva Oriental como de la Reserva Occidental. La Reserva Oriental tenía 184.000 acres que son 73.600 ha, siendo una ha 2,5 acres.

Los delegados de los Bergthaler y también de la Pequeña Iglesia se habían decidido por el lado este del Red River porque ahí había mucha madera útil para la construcción, que no era el caso del otro lado del río. De repente se dieron cuenta que grandes extensiones de la Reserva Oriental eran pantanales, por el hecho de que no tenían relación directa con el río y por eso el agua no podía escurrirse en los comienzos de la primavera al derritirse la nieve. Grandes extensiones del suelo fueron cubiertas de piedra y poco aptas para la agricultura.

Mientras tanto habían llegado los 'Fürstenländer' (en 1875). Fueron originarios de la colonia Chortitza como los Bergthaler. Todos los colonos sin tierra habían fundado una 'colonia hija' lejos de la colonia madre. La tierra donde se habían asentado pertenecía a un duque ruso y la propiedad le seguía perteneciendo. El no quería venderla, sino solamente alquilarla. Por eso el asentamiento había recibido el nombre de 'Fürstenland', que significaba 'Tierra del Duque'. Fürstenland era una colonia alquilada, pero como colonia y como iglesia había sido   independiente.

Cuando los Bergthaler enviaron sus delegados a América en 1873, los Fürstenländer también habían estado interesados en el viaje de exploración. Pero no le mandaron a sus hermanos, sino le habían encargado a los Bergthaler buscar posibilidades de asentamiento también para ellos. Así que lo hicieron los hermanos Bergthaler. Habían previsto asentarse conjuntamente con los Bergthaler de la Reserva Oriental. Pero cuando ellos llegaron ya había suficientes colonos en la Reserva Oriental. Así tuvieron que asentarse en la Reserva Occidental del Red River.

La región de la Reserva Occidental era dos veces más grande que la Reserva Oriental. Abarcaba 17 Township con un total de 391.000 acres, equivalentes a 156.400 ha. Además se dieron cuenta que la Reserva Occidental era tierra de mejor calidad que la Reserva Oriental. No era solamente más rendidora en cuestiones de agricultura, sino en primavera escurría mejor el agua dirritada. Ya en el año 1878 comenzó el traslado de la Reserva Oriental a la Reserva Occidental. Casi la mitad de los Bergthaler se mudó al otro lado del Red River. Los restantes colonos del este se quedaron así con más tierra y espacio. Los Bergthaler y de la Iglesia Pequeña habían fundado 40 aldeas. Las tres aldeas de la Iglesia Pequeña eran muy grandes. La Pequeña Iglesia fundaba ahora también en el lado oeste del río - fuera de la tierra reservada - dos aldeas en la región de la Morris de hoy.

El desarrollo de las municipalidades

La administración de los asentamientos estaba en manos de los menonitas. Los Bergthaler y los Fürstenländer transfirieron sus organizaciones económicas y administrativas de Rusia directamente a su nuevo hogar en Manitoba. Los hombres que presidían en Rusia a sus comunidades, ocupaban sus puestos otra vez en Manitoba. El administrador de los Bergthaler era Jakob Peters, que en 1873 había acompañado como diputado a la delegación para buscar posibilidades de asentamiento. La Pequeña Iglesia no tenía un administrador. Ella reconocía al administrador de los Bergthaler como el suyo para sus aldeas. Pero como Iglesia seguía siendo independiente. El primer administrador de las aldeas de los Fürstenländer era el ex-administrador de Fürstenland, el señor Isaak Müller.

Ya en los comienzos de los años 1880 el gobierno de Manitoba se inmiscuyó en los asuntos administrativos de los asentamientos. Los menonitas seguían participando en la administración de su comunidad, pero ya no hacían solamente ellos. La administración se acomodaba cada vez más a las leyes de la provincia y del gobierno federal. De un administrador se hizo un 'Reeve'. Esta intervención del gobierno tocó el nervio más sensible de los colonos. Por la intromisión del estado en el centro neurálgico de su estilo de vida y en la libertad de decisión, (relación con el Estado y con los hombres de otras culturas de su medio ambiente), esta gente había dejado Rusia. Por eso era doblemente dolorosa la experiencia que en forma tan temprana el estado les molestó en su propio ámbito de vida, aunque todavía no del todo. Canadá tenía algo más que desviaba de las viejas costumbres y que requirió la capacidad de adaptación y de cambio de estos colonos, poniéndolo fuertemente a prueba. Muchos siglos habían gozado de la proximidad y calor comunitarias en los asentamientos de las aldeas, y ahora se dieron cuenta de que en América se asentaba en forma diferente. El gobierno había sido magnánimo en la agrimensura. En cada reserva cada agricultor podía ocupar 160 acres, es decir, 64 ha, que iba a pertenecerle después de tres años de labranza. En vista a los implementos agrícolas de aquel tiempo esto era mucha tierra para cada propietario.

Según las leyes de asentamiento del gobierno no había necesidad de pagar la tierra, sino que se adquiría el derecho de propiedad, siempre y cuando se quedaran allí tres años labrando la tierra. Si alguien quería más tierra, podía comprarla por un precio relativamente bajo.

Las extensiones grandes de tierras no son aptas para una vida de comunidad de conjunto acostumbrada por ellos, excepto si se vivía en las aldeas y las tierras agrícolas estaban lejos de ahí. Para muchos significaba superar diariamente largas distancias que en aquel entonces dificultaban bastante la labranza de la tierra. Una mejor solución ofrecía el modelo americano de los agricultores individuales. Esta clase de asentamientos fue fomentado y por lo menos privilegiado por el gobierno.

A los Bergthaler y a la Iglesia Pequeña no les fue difícil pasar al sistema de Farmer. Las comunidades lo aceptaban rápidamente. Las aldeas ya fundadas se disolvían de a poco.

Distinta fue la situación de los Fürstenländer, que mientras tanto fueron nombrados los 'Colonos Antiguos'. La forma de división y de asentamiento en los terrenos en Farmer individuales distantes unos de los otros influía despectivamente en ellos. Para ellos significaba eso la disolución de la comunidad. Se quedaron con la forma cerrada de las aldeas. Con el nuevo orden administrativo introducido por el gobierno tampoco podían vivir. Se negaron a las intromisiones del gobierno y se quedaron con lo conocido en Rusia. Ellos fueron los primeros que de nuevo buscaron mejores lugares de asentamiento y los primeros que emigraron, ya en 1922, a México. Pero hasta este suceso pasó mucho tiempo todavía de convivencia en Canadá.

En Manitoba existían desde el comienzo tres líneas eclesiásticas en los asentamientos que estaban cerca unos con otros, teniendo que convivir y respetarse mutuamente desde cerca como nunca antes. De Rusia habían venido de tres colonias diferentes y se conocían desde una cierta distancia. El pastor de la iglesia de los Bergthaler era Gerhard Wiebe, el Anciano de los Fürstenländer (ahora los Colonos Antiguos o los 'Reinländer') fue Johann Wiebe. Los dos eran primos. El Anciano de la 'Iglesia Pequeña' era Peter Töws.

Los emigrantes del asentamiento de Chortitza eran algunas familias que habían emigrado por resolución propia. No estaban organizados ni en iglesia ni en otras direcciones. Por más que eran mayoría, se anexaron a los Fürstenländer, con los cuales estaban más emparentados y que habían salido en forma unida y organizada y así se asentaron. Los Fürstenländer eran originarios de Chortitza y habían dejado Chortitza recién algunos años antes de la emigración para asentarse en las tierras alquiladas del duque. Las tierras alquiladas estaban cerca de la colonia madre y se puede suponer que habrá habido una fluida relación entre el asentamiento Fürstenland y la colonia madre Chortitza y que esta relación fue fuertemente influenciada por lazos de consanguinidad.

En Manitoba los Fürstenländer formaban con las familias integradas de Chortitza un grupo cerrado de asentamiento y una iglesia independiente, que todavía no tenía ningún nombre. Eligieron el nombre de 'Iglesia Menonita de los Reinländer'. Los otro los llamaron los Colonos Antiguos.

Tambien los Bergthaler de la Reserva Oriental cambiaron su nombre y se llamaron ahora 'Iglesia Menonita de Chortitzer'.

Es interesante ver ahora cómo los tres (o ahora ya cuatro, porque los Bergthaler de la Reserva Oriental y Occidental tenían diferentes nombres) grupos se comportaron entre si y cómo desarrollaron la idiosincrasia desarrollada en Rusia, fortificándola, modificándola o dejándola poco a poco.

La Iglesia de los Bergthaler en Canadá

La iglesia de los Bergthaler se había desarrollado durante los 38 años en Rusia, donde estaba aislada geográficamente, en forma muy independiente en su vida espiritual y religiosa. Envuelta en su propia telaraña se había anidado como iglesia y asentamiento, lejos de todas las otras comunidades menonitas, en un especial estilo de vida. Se había rodeado con una muralla de protección y de separación consistente en reglas e instituciones, una muralla que no se había abierto en Rusia.

Pero en Manitoba ahora empezaba a ablandarse la estructura de la muralla cuando cien familias de la Reserva Oriental pasaron a la Reserva Occidental asentándose en la cercanía de los Fürstenländer.

Los colonos antiguos (Fürstenländer y Chortitzer) se movían en sentido contrario. Se juntaron en Manitoba para un nuevo orden eclesiástico independiente y decidieron eliminar todo lo dañino de Rusia y rodearse con una muralla contra todas las influencias extrañas. Lideró este proceso el Anciano Johann Wiebe. El Anciano Isaak Dyck (fallecido en México en 1969), escribe lo siguiente: *"….y lo que presentó el querido Anciano Johann Wiebe durante la primera reunión de los hermanos a cielo abierto al llegar a América y aconsejando en las casas de la inmigración, fue lo siguiente: el paso dado en Rusia hacia el mundo era demasiado grande, y que aquí en America deberían retroceder en la formación en las escuelas, en el canto a capela y en general en la equiparación para con el mundo. Y así sucedió; en toda humildad y bajeza se comenzó a construir las chozas, se cavó en la tierra y se construyó sobre el nivel del suelo. ¿Pero, será que todo se ha quedado en este bajo nivel?"*

Aquí se ve que los colonos antiguos vuelven hacia atrás. A partir de ese momento de la 'nueva conciencia' en Manitoba se forma una nueva comunidad menonita egoísta. Como tales son conocidos más tarde y en el altiplano de México fueron descritos varias veces así como colonos.

Ya no se trataba de conservar o mantener los bienes existentes, sino se trató conscientemente de introducir formas y reglas comunitarias que de viejos tiempos se tenía memoria, y ejecutarlas. Era un volver atrás, del cual se prometía un efecto rico en bendiciones sobre la futura convivencia y la existencia saludable del nuevo asentamiento.

En realidad en lo subsiguiente empezó una corrosión constante de los valores éticos y espirituales y también la vida religiosa perdió profundidad convirtiéndose en formas sin vida. La vuelta hacia atrás se veía en cosas inmanentes como la vestimenta y las instalaciones hogareñas y otros asuntos. El Anciano Isaak Dyck escribe: *"Parecía que al mejorar las condiciones de vida, también se abandonó la humildad. Esto se observaba también en las muchas casas hermosas y bien pintadas; e igual que en el mundo entraron los vehículos, los carros y los automóviles, el idioma inglés, escuelas oficiales"* (en contraposición de las escuelas privadas, MWF).

Pero para darle la oportunidad de salir por propia decisión a aquellos que querían seguir con las prácticas de la iglesia como en Rusia y al mismo tiempo excluir a los feligreses tibios y débiles, el Anciano Johann Wiebe organizó el 5 de octubre de 1880 una reunión de hermanos. Quien estaba a favor sin tachos ni reclamos del nuevo orden de la iglesia, tenía que inscribirse de nuevo como miembro. No todos renovaron su membresía. Los tibios (como se los llamaba) preferían anexarse a los Bergthaler. Que los Bergthaler recibieran a estos, hizo que la relación entre las dos iglesias se volviera más tensa aún. Sobre la relación entre las dos iglesias escribe el Anciano de los Bergthaler, Gerhard Wiebe: *"Tengo que añadir que los hermanos de la colonia madre (Chortitza, MWF) y de Fürstenland se dirigían a nosotros para emigrar con nosotros y nos pidieron que nuestros diputados busquen tierra para ellos y especialmente allí donde podían ejercer su libertad de fe como nosotros. Dicho brevemente: ellos querían convivir con nuestros hermanos y hermanas estando en parentela con ellos, también en el nivel religioso éramos uno. Con esta misión han cumplido nuestros diputados con la mejor conciencia y sapiencia; cuando llegaron a casa, dijeron que se habían ocupado de la misma manera que por nosotros. Y esto lo hicieron; porque entre los delegados electos no había ninguno con intereses propios.*

¡Qué lástima que no hemos quedado en esta unidad! Pero el Anciano Johann Wiebe ha olvidado todo lo que hemos hablado allá en Rusia. Ahora tengo toda la culpa, y estoy libre de la misma."

Con seguridad la dirección dura y conservadora había sido la meta de las dos iglesias, tanto en cuestiones religiosas como en escolares. Porque también el Anciano Gerhard Wiebe defendía la posición de un externo marco severo de costumbres religiosas y la limitación de la formación escolar a un nivel en lo posible bajo, donde veía la humildad surgida claramente de su escrito. Aunque en sus intenciones no había emprendido cambios sustanciales, cambiaba la apariencia en el sentido de no ejecutar sus intenciones en forma conjunta, para así también llegar juntos a la meta. Estos intentos comunes no prosperaron, por lo menos de parte de los colonos antiguos, los Reinländer.

El comienzo de las discordias entre los dos Ancianoes no era la recepción de los miembros tibios de los colonos antiguos por los Bergthaler, sino se remontaba a un accidente relacionado al canto en la iglesia. El Dr. Walter Quiring lo considera como una situación peculiar que al inmigrar a Manitoba había conducido a una desavenencia: *"Los colonos menonitas no se distinguieron en aquel entonces en el canto eclesiástico como poco antes de la Segunda Guerra Mundial. Los estilos de canto traídos de Alemania a Rusia fueron cantados sin notas ni signos, en forma muy lenta y tediosa con muchos atisbos extraños; por eso estaban muy maltrechos. El Anciano de la Colonia Antigua,*

Johann Wiebe, quería intoducir en Canadá una mejora en esto y corregir las canciones con notas y signos, mientras que su primo hermano, el Anciano Gerhard Wiebe, en la iglesia de los Bergthaler, luchaba por mantener el viejo y acostumbrado canto. Finalmente acordaron mantener el viejo estilo de canto. Poco más tarde Gerhard Wiebe cambió su perspectiva y decidió reformar el canto, que se dio a través de su sucesor David Stoess. Como Johann Wiebe no pudo cambiar por segunda vez, llegó la separación y alienación interna de las dos iglesias a causa de la diferencia superficial de opinión, que se profundizaba de un año a otro. Los colonos antiguos se volvieron más conservadores y se aferraron cada vez más a la tradición. Ellos negaron por ejemplo cada adorno considerándolo como pecaminoso."

Según un diario de un colono antiguo ellos no querían comenzar el canto notas y signos recién en Manitoba, sino trajeron ya el nuevo estilo de canto de Rusia. Esto sería explicable cuando uno considera que la iglesia Chortitza en Rusia ya había asumido varias mejoras. El famoso profesor Heinrich Franz había editado su conocido libro coral con signos en la escuela secundaria de Chortitza.

Los Berthaler que habían vivido muchos años en Rusia, separados de la iglesia de los Chortitza, conocían el canto en la iglesia según el oído. Por eso hay que tomarlo por seguro que el Anciano de la iglesia de los Bergthaler, que tenía una alta estima por lo tradicional, quería mantener el estilo de canto acercándose al Anciano de los colonos antiguos y pedirle asociarse a esta idea, como habían acordado en Rusia. El Anciano de los colonos antiguos estaba fácilmente dispuesto a dar pasos hacia atrás y aceptó la propuesta de Gerhard Wiebe.

En la iglesia de Gerhard Wiebe se realizó a base de procesos internos que hoy en día son difíciles de ilustrar, un cambio en el canto eclesial. Abram A. Braun (fallecido en la Colonia Menno en 1976) conocía la información que el libro coral de Heinrich Franz en Manitoba fue integrado primero en las escuelas de los Bergthaler de la Reserva Oriental. Posiblemente los Bergthaler de la Reserva Oriental se llamaron Iglesia de los menonitas de Chortitza. Por eso los cantantes anunciantes emplearon el libro en las reuniones de la iglesia durante el canto tradicional. El cambio no había sido legitimado al unísono de parte de la iglesia. Muchos de los feligreses se molestaron por el cambio. Tampoco todos los cantantes anunciantes estaban de acuerdo y unos se habían retirado rencorosos de su puesto de cantante por el estilo mundano de canto. El canto del libro coral de signos de Heinrich Franz se impuso finalmente en la citada iglesia.

Por eso no se puede decir que solamente el Anciano Gerhard Wiebe fue el que produjo el cambio en el canto en la iglesia. Fue exigido primero por los profesores de la escuela y también de la mayoría de los cantantes anunciantes, y finalmente ejecutado por ellos. Puede ser que el Anciano de la Colonia Antigua opine que el Anciano Gerhard Wiebe no debiera aceptarlo ni permitirlo en la iglesia. Podemos imaginarnos que el Anciano de los Bergthaler ya no tenía la absoluta plenipotencia, como en su tiempo en Rusia y que ya no podía decir la última palabra, porque había aminorado su influencia a causa de una transgresión moral. Fue defenestrado de su puesto.

Entre los Colonos Antiguos y los Bergthaler surgió una fisura en los subsiguientes años, cuando se sumaron al conflicto del canto otras discrepancias, que ya no podían ser solucionados. Más tarde no hubo más colaboración mutua.

Otro comportamiento de los Bergthaler que causaba rencor en los Colonos Antiguos era el no aferrarse a los asentamientos cerrados como en Rusia y a las formas acostumbradas de la administración económica. Era una resolución inamovible de la iglesia de los Colonos Antiguos en Manitoba de mantener este orden. De esta resolución salieron para la iglesia muchas contrariedades. Muchos de sus feligreses no pudieron aceptarlo y fundaron granjas aisladas fuera de las aldeas.

Parece que en primer término ha sido la élite de los Fürstenländer que se esforzó para mantener lo tradicional, imponiéndose en esta tarea, por más formaban solo un tercio de toda la comunidad de los Colonos Antiguos. Podría haber sido también que fueron los antiguos colonos de Chortitza que crearon problemas. Muchos de los feligreses fueron castigados con la excomunión, porque individualmente salieron de la aldea para vivir en su granja. Estos fueron recibidos por los Bergthaler; porque no veían en el traslado de la comunidad aldeana a la granja ningún motivo para excomulgar a los feligreses. Así los Colonos Antiguos acorralados por su propia iglesia encontraron un refugio en los Bergthaler.

Fuera del traslado a una granja habían otros factores que aumentaron las tensiones, como las instalaciones domésticas y económicas asumidas y cuidadas por los Bergthaler, pero prohibidas por los Colonos Antiguos.

En los últimos decenios antes del cambio de siglo se castigó a más de cien hermanos de los Colonos Antiguos. Esto significaba también que la misma cantidad de familias de esta comunidad se asociaba a la iglesia vecina. Muchos pasaron a los Bergthaler antes de ser castigados con la excomunión.

La tensión entre las dos iglesias crecía de a poco hacia una fisura infranqueable. Los Colonos Antiguos prohibían cualquier relación de sus feligreses con los Bergthaler. Era una época triste de conflictos amargos a causa de una realidad de cosas nada esenciales. Los Colonos Antiguos se aislaron en todas las direcciones y no se relacionaron con ninguna iglesia, tampoco tuvieron ningún tipo de comunicación. Tampoco durante el difícil tiempo de la 1. Guerra Mundial, cuando las iglesias de Manitoba y de Saskatchawan estaban discutiendo los temas del la liberación del servicio militar y la libertad de enseñanza, para presentarlos ante las autoridades del gobierno, los Colonos Antiguos participaron de ninguna de las reuniones y discusiones. Ellos hicieron sus propias reuniones cerradas y con sus temas y preguntas solos acudieron a las autoridades del gobierno.

Contrariamente a eso entre los Bergthaler de la Reserva Oriental, que se autodenominaron 'Iglesia Menonita Chortitzer' (del cual se deduce el nombre de 'Chortitzer Komitee' para la administración en la Colonia Menno), y los de la Iglesia Pequeña nunca ha habido roces o diferencias. Existió siempre, a pesar de algunas pequeñas diferencias de opinión, un relacionamiento pacífico.

Los que se trasladaron en 1877 de la Reserva Oriental a la Reserva Occidental se unieron allí en una iglesia propia. Algunos Ancianoes de la Reserva Oriental se habían ido con ellos, así también Johann Funk. Este fue encargado como Anciano de la iglesia nueva en 1882. El crecimiento propio y la venida de algunas centenares de familias de los Colonos Antiguos hizo llegar la nueva iglesia a 500 familias en 1890.

Uno tiene que imaginarse aquí una iglesia que se compuso de representantes de diferentes opiniones y perspectivas. Los feligreses eran Bergthaler, Fürstenländer y Chortitzer Antiguos y una gran parte de Colonos Antiguos excomulgados. La iglesia se componía entonces de una parte esencial de feligreses con una fuerte actitud no-conformista; en muchos habrá sido también una fuerte actitud egoísta.

En vista a esta situación pluralista, pero no solidificada todavía, llama la atención que en esta iglesia empezara a moverse un espíritu progesista en los niveles religioso y espiritual. La suposición de que en primer término esto pudo haber comenzado por los Chortitzer de antes, que tenían una formación escolar superior y de calidad, no está lejos. Otros dicen que no. Así comenzó en la iglesia de los Bergthaler de la Reserva Occidental de a poco un movimiento conciente, al que se alió tambien el Anciano Funk.

El movimiento tomó forma. El hierro caliente era la dedicación fuerte del grupo para elevar el nivel de la formación escolar. Se levantó una escuela secundaria y se empleó a un profesor capaz de afuera en 1891, apoyado por el departamento provincial de educación. Este profesor era Heinrich Ewert de Kansas, nacido en Prusia como primer hijo de doce hermanos y que había recibido allá en la ciudad de Thorn una educación primaria y secundaria. En el año 1874 había venido con sus padres y hermanos a Kansas, en donde había recibido la formación superior y enseñado durante muchos años.

Para la gran mayoría de la congregación, se habían ido demasiado lejos; 440 familias de 500 no estaban de acuerdo. Simplemente salieron y fundaron una nueva congregación, por el hecho de que el Anciano Johann Funk se alineaba a los progresistas. Esta congregación era nueva según el origen pero no en su ser. Al contrario, ella quería conservar lo tradicional, el viejo ser. Se elegió como Anciano a Abraham Doerksen, que vivía el la aldea Sommerfeld. De ahí tomó el nombre de la Congregación Menonita de Sommerfeld. A esta gente le interesaba por sobre todas las cosas la conservación del sistema escolar de los Bergthaler en Rusia.

El grupo reformista se denominó 'Iglesia Menonita de los Bergthaler'. No era la intención de este grupo causar una fisura. Pero no quería soltar más la reforma de la escuela. Este grupo de 60 familias formaba la iglesia con el viejo nombre, pero con la marca de ciertas renovaciones, especialmente en el tema de las escuelas. Su camino no era el más fácil, pero no vieron ningún sentido en capitular a causa de ideas u opiniones asumidas por la tradición. El desarrollo del sistema escolar se limitó exclusivamente a los Bergthaler de la Reserva Occidental. La mayoría de los Bergthaler de antes, todo el grupo de la Reserva Oriental, que hoy en día se debe de ver como la 'Iglesia Menonita de Chortitza', se quedó como vamos a ver, aferrado consecuentemente a la forma del sistema escolar traída de Rusia, y así se convirtieron los sucesos en esta cuestión en una piedra de escándalo.

En Rusia los Berthaler habían vivido constantemente en posición de alerta para defenderse de los ataques contra su sistema escolar. Esto se refería a su método de enseñar como a su plan de enseñanza y a todo el material de enseñanza. Se habían cerrado enérgica- y exitosamente en contra de todos los intentos de reavivamiento de la cosa escolar.

Ahora estaban en Manitoba y apoyados por el privilegio que los diputados habían recibido en Ottawa en 1873, en el cual se le aseguraba y le permitía total libertad escolar, estaban prestos nuevamente a defender con alma y vida su cosa escolar en el marco de las tradiciones y de la iglesia. La 'Pequeña Iglesia' estaba más abierta y progresista en cuestiones escolares.

En marzo de 1879 las dos iglesias de la Reserva Oriental organizaron un seminario de profesores en forma conjunta en la aldea Chortitz. 36 profesores habían asistido. Estos fueron examinados en su conocimiento profesional. Fuera de los profesores menonitas que eran los examinadores, estaba presente también un representante del Ministerio de Educación., así como los dos Ancianoes de las Iglesias, Gerhard Wiebe de los Chortitzer y Peter Toews de la 'Pequeña Iglesia'.

Como reacción al resultado de esta examinación se ofreció el Ministerio de Educacion para apoyar financieramente a los pobres colonos para solventar los gastos escolares. Como condición se tenía que emplear profesores capaces. De este gancho con el atractivo anzuelo se dieron cuenta enseguida los Chortitzer. El Anciano Gerhard Wiebe describe toda la cuestión de esta manera: *"Estábamos recién algunos años en América, cuando nos ofrecieron dinero como ayuda para el mantenimiento de nuestras escuelas, que para nosotros era muy arriesgado; nosotros temíamos perder la libertad escolar que nos había sido garantizada en el privilegio de parte del gobierno; pero Hespeler dijo que no había peligro. Ahí acordamos aceptarlo. Entonces nos fuimos con todos los nombres de los profesores y Hespeler decía que teníamos que dividir a los profesores en tres clases. - Para que? Preguntamos. - Pero, ustedes piensan que el gobierno le dará su dinero a aquellos que en verano son pastores de ganado y en invierno profesores. Ahí tomó Schreiber todos los papeles y dijo: - Señor Hespeler, ahora entendemos ya, y nosotros vamos a atenernos a lo que hicieron nuestros diputados. Ahí dio vuelta al asunto rápidamente, levandando la mano: - Nosotros vamos a mirar detrás de las bambalinas hasta que ustedes pueden hacerlo mejor. Ahí entregamos los nombres de los profesores, pero sus palabras habían tenido tanta impresión sobre nosotros, que no le confiábamos. No duró mucho tiempo cuando nos dimos cuenta hacia dónde conducía esto y dimos rápidamente marcha atrás y no aceptamos ningún dinero."*

Esa reacción habla de una guardia casi instintivo cuando se trata de mantener el sistema escolar. Era este choque posiblemente el primero del fuerte espíritu escolar menonita y conservador con representantes de la Oficina Provincial de Educacion de Manitoba. Algunos decenios más tarde se llegó a duras disputas de consecuencias graves.

La iglesia menonita de la Reserva Oriental había negado cualquier apoyo para sus escuelas de parte del gobierno, hasta que en el año 1919 fuera introducida la Ley Escolar Obligatoria del año 1916, e instaladas las escuelas distritales estatales también en la región de la Iglesia Menonita de Chortitzer. La Iglesia Pequeña, como estaba más abierta en cuestiones escolares, aceptó la ayuda del gobierno, surgiendo a causa de esta acción algunas diferencias conflictivas entre ellos y la Iglesia Chortitzer. El anciano de la Igle- sia Chortitzer lo describe así: *"Pero, con qué gusto hubiera visto que la Iglesia Pequeña nos hubiera dado la mano en esta cuestión; cuánto más fuerte serían entonces las iglesias. Dijeron que cuando verían el peligro, también se negarían a recibir el dinero. Pero el autor cree que el peligro ya es lo suficientemente grande para verlo con sus ojos, hacia dónde va el asunto. El dinero ha encandilado sus ojos, que no ven más la falsa enseñanza en las escuelas, y los viejos fallecen y los jóvenes van de un escalón a otro, hasta que el evangelio se haya eliminado totalmente de la escuela."*

De estas palabras del Anciano de la Iglesia de Chortitzer se ve que según su consideración la Iglesia Pequeña ya no había quedado con la 'enseñanza limpia' en sus escuelas, y que el maldito dinero era culpable de eso.

Además para supervisar el caótico desorden de las ideologías, iglesias y agrupaciones de la mejor forma, sería de utilidad emprender una presentación clarificante y resumida de la situación.

Sobre el lado este del Red River, la Reserva Oriental, había dos iglesias: el gran grupo de los Bergthaler, que aquí tenían el nombre de Iglesia Menonita de Chortitzer, y un grupo más pequeño de la Iglesia Pequeña, que se quedó con su nombre. Sobre el lado oeste los Colonos Antiguos - su nombre oficial era la Iglesia Menonita de los Reinländer - formaban sin duda el grupo mayoritario. Este grupo se constituía desde Rusia ya de los Fürstenländer y de las familias del asentamiento de los Chortitzer, que se habían acoplado libremente a los Fürstenländer. Además había en la Reserva Occidental un pequeño grupo de los progresistas con el nombre de los Bergthaler, y el grupo más grande de los Bergthaler de antes, que se había reunido con el Anciano Abraham Doerksen de la aldea Sommerfeld a causa de la protesta contra la reforma escolar, llamándose Iglesia Menonita de los Sommerfelder. En total eran cinco los diferentes grupos e iglesias.

La iglesia de los Bergthaler de la Reserva Occidental había entrado, como recién ha sido mencionado, en fuertes discordias internas dentro del marco de la iglesia a causa de la cuestión escolar y tuvo como consecuencia la separación. Los Colonos Antiguos, los Reinländer, quedaban fieles a la consigna: *"Las escuelas han de mantenerse como son"*, aunque habían hecho a la par un paso hacia atrás, dando a entender que en Rusia ya se habían ido demasiado lejos en la formación escolar.

La nueva iglesia de los Sommerfelder de la Reserva Occidental, luego de retirarse del grupo reformista, salió con la misma amonestación peligrosa a la acción: *"Las escuelas han de quedarso como son."*

Se debe de mencionar dos movimientos de despertar religioso, uno en el asentamiento este y el otro en el oeste, que obnubilaron todavía más la imagen de los menonitas de Manitoba desde la perspectiva del proceder uniforme. En el primer movimiento había surgido la iglesia de Dios en Christo, llamada iglesia de Holdemann, y la otra de los Hermanos Menonitas del asentamiento oeste. Las dos direcciones por la fisura religiosa producida no estaban dispuestos a aferrarse a lo tradicional sin examinarlo.

Desarrollo de la educación

En todo esto salta a la vista que los menonitas de Manitoba no estaban unidos en un solo espíritu en cuanto a las metas escolares se refería. Muchos estaban a favor de una revisión y extensión del programa escolar. Estos aceptaban el idioma inglés sin tener remordimientos. No podían concordarlo con su conciencia moral de no aprender el idioma del país. Otros se negaron rotundamente y cercaron su vida religiosa con una muralla. Ellos se cerraron y se candaron ante cualquier influencia, sin examinar que una mejora en el sistema escolar no pudiera ser útil y buena.

Antes del comienzo de la Primera Guerra Mundial ya había una significativa cantidad de escuelas primarias menonitas en Manitoba, que se subordinaban libremente a cierta influencia del gobierno. Un revés sufría esta disposición de compromiso cuando en 1908 salió un decreto para el hizamiento de la bandera británica, de la Union Jack, en todas las escuelas públicas. Los menonitas veían en la bandera un símbolo de la guerra, no competente con su principio de no aceptar las armas. No encontraron el camino para aceptar la presencia de la bandera sobre sus escuelas. En esta cuestión todas las iglesias menonitas reaccionaban de la misma manera.

Sus propias escuelas, llamadas escuelas privadas, dominadas por ellos según su conocimiento, fueron para los menonitas conservadores una especial preocupación. Estaban dispuestos a dar por ellas grandes sacrificios, cuando de afuera fueron amenazadas poniéndolas en duda. Por otro lado muchas veces era muy triste verlas así. Uno opinaría que el mantenimiento de sus escuelas tan caro a sus sentimientos hubiera sido ejemplar. En realidad originaba muchas veces grandes dificultades. La iglesia estructuraba las reglas escolares y ordenaba el material a enseñar. La aldea o el distrito empleaba al profesor y se ocupaba de su sueldo. Esto no se hizo sobre la base de una distribución justa de los costos y cargas. Los ingresos de mantenimiento se distribuían de tal manera que la carga más grande de la cuota escolar a pagar cayera sobre las familias de alumnos más numerosos, es decir, sobre las familias que económicamente ya tenía que luchar muy fuertemente. Las familias que no tenían alumnos no querían pagar muchas veces y tampoco pagaban. Otros no mandaron sus hijos a la escuela por desentendimiento con el maestro o simplemente porque no estaban de acuerdo con él. Habían aldeas y lugares que por discordias varias no llegaron a abrir escuela. A veces fueron empleados maestros que no eran capaces de elaborar ellos mismos el material de enseñanza ya pobre, menos todavía de transmitirlo. Tal realidad estaba presente tanto en el asentamiento este de los Chortitzer como de los Colonos Antiguos y de los Sommerfelder del oeste.

Los diputados de los Bergthaler de Rusia habían llevado a casa de su visita a America dos privilegios que eran anticipos de los privilegios deseados, uno de Estados Unidos y otro de Canadá. Ellos habían recomendado el privilegio de Canadá, y la iglesia había aceptada la recomendación. Gerhard Wiebe escribe, de qué motivo se trata: *"La congragación eligió Canadá, porque estaba bajo la protección de la reina de Inglaterra, y nosotros creíamos que nuestra libertad del servicio militar podría mantenerse allí por más tiempo, y también, que podríamos mantener nuestra congregación y nuestras escuelas bajo nuestra administración."*

En este privilegio la iglesia asentaba su confianza profunda, porque veía en la monarquía un gobierno más estable a largo plazo y con eso también una seguridad de respeto de los derechos prometidos, de los cuales la libertad del servicio militar obligatorio y la ilimitada acción de educar formalmente a las generaciones suyas eran los más importantes. La mayor parte del privilegio contenía condiciones favorables de antaño para asentamienos de inmigrantes agrícolas. Tambien la exoneración del servicio militar obligatorio se los había concedido a otras confesiones con la misma exigencia. Nuevo en los 15 puntos era la concesión de derechos en tal extensión que la educación estaba totalmente en las manos de los inmigrantes.

El privilegio había sido concedido por los encargados del gobierno federal de Ottawa y firmado por el suplente del Ministro de Agricultura, un señor John Lowe.

Los Bergthaler estaban llenos de alegría por las concesiones recibidas. La iglesia en casa resolvió enseguida, después de escuchar las informaciones de parte de sus hermanos, emigrar a Manitoba. Ella no sabía que después de la salida de los diputados de Ottawa se había hecho en Ottawa un pequeño cambio en el documento de la consecion, casi inverosímil pero importante. Este pequeño cambio condujo después de 45 años a desentendimientos con consecuencias fatales. El punto 10 del documento del gobierno rezaba en la edición que le habían entregado a los diputados, como sigue: *"La libertad total en el ejercicio de los principios religiosos se los garantiza a los menonitas sin algún estorbo y/o limitación por la ley; la misma prerrogativa se transfiere a la educación de sus hijos en las escuelas."*

El privilegio fue elaborado el 23 de julio de 1873 y William Hespeler les entregó el mismo a los diputados de los Bergthaler y a la Pequeña Iglesia. Algunos días más tarde - los diputados habrán estado ya en el barco - cuando este documento tenía que ser archivado, posiblemente por el poder plenipotenciario de los gobiernos provinciales, se añadió un pequeña frase. Cuando hasta ahí figuraba: *"... y la misma prerrogativa se transfiere a la educación de sus hijos en las escuelas",* así rezaba ahora: *"... y la misma prerrogativa se transfiere también a la educación de los hijos en las escuelas, como lo fija la ley (as provid by law)."*

Según de la primera formulación la determinación salió solo del gobierno federal. Ella tenía después la última palabra y no el gobierno provincial. Con la paralela formulación añadida se le dio al gobierno provincial la　última palabra. Esto correspondía a la legislación federal. En cuestiones escolares los gobiernos provinciales tenían el derecho de la autodeterminación. A esta cuestión de hecho se le dio el curso de la ampliación. Aquí había un hueco. ¿Por qué no se lo había comunicado esto a los menonitas? ¿Por qué se los dejó en la fe de que el Gobierno Federal tenía la última palabra? A los Bergthaler les interesaba esto, porque el gobierno de Canadá estaba directamente subordinada a la soberanía británica. La libertad escolar estaba en lo más alto en la consideración de los Bergthaler y por eso habían solicitado la total libertad (fullest privilege) para la educación de sus hijos en las escuelas. Puede ser también que no se les quería quitar la voluntad de inmigrar a esta gente, cuando se daban cuenta de lo importante que era para ellos la libertad escolar. Podían ellos también ir a los Estados Unidos donde las posibilidades de asentamiento eran más agradables. Canadá y Estados Unidos competían en atraer a los inmigrantes, que se querían dedicar a la agricultura, y los Estados Unidos demostraban ser los más fuertes. Puede ser también que los responsables de Ottawa contaban con la seguridad de que el gobierno provincial iba a respetar lo que había prometido el gobierno federal, por lo menos en este caso.

Cuando en 1919 los menonitas conservadores de Manitoba luchaban por la conservación de sus escuelas privadas, un defensor de los derechos menonitas, un anglocanadiense, quien defendía a la gente preocupada en su lucha contra la obligación escolar, escribió al ministro de educación de la Provincia de Manitoba; *"A los menonitas se los dirá posiblemente en este tiempo, que el gobierno federal no tiene ningún derecho de hacer leyes para las provincias en cuestiones escolares. Como respuesta no podríamos preguntarnos: ¿No subyace en un proceso hecho por el gobierno también el sentido de que las diferentes provincias se subordinen a estas reglas?"*

En el año 1916 las provincias Manitoba y Saskatchewan promulgaban una ley escolar que disolvía todas las escuelas privadas, sacando la enseñanza de la religión de las escuelas y permitiendo solamente el inglés como única lengua para enseñar. Esta determinación fue motivada por la Primera Guerra Mundial, a través de la guerra conjunta contra el imperio alemán. Como socio del Imperio Británico, Canada se sentía obligado moralmente de demostrar su fidelidad al rey de Inglaterra y también en su legislación interna y su actitud hacia Alemania. Con la incisiva reforma escolar se unía el objetivo de unificar a los diferentes grupos de inmigración y educarlos hacia una nación canadiense unificada y autoconciente.

La nueva ley pesaba especialmente sobre los menonitas, que durante siglos habían cuidado el idioma alemán y también los bienes culturales intentando de seguir haciéndolo, sin premeditaciones políticas ni de pensamiento.

De la población total de Manitoba la mitad no era de origen inglés y pertenecía a diferentes confesiones. Entre ellas los menonitas conformaban una minoría. Se sentían amenazados duramente por la nueva legislación escolar por aferrarse al idioma alemán como su lenguaje materno. La exclusión de la enseñanza de la religión y la disolución de las escuelas privadas volvía la situación inaguantable para muchos. Tenían que pasar tres años antes de que la ley entrara en función.

Por sobre todas las cosas a los menonitas les preocupaba la cuestión del servicio militar, que con la guerra se había convertido en una interrogante respecto al cumplimiento del deber obligado hacia el estado. En los círculos de gobierno se originó una cierta inseguridad, porque por lo menos cuatro grupos de menonitas de Canadá se presentaran por la liberación del servicio militar. Los Colonos Antiguos no participaban de ninguno de estos grupos; se fueron por su propio camino. Los de Chortizer y de Sommerfelder se unieron a las comunidades ahí circundantes.

La liberación del servicio militar era cuestión exclusiva del gobierno federal de Ottawa, y las delegaciones menonitas se presentaron en las instancias correctas, porque cada vez encontraron allí el apoyo total a su petición.

La disolucion de la Escuela Privada

Cuando un poco más tarde los menonitas conservadores hicieran lo mismo en la cuestión escolar, todo esfuerzo era en vano. Recién ahora se dieron cuento muy a pesar suyo, que la solución de este problema no estaba en el gobierno federal de Ottawa, como siempre lo creían, sino en las manos de los responsables del gobierno provincial.

Cuando en 1919 se promulgara la nueva ley provincial escolar, los menonitas conservadores entraron en una tensión y un descalabro grandes. El Anciano Martin C. Friesen escribe cómo esta ley resultara en la Reserva Oriental de los Chortitzer: *"Cuando el gobierno empezó en 1919 a introducir las escuelas distritales como escuelas obligadas en nuestra iglesia, donde hasta el momento existían solamente escuelas privadas, originaba esto una gran intranquilidad entre los hermanos y un caos casi babilónico. El uno decía esto, el otro decía lo otro, muchos no podían orientarse en el desorden. Al comienzo se negaron muchos de mandar a sus hijos a las escuelas del gobierno. El desorden era de tal magnitud, que un hermano denunciaba al otro y así ayudando a que debía mandarlos a la escuela. Muchos pagaban durante un tiempo contravenciones en dinero. En la Reserva Occidental algunos hermanos tuvieron que irse a la cárcel."*

Para el siguiente tratamiento de la confrontación menonita con aquellas reformas del gobierno que tenían como consecuencia el cambio o la eliminación de los privilegios más importantes, parece que será justo de aplicar el concepto general de 'Antiguos Berthaler' para todos aquellos, que desde Rusia provenían de esta colonia y fuertemente decididos de seguir con el mismo sistema de comunidad y de escuelas de aquel asentamiento. A ellos pertenecían los Sommerfelder (Reserva Occidental), los Chortitzer (Reserva Oriental) y los grupos de Rosthern y Herbert que salieron en 1900 hacia Saskatchewan, y que allí habían fundado las iglesias de Sommerfeld y Bergthal. El grupo de la región de Herbert se llamaba la iglesia de Sommerfeld y de Rosthern se llamaba la iglesia Bergthal. No pertenecían a los Antiguos Bergthaler el grupo progresista de la Reserva Occidental de Manitoba, que había conservado el nombre original de los Bergthaler, pero ahora recibiendo el nombre de los Nuevos Bergthaler.

Los Colonos Antiguos y los Antiguos Bergthaler (en Manitoba como en Saskatchewan) tuvieron los mayores problemas con la nueva ley escolar. Los Colonos Antiguos mandaron ya en el año 1919 una delegación a Sudamérica para investigar posibilidades de asentamiento y de privilegios, después de que se habían esmerado en buscar libertades escolares en America del Norte, pero sin éxito. La delegación se iba por Ottawa a Nueva York. En Ottawa intentaron por última vez de recuperar las viejas libertades escolares por medio de un diálogo personal. En una de estas conversaciones, donde los responsables del gobierno les señalaba que debían volver a hablar con los responsables provinciales, se nota claramente que los responsables del gobierno de Ottawa apoyaban totalmente a los gobiernos provinciales con sus opiniones.

Intentos de emigración

La delegación de los Colonos Antiguos visitaba en América del Sur a Brasil, Uruguay y Argentina. Encontraron una atención amable y recibieron invitaciones para asentarse como agricultores. Pero posibilidades y perspectivas para darles los privilegios deseados no se les dio. Los Colonos Antiguos se fueron a México en 1922. Más tarde se ha informado con frecuencia sobre ellos que emigraron para no tener que aprender el idioma inglés. El Anciano Isaak lo describe de la otra manera: *"No se trata en nuestro caso del idioma, sino no podemos permitir que nuestros hijos se formen como correctos ciudadanos de este mundo bajo la bandera y la realización del militarismo."*

En 1916 se había promulgado la nueva ley escolar y los menonitas de Chortitzer y de Sommerfeld habían mandado juntos con otras iglesias menonitas una delegación al ministerio de educación de Winnipeg. Estos habían presentado sus solicitudes y conversado con los responsables del gobierno, sin poder influir en el cambio en la ley escolar promulgada. Se filtra de esta acción que no solamente los menonitas conservadoras estaban preocupadas, sino todas las comunidades menonitas.

Cuando en 1919 se efectuara la ley, especialmente los grupos conservadores procuraron de convencer al gobierno que no actuaba en forma justa con ellos, porque el gobierno federal les había dado en su tiempo la promesa escrita de dejarles la plena libertad escolar.

"Dificilmente podemos creerlo que el gobierno de Ottawa y de Inglaterra lo saben como somos plagiados por nuestras escuelas. Le hemos dado al gobierno inglés nuestra confianza ilimitada: dejar Rusia para urbanizar con éxito un desierto después de un trabajo arduo. De repente somos enemigos en el país por nuestro idioma, sabiendo el gobierno de nuestro idioma cuando venimos. Nos invitó y nos prometió dejar en nuestras manos nuestras escuelas sin molestias y sin limitaciones. El gobierno tendría que observar que la confianza nuestra hacia el mismo no fuera lesionado."

Y sigue: *"No venimos así nomás hasta aquí, para enriquecernos; hemos hecho con vuestros antecesores muy apreciados un pacto, que para nosotros es sagrado. Le pedimos bajo oración a Dios que el pacto lo mantengan sagrado también los altos responsables del gobierno; no es costumbre del gobierno inglés concebirlo como un trozo de papel simplemente; deseamos que Canadá sea por mucho tiempo una madre amable y de buena voluntad para con nosotros."*
Las respuestas recibidas de los responsables de Ottawa a esta clase de presentaciones no decían otra cosa que ahí no tenían nada que ver con la cuestión escolar. Para este fin se debía de dirigirse al departamento provincial de educación, este era el lugar correcto para eso. Esto se había intentado. En Julio de 1919 se había empleado un señor con nombre de William Jennings O Neil en el departamento de educación de Winnipeg como mediador para los conservadores. A pesar de esto los Chortitzer se dieron cuenta con susto que las escuelas distritales se instalaban ahora sin considerar sus peticiones, también en los distritos de su iglesia, donde desde el primer momento de su inmigración había habido solamente escuelas privadas.

A fines de octubre la iglesia de Chortitzer conjuntamente con la Iglesia Pequeña mandaban a cuatro hermanos a Winnipeg, para presentarse en la institución escolar. Eran los dos jefes de la iglesias y un Anciano de cada iglesia. Los señores ministros estaban dispuestos a hablar con los menonitas. Esto pasó el 21 de octubre.

Fueron recibidos por seis responsables muy amistosamente, entre ellos el mismo Primer Ministro y el Ministro de Educación. Estos señores estaban consternados cuando el director de la palabra del grupo menonita pedía a los señores de llevar el diálogo por ciertos motivos en el idioma alemán. Uno de los ministros que hablaba alemán tenía que fungir como intérprete. La mayoría de los señores estaban molestos por tal propuesta, especialmente el ministro de educación. Uno de los ministros defendía a los visitantes y opinaba que se les tenía que permitir de presentar sus temas en alemán, cuando así lo consideraban necesario. Entonces se permitía.

Aquí salió a luz el problema idiomático, como lo habían vivido una vez ya en Rusia, cuando se presentaron ante los responsables del gobierno del Zar por razones del privilegio. P.M. Friesen describe el suceso como sigue: *"El ministro estaba molesto que después de una presencia menonita de 70 años estos no hablaran en ruso, y lo definía como pecado. La explicación del predicador Epp de asegurarles a partir de ahora se esforzaba recuperar lo omitido, lo respondía con: ¡Demasiado tarde!"*

La misma acusación se le hizo a la delegación durante la conversación en Manitoba. Pero al mismo tiempo los señores del gobierno estaban dispuestos de hablar otra vez con esta gente, a pesar de que el Ministerio de Educación se los había dado a entender que el apoyo y la aceptación de sus escuelas privadas en relación a las exigencias de la ley de las reformas de 1916 ya no era pensable, y que la instalación de las escuelas distritales se haría sin tener en cuenta a nadie.

Los delegados expresaron su agradecimiento en nombre de las iglesias y lo bueno que habían gozado de parte del gobierno canadiense. Entonces les dijeron que no podían entender por qué el gobierno estaba dividiendo su región en distritos, instalando escuelas y empleando maestros, si ellos desde los comienzos habían tenido sus escuelas. Ellos pedían a los señores una explicación del proceso y se pusieron a disposición de eliminar desavenencias. El Ministro de Educación tomó la palabra. Primero les acusaba que después de 46 años de presencia en el país no hablaban el inglés. Era la responsabilidad y el deber del Ministerio de Educación de atender la enseñanza del inglés a todos los niños de los pobladores de Manitoba 'up to the standard' (en pleno cumplimiento de las exigencias, MWF). Además decía que la enseñanza se podía impartir también en casa, o en las escuelas privadas o en las escuelas distritales subordinadas al gobierno. Pero de esta posibilidad nunca se habían aprovechado los menonitas de Chortitzer. Por tal motivo el ministerio de educación tenía que tomar ahora cartas en el asunto.

También les explicaba que de su parte era un error de observar a la bandera única y exclusivamente con símbolo militar y así influenciar erróneamente a sus niños. Ellos tendrían que ganar más comprensión, según la recomendación del ministro, para que el juicio sobre las escuelas distritales no resultara tan negativo, como era el caso de ahora. Entonces estarían agradecidos y permitirían aprender a los hijos el inglés.

El 30 de octubre del año 1919 llegó otro escrito del gobierno federal en Ottawa a la iglesia de Chortitzer señalando en forma sintética que en asuntos de cuestiones escolares se debían a los responsables del gobierno provincial. Con este se puso fin de una vez por todas que de nada les servía irse a Ottawa por asuntos escolares.

Intentos de compromiso

Ellos creían haber descubierto una luz de esperanza. ¿Qué había mencionado el ministro de educación en la conversación el 21 de octubre? El había dicho que la enseñanza del inglés la tenían que recibir todos los niños de los pobladores, y no había espacio para desviar. Si esto se hacía en casa o en escuelas privadas, no era lo más importante de la cuestión. ¡Importante era que por fin se haga algo! El gobierno era responsable de ejecutar el programa escolar y eso se debía de hacer ahora.

Sí, lo habían escuchado del mismo Ministro de Educación de Manitoba. ¿Había una posibilidad todavía de mantener las escuelas en propias manos? Era mejor aceptar el inglés que emigrar. Hasta ahí la gente creía que debían de defenderse con el idioma alemán, que en su tiempo se les había permitido sin ninguna restricción con todas las de la ley. Estaban dispuestos a dejar esta idea, ya que se les había dicho con toda firmeza, que la ley de la reforma escolar de 1916 abarcaría toda la nación. Aprender el inglés lo tenían que hacer todos los niños, sin importar la confesión o grupo étnico al cual pertenecían.

La dirección de la iglesia Chortitzer deliberaba una y otra vez cómo aclarar las pretensiones del ministerio público en forma más ventajosa posible. Se preparó otra solicitud y se la entregó al gobierno. Era el 13 de enero de 1920 cuando se dictaminó el contenido del documento en la iglesia.

En la solicitud, los menonitas mencionaron su deseo de mantener sus escuelas privadas, como lo venían haciendo hasta hace poco. Y dieron a entender que enseñar a sus hijos en sus escuelas privadas era cuestión de conciencia moral y ya que no querían mandarlos a escuelas sin una base religiosa. Además reconocían que no estaba claro en muchos de sus hermanos cómo se haría la introducción al idioma inglés. Si esto se permitiera realizar en escuelas privadas con propios maestros en sus propias escuelas, no habría inconveniente alguno para hacerlo. Estaban dispuestos a cumplir con el idioma inglés como idioma de enseñanza en las escuelas. Los Chortitzer estaban dispuestos a cumplir con las exigencias del gobierno provincial.

En ninguno de los casos se trataba de no respetar las leyes o estar en contra de ellas, mucho más que eso habían buscado mantener las una vez reconocidas libertades escolares.

En ese momento habían llegado a lo más importante de sus preocupaciones: Bajo el apercibimiento del Ministro de Educación aclararon que entendían ahora que para el gobierno no era importante la forma escolar (privada o distrital) para el cumplimiento de la ley, sino lo importante era la de alcanzar la regla de formación del Ministerio de Educación, también en el caso que esto se ejecutara en sus escuelas de la iglesia con sus propios maestros bajo la supervisión del gobierno. En cinco puntos presentaron su disposición de la realización de la ley con la salvedad de que las escuelas debían de quedar bajo la administración de la iglesia.

Esta presentación había sido firmada por algunos predicadores, de aquellos que emigraron más tarde y también por aquellos que no lo hicieron. En esta presentación relucía que nuestros padres retrocedían en muchos asuntos. Y lo hicieron con sinceridad, porque a la emigración la temían bastante. Reluce también de sus solicitudes que querían quedarse, como en el documento del 7 de octubre de 1919, cuando señala: *"...deseamos que Canadá sea por mucho tiempo una madre amable y beneficiosa para nosotros."* Esto incluía también a la congregación que en 1927 emigraba en su mayor parte. Lo que la iglesia Chortitzer ofreció era un compromiso, un acercamiento, donde también el gobierno debía acercarse a la par, para llegar a un acuerdo. Pero el gobierno no aceptó ningúna clase de compromisos. El gobierno señaló con énfasis, que ahora estaban dispuestos, pero que esto lo tendrían que haber hecho hace años. En aquel entonces no habían aprovechado su oportunidad. En consecuencia ellos mismos eran responsables de crear la situación de roce entre el gobierno y ellos.

Los menonitas conservadores opinaron todavía que el gobierno se estaba inmiscuyendo ilegalmente en su sistema escolar, que en base a los privilegios otorgados lo habían dirigido ellos mismos y por el cual habían entregado sacrificios enormes, especialmente sus padres, convirtiendo el desierto del sur de Manitoba en una floreciente región cultivada. No podían entender que el gobierno los tratara sin tomarlos en cuenta, donde habían cumplido con todo lo que habían prometido sus representantes. Cuando ahora los Chortitzer le hacían un ofrecimiento tan amplio, que lo entendían como un acercamiento de su parte, y el gobierno solamente tenía que acompañarlo.

Después de un mes recibieron la respuesta a su pedido. La respuesta la entregó el mismo Ministro de Educación en forma escrita. En primer término reconocía la intención de acercamiento de los Chortitzer, su voluntad y la disposicion en la ejecución del programa provincial de la educación, y al mismo tiempo explicaba sin miramientos que la instalación comenzada de las escuelas distritales en la región de los menonitas de Chortitzer era necesaria y que se seguiría con eso, hasta que toda la región de la congregación se hubiera ocupada con las nuevas escuelas.

Justamente esto no lo querían los Chortitzer. Con todas las promesas hechas últimamente habían unido la intención y el objetivo de recibir el permiso de conservar sus escuelas privadas como hasta el momento y emplear sus propios maestros. El ministro no lo aceptó. Mencionó que en algunas regiones de los Chortitzer se habían verificado buenos progresos con las escuelas del gobierno y esto motivaba seguir con el asunto. El ministro siguió manifestó estar dispuesto a respetar los deseos de los menonitas de emplear a sus propios maestros, siempre y cuando poseyeran las condiciones necesarias. En ese momento no se podía hacer, por no tener los menonitas suficientes maestros para tal tarea. Algunos años se llenaría el hueco con maestros de afuera. Tal medida - como seguía explicando el ministro - sería de mucho beneficio para los niños.

Justo en este punto se separaban las posiciones de los Antiguos Bergthaler y del Ministerio de Educacion como día y noche. Los menonitas veían una amenaza seria de sus principios de la fe en este prodecimiento, especialmente para las futuras generaciones. La entrega de la escuela significaba la entrega de los niños, y la entrega de los niños en manos de maestros extraños significaba la entrega de la comunidad de la fe. Compartir con otros la responsabilidad de la educación de los niños era algo para ellos impensable. Y esta actitud en la temática de la educación en general y especialmente en la formación escolar les capacitaba para sacrificios que hoy en día nos llenan de admiración.

La explicación por la que la instancia escolar del gobierno no admitiera la solicitud de la gente de Chortitzer, se ha de buscar en que no veía la posibilidad de que los maestros menonitas no estaban lo suficientemente preparados para dominar y practicar el material de enseñanza exigido. Por otro lado valía y jugaba un rol importante el principio del gobierno de llevar a cabo lo que se había iniciado. La unificación nacional de las étnias que habían inmigrado al país, tenía que ser ejecutada con todos los medios. La actitud negativa de los menonitas conservadores y el bajo nivel de formación de sus escuelas originaban además una rígida actitud de los responsables de la educación hacia los menonitas. La intención decidida del gobierno era la de elevar también estas escuelas a un nivel aceptable de formación.

Los Colonos Antiguos eran especialmente intransigentes y no se acercaron tanto a los responsables del gobierno como los Antiguos Bergthaler, por más que no solamente consideraban superfluo un cierto nivel de formación elevado, sino también dañino.

Cómo los Colonos Antiguos evaluaban a sus escuelas hasta ahí llevadas, lo veremos en el siguiente párrafo: *"Nuestros hijos son formados en nuestras escuelas en las tres asignaturas capitales: Leer, Escribir, Contar. Están bien formados y capacitados para entender leyendo, como así también leer escritos religiosos y mundanos, escribir en forma clara y entendible, y así contar suficientemente para hacer su contabilidad y sus libros de contabilidad. En resumidas cuentas ellos reciben en nuestras escuelas justamente aquella formación que se les exige en la vida rural que están llevando."*

También la congregación Chortitzer vivía en la imaginación de que sus escuelas se encontraban en el marco de las exigencias necesarias: *"Esta iglesia se ha fundado aquí hace un poco más de 45 años a consecuencia de una instancia del gobierno canadiense, según ella se dio a los menonitas el permiso de tener sus propias escuelas privadas. La educación de los niños se ha hecho exclusivamente en las escuelas mencionadas. Las escuelas se han mantenido en los mismos métodos. En estas escuelas se han fomentado las educaciones modelos que en relación al bienestar económico han sido de mucho valor, y que hace pocos años atrás han sido reconocidos por el gobierno de esta provincia como aceptable."*

Por iniciativa propia nunca se habló de la introducción del idioma inglés, ni de parte de los Colonos Antiguos ni de parte de los Antiguos Bergthaler. La aversión hacia el idioma inglés no era tan severa de parte de los Antiguos Bergthaler como de parte de los Colonos Antiguos.

Cuando durante la Primera Guerra Mundial los menonitas se presentaron en Ottawa por asuntos de la liberación del servicio militar, también los Antiguos Bergthaler estaban representados en esta delegación, pero no los Colonos Antiguos. Durante esta conversación con los responsables del Gobierno Federal se arregló de nuevo la liberación del servicio militar. Todos los jóvenes menonitas tenían que ser registrados como todos los demás. En su documento personal estaba registrada la pertenencia a la comunidad menonita. Con esto se reconocía el status especial en el arreglo legal de su liberación del servicio de las armas.

Oportunamente durante el nuevo arreglo del tema del servicio militar se le acercó a la delegación menonita la expresión de que harían el bien al introducir el idioma inglés en sus escuelas privadas, por el solo hecho de tener muchos enemigos al concederles estos privilegios. Ellos prometieron pelear en sus iglesias por la introducción del inglés. Cuando de vuelta presentaron sus informaciones en la iglesias, todo fue recibido con beneplácito, también en la congregación Chortitzer, que había tenido un predicador en la delegación.

El la iglesia Chortitzer no se llegó a introducir el inglés en las escuelas privadas. Simplemente no se cumplió con la palabra de los delegados. Mas se tergiversó e interpretó en el sentido de que la idea de la introducción del inglés era la de unos hermanos de la iglesia. Se 'chismeó' hasta tal punto que la introducción del inglés era cuestión del predicador Heinrich Doerksen y de los hermanos Johann S. Rempel y Johann Braun. Como si no viniera del gobierno, ya que ella había dado el privilegio, y después de eso no se necesitaba tener el inglés en las escuelas. Después del fin de la Guerra el gobierno demostró seriedad en la cuestión escolar. La contrucción de las nuevas escuelas había comenzado en 1918 en el distrito de los Chortitzer.

Había también aquellos en esta congregación que respetaban las advertencias del gobierno. Pero para estas nuevas escuelas no había maestros propios durante mucho tiempo. Así se fueron varios jóvenes de la iglesia de Chortitzer a Gretna, para adquirir en la secundaria menonita una mejor formación escolar. Entre ellos habían siete muchachos, como Heinrich F. Wiebe, un nieto del Anciano Gerhard Wiebe, que había dirigido a los menonitas de Rusia a Canadá. También se encontraba entre los alumnos Jakob P. Rempel, nieto del administrador de la emigración, el señor Jakob Peters. La iglesia no puso resistencia en contra de estos jóvenes. Jakob P. Rempel asumió después de la graduación de la escuela de Gretna un puesto de enseñanza en la escuela del gobierno en la región Chortitzer. Cuando se fue a Winnipeg visitando el Wesley College, para completar su formación de maestro, llegó a ser descreditado. Esto lo condujo a la decisión de dejar la congregación y unirse a otra.

Los conservadores le dieron un valor muy alto a sus escuelas privadas ante sus responsabilidades y frente a las autoridades del gobierno. Por otro lado sabemos del estado miserable de toda la enseñanza en estas escuelas. Lo que se ofrecía era la transmisión repetida y acostumbrada de valores religiosos tradicionales. La educación en el temor a Dios daba sin duda sus buenos frutos. Como se tenía en cuenta muy poco la formación pedagógica, la educación se tornaba muy unilateral.

¿Por qué entonces se atrevían - y esa pregunta nos hacemos hoy - a valorar y a presentar tan alto sus resultados de la educación escolar a las autoridades del gobierno, si en realidad según las medidas del estado no cumplían ni con las más mínimas exigencias? Uno tiene que responderse esto desde el entrelazamieno de su actitud moral-materialista de la vida y se encontrarán algunos puntos positivos.

Esto es lo que dicen, cuando en la presentación al gobierno expresan: *"... nuestras escuelas han sido de mucho valor para los niños en relación al bienestar económico."* Virtudes como la laboriosidad, ahorro, sinceridad y otros, fueron subrayados. Había otras características que fueron valorados por el entorno donde vivían. Así había empleados provinciales que   expresaban ante el Ministro de Educación a favor de los conservadores, como el caso de J.O`Neil: *"Estos menonitas en el sur de Manitoba viven humildemente, son diligentes y llevan una vida moral con severos principios religiosos. En un país libre como el nuestro tendría que ser obligación del gobierno ser tolerante. Sería posiblemente nuestra obligación conservar indeleble las condiciones de aquel privilegio (Carta de 1873, MWF), que en buena fe fuera concebido por hombres con alta sabiduría y precaucion. Los menonitas vienen junto a Ud. Dr. Thorn-*ton (Ministro de Educacion de Manitoba, MWF), *con la solicitid de permiso de mantener sus escuelas con sus propios métodos, con la condición que lo manejen realmente así. Es poco generoso cómo se atiende a estos atrevidos pioneros, quienes, desafiando todos los peligros, han hecho del desierto de Manitoba un jardín y donde educan a sus niños, y en verdad construyen con toda atención iglesias, donde alaban a su creador con su propio método. Esta gente merece, digo yo, toda la atención tanto como todos los otros conciudadanos de esta gran obra comunitaria* (Canada, MWF).*"*

Estas posturas del pueblo canadiense contribuían a mejorar el ánimo de los menonitas, que con mucho sacrificio luchaban por la existencia de las escuelas privadas. Ellos se vieron fortificados por estas presentaciones para entender como correcto su punto de vista, por más fuerte que fueran atacados. Estas posturas de su gente no influyeron mayormente en las autoridades del gobierno, menos todavía como una impresión sensibilizante. Se quedaron en mirar y ejecutar la ley sin alteraciones.

En vista a la generación siguiente con iguales características estas escuelas fundadas en la tradición era una predisposición necesaria. Escuelas sin religión para ellos siginificaba lo mismo que comenzar a pisar el camino de la incredulidad. Tomar la escuela dominical como reemplazo para los días entresemana con la enseñanza de la religión era totalmente insuficiente e intolerable. Lo que no se hacía durante cinco días de la semana - así opinaban ellos - no se podía hacer en un día. ¡En esto había mucha verdad!

En realidad se puso mucha confianza en la escuela religiosa, por lo menos en ese sentido, como la armaron los menonitas conservadores. La no atención de los métodos pedagógicos de enseñanza resultaba en miserables frutos de un proceso mecanizado eternamente repetido. El descuido de la enseñanza del idioma alemán vivencial originaba la superficialización del entendimiento de lo que se leía y se enseñaba. Se explicaba lo uno y lo otro, pero casi siempre sin una perspectiva y una preparación profesional. Y como podían hacerlo los maestros, recibiendo ellos mismos la misma formación escolar, no sabiendo nada de la necesidad de las exigencias metódico-didácticas para una eseñanza exitosa.

La iglesia no empleaba a los maestros, lo hacía la aldea o cada distrito escolar.   La aldea o el distrito era responsable de pagar a los maestros. Era una regla no escrita buscar a los mejores de la aldea para cumplir el rol de maestro. Por más esfuerzos que ponían, el faltante en la formación necesaria no podía ser superado. Así ni los mejor maestros tenían el ímpetu deseado, pero tampoco lo querían. Cuando en una u otra escuela empezaba a revivir un espíritu más motivado, entonces sucedía esto dentro del marco del programa de enseñanza condicionado por la tradición. Todo lo que pasaba más alla era de mala fama. Se vio en eso la entrega del pequeño dedo, a que debería seguir pronto la entrega obligada de toda la mano. Esta afirmación se repitió como advertencia intrínseca muchas veces.

Había maestros de vez en cuando con una visión y un conocimiento más profundo. Pero no encontraron ninguna posibilidad de expandir su fuerte y utilizar su genio. Por ejemplo un joven maestro quería comenzar con la enseñanza ordenada de la gramática y del idioma al comienzo de la Primera Guerra Mundial. El reconoció la necesidad que al idioma lo hay que estudiar a fondo en su esencia y después comunicar el mensaje de lo aprendido a los niños. La propuesta de este joven maestro encontró rápidamente un fin lamentable. El generó tanta inquietud en los padres de los alumnos, que tuvo que dejarlo para seguir sobreviviendo en la escuela.

El idioma alemán tuvo su propia trayectoria. Según la concepción apetecible de esta gente se había transmitido el idioma en forma no falsificada durante siglos, y así debía ser aquello que se enseñaba a los alumnos como el idioma alemán en las escuelas, el correcto y real idioma alemán. El argumento para esta manera de pensar daban los viejos predicadores que en Rusia habían visitado la escuela, y predicando ahora domingo a domingo en la misma tonalidad. El pensamiento de que en alguna parte existiría un país alemán donde el idioma, teniendo como en todos los otros pueblos su patria, y que sufría constantes cambios y desarrollos, posiblemente nunca les habrá llegado a la mente.

En realidad el alemán de esta gente en su expresión y vocabulario se había distanciado bastante del lenguaje literario de la patria alemana. Como en la escuela nunca se había enseñado el lenguaje y la gramatica, que se hubiera orientado a la situación lingüística de Alemania, se había formado una propia forma de idioma en la acentuación, contenido, aplicación y expresión, que ni en Alemania se hubiera entendido. Pero se supuso que el idioma de ellos era el alemán correcto y estaban dispuestos a ofrecer muchos sacrificios en pos de su conservación. Cuando alquien buscaba mejorar el idioma, entonces se lo consideraba vanidoso y altanero. Todo lo nuevo que el hombre de la calle no podía seguir, era sospechoso de un claro desvío de la humildad y de la posición de la bajeza. El idoma alemán vivía entre estos menonitas conservadores una miserable existencia. ¡Lo que no se cuida, corroe!

No todos estaban del todo de acuerdo con lo que se hacía, se cuidaba y ejercía en la iglesia. Había también aquellos que no vieron a tal educación dirigida egoísticamente de color de rosa. En los apuntes del Anciano Martin C. Friesen se lee: *"Antes de que dejáramos Canadá, dijo uno de los predicadores en su discurso de despedida: 'Si no conseguimos mejorar nuestra educación en el hogar y en la escuela, la emigración no tendrá mucho sentido'."*

El fracaso de los intentos de compromiso y nuevos intentos de emigración

La negación del ofrecimiento de compromiso a la iglesia Chortitzer de parte del ministerio de educación era para esta gente un golpe en la cara. Consternados e indecisos pensaban qué sería mejor de ahora en adelante. Habiendo suprimido la idea de la emigración hasta bien lejos, ahora salió a luz en forma espontánea, originada en primera línea por la preocupación del futuro de sus hijos. Ellos vieron un futuro lleno de tinieblas.

La delegación de los Colonos Antiguos volvía en estos tiempos de Sudamérica de un viaje de investigación. Ella no había encontrado lo que buscaba, que eran los privilegios. Como pioneros en la agricultura se los había recibido con beneplácito en todos los lugares.

Esta delegación no había estado en Paraguay. Habían escuchado que en el Paraguay existían buenas posibilidades de recibir los privilegios, como lo deseaban los menonitas. Así los Chortitzer de la Reserva Oriental, los Sommerfelder en la Reserva Oriental y los Antiguos Bergthaler en Saskatchewan contaban desde el comienzo con una emigración a Paraguay. México era demasiado inseguro políticamente por haber pasado recién por una dura revolución. No se nota en ningún momento que ellos sabían algo sobre el Chaco, sino se trataba simplemente de Paraguay. Al comienzo tuvieron en cuenta algunas regiones de los Estados Unidos, pero habían recibido ahí informaciones insatisfactorias.

La congregación de los Antiguos Bergthaler bajo la dirección del Anciano Aaron Zacharias, había preparado en la mitad de 1920 una delegación. En setiembre del mismo año los Sommerfelder elegían dos hermanos y la Chortitzer presentaba a un hermano para esta delegación.

La congregación de los Colonos Antiguos de la región de Hague en Saskatchewan no estaba satisfecha con el resultado de la delegación que las iglesias de los Colonos Antiguos de Swift Current y de Manitoba habían mandado a América del Sur, especialmente con que el grupo no había visitado Paraguay. Esta congregación enviaba en octubre de 1920 una delegación al Paraguay.

Los Antiguos Bergthaler se habían propuesto mandar su delegación al Paraguay en setiembre. Ahora esperaban a la delegación de Hague, para escuchar las informaciones que traían del Paraguay. La delegación Hague regresó recién en navidad. Los otros Colonos Antiguos ya habían borrado a Paraguay de su lista, y los Colonos Antiguos de la delegación Hague hacían lo mismo. Su delegación no les recomendaba al Paraguay y tampoco el Chaco. Posiblemente se les habrá informado de alguna fuente, que algunos privilegios se referirían exclusivamente al asentamiento en el Chaco. Al Chaco lo habían visto, aunque solamente la parte más baja, el sur, que periódicamente cae bajo las aguas de las inundaciones. Durante su visita había estado bajo las aguas. Un poco antes lo habían regado fuertes lluvias.

Pero le informaron a los Antiguos Bergthaler que en el Paraguay existían posibilidades de asentamiento y de privilegios.

Durante el tiempo de regreso de la delegación Hague los Chortitzer y los Sommerfelder le dirigían al gobierno de Manitoba una solicitud. Era la última presentación, el último intento, de mover al ministerio de educación para que permitiera el funcionamiento de sus escuelas privadas. Por más que ya no tenían la esperanza de alcanzar algo, querían por lo menos intentar. Al mismo tiempo querían comunicar al gobierno que habían decidido emigrar, si el gobierno no estaba dispuesto a hacer algunas concesiones. Uno puede partir del pensamiento de que su desesperada decisión iba a torcer la actitud del gobierno. Una parte de la presentación dice como sigue: *"Si se nos saca totalmente la enseñanza de la religión cristiana de nuestras escuelas, no podemos sobrevivir como congregación menonita porque sabemos que lo que es la escuela esto será la iglesia. Si siguen las limitaciones y la presión como hasta ahora, entonces nos sentimos obligdos a buscar una nueva patria, donde podamos vivir según nuestra fe. Nos separamos doloridos de corazón de Manitoba que amamos y con la provision de Dios nos ha sido un lugar de refugio. Nosotros hemos degustado bajo la protección y la benevolencia del gobierno provincial incontables cosas buenas, por lo cual agradecemos a Dios y al gobierno en lo más encumbrado."*

Acto seguido pidieron en nombre de la iglesia no molestarlos en su afán difícil de emigrar y no empujarlos a hacer algo en contra de su conciencia.

El gobierno supuestamente no reaccionó a la presentación. Posiblemente no se creía que estos menonitas iban tomar la decisión de emigrar. Se iban a tranquilizar y después hacer causa común como muchos otros y la mayoría de los otros. Y si finalmente una parte saliera de esta gente cerrada, entonces que salga, la mayoría iba a quedarse.

Es pensable que aquellos partidos de gobierno de Manitoba y de Saskatchewan se metieron en la cabeza de que le iban a mostrar a estos menonitas conservadores que ellos tenían la última palabra y no los menonitas. Los Colonos Antiguos y también algunos Antiguos Bergthaler fueron encarcelados, y otros pagaron multas por no mandar a sus hijos a las escuelas del gobierno.

Cuando miles de estos laboriosos agricultores dejaron su hogar emigrando y un nuevo partido de gobierno llegara al poder, este inició un nuevo rumbo: *"Personas que con empatía están con altos dirigentes entre los políticos nos aseguran que a muchos les daba demasiada compasión el hecho de haberlos presionado para que la enseñanza de una segunda lengua sea prohibida. Que también en las clases sociales se abre una conciencia tolerante, como se puede concluir de las expresiones del nuevo presidente de los liberales, el señor Robsons, que fue muy prudente al referirse al campo de la educación escolar y a las medidas que han expulsado a gente laboriosa del país o también bajo presión, esto debería conducir a sacar nuevas conclusiones."*

Concluyendo se ha de decir que posiblemente sería unilateral y con eso un juicio no justificado, cuando corto y perezoso se presentaría a los emigrados menonitas como corto de entendimiento y su cuestión como una acción sin sentido, defendiendo solamente su derecho, como tantas veces se ha hecho. Tomaron en serio los valores inherentes de su vida comunitaria y eran sinceros en sus deliberaciones.

También los menonitas que se quedaron estaban inquietos sobre la forma cómo el gobierno de Canadá procedía en cuestiones de educación pública. En general los menonitas del oeste de Canadá no estaban de acuerdo con las consecuencias de la nueva ley escolar. La lengua alemana era para todos ellos la portadora y la protectora de los bienes culturales, que no querían ocultar a sus hijos. En esta lengua leían la Biblia, realizaban sus cultos dominicales y, para expresarlo más profunda- y esencialmente, se relacionaban con su Dios en la oración.

En noviembre de 1922 tuvo lugar una conversación de una delegación de todas las comunidades menonitas (solamente los Colonos Antiguos no estaban presentes) con las autoridades del gobierno en Winnipeg. También los Chortitzer y los Sommerfelder, que no emigraban, estaban ahí. Los grupos menonitas no concordaban en todos los aspectos. En la voluntad de conservar la lengua alemana en sus escuelas - paralelamente a la del inglés - estaban todos de acuerdo. También subrayaron en común la importancia de emplear en sus escuelas a maestros menonitas. El informe de esta reunión relata, entre otras cosas: *"El gobierno se mostró muy complaciente, en especial en la cuestión del idioma alemán, por más que no había que esperar una eliminación de lo comenzado legalmente."*

Alumnos y maestro de una escuela aldeana
menonita en Canada en 1920.

La aldea Bergfeld en Manitoba, Kanada.

La cosecha del campo se guarda en el depósito al lado
de la vivienda familiar.

La iglesia de la congregación de Chortitz en 1921 - los delegados informan
de las posibilidades de colonización en el Chaco paraguayo.

Migraciones de los Mennonitas

— Desde 1535 de Holanda a Prusia, desde 1788 de Prusia a Rusia.

— Desde 1874 de Rusia a Canadá, desde 1926-27 de Canadá a Paraguay.
(Fundación de Menno en 1927. Sommerfeld y Bergtal en 1948)

— Desde 1922 de Canadá a México, desde 1969 de México a Paraguay.
(Fundación de Rio Verde en 1969, Santa Clara en 1972,
Durango en 1978 y Manitoba en 1983)

— De Rusia a Paraguay.
(Fundación de Fernheim y Friesland, 1930-32, Neuland y Volendam en 1947-48)

— Durante el siglo XVIII de Suiza a Norteamérica. Desde 1967 de EE.UU. a Paraguay.
(Fundación de Luz y Esperanza, Agua Azul, Florida y La Montaña)

CAPÍTULO III

PARAGUAY EN LA MIRADA DE LOS BUSCADORES DE PATRIA

"... Los menonitas vienen junto a Ud. Señor Thornton, y piden el permiso de llevar sus escuelas según sus propios métodos, presuponiendo que funcionan. Es justo destacar que estos atrevidos pioneros, porfiando los peligros del desierto, han hecho del desierto un Jardin de Manitoba, donde educan a sus niños, contruyen iglesias y alaban a sus creador según sus propios métodos ..." Wm. Jennings O Neil en un escrito al Dr. Thornton, Ministro de Educacion de Manitoba, Julio de 1919

La delegación de los Bergthaler de Saskatchewan a Sudamérica en 1919

Los Bergthaler en Saskatchewan fueron los primeros que buscaron nuevas regiones para el asentamiento. Enviaron en 1919 a una delegación a Sudamérica. Los delegados eran Klaas Peters, Johann Hamm y Johann Heinrichs. En un escrito de Klaas Peters a Johann Braun en Grünthal, Manitoba, del 28 de febrero de 1919 expresa que después de un tire y afloje se tomó la decisión de enviar una delegación a Sudamérica, para buscar tierra para un asentamiento menonita y relacionarse con los gobiernos por las condiciones de asentamiento. Peters escribió que él había sido elegido unánimemente por menonitas de diferentes lugares para tal fin. No menciona que alguien más haya viajado con él.

El Dr. Walter Quiring escribe en 'Alemanes de Rusia buscan una patria', página 39, que fueron los tres hombres arriba mencionados los que viajaron por decisión propia y que habían tratado con los gobiernos de Uruguay, Brasil y Argentina sobre la inmigración de sus hermanos en la fe.

Peters escribe además que él había salido de su lugar de nacimiento Waldeck en Saskatchewan el 25 de enero de 1919, después de que le hayan entregado el dinero para el viaje. Como no menciona a los otros dos, se puede concluir que los dos viajaron costeando sus gastos. Peters escribibo además que posiblemente necesitaría siete meses para el viaje. Los otros dos ya volvieron antes. De esto se puede concluir que no tenían la misma responsabilidad que Peters. Lo que ha intentado Peters, no es conocido. Lo que se conoce es que no tuvo éxito en el pedido de un privilegio.

El Dr. Quiring escribe que en la iglesia de los Bergthaler de Saskatchewan el Anciano Aaron Zacharias apuró la preparación de la emigración. El trabajó en este sentido para preparar la salida si la cuestión de las ecuelas privadas resultaba desventajosa.

Parece justificada la aceptación que el Anciano Aaron Zacharias haya emprendido la investigación en Sudamérica para toda la comunidad menonita de los Antiguos Bergthaler de Canadá, porque una emigración solo para su pequeña congregación no hubiera sido posible. En realidad las otras iglesias no manejaron ideas de emigracion en ese momento. Se recordaba muy bien que la emigración de Rusia a Manitoba había sido una empresa inmensamente difícil.

Delegacion de los Colonos Antiguos a Sudamérica, a fines de 1919

Mientras que los delegados del Anciano Aaron Zacharias buscaban posibilidades de asentamientos agrícolas cerrados y concesiones de privilegios en Sudamérica, también los Colonos Antiguos de Manitoba y Saskatchewan decidieron enviar una delegación a Sudamérica. Esta delegación estuvo formada por seis hombres. Salieron de Canadá al principios de agosto de 1919. Viajaron por Ottawa y presentaron sus pretensiones en lo más alto del gobierno antes de salir de Canadá. El asunto principal era la escuela privada, unido con la lengua alemana. Estas dos libertades querían conservarlas. Pero ni ahí fueron escuchados y viajaron con rumbo a Sudamérica.

La comunidad de los Colonos Antiguos se expresaba contraria a cualquier compromiso en cuestiones escolares. No querían aceptar el inglés en las escuelas. No era esa una actitud de enemistad en contra de la lengua inglesa com tal, sino era el temor de perder la fe como consecuencia de la nacionalización de las escuelas.

La iglesia de los Antiguos Bergthaler no negaba la lengua inglesa tan radicalmente. Un grupo considerable entre ellos veía la lengua inglesa no como limitante de la enseñanza, por más que prefería la lengua alemana. Finalmente no más del 20 % de todos los Antiguos Bergthaler se decidieran por la emigración. Más del 80 % prefirió quedarse y contentarse con la situación de la escuela creada por el gobierno. El pequeño grupo decidió emigrar recién cuando el Ministerio de Educación negó la posibilidad de mantener sus escuelas privadas, aún introduciendo la lengua inglésa en ellas.

La delegación de los Antiguos Bergthaler que viajó a Sudamérica en 1919 estuvo compuesta por Klaas Heide y Kornelius Rempel de Manitoba, Johann P. Wall y Johann Wall (los dos predicadores) de la iglesia Hague en Saskatchewan y David Rempel y Julius Wiebe (también predicador) de la iglesia de Swift Current en Saskatchewan. Durante su estadía en Curitiba, Brasil, se enfermó Johann Wall de nudo intestinal y murió a pesar de todos los esfuerzos médicos para ayudarlo. Con el corazón herido sus colegas lo llevaron, lejos de su patria, al cementerio. La familia y la iglesia fueron informadas telegráficamente del suceso triste.

La delegación siguió viaje a Argentina y volvió en noviembre a Canadá. Ni Argentina ni Brasil habían aceptado darles los privilegios. Del Paraguay sabían que estaba dispuesto de recibir colonos agrícolas bajo condiciones favorables. Ellos mismos no se habían puesto en contacto con el Paraguay. Posiblemente el Paraguay les parecía muy pobre. David Harder, uno de los Colonos Antiguos, escribe: *"A ellos* (los miembros de la delegación. MWF) *les había iluminado una luz desde la pequeña República del Paraguay, pero habían considerado imposible cualquier inmigración hacia este país y lo habían dejado. Pero nuestra iglesia de Hague no perdió la esperanza de emigrar hacia Sudamérica y mandó otra delegación, y esta vez al Paraguay. Pero también ellos volvieron sin haber conseguido algo. Abandonaron la idea de ir a Sudamérica."*

Los Colonos Antiguos hablan con McRoberts

En el año 1919 los Colonos Antiguos hablaban con McRoberts en Nueva York. Le pidieron ayuda para un asentamiento nuevo. Si esto sucedió antes de su viaje a Sudamérica o después, no se sabe. Se dice que cuatro Colonos Antiguos se acercaron a McRoberts y le presentaron su inquietud. Qué situación, o quién tuvo la idea de ir junto a él, se desconoce. También McRoberts ha dicho más tarde que lo desconocía. Muchos opinan que Alvin Solberg, vendedor de tierras de Minneápolis, Minnesota, fue quien les recomendó buscar a McRoberts. El Señor Solberg se había ocupado del traslado de los Huteros de los Estados Unidos a Canadá, después de la Primera Guerra Mundial. Ahí habría entrado en contacto con los menonitas. Podría haber sido a través de colegas universitarios de McRoberts, que en aquel tiempo era banquero canadiense y habrá tenido que ver algo con los menonitas.

Queda claro: llegaron a su oficina y le presentaron su deseo. McRoberts denegó su pedido con la argumentación de que él no era un colonizador. Envió a esta gente a otra persona que conocía tales emprendimientos. Mientras tanto McRoberts informó a su esposa del encuentro con la gente de fe menonita, quienes se sentían presionados en Canadá por su fe buscando una nueva patria y le habían pedido ayuda en eso. Entonces su esposa lo convenció a él, como lo confesó más tarde McRoberts, de ayudar a esta gente. Ella era la hija de un pastor presbiteriano y muy devota. El destino de este pueblo menonita humilde y sincero había tocado su corazón.

Del otro personaje a donde McRoberts les había enviado y que supuestamente tenía más conocimientos en cuestiones de colonización, volvieron a McRoberts sin haber conseguido algo. Esta vez aceptó su pedido y les prometió hacer cuanto podía por ellos.

Fiel a su manera de ser (una cosa una vez emprendida por él lo llevó a su culminación), se dedicó plenamente al asunto de la colonización menonita, con toda su entrega. Se comunicó con el Señor Fred Engen y se dejó aconsejar por él sobre la cuestión del asentamiento menonita. Lo empleó enseguida en busca de posibilidades para un nuevo asentamiento. Los dos deliberaban juntos, buscando dónde habría un país que estaría dispuesto a acoger a los menonitas en un asentamiento según su deseo. Pensaron en África, Asia y Sudamérica - quedándose en Sudamérica. Acordaron juntos probar en Sudamérica.

Cómo McRoberts encontró a Fred Engen, es desconocido. Engen era un noruego con ciudadanía estadounidense. Como vendedor de inmuelbles había sido millonario, pero con negocios infelices había perdido toda su riqueza. El habrá vivido en una granja en Saskatchewan y por este motivo pudo haber conocido a los menonitas. Posiblemente los menonitas fueron quienes hicieron que Fred Engen y McRoberts se conocieran. Engen apreciaba mucho a los menonitas, quienes lo impactaron por su negación al servicio militar, impresionándole mucho ya que él mismo pertenecía a un movimiento pacifista. No se puede descartar que Engen haya ocupado un rol en el traslado de los huteros de los Estados Unidos a Canadá después de la Primera Guerra Mundial. También allá el motivo del traslado fue el **rechazo de la guerra**. Por sobre todas las cosas Engen estaba interesado en la cuestión menonita. El fue a Sudamérica en 1919 por encargo de McRoberts.

Fred Engen en Sudamérica, 1919 - 1920

No se sabe a ciencia cierta cuáles países sudaméricanos visitó Engen durante su viaje de búsqueda de posibilidades de asentamiento. En la primera mitad de 1920 estuvo en Bolivia. Teniendo a mano el mapa del Gran Chaco Boreal dirigió su mirada a la extensa blanca y no poblada superficie de esta región, preguntándose qué posibilidades para la agricultura habría ahí. Las informaciones del en general desconocido interior del norte del Gran Chaco eran poco motivantes, especialmente lo que se refería a los pueblos originarios, los indígenas de este desierto virgen. Tenían la mala fama de ser los enemigos irreconciliables del hombre blanco. Descripciones acerca de la constitución geográfica del Chaco central paraguayo no las había. De asaltos de indígenas sí, cuando los blancos se atrevían de entrar en el inmenso desierto, se sabía más que suficiente.

Engen procuró entrar a este desierto desde Bolivia. No tuvo éxito. No se sabe por qué no lo logró. Se fue entonces a Paraguay y procuró en Asunción constituir una expedición para la investigación del interior del Chaco. Presentó claramente su intención de organizar un encuentro amigable con los silvícolas, que vivían en el interior y hacer todo lo posible para alcanzar la meta. Nadie se prestaba a tal aventura. Al contrario se lo aconsejó a Engen en serio que no debía organizar tal excursión.

Puede ser que hubiera habido gente dispusta a arriesgarse, si Engen hubiera preparado una expedición armada hasta los dientes. De esto Engen no quería saber nada. El quería como William Penn alguna vez en Norteamérica, pactar una amistad con los silvícolas. Engen se fue río Paraguay arriba hasta Puerto Pinasco para deliberar ahí sobre su propuesta. Eligió Pinasco, posiblemente porque ahí vivían algunos de sus conciudadanos que podrían ayudarle con toda seguridad, planificar su obra y llevarla a cabo. Y así sucedió. Fue una idea inteligente la de ganar la simpatía de los indígenas Toba para la expedición, porque estos tenían una relación amistosa con los indígenas Lengua quienes eran conocedores de las profundidad del infierno verde.

Engen volvió una vez más a Asunción posiblemente para realizar algunas compras y depositar su dinero en uno de los bancos. No quería llevarlo al desierto. McRobert le proveyó una buena cantidad de dinero. En Asunción informó que quería entrar al 'Infierno Verde'. Los señores del banco querían saber cómo disponer más tarde del dinero, suponiendo que él ya no volvería. Engen les aseguró que él mismo quería disponer del dinero y lo retiraía a su regreso. A la gente de Asunción no le quedó otra que advertir nuevamente a su amigo reaccionario, mover la cabeza en señal de incomprensión y decirle: *'hasta-luego, o hasta-nunca-volver-a-verse'.*

Posiblemente habrá sido en el invierno, en mayo y junio del año 1920, cuando al final de los 90 Km del ferrocarril de Pinasco saliera una pequeña expedición con mulas y sus montados desaparecieron de a poco detrás de los arbustos. Llevaron consigo algunos animales cargados. Habrán sido indígenas Toba los que acompañaron a Engen.

Algunos meses atrás había llovido mucho. Vastos territorios del Chaco estaban bajo agua. Como Engen quería explorar el terreno a caballo, se fueron en dirección oeste, desviando del camino a veces o en dirección sur o al norte. El objetivo principal era el oeste profundo, el 'territorio desconocido', como lo llama el mismo Fred Engen en sus cartas. Para eso debieron que circundar bosques y lagunas con aguas profundas. Repetidas veces tuvieron que pasar por trayectos largos cubiertos de agua, especialmente en las extensas savanas de palmeras. Muchas veces el piso era pantanoso y las mulas y los burros cargados avanzaron solamente con la entrega de todas sus fuerzas

disponibles. En realidad todo el tiempo era un adelantarse muy dificultoso. Se avanzó a pesar de esta realidad cada vez más en el misterioso desierto de bosques espinosos del 'Infierno Verde', por donde entraban exclusivamente aventureros bajo el menosprecio de su vida.

En todo este viaje el tiempo no era ni seco ni caluroso. Pasto y agua para los animales había en abundancia. Alimentos para si mismos lo llevaban consigo, los burros llevaban pesada carga. Había suficiente salvajina o animales silvestres que los acompañantes sabían apresar muy bien, faenarlos y prepararlos para comer. La comida que traían consigo consistía en galletas, carne de conserva, yerba, azúcar y otros más. Engen tuvo el acompañamiento ideal para lograr sus propósitos. Quién sabe si la expedición hubiera tenido éxito si Engen hubiese llevado a gente de Asunción, como se había propuesto originariamente. Los Toba eran para los Lengua gente que cuando entraban en su territorio, no despertaba sospecha. La relación entre estas dos etnias había sido siempre buena, según el relato de los historiadores.

Cuando los montados y los burros cargados habían encontrado un lugarcito seco para la noche, que no siempre era tan fácil, los indígenas sabían encender un fuego a pesar de la humedad reinante, y para este fin se sirvieron de la madera del Palosanto. Alrededor de la fogata que iluminaba agradablemente la noche de la región salvaje y que producía un ambiente cómodo a los investigadores del desierto, preparaban su té. Cerca del fuego abrían sus mantas y sus ponchos sobre el piso para cubrirse y protegerse para el descanso de la noche.

La conversación entre Engen y sus acompañantes se realizaba a través de un español quebrado. Existía una relación de confianza entre los casi civilizados indígenas y el líder de la expedición. Engen veía - y esto era una característica de su forma de ser - lo mejor en sus acompañantes, y los indígenas a su vez se dieron cuenta de que en este hombre blanco podían confiar irrestrictamente. Esto lo han confirmado repetidas veces aquellos que más tarde entraron juntos con Engen en el desierto. Engen, y así so afirmaban, sabía ganarle toda la confianza a los indígenas y hacer que se entreguen a él, para ofrecerle incondicionalmente sus servicios.

Se podría decir que fue suerte que la expedición montada había sido emprendida durante una época del año en que los rayos solares no caían tan calurosamente sobre el suelo chaqueño resecando y calentando todo. Al contrario experimentaban días húmedo-fríos, el cielo lleno de nubes grises y constantes lloviznas cayendo sobre los ponchos de los hombres montando los caballos. Cada arbusto y cada bosque que tocaban, hacía caer las perlas del regalo de la humedad sobre ellos. Después de dos semanas de un viaje cansador llegaron a una región que se diferenciaba marcadamente de la anterior. Era más alta, tenía otra clase de pasto y estaba libre de bajadas de agua. Habían alcanzado la región que por el tipo de suelo pertenece a la parte oeste del Chaco, ya fuera de los terrenos inundables.

Encuentro amistoso con los Lengua Norte

En la última noche con rumbo hacia el oeste escuchaban no muy lejos el ladrido de los perros. Se aseguraban mutuamente que podrían haber llegado a un rancho de los Lengua Norte, lo que habían esperado ya. Era una noche estrellada y fría y prácticamente no podían dormir. Decidieron salir temprano y cabalgar hacia la dirección presumida. En el frío amanecer encontraron el lugar de donde había salido el ladrido de los perros. Era realmente un rancho de un grupo de los Lengua Norte. El campamento se encontraba al borde del bosque, rodeado de pasto alto.

Ahora los perros ladraban horroríficamente. Precavidos salieron algunos de los indígenas de sus toldos de pasto y miraron en la dirección señalada por los perros. Tres caballos con sus jinetes aparecieron. Uno de los jinetes era un hombre blanco. ¿Qué podría significar eso? No era algo cotidiano. Las mujeres y los niños sacaron sus cabezas temerosas de las aberturas de los toldos miserables cubiertos con pasto y se retiraron rápidamente al interior de las chozas redondas. Sentimientos inseguros habrían dominado a esta gente.

Algunos de los hombres más corajudos se abrieron paso hacia los jinetes, que habían parado sus caballos a cierta distancia de ellos. ¡Otra vez un hombre blanco con el acompañamiento indígena! Esto lo habían vivido los Lengua Norte hace mucho tiempo en la región del más tarde denominado Neu-Mölln. Ahí habían aparecido unos hombres de los Lengua Sur en compañía de un hombre blanco a caballo.

Los indígenas que acompañaron al hombre blanco le habían dado a este un exelente testimonio. Aquel hombre habrá sido el misionero de la Misión Anglicana de la región del Montelindo, el señor Wilfred Barbrooke Grubb, que por encargo de la Iglesia Anglicana de Inglaterra estaba accionando desde fines del siglo pasado en la zona del Montelindo.

Cuando los Lengua se acercaban lentamente, Engen los saludó a través de los Toba y les deseó una bienaventuranza de corazón. Les hizo preguntar si querían ser sus 'amigos' y les hizo entender que él también quería ser su 'amigo'. Ellos respondieron que querían también entablrar amistad con él.

Era una mañana muy fría, y los jinetes tiritaban de frío. Los Lengua, que fácilmente contactaban con los Toba por ser sus amigos de antaño y sus idomás se parecían bastante, enjuiciaron al hombre blanco desde la perspectiva de los Toba, e invitaron a los tres a entrar en su toldo. Los extraños aceptaron con gusto la invitación. Adentro lucía una fogata agradable que daba suficiente calor. A los animales se los liberó de sus monturas y cargas. Se los ató con los lazos largos en los árboles y los arbustos para que puedan pastear.

En el interior de los toldos más espaciosos, calentándose cerca de la fogata, Engen procuraba conversar con los anfitriones a través de sus intérpretes acompañantes, que podían entenderse con los Lengua. Pronto Engen sacó algunos regalos y buscó comestibles en sus bolsas. Primero le dio galletas. Los indígenas admiraron a estos objetos duros y Engen le mostraba cómo consumirlos. Ávidos devoraban las galletas. También los caramelos los chupaban con gusto. Entonces Engen abrió las latas de conserva y se los ofrecía. Esto no les entusiasmó mucho al comienzo.

El sol subía de a poco y calentaba el borde del bosque y la toldería en medio del pastizal. Engen empezó a preguntarles sobre la constitución del terreno más hacia el oeste. Recibió la información de la existencia de más savanas como esas.

Este primer encuentro tuvo lugar en la región de Campo Esperanza. No en vano Engen llamó a ese lugar 'Campo Esperanza', ya que daba esperanza para grandes asentamientos menonitas futuras.

Engen procuró de esclarecer a los indígenas - así informan los mismos indígenas que en aquel entonces estaban en la toldería - que hombres de su raza, es decir hombres blancos, que no matan a ninguno de los indígenas ni a otros hombres, posiblemente irían hacia allí para vivir con ellos. Estos les darían de comer. Entonces Engen quiso saber lo que pensaban en el caso de que esto realmente sucediera. Los indígenas respondieron que estarían a favor de la llegada de esta gente junto a ellos.

Este encuentro de Engen con los silvícolas, mucho más amistoso de lo esperado, en el misterioso desierto de este bosque tendría una importancia mucho más trascendente. Los tres jinetes del desierto se agolparon para volver por el camino alegremente; en especial el señor Engen, quien estaba muy entusiasmado del Chaco como lugar para la colonización menonita. Se alegró del descubrimiento que había hecho, y por el contacto excelente experimentado con los indígenas. Los encontró como buenos y amistosos y estaba convencido de que había encontrado lo que él y sus encargados buscaban.

Un mes después de adentrarse en el Infierno Verde misterioso apareció Engen en Asunción. Estaba otra vez ahí, el hombre atrevido y del cual se creía que de puro desprecio propio se metía en una aventura muy peligrosa que muchos antes de él ya habían pagado con su vida. Estaba de vuelta entero, con vida y alma. Y pudo hablar de grandes cosas, no como había luchado y vencido a los indígenas, sino cómo les había estrechado la mano para sellar un pacto de paz y cómo habían tomado su mano, como niños. Esto lo contaba con gusto. Además informó que había descubierto tierras extensas para el asentamiento de los menonitas, un terreno ideal para la implantación de un Estado de Paz. Engen tuvo un sueño que llegó hasta el punto que los mismos menonitas no querían que sea cierto. Porque la fundación de un Estado de Paz estaba lejos de sus intenciones. Ellos querían formar una comunidad de paz. Con su entusiasmo por el Chaco Engen creó puentes para un poblamiento, que de otra manera nunca se hubiera cristalizado.

De vuelta en Asunción a Fred Engen le era muy importante entrar en contacto con su jefe, McRoberts. La cartera de negocios le era conocida. Según ella McRoberts tendría que estar a esa altura en Buenos Aires (agosto). Engen tenía la dirección del Hotel en donde McRoberts se hospedaba. De prisa le envió un telegrama en inglés. Lo formuló breve y claro, y la frase central expresaba: ***"I found the promised land"*** (**Encontré la tierra prometida**). El telegrama terminó con la exigencia de que McRoberts se trasladase lo más rápido posible a Asunción.

Ahora sucedían cosas que para un programa de colonización menonita según la concepción de McRoberts no estaban ni intencionalmente previstas. McRoberts no tenía previsto llevar a los laboriosos menonitas al Paraguay. Este pequeño y pobre Paraguay no era de su agrado. Pero ahora parecía que todo estaba planificado de antemano. McRoberts había llegado a Buenos Aires a fines de julio y a comienzos de agosto como lo decía el calendario de actividades en manos de Fred Engen. En el viaje transatlántico de Nueva York a Buenos Aires habían sucedido cosas insignificantes, que al comienzo no tenían nada que ver, pero después serían decisivas en el proyecto menonita. Recién mucho más tarde se reveló que todo, también lo aparentemente nada relevante, enganchaba perfectamente lo uno en lo otro. Y casi como en un mosaico donde falta una pequeña partecita importante, cuando está a mano, cierra el hueco en posición perfecta. En forma parecida salieron aquí a luz las particularidades una tras otra como si nada y crearon una imagen completa, compacta y en si cerrada de las posibilidades de un asentamiento nuevo de grandes proporciones.

En el Paraguay había sido electo un nuevo presidente, el Dr. Manuel Gondra. Gondra estaba en los Estados Unidos durante las elecciones y con él uno de los hombres de gobierno más prominentes de aquel tiempo, el Dr. Eusebio Ayala. Estos dos señores paraguayos viajaban en el mismo barco de vuelta a Sudamérica en que estaba el señor McRoberts. El capitán del barco sabía de sus visitantes y pasajeros ilustres y acercó a McRoberts a los paraguayos. El viaje de Nueva York a Buenos Aires duró tres semanas. De esta forma se sentaron juntos estos señores y conversaron. El Dr. Ayala hablaba perfectamente inglés y por eso podían hablar sin contratiempos con McRoberts. Este también le contó entre otras cosas la cuestión de los menonitas buscapatrias, que quería llevar a la Argentina. Les contó de la laboriosidad de estos agricultores y lo que habían alcanzado como pioneros en este menester. Les enseñó también diferentes asuntos de su historia. Los paraguayos estaban entusiasmados y decían que esta gente sería de agrado para su país. Cuando McRoberts les informó que la gente menonita pedía ciertos privilegios, que procuraba conseguir en la Argentina, los paraguayos respondieron que estaban dispuestos a ofrecerle mucho más en caso de que la Argentina no les concedería estos privilegios.

McRoberts quedó en Buenos Aires y los paraguayos siguieron en un vapor a Asunción, pero invitando antes a McRoberts a visitarles en la capital paraguaya. McRoberts no prometió nada, porque ahí no tenía ningún negocio que cumplir. En Buenos Aires realizó sus negocios y después presentó a sus amigos en el gobierno argentino la cuestión de los menonitas. Ellos respondieron que con mucho gusto lo recibirían a los agricultores menonitas en el país, pero sin darles privilegio alguno. Lo habían hecho una vez con un grupo de inmigrantes, pero con malas experiencias.

La petición de McRoberts no resultó frente al gobierno argentino. Y justo en ese momento llegó el telegrama de Fred Engen desde Asunción. Una **invitación del Presidente del Paraguay** de irse a Asunción la tenía en sus manos, y ahora vino al mismo tiempo la supuesta altamente importante invitación de Fred Engen. ¿Qué podría significar esto?

Samuel McRoberts se preparó y se fue en dirección a Asunción.

McRoberts y Engen en Asunción en 1920

Engen esperó a McRoberts en Asunción a donde este llegó a finales de agosto. Los dos tenían muchas informaciones que intercambiar. Engen informó de su viaje al interior del Chaco.

La cuestión indígena, posiblemente la más difícil en cuanto a la entrada al desierto del Chaco Paraguayo, Engen la creía solucionada. Los indígenas habían sido muy amables y amistosos, y no podía imaginarse algo más agradable que eso. No se habían mostrado renegados ante la posibilidad de un asentamiento del hombre blanco en su hábitat.

Sin embargo, quedaban todavía dos cuestiones a solucionar. Primero con relación a la cuestión de la tierra. Engen estaba seguro de que la tierra para una posible colonizacion que había encontrado pertenecía a Casado. La pregunta era si Casado estaría dispuesto a desligarse de ella. La segunda pregunta tenía relación con el tema de los derechos especiales. ¿Qué diría el pueblo paraguayo en caso de que a los menonitas se les otorgaran estos derechos?

Como el presidente Gondra, que en ese momento ya estaba en el poder desde hacía dos semanas, y el Dr. Ayala conocían muy bien a McRoberts, este estaba muy bien venido. El Dr. Ayala, Ministro de Relaciones Exteriores, tenía la responsabilidad de recibir a la alta visita. Y como sabían que los menonitas justamente venían por la cuestión que habían tratado en el transatlántico, el recibimiento fue mucho más caluroso. Paraguay recibía con beneplácito a nuevos agricultores, ya que los inmigrantes que venían a Sudamérica se quedaban generalmente en el Brasil o en la Argentina.

En la noche del 27 de agosto se ofreció un cena en honor a la alta visita, y a la misma se invitó a varias personas del gobierno paraguayo y de la embajada americana en el Paraguay. McRoberts asistió acompañado de Fred Engen, y el Presidente Gondra se esmeró en convencer a los visitantes de la 'colonización de los menonitas' en el Paraguay y hacerles conocer el asunto. También se deliberó en qué círculo representativo se le daría la oportunidad a McRoberts de presentar el tema de los menonitas en el Paraguay como agricultores con los consabidos y deseados privilegios.

Las tratativas en un barco sobre el río Paraguay

El Presidente tuvo una idea: Se haría una excursión con un grupo de personalidades prominentes y de directores. La propuesta se aceptó. Se subieron en la bahía de Asunción a un buque de guerra y recorrieron durante dos días el hermoso río Paraguay. Autoridades de instituciones del estado, los hombres de negocios más encumbrados y altas personalidades de la Iglesia Católica tomaron parte de la excursión. Estaban también los hombres de prensa de Asunción formando parte de la misma.

La figura central de esta excursión extraordinaria fue el General McRoberts y el tema más importante de la conversación fue el de los menonitas. McRoberts informaba en inglés. El Dr. Eusebio Ayala que dominaba el inglés habrá hecho un trabajo excelente de traducción; esto fue demostrado en los informes que en los siguientes días aparecían en los diarios de Asunción. Se encuentra en los diarios en aquellos días una presentación detallada y correcta de la historia de los menonitas, una confirmación de que el Dr. Ayala y McRoberts realizaron muy bien sus deberes. El Dr. Ayala era un defensor acérrimo de la colonización menonita en el   Paraguay.

La excursión fue un éxito rotundo. Cuando la 'excursión flotante' se estaba acercando a su fin en el segundo día, los vasos se levantaron por el bien de la colonización menonita en el Paraguay. ¡Los menonitas tenían que venir!

Fuera de la historia de los menonitas, como se menciona arriba, los diarios de Asunción traían artículos breves sobre la inmigración misma. El diario El Liberal escribía el 30 de agosto de 1920: *"El General McRoberts está en nuestro país y presenta a nuestro gobierno la cuestión, si estaría dispuesto de permitir un asentamiento grande de miles de integrantes de una secta religiosa, llamada 'menonitas'. Ellos desean mantener su propio idioma, sus costumbres y su religión. También desean ser liberados del servicio militar obligatorio.*

Se dice que esta gente es muy laboriosa y muy consciente en conservar las ordenanzas de su religión. Son ricos. Se piensa que vendrán unos 40 mil. Ellos traen todo lo necesario consigo, para desarrollar un asentamiento floreciente. El terreno para el asentamiento lo van a adquirir de su propia cuenta y también todo lo que será necesario para dedicarse a la agricultura.

Se presentará un proyecto legal, una ley, que les dará los derechos deseados, el fundamento sobre el cual vendrán al país para vivir aquí.

Este tema será tratado más adelante; porque se trata de la problemática de la colonización que motiva a varios pareceres.

La contribución de esta gente acomodada y laboriosa debería resultar muy positiva para el desarrollo de nuestro pueblo en el sentido social y económico."

Al día siguiente, el 31 de agosto, el mismo diario publicó otro artículo: *"En nuestra edición de ayer informamos que un grupo numeroso de menonitas están pensando de venir a Paraguay. Los menonitas son de confesión cristiana, conocidos bajo el nombre de anabautistas. El fundador de esta secta era Menno Simons, un reformador holandés, nacido en Witmarsum (Friesland) en 1505, y muerto en la cercanía de Lübeck alrededor de 1561. El comenzó como obispo católico, salió de la iglesia y se unió con los anabautistas y se dedicó a la pura prédica evangélica. Se dedicó plenamente y con toda entrega a sus feligreses.*

Gracias a su amable y convincente retórica, su comportamiento ejemplar y los testimonios de su vida devota y seria vida personal, logró grandes avances en representación espiritual de los anabautistas, por lo cual le eligieron como su líder. Su mérito era el de revivir la comunidad religiosa que había sido anestesiada por la persecución en aquellos tiempos, y diferenciarlos de las sectas violentas como los anabautistas munsterianos. El respeto hacia las leyes del gobierno y subordinación a las autoridades ciudadanas eran siempre temás de sus prédicas. Fue perseguido y tuvo que vivir constantemente en el anonimato.

Se dice que Menno Simons fue de brillante presencia racional. Cuando una vez estaba de viaje y la policía lo estaba buscando, se acercó al vehículo donde él se encontraba entre los viajeros. La policía se acercó primero a Menno Simons (sin saber que justamente era él a quien buscaban) y le pedían revisar entre los viajeros, si Menno Simons estaba entre ellos. Lo hizo. Después se dirigió a la policía, sus traidores, y les dijo que los viajeros habían respondido que Menno Simons no estaba. La policía estaba contenta con la respuesta y siguió su camino. Por nada en el mundo Menno Simons quería mentir, solamente que no decía nada acerca de su persona.

Él publicó muchos escritos. La obra más importante era el 'Tratado sobre el Fundamento de la Fe' (1536). Este tratado originó mucha discusión. Sus escritos fueron sintetizados y editados bajo el título: 'Las obras completas de Menno Simons'.

Los seguidores de la secta menonita bautizan solamente a adultos. Ellos rechazan cualquier autoridad en cuestiones de la fe. La interpretación de la Biblia es para ellos cuestión personal. No ocupan cargos de Estado. La guerra la consideran atea y por eso rechazan el servicio militar."

Los Colonos Antiguos se deciden por México

Mientras que en Sudamérica, en el humilde Paraguay, por la cuestión de la inmigración menonita se sucedieron cosas llamativas, así sucedieron también historias llamativas entre los menonitas conservadores del oeste de Canadá.

La mayoría de los Colonos Antiguos había borrado a Sudamérica de su lista de colonización y se habían decidido por México. Y esto pasó justamente en el tiempo en el que Engen se esforzó en forma especial con la atrevida y fatigosa investigación en el centro del Chaco Paraguayo, y después conjuntamente con McRoberts pusieron en marcha la colonización menonita en el Paraguay. Un pequeño grupo de los Colonos Antiguos, la congregación de Hague en Saskatchewan, mandó en la segunda mitad del año 1920 una vez más una delegación a Sudamérica, y ahora directamente a Paraguay, para investigar el Chaco Paraguayo. No estaban satisfechos con el resultado de la investigación realizada por la delegación. Esta delegación estuvo en el Chaco un poco más tarde que Fred Engen. Esta se compuso por tres hombres: Abram Klassen, Jakob Friesen y Franz Dück. Salieron para Sudamérica el 9 de octubre y volvieron en navidad. Llama la atención que no llegaron a comunicarse con Engen ni con McRoberts.

Fred Engen habrá estado en ese momento en Buenos Aires y habrá tratado con los Casados sobre las tierras. McRoberts había regresado a Nueva York, para llevarles a los Colonos Antiguos, quienes habían confiado en él, la buena noticia de lo que se había encontrado en Sudamérica. Pero ellos ya no querían saber nada de Sudamérica. Ellos querían ir a México.

El pequeño grupo de Hague que todavía no desechó Sudamérica, envió otra delegación a Paraguay por su propia cuenta. La misma penetró desde Puerto Pinasco en el Chaco. La región estaba bajo agua en esta época. Por eso la delegación volvió enseguida con la determinación de que el Chaco no era apropiado para el asentamiento agrícola. La delegación volvió sin haber contactado con autoridades del gobierno u otras autoridades.

Por qué la congregación de los Colonos Antiguos envió una comisión de investigación al Chaco y cómo le vino a la mente la idea del Chaco Paraguayo, no se sabe. Que la delegación no haya tenido un encuentro con Fred Engen se debe a que la misma encontró el Chaco como inútil para objetivos de agricultura, opinando que allí solamente existían solamente terrenos bajos que se inundan cada verano. Si Engen los hubiera encontrado, posiblemente habrían ido a casa con otra impresión sobre el Chaco. Engen estaba muy entusiasmado con el Chaco en ese momento. Pensaba haber encontrado una región paradisíaca, especialmente para los Colonos Antiguos.

Los Antiguos Bergthaler se deciden por la emigración

En aquel tiempo sucedía algo con lo cual nadie había contado, pero que cabía excelentemente en el proyecto de colonización fomentado por McRoberts y Engen. Unos Antiguos Bergthaler habían decidido emigrar y buscaban las posibilidades justo en ese tiempo. El último ofrecimiento que le hicieron al Ministerio de Educación de Manitoba de introducir la lengua inglesa bajo la condición de mantener sus escuelas privadas y enseñar también su religión, se había rechazado. A partir de este momento muchos creían que no podían quedarse en Canadá.

En Buenos Aires Engen esperaba a que McRoberts enviara una delegación de los Colonos Antiguos a Sudamérica, para entrar con ellos en el interior del Chaco. Pero ya no querían saber nada de Sudamérica. Ahora los Antiguos Bergthaler estaban dispuestos a entrar en el bote que habían rechazado los Colonos Antiguos. Estos, que no querían tener relaciones ni con los Antiguos Bergthaler ni con otros menonitas habían abierto ahora un camino de emigración para otros.

Los Antiguos Bergthaler prepararon una investigación del Chaco. Fue así: En el momento de regreso de McRoberts de Sudamérica, uno de los delegados de los Colonos Antiguos viajó a Nueva York en 1919, posiblemente para informarle a McRoberts de su decisión de no ir a Sudamérica, sino a México. En ese momento también viajó Johann Priesz a Nueva York, que tenía relaciones amistosas con los Antiguos Bergthaler. Priesz era de Altona, Manitoba. Tenía que hablar con McRoberts en nombre de los Antiguos Bergthaler. Esta visita en Nueva York supuestamente tuvo lugar sobre la base del rechazo de los Colonos Antiguos. Priesz encontró en McRoberts un oído abierto. Y ahora eran los Antiguos Bergthaler quienes, aconsejados por el General McRoberts, preparaban una delegación al Chaco, y no los Colonos Antiguos.

Una delegación de los Antiguos Bergthaler en el Chaco

El Anciano Aaron Zacharias de la congregación de los Antiguos Bergthaler de Rosthern, Saskatchewan, había preparado una delegación a Sudamérica a fines de 1920, esta vez al Paraguay. La delegación a Sudamérica de 1919 no pudo captar el interés de los menonitas en Canada para una colonización menonita. En 1919 trajo una buena noticia del Paraguay, por más que ellos no se habían interesado por este país. Bernhard Töws, un miembro de la expedición al Chaco en 1921, resalta en sus apuntes que habló con uno de los delegados de los Colonos Antiguos que habían estado en Sud-américa. Este había afirmado que en el Paraguay existían posibilidades para la concesión de derechos especiales en cuestiones de la fe. Por ese motivo posiblemente se trasladó al Paraguay la delegación de los Colonos Antiguos de la región de Hague en 1920. Pero no se pudo averiguar cómo los Colonos Antiguos llegaron a conocer al Paraguay. De McRoberts y de Engen no pudo haber sido, porque ellos investigaron la nación sudamericana recién a fines de   1920.

Claro está que se tuvo actitudes muy positivas de parte del gobierno paraguayo hacia asentamientos agrícolas. Pero no puede haberse tratado del Chaco, porque el mismo Paraguay supuso que el Chaco era inhóspito e inapropiado para la agricultura. La idea del Chaco como región de asentamiento comenzó recién en la segunda mitad del año 1920.

El Anciano Aaron Zacharias ya pidió por una expedición al Paraguay antes de que eso fuera conocido por McRoberts y Engen. Quería que también las otras congregaciones de los Antiguos Bergthaler participaran. Las otras congregaciones en Manitoba esperaban todavía una solución favorable de la situación escolar, aunque ellos debían ceder ante los requerimientos del gobierno. Era la congregación de los Sommerfelder en la Reserva Occidental, lejos la mayor de todas la congregaciones de los Antiguos Bergthaler, que menos estaban interesados en emigrar. Hubo un pequeño grupo en esta congregación que decididamente se opuso a la prohibición de las escuelas privadas. Varios de sus feligreses fueron encarcelados porque se opusieron a mandar a sus hijos a las escuelas instaladas por el gobierno.

Y justamente este pequeño grupo de los Sommerfelder que en ciertos asuntos era más severo que la congregación Chortitzer en la Reserva Oriental, planificó ya una emigración antes que esta, que ya a mediados del año 1920 realizó tratativas con las autoridades educativas de Manitoba. Cuando fracasaron todos los intentos de llegar a un compromiso, esta congregación desarrolló la idea de la emigración en masa. De los Sommerfelder con un total de 1.000 familias, 100 familias decidieron emigrar a México y solamente 50 al Paraguay. De los Sommerfelder de Herbert en Saskatchewan al final no emigró, ni a México ni al Paraguay.

Cuando la congregación de los Chortitzer terminó con las tratativas con el gobierno canadiense, la mayor parte de esta congregación se interesó por Paraguay. Cuando se realizó la emigración en 1926, el 40% de la congregación decidió participar, siendo el grupo líder en el traslado costoso hacia el Paraguay.

Los Antiguso Bergthaler de Rosthern de Saskatchewan y los Sommerfelder de Manitoba habían preparado a sus hombres para una expedición al Paraguay, cuando McRoberts regresó con el mensaje de Paraguay. Los Sommerfelder había elegido dos personas, el señor Bernhard Töws y Johann Klassen. El Anciano Aaron Zacharias tenía preparado sus delegados ya desde antes. La congregación de los Chortitzer eligió un delegado recién cuando McRoberts había regresado de Paraguay. Era Peter F. Krahn.

Mientras que Fred Engen esperaba en Buenos Aires, McRoberts presionaba en el norte para que salga la delegación. Cuando el viaje a Sudamérica y la investigación de una región inhóspita, desértica, un terreno perteneciente a los indígenas, estaba por iniciarse, dos de los delegados se retiraron, uno de los Chortitzer y uno de los Sommerfelder. La congregación de Chortitzer eligió en lugar de Peter F. Krahn a Jakob Dörksen y del grupo de los Sommerfelder Isaak Fehr en reemplazo de Johann Klassen. Los dos delegados de la congregación de los Bergthaler de Rosthern, Saskatchewan eran los predicadores Jakob Neufeld y Johann Friesen.

Mucho más tiempo de lo pensado duró la preparación de los documentos para el viaje. También se estaba esperando la llegada de la delegación de los Colonos Antiguos de Hague que había viajado al Paraguay, que recién llegó en la navidad de 1920. Esta delegación informó que el Chaco paraguayo no era apropiado para asentamientos agrícolas. Uno se pregunta por qué no investigaron la Región Oriental, en vez de volver enseguida. Estas expresiones de los Colonos Antiguos de Hague y el informe de McRoberts sobre el Chaco estaban contrapuestos como el día y la noche. Los Antiguos Bergthaler le creían más a McRoberts y se prepararon para viajar al Paraguay.

Por fin, en febrero de 1921, llegó la hora: el viaje pudo iniciarse. Los cinco hombres electos de la congregación de los Antiguos Bergthaler asumieron la difícil tarea de investigar el Chaco y realizar las tratativas pertinentes con el gobierno paraguayo. Los dos hombres de Saskatchewan eran predicadores, los otros eran agricultures, uno de ellos también maestro privado.

Las congregaciones enviaron con los cinco delegados un líder y consejero del viaje, el señor Johann Priesz de Altona, Manitoba, quien anteriormente había ido a Nueva York para contactar a McRoberts sobre el asunto de la emigración y de la expedición. Por eso la expedición al Paraguay estaba compuesta por seis personas del ámbito de los menonitas en Canadá.

El señor Priesz pertenecía a ninguna de las congregaciones, pero siempre en toda su vida había estado en la comunidad de los Bergthaler y los Sommerfelder en Altona. Era originario de la comunidad de los Colonos Antiguos y la había dejado por diferentes motivos. En Altona manejó un negocio con máquinas agrícolas. Era ducho en cuestiones de derecho. La gente lo llamaba el 'abogado de los menonitas'. Aceptó con gusto la nominación para la expedición y no quiso que se le pague por el tiempo del viaje, sino solamente los costos del mismo. El tiempo que sacrificaba para eso lo deberían indemnizar las curiosidades que se presentarían durante el viaje, que se convirtió para estos hombres en una excursión grande y rica en experiencias.

El señor Bernhard Töws escribió una poesía en vista al viaje largo y lleno de responsabilidad y la cantó con su familia como oración al despedirse:

De corazón amado Padre mío,
yo pido a través de Cristo, tu hijo:
de desgracia nos protegas,
en este viaje por tu gracia.

Quisieras ser tu mismo con tu promesa,
Una muralla de fuego alrededor mío.
Protega mi alma y mi cuerpo,
En casa también el hogar, hijo y mujer.

De enemigo malo y de muerte rápida,
De bandidos, fuego y necesidad de agua,
De malos animales, pecado y vergüenza,
Seas protección segura por tu mano.

Para el viaje y la intención mía,
Dame tu bendición divina,
Para que cree utilidad y consejo,
Y todo pase con provecho.

Tu ángel santo envíame,
Para que seguro me diriga y guíe;
El diablo y toda mala gente
Aparte de mi y los eches.

Mi Dios, llévame feliz al destino,
Y alegre me devuelva al hogar.
Alabanza, elogio y honor te quiero
Decir desde el fondo de mi corazón!

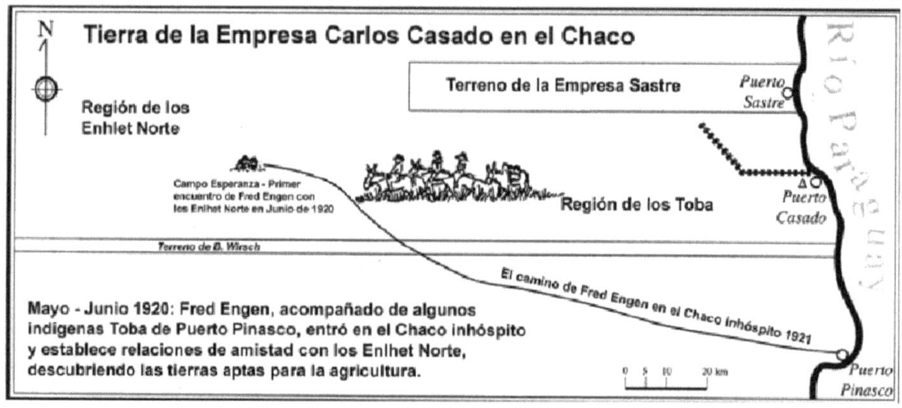

Toldería indígena de la zona recorrida por Fred Engen en 1920.

El Dr. Manuel Gondra - Presidente del Paraguay que en 1920 invitó a los menonitas para inmigrar al país.

CAPÍTULO IV

LUZ VERDE PARA EL "INFIERNO VERDE"

"Nosotros creemos que esta tierra (Chaco) con sus diferentes ventajas y favorecido por su clima suave puede servir para el asentamiento, siempre y cuando se establezca el ferrocarril para comunicarse con el puerto sobre el río Paraguay. Un areal grande de tierras vírgenes espera aquí la cultivación de la mano del hombre ..."

Paraguay / Chaco Tierra de patria,
librito de la Intercontinental Company
Winnipeg, 1921

Los delegados menonitas con McRoberts

Varios escritos de aquel tiempo, especialmente el diario del miembro de la delegación Bernhard Töws, nos permiten echar un vistazo a aquel viaje inusual.

En la tarde del 11 de febrero de 1921 un grupo salió con el ferrocarril de Winnipeg a Nueva York. Los dos delegados de Saskatchewan habían llegado hasta allí de antemano. Aquella mañana del 11 de febrero de 1921, la congregación de los Chortitzer de la Reserva Oriental había organizado una fiesta de despedida, que tuvo lugar en la iglesia de Grünthal. Se quería no solamente que estos hombres tuvieran un viaje exitoso, sino que a través de la protección y la conducción divinas vuelvan sanos y salvos a casa de un viaje largo a una región totalmente desconocida. Querían entrar en un desierto que por ley de la naturaleza pertenecía a los indígenas.

Después de la llegada de los dos de Saskatchewan salió el grupo, menos Bernhard Töws, a la tarde de Winnipeg con el ferrocarril rumbo a Nueva York. Bernhard Töws se quedó varios días en Winnipeg por no estar en orden sus documentos. Él había vivido poco tiempo en los Estados Unidos después de la muerte de su primera esposa, casándose en segundas nupcias y adquiriendo la ciudadanía estadounidense. Después de su regreso a Manitoba no se había arreglado su ciudadanía canadiense. Por eso pudo acoplarse a los delegados recién algunos días más tarde.

En Nueva York se fue enseguida a la oficina de McRoberts, donde no encontró solamente a los cinco delegados, sino también al Anciano Aaron Zacharias. Conversaron por lo menos una hora con McRoberts, ya que a él le debían todo lo que se había emprendido en el 'asunto paraguayo'. Luego se fueron al Hotel Keller. Para la noche McRoberts les invitó a su casa, donde conocieron también a su señora esposa y a su hermana. Les contó cómo había entrado en su emprendimiento. Su esposa le había convencido por el asunto de los menonitas. Ella fue autora de canciones cristianas. Le entregó a los visitantes un libro con la colección de canciones, editada por ella.

Durante la cena el delegado Bernhard Töws se sentó al lado del General McRoberts. Este se había ocupado personalmente de que Bernhard Töws recibiera la nacionalidad canadiense para poder recibir también los documentos para el viaje.

Töws y Dörksen habían llegado de Rusia a América como personas adultas y hablaban el ruso. McRoberts llegó a viajar por Rusia y se acordó de los cantos rusos. Algunos de los delegados conocían canciones en ruso y cantaron para sus anfitriones una canción en este idioma. También presentaron algunas canciones en la lengua alemana.

Mucho se habló de la importante misión a Sudamérica para investigar una regió inhóspita. Ya cerca de la medianoche McRoberts los llevó de vuelta al hotel. El siguiente día, el 22 de febrero visitaron la gigantesca ciudad de Nueva York con sus diferentes espectaculares sitios de belleza y sus rasgacielos. Era el cumpleaños de Washington y todos los negocios estaban cerrados.

Viaje por el océano y estadía en Buenos Aires

El 23 de febrero los delegados subieron al barco 'Vauban' de la empresa Lamport & Holt. A la tardecita se puso en movimiento el palacio nadante dirigiéndose al alta mar. De a poco se perdió la extensa Skyline de Nueva York, donde el rasgacielos más altos estaba llegando a la mitad de la altura de los que hoy en día allí existen. Se encontraban ya en alta mar, cuando les llegó un telegrama de un amigo americano, preocupado por ellos y deseándoles expresamente un buen viaje lleno de éxitos. Era Alvin Solberg, vendedor de inmuebles de Minneápolis del estado de Minnesota. Este hombre se hizo miembro de la 'Intercontinental Company' cuando la emigración a Paraguay se convirtió en realidad.

En el segundo día del viaje en alta mar subieron las olas a raíz de un fuerte viento. El barco se movió fuertemente y varios delegados se enfermaron mareados. El viaje por mar de Nueva York hasta Buenos Aires duró 18 días. Durante el viaje no hicieron ninguna parada. El viaje además no fue tedioso. El movimiento y la vida en el barco fue divertido. Se pudo observar muchas cosas, desde el paso de las olas durante los fuertes vientos y los peces que se mostraban en la superficie del agua. Muy maravillados se quedaron con los peces voladores, que con ímpetu salían del agua y en forma de arco volaban por sobre el agua. Una vez un pez volador se cayó en el barco, por más que la superficie del barco estaba bien alta. El barco mismo le parecía al los hombres como un palacio nadante. Tenían la impresión de estar en una pequeña ciudad.

Los delegados viajaban en segunda clase. Podían pasar a tercera clase, pero no a la primera. Entre los más de cien pasajeros había gente muy diferente. También magos se anunciaron. Querían tener clientes. Un brasilero había estado en Chicago y había comprado perros de la raza Bulldog. Pagó 750 dolares por un perro. Los perros los tenía consigo. Otro sudamericano, con el cual se conocieron, sacó aparatos llamativos para beber de sus enseres y les mostró cómo se tomaba el té en Sudamérica. Eran los hoy muy conocidos objetos para tomar tereré: la bombilla y la guampa. Y la maleza verde y cortada era la yerba. Le mostraba a los admirados canadienses cómo uno se servía de ella y cómo se succionaba el té sudamericano. Tenía mucha yerba en un recipiente, vertía un poco de agua sobre la yerba y succionaba el elemento amargo a través de un cañito de ocho pulgadas. Para los delegados era una pequeña introducción a su visita al   Paraguay.

El 6 de marzo cruzaron el Ecuador. Este pasaje se festejó ostensiblemente, por más que a los delegados les parecía extraña la forma cómo se manifestaba la festividad. A la noche alcanzaron Pernambuco (hoy Recife). Allí escucharon muchas novedades de todo el mundo. Sucesos de los últimos días, que les informó un reportero de una radio local. En alta mar se tenía solamente comunicación radiofónica con aquellos barcos que pasaban por la misma ruta oceánica.

Constantemente se encontraron con barcos o se adelantaron a barcos más lentos, especialmente barcos de carga. También el clima trajo cambios divertidos en el trajín diario del viaje en alta mar. Una vez el mar con el oleaje turbulento y la otra el silencio absoluto por la ausencia del viento, como si yaciera como un espejo plano. De vez en cuando aparecían fuertes tormentas tropicales.

En la noche del 10 de marzo entraron suavemente en la hermosa bahía de Río de Janeiro, bordeada de luces brillantes. Tenían tiempo hasta el 12 de marzo para observar la hermosa ciudad portuaria de Sudamérica y la bahía más linda del mundo. La oportunidad fue aprovechada al máximo. Una perspectiva impresionante sobre la ciudad tropical la tenían desde una elevación, de un alto cerro corcovado de 700 metros. En el jardín botánico admiraron la infinita variedad del mundo de las plantas. Había una planta que cuando se la tocaba sus hojas se cerraban hacia arriba. Era una planta sensible (mimosa púdica). En el Chaco existen plantas parecidas. Gigantescas nenúfares habían ahí, la Victoria amazónica, que llegaba a tener un diámetro de dos metros. Uno de estos delegados escribió de noche en su cuaderno de apuntes: *"Cuando uno ve tantas flores y plantas diferentes y la cordillera, pen-*

sando lo que se podría ver durante todo el año, entonces uno tiene que pararse, pensar y exclamar: ¡Señor, qué de maravillas has preparado todo!"

En la calle admiraban a las mujeres que sobre la cabeza balanceaban grandes canastos llenos de frutas. Pensaban que de repente podría caer uno de estos recipientes llenos. Durante su permanencia no lo habían observado. El canasto se mantuvo siempre en equilibrio y también en el caso de que se sentara o se levantara con él. Era una extraña manera de transporte, opinaban los delegados.

En la tarde del 12 de marzo el barco salió de la hermosa bahía de Río de Janeiro rumbo a alta mar. Las máquinas del buque a vapor desarrollaban 7.1 caballos de fuerza. Los delegados visitaron el lugar de las máquinas, dejándose explicar algunas que otras cosas sobre las mismas. El conductor del barco pasó con los delegados por una cámara frigorífica, donde el hielo colgaba de la pared. Ahí se sintieron más en casa que bajo el sol tropical.

La siguiente estación fue Montevideo. Se quedaron algunas horas para seguir el viaje a Buenos Aires. Allí llegaron el 17 de marzo, y fueron recibidos por Fred Engen, que desde ese momento sería su acompañante y el conductor de la expedición al interior del Chaco. Se hospedaron en el hotel Wilson.

En Buenos Aires se quedaron hasta el 27 de marzo. Comenzaron con la planificación de la expedición al Chaco. Hablaron con los Casado, que en esta ciudad tenían su oficina central. Los delegados no desaprovecharon la visita a la ciudad. Buenos Aires era en aquel entonces una metrópoli. En las calles rodaban muchos autos. Muchos se servían de los tranvías, pero también de los carros tirados por caballos, cachapés, más otros vehículos tirados por animales. En un momento sucedió un accidente de tránsito lesionándose levemente uno de los delegados y Engen. Después de recibir primeros auxilios volvieron al hotel.

En Argentina los delegados se interesaron en ver lo que se hacía en la agricultura y la ganadería alrededor de Buenos Aires. Salieron para observarlo. Ganado, caballos y ovejas ofrecían un buen aspecto. Había muchos de estos. Lo que les parecía extraño fueron los alambrados. Los postes fijados en la tierra estaban unos cuatro metros distante uno del otro. Estos mantenían los hilos de alambre estirados con los así llamados balancines, instalados verticalmente entre los postes. Los depósitos y los establos eran supuestamente menos importantes que en Canadá. Aquí se cultivaba también el trigo.

El 22 de marzo la delegación conjuntamente con Fred Engen se ocupó de la preparación de una solicitud escrita para la compra de tierras de los Casados, indicando también el objetivo de la compra de tierras. Además se encargaron de hacer una presentación al gobierno de Paraguay para expresarle su deseo de una colonización menonita en el Paraguay.

Para la noche se había planificado una conversación con los señores de la empresa Casado. Los Casado, especialmente el jefe, Don José Casado, mostraban gran interés en el poblamiento de la zona del Chaco central que les pertenecía. Agradable fue la coincidencia que Don José hablaba fluidamente alemán. El había estudiado algunos años en Alemania (Berlín) y dos años en Suiza. Había vivido durante 22 años en el Paraguay y conocía muy bien el Chaco. Sus conocimientos se referían solamente a la ribera del río Paraguay. La oficina de la empresa Casado estaba en Buenos Aires, hacia donde Don José viajaba de vez en cuando.

Don José Casado le llamó la atención a los delegados haciéndoles ver que la región del Chaco que Fred Engen había recomendado para la colonización, era inhóspita, un terreno natural virgen, diferente a una región habitada y civilizada. Considaraba que en esta región se podría cultivar trigo, pero exigiría cierto tiempo para realizarlo. Además dijo que no se debería empezar con el trigo, primero habría que probar otros cultivos autóctonos como la mandioca. Habría que comenzar enseguida con la ganadería, porque para esta actividad la tierra era apropiada. Más tarde habría suficiente tiempo para experimentar con el cultivo del trigo.

Contó a los delegados que su padre había introducido el cultivo del trigo en la Argentina y que había sido premiado por tal hecho por el gobierno argentino. También hablaba de 'porotos negros', que seguramente iban a resultar muy bien, para hacer aceite de motor para los aviones. Los llamó tártago (Rizinus). Hablaba de 60 pulgadas de lluvia por año en el Chaco (1.400 mm). Que hacia el interior se reducía la cantidad de lluvia, posiblemente no lo sabía. Lo que había observaba en el Chaco debería ser para todo el Chaco. Hoy sabemos que no siempre es así.

El 25 de marzo era viernes santo. Era un día lluvioso. Los delegados admiraron el ambiente tranquilo en la ciudad en este día. *"¿La lluvia obstaculiza tanto el transito?"*, se preguntaban. *"No"*, fue la respuesta, *"el viernes santo es un día importante, santo, que festejamos todos en silencio."* Ni un taxi se asomaba. Los mozos de hotel dijeron: "Ellos no son devotos, ellos están de huelga." Los delegados realizaron juntos una devocional de viernes   santo.

El sábado visitaron el zoológico. También allí había algunas sorpresas que observar.

El domingo de pascuas a las 9 de la mañana se los llevó del hotel al puerto. Posiblemente no parecía bien salir justamente una mañana de pascuas. No les quedaba tiempo para dedicarse según su costumbre a las contemplaciones y reflexiones de pascuas. Porque el plan de viaje debió ser cumplido. No todos los días salía una balsa con destino a Asunción. Así que terminaron por ahora con Buenos Aires.

Los señores José Casado y Fred Engen viajaron con ellos. Eran compañeros de viaje agradables, que dieron explicaciones detalladas sobre cosas extrañas y sorprendentes, especialmente el Señor Casado. También Fred Engen ya se encontraba en Sudamérica el tercer año seguido.

En la mañana de pascuas nuestros hombres se juntaron para una oración conjunta y una devocional en relación al suceso según el evangelio de la Biblia. Reflexionaron sobre el suceso de pascuas de los discípulos de Emmaus.

Durante estos días de viaje por el Paraná llovió constantemente. El miércoles pasaron la primera fábrica de tanino, en la que de la madera del quebracho se fabricaba el elemento para curtiembre, el tanino. La madera del quebracho se hundía en el agua, se les dijo, porque era 30% más pesada que el agua.

En Asunción

En la noche del 31 de marzo llegaron a Asunción. En el puerto había más gente que en los otros lugares visitados hasta ese entonces. Se hospedaron en el Hotel Cosmos. En el parque del patio del Hotel una orquesta de percusión ofrecía esa noche un concierto de música. Fue una programación animada. Para los canadienses, Asunción era realmente una 'aldea española', la cual conocían cada vez más, y fue realmente interesante. El programa de música no se realizó por su presencia.

El primer día de abril se abrió en Asunción con un clima maravillosamente agradable. A tempranas horas los gallos habían anunciado la mañana cercana. Cuando el sol subió sobre la pequeña histórica ciudad del sur de Sudamérica, pajaritos trinaban felices en los numerosos árboles y las alegres palomas zureaban en filas sobre los techos. Esto era Asunción, aquella ciudad de la cual esperaban tanto. Estaban ansiosos de cómo se iba a desarrollar todo. Allí querían quedarse por lo menos una semana, para prepararse para la expedición a la selva chaqueña.

Un tránsito no muy apretado pero colorido dominaba en las calles adoquinadas. Tranvías, algunos autos y muchos vehículos a dos ruedas, tirados por mulas, caballos y bueyes, rodaban y pasaron por las calles. Para los canadienses era un tránsito removido y extraño. Entre los bocinazos, vibraciones ruidosas y chillidos de los vehículos, y el empuje de los animales de tracción con fuertes gritos, se abrían paso las mujeres sobre burros con pañuelos blancos sobre sus cabezas y fumando cigarros gruesos. Sobre las espaldas de los burros colgaban en cada lado grandes maletas, llenadas con diferentes frutas. Al borde de las calles se veía también las casetas de comercio movibles, que ofrecían sus mercaderías en el suelo.

Asunción tenía en aquel momento más o menos 100.000 habitantes. Lo que a los delegados impresionó agradablemente fue el mundo de las plantas. Cuán bella era la ciudad verde en diferentes tonalidades, con tantas y diversas plantas ornamentales florecientes. Había muchos árboles, la ciudad era amable y atractiva. Se notaba en la gente que confiaba que el siguiente día también sería de ellos. Esto se expresaba con la palabra 'mañana'. El significado real de esta palabra pare ellos, los canadienses iban a experimentar bastante un poco más tarde.

También las instalaciones de las casas y del Hotel en que se hospedaron llamaron la atención de los canadienses, que conocían otras concidiones y costumbres. Todas las puertas y ventanas estaban a disposición de los insectos voladores. Entraba y salía a gusto. Cada una de sus camas tenía algo así como un tejido contra los mosquitos, llamado 'mosquitero', que cubría la cama durante la noche y durante la siesta. Por el mismo no entraban los bichos. Mosquitos zumbaban día y noche.

Muy contentos estaban los delegados con la comida que se les servía. Les gustaba excelentemente, por más que lo uno o lo otro les resultaba extraño, como el clima tropical mismo. La carne no estaba bien cocinada, pero tenía lindo gusto.

Entre el 1 y el 3 de abril pasearon por la tranquila ciudad (esa era la impresión de la metrópolis paraguaya). Algunos de ellos que poseían todavía una memoria viva de Rusia comparaban el colorido caos del mercado con lo que les era conocido de allá.

Pero al final todo era muy diferente a lo que conocían del norte.

Audiencia con el Presidente de la República

En la mañana del lunes 4 de abril se encontaron con el Senador, el Dr. Eusebio Ayala, que los había invitado a visitar el país. Durante una hora conversaron de los motivos de su presencia y después el Dr. Ayala se fue con ellos junto al Presidente de la República, Dr. Manuel Gondra. En primer término los canadienses experimentaron una recepción calurosa. Le entregaron al Presidente algunos escritos, que fueron tomados en cuenta por el Dr. Gondra. Eran dos documentos: el primero un escrito autenticado de su misión. Contenía los cuatro asuntos fundamentales:

"Plenipotencia
De la delegación menonita de (Sur) Manitoba y Saskatchewan, Canadá
El 1 de enero de 1921
Nosotros, los abajo firmantes Ancianos y predicadores de las congregaciones menonitas de Canadá, le damos las plenipotencias a los nombrados delegados como nuestros representantes, esmerarse por nuestra comunidad, representar

nuestros intereses y tratar con gobiernos del exterior por el asunto del asenta-
miento, y en el interés de la conservación de nuestros principios religiosos, en su
cuestión más importante, siguen:
Exoneración plena del servicio militar y con todos los servicios colaterales rela-
cionados,
Aceptar nuestro Si y No en vez del juramento,
El permiso de escuelas religiosas en nuestro idioma, el alemán,
Administracion propia de nuestras cuestiones de herencia y reglamentos de
seguros (como daños por fuego y otros)"

Siguen los nombres de los cinco delegados y las firmas de un Anciano y de
diez predicadores.

El segundo escrito estaba dirigido directamente al Presidente del Paraguay.
Lo habrán redactado conjuntamente con el Dr. Ayala. Rezaba lo siguiente:
"Somos un comité de las congregaciones menonitas de Canadá y venimos
para visitar su país. Le solicitamos algunos privilegios que se enumeran en
este escrito. Queremos, si Ud. confirma legamente nuestra solicitud, comunicarle a nuestra gente en Norteamérica de la confirmación de parte de Ud.
de estas prerrogativas. Si después de la investigación de las condiciones y
situaciones en su país nos damos cuenta de que no son apropiadas para
nosotros, vamos a informarle detalladamente a Ud. después del regreso del
Chaco, y la ley promulgada y ventajosa para nuestra gente se volverá nula.

Si le podemos presentar a nuestra gente un informe positivo sobre agricultura y la fundación de uno nuevo hogar conjuntamente con el documento
oficial de las prerrogativas pertinentes, creemos y estamos convencidos de
que muchos de nuestros hombres de fe menonita inmigrarán al Paraguay,
para ser ciudadanos fieles bajo las preferencias benignamente ofrecidas.
Esperamos que Ud. pueda darnos los privilegios deseados."

Después de la lectura y la conversación sobre los mencionados escritos se
pasó a la discusión de la solicitud de las prerrogativas. Los privilegios los delegados los tenían en una versión traída de su hogar, los habían reelaborado
en Asunción y traducido al español, lo que pasó también con los primeros
dos documentos. Con el Dr. Eusebio Ayala hablaron en inglés, pero al Señor
Presidente se tenía que presentárselo todo en castellano. Que la última versión fuese formulada en Asunción, se ve de la dirección de lugar y tiempo,
por estar ahí escrito: *"Asunción, el 4 de abril de 1921".*
El contenido reza así:
"1. Completa exoneración del servicio militar en tiempos de paz y de guerra, en
el ejército combatiente y no combatiente.

2. *La prerrogativa de un simple 'Sí' o 'No', sin la necesidad de juramento en asuntos judiciales y fuera de ellos.*

3. *Pleno derecho de ejercer los principios y determinaciones de la congregación, sin molestias cualesquiera y sin restricciones.*

4. *El derecho de tener nuestras escuelas privadas construidas con nuestras erogaciones y la educación de nuestros hijos en nuestra lengua que es el alemán, sin ningunas restricciones.*

5. *Administrar e invertir la herencia y la propiedad heredada de nuestra gente, especialmente de las viudas y de los huérfanos, en nuestra oficina de confianza, que llamamos el 'Waisenamt', según nuestras reglas y prescripciones, sin ninguna restricción.*

6. *La administración de nuestra mutual contra incendios.*

7. *La prohibición de la venta y el manejo de bebidas alcohólicas en la colonia dentro del límite de cinco kilómetros distantes alrededor de nuestra propiedad, a excepción de solicitar de parte de los responsables menonitas ante el Superior Gobierno, que tiene la plenipotencia de dar esta clase de permiso. Estos puntos arriba mencionados se desean por tiempo ilimitado.*

8. *Libre importación de herramientas domésticas, maquinarias, medicamentos, aserraderos, animales y herramientas de diferente índole, que sea necesario para el desarrollo de la colonia, y por un tiempo de diez años.*

9. *Nosotros consideramos necesario solicitar la liberación de impuestos nacionales y locales por un tiempo de diez años, contabilizado desde la llegada de los primeros colonos a su propiedad de tierra en el Paraguay, y la liberación de los impuestos aduaneros para la importación y la exportación de cualquier índole, también por el tiempo de diez años. Después de este tiempo esperamos que los colonos hayan tenido suficiente éxito por sus esfuerzos, que con gusto van a contribuir con su parte de impuestos para la manutención del Estado.*

10. *En el traslado de tanta gente siempre habrá un cierto porcentaje de miembros impedidos corporal- y mentalmente. Estos congéneres del grupo no pueden ser dejados atrás, por el motivo de pertenencia al pueblo y que son parte de él. Pero no pueden ser una carga para la región donde se asentarán. Naturalmente se desea que en estos casos de impedidos la intromisión de las autoridades de la inmigración quede ausente. Por el otro lado habría complicaciones por tal situación."*

Hasta aquí el 'Memorándum' como lo fue llamado por la comisión del Congreso, cuando el mismo llegó en julio para su tratamiento en toda su extensión, o también llamado el 'Proyecto de los Menonitas'. La conversación con el Presidente de la República duró una hora. Mientras tanto se había formado afuera una tormenta que arreciaba fuerte, y la lluvia cayó en grandes cantidades. Frente al palacio de gobierno estaban esperando dos autos para llevarlos de vuelta al Hotel.

El martes, 5 de abril, un señor Lindgren, agrónomo, que tenía una propiedad cerca de Asunción, llevó a los delegados en un bote a motor por el río Paraguay a su propiedad a 20 km de distancia. En el lugar de su llegada a la orilla del río vivía una familia en una choza muy simple, con la señora sentada y cocinando el almuerzo y fumando un grueso cigarro. Dos carretas con bueyes llevaron a los visitantes canadienses a la granja de Lindgren.

Durante el camino fueron sorprendidos por otra tormenta. El camino conducía a través de huertos de naranjos, y cuando durante el trayecto uno de los delegados extendió la mano para sacar una naranja, perdió el equilibrio y cayó de la carreta alta y se lesionó bastante.

Llegado a la hacienda de Lindgren, fueron saludados por uno de los parientes en alemán. La hacienda ofrecía muchas cosas dignas de ver de la agricultura local, entre ellos frutales cítricos. Ahí fueron invitados a tomar un mate, teniendo así la oportunidad de practicar lo que ya habían visto en el barco transatlántico.

El señor Lindgren, un sueco, que vivía ya hacía 27 años en el Paraguay con su señora, y supo ya informarles acerca de la agricultura paraguaya y mostrarles muchas cosas. Casi llegado la noche habían visto todo. Estaban sentados con el señor Lindgren para tomar un cafecito y le dirigieron muchas preguntas. Luego subieron a la carreta y volvieron a Asunción por tierra. Dos se quedaron con la familia Lindgren, el herido y uno de los otros para su acompañamiento. El que se cayó de la carrete debía tener reposo. La noche empezaba a cubrirlo todo con su manto de oscuridad cuando salieron del lugar.

A las 21 horas llegaron a Asunción. Durante el lento viaje tuvieron la oportunidad de observar a la gente de noche. Estaba sentada frente a sus chozas y laburaba en la luz de las fogatas. Alegres le devolvieron los saludos recibidos. El camino estaba ablandado por la lluvia y por eso en malas condiciones. Luciérnagas volaban en masas en la brisa de la noche.

En Asunción se quedaron un poco más de una semana. Durante este tiempo vieron e investigaron bastante. Se dieron cuenta de lo que se pudo comprar comparando los precios con los de Canadá.

En Puerto Casado

El 9 de abril los hombres subieron a un barco a vapor, acompañados por los señores Casado y Engen para ir río arriba a Puerto Casado. A cada lado del barco pendían grandes botes salvavidas. Los delegados llevaban consigo diferentes cosas compradas en Asunción, especialmente equipos para la expedición al Chaco, como camas de campo, mantas, zapatos idóneos entre otros. Sus camas de campo las instalaron en los botes del barco para la noche y dormían bajo el cielo sembrado de estrellas.

En Concepción, con una población de unos 10.000 habitantes en aquel entonces, el vapor se quedó por medio día, y se tuvo la oportunidad de visitar la pequeña ciudad y ver de cerca lo que se cargaba y se descargaba. Hubo muchas oportunidades durante el viaje para observar la vida y el movimiento de la gente. Fred Engen y Carlos Casado sabían informar mucho en ese sentido. Los seis menonitas en su capacidad de observadores no estaban en el mismo nivel. Observaron mucho y preguntaron por todo, porque había tantas novedades y extrañezas para ellos.

En líneas generales durante el viaje en barco no hubo mucho que ver en relación al movimiento y la población. En muchas partes el terreno era bajo, y se observaba que se inundaba fácilmente. Cuando el nivel de la orilla subía, había generalmente un rancho de barro o chozas de pasto, rodeadas por cítricos, bananos y las muy importantes plantas de mandioca. Abajo en la orilla yacía un bote.

Los delegados se dieron cuenta de que el pueblo vivía muy humildemente. Varios puertos pequeños fueron pasando. En Puerto San Salvador vieron una gran frigorífoco americano y así también en Puerto Pinasco. Era la 'International Products Corporation' de Chicago. En este lugar los Colonos Antiguos habían pisado la tierra hacía medio año entrando unos 100 km hacia el interior del Chaco. Luego se dieron por convencidos de que la tierra no era apta para la agricultura. Pero Engen supo informar algo más positivo. Uno tenía que entrar por lo menos 200 a 300 km al interior salvaje.

En Pinasco vieron una fábrica de tanino. En el puerto estaba anclado un barco de la empresa Casado, al cual subieron siguiendo el viaje.

El 13 de abril a las 7 horas de la noche llegaron a Puerto Casado. *"¡A Dios gracias!"*, escribió uno de los delegados en su diario *"hemos llegado felices y sanos a la meta de nuestro viaje. Ahora queremos entrar más en la región."* Habían llegado a la meta en el sentido de que iban a iniciar otra forma de viajar.

En Puerto Casado recibieron una casa para ellos solas y al lado vivía un hombre que les atendía y servía todo el tiempo. Se le dió a la delegación menonita la atención más encumbrada.

¿Cómo había surgido la ciudad portuaria de Puerto Casado en su momento? En el año 1886 el padre del señor José Casado - Carlos Casado del Alisal - había llegado al lugar buscando un terreno para contruir una fábrica de tanino. En 1891 había comenzado a producir en pequeña escala el tanino del Quebracho Colorado. Era la primera fábrica de tanino en Sudamérica, un elemento para la curtiembre. En el descubrimiento del tanino para la curtiembre habrán estado participando tanto alemanes como franceses, pero no se puede decir a ciencia cierta quién de los dos dio el primer paso. En 1899 se agrandó bastante la fábrica de tanino en Puerto Casado. Las maquinarias a ser usadas venían de Alemania. También el material y las máquinas para el ferrocarril, como los carriles y la locomotora fueron traídos de Alemania. La empresa Casado empleaba en el año 1921 ya entre 700 y 1.200 obreros, que en su mayoría trabajaban en la fábrica o en el patio de la misma. Una buena cantidad trabajaba también en el interior del Chaco, a 60 km de distancia, a lo largo del ferrocarril. A lo largo de los carriles se juntaban los troncos de quebracho con carretas y para su transporte a la fábrica se los acercaba al ferrocarril para alzarlos. Otros obreros estaban ocupados en la ganadería. Todo estaba organizado y cada sección tuvo un supervisor. Contaban con 22.500 animales y más de 400 caballos en 1921.

Los delegados esperaron más de dos semanas hasta el inicio de su viaje de investigación al interior del Chaco, por el hecho de que en el trayecto de los primeros 100 km se habían acumulado grandes cantidades de agua a causa de lluvias torrenciales, que se escurrían lentamente hacia el río Paraguay. Durante el tiempo de espera observaron y estudiaron Puerto Casado y sus alrededores. También viajaron por los 60 km del ferrocarril y visitaron instalaciones a lo largo de la línea férrea, como la lechería, el lugar de la cría de cerdos y de las plantaciones de cítricos y hortalizas. Montaban los caballos para ir con los empleados por las extensas savanas de palmeras. Visitaron varias estancias y se familiarizaron con su administración.

De vez en cuando entraron en contacto con gente de habla alemana. También en Puerto Casado había algunos empleados en altos cargos de origen alemán. Entre ellos se puede citar los nombres como Helmut Gärtner, Karl Hettmann, Wilhelm Nagel y otros. Gärtner y Hettmann tomaron parte del viaje de inspección al interior del Chaco, es decir, en la expedición menonita de 1921.

Bernhard Töws anotó todo hasta en los detalles. En casa quería informar y saber responder debidamente a las preguntas.

La región en que se encontraban los hombres canadienses se llamaba 'Chaco'. Fred Engen había encontrado un terreno en lo profundo de su interior que según su opinión sería apropiado para asentamientos agrícolas. Engen había informado a sus protegidos ya mucho de lo que había vivido el año pasado durante su cabalgar de semanas en el interior de este desierto y de sus experiencias durante el trayecto.

Ahora querían volver a entrar a la lejanía de este silencio misterioso de las savanas y los bosques. Pero ahora querían hacerlo con la comodidad pertinente. Iban a viajar con las carretas de grandes ruedas, y los bueyes iban a estirarlas en la región inhóspita y hostil. Querían llevar suficiente provista, más camas, estructuras plegables y carpas.

Durante la inspección a caballo un año atrás, Engen y sus acompañantes indígenas habían estado semanas enteras sobre las montaduras de las mulas y habían vivido noches incómodas. Había sido una inspección muy estropeada, por los largos caminos cubiertos de agua. En aquel momento se habían sentido muy felices al encontrar un lugarcito seco para la noche. Los indígenas Toba eran sus líderes. Supuestamente sabían que más hacia el interior habría tierras más altas. Un camino hasta ahí no había. Engen se orientó con una brújula y los indígenas según su sentido natural. Los Toba sabían hacia dónde se dirigían y Engen sabía lo que quería. Así había descubierto los cañadones arenosos maravillosos.

Los menonitas querían avistar ahora ellos mismos el terreno y emitir su opinión como experimentados agricultores. Engen estaba entusiasmado de sobremanera con su descubrimiento, llamando a esta región un paraíso.

Casado da su bendición

Cuando el 30 de abril de 1921 los expedicionarios salieron de Puerto Casado al interior del 'Infierno Verde', el Señor Casado deseó en forma especial mucha suerte para su misión y su importante encargo en la inspección del desierto. De todo corazón les dio una bendición calurosa y les entregó un documento en el cual expresó todo su interés en el asunto.

Rezaba lo siguiente: *"Mis señores enviados de los menonitas: A la solicitud del General McRoberts, a quien ustedes conocen, he tenido el honor de abrirles mis propiedades, para que puedan inspeccionar y opinar si es posible que un pueblo como el de ustedes pueda asentarse aquí y fundar una colonia.*

Ustedes me han sido recomendados calurosamente de parte del señor Fred Engen para una visita en Puerto Casado, y ustedes irán con él al 'interior de la Tierra'. Esta expedición es algo especial en su forma, en su preparación y en su ejecución, si se tiene en cuenta las condiciones locales especiales, ligadas a las grandes dificultades a consecuencia de las precipitaciones extraordinariamente fuertes y también por las comodidades necesarias para la expedición, que tuvimos en cuenta durante la preparación de la misma.

Yo espero que su presencia aquí como también su viaje al interior tenga el éxito correspondiente y que encuentren en el Chaco la oportunidad de un desarrollo exitoso e ilimitado para su pueblo.

Esta misión es de extraordinaria responsabilidad y esperamos que durante la ejecución no solamente tengan en cuenta las ventajas y prerrogativas para su pueblo, sino también que no dejen de considerar nuestros intereses.

Mi padre finado estaba lleno de esperanza de un futuro extraordinario y un desarrollo de estos terrenos e hizo todo lo que estaba a su alcance para desarrollar estas desérticas y desconocidas regiones. Y esta tierra haconfirmado el argumento de la visión y la perspectiva de mi padre, cuando a nosotros, sus hijos, ha posibilitado cosechar en parte los frutos de su siembra. Y por eso es una cuestión muy seria a considerar al evaluar nuestras tierras. Emitir un juicio definitivo con sentido abierto no partidario, y así no tendré la menor duda del exitoso final de esta expedición.

Con estos pareceres no quiero decir que estas tierras y sus condiciones de vida han de gustar a su pueblo. Si su opinión fuera contraria, no sería esto un motivo de condenar esta todavía nueva tierra. Nosotros amamos esta tierra, y pedimos a la divina providencia que haga cumplir nuestros deseos, para que mucha otra gente se decida seguir la invitación de asentarse y construir un porvenir venturoso.

Es nuestro deseo de llevar a feliz término las preparaciones y los ideales de nuestro padre y con esto levantarle el más bello monumento.

Las tierras aquí en el Chaco conforman en este tiempo el más grande terreno bajo un único título y en dominio privado de toda la Tierra.

¡A ustedes, mis señores, será encomendada la posibilidad a través de su obrar cultural convertir esta propiedad en un jardín, en dedicatoria al fundador de su fe, cuando ustedes y sus descendientes aquí vivan en prosperidad, en paz y felicidad en base a sus esfuerzos! Para este fin estoy dispuesto de ofrecerles toda mi ayuda y mis conocimientos de estas tierras.

Deseo a todos ustedes de corazón un feliz viaje, y estaré muy contento a su regreso de ofrecerles mi saludo de bienvenida en mi hogar, después de que hayan seguido sus obligaciones encomendadas y nada fáciles."

Así fue redactado el escrito del Señor Casado, en idioma alemán, y él mismo se los leyó antes de que se los entregara.

Al interior del Chaco inhóspito

El 30 de abril finalmente llegó la hora. Había que salir al desierto lejano, al 'Oeste Salvaje'. Primero viajaron 60 km por los rieles con el tranvía, que ya habían transitado varias veces anteriormente. El lugar donde terminaba el ferrocarril se llamaba 'Veinticinco de Mayo'. De ahí se debía seguir con las carretas de bueyes.

Por la mañana de este día, mientras Casado había conversado con los delegados y les había leído y entregado el escrito arriba mencionado, se había preparado diligentemente la caravana de la expedición en el Km 60. En cinco carretas se cargaron las cosas. En el ínterin se prepararon los asientos para los delegados y también para otros viajeros que no montaron uno de   los caballos. Llevaron 12 caballos consigo. Depositados fueron en las carretas diferentes conservas de frutas, hortalizas y carne, fideos, arroz, porotos, café, te, azúcar y mucho más. Además se llevaron camas replegables, mantas, mosquiteros y otras mercaderías más. Algunos caballos fueron montados, los otros llevados al lado de las carretas. 32 bueyes fueron arreados para el viaje y 20 de estos servían para la tracción de las carretas.

Fuera de Engen y los seis delegados habían once hombres más en la expedición: conductores de carretas, arreadores de bueyes y de caballos y jinetes, que constantemente rebuscaban el trayecto a ser transitado abriendo picadas en el bosque si fuere necesario. Entre los once hombres habían dos que hablaban el alemán. Eran obreros de la empresa Casado, los señores Helmut Gärtner y Karl Hettmann. Gärtner era el conductor de la caravana. Fue responsable del bienestar de toda la comunidad expedicionaria y su avance, más la llegada a destino. El señor Hettmann era responsable de la preparación del camino y de inspeccionar con anterioridad de lo que sería el camino a recorrer y ver cómo avanzar de la mejor manera posible. El tenía que abrir picadas por los bosques y los arbustos. Fred Engen era el responsable principal, el líder de la expedición. Y sabía a dónde quería ir.

Los peones de Casado habían llegado ya hasta Laguna Casado, lugar distante a unos cinco km del Viejo Pozo Azul (Pozo Azul cué). Se había llevado un pequeño camión hasta Laguna Casado antes de las fuertes precipitaciones, que le tenía que servir a la expedición. Las huellas del camión ya estaban borradas o bajo agua, y se tuvo que buscar de nuevo el trayecto. Por eso fue sumamente difícil avanzar. Constantemente uno se hundía o se empantanaba hasta las rodillas y mucho más profundo a veces, los bueyes muchas veces hasta el vientre.

La delegación menonita después de la conversación con el señor Casado y del almuerzo con él se fue al Km 60, donde debían de subir a la carreta. Todo estaba listo para salir cuando llegaron. La maleta de los delegados se depositó debajo del techo del cuero vacuno y después ellos mismos subieron a la carreta extrañamente alta para ellos, con dos ruedas de unos dos metros de altura.

En cada cajón de la gigante carreta estaba sentado un 'peón', que se servía de una picana corta y otra larga hecha de caña de bambú. Con estas empujaba a los dos bueyes a la par y los dirigía también porque no había una cuerda. Con la picana corta dirigía a los bueyes más cercanos y con la otra el par que estaba más lejos. Cuando quería virar a la derecha, tocaba con la picana al buey que estaba a la izquierda y al revés cuando el viraje debía ser a la izquierda. Durante esta ceremonia los peones emitían gritos extraños. Los bueyes entendían el mensaje y se metían de lleno a tirar el carro.

De esta manera se puso en movimiento crujiente la caravana de colonización y lentamente, pero relativamente segura se adelantó en la durmiente y silenciosa selva y de los cañadones, en el mal afamado 'Infierno Verde'.

Esta caravana introdujo una nueva era para el Chaco central paraguayo. Durante la tarde de aquel sábado se avanzó cinco km y se llegó a una laguna que se llamó 'Entrada Paraguarí'. Allí se instalaron para el domingo y recién el lunes partieron de nuevo. Era un grupo lleno de vida entre gente de tez blanca y morena, que tenían diferentes deberes y responsabilidades. Todos tenían una sola meta, la de llevar a cabo de manera feliz y terminar con éxito le expedición. Además era un grupo heterogéneo, muy diferenciado, no solamente en cultura, sino también en idiomas. Una parte de ellos hablaba el castellano y el guaraní, otros hablaban estos dos idiomas más el alemán. Uno hablaba el inglés y algo de castellano y los menonitas hablaban el inglés, el alemán y el dialecto alemán. En cinco idiomas se comunicaban.

El primer domingo en el interior del desierto cerca de una laguna apacible y en medio del pasto pasó en tranquilas conversaciones y observaciones de la naturaleza. Los delegados tomaron sus biblias, la leyeron, y meditaron en silencio. Pronto se acercaron observadores indígenas y mirararon con una curiosidad inocente al grupo llamativo. Un indígena mostró cómo se encendía su pipa de tabaco. Ahora eran los menonitas quienes observaban curiosos e interesados admirando cómo el roce de palitos de madera pudo dar origen al fuego. En un pequeño hueco de un pedazo de madera comenzó a surgir el fuego en un polvo fibroso. No era un encendido rápido, pero con el tiempo se encendía también el tabaco en la pipa primitiva de madera dura. Los indígenas ofrecían también hamacas autoconfeccionadas. Querían cambiarlas por otras mercaderías.

Los delegados inspeccionaban el ambiente y observaban la vegetación. Entre toda la flora descubrieron algo conocido. Se dieron cuenta al observarla de cerca, que era lo que en Manitoba se conocía como la 'cereza amarilla de la tierra'. Nombres botánicos para esta planta: cereza de la burbuja o cereza de los judíos.

El lunes salieron a tempranas horas. El avance era muy difícil. De los ocho kilometro que avanzaron por la mañana, la mitad estaba bajo agua. A la tarde avanzaron seis km más. El martes alcanzaron diez kilómetros. En el lugar de descanso al mediodía se acercaron indígenas. Ofrecían caña de azúcar como cambio de mercadería. En la siguiente noche acamparon en un lugar que se llamaba 'Gran Cacique Comisario'.

El miércoles 4 de mayo a la mañana avanzaron solamente cuatro km y a la tarde cinco. El suelo estaba muy mojado por tantas lluvias, había mucha agua, de vez en cuando profunda por donde debían pasar. A la mañana llegaron al riacho Mosquito; no podían esquivarlo. Este arroyo fue el motivo por el que no habían salido ya algunas semanas antes. Había estado inundado y demasiado profundo como para cruzarlo. Ahora estaba todavía muy profundo el agua. Al los bueyes el agua cubría las espaldas de los bueyes, las cajas de las carretas bastante altas se sumergían, y muchas cosas se mojaban. El sol del mediodía y de la tarde le era benigno a la caravana. Todo pudo secarse sin inconvenientes.

También era muy complicado el camino de la tarde. Varias veces se sumergieron las ruedas gigantes en el suelo pantanoso, donde los bueyes no solamente tenían que estirar a las carretas, sino los mismos entraron en la profundidad del fango hasta la panza siendo casi imposible avanzar. Repetidas veces necesitaban un descanso.

El cinco de mayo, un jueves, era el día de la Ascensión de Jesús. La caravana descansó ese día. Los delegados sacaron de nuevo sus biblias y las leyeron. Involuntariamente sus pensamientos volvían a sus seres queridos en la lejana patria, a la comunidad que posiblemente se acordaba de ellos repetidas veces. De pronto venían indígenas al lugar, hombres, mujeres y niños. Los niños corrían totalmente desnudos de aquí para allá, y también los adultos estaban escasamente vestidos, si lo que tenían puesto se podía llamar vestimenta. Eran apenas restos miserables de vestidos o solamente trapos. Los delegados comparaban esta clase de vestirse con Adán e Eva en el paraíso, cuando estos habían querido esconder su   desnudez.

Por la mañana del viernes habían viajado más o menos una hora, cuando en el agua de un metro de profundidad una rueda de una carreta se hundió de repente en el piso y toda la carreta se volcó. En esa carreta se encontraban cinco de los delegados. Al mediodía llegaron otra vez indígenas al campamento. En esa oportunidad ofrecieron frutas de un cactus de figo. Los delegados comieron de estas frutas. Las bajantes, que muchas veces estaban bajo agua, estaban cubiertas de pasto que a veces llegaba a un metro de altura.

La noche del 7 de mayo llegaron al lugar que se llama 'San Martín Caranday'. Se decía que estaba a 130 km del río. Aquí había una choza de troncos de palmera y un corral.

El 8 de mayo, el segundo domingo del viaje al desierto, la caravana paró a las dos de la tarde para el descanso dominical y después siguió más cinco km de viaje.

Los paraguayos no se apresuraban. Siempre tomaban suficiente tiempo para preparar una buena comida. El cocinero de la caravana ofrecía mucha variedad. El pan duro, como los delgados llamaban a las galletas, fue servido en cada comida. Una vez se servía tallarín con carne, después puré de arroz con carne y el tercer día puré de porotos con carne. A veces había batatas. La carne se llevaba en pedacitos. Eran como hilos secos, llamadas 'charqui'. Estos se cortaba en pedacitos añadiéndolos al puré. También había suficiente conserva de carne y suficientes frutas. Todo se servía según necesidad y deseo. Para beber había té y café. De vez en cuando había carne fresca. Se faenaba a uno de los bueyes que se llevó para el viaje. Entonces se preparaba und rico y sabroso asado que se sabía hacer impresionante-mente bien. La carne sobrante se cortaba en hilos fijados en una cuerda para secarlos al sol, mientras la caravana estaba parada. Antes de seguir el viaje se los embolsaba.

El lunes 9 de mayo la caravana se movía lentamente hacia el desierto silencioso. Soplaba un viento suave desde el norte, pero de repente cambió abruptamente y el viento empezó a golpear desde el sur. El cielo se nubló y una llovizna comenzó a caer. Durante ese día vieron la primera serpiente venenosa. Era una cascabel. El siguiente día llegaron a 'Laguna Casado'. Aquí estaba el camión que debía servir a la expedición en las regiones más altas. No se sabe a ciencia cierta qué se había prometido de este vehículo en el desierto, pero mucho no resultó. La región era demasiado inhóspita. Caballos eran más aptos. Constantemente se hacían inspecciones por largos senderos a caballo en diferentes direcciones al costado de la caravana.

En 'Laguna Casado' había un hermoso lago, hoy conocido como 'Laguna General Díaz'. Había allí un pozo artesiano con agua dulce, cavado por los peones de la empresa Casado cuando llevaron el vehículo hasta ahí. Se quedaron hasta el jueves. Aparecieron indígenas y los delegados observaron cómo un joven indígena atrapaba a los lagartos metiéndolos en la brasa de la fogata. Los dejaba ahí un rato, sacaba el intestino y comía el resto con todos los ingredientes.

Durante el miércoles 11 de mayo dejaron descansar a los bueyes todo el día. Los expedicionarios temprano montaron sus caballos y salieron hacia el sur y hacia el norte, con el consabido acompañamiento. Algunos se sentaron junto a Fred Engen en el vehículo y se fueron hacia el oeste. Llegaron a un lugar que les gustó para un campamento más tarde. Aparentemente era Pozo Azul Cué. Habiendo hasta ese momento muy pocos mosquitos, en Laguna Casado se volvieron muy agresivos.

El jueves la caravana se dirigió hacia el oeste cubierto de bosques. A la tarde cayó una lluvia. Cuando la tormenta se iba yendo hacia el este y el sol con todo su brillo se reflejaba en las nubes de la tormenta, los delegados observaron como en su casa el espectáculo del arco iris. Era por fin algo conocido como en el norte. Durante aquel día pasaron por toldos indígenas, donde reinaba una vida muy movida. Cabras balando, ovejas bramando y perros ladrando rodeaban el lugar.

De jueves a viernes llovió de nuevo. Se habían instalado las carpas, pero algunos delegados no tenían sus camas en el lugar correcto. Llegaba el agua de lluvia a las mantas y se levantaron temprano. Como era cerca del amanecer, encendieron la fogata y calentaron el agua para tomar su té. Se asombraron cuando observaron cómo la madera de Palo Santo prendía fácilmente, también en tiempo mojado y cómo el humo de esta madera espantaba a los mosquitos.

El viernes 13 de mayo viajaron de 7 a 13 horas. Los delegados Bernhard Töws e Isaak Funk montaron todo el tiempo en vez de estar sentados en la carreta. Llovió todo el día. Era agradable instalar por fin las carpas para la noche, para retirarse al lugar seco. Ese día se había pasado el trayecto de Pozo Azul en dirección a Campo Esperanza. Muchos km habían pasado por una savana angosta, arenosa y muy alargada, cubierta de pasto.

El siguiente día pasaron por un cauce seco en la cercanía de Campo Esperanza. En la zona de Cacique Bueno perforaron en busca de agua. Aquí se quedó la expedición el domingo de pentecostés, el 15 de mayo. El señor Hettmann había llegado con su comitiva a ese lugar. Se puso en marcha enseguida para inspeccionar el terreno hacia el oeste y encontrar las mejores posibilidades de viaje. El cielo se había abierto. Los delegados emprendieron algunos paseos por la naturaleza. En un lugar llegaron a ver algunas sogas, un cántaro y un maletín con diferentes cosas. Se dieron cuenta que a corta distancia había cabellos de hombre que salía de la tierra. Lo inspeccionaron y constataron que debajo del cabello había un cráneo humano. Era la tumba de un indígena, que había sido enterrado en posición sentada. Las cosas esparcidas habían sido de su propiedad. Se dejaron aquellas cosas para el uso en el más allá, así le enseñaron a los delegados.

También allí los indígenas llevaron maní para el cambio de mercaderías.

El lunes, 16 de mayo, la caravana superó el trayecto de Cacique Bueno a Campo Esperanza. Durante el trayecto pasaron por chacras de los indígenas. En pequeña escala se había plantado mandioca, batatas, porotos y maní. A las doce del mediodía descansaron. Era el lugar que Engen en su primer entrada a la región había denominado Campo Esperanza. Engen llegó sólo como hombre blanco, acompañado por algunos indígenas Toba hasta aquel lugar hacía diez meses. Allí había tenido su encuentro con los Lengua Norte, con los cuales había pactado la amistad y a quienes había regalado alimentos. En aquel entonces les había preguntado si hacia el oeste habría más tierras como esta. Los indígenas respondieron que había mucho más de estas tierras. El suelo ya era diferente y parecía ser el apropiado para la agricultura. Engen les había dicho a los indígenas que posiblemente vendrían muchos hombres blancos para quedarse y fundar hogares. Iban a ser buenos hombres que les darían de comer. Y había procurado de percibir si estarían dispuestos a recibirles. Le dieron la impresión de aceptarlo de buena gana. Ahora estaba de vuelta con algunos 'buenos hombres blancos', que querían o tenían que inspeccionar ellos mismos el terreno.

Algunos de los delegados tomaron el hacha, el martillo y el cincel y se fueron a la savana llena de árboles de quebracho. Eligieron uno de ellos, sacaron algo de la corteza y cincelaron los siguientes signos en la superficie: **ME - V - XXI**, que significaba: **'Expedición Menonita - Mayo - 1921'.** Allí vieron terrenos abiertos, savanas muy fértiles, extensas y con niveles altos. Los menonitas lo llamaron simplemente 'campo'.

El martes del 17 de mayo se fueron por el trayecto de Campo Esperanza hasta un campo cerca de la futura aldea de la Colonia Menno, Weidenfeld, que Engen nombró 'Loma Belén'. El viaje pasó por terrenos abiertos, con muchos árboles individuales y también arbustos bajos y en forma de cúpula. El suelo entre estos estaba cubierto por pastizal alto. Los árboles de las tierras de campo eran los Urunde´y, Quebracho Colorado, Paratodo y Jacarandá. En los bordes de los bosques avistaban con frecuencia el llamativo árbol de la botella, el conocido samuhú o palo borracho.

En relación a las posteriores experiencias de los colonos y su desencanto se tiene que decir que a los delegados les ocurrió un error garrafal durante la inspección de la tierra de asentamiento y su naturaleza. Ellos observaron, que cuando se soltaba a los bueyes, enseguida empezaban a pastar moviéndose por el pasto alto. Ninguno de ellos llegó a pensar en degustar ellos mismos el pasto largo. Porque en realidad los bueyes no habían comido el pasto en cuestión, sino el pasto dulce más bajo repartido de entre las otras plantas. El pasto alto era un pasto amargo y no fue comido por los bueyes, y los delegados no se habían dado cuenta. Mucho hablaron en casa del pasto alto en el terreno, que habían elegido para el asentamiento, y que crecía por todas partes. ¡Con esta expectativa de pastura para el ganado llegaron en 1927/1928 los colonos a esta región y fueron engañados amargamente!

No se puede confirmar el hecho de que ninguno hubiera sabido que se trataba de un pasto amargo.

Ese campo que Engen llamara 'Loma Belén', se ha marcado en el diario de la expedición con el km 270 desde el río Paraguay, un número que es demasiado alto. Allí los delegados cincelaban el segundo signo 'ME - V - XXI' en el tronco de un quebracho. El trozo de madera con el signo mencionado se encuentra en el museo de la Colonia Menno en Loma Plata.

El miércoles 18 de mayo la caravana recorrió el trayecto de Loma Belén por Loma Plata hasta el km 216. El lugar fue marcado como km 300, un número demasiado alto. Hasta ese lugar llegaron a las doce del mediodía y se quedaron acampados por varios días. Allí había mucha agua. Había una bajante cubierta totalmente de agua. A la tarde del primer día se faenó un novillo. Esto significaba que hubo que cortar una cantidad enorme de charquis y que también se podía contar con un sabroso asado. Y así lo fue.

De repente aparecieron indígenas. Esta vez llevaron sandías. No estaban totalmente maduras.

Jueves, 19 de mayo: de noche había llovido. La mayoría de la caravana se quedó en la laguna del km 216, mientras que el otro grupo salió más hacia el oeste desconocido. A las ocho salieron. Los de Saskatchewan, Friesen y Neufeld, se quedaron con la caravana. Los que salieron hacia el oeste fueron Engen, Hettmann y Funk, Priesz, Töws y Dörksen. Subieron a los caballos y le seguían dos carros de bueyes. A las 13 horas descansaron. Había muchos terrenos abiertos con algunos árboles, arbustos y el siempre uniforme pasto amargo, que no se sabía que realmente era amargo.

A la tardecita salieron otra vez y después de algunos km de viaje al oeste, Engen paró a su caballo diciendo que era suficiente. Allí deberían de volver por haber visto suficientemente. Algunos hombres no estaban a favor de esa idea. Querían ir más hacia el oeste, porque llevaron suficiente agua y comida consigo. Preferían cabalgar hasta la entrada de la noche, pernoctar y avanzar un poco más el siguiente día. Engen se mantuvo firme en volver a la caravana. Por eso volvieron unos ocho km y se quedaron preparando el lugar para la noche. Hasta allí llegaron las dos carretas que le habían seguido. Con los indígenas se había cambiado una camisa por una oveja. Esta oveja se preparaba para la cena. La faenaron y prepararon un asado sabroso en la grilla. Los indígenas también habían ofrecido tortugas. Pero estaban contentos con la oveja y no necesitaban otras 'exquisiteces'.

El cielo estaba cubierto y un fresco viento sur soplaba suavemente por la región.

El viernes 20 de mayo Engen, Hettmann y los cuatro menonitas salieron a las ocho para inspeccionar la región más de cerca. Los conductores de las carretas se quedaron con sus carros y bueyes en el lugar en que pernoctaron. Los seis hombres siguieron a pie un caminito indígena largo, llevando a sus caballos por la rienda. Encontraron un rancho indígena y un pozo artesiano. Tres de los indígenas se fueron con ellos para inspeccionar el ambiente. Llegaron a una campo extenso cubierto de pasto. Los indígenas le mostraron un pozo, o mejor dicho, un lugar de agua. Los delegados reconocieron mediante el lenguaje por señas que esta aguada nunca se secaba. Como descubrieron una cierta frescura del agua, pensaron que podría tratarse de una fuente.

El Chaco central era desconodido en aquel tiempo y no investigado. Tal es así que la presencia de las fuentes de agua no podría ser excluida. Hasta que los colonos menonitas entraran en 1927/1928 en esta región desconocida y no investigada no estaba claro este asunto. Engen conocía otros lugares donde suponía fuentes de agua. Los colonos experimentaron en 1927, cómo estas 'fuentes' se secaban debajo de sus manos.

Pero volvemos a la delegación.

Esta se encontró en la región donde en 1930 se fundaría la Colonia Fernheim, no lejos de Trébol. A las 12 horas los seis hombres se permitieron un descanso. El señor José Casado había fabricado un símbolo de madera con el objetivo de fijarlo en un árbol en el punto más occidental de su expedición. Se acordó de fijarlo aquí y ahora en un árbol de Urunde´y. Era una cruz con la media luna encima. El símbolo fue descubieto más tarde por un colono de la Colonia Fernheim; actualmente está en el museo de Loma Plata. Las grabaciones impregnadas son: **McR – CASADO – FE – CH – ME -XX-V-XXI.** Los signos significan: **McR: McRoberts, FE: Fred Engen, CH: Carl Hettmann, ME: Expedición Menonita y XX-V-XXI: 20 de mayo de 1921.**

Pero antes de que se prepararan para el regreso a la caravana, recordaron en discursos vibrantes la importante misión, que estaba en relación con la entrada en el desierto grande no investigado y que estaba yaciendo ahí en un silencio misterioso. Fred Engen alabó el ánimo que habían demostrado los delegados menonitas, de entrar tan profundamente en esta región ajena al mundo. Resaltó que los participantes de esta expedición serían posiblemente los primeros hombres blancos que habrían colocado sus pies ese lugar. Si Fred Engen hubiera conocido la historia del Paraguay, hubiera añadido que los españoles posiblemente habían cruzado estas tierras en el siglo XVI, pasando desde el río Paraguay por el Gran Chaco hacia el oeste, en el camino hacia 'El Dorado' en Perú.

Engen subrayó la importancia del símbolo que estaban dejando allí en lo alto de un árbol, pero en un desierto de misterios desolados. El habló de la cruz, el símbolo del cristianismo y que ellos eran los primeros que la habían instalado en esa región. Con eso se transmitía el mensaje de que la señal de la entrada del cristianismo en este desierto de bosques y de pastos, olvidado por el mundo, se había concretado. La media luna, siguió explicando Engen, significaba el comienzo de la civilización en esta región inhóspita (La media luna estaba colocada a la inversa en la cabeza de la cruz de madera). El símbolo humilde sería un testimonio de que el grupo con la misión de inspección - de la expedición - había llegado hasta allí. Pensaban que habían hecho un descubrimiento maravilloso. Le parecía que sería una región donde iba a ser posible alcanzar el bienestar material bajo el signo de la paz.

El alto debajo de aquel gran árbol donde se había fijado el símbolo se había convertido en un suceso histórico, un suceso de trascendente y de sobresaliente importancia. Cuando hoy volvemos nuestra mirada a aquel suceso, al acto de la implantación simbólica de la cruz y de la luna creciente, nos parece ser importante resaltar la participación de los actores: la cruz fue confeccionada en Puerto Casado por gente con fe católica, llevada y fijada por miembros de confesión protestante, los menonitas. Los menonitas pertenecen a la confesión evangélica en principio. Hace algunos siglos fueron perseguidos tanto por otros protestantes como por los católicos. Los dos no los reconocieron, sino vieron a los menonitas como una secta dañina. Pero ahora ya no existía una tensión marcada entre ellos. Este suceso reluce la comunión en la colonización cultural del Chaco.

Después de aquella devocional profunda debajo del Urunde´y en el desierto olvidado por el mundo entero, los seis volvieron con sus caballos al grupo grande. Juntos regresaron a la caravana de expedición, donde los otros dos menonitas esperaban ya a sus colegas.

En ese momento estaban todos juntos en el km 300, en un lugar, que más tarde recibió la denominación de Km 216. Se encontraba cerca de la posterior aldea Chortitz, en la Colonia Menno. Esa noche hubo una cena especial. Habían comprado algunas ovejas de los indígenas, y se preparó un 'Guiso', una comida típica paraguaya. Se lo prepara de diferentes maneras. Aquí era puré de arroz con carne de oveja. En el diario de los delegados se lo describe como una comida muy rica.

La siguiente mañana, el 21 de mayo, un sábado, comenzó a moverse toda la caravana, de vuelta al punto de salida, de regreso a la civilización. Entretanto se topó también la sexta carreta con provista con nuestra caravana. Se unió enseguida al tren de regreso. A la tarde del sábado llegaron a un campo que habían cruzado el 18 de mayo que ahora lo llamaron **'Plata Luma'**, o sea **'Loma Plata'**. Perforaron 15 pies, más o menos de 4 a 5 metros de profundidad, y encontraron agua dulce. Se instalaron en el lugar para la noche.

El siguiente día era un domingo. Era el 22 de mayo. La caravana quedó parada hasta las 13 horas. Doerksen, Priesz, Funk y Engen prepararon sus caballos y se adelantaron a la caravana. De noche estaban todos en el lugar llamado 'Campo Esperanza', donde de ida se había cincelado un ME en un Quebracho Colorado. Hasta ahí había venido otra Carreta con provista. Si se había terminado una que otra provista, ahora de nuevo tenían de sobra.

Cuando el lunes por la mañana salieron del lugar, la caravana ya tenía ocho carretas, 52 bueyes, 20 caballos y mulas, y además contaba con 30 personas. Pasaron este día por toldos de indígenas, donde cambiaron mercaderías por maní, cosechado por ellos mismos. En intervalos los jinetes salieron de la rutina y se dirigían o hacia el norte o hacia el sur, para observar la región.

Miércoles, 25 de mayo: La caravana llegó hasta Laguna Casado. Aquí de nuevo se usó el camión y se inspeccionó la región. Hubo varios pinchazos. Mucho más agradable era la salida con caballos, entonces no había impedimento de avanzar.

Arbustos espinosos los había por doquier, y a los hombres no les parecían muy paradisíaco. Desde Laguna Casado hasta punta riel tenían por delante un camino feo. A veces era casi imposible seguir adelante. Constantemente se hundían con los carros y los bueyes en el pantano, y resultó muy difícil salir.

El lunes 30 de mayo salían pasada la medianoche y viajaron hasta el mediodía. Se paró para un pequeño descanso y un poco de recreación. Los bueyes se quedaron en el yugo. Se calentó el agua y se tomó un té o café. Al mediodía se llegó a punta riel de la estación del tren en el km 60.

Habían estado 30 días en el interior del inhóspito gran Chaco. No les había pasado absolutamente nada, y todos estaban sanos y salvos. Contaban 32 hombres, 22 caballos y 56 bueyes con 9 carretas. Dos bueyes se habían faenado durante el viaje.

Llegado al km 60, Fred Engen mandó a un indígena al km 50 para comunicar que la expedición había llegado al km 60. Desde el km 50 ya había una comunicación telefónica con Puerto Casado. Casado envió enseguida un tranvía para buscar a los expedicionarios. Los delegados y Engen subieron a un tren que había cargado troncos de quebracho y se encontraron con el tranvía en el km 50. De ahí volvieron rápidamente a la ciudad portuaria, a donde llegaron a las ocho de la noche. Los delegados fueron hospedados en el mismo alojamiento anterior. En cinco diferentes lugares del interior del Chaco habían tomado pruebas del suelo para una inspección científica.

Durante su estadía en Puerto Casado, antes del viaje al interior, los delegados habían sembrado unos metros cuadrados de trigo canadiense de verano de la especie 'Red Fife'. Muy admirados estaban del crecimiento excelente del trigo durante el mes de su ausencia. Había crecido unos 30 cm, por más que en Puerto Casado no había llovido durante este tiempo. Era una luz de esperanza en la perspectiva del autoabastecimiento en el caso de la colonización en el Chaco. Estos menonitas eran encarnados productores de trigo, en el que veían el fuerte de su economía.

De vuelta en Asunción

La noche del 31 de mayo los señores Casado y Engen y los seis expedicionarios menonitas subieron a un barco a vapor y se encomendaron al regreso a Asunción, donde llegaron el 3 de junio. Se podían imaginar que sus parientes y sus congregaciones del norte ya esperaban ansiosos una noticia de parte de ellos, queriendo saber algo de sus éxitos o sus fracasos. El primer deber en Asunción era el de formular el contenido de un telegrama y enviarlo a Winnipeg. Decía lo siguiente: *"De vuelta sanos y salvos a Asunción - Condiciones para un asentamiento favorables en todos sus aspectos - Las libertades se elaboran ahora - México y otros asentamientos no son atractivos en comparación de los beneficios aquí."*

Esa noticia originó mucho júbilo en casa y en los hogares de los miembros de la expedición y en las congregaciones. Si de Nueva York, de Río de Janeiro, de Buenos Aires, de Asunción y también de Puerto Casado se había recibido la noticia en casa, ahora por un tiempo no había llegado ninguna información. Se sabía que se habían preparado en Puerto Casado para entrar en el gran desierto poblado solo por indígenas. Y de ahí no existía ninguna posibilidad de hacerse escuchar. Por eso nadie sabía con exactitud lo que les habría pasado realmente a los aventureros.

¿Se habrían perdido en el desierto los delegados? También aquellos que se encontraban detrás de la empresa orando constantemente por el emprendimiento y los delegados, que tenían la responsabilidad de inspeccionar el desierto, se preguntaban con seriedad lo que les habría sucedido. ¿Estaban vivos todavía? Y si vivían, ¿dónde estaban?

Después de cinco semanas de espera desconsolada finalmente llegó el telegrama liberador. Un júbilo corría por las filas de los que esperaban con nostalgia: están de vuelta a la ciudad capital del Paraguay, están vivos y sanos - y hablan de éxito.

El segundo día de su llegada a Asunción se ocupó de ellos un señor Pierson y los animó para visitar su estancia a 35 km fuera de Asunción. Tenía una granja mixta: gallinas, ganado, agricultura y frutales. Los delegados estaban impresionados del crecimiento que denotaban en todo momento. También admiraban el cercado de cactus, que servía de muralla de protección o como alambrado alrededor de su jardín. Observaron que a través de este tejido de espinas con seguridad nadie iba a pasar aunque sea a fuerza.

El cinco de junio era domingo. Hacía una semana, el pasado domingo se habían encontrado todavía a 100 km en el interior del desierto chaqueño, a 40 km de punta riel. Ahora estaban felices en Asunción y miraban con satisfacción interior los éxitos que habían gozado hasta el momento en su viaje de inspección. Una paz dominical agradable cubría la ciudad guaraní-español de verdes arboledas, y un viento sur fresco soplaba suavemente en el ambiente.

De nuevo con el Presidente

A la mañana del 6 de junio se prepararon para una visita al Presidente paraguayo, que los esperaba para recibir los informes de la expedición, así como había sido acordado en la primera conversación con él. El Dr. Eusebio Ayala los acompañó.

El Presidente se informó primero acerca de su estado de salud y después pidió a los expedicionarios presentar su informe. Como introducción le dijeron que la expedición había sido un éxito, y al mismo tiempo estaban alegres de poder estar de vuelta. Se informó sobre todos los detalles y también se tocó el tema de los indígenas. Con relación al tema de los indígenas, los menonitas se recordaban perfectamente cómo el gobierno canadiense había superado el asunto en los años 1870, antes de que los menonitas se asentaran en Manitoba, para que los colonos no tengan nada que ver con este asunto. Lo mismo se imaginaban para el Chaco. El Presidente les señaló a los delegados que la transferencia de los indígenas a 'reservas' se podría hacer más tarde - si realmente fuere necesario. El traslado de los indígenas hacia asentamientos especiales no se consideraba todavía como necesario, por que ellos cambiaban constantemente sus viviendas, y en el Chaco había mucho espacio para estos nómadas. El Presidente subrayó el valioso trabajo misionero que desde el fin del siglo XIX fuera emprendido por la Iglesia Anglicana en el Chaco entre los Lengua Sur, donde los indígenas aprendían a leer y escribir, no solamente en su propio idioma, sino también en castellano.

Los delegados menonitas acentuaron la importancia del ferrocarril desde el río Paraguay hasta el futuro asentamiento. La región, la cual les parecía apropiada para la agricultura, estaba distante a unos 200 km del río. Le dijeron al Presidente que un ferrocarril sería de fundamental importancia para la colonización chaqueña, no solamente los ya existentes 60 km, sino hasta el asentamiento mismo. La delegación no se lo podía imaginar transportar al desierto inhóspito a las familias con todo lo que se llevaba, dependiendo exclusivamente de las carretas de bueyes. Este medio de transporte era el más seguro, pero solamente con inmensos esfuerzos y la entrega de todas las fuerzas, como lo habían vivido en carne propia con los peones, los conductores de las carretas. No se podía imaginar un asentamiento sin la construcción de un ferrocarril con anterioridad.

Si más tarde hubo gente que se asombró sobre lo que los colonos menonitas pensaban realmente llevar a cabo en el interior del desierto inhóspito y sin caminos, pensaban lo mismo que los colonos en aquella oportunidad. Para ellos era obvio que debería haber un camino que permitía transportar todo hasta el asentamiento. Se sintieron muy engañados cuando algunos años más tarde, al entrar en esta zona, no encontraron el cumplimiento de las promesas, ya que opinaban que los acuerdos para el cumplimiento se habían pactado con anterioridad. Algunos capitularon y le dieron la espalda a la empresa colonizadora.

En aquella conversación con el Presidente el 6 de junio de 1921, cuando él preguntó si creían que vendría mucha de su gente para asentarse en el Chaco, le respondieron entre otras cosas que la realización del asentamiento en el desierto en la profundidad del Chaco dependería totalmente de las condiciones pertinentes. Al decir esto pensaron también en el asunto del transporte, que sería muy importante para la entrada en el Chaco.

Después de que el Presidente habló durante una hora con los delegados menonitas, terminó diciendo más o menos así: *"Yo me alegro que hayan venido a visitar e inspeccionar nuestro país, y que les guste. En nombre de la República del Paraguay les doy la más cordial bienvenida como futuros colonos. Les vamos a recibir con alegría y es nuestro íntimo deseo que se radiquen en nuestro país, que les vaya bien, que sean bendecidos, que su empresa tenga éxito y que puedan vivir en paz según su fe. Nosotros vamos a apoyar y ayudar dondequiera podamos. Sus deseos especiales los voy a presentar en el congreso para su aceptación y su promulgación, y tan pronto sea finiquitado, les informaré telegráficamente."*

Después de un apretón de manos y un agradecimiento de parte de los delegados, estos salieron del palacio. La audiencia había terminado. A la tarde el agrónomo Lindgren se presentó otra vez en el hotel y les comunicó que su chacra había sufrido una helada muy fuerte. Esa misma tarde visitaron un molino de trigo en Asunción.

De vuelta en Buenos Aires

El jueves 9 de junio estaban listos para dejar Asunción. Subieron al tren y a las siete de la mañana salieron. Pasaron por la región poblada del Paraguay y llegaron a ver mucho del país, de la vida y del movimiento del pueblo paraguayo. Al viajar algunos kilómetros el tren paró y algunas mujeres que ordeñaban sus vacas en la cercanía de los rieles, venían corriendo al tren y ofrecían la leche en pequeños potes para la venta a los pasajeros a través de las ventanillas, por donde también cobraban su dinero. De que esta leche era fresca, nadie dudaba.

Cuando a las siete horas de la noche llegaron a Encarnación, culminaron un día de viaje lleno de experiencias e impresiones a través de la parte más extensa de la región oriental del Paraguay. Una balsa condulo a los carros del tren por el río Paraná. Desde Posadas siguió el viaje en dirección a Buenos Aires, pasando por gran parte de la Argentina. Los señores Engen y Casado estaban con ellos, y don José sabía mucho de la sociedad y de la vida económica de la Argentina, donde él había crecido. Por la gran cantidad de estancias que estaban pasando, veían mucho ganado Shorthorn, muchos caballos y muchas ovejas. Cruzaron extensos pantanos no cultivados.

El 11 de junio a las 7 horas de la noche llegaron a Buenos Aires. Se hospedaron en el hotel Wilson, dejándolo el 2 de julio.

En estas tres semanas conocieron mucho de Buenos Aires y sus alrededores. Visitaron fábricas de maquinarias y anotaron los precios de máquinas y herramientas, que iban a usar en caso de trasladarse a Sudamérica. También visitaron exposiciones de agricultura y ganadería, y para su entretenimiento subieron al subte para visitar al enorme cementerio de la Recoleta. El domingo asistieron al culto en la congregación evangélica-luterana. Bernhard Töws también se quedó para la escuela dominical, mientras que los otros volvieron al hotel. Töws se fue también el siguiente domingo al culto de la iglesia y participó de todo lo que se hacía, también de la cena del señor. Se cantaba canciones conocidas, que después de tanto tiempo de ausencia de su hogar penetraron en su corazón.

El motivo de su presencia de dos semanas en Buenos Aires fue que solo cada dos semanas salía un barco de pasajeros del puerto en dirección a Nueva York. Además tenían que arreglar diferentes asuntos antes de salir.

En Buenos Aires consiguieron un permiso de entrada a México. También se reunieron con los Casado por el tema de la compra de tierras. Además el barco en que iban a viajar suspendió su salida por dos semanas, por lo que buscaron pasajes para otro barco. A pesar de todo lograron salir de Buenos Aires el día que estaba previsto.

Mientras estuvieron en Buenos Aires, recibieron de Asunción el siguiente escrito: *"Atendiendo su deseo, confirmamos su conversación con el gobierno en relación con el asentamiento intencionado en el Chaco Paraguayo. Anexamos a este escrito un proyecto de ley que ha sido confeccionado según su pedido y ahora va ser presentado al Parlamento para su aprobación. ¡Esperamos que sea de bendición para todos aquellos a quienes concierne, y le deseamos un buen viaje de regreso a casa!*

Firmado: Eusebio Ayala, Senador."

Los delgados mandaron un escrito a la firma Casado: *"Le queremos expresar nuestro más sincero y grato agradecimiento por la hospitalidad gozada por nosotros, por la buena recepción y el tratamiento, y por el transporte y por todo lo que han hecho por nosotros, cuando nos encontramos en su propiedad (Puerto Casado), y todo lo demás que han hecho por nosotros.*

Nos alegramos de haberlos conocido,   apreciamos su atención y especialmente la solidaridad y la amabilidad que hemos gozado a través del Señor Casado.

Nosotros deseamos el mejor bienestar a Ud. y a todos los miembros de su empresa, a los cuales tuvimos el honor de haber conocido.

En relación a la difícil tarea que en la ejecución de nuestra misión tenemos que responsabilizarnos, queremos acordarnos siempre de su cooperación para con nosotros. Y esperamos de poder gozarla también en el futuro.

Con los sentimientos del más profundo agradecimiento nos separamos de Ud. y dejamos las huestes de Sudamérica. ¡Hasta la vista! Vuestros sumisos amigos: La delegación menonita." (Firmas)

El 2 de julio a las 13:00 horas dejaron el hotel y se fueron al puerto para subir al barco 'Huron' de la línea 'Munson Steamship Line'. Fred Engen los acompañó hasta el puerto y se despidió de sus queridos amigos, con los cuales tuvo tantas vivencias. A las 18:00 horas se puso en movimiento el barco saliendo del Río de La Plata. Tres meses y medio habían estado en Sudamérica. El siguiente día era domingo, y el barco se quedó en Montevideo hasta el lunes. El miércoles llegaron a Santos. Ahí se cargó café durante toda la noche. Algunos de los delegados pasearon por la   ciudad.

Bernhard Töws llevó siempre un termómetro consigo, para medir la temperatura. También allí en Santos. Sacó el termómetro a través de una portilla del barco hacia afuera y lo dejó colgado de un hilo. Cuando estaba listo para retirarlo y ver la temperatura, ya no estaba, desapareció. El barco se encontraba tan cerca del muelle que alguien lo había llevado.

En Río de Janeiro se hospedaron en el Palace Hotel. La dirección de este hotel la dejaron para que sus seres queridos enviaran sus cartas, y que de vuelta querían recogerlas. Encontraron muchas cartas, las primeras que recibían desde sus hogares. En Nueva York había otro lugar para recepcionar su correo. En Buenos Aires habían recibido un telegrama en el que se les informó que los parientes estaban bien.

En Río de Janeiro el barco ancló un día y una noche. Se aprovechó el tiempo para disfrutar de las atracciones turísticas de la hermosa ciudad portuaria. Observaron la ciudad desde el Pan de Azúcar, hasta donde llegaron con el teleférico. En el puerto estaba el barco 'Vauban' que los había llevado a Sudamérica.

En la mañana del domingo 10 de julio un grupo evangélico presentó una devocional en el barco. Los delegados participaron de la misma. Lo mismo sucedió el siguiente domingo.

El tiempo durante las dos semanas viaje en alta mar de Buenos Aires a Nueva York fue muy variado. A veces soplaba un viento fuerte, las coronas de las olas estaban cubiertas con espuma y el barco se movía fuertemente, hamacaba y rugía. De repente caían fuertes precipitaciones tropicales, seguidas de hermosos rayos solares. No experimentaron un mar con superficie de espejo plano.

Un poco antes de Nueva York, todavía en alta mar, los delegados enviaron un telegrama a sus congregaciones y a sus parientes donde comunicaban que estaban bien de salud y en poco tiempo llegarían a Nueva York.

De vuelta en Nueva York

El 24 de julio ancló el barco en el muelle de uno de los muchos puertos de Nueva York. McRoberts había ordenado que a los delegados se les entregaran cartas de sus hogares todavía en el barco. Hacía cinco meses habían viajado de Nueva York a Sudamérica. Maravillosamente el Señor los había protegido durante todo el tiempo y los había cuidado en los diferentes caminos. Estaban muy agradecidos. Pero el viaje no había terminado. Seguiría hasta comienzos del mes de setiembre, porque querían visitar también a México.

El Anciano de los Altbergthaler de Saskatchewan, Aaron Zacharias, que el 23 de febrero estuvo presente en el muelle del puerto de Nueva York cuando salieron a Sudamérica, había ido para recibir a los delegados. Los esperaba cuando bajaban del barco, listo para saludarles con un apretón de manos. Todos juntos se fueron al Hotel Keller. Después del almuerzo intercambiaron experiencias y vivencias. Mucho tuvieron que informar los que habían regresado de Sudamérica. Juntos agradecieron al Dios bondadoso por la conducción maravillosa hasta el momento.

El siguiente día los delegados conversaron con el señor McRoberts. Los expedicionarios le informaron detalladamente de sus experiencias y observaciones en el 'Infierno Verde', que ellos habían cruzado sin inconvenientes a pesar de las inundaciones.

Mientras tanto se apareció también el señor Solberg de Minneápolis, que les había enviado un telegrama de felicitaciones durante su viaje a Sudamérica en alta mar. Desde su hogar llegó otro telegrama, informando que sus parientes todos estaban bien.

El Anciano Zacharias y sus dos delegados, Friesen y Neufeld, salieron el mismo día de Nueva York directamente a casa. Los otros delegados pasaron el día siguiente escribiendo cartas y visitando la ciudad de mundo Nueva York. Subieron con el elevador hasta la cima el edificio más alto en aquel tiempo, el 'Woolworth Building', que contaba con 58 pisos.

De Nueva York a México

El 27 de julio los menonitas de Manitoba Johann Priesz, Jacob Dörksen, Bernhard Töws e Isaak Funk dejaron Nueva York y acompañados por Solberg viajaron en tren rumbo a México. El 30 de julio llegaron a El Paso, ciudad estadounidense en el estado de Texas que linda con México. Se hospedaron en un hotel y arreglaron la entrada a México. Se encontraron aquí con unos menonitas de los Colonos Antiguos, que se habían relacionado con el gobierno mexicano, iniciando la compra de tierras.

De El Paso llegaron hasta México City. En varias partes vieron ruinas, signos de los efectos destructivos de la revolución que había causado estragos durante varios años en el país. Esta clase de destrucciones no habían visto en el Paraguay. La revolución aquí le había costado la vida a mucha gente.

Durante el viaje desde Ciudad de México al interior tuvieron una experiencia muy llamativa. Cuando el tren se paró en una de las estaciones, salió gente, entre ella una mujer. Los delegados poseían mantas con las cuales se protegían del frío. La mujer que salía agarró una de estas mantas y quiso huir. Nuestros hombres intentaron retener la manta. Ahí saltó un mexicano diciendo que la suelten diciendo que la manta pertenecía a la mujer. En realidad le pertenecía a uno de los expedicionarios. Les pareció muy impertinente dejarse robar en plena luz del día, nada que ver. Soltaron la manta y dijeron a la señora que era un regalo para ella, que se la lleve.

Después de haber inspeccionado las tierras en varias partes y de haberse trasladado o con auto o con tren, volvieron el 18 de agosto a México City y se hospedaron en el Majestic Hotel. En México City se habían organizado conversaciones con las autoridades del gobierno y con agentes de terrenos. El Ministro de Agricultura los invitó a su casa. Así tuvieron la oportunidad de informarse acerca de la vida y situación económicas de México. Además visitaron la ciudad. Interesante eran los museos diversificados, las catedrales católicos grandes, la arena de los toreros y mucho más. También allí como en Buenos Aires y en Río de Janeiro se toparon con barrios marginales paupérrimos.

Visita al Presidente Alvaro Obregón

El 22 de agosto el Ministro de Agricultura acompañó a los expedicionarios al Palacio de Gobierno, donde fueron recibidos por el Presidente Álvaro Obregón. Como él estaba por salir a un viaje, sólo conversó 15 minutos con ellos. A los delegados los acompañó constantemente un señor que hablaba bien el alemán y el español, cuando conversaban con autoridades del gobierno o con agentes de tierras. Después de la conversación se les mostró el suntuoso palacio de gobierno.

La conversación con el Presidente Obregón giró alrededor de los privilegios que el gobierno mejicano les había prometido a los Colonos Antiguos (Altkolonier) y los Sommerfelder (que se les fueron entregados en noviembre de 1921). Llamativo puede ser que los Colonos Antiguos y los Sommerfelder no se hayan presentado conjuntamente como una sola comunidad menonita con el pedido del otorgamiento de los privilegios, sino que cada grupo en forma independiente. Los Sommerfelder salieron en 1922 de la Reserva Occidental de Manitoba Sur fundando el asentamiento 'Santa Clara' en el distrito Chihuahua con 120 familias. La emigración la lideró el Anciano Abraham Dörksen.

El contenido del privilegio mexicano para la imigracion menonita es prácticamente el mismo que el gobierno paraguayo diera a los menonitas. En México ha sido confirmado de otra manera, ya que el país está dividido en estados federados administrativamente. El superindendente del estado federado en el cual los menonitas habían elegido la tierra para el asentamiento, dictaminaba y recomendaba el privilegio deseado por los menonitas, pero el Presidente aprobaba los ahí predeterminados privilegios y los autorizaba a través de la legislación. El Presidente en aquel tiempo no debía responsabilizarse ante el Congreso Nacional. En el Paraguay el Presidente presentó la ley especial primero al Congreso para su aprobación. Recién cuando el Poder Legislativo aceptó la solicitud, el pedido fue confirmado por el Presidente a través del decreto de una nueva ley.

El 24 de agosto los señores Töws, Priesz, Funk y Dörksen dejaron México City y emprendieron el viaje de regreso a su casa. El 2 de setiembre llegaron a Manitoba, donde fueron recibidos con mucho júbilo por los suyos. Siete meses habían estado en el viaje. Transitaron más o menos 43.000 km. La ley de la colonización para la inmigración menonita en el Paraguay se había promulgada ya en julio. Se los envió a Manitoba, para que la delegación pudiera presentarla conjuntamente con los informes.

Por fin en casa

Una vez en casa, los delegados informaron del largo viaje de inspección y sus resultados. Presentamos aquí una extracción del informe: *"Los primeros 60 km de la ciudad portuaria de Puerto Casado que recorrimos con el ferrocarril, son más o menos boscosos, entre ellos se encuentra madera útil como el quebracho y otros. Vimos en este trayecto frutales muy buenos y huertos; mandioca y batatas crecían muy bien. Nos dimos cuenta de que la capacidad de cosecha de la tierra era excelente. Encontramos tierra liviana y pesada. Vimos grandes manadas de ganado, de raza criolla e importada.*

Desde punta riel hacia el interior de la naturaleza salvaje nos fuimos en carretas de bueyes. Por las fuertes precipitaciones el terreno estaba cubierto de agua hasta el km 160.

Encontramos terrenos pesados con un crecimiento de pasto fuerte hasta una altura de 4 pies. Nos fuimos por savanas de palmeras. Existen hasta 20 palmeras en la superficie de un acre. Las savanas de palmeras están llenas de pasto. Una savana de palmeras le parece a un jardín de árboles plantados, por donde uno puede mirar muchas millas. Una palmera tiene una altura de 25 pies (7 - 8 m), los troncos son como palos lisos con un penacho en forma de abanico en el pico, que susurra maravillosamente con el soplo de un viento suave. Son utilizados como palos de telégrafos, pueden ser también cortados longitudinalmente por la mitad y ser usados para el revestimiento de la pared en la construcción de una choza. Las mitades pueden ser ahuecadas - la parte interna es blanda - y ser usados para techar, cuando los palos vaciados se colocan a la inversa uno sobre el otro y de la que está en posición de espalda escurre el agua. La superficie de este techo está ondulada. En el interior de la salida del penacho hay una sustancia nutritiva.

Desde el Km 160 los terrenos se elevan de a poco y ya no es tan plano, sino algo ondulado. El piso rojizo es más liviano. El crecimiento del pasto es fuerte, llegando hasta 4 pies (1 - 1,20 m) de altura.

Desde el Km 225 avistamos cultivos de indígenas, donde vimos mandioca, batata, poroto, calabaza y sandía.

De vez en cuando observamos plantas de algodón y tártago. Nos decían que estas plantas crecen de semilla, que habían sido sembradas por los indígenas sin haberlas cultivado. Un argumento a favor de la capacidad excelente de crecimiento de la tierra. Diferentes plantas crecen sin que se las haya plantado o cuidado.

Los campos de pastizales tienen una extensión de 5 a 15 millas cuadradas (10 a 30 km2). Estas superficies son bordeadas y cortadas por franjas y lenguas de bosques que consisten especialmente en árboles de corta y delgada madera dura, algunos de ellos maderas útiles.

Del río Paraguay hasta el Km 125 existen savanas con palmeras, de ahí hasta 180 está prácticamente desarbolado. Hasta el Km 320 hay madera útil. En algunos lugares no hay árboles, otros tienen de 5 - 35 árboles sobre una superficie de 1 acre (0,4 ha). De entre los árboles crece muy bien el pasto, pasto como plantas y en haces, hasta la altura de 4 pies.

Agua potable: Las aguas estancadas (charcas, bajantes y otros) siempre contenían agua dulce. 17 pozos cavados por los indígenas tenían agua dulce y blanda en una profundidad de 2 a 5 pies (60 cm - 1,5 m). De estos había un pozo en un lugar alto y desnivelado en el km 310, más o menos de dos pies de profundidad, con un pie de agua. Debe de originarse en una fuente, creemos nosotros, que no acaba durante todo el año, como dijeron los indígenas. Con perforaciones que nosotros mismos ejecutamos, encontramos agua subterránea en el km 80 en una profundidad de 5 pies y en km 135 en la profundidad de 16 pies. Era un poco salada, pero creemos que para el ganado será potable. En otros cuatro lugares hemos encontrado agua dulce y blanda en una profundidad de 5 a 15 pies. Más al interior el terreno es cruzado por algunos arroyos. Encontramos cuatro tajamares con agua dulce, en km 160, 180, 300 y 323. Estos, como se nos dijo, nunca resecan. No hemos encontrado tajamares con agua salada.

La tierra: Nosotros pensamos que en general la tierra es apropiada para la ganadería y la agricultura (cereales, frutas, hortalizas), y creemos que el trigo y otros cereales crecerán bien en determinadas épocas del año. El 29 de abril sembramos trigo canadiense de la especie 'Red Life' sobre algunos metros cuadrados en Puerto Casado y el 30 de mayo, cuando volvimos del interior del Chaco hasta el puerto, había crecido un pie de altura. No había llovido en este tiempo.

Frutas: Naranjas, limones, bananas, piña crecen bien, como también otras hortalizas.

Creemos que este país con sus ventajas distintas y con un clima favorable se prestará muy bien para la agricultura, siempre y cuando el ferrocarril y su conexión se haya construido totalmente del puerto hasta el interior.

Una región inmensa con terrenos vírgenes espera la cultivación, el trabajo y la transformación de parte de la mano del hombre."

Fred Engen informa

Fred Engen también redactó un informe y lo puso a disposición. Reza lo siguiente: *"Después de que hayamos inspeccionado los terrenos de la orilla de río Paraguay, entramos con el ferrocarril hasta el km 62, donde termina el ferrocarril. Este ferrocarril con el correr del tiempo debe extenderse hasta la Argentina y Bolivia. El 30 de abril salimos de punta riel hacia el interior. Fuimos con carretas de bueyes. Por agua y por pantano seguía nuestra caravana hacia el oeste. Por fin, el décimo día llegamos a un terreno más alto. Dejamos atrás los terrenos bajos inundados por las fuertes precipitaciones. Presumimos aquí el comienzo del techado desde las cordilleras.*

El Chaco es una región extensa con terrenos abiertos y semiabiertos, muchas islas de bosques y lenguas de bosques de diferente tamaño. Mientras que nosotros íbamos al oeste, dimos vueltas hacia la derecha y hacia la izquierda para la inspección. El terreno se volvía cada vez más hermoso. Llegamos a superficies abiertas, aquí llamados 'campos', en que vimos árboles individuales. Había más o menos 20 árboles sobre una superficie de un acre, entre ellos árboles grandes, apropiados para la exportación.

La fertilidad de las tierras se reconoce al ver el crecimiento robusto del pasto, que es tan alto, y los tallos largos están entrelazados, que se vuelve difícil caminar por él.

En distintos lugares perforamos para encontrar agua. Fuera de dos lugares, donde el agua era salada, encontramos agua dulce en todas partes. Topamos con un arroyo, donde el agua corría y había varios tajamares. En algunos casos presuponemos que se originan en fuentes de agua.

En el lugar de donde regresamos, pensamos que la región se encuentra a 2.000 a 3.000 pies sobre el nivel del mar.

Hasta km 160 el piso es gris, de ahí más bien rojizo. Nos dimos cuenta de que el humus tiene una profundidad de 10 pies (algo así como 3 metros). Esto no se encuentra en otras partes. Se supone que es una formación muy antigua originada en un proceso largo de vegetación podrida.

El ferrocarril, que ahora llega a 62 km al interior de Chaco, sin falta debe ser construido hasta la región del asentamiento. Esto significa que debe de construirse todavía un trayecto de 200 km, si el asentamiento debe ser llevado a cabo. La picada natural es demasiado difícil para la entrada de las familias y todo el material que tienen que llevarse consigo. También se perdería mucho tiempo con estos viajes. Y este tiempo es muy importante para el desarrollo del asentamiento. Hay mucho que hacer todavía.

En todas partes se encuentran árboles de quebracho y otra madera útil. Con toda esta riqueza no se podrá hacer nada si no existe un ferrocarril para llevar a cabo el transporte y así transformar la materia prima en bienes económicos. Un ferrocarril debe de construirse aquí. Es necesario para transportar a los colonos hasta la región del asentamiento. El ferrocarril es viable durante todo el año, ningún clima lo limita, sea húmedo o seco. ¡Entonces se podrá hacer algo en el Chaco, en este jardín subtropical con el mejor clima de la tierra!

Según la descripción de un encargado del gobierno francés, que viajaba por la región de estas latitudes en la cercanía de los Andes, tenemos diferentes informaciones sobre el clima. Según nuestras observaciones en la parte más alta del Chaco Paraguayo podemos confirmar lo que este encargado ha descrito sobre la parte oeste de esta región. Vivimos el clima a pleno sol. Casi todo el tiempo de nuestra presencia en el interior soplaba un viento suave del norte.

Nuestra expedición consistía de dos unidades. El señor Karl Hettmann procuraba salir ya tres semanas antes de nuestra partida al desierto, pero fue demorado por las fuertes inundaciones. Constantemente hemos empleado a indígenas en la preparación del camino a través de bosques y arbustos.

Creemos que hemos sido beneficiados ricamente por los esfuerzos que han resultado del viaje de inspección. Hemos cargado incomodidades y tareas difíciles sobre nosotros. Grandes dificultades se nos cruzaron por el camino por las inundaciones. Regiones enteras estaban bajo agua.

El terreno de esta región es muy fértil y el clima es agradable de día y de noche.

Después de la construcción del ferrocarril del río Paraguay hasta Jacuiba, Bolivia, existen tres entradas y salidas, tres caminos de importación y de exportación: por medio del ferrocarril a Buenos Aires y el Océano Atlántico, otro ferro-

carril al Pacífico y una vía acuática a Buenos Aires (ríos Paraguay y Paraná). Así existirían condiciones de comercio con Argentina, Chile, Peru y Bolivia.

No puedo imaginarme otra región donde ha de superarse tan pocas dificultades en un asentamiento nuevo como aquí en el Chaco Paraguayo, para fundar un hogar agradable.

Inundaciones como las que hemos visto ahora no las hay muchas veces, y no resultan destructivas para el terreno, porque el desnivel es muy pequeño y el crecimiento de las plantas tan fuerte que protegen el suelo.

Los observadores menonitas que viajaban conmigo a través de esta región eran agricultores experimentados y elegidos por sus hermanos de fe para esta misión, para inspeccionar la región del Chaco con el fin de encontrar posibilidades para agricultura. Eran capaces para hacer eso.

Todos estamos convencidos de que el Chaco ofrece grandes posibilidades para la agricultura, que es apropiado para agricultores que quieren laburar realmente algo concreto con sus manos y ejecutarlo, y así convertir esta región a través de su esfuerzo en una zona fructífera. Y así se van a transformar las riquezas ocultas de este jardín natural en bendiciones ilimitadas y hacer una 'Tierra-Menno' de ellas.

Debo un agradecimiento especial a los seis delegados menonitas, cuando vuelvo la mirada, como se han entregado valientes en el viaje de inspección, siempre con el temple alegre, también en situaciones difíciles.

También quiero expresar mis agradecimientos de corazón a Hettmann por el trabajo encomiable que ha realizado con su equipo durante la preparación del viaje, y por el rápido avance de la expedición.

También al Señor Casado un agradecimiento de corazón y todos los otros que de una u otra manera contribuyeron al éxito del viaje de inspección."

Factores importantes para un asentamiento planificado

Se han de tratar brevemente algunos factores que para un asentamiento en el Chaco fueron de importancia.

Tanto los delegados menonitas como Engen subrayaron en repetidas ocasiones la importancia de la existencia de un ferrocarril desde el río hasta la región del asentamiento, como condición de poder crear un asentamiento. 60 km del ferrocarril estaban listos en aquellos días, hasta el año 1927 se los había extendido apenas al km 77. Que más de 200 familias deberían superar el extraordinario camino difícil desde el km 77 hasta la región del asentamiento con carretas de bueyes, no estaba planificado para la entrada al desierto. Fue toda una frustración para los participantes.

Cuando los colonos habían llegado a Puerto Casado, no había claridad definitiva sobre la construcción del ferrocarril. Se contaba de que la misma podría ser impulsada, sabiendo estos ciudadanos nórdicos con qué rapidez avanzaba la construcción de un ferrocarril en Canadá y / o Estados Unidos. De a poco salía a luz que intencionalmente no se estaba construyendo tan rápidamente el ferrocarril. Este atraso le costó el mismo precio a la empresa de asentamiento como a los inmigrantes menonitas involucrados, que a pesar de todo demostraron su valentía y su valor personal - aunque no todos, pero una gran mayoría - para la sorpresa de todo el mundo. No quedaba otra cosa que seguir adelante y conquistar el repugnante desierto pulgada por pulgada y introducirlo al desarrollo económico.

A pesar de que los colonos sabían que querían entrar en una región subtropical, los informantes supieron tranquilizar al pueblo en este sentido, diciendo de que allí dominaba un clima agradable. Tampoco faltaba la humedad, y el crecimiento de las plantas era extraordinariamente bueno.

Todo esto concordaba para el mes de mayo, cuando la expedición entró en el Chaco. Pero en otros años y en otras épocas del año existían condiciones climáticas diferentes. Pronto lo experimentarían ricamente los colonos. Muchos de ellos no aceptaron la frustración y volvieron ahí de donde habían venido. La mayoría se contentó y no aceptó solamente el clima tropical, sino también al Chaco tal como se presentaba, porque tenía otras apariencias particulares y tantas cosas que eran tan agradables.

Otra frustración era el tema del pasto. Según los informes de los delegados se había imaginado un crecimiento extraordinario del pasto y con eso excelentes pasturas para el ganado en los campos, donde se pensaba fundar las aldeas. Ahora se descubría que las inmensas superficies de esta hermosa pastura eran amargas. Al comienzo fue difícil aceptarlo, resultando esto en el futuro no tan desventajoso como se pensaba que iba a resultar.

Lo que la comisión de inspección había investigada en 1921 en relación a la constitución del suelo en el Chaco Central, que era muy productivo teniendo una profunda capa de humus, luego fue confirmado por los colonos. En la constitución del suelo no fueron engañados.

A otra cosa que los colonos inmigrantes en el Paraguay le daban mucha importancia era a la amable y agradable intención y atención de parte del gobierno paraguayo, que grandilocuentemente se esmeraba por satisfacer determinados deseos de los menonitas. Puntos de mucha importancia para esta gente que impulsaron la partida de la vieja patria, para buscar una nueva, que ahora encontraron en el Paraguay.

La confianza recíproca entre los colonos inmigrantes y el gobierno paraguayo no fue quebrantada ni con el correr de los años.

Opiniones en los diarios paraguayos de la época

El gobierno paraguayo no se había sobresaltado en la consideración del proyecto menonita, sino los había considerado desde diferentes puntos de vista y elaboró un ante proyecto antes de promulgar la ley definitiva. Semanas enteras se había estudiado y conversado sobre el proyecto de asentamiento con sus condiciones y su arraigo legal, y constantemente se había tratado oficialmente la llamativa ley en los diarios de Asunción. Muy interesante es leer cómo y de qué manera se ha tratado el tema de la 'Colonizacion menonita con derechos especiales'. Seguidamente se procura ofrecer lo esencial de las discusiones alrededor de este tema en los cuatro diarios más importantes de Asunción de aquel tiempo: **'El Diario', 'El Nacional', 'Patria' y 'El Liberal'**, que se ocuparon del tema durante todo el mes de julio y hasta comienzos del mes de agosto de 1921. Son considerados tanto los que estaban a favor como en contra de la inmigración menonita.

1. En relación a la población y la economía del Paraguay - la perspectiva de los defensores de la inmigración:

Deberíamos esforzarnos para aumentar la población y la economía del Paraguay; porque justamente en la población está el factor decisivo para el desarrollo. Está claro que la mayoría de los problemas nacionales son de carácter poblacional. El país está escasamente poblado. El solitario rancho en la extensa, no suficientemente labrada superficie es el símbolo y origen de la pobreza. La pobreza de la población por otra parte origina problemas económicos generales. Para poder fomentar el bienestar, el país debería estar más poblado. La solución de estos problemas traerá mejores tiempos. La pobreza y la despoblación amenazan al país ahora. El 80 % sufre de anquilostoma, y faltan medios para poder combatir esta enfermedad. Por lo menos hay que intentar hacer algo que sea posible.

Extranjeros se maravillan de la riqueza natural del Paraguay. ¿Pero qué se hace con la misma? Faltan hombres que saben aprovechar la riqueza. Y este es el objetivo del proyecto de la colonización menonita que el gobierno apoya.

2. Los menonitas, un posible cuerpo extraño en el estado - el punto de vista de los opositores:

Una sociedad paralela a la comunidad nacional conduce a dos clases de ciudadanos. Si queremos recibir extranjeros en el país, estos tienen que adaptarse. Se habla de 50.000 menonitas que piensan venir al Paraguay. Si este sueño se transforma en realidad, esta gente no hará otra cosa que vivir en el país, aislada y distanciada del pueblo paraguayo y sobre la base de sus privilegios van a formar una comunidad extra, y no tendrán en común nada con el pueblo paraguayo, protegido por su idioma, por sus instituciones, por sus autoridades y por sus propias leyes. Esto originará dos clases de ciudadanos, y sobre la base de una desigualdad injusta, una clase con todas las obligaciones ciudadanas y la otra clase con privilegios sin obligaciones nacionales esenciales.

Los menonitas no quieren integrarse a la vida nacional, y por eso van a crear una nueva clase política y comunitaria, aislarse dentro de los límites paraguayos, vivir su propia vida y estar alejados en todo sentido del desarrollo nacional, y mantenerse así. ¿Por qué? Por el solo hecho de que bajo la protección y el respaldo de sus privilegios, que aparentarán una cierta ventaja profesional y que serán transferidos de generación en generación.

3. Los derechos y obligaciones ciudadanas - visto por los opositores:

El trato del proyecto de colonización menonita es unilateral. Es simplemente un ofrecimiento de ventajas que el estado le hace a una secta religiosa, a la cual invita al país. Se ofrecen derechos especiales sin pensar lo que podría resultar de esto. En contrapartida no existe ningún documento escrito de los receptores sobre la contribución obligada que han de dar o quieren dar. Tampoco se menciona la cantidad de gente que quiere inmigrar, en caso de aceptar el ofrecimiento. Esto es sospechoso.

Con el posicionamiento paralelo de dos grupos comunitarios, cuyos objetivos van por diferentes caminos, el desarrollo económico que necesita el Paraguay no podrá convertirse en una realidad. Cuando se invita a los extranjeros para poblar los campos no cultivados y desérticos, entonces los extranjeros deberían por lo menos abrir la esperanza a los paraguayos de hacer cosa común. Se debería simplemente comunicar a los menonitas que estos privilegios no pueden ser dados.

¿Por qué la nación paraguaya es tan pasiva y no busca ella misma convertir los valores humanos en factores activos? ¿Por qué motivo debería satisfacer el país necesidades extrañas? ¿Por qué el país tiene que adaptarse a contribuciones extrañas y no estas al país? De los extranjeros nunca se debería esperar mucho. Cada ciudadano del estado tiene que contribuir al desarrollo de la nación. La normalidad política deberá ser estabilizada más con un trabajo funcional que a través de motivos históricos y de derechos.

El pueblo necesita una organización económica dirigida por paraguayos, que demuestra fuerzas vivenciales, y que busca y encuentra sus valores en la vida y el camino de América, y que no la espere de gente extraña.

4. Cómo son los menonitas - visto por los opositores:

Los menonitas son inflexibles e irresponsables hacia una nación. Al Paraguay no le va servir mucho asentar a esta gente, será de nula importancia para el desarrollo económico. Ningún país, ninguna nación está capacitada para motivar a los menonitas a que se adapten. Ellos cuidan de sobremanera el cumplimiento de los diez mandamientos. La religión de los menonitas es un fanatismo. El saber científico, la formación del espíritu lo desdeñan. Los menonitas quieren derechos, pero no quieren asumir las obligaciones pertinentes.

5. Cómo son los menonitas - la perspectiva de los defensores de la inmigración:

El gobierno del Paraguay ve en la recepción del pueblo menonita una contribución económica muy valiosa. No es la primera vez que esta gente se asienta en un nuevo país. A donde hayan ido, nunca le crearon dificultades al estado. Nunca demostraron la tendencia de desarrollarse como estado dentro del estado. Dondequiera vivían y viven, han enriquecido la vida del país anfitrión.

La inmigración menonita será una contribución para el desarrollo del país, que contribuirá al fortalecimiento de la nación paraguaya. Para decidirse por su recepción es suficiente saber de la intención con la cual estos inmigrantes quieren venir al país. Son los hombres más pacifistas que existen.

Muchas veces los menonitas han sufrido cuando surgió una guerra. Por más que fueron respetados por los gobiernos, existían en los estados beligerantes ciertos grupos que molestaron a los menonitas, aunque el gobierno prohibiera esta molestia. Tres siglos han demostrado que son laboriosos, justos y castos. Que los menonitas se restringen de la esencia nacional del país en que viven, proviene de una cierta pasividad. Pero se sabe también que en ciertos lugares participan de la vida nacional. Nunca quieren formar una nación entre si mismos.

La comunidad menonita no es una unión de razas, sino de fe: eso es lo que los identifica. Ninguna comunidad religiosa rigurosa crece rápidamente en números, tampoco la menonita. El cristianismo tuvo que cambiar su forma externa en alguna manera (con el correr del tiempo) para recibir más miembros. Esto es trágico, pero cierto. ¿Por qué? Para que se pueda dedicar más al vicio y seguir menos a las virtudes. Todas las comunidades que practican reglas morales severas, tienen menos adeptos. Si se considera esto como un signo negativo que la sociedad menonita es pequeña, lo arriba mencionado es el motivo.

6. Los menonitas y el servicio militar - visto por los opositores:

La liberación con la que se ocupa el Senado le ofrece a todo el que se denomina menonita la exoneración del servicio militar, y así también a sus hijos y sus nietos, en una serie que nunca termina. En este sentido es un privilegio eterno y transferible, heredable de padres a hijos: "...exonerado del servicio con armas combatientes y no combatientes", así dice en el proyecto. Cuando esta gente demuestra con el argumento de que su fe le prohibe matar, entonces bien, ¿pero qué tiene que ver esto sin armas? Eso no tiene nada que ver con el mandamiento: "¡No matarás!" ¿No es esto solamente la búsqueda de una excusa? En realidad es una indiferencia absoluta frente al destino de la patria, es decir, del país en que viven, donde habitan y donde se nutren. Se lo podría llamar también una actitud peligrosa hacia el estado.

Esta intención de negar el servicio militar de los menonitas se ha presentado como algo positivo. ¿Por qué entonces esta comunidad menonita no ha ganado un numero más grande de adeptos? ¿Por qué esta comunidad se quedó tan pequeña siempre? Por más que Canadá es un país protestante, viven allá apenas 50.000 menonitas, pero algunos millones de católicos. La comunidad menonita no se ha desarrollada hacia una comunidad numéricamente importante.

7. Los menonitas y el servicio militar - la perspectiva de los defensores de la inmigración:

Se valora demasiado al servicio militar. ¿Por qué nuestro país no lo hace como los EEUU? Allá se le ha anexado a la ley del servicio militar obligatorio una cláusula, que prevé la exoneración del servicio militar para aquellos que sobre la base de la conciencia moral, fundamentándola en la fe, niegan el servicio militar. La Constitución paraguaya tiene su base en la constitución americana. ¿Por qué no se podría prever estas posibilidades en el Paraguay?

Sobre la base de la Constitución las cargas nacionales deben de ser iguales para todos, y esto es justo. Pero no se debe interpretar la Constitución unilateralmente. La Constitución es un instrumento del gobierno, y se la tiene que interpretar como un todo. Según la letra es así. La Constitución obliga a todos los ciudadanos sin excepciones a tomar las armas para la defensa de la patria; pero ahí reza además: de los ciudadanos se exige, que juntos se ocupen de la defensa. Y esta exigencia no solamente nos permite, sino nos obliga a hacer distinciones en ciertas relaciones; porque no todos los ciudadanos deben estar en directa relación con la defensa. Ocuparse de la seguridad del estado significa no solamente armarse. Se tiene que posicionar con otros medios para la existencia del estado, hay que preocuparse también de la manutención del mismo.

Uno debe tener en cuenta que el privilegio de los menonitas de la exoneración del servicio militar será reemplazado con otros servicios con sus efectos resultantes. Si los Estados Unidos e Inglaterra, estos países del orden y de la libertad, han recibido a los menonitas con los brazos abiertos, ¿por qué el Paraguay no debería hacer lo mismo? En la Constitución dice que el país deberá ser abierto a todos los hombres.

En realidad la religión cristiana está en contra de la guerra, en contra del derramamiento de sangre. Los menonitas basan la medida religiosa en los valores inviolables de la enseñanza del salvador del mundo, y mantienen algo que no se debería rechazar. ¿Cuándo llegará el momento en que la guerra será desterrada del mundo? ¡Cuánto cuesta llevar a cabo una guerra, y qué consecuencias desastrosas tienen las guerras civiles!

Queremos respetar la Constitución, pero la queremos respetar en el rango más alto de su importancia. Cómo podría tener un objetivo más merecedor que el de recibir a todos los hombres sin considerar su fe. No son solamente los menonitas que rechazan la guerra, sino también los cuáqueros y otras comunidades de fe. Aunque lo que le garantizamos a los menonitas no concuerda totalmente con la letra de la Constitución, sí concuerda con el espíritu de la Constitución. Y tenemos que acordarnos de esta verdad: *"La letra mata, pero el espíritu da vida"*.

Lo que el Paraguay necesita no es el desarrollo militar, sino el económico. En este sentido los menonitas van a cumplir con sus obligaciones. Los menonitas no vienen al Paraguay para realizar sus negocios, para luego irse otra vez. Ellos vienen para quedarse y trabajar.

8. Los menonitas, sus escuelas y su idioma - visto por los opositores:

Los menonitas no se adaptan en ningún país. Están en Rusia, no hablan el ruso, tienen su propio idioma; están en Canadá, no hablan el ingles, hablan su propio idioma. Con este proyecto de la colonización menonita se suelta aquellos elementos, por medio de los cuales se solidifica una nación: idioma y escuela. Principalmente en la repercusión de estos factores importantes se determina la esencia de una nación.

Los menonitas pueden tener su idioma, porque en él está enraizado su tradición, y es el medio de expresión de sus deseos y aspiraciones; pero han de ser diligentes para aceptar el idioma del país, enseñarlo y aprenderlo, si quieren asentarse y fundar su hogar sobre el suelo paraguayo. Otorgarle a los menonitas el derecho de enseñar en su idioma es permitido sobre la base de la libertad de enseñanza fundamentada en la Constitución; pero lo que se puede presumir de este proyecto es la tesis de mantener fuera de sus escuelas el idioma del país.

Los menonitas están atrasados, y también son egoístas. Esto se reconoce en su lema de formación: "Enseñamos a nuestros hijos solamente la lectura, la escritura y algunas cosas más, pero no las asignaturas que a los niños podría motivar a mezclarse en la política del estado". Los menonitas saben muy bien que el idioma es un elemento de formación para la identificación nacional. De esta manera quieren prevenir que a través del idioma sus hijos se unan con el pueblo. El simple proyecto prevé que los menonitas han de recibir el derecho de enseñar en el idioma alemán. El idioma del país debería estar integrado en el plan de enseñanza.

9. Los menonitas: sus escuelas y su idioma - la perspectiva de los defensores de la inmigración:

Se ha criticado el punto que le permite a los menonitas manejar sus escuelas en el idioma alemán, sin la obligación de introducir el español. El proyecto no excluye la enseñanza del español. No figura en el proyecto que no se ha de enseñar el castellano o de querer enseñarlo. Solamente se habla de que se les permite enseñar en el idioma alemán.

Las exigencias de su vida en el país, las necesidades de efectuar los asuntos de negocios, le obligarán a aprender el castellano. ¿No aprenden con gusto el alemán también los paraguayos? ¡Y cuánto se paga para aprenderlo en Universidades! El alemán es un idioma de un pueblo con una cultura de alta posición. Cuando uno piensa dónde la gente quiere asentarse, en un desierto expresamente lejos del mundanal ruido, ¿quién va a mirar de reojos a esta gente, si no enseña condicionadamente en el idioma castellano? Finalmente, algún día van a aprender el idioma del país, y así también sus descendientes. Simplemente no van a poder manejarse sin comprender el idioma del país.

10. La administración del patrimonio hereditario de los menonitas (fideicomiso o Waisenamt) - visto por los opositores:

Los menonitas quieren administrar su patrimonio hereditario. En vez de subordinarse a nuestras leyes, quieren que nosotros nos subordinemos a las suyas, sin que se hayan confirmado la rectitud y la capacidad de sus reglas. Esto quiere decir que hay que derogar a nuestras leyes y crear leyes prevalecientes a las nuestras. Con eso se elimina en parte nuestro orden interno. El estado quiere ofrecer grandes sacrificios a favor de la colonización menonita.

11. La administración del patrimonio hereditario de los menonitas (fideicomiso o Waisenamt) - la perspectiva de los defensores de la inmigración:

Dejar en manos de los menonitas la administración de sus bienes hereditarios no es ningún delito en contra de la Constitución nuestra ni en contra de las leyes. La autoadministración de su patrimonio hereditario no es más que una supervisión. Los menonitas van a enmarcarse dentro de la legislación del país, no van a practicar ninguna transgresión.

Este es el ideal de todas las Constituciónes, darle al hombre la más plena libertad en la administración de sus bienes, así como cada cual lo ve conveniente. La autoadministración de los bienes de los herederos de los menores de edad la han practicado durante siglos y han sido ejemplares. La autoadministración se realiza por medio de un consejo comunitario y de familia, que es elegido entre ellos y que se constituye de las personas más importantes del lugar.

12. ¿Ninguna garantía de parte de los menonitas? - visto por los opositores:

No se ha hecho ningún contrato escrito con los menonitas. No se sabe ni cuántos van a venir. Se dice que han hecho promesas, pero no existe por escrito. Por eso el proyecto ha salido unilateralmente. Es una promesa unilateral: el estado promete todo, y los menonitas nada. El proyecto es una invitación a una secta religiosa a entrar en el país al asegurarles una cantidad de privilegios. ¿No se considera lo desagradable que pueda resultar todo eso?

13. ¿Ninguna garantía de parte de los menonitas? - la perspectiva de los defensores de la inmigración:

Por más que los menonitas no van a servir en las trincheras de la guerra, van a labrar la tierra. ¡Y van a laburar allá donde los paraguayos no estuvimos ni de visita, ni qué hablar de asentarnos, y de trabajar mucho menos! El interior del Chaco es una selva gigante. Se ve en sus regiones marginales algunas instituciones, fábricas, estancias, etc, pero eso no es mucho. Lo que resultó de todo esto es la explotación. La tierra se explota (a través de las fábricas de tanino) y la presa se va al exterior. Es la primera vez que hombres quieren ir al interior de esta naturaleza salvaje para asentarse y quedarse para vivir ahí. No necesitamos ninguna seguridad o garantía más. La intención con que vienen los menonitas basta en absoluto.

14. Por qué el Paraguay quiere a los menonitas y por qué ellos quieren venir al Paraguay - la perspectiva de los defensores de la inmigración:

Lo que quieren los menonitas es el libre ejercicio de su religión.

Para tal efecto quieren una base legal. Con la venida de los menonitas se solucionará el problema de la falta de colonización y del desarrollo económico del Chaco inhóspito. ¿Qué gente sería más capaz para eso que los menonitas? ¿Y por qué? Porque son pacíficos y laboriosos.

No es ningún atrevimiento y nada peligroso traerlos al país y asentarlos aquí. Con los menonitas no se va a vivir la incomodidad que el Brasil en Río Grande experimentó durante la guerra con los colonos alemanes. Las costumbres severas y serias de los menonitas y su laboriosidad le van a servir al pueblo paraguayo como motivación al trabajo.

Los derechos especiales, viéndolos al pie de la letra escrita, pueden ser considerados como desvío de la Constitución, pero muy secundario en relación a las grandes ventajas, que nos resultarán de la inmigración menonita al país. Se debería votar con buen ánimo a favor del proyecto y aprobarlo. La inmigración menonita no es obra de algunas personalidades, es la empresa de una comunidad, la salida de un pueblo que quiere poblar el Chaco. Se trata de una comunidad que quiere mantener en alto la pureza de su enseñanza y de sus costumbres. Y esta gente también quiere atenerse aquí a sus   reglas religiosas, ellos quieren ser ciudadanos obedientes y útiles para el estado paraguayo.

Los menonitas nacidos en el Paraguay van a ser ciudadanos paraguayos con la religión menonita. No quieren otra cosa que conservar su religión. Nunca los menonitas se han rebelado en contra de un gobierno, ni en el caso de que fueran oprimidos y tratados injustamente. Existen dos clases de inmigraciones: una espontánea, una motivada por si misma como la menonita y la inmigración buscada. La buscada se origina con dinero. El Brasil ha dejado entrar a italianos, alemanes y japoneses para asentarlos. Paraguay no lo puede hacer porque no tiene los medios para hacerlo. Por eso esta inmigración menonita es una oportunidad excelente para el Paraguay, porque ellos no caben en cualquier país por sus costumbres y su fe.

Los menonitas prefieren el Paraguay por la razón de que es un país pequeño y tiene buenas relaciones con sus vecinos. Paraguay ha quedado distante de los grandes conflictos internacionales que llevaron a la Guerra Mundial. Paraguay no se inmiscuye hoy en conflictos que las grandes potencias generan entre si. Por eso los menonitas han elegido a nuestro país. Paraguay es un'Edén de la Naturaleza', ofrece su paz y posibilidades económicas.

Debemos tener en cuenta que todos los privilegios que el Paraguay les dará a los menonitas, no reemplazarán ni equilibrarán los sacrificios y esfuerzos que le esperan todavía a los colonos, si realmente quieren ejecutar la obra del asentamiento, porque esto significa separarse de su patria y comenzar de nuevo en un lugar extraño; más todavía: en un desierto. Una decisión unánime es imposible de imaginarnos, y solamente los menonitas con su fuerza de voluntad y su estoicismo son capaces de realizar esta empresa.

Hasta ahí el resumen de la prensa de Asunción de aquel tiempo. Adrede se han obviado las discusiones político-partidarias o las tiradas de acusaciones que uno u otro diario publicara acerca de la oposición suya.

La Carta de Libertad de Paraguay - Ley 514

Una semana después del regreso de los expedicionarios a Canadá, Fred Engen llegó a Winnipeg. Llegó por encargo de McRoberts con una copia de la Ley 514 y una traducción al inglés, y se encontró con los señores Johann Priesz, Bernhard Töws y el Anciano Aaron Zacharias, para entregarles este documento importante. Con la ley 914 del 25 de agosto de 1927 se extendieron los derechos de la Ley 514 a todos los colonos inmigrantes al Chaco, con la restricción de que solamente los miembros de comunidades pacifistas sean exonerados del servicio militar.

En un decreto del Presidente de la República del 4 de mayo de 1932 bajo el número 43.561, se extendió la Ley 514 también a los colonos de Fernheim.

El texto íntegro de esta ley en su versión original:

Serie B

N? 08056

Nº 514.-

EL SENADO Y CAMARA DE DIPUTADOS DE LA NACION PARAGUAYA, REUNI-
DOS EN CONGRESO, SANCIONAN CON FUERZA DE

L E Y :

Art. 1º.-Los miembros de la comunidad llamada mennonita,
que lleguen al país, como componentes de una empresa de colonización, y sus descendientes, gozarán de los siguientes derechos
y privilegios:

1) Practicar su religión y su culto con entera libertad, sin ninguna restricción, y como consecuencia, hacer afirmaciones por
simple si ó no ante la justicia, en vez del juramento, y estar
exentos del servicio militar obligatorio en tiempo de paz y
en tiempo de guerra en armas combatientes o no combatientes;

2) Fundar, administrar y mantener escuelas y establecimientos de
instrucción, y enseñar y aprender su religión y su lengua que
es el alemán, sin ninguna restricción;

3) Administrar los bienes de sucesiones y especialmente los bienes pertenecientes a viudas y huérfanos, por medio del sistema especial de fideicomiso llamado "Waisenamt" y de acuerdo
con las reglas propias de la comunidad, sin ninguna clase de
restricción;

4) Administrar el seguro mutuo contra incendios que se establezca en las colonias.

Art. 2º.-Se prohibe la venta de bebidas alcohólicas o in-
toxicantes dentro del perímetro de una zona que se extienda a
cinco kilómetros de distancia de las propiedades pertenecientes

a las colonias mennonitas,a menos que las autoridades competentes de dichas colonias soliciten del Gobierno la admisión de la venta y éste la otorgue.

Art.3º.-Se concede igualmente a las colonias mennonitas, por el término de diez años a contar desde la llegada del primer colono,las siguientes franquicias:

1) Libre introducción de muebles,maquinarias,utensilios,drogas, semillas,animales,implementos,y en general de todo lo que sea necesario para la instalación y desenvolvimiento de las colonias;

2) Exención de toda clase de impuestos nacionales y municipales.

Art.4º.-Ninguna Ley de inmigración,o de otra naturaleza, existente o que se dicte,podrá impedir la entrada de inmigrantes mennonitas al país por razones de edad,inhabilidad física o mental.

Art.5º.-La franquicia a que se refiere el inciso 3) del art.1º deberá entenderse que no afecta los derechos de las personas capaces de administrar sus propios bienes.Tratándose de incapaces,los jueces,una vez justificado el hecho de pertenecer ellos a las comunidades mennonitas,designarán a las instituciones fideicomisarias respectivas como tutores o curadores de los incapaces.Dicha tutela o curatela se regirá por las reglas de aquellas instituciones fideicomisarias.

Art.6º.-La empresa de colonización encargada de la colonización mennonita o las autoridades reconocidas por los colo-

SERIE B

AÑO 1921

(3)

N? 08057

//nos,deberán comunicar al Poder Ejecutivo:

1) Las tierras destinadas a ser colonizadas por los mennonitas
expresando la ubicación,extensión y linderos de las mismas;

2) Las personas o corporaciones que representan a las colonias;

3) Los nombres,autoridades y reglamentos de las instituciones
fideicomisarias(Waisenamt) para ser estos últimos aprobados
por el Congreso.

Art.7°.-Los privilegios y franquicias acordados por esta Ley serán extensivos a los individuos de la misma comunidad
mennonita que llegaren al país aisladamente,siempre que comprue
ben su calidad de mennonita por las autoridades competentes de
dicha comunidad y de componente de la empresa de colonización a
que se refiere el artículo 6º.

Art.8°.-Comuníquese al Poder Ejecutivo.

Dada en la sala de sesiones del H.Congreso Legislativo,a los
veinte y dos días del mes de Julio de mil novecientos veinte y
uno.-

El Pte. del H.Senado   El Pte. de la H.Cámara de Diput.

(Fdo.): FELIX PAIVA   (Fdo.): ENRIQUE BORDENAVE

"   : Juan de D.Arévalo   "   : Manuel Giménez

         Srio.   Srio.

El privilegio de México

Los delegados también habían traído un privilegio de México, que el gobierno de México entregó a los Colonos Antiguos y a los Sommerfelder. Los Sommerfelder habían solicitado el suyo un poco más tarde. Dejamos constancia de la respuesta del gobernador de Chihuahua a los representantes de los Sommerfelder, como también el privilegio mismo:

"Estado libre y Gobierno de Chihuahua, Poder Ejecutivo

A los señores: Diedrich A. Dörksen, Abram D. Hiebert y Abraham C. Dörksen, representantes de los menonitas de Sommerfeld de Canadá

¡Mis Señores!

Con esta fecha le doy la respuesta oficial del Gobierno a su solicitud del 26 de noviembre, que reza como sigue:

En relación a su escrito del 26 de noviembre me es grato comunicarles que el Gobierno del estado de Chihuahua, de quien tengo yo el honor de presidir, reconoce y confirma el permiso del gobierno federal, que les ha dado en relación a su asentamiento como agricultores. Le aseguramos la protección de las autoridades de este gobierno y la simpatía de nuestro pueblo, quien les saluda y les da la bienvenida como agricultores honorables y pacíficos.

Igual permiso le es concedido a los miembros de los menonitas de Reinland, en que la resolución final sobre la forma de la administración de las herencias en caso de fallecimientos está todavía abierta, cuya adaptación a nuestras leyes, siendo ellas muy liberales, no debería crear ninguna dificultad.

Me alegro poderles asegurar de nuevo mi reconocimiento y mi gran aprecio.

Chihuahua, México, el 28 de noviembre de 1921 firmado por J. Enriquez"

"Permiso

garantizado y concedido a los colonos de los menonitas de los Sommerfelder de Canadá por el Presidente de la República de México, para asentarse bajo esta garantía como agricultores en este país.

Al obispo Abraham Dörksen, representante de la congregación menonita de los Sommerfelder de Canadá.

En respuesta a su solicitud del 5 de este mes, en la cual expresan su deseo de asentarse en nuestro país como agricultores, tengo el honor de comunicarles como respuesta a su pregunta, que ya contiene la mencionada solicitud, lo siguiente:

1. No están obligados bajo ningún precepto al servicio militar.

2. No están obligados de prestar juramento en ningún caso.

3. Tienen el más extenso derecho de ejercer sus principios religiosos y las prescripciones de su iglesia, sin que se les moleste o se restringa en cualquiera de las formas.

4. Están totalmente autorizados de fundar sus propias escuelas con propios maestros, donde enseñan en el idioma alemán y donde ejercen su religión en el mismo idioma, sin que el gobierno le molestara en cualquiera de las circunstancias.

5. Lo que concierne a la administración de sus bienes y la institución para una mutual menonita contra incendios, nuestas leyes son muy liberales. Ustedes pueden disponer de sus bienes en cualquiera de las formas, así como lo consideren necesarios. Nuestro gobierno no levantará impedimento alguno en contra de que los miembros de su secta ejecuten decisiones económicas, que están dispuestos a aceptar voluntariamente.

6. Constantemente y a cada rato se les ofrecerá la protección de la ley para sus propiedades y su vida, dondequiera sea necesario.

7. Se les otorgará plena libertad de emigrar de esta República, cuando lo consideren oportuno.

Es el deseo expreso de este gobierno, de apoyar el asentamiento de estos hombres amantes del orden, morales y laboriosos, como son conocidos los menonitas. Y se van a alegrar cuando las respuestas enumeradas con antelación les satisfagan. Estas libertades les son garantizadas y ustedes y sus descendientes van a gozarlas en forma positiva y para siempre.

México, el 30 de octubre de 1921
El Presidente de los Estados Unidos de México, firmado: A. Obregón
El Ministro de Agricultura y Finanzas, firmado: A. J. Vallarear"

La decisión: Paraguay o México

En las reuniones organizadas todavía en setiembre los delegados informaron sobre los resultados del viaje de inspección a Paraguay y a México. En esta oportunidad leyeron los privilegios que habían recibido en ambos países. La gente pudo elegir: México o Paraguay. Los delegados elegieron a Paraguay. México no les gustó por ciertos motivos. El país sufría, como lo habían visto con sus propios ojos, todavía las consecuencias de la larga revolución. En todos los trenes dondequiera habían viajado en México, habían encontrado soldados con armas pesadas, que viajaban por la razón del gran número de asaltos que habían sufrido los mismos trenes. También vieron muchos edificios que se habían quedado en ruinas por los combates de la revolución.

También la forma de la edición del privilegio originaba sospechas y disgustos. El Dr. Walter Quiring describe en 'Alemanes Rusos buscan una Patria', en la página 57 lo siguiente: "En contra de la emigración a México hablaba según los delegados, fuera de los constantes disturbios políticos, especialmente la circunstancia de que el privilegio lo habían firmado solamente el Presidente y el Ministro de Agricultura; después del gran engaño con el gobierno de Canadá creían que no podían confiar en las dos firmas del Presidente y del Ministro, el escrito debería de ser confirmado debidamente por el Congreso y el Senado. Además no les gustó a ellos, como habitantes de la estepa, que la tierra en México fuere casi toda montañosa, y menos todavía, porque en muchos casos debía ser regada."

Y realmente fue así. El gobierno del Paraguay había pensado detalladamente el contenido la carta de libertades para el proyecto de la colonización menonita, que había pasado y sido observado por muchas manos de encargados de gobierno. Además encontraron en Paraguay un país políticamente tranquilo y así más atractivo.

La votación

La síntesis de la votacion de aquellos días ofrece el siguiente resultado:

Fecha de las reuniones	Inscripción de familias para	
	Paraguay	**México**
1. En la congregación de los Sommerfelder, Reserva Occidental, sur de Manitoba:		
13 de setiembre en la iglesia de Sommerfeld	24	71
14 de setiembre en la iglesia de Rudnerweide	48	31
15 de setiembre en la iglesia de Grossweide	51	23
En total	**123**	**125**

2. En las dos iglesias de la congregación de Chortitzer de la Reserva Oriental, sur de Manitoba. Las familias de las dos iglesias son indicadas en un número

	Paraguay	**México**
19 de setiembre en la iglesia de Grüntal		
20 de setiembre en la iglesia de Chortitz		
Juntos	**277**	**3**
3. De las congregaciones de Bergthal en Rosthern / Melfort - zona de Saskatchewan	40	0
4. Congregación de Sommerfeld de Herbert (Main Centre) en Saskatchewan	8	0
De todas las congregaciones juntas	**448**	**128**

En total fueron 576 familias de la congregación de los Antiguos Bergthaler (Altberthaler) que estaban interesados en la emigración. Estas cuatro congregaciones de los menonitas conservadores de los Antiguos   Bergthaler, que se aferraban todavía a los principios escolares y de iglesia traídos de Rusia en 1870, tenían en 1921 más o menos la siguiente cantidad de peronas no bautizadas:

Manitoba:	Sommerfelder	ca. 6.500
	Chortitzer	ca. 2.500
Saskatchewan	Bergthaler	ca. 1.250
	Sommerfelder	ca. 250
En total:		**ca. 10.500**

En total fueron un poco más de 1.500 familias. Y de estas se presentaron 576 familias para una emigración, 448 a Paraguay y 128 a México.

Los que querían ir a México, emigraron en 1922 bajo el liderazgo del Anciano Abraham Dörksen. Las tres familias de la congregación de los Chortitzer se juntaron a las 125 familias de la congregación de los Sommerfelder. Los que se registraron para le emigración al Paraguay tuvieron que esperar por la razón de que la equiparación y la preparación para tal evento exigía mucho más para su ejecución.

Cuando llegó el momento en 1926 y se hizo realidad la emigración al Paraguay, se habían quedado solamente 267 familias de las 448 que se habían decidido anteriormente. De estas 177 fueron familias de la congregación de Chortitzer. Como numéricamente formaban la mayoría, se volvieron líderes en la emigración al Paraguay. De la congregación de los Sommerfelder de Herbert nadie se fue con ellos. De las 10.500 personas de las congregaciones de los Antiguos Bergthaler emigraron solamente 1.742 personas a Paraguay y una parte mucho más pequeña a México.

Con la vuelta de la delegación menonita de Sudamérica y sus informes sobre el Paraguay, especialmente sobre el Chaco, que tan grandes posibilidades ofreciera para asentamientos cerrados, se había abierto un portón para la emigración hacia allá.

¡La luz verde para el 'Infierno Verde'
empezó a brillar!

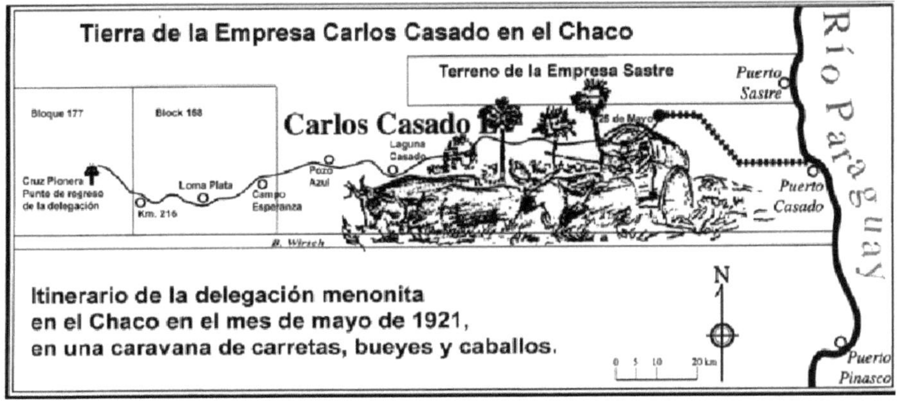

Cuatro delegados menonitas con la Cruz Pionera en el Chaco. Izq. a der. Doerksen, Neufeld, Funk y Toews.

Asunción 1921. El mercado capitalino.

Asunción 1921. Calle Palma y el Panteón de los Héroes.

Delegados menonitas en una estancia de los Casado en
el Km 15 al norte de Puerto Casado.

Delegados menonitas frente al Urunde´y en el que clavaron la Cruz Pionera
en mayo de 1921 en el interior del Chaco paraguayo.

La Expedición al Chaco en un descanso en el Km 90.
Peones paraguayos, indígenas y menonitas.

Loma Plata en mayo de 1921. Así visto por la delegación menonita.

CAPÍTULO V

¡ESTE ES EL CAMINO, POR ÉL ANDAD!

"Entonces tus oídos oirán á tus espaldas palabra que diga:
Este es el camino, andad por él;
y no echéis á la mano derecha, ni tampoco torzáis á la mano izquierda."
Profeta Isaías capítulo 30, 21

La orientación bíblica para la emigración

Una parte de la comunidad menonita de Canadá, que se decidió por la emigración en los años 1920, tanto en el sentido religioso como también en el intelectual, era de sobremanera conservadora y atada a la tradición, sin que en la mayoría de los casos se buscara la razón para la vida según la manera de los antepasados, pero por el otro lado profundamente religiosos y creyentes en la Biblia, especialmente basándose confiados literalmente en distintas expresiones del Antiguo Testamento.

La cita del versículo arriba mencionado de Isaías, visto en este caso como una profecía de Dios, es muy característica en la forma de tomar en serio las expresiones de la Biblia.

El negociado con las tierras

Más de 400 familias habían decidido emigrar al Paraguay. La empresa de la emigración por fin pudo inicarse. En ese momento se tuvieron que esforzar para vender los bienes inmuebles y muebles y comprar en el Paraguay una propiedad nueva. A mitad de noviembre de 1921 llegó el General McRoberts con los señores Fred Engen, Alvin Solberg y José Casado a Manitoba. Llegaron con el ferrocarril, en un vagon especialmente anexado para ellos hasta Altona. En Altona se colocó el vagon en un riel paralelo a la via férrea central y les sirvió de vivienda. Walter Quiring relata: *"Los señores presentaron discursos sobre el Chaco, y el señor Casado informó de muchos beneficios de sus bosques. El ofreció la tierra a los agricultores por 12 dolares la ha - en vez de tres a cinco dólares como en Buenos Aires hacía algunos meses atrás - y prometió también ayudar fuertemente en la inmigración y de ocuparse paternalmente de los colonos, si en un momento en el Chaco los alimentos se volvieran escasos."*

McRoberts inició entonces las tratativas de compra de tierras hacia los dos lados, en Sudamérica con los Casado y en Canadá con los campesinos menonitas. Esto exigía mucha deliberación y reuniones para encontrar la mejor manera de superar todos los asuntos de negocio, para que puedan resultar satisfactorios para todos los participantes. Era una empresa que se abría sobre las dos mitades del continente, con una relación de Winnipeg a Nueva York, de allí a Buenos Aires y finalmente vía Asunción hasta Puerto Casado. Los socios del negocio fueron un grupo de agricultores menonitas en el oeste de Canadá y una familia latifundista en el Chaco Paraguayo, que tenía su asiento en Buenos Aires y una propiedad gigante de tierras unificada bajo **un titulo** en **una sola mano**, como no hubo ningún otro en el mundo de aquel tiempo. Entre los dos mediaba un millonario de Nueva York (Casado – McRoberts - menonitas).

Por haber migrado los menonitas tanto de aquí para allá, estas migraciones se habían realizado en la mayoría de los casos en forma latitudinal y en el hemisferio boreal. Esto sería la primera vez que los menonitas entrarían en el hemisferio sur y la migración se realizaría sobre la larga línea meridional por casi un cuarto de la circunferencia del planeta.

Lentamente empezaron a rodar las ruedas de la empresa de traslado sobre el continente. En comparación con las conexiones de transporte de hoy y de las posibilidades de viaje, fue una empresa que ocupó mucho tiempo y fue excesivamente lento. Un viaje del trayecto Nueva York - Buenos Aires duró de 18 a 20 días. El correo demoró cuatro semanas para el trayecto Winnipeg - Paraguay. Más rápida fue la relación telegráfica. El uso del telegrama en aquel tiempo era algo muy normal para la transmisión de noticias. En comparación con la transmisión actual de noticias fue procedimiento muy laborioso.

McRoberts se preocupó por ser justo con los dos lados. Se trataba tanto en el Sur como en el Norte de cálculos y de transacciones inmensas. Tanto como el Norte estaba distanciado del Sur, tan diferentes eran también los socios de este comercio. De un lado había razones religiosas que impulsaban el negocio de las tierras, por el otro lado había intenciones de negocio puro que pesaban. Los mediadores de los dos interesados eran McRoberts y sus socios activos. Mientras que McRoberts hizo prevalecer en primer término el llamado de los menonitas, vio crecer un gran negocio de toda la empresa de asentamiento. Se convirtió en el comprador y el vendedor de las tierras en el Norte y en el Sur.

El General McRoberts, de quien se decía que cuando y dónde asumiera algo, resolvía sus deberes de manera definitiva, y en este negocio hizo lo mismo. No rechazaba ningún esfuerzo, ninguna entrega, ni de su persona ni de su dinero, para impulsar el proyecto y ejecutarlo. Durante su estadía y la de Casado en Manitoba se empezó con la compra y la venta de las tierras recíprocamente, y comenzó el tire y afloje.

Se entiende que los emigrantes querían sacar el mayor provecho en dinero de sus bienes dejados en Canadá; y McRoberts con sus socios activos de su parte no pagar tanto. Asimismo fue entre la empresa Casado y la empresa de McRoberts. De los dos lados se trataba de grandes negocios. Los agricultores querían cobrar lo que valían sus chacras, y McRoberts con su consorcio y los Casados querían sacar una buena renta.

En 1922 se iban a ejecutar todas las transacciones firmadas contractualmente y las necesarias para las actividades del traslado; en el subsiguiente año se llevaría a la mayoría de los emigrantes al Paraguay y en 1924 se terminaría el traslado definitivamente.

Mientras tanto, Fred Engen regresó a Nueva York con McRoberts. Este mandó a Engen de vuelta a Manitoba, para presentarles a los menonitas sus propuestas para las tratativas. Del grupo de los emigrantes se fueron Bernhard Töws, Isaak Funk y Johann Priesz a Winnipeg, donde se reunieron con Fred Engen para ver de cerca las propuestas y tomar en consideración si era necesario, también presentar sus propuestas.

McRoberts propuso el trueque. Quería tener toda la tierra de los emigrantes en Canadá y le daría por eso la tierra en el Chaco, no acre por acre, sino el precio correspondiente a la calidad del suelo. La tierra canadiense tenía diferentes precios, la tierra del Chaco tenía un solo precio uniforme.

Muy favorable era para los agricultores simpatizantes de la emigración vender sus propiedades en forma conjunta. Nadie debería esforzarse en vender solo su propiedad. Si alguien tendría que hacerlo, entonces se hubiera sacado mucho menos, además habría durado mucho más tiempo el encontrar tantos compradores para el gran número de propiedades. Walter Quiring escribe: *"Los agricultores no eran capaces de ejecutar el traslado por sus propios medios. Sus varios cientos de miles de acres de tierras solo podrían ser vendidas en un espacio de muchos años por precios aceptables; en una oferta en su totalidad hubieran sido presionados de vender sus tierras a un precio debajo de su valor real. Lo vieron en el ejemplo de los Colonos Antiguos, que ofrecieron 40.000 acres y no encontraron ningún comprador."*

McRoberts ofreció a través de Engen a los menonitas el acre a 5 dólares en efectivo. Los menonitas pidieron 8 dólares el acre. Engen mandó la noticia por telégrafo a McRoberts y el envió su respuesta también por telegrama. Acordaron finalmente que el acre sería a 7 dólares en efectivo. Las tratativas tomaron varios días. El último telegrama de Winnipeg a Nueva York del grupo reunido y debatido decía: *"Sabemos de la escasez de dinero, pero también sabemos que nosotros vamos a necesitar urgente el dinero para realizar el asentamiento."*

McRoberts respondió que iba a hacer lo que podía para los emigrantes. Ellos le querían comunicar lo que realmente exigían. El grupo deliberante respondió que se les pague siete dólares en efectivo por acre. Después de algunos días vino la respuesta de que su oferta había sido aceptada. Y así se hizo cuando el negocio se realizó de cuatro a cinco años más tarde.

En Nueva York negociaron McRoberts y José Casado. El Señor Casado se quedó varios meses en Nueva York para este fin. Los dos, McRoberts y Casado eran negociadores experimentados y los dos atendían todos los detalles para sumarle a los ya presentes millones algunos millones más en el transcurso del negocio. Al los dos les sucedía como a dos ajedrecistas, que difícilmente avanzan, porque los dos juegan tan bien y cada uno quiere mantenerle al otro en jaque y no dejarlo salir.

La firma Casado le hizo una oferta a través de José Casado, de vender toda la propiedad en el Chaco a los americanos. En aquel entonces eran 1.320 leguas de tierras, 20.000 vacunos, 500 caballos, 75 km de ferrocarril, más de 100 vagones de ferrocarril, 1.800 bueyes de obraje, un barco a vapor, cinco barcazas, dos botes a vapor, la fábrica de tanino y todo el instrumentario, los edificios y más o menos 160 km de alambrada de púas. No se llegó a ningún acuerdo. Se siguió negociando por las tierras del asentamiento. Los americanos veían el mejor negocio en la venta de tierras.

Antes de que sigamos, hacemos una retrospección al año 1921, cuando los Antiguos Bergthaler visitaban conjuntamente con Fred Engen el Chaco y lo encontraban apropiado para analizar comparativamente, cuáles habían sido las ideas que los señores McRoberts y Casado habían tenido en aquel entonces del movimiento de la emigración y también de los negocios de las tierras que había resultado de los mismos y qué saliera de ellos más tarde.

El 9 de diciembre de 1921 McRoberts había escrito un memorándum para Casado, que decía que los menonitas habían presentado la perspectiva de vender 100.000 acres de tierras en Canadá. Transfiriendo esto a la venta de cambio en el Chaco daría esto el triple de la propiedad de tierras, porque en Canadá se venderían muchas tierras con un precio más alto, mientras que en el Paraguay se negociarían todas las tierras a un mismo precio. En el mencionado memorándum se habló del ferrocarril. Se esperaba que el negocio de las tierras motivara a los Casado para avanzar con la construcción del ferrocarril hacia el interior del Chaco, lo más pronto posible. Seguía diciendo de que se quería comprar de los Casado un millón de acres de tierras.

En relación al ferrocarril se habló en aquellos tiempos de 300 km. Este era el trayecto calculado desde el río Paraguay hasta las posibles tierras del asentamiento. Y en relación al negocio de las tierras dijo Casado que él había vendido hacía 15 años, cuando no existían todavía instalaciones, parte de ellas a dos dólares el acre. Las tierras habían estado cerca de las conexiones de transporte. En 1921 se vendía la tierra que estaba lejos de las conexiones de transporte, por un dólar el acre. Las tierras por donde pasaba el ferrocarril valía cinco dólares el acre.

Cambio de gobierno en el Paraguay

Motivado y fortificado en la esperanza de que una emigración se realizaría, los interesados en el Chaco pusieron mano a la obra. Los contrarios al mo-vimiento hicieron todo lo posible de impedir la emigración. En la segunda mitad de 1921, después de que la delegación menonita había visitado el Paraguay, hubo un cambio de gobierno en el Paraguay. Los opositores a la emigración advertían seriamente a la emigración al país sudamericano, donde, como decían, las circunstancias políticas eran sumamente inseguras.

Así no lo veían los interesados en la emigración. Habían mandado a sus delegados a este país, lo habían inspeccionado y conocían la realidad. El cambio del Presidente después de su salida no les importaba. Justamente con estos dos hombres del Gobierno se habían conocido y habían observado cómo juntos y unidos habían trabajado muy de cerca, y los dos estaban interesados en recibir a los menonitas en el país. Eran el Dr. Manuel Gondra y el Dr Eusebio Ayala, el uno Presidente y el otro Ministro de Relaciones Exteriores.

Cuando los menonitas se dieron cuenta de que el Dr. Ayala se había convertido en Presidente, no lo sintieron como un cambio de Presidente. Para ellos significaba esto un cambio en las posiciones del gobierno. McRoberts se comunicó telegráficamente con los señores en Asunción. Al poco tiempo los menonitas emigrantes en Manitoba recibieron un telegrama de Asunción: *"Estoy enterado de que los menonitas han resuelto emigrar al Paraguay. Me alegro y les aseguro que el Paraguay los recibirá calurosamente. Nosotros no solamente vamos a ejecutar decididamente los privilegios otorgados a los menonitas, sino haremos todo lo posible para que les vaya bien. El cambio político no ha deteriorado la paz de la República. Las circunstancias en el país están así como cuando los delegados menonitas estaban en el país.*

Firmado: Eusebio Ayala."

Este telegrama había sido dirigido al señor Johann Priesz en Altona, Manitoba. Lo recibió el 16 de diciembre. El 26 llegó un segundo telegrama: *"Yo apoyo decididamente el gobierno del Dr. Ayala y confirmo su afirmación de que los menonitas están bienvenidos en el Paraguay.*

Firmado: Manuel Gondra."

Así el año 1921 fue un año lleno de ansias tensas y un ambiente esperanzador para los menonitas interesados en el Paraguay. Por delante había nuevos deberes que tenía que enfrentarlos con todas sus fuerzas. En cierto sentido esto pasaba por encima de sus fuerzas, como muchos lo sentían. Pero para ellos era una cuestión de fe, y así tenían la plena esperanza de que Dios conduciría aquello hacia el éxito. Lo que tenía como consecuencia una emigración de tal tamaño, les era todavía conocido de la emigración de Rusia a Manitoba, que ocurrió hace casi 50 años. Si tomaban la cuestión solamente desde el lado natural y humano, temían la nueva emigración.

La congregación de Chortitzer de la Reserva Oriental, que formó el grupo más grande de los tres grupos de emigración y donde la mayoría de los líderes de la iglesia estaban a favor de la emigración, había tenido seis grandes reuniones con los hermanos de la congregación desde la vuelta de la delegación paraguaya, y una cantidad de reuniones en círculos más pequeños.

También los Bergthaler de Rosthern, en Saskatchewan, actuaron como congregación. No así los Sommerfelder en la Reserva Occidental en Manitoba; aquí solamente el 5% quería emigrar. Los líderes y la congregación como tal no estaban a favor. Dos pastores se unían a la Pequeña Iglesia. Sus reuniones las hacían en los hogares de los emigrantes. Las iglesias no estaban disponibles para este fin.

En la congregación de Chortitzer, donde inicialmente el 65% se decidió a favor de una emigración, se creó inmediatamente un comité de emigración, confeccionando una lista de venta de tierras. Se hablaba llanamente de 'lista', donde los interesados en la emigración pudieron anotar sus tierras a ser vendidas. En la lista se llegó a anotar 100.000 acres (40.000 ha).

La fundación del Comité de Emigración

Los tres grupos: Chortitzer, Sommerfelder y los Bergthaler, que tenían el mismo objetivo de emigración, y que originariamente habían pertenecido a una congregación, estaban de acuerdo en formar una unidad. El primer paso en esta dirección consistió en fundar un Comité de Emigración conjunto, representado por los tres grupos. La confirmación definitiva del comité se hizo el 9 de diciembre de 1922. Se lo nombró 'Comité de Ayuda Mútua' (Fürsorgekomitee), un nombre conocido todavía desde Rusia. Allá no fue una organización menonita, sino un órgano del estado para atender a los colonos alemanes en Rusia del Sur, al cual habían pertenecido los menonitas.

Este comité era una organización puramente menonita. Había sido creado exclusivamente con el fin de la emigración al Paraguay y tenía que fomentar la cuestión de la emigración y ejecutarla. También intermediaba entre los emigrantes y la empresa de asentamiento. El comité tenía seis miembros, dos de cada grupo.

Las negociaciones siguen

De a poco la empresa empezó a moverse.

McRoberts y Casado seguían negociando. En febrero de 1922 McRoberts le entregó al Señor Casado un segundo memorándum. Se presenta aquí en forma abreviada:

1. Se tiene que formar una Corporación de un capital inicial de 1,5 millones de dólares.

2. Esta Corporación hace un tratado entre la firma Casado y los menonitas. En el tratado está previsto:

a. La firma Casado le vende a los menonitas la tierra por 5 dólares el acre;

b. Como contraparte la Corporación compra la tierra de los menonitas de Canadá por un precio generalizado por acre;

c. La Corporación le paga a los menonitas siete dólares por acre;

d. Por el dinero sobrante de la venta de su tierra los menonitas reciben como contrapartida tierra en el Chaco, calculado en un valor de dinero, no acre por acre.

3. Por la tierra en Canadá se calcula un promedio, que significaría confeccionar un contrato de tierras de 600.000 acres en el Paraguay.

4. La Corporación se compromete a financiar el proyecto hasta la ejecución definitiva y de pagarle 600.000 dólares a la empresa Casado.

5. La empresa Casado promete la construcción del ferrocarril hasta el complejo del asentamiento en relación con el avance de la obra de colonización.

6. La Corporación mantiene el derecho de selección de tierras adicionales, así como la determinación de la fecha y el tiempo del derecho de selección.

Paro temporal de las negociaciones

Cuando los menonitas interesados estaban preparados para la ejecución de la empresa emigratoria, McRoberts de repente terminó con todas las negociaciones. El Dr. Walter Quiring escribe: *"La crisis económica del año 1921 que hizo sufrir especialmente el negocio de las tierras en Canadá, terminó momentáneamente con los planes de la emigración. Los precios del trigo y de las tierras cayeron más que el doble en corto tiempo; un haz de Trigo que valía hasta 2,60 dólares, ahora solo valía alrededor de un dólar. Una cuarta sección de tierras (160 acres) que había costado entre 6.000 y 16.000 dólares, ahora se pudo adquirir por menos de la mitad del precio.*

McRoberts les comunicó a los interesados de la emigración que él se retiraría por el momento del negocio planificado para esperar mejores tiempos. La emigración al Paraguay no se debería parar, sino solamente suspender. Prometió asumir enseguida esta cuestión, tan pronto se estarían dando la posibilidades económicas para su ejecución.

Fue un golpe muy duro para el inicialmente fuerte movimiento de emigración."
No fue una buena noticia para aquellos que se habían puesto a punto para emigrar en breve. Confiaron en la afirmación de McRoberts de dedicarse otra vez a la cuestión de la emigración, tan pronto mejore la situación económica. Los interesados en la emigración no habían vendido ninguna propiedad. Esto lo querían hacer a través de McRoberts. Visto desde esta óptica no existía ningún impedimento para quedarse más tiempo en Canadá. Seguían como agricultores, como lo habían hecho hasta ese entonces. La cuestión de la emigración se suspendió por varios años. Lo que pudo haber comenzado en 1923 y terminado en 1924, comenzó recién a finales de 1926, terminando en 1927.

Durante el tiempo de la espera y del paro del proyecto de la emigración muchos interesados en el Paraguay cambiaron su opinión y abandonaron sus intenciones de emigrar. Los contrarios a la emigración procuraron por todos los medios de insuflar el miedo a los promotores, procurando decentemente (a veces también indecentemente) de doblregar el espíritu de la emigración, con éxito en muchos. Aparecían artículos 'esclarecedores' y de advertencia en las revistas, que fueron leídos por los interesados en el Paraguay. Aquí uno de estos artículos (Gerhard F. Wiebe en: Mennonitische Rundscha, 25 de marzo de 1925): *"Informaciones vienen generalmente de aquellos que muy poco saben de las condiciones políticas y económicas de los países sudamericanos. Muchos emigrantes sudamericanos, por ejemplo hacia el Brasil, se fueron a la bancarrota desoladamente. Lo peor pasó con aquellos que se fueron al Paraguay. Ahí hay muchos problemas con los títulos de propiedad. Después de una cantidad de años viene otro más fuerte y exige la propiedad de la tierra sobre la base de una cita más añeja. El hombre tiene que dejar todo lo que ha construido como un pobre infeliz, pensando que era el dueño. La ley no le garantiza ninguna indemnización. Esto es duro y terrorífico. Por eso aquí va a ganar la lucha por la vida aquel que posee una condición sana, que sabe usar bien sus brazos y que oprime todos sus sentimientos para con el prójimo. El valor de la vida humana es igual a cero. Por tal motivo cada uno deber protegerse él mismo. Muchos no son suficientemente fuertes en estas lides. En la Argentina es un poco mejor.*

¿Qué perspectivas tenemos en el Paraguay? Un país tan lindo que los poetas lo describen con sus cantos. El suelo es exuberante y fértil, gran riqueza en madera, ganado y otros productos de la tierra. Las bananas se pierden en el suelo, porque ninguna mano las cosecha, naranjas yacen bajo los árboles a montones y se pudren. Una riqueza que no puede ser cosechada porque no se encuentran manos para el trabajo, por el hecho de que el paraguayo es muy perezoso y no trabaja más de lo necesario para protegerse contra la muerte por el hambre.

Que no está muriendo por no hacer nada, es por la inmensa riqueza del país en productos naturales.

Una mujer se fue al mercado para comprar un pez. Un paraguayo que tiene varios peces que había pescado se encuentra con ella. Ella dice: 'Quiero comprar un pez, ¿cuánto cuesta?' La respuesta era: 'No vendo ninguno. Si quieres un pez, tienes que pescarlo.'

Esto caracteriza el concepto de la vida del paraguayo. No se puede vender nada, si se regala la mitad. El paraguayo no tiene dinero. Tampoco se puede comprar nada.

Si un colono se va a Paraguay y asume un campo con ganado y producción de bananas, tiene más que suficiente para vivir. Pero nunca ve el dinero, porque no recibe nada por sus productos. Mientras que tenga buenos vestidos, que trajo de Europa, se puede. Más tarde no puede comprar nada y lo que se queda de esto son harapos.

Cuánta gente volvería si podría, para huir de esta olla criadera del eterno cielo azul, donde en verano llega a un calor de 45 hasta 50 grados centígrados, pero ni consigue un poco de dinero para el viaje en barco a Buenos Aires.

En Buenos Aires he visto a uno que había regresado del Paraguay, un hombre pobre, a quien las pulgas le habían desgarrado la carne de las pantorillas. Sus piernas estaban cubiertas por forúnculos. De los insectos y de los bichos los europeos de estas latitudes no tienen la más mínima idea. Pulgas, mosquitos, chinches y otras malas especies de hormigas y muchos otros, así como diferentes especies conocidas de bichos, torturan al colono y le hacen imposible la vida allá donde la miseria no le afecta.

Que esto sirva para la orientación general a los interesados en la emigración."

Este discurso se originó obviamente de la pluma de un emigrante, que había estado en el Paraguay, y lo había dejado por la frustración sobre el estado guaraní, y ahora quiso advertir a otros interesados en la inmigración a este país. No se reconoce si el discurso de advertencia era para los menonitas interesados en el Paraguay. Fue publicado de parte de los opositores a la emigración en sus revistas, es decir de los menonitas canadienses, para informar acerca del pobre país, el Paraguay.

El tiempo no paraba. Seguía sin interrupciones. La obra de la inmigración no avanzaba ni un paso. A muchos de los que al comienzo eran entusiasmados adeptos de la inmigración al Paraguay se les diluyó el ánimo. Si muchos no abandonaron la intención de emigrar, por lo menos se propusieron en primer término esperar, hasta que un asentamiento se haya realizado en el Chaco y ver qué resultaría de todo eso, antes de que ellos también se atrevieran.

También aquellos que desde afuera parecían inamovibles tenían sus dudas, por más que no lo expresaran en voz alta como lo hubieran querido escuchar los contrarios. Aunque no capitularon, se preguntaron hasta dónde Dios estaba detrás de su obra. Ellos querían ejecutarla solamente si Dios estaba a favor de la obra. *"O Dios, si es obra de ti, ayuda para suerte, si es obra del hombre, anula todo"*, rezaban ellos, y con todo convencimiento. No querían emigrar si era contra la voluntad de Dios. Es notable que las personalidades dirigenciales se sentían siempre fortificadas en la convicción de la voluntad de Dios de ejecutar el amplio y complicado proyecto   paraguayo.

El año 1924 llegó y se seguía esperando la luz verde de McRoberts. En este año debía haberse terminado la emigración al Paraguay según los planes anteriores. Las más de 400 familias que se habían presentado para el primer grupo, ya tendrían que estar en el Paraguay. No se avanzó ni un solo paso desde que se había planificado todo eso. Con McRoberts se comunicaban de vez en cuando para ver si él estaba comprometido todavía. Les aseguró cada vez que él iba a cumplir su promesa: cuando mejore la situcacion económica, iba a concretizarlo.

Bernhard Töws escribió el 1 de mayo de 1924 a McRoberts: *"La gente está muy preocupada a causa de la larga suspensión de la cuestión de emigración. Exige mucha fuerza de voluntad y tino mantener y manejar la cuestión en sus diferentes estados. Si se pudiera iniciar la emigración, muchos seguirían: gente que ahora está manteniéndose en silencio, se sacudirían el polvo de sus pies y agarrarían con nosotros el bastón de la peregrinación. Es un esperar de las cosas que han de venir. Uno es tenso, uno duda, uno espera, y esto ya más de dos años, desde aquel tiempo cuando regresamos del Paraguay, y todavía se ha decidido lo que realmente pasará."*

Cuando los menonitas no se habían comunicado por un lapso de tiempo más largo, McRoberts se hizo escuchar. El había escuchado de que ellos habían abandonado el proyecto del Paraguay y todos querían ir a México; qué era de cierto, quería saberlo. Los menonitas le comunicaron que no era cierto, que estaban con el proyecto paraguayo esperando una decisión suya.

Intentos de organización para la vida futura en el Chaco

En este tiempo de espera deliberaban los dirigentes, cómo hacer viable una mezcla de los tres grupos: los Chortitzer, los Sommerfelder y los Bergthaler de Saskatchewan. De todos los grupos se levantaron las voces a favor de una fusión en caso de un traslado al Paraguay. Ahí vivirían otra vez como en Rusia, en un asentamiento común. ¿Por qué no podrían formar una sola congregación? El refrán:"La unión hace la fuerza", era moneda corriente para esta gente. Sabían que la migración al Paraguay y el nuevo asentamiento necesitaría esta fuerza de la unidad. El comité de solidaridad, instalado de común acuerdo, era solamente un órgano del trabajo conjunto, no de la unificación de la congregación.

Al 'Comité de Ayuda Mútua' le tocó la responsabilidad de las mediaciones financieras y negociadoras entre los grupos de emigración y la empresa de asentamiento, cada grupo se sentó en su comunidad y se trató los asuntos a resolver. Las cuestiones que superar eran distintas en los diferentes grupos. El tamaño del grupo determinó la medida de las reglamentaciones y acciones de negocio que enfrentar. En el grupo de los Chortitzer, del cual un gran grupo quería emigrar, sin tener en cuenta la capacidad económica de la familia en cuestión, había más trabajo que hacer. Se buscó caminos para ayudar a cada uno.

La congregación de los Sommerfelder en la Reserva Occidental de Manitoba Sur, no tenía que ver nada con estas cosas. De esta congregación se unió un pequeño grupo para la emigración. Entre ellos había una sola familia sin medios económicos propios. Fue apoyada en forma privada. Los otros tenían medios económicos y no tenían tales preocupaciones. Cada uno pagaba su viaje y llevó muchas cosas y mucho dinero consigo. Y cada uno había recibido por el trueque muchas tierras en el Chaco. Cuando este grupo se reunió para deliberaciones, no fue tanto por la pregunta de cómo se iba a llegar, sino qué se haría al llegar al lugar. En una de estas reuniones se anotaron los siguientes puntos fundamentales para el nuevo   asentamiento:

"No se olvide en el nuevo asentamiento que la escuela y la iglesia fueron las causas fundamentales del por qué de la emigración.

En el nuevo asentamiento se asentará en aldeas. La tierra ha de mensurarse en superficies de dos por tres millas. Sobres esta superficie se asentarán 24 familias, con 160 acres para cada familia. Una aldea así será suficientemente grande para mantener una escuela. La forma de la distribución de la tierra es cosa de los asentados en la aldea. Esta reunión de deliberaciones piensa que cada lado de la calle de la aldea tenga 12 fincas de 160 acres de tierra.

Esta asamblea opina que cada aldea debe tener un título de posesión de tierra propio. La asamblea propone que el aporte para la escuela aldeana se calcule según la cantidad de posesión de tierra.

El grupo de la Reserva Occidental tiene la intención de mantenerse unido y ahí pensar si se unen con los Bergthaler de Saskatchewan o con los Chortitzer de la Reserva Oriental.

En cada aldea se debería emplear a tres hombres que se preocupan de los asuntos de la aldea, más tres hombres responsables de todo el asentamiento y que llevan a cabo los asuntos mundanos.

Préstamos en dinero de la congregación cualquiera puede hacer, tanto como él quiera, y así también permitir que la congregación pueda vender sus tierras. La fecha de vencimiento no está determinada. El préstamo es de cinco años sin intereses, calculado desde la fecha de la llegada al lugar nuevo. Quien presta de este dinero para comprar tierras, lo recibe también durante cinco años sin intereses. Al término de los cinco años se deberá analizar nuevamente el asunto."

Al grupo de los Sommerfelder se unieron de 53 familias. 13 familias volvieron luego a Canadá. 27 de estas familias se unieron ya en 1927 incondicionalmente al grupo de los Chortitzer y 13 familias cumplieron lo que la asamblea había determinado, es decir, asentarse entre los de Saskatchewan y los Chortitzer, para decidirse más tarde a qué congregación unirse. Estas 13 familias se unieron con la iglesia de los Chortitzer en 1928.

Los Bergthaler de Rosthern, Saskatchewan, constituyeron el siguiente 'acuerdo':

"Creemos que una empresa tan grande no se puede ejecutar sin una organización y orden, por eso la congregación ha determinado lo siguiente:

Primera parte:

- Cada dueño de tierra paraguaya tiene que entregar gratis el 10% a la congregación.

- Estas tierras donadas se deberán vender a cinco dólares el acre a gente que no tiene tierra.

- Esta tierras donada se deberá vender primero, la venta de las otras tierra después será libre.

- Puede ser que haya padres de familia con medios económicos que no poseen tierra y por eso no pueden donar el 10% a la congregación. De estos se espera que según su fortuna apoyen a la caja de la congregación.

- La finalidad de esta caja, que surge de las contribuciones del 10%, es la ayuda a familias sin recursos económicos, o, donde haga falta, emplear para el bien general de la congregación.

- Cada uno que presta dinero de esta caja, está obligado de devolver la misma suma.

Segunda parte:

- Luego de que se haya entregado el 10% de la tierra comprada en el Paraguay a la congregación, y cada uno haya mensurado cuanto necesite para si mismo, el resto será vendido por la comunidad. Nadie tiene el permiso de vender su tierra a un extraño. Cada padre de familia tiene el derecho de entregar de su terreno a los hijos, cuanto puede y quiere. Si los hijos no llegaron a la edad adulta, entonces el padre tiene la responsabilidad por la tierra a ser entregada,

lo que concierne a los impuestos y otras cosas, hasta que los hijos sean adultos y puedan cultivar las tierras.

 - *De esta tierra a transferir a los hijos ya se debe haber entregado el 5% y por eso ya no se exigirá el 10%.*

 - *La tierra que queda fuera del 10%, cuando todos hayan tomado posesión para el cultivo, deberá ser vendido a 5 dólares el acre. Esto vale tanto tiempo hasta que la tierra quede libre de impuesto y de otros gastos.*

 - *El precio de 5 dólares el acre tiene validez solamente para el primer grupo de emigración.*

 - *Los pagos por la venta de tierras deberán ser efectivizados en forma porcentual a los propietarios legítimos de la tierra.*

 - *Las fechas de pago y los intereses serán determinadas en el nuevo lugar, independientemente de las condiciones que reinarán en este lugar (en el Chaco).*

 - *Si alguien ha comprado la tierra con determinada fecha de vencimiento y más tarde se comprueba que no ha pagado el precio intencionalmente, esta tierra en cuestión se revenderá.*

 - *En todos los casos la tierra es garante del precio que se ha de pagar.*

 - *Bajo ninguna condición se permite hipotecar la tierra fuera de la congregación.*

 - *Cada propietario legítimo recibirá de la congregación un título de posesión, que dentro de la congregación tiene el total reconomimiento y los derechos de un título registrado.*

 - *Si más tarde llegaran más colonos que desean asentarse entre los primeros, se elevará el precio de la tierra para estos colonos para que ellos también contribuyan algo al bien general de la congregación, pagando esta diferencia a la caja de la misma.*

 - *De la caja de la congregación se pagará a los empleados que de todos los movimientos de dinero y de tierras realizan una contabilidad transparente.*

 - *En el nuevo asentamiento se asentarán en aldeas. Cada aldea tendrá una extensión de dos por tres millas (cerca de 3 x 4,5 km) y el derecho de determinar la aldea misma de repartir la tierra, pero en un orden regulado y pertinente.*

 - *Las resoluciones arriba enunciadas se subordinan a la comunidad. Si estas resoluciones no fueran ejecutables para el uno o el otro, la comunidad está en su derecho de hacer los cambios pertinentes."*

El mayor grupo de los emigrantes era de los Chortitzer

En este grupo el 90% de la dirección de la congregación apoyó la cuestión de la emigración desde el comienzo. También era el caso de la pequeña congregación de los Bergthaler de Saskatchewan, desde donde un grupo salió como una congregación organizada.

Las resoluciones de una deliberación del grupo de los Chortitzer del 25 de marzo de 1922 por cuestiones de la emigración, que primero se habían presentado en una reunión de los hermanos, fueron aceptadas por esta. Luego también por el Anciano de la congregación, por los pastores y los diáconos, por los dos directores del comité de huérfanos y viudas, por los miembros del 'Comité de Ayuda Mútua', por los miembros del comité intercongregacional y por los delegados de la expedición del Chaco en 1921, siguiendo la firma de todos:

"1. A la reunión de los hermanos de la congregación fue presentado el siguiente esquema de cálculos para la emigración: La congregación se hace cargo de la tierra en el Chaco como transferencia de la tierra de los emigrantes en Canadá, por el cual los emigrantes reciben una parte de pago en efectivo; la propuesta podría ser:

a. El que tiene 610 ha de tierra, a 32 dólares el acre,

estos son:		$19.520.-
Sus gastos de viaje son:	$1.400.-	
Sus deudas son:	$1.000.-	
200 acres en el Chaco a $5.- el acre son:	$1.000.-	
Entonces tiene un haber en la		
congregación de:	$16.120.-	
	$19.520.-	$19.520.-

b. El que tiene 160 acres de tierra a $33.- el acre:		$ 5.280.-
Sus gastos de viaje son:	$1.900.-	
Sus deudas son:	$2.380.-	
200 acres tierra en el Chaco, a $5.- el acre:	$1.000.-	
Su cuenta no deja resto:	$5.280.-$ 5.280.-	

c. El que tiene 160 acres de tierra a $12.- el acre:		$1.920.-
Sus gastos de viaje son:	$ 438.-	
Sus deudas son:	$2.300.-	
Adeuda a la congregación:		$ 818.-
	$2.738.-	$2.738.-

2. Cuando alguien en el Chaco tiene más tierra de lo que necesita para si mismo, y dentro de diez años no la haya vendido, se lo grava con impuesto y hay pérdidas por la baja de precios de las tierras; así toda la congregación participa en el sentido de que cada uno contribuye con sus bienes; así ha de procederse también con el dinero, los préstamos a la congregación.

3. En caso de la venta de tierras por la congregación y sobre dinero, este se repartirá en forma porcentual a los acreedores, es decir, según la cantidad que poseen en la caja de la congregación. Si se ha de pagar deudas, se lo devolverá de la misma manera.

4. Si alguien vende su terreno en Canadá por dinero en efectivo, entonces deberá prestar a la congregación tanto dinero como sería el pago en efectivo de los demás a la empresa de asentamiento. Así contribuye como los demás con su parte del préstamo, que venden su tierra por trueque.

5. Si alguien quiere dejar la tierra en el Chaco a sus hijos, se lo debe comunicar a los responsables, para que de su préstamo se reste tanto como la entrega del terreno a sus hijos, con $5.- el acre.

6. La tierra del asentamiento se demarcará en superficies de 3 por 4 millas. Más tarde podrá ser mensurada en parcelas más pequeñas. Siempre se deberá hacer la mensura de tal manera que la superficie sea suficientemente grande para fundar una aldea. Una propiedad no deberá exceder las 200 acres (80 ha).

7. Resuelto, realizar los préstamos para ayudar a los que no tienen medios económicos.

8. Los saldos activos de los préstamos en la congregación no se cargará con intereses durante cinco años, asímismo las deudas no serán cargadas con intereses durante cinco años. Si lo exigen las circunstancias de no pagar intereses por más tiempo, es cuestión de la congregación de decidir sobre el asunto.”

Poco tiempo después se cambió algo en los puntos mencionados. El primer punto en el que se propone entregar a la congregación el préstamo en efectivo, que el emigrante recibe por su tierra, se reconocía como demasiado alto y no ejecutable. La propuesta se cambió de esta manera: “Que cada uno realice su préstamo en forma voluntaria según sus bienes en dinero.” Con eso se había mezclado el punto uno con el séptimo y el punto cuatro se dejó de lado.

Intentos de unificación de las tres congregaciones

Durante todas las deliberaciones de cómo llevar a cabo la cuestión de la emigración, se involucró a los intereses de la iglesia y se discutió los asuntos relacionados con la iglesia, especialmente la triple división.

El grupo más grande de los Chortitzer no se preocupó, queriendo emigrar como una congregación organizada y fuerte y así asentarse en el nuevo lugar. Sus dirigentes estaban siempre dispuestos al diálogo y a reuniones en puntos que a la unificación con los pequeños grupos se refería.

Líder en este intento de la unificación era el Anciano del grupo de los Bergthaler, Aaron Zacharias. El elaboraba ‘directrices’ o ‘reglas de la congregación' conjuntamente con su grupo, que después serían decisivos para la gran congregación surgida de la unificación.

El 17 de enero de 1923 tuvo lugar una conferencia de pastores en la casa del Anciano Aaron Zacharias. En esta conferencia estaban presentes también otros hermanos de la congregación, como el señor Bernhard Töws, que había participado de la expedición al Chaco, y el Anciano Johann Dueck de la congregación de los Chortitzer, y el predicador Johann Sawatzky. Se trataba la unificación de las congregaciones, como también las reglas de la iglesias para el asentamiento en el Paraguay. El grupo de los Bergthaler redactó el acta, incluyendo los siguientes puntos:

"1. Se habla de la posibilidad de unificar las tres congregaciones en caso de la emigración al Paraguay y unirlas en una sola congregación. En este punto de la unificación todos los presentes estamos de acuerdo.

2. Escuela e iglesia deberán ser reconocidas como el motivo fundamental del asentamiento en el Paraguay. Esto será primordial también en las siguientes deliberaciones.

3. En el nuevo asentamiento se asentará solamente en aldeas.

4. Las superficies de las aldeas serán de 3 por 4 millas, conteniendo 5.760 acres, con 190 acres para cada colono. Entonces quedan 60 acres para la escuela y la casa del maestro, y donde sea necesario, también para la iglesia.

5. Título de posesión habrá para la superficie de la aldea de 3 por 4 millas.

6. Sin el permiso de la directiva eclesiástica no se aceptarán miembros de otras congregaciones en el negocio de las tierras en el Paraguay.

7. Nacimientos serán registrados lo antes posible por la directiva eclesiástica.

8. En las escuelas se cantarán solamente las melodías de la primera parte del libro de los corales a capela, porque estas son las melodías de la iglesia.

9. Novios deberán festejar su compromiso oficialmente antes de ser anunciados en la iglesia.

10. Los novios serán anunciados dos domingos antes del casamiento en la iglesia.

11. Durante los días feriados no se realizará ningún casamiento.

12. Se considera necesario emplear a un líder de la congregación.

13. También tiene que nombrarse al director de viudas y huérfanos, a un director de la Mutual contra incendios, un alcalde contra incendios, un alcalde para cada aldea (según la vieja costumbre).

14. Se debe realizar la elección para el Anciano de la congregación. Uno de los dos Ancianos que emigran al Paraguay (Chortitzer y Bergthaler /Saskatchewan) será electo. Recién cuando esté arreglado el título de la tierra se hará la elección; en el asentamiento en el Paraguay habrá un solo Anciano y la iglesia tendrá el nombre o la denominación de la iglesia, de la cual ha sido electo el nuevo An-

ciano. También se elegirá un nuevo director de huérfanos y viudas.

15. La disciplina de la iglesia se manejará según el evangelio.

16. Cuando los miembros de la iglesia no aparecen en la Santa Cena, serán advertidos seriamente.

17. Ocupar un cargo de gobierno está prohibido terminantemente según nuestra confesión de la fe, porque el gobierno lleva la espada.

18. La vestimenta tendrá que ser simple y limpia y según la palabra de Dios cubrir la cabeza y el cuerpo (aquí se piensa en la mujer).

19. Auto y teléfono son dañinos en la iglesia y por este motivo prohibidos.

20. Tener un bigote está prohibido y también cualquier la forma del corte de barba.

21. Se deberá recepcionar préstamos en la iglesia que serán empleados en casos necesarios durante la emigración."

Con esta reglamentación en el bolsillo después de su reunión en Saskatchewan se fueron a casa los representantes de los grupos de Sommerfeld y de Chortitzer. El reglamento no se había elaborado en esa reunión. Lo habían elaborado los Bergthaler de Saskatchewan entre ellos. Fue presentado en la reunión y no fue rechazado por los hermanos presentes de Manitoba. Esto se observa en el caso de la presencia del pastor Aaron Zacharias, que vino muy animado a la reunión dos semanas más tarde a Manitoba, donde en las grandes asambleas de los Chortitzer se presentaría el reglamento. Supuestamente habrá pensado que en las asambleas o en la 'reunión de los hermanos', como fueron llamados, que allá se realizarían en dos diferentes lugares, se lograría un 'Sí' en todas las cuestiones, como lo habían hecho los representantes en la reunión en Saskatchewan. Uno puede realmente presumir que los representantes de los Chortitzer en la reunión en Saskatchewan han dicho 'Sí' por convicción interna a todos los puntos. No habían tomado ninguna posición en contra y por eso habían despertado la impresión de que todos estaban a favor.

El preproyecto de los '21 puntos' fue presentado en la iglesia Chortitzer delante de una gran asamblea de hermanos, leído y analizado, y se escucharon las opiniones de los hermanos. Varios puntos se vio también así en la iglesia Chortitzer. También hubo puntos que contradecían totalmente el sentimiento de los Chortitzer. Puntos, de los cuales no se quería saber absolutamente nada. Y lo que no se entendía que un pequeño grupo de una congregación se tomara el derecho de presentar estas prescripciones a un grupo fuerte y grande. La asamblea declaró abiertamente que no estaba de acuerdo con dejarse hacer prescripciones por un pequeño grupo y cargarse con legalizaciones.

Se rechazó totalmente el reglamento y en especial algunos puntos que contravenían las costumbres de los Chortitzer, por ejemplo el uso del teléfono y el auto y su desdeño y la prohibición de cantar las canciones de la segunda parte del libro de coro de Franz, presunciones que no estaban de ninguna manera dispuestos a aceptar. Como grupo grande de la emigración los Chortitzer no se veían con la necesidad de aceptar estas reglamentaciones simplemente por el hecho de la unificación de las congregaciones. Eran lo suficientemente grande y fuerte para emigrar ellos solos. Con mucho gusto se hubieran unido con los de Saskatchewan, pero no bajo su tutoría. Los Chortitzer veían en aquella reglamentación de la congregación preplanificada una autoestima demasiado fuerte de aquel pequeño grupo.

A partir de aquel día entre los Chortitzer la idea de la unificación bajó a grado cero.

El Anciano de aquel pequeño grupo de los Saskachewaner que había estado presente en la asamblea de los Chortitzer en Manitoba, volvió muy frustrado a casa. Su colega de los Chortitzer, que en la reunión en Saskatchewan no había dicho nada en contra de las 'reglas de la congregación', tampoco se expuso a favor de ellos. El Anciano Zacharias escribió una carta larga al Anciano Dück, de la cual surge sobre todo, que el parecer de los Chortitzer había sido muy humano. No se puede reconocer de la carta del Anciano Zacharias que él hubiera estado dispuesto para algún compromiso: *"Atacado por la frustración viajé a casa, pero no sin esperanza por la obra de la unificación. Si me he callado en sus asambleas, fue por el motivo de poner mi confianza en el Señor. A pesar del duro rechazo no quiero dejar de orar a Dios para que él se pueda inclinar de ablandar los duros, duros corazones."*

En la congregación Chortitzer había algunos hermanos que se interesaban en el 'ordenamiento eclesial', como fueron llamadas las reglas de los de Saskatchewan. Estos animaron al Anciano Zacharias en su intento de lograr una unificación dentro de un marco reglamentado. Hubo cuatro familias que se unieron a los Bergthaler de Saskatchewan, cuando no se pudo realizar la unificación en el momento de la emigración al Paraguay. Ellos pasaron en cuestiones de la emigración con sus asuntos personales a los de Saskatchewan, porque los Chortitzer no lo querían de otra manera. Se les dio a entender que si querían liarse a aquellos, que lo hagan totalmente. Uno de entre estas cuatro familias le escribió al Anciano Zacharias lo siguiente: *"Que yo venga a buscar refugio, no es en el sentido de favores personales. Sabemos de las conversaciones que hemos tenido y también de las cartas que yo he escrito: A mi me preocupa el orden en la iglesia. Mucho tiempo he esperado que sus esfuerzos a favor de la unificación tuvieran éxito, pero nada de eso. Yo sé lo que nos has dicho: tendríamos que atenernos a nuestros líderes; yo también sé que que*

Ud ha dicho que finalmente iban a preguntar quién se atiene a Ud, y entonces atenerse a Ud."

El grupo de los Sommerfelder le había presentado al Anciano Zacharias las reglas de la congregación ya antes de la asamblea de Chortitzer. No se sabe cómo reaccionó este grupo. Aparentemente no con tanto rechazo. Por lo menos había algunos que estaban totalmente de acuerdo. En Paraguay se asentó una pequeña parte del grupo de los Sommerfelder entre los de Saskatchewan y los Chortitzer. Estos se unieron pronto a la congregación de los Chortitzer.

Los de Saskatchewan fundaron la aldea Bergthal en la Colonia Menno. El Anciano falleció en 1927 en el camino al asentamiento. La congregación de Bergthal tenía en 1928, al tiempo de la fundación de la aldea, solamente un predicador y un diácono. El diácono volvió en 1929 a Canadá. Esta congregación se ha perdido de a poco en la Colonia Menno. De las 17 familias que fundaron la aldea algunas volvieron a Canadá. Siete familias fundaron una nueva aldea, Neuanlage y pasaron a los Chortitzer.

Por más que los tres grupos creían que en el fondo eran iguales de fe, por el hecho de que pertenecían todos al 'tronco' de los Bergthaler de Rusia, las diferentes congregación del lugar, tanto de Saskatchewan como de Manitoba, se habían distanciado más de lo que ellos mismos lo querían reconocer. Una unificación absoluta, como lo hacían posible no solamente los condicionantes del lugar del nuevo asentamiento, sino también necesarios, no era tan fácil.

No necesariamente querían instalar en el nuevo asentamiento la línea telegráfica, pero algún día podría ser. Tampoco se quería manejar autos en aquella región, pero se sabía que en la región donde querían asentarse, ya estaba presente un vehículo para el servicio del asentamiento. Y las melodías a ser cantadas, la gente no quería tampoco que se le prescriba con anterioridad.

En las reglas de la iglesia presentadas se había previsto que a los novios antes del anuncio de la celebración de su compromiso, se cantaría y se expresaría una breve advertencia. En la congregación de Chortitzer se arreglaba todo entre los novios y los padres de la novia, existía un deseo de anunciar su compromiso y que esto se cumpliría el siguiente domingo por la mañana en el culto. Con esto el compromiso era conocido oficialmente y aceptado. La costumbre presentada por la iglesia de Saskatchewan, le gustó a algunos de la congregación Chortitzer, y después de una seguidilla de años, cuando en el Chaco la congregación Chortitzer había cambiado su nombre en **'Congregación Menonita de Menno'**, la dirección de la iglesia salió al paso con la propuesta a la congregación, de que antes del anuncio del compromiso se realizara un festejo. Al comienzo se topó con una fuerte resistencia, pero de a poco funcionó la propuesta.

Unidos en la cuestión más importante

En general estaban unidos en los fundamentos de sus principios de la fe, estos Bergthaler de Rusia que en Canadá habían desarrollado diferentes características en lugares distantes uno del otro. En las muchas, pequeñas externas costumbres todos habían desarrollado diferentes formas, y ahí se frustraron los intentos de unificación, porque cada uno creía que la suya era mejor y que la querían imponer a los otros. A la renovación espiritual se dio menos importancia que a las formas y costumbres externas.

El principio de la indefensión en el sentido de rechazar el servicio militar se acentuó muy fuertemente y también la conservación de las escuelas privadas, que bajo la enseñanza de la religión estaban con el mismo significado. Profundizaciones en cuestiones de la fe no había generalmente. No existían reuniones o conferencias entre las diferentes congregación, donde se hubiera podido dar impulsos recíprocos y motivantes y efectos equilibrantes a través del concepto de la iglesia y la formación de la vida en la fe de manera constructiva. Reuniones conjuntas de todas las congregación locales se hacían cuando había necesidad externa, como por ejemplo durante la Primera Guerra Mundial y algunas veces después, cuando en cuestiones del servicio militar y de escuelas privadas se estaba inseguro, o en forma concreta, cuando de parte del gobierno provincial fueron provocados.

¡Que beneficiosa hubiera sido una unificación incondicional! Y muchos problemas del asentamiento se hubieran arreglado con más facilidad. El asentamiento se quería encarar en conjunto. La unidad geográfica estaba resuelta; en relación a la vida espiritual-religiosa cada grupo se mantenía radicalizado sobre su punto de vista y creaba con esta actitud grandes incomodidades en relación con la obra de asentamiento.

Sorprendente es la realidad que todos los distintos grupos de emigraciones no abandonaron la meta uniforme de la necesidad de la emigración conjunta referente a preguntas, perspectivas y costumbres de la vida práctica; en esto quedaron inperturbables, fijos y con un espíritu unido. No se dejaron distanciar en ningún momento de esta idea, sino se mantuvieron fijos e inmutables en alcanzar la meta propuesta, que ellos reconocían como mandato de Dios:

"Este es el camino, andad por él; y no echéis a la mano derecha, ni tampoco torzáis a la mano izquierda."

El Dr. Eusebio Ayala, Presidente de la Victoria, aconsejó en la organización administrativa de la colonia Menno.

Samuel McRoberts, fundador y presidente de la empresa Intercontinental Company, para financiar la inmigración menonita al Chaco paraguayo.

José Casado e Isaak Funk en el taller de Carretas en el Km 40 al interior del Chaco.

Plano del Chaco Paraguayo

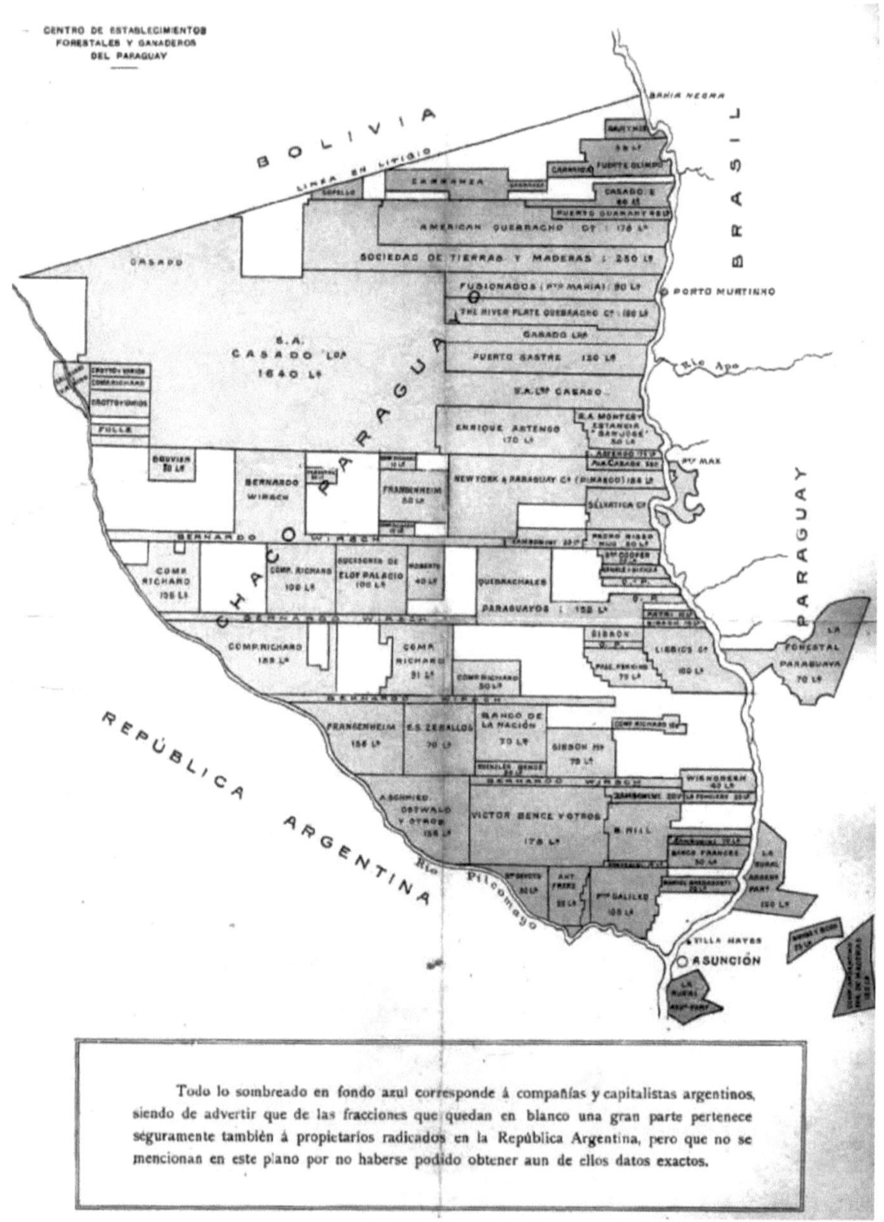

Todo lo sombreado en fondo azul corresponde á compañías y capitalistas argentinos, siendo de advertir que de las fracciones que quedan en blanco una gran parte pertenece seguramente también á propietarios radicados en la República Argentina, pero que no se mencionan en este plano por no haberse podido obtener aun de ellos datos exactos.

CAPÍTULO VI

PARTIDA HACIA EL SUR "SOLEADO"

*"Es un emprendimiento importante. Necesitamos
la ayuda de Dios, necesitamos su gracia.
"Sin mi no pueden hacer nada", dice Jesús. "*
El Anciano M.C. Friesen
durante la despedida para el primer grupo,
que dejó Canadá con rumbo a Paraguay - Noviembre de 1926

La retoma de las negociaciones

Entre 1924 y 1925 renació la esperanza por las condiciones económicas, y el General McRoberts, firme a su promesa que siempre le dio a los que querían la emigración: tan pronto habría mejores tiempos económicos, estaría atento para retomar las negociaciones. McRobert propuso que un pequeño grupo de agricultores venda sus propiedades para ir a Paraguay como adelantados. Las negociaciones se prolongaron durante meses. En ese momento no se avanzó ningún paso.

Los menonitas no eran comerciantes profesionales como lo eran los americanos con quienes estaban relacionados. Eran agricultores laboriosos. Sabían calcular y hacían sus cálculos y se daban cuenta cuando la luz de los negocios brillaba en 'verde' o en 'rojo'. Por eso las primeras propuestas sobre los planes de negociaciones de McRoberts fueron rechazadas. Pero incansablemente se siguió con las negociaciones.

Se rechaza una 'vanguardia'

Cuando el año 1925 estaba finalizando, empezaron a tomar formas más sólidas las negociaciones. El 19 de noviembre el General McRoberts y sus colegas de negocio americanos habían fundado exclusivamente para la empresa del traslado de Canadá a Paraguay la 'Intercontinental Company Limited'. Para el 23 de noviembre Fred Engen había ido a Winnipeg, a donde había invitado a los líderes menonitas para encontrarse con ellos. Les comunicó entre otros puntos lo siguiente: *"Dependerá totalmente de su esfuerzo si la tan importante y responsable empresa de la emigración a Sudamérica tendrá éxito. Es importante de crear una base ordenada para la empresa. Debe ocuparse de la obra con precaución, atención y mucha razón. Puede tener graves consecuencias si se comete errores. La empresa es grande y también difícil. Pero no es tan difícil que no pueda ser llevada a cabo.*

En Puerto Casado hay que tomar ciertas precauciones antes de que lleguen los grupos de colonos. Iré el 5 de diciembre hasta allá. Entonces planificaré el hospedaje de los colonos con el señor Casado. Queremos levantar barracas y disponer de carpas. Ustedes pueden comprar las carpas de nosotros. Queremos instalar una huerta, para que los colonos que pasan por el lugar tengan alimentos a su disposición. Los señores Johann Priesz, Bernhard Töws, Isaak Funk y Jakob Dörksen, que en 1921 estuvieron conmigo en el Chaco y que ahora están conmigo acá, se van a acordar que allá existe la mandioca, de la cual se puede - como a nosotros nos comunicaron - preparar más de cuarenta comidas diferentes.

Cuando lleguemos con nuestras preparaciones a tal punto de que podamos recibir a los inmigrantes, les voy a informar en seguida. Nosotros proponemos que primero manden a seis familias, que nos tienen que apoyar con consejos y acción, para poder realizar más preparaciones, y que respondan a vuestras necesidades."

La empresa de asentamiento propuso enviar en primer término seis a doce familias (en el último caso deberían ser cuatro familias de cada una de las tres congregaciones) a Puerto Casado. Estas deberían ayudar en las instalaciones y construir la base para el asentamiento. Estas seis o doce familias deberían vender sus bienes en Canadá. Los otros tenían que esperar algún tiempo más, para ver qué resultaría del intento de asentamiento. La empresa de asentamiento se haría responsable de todo, incluso llevar de vuelta a Canadá a las familias adelantadas, en caso de que se dieran cuenta que no era aconsejable comenzar a groso modo con el asentamiento. En realidad no se calculaba con este malogro, ya que se había inspeccionado bien y en detalles la tierra y sus condiciones y registrado buenos resultados.

Los menonitas rechazaron esta propuesta. Según su opinión la emigración entonces estaría desde el comienzo condenada al fracaso, y no habría ninguna emigración grande hacia Sudamérica. Las seis o doce familias posiblemente volverían, por el motivo de que allá no le responderían a sus deseos. Querían una emigración conjunta o ninguna. Una emigración a prueba se rechazó categóricamente. Ellas se acordaron muy claramente de la emigración de Rusia a Canadá, cuánta gente había quedado frustrada. No se habían imaginado tanta dificultad y con ganas hubieran vuelto si se hubiera presentado la posibilidad. Qué fácil hubiera sido para seis o doce familias decir que Paraguay no era apropiado para un asentamiento. Todos hubieran regresado y la emigración hubiera sido anulada.

Por eso se quedaron con la decisión: o hacer todo el esfuerzo y emigrar, o simplemente no emigrar. El proyecto de la emigración no fue frenado a causa de que los menonitas no aceptaran esta propuesta. Asumieron toda responsabilidad emprendiendo el traslado, que fue su idea. Por otro lado esto demuestra que a la empresa de asentamiento no le interesaba solamente el negocio. Resalta su actitud humanitaria, y el General McRoberts estaba liderando el emprendimiento.

En diciembre del año 1921 llegaron los americanos Alfred A. Rogers y Alvin Solberg, dos colegas de McRoberts, a Manitoba. Rogers era la mano derecha de McRoberts, y Solberg un negociador de inmuebles de Minneapolis, Minnesota, que no hacía mucho tiempo había ayudado a los huteros durante su traslado de los Estados Unidos a Canadá. Ellos asistieron a distintas asambleas de los Chortitzer en la Reserva Oriental y de los Sommerfelder en la Reserva Occidental. Se quedaron en Manitoba hasta después del año nuevo de 1926.

En estas asambleas Rogers informó por encargo de McRoberts sobre el proyecto de Sudamérica. En una de las asambleas estuvo presente un predicador de los Sommerfelder que no quería emigrar. Llamó la atención sobre el atrevimiento que conllevaba esta empresa y advirtió a la gente de pensar bien con lo que se comprometían. Esta clase de traslados iba a tener como consecuencia muchas incomodidades, exclamó terminando su discurso.

De la congregación de Sommerfeld querían emigrar 84 familias. Entre ellas estaban seis familias que no pudieron financiar los costos del traslado. Luego se desligaron 31 familias, entre ellas 5 de las sin medios propios, y se quedaron 53 familias de los Sommerfelder para el proyecto de Paraguay.

Además Rogers informó en una reunión en Chortitz, Reserva Oriental, del 16 de diciembre de 1925 que se había encontrado el camino para solucionar las finanzas de la gran empresa. McRoberts y un millonario, un señor Robinette de Filadelfia, Pennsylvania, habían puesto las bases. Rogers dijo entre otras cosas: *"Las negociaciones del proyecto sudamericano están ahora, como también comunicó McRoberts, entrando en la fase de la realización. Se cuenta con un terreno canadiense de 100.000 acres. Compradores se han encontrado para eso. Queremos que los menonitas tomen en cuenta la venta de 100.000 acres de tierra. Su comunidad ha comenzado con esta cuestión. Ha encargado a personas para explorar la tierra del Chaco y esperado tanto tiempo por un fin exitoso de las cuestiones, por tal motivo tiene que estar en primer lugar en la selección de las tierras en el Chaco para el asentamiento, allá, donde fueron ejecutadas las inspecciones.*

Si la comunidad de ustedes no tiene estos cien mil acres de tierra, entonces queremos tomar el resto de los duchoborzes, que también demuestran interés de emigrar hacia el Chaco. A nuestra solicitud ustedes nos han respondido, que su comunidad no tiene nada en contra de asentarse juntos con los duchoborzes en la misma región. Los duchoborzes van a fundar una colonia independiente de su asentamiento.

Ustedes noshanpedidounseguroparaquealasentamientonoquedeamitad de camino por la falta de medios económicos. Ustedes ven dificultades en ejecutar la empresa, si ya hay alguna cantidad de colonos en el nuevo asentamiento, y los que vienen o quieren venir, no lo pueden hacer por la falta medios. Ustedes quieren fundar un asentamiento suficientemente fuerte y que se justifique por su número. Esta es la razón por la que nosotros pensamos en los 100.000 acres de tierra candiense, un complejo de tierra que nos faculta atender sus deseos y exigencias, y confirmarles que la obra comenzada la podemos también terminar.

Hemos contactado con firmas canadienses de ferrocarriles. Ellos nos dijeron que no bajan los precios de pasajes para canadienses que salen del país. Les dijomos que nos dirigiríamos a empresas americanas. En respuesta a eso han reducido los precios. Nosotros queremos llevar a 100 familias a Paraguay en la primera mitad del año 1926. Tan pronto recibamos la noticia de Fred Engen de que todo está listo allá para recibirles, comenzamos con eso. Engen se ocupa de hospedar 100 familias. Cuando estas 100 familias estén ya en su asentamiento, les seguirán otras 100 familias. Así queremos intentar de llevar 100 familias cada segunda semana en camino hasta que 500 familias estén en el Paraguay. Ahí veremos lo que se puede hacer. Estas son nuestras consideraciones.

Tenemos ahora dos hombres en Sudamérica: John C. Marsh y Fred Engen. Uno se ocupa de las cuestiones económicas y el otro tiene la responsabilidad de recibir y atender a los inmigrantes. Nuestra empresa, la 'Intecontinental Company', ha abierto una oficina en Winnipeg. Ahí trabajamos, planificamos, tratamos y deliberamos, y la oficina está abierta siempre para ustedes. Nosotros vamos a enviar a nuestros empleados a todos los lugares donde se realizan tratativas con los colonos. También vamos a ir junto a los duchoborzes.

Creemos que llegó el momento en que se puede realizar la emigración, y esperamos que su comunidad colabore. Queremos obtener cuanta cantidad de tierra se pueda de vuestra comunidad. El dinero está. Vamos a pagar por cada acre la suma de siete dólares en efectivo. Ahora estamos listos tal como ustedes lo querían hace un par de años. Ahora seguimos. Cada día gastamos mucho dinero para este movimiento, y tenemos dos hombres en Sudamérica que allá empujan la empresa. Contamos con su confianza en nuestros esfuerzos por la cuestión de la emigración, a la cual nos dedicamos con todas las fuerzas nuestras."

La prensa oficial se expresa

Estos menonitas se consideraban los 'silenciosos del país', y como tales querían dejar el país sin mucho ruido. Su actitud era no discutir con extraños y con gente de diferente opinión sobre el asunto; porque nadie pudo cambiar las circunstancias que en Canadá no eran de su agrado. Ellos querían prepararse en silencio y salir.

Pero esta gran empresa no pudo moverse sin que nadie se diera cuenta. También gente no involucrada se dio cuenta de lo que estaba pasando. Tan pronto se habían mejorado las circunstancias económicas, y con McRoberts otra vez en el negocio de la emigración, apareció un artículo en un diario. Nadie sabía de dónde el escritor podría haber sacado el contenido para el artículo. También los americanos que se ocuparon de la emigración, se mostraron admirados. En el texto de St. Paul Dispatch (Minnesota) del 24 de mayo de 1924 se puede leer lo siguiente:

"Los verdaderos pacifistas

Las negociaciones interrumpidas entre los líderes menonitas y el gobierno de Paraguay han sido reiniciadas. Se quiere fundar un asentamiento de 6.000 familias en aquella República Sudamericana. La solicitud presentada de parte de los menonitas y aceptada por el gobierno paraguayo es suficientemente importante para ser atendida, cuando uno piensa que hoy en día hasta iglesias líderes en Estados Unidos se niegan a la guerra como defensa propia. En las concesiones del gobierno paraguayo a los menonitas dice textualmente:

'Plena libertad religiosa; exoneración del servicio militar obligatorio; el derecho de una autoadministración acorde a sus principios; prohibición de la venta de bebidas alcohólicas en el marco del asentamiento; el derecho de usar el idioma alemán en las escuelas y en las iglesias; diez años libres de impuestos.'

Desterrados de Rusia por sus costumbres, tradiciones y su fe, encontraron cobijo en Canadá. Entonces vino la Guerra Mundial, en la que Canadá estaba envuelta; y ahí se dio cuenta el pueblo canadiense que sus vecinos extraños estaban en Canadá, pero no eran de Canadá. Se negaron a levantar, aunque sea una mano, en defensa del país. Ahí el pueblo canadiense empezó a desafectarse de los menonitas. Largas filas de vagones de emigrantes canadienses pasaron por los Estados Unidos al terminar la Guerra Mundial hacia México. Allá fundaron un asentamiento, después de que en Canadá habían vendido todas sus tierras y se habían sacudido el polvo de sus pies.

El asentamiento en México no trajo el éxito deseado. Ahora se ofrece Paraguay para recibir a esta gente. Ahora se van allá. Son hombres no atados a sus bienes materiales, y a quienes su fe le prohíbe tomar la espada. Por más que se trate de defensa propia, no está permitido. Así migró esta gente de Alemania a Rusia, de Rusia a Canadá, de Canadá a México y a Paraguay. Vanamente buscan una tierra que le asegure la paz. Son gente sin patria. Y la causa es que se resisten a expresar su amor al país, defendiéndolo."

Hoy nos damos cuenta que el autor del artículo ha conceptualizado las cosas en parte correctamente, pero por el otro lado no tanto. La cantidad de

6.000 familias fue exagerada. Y que el asentamiento en México, que recién con algunos años de edad, fue un fracaso, no concordaba con la realidad. Los menonitas interesados en el Paraguay no querían ir a México. Los menonitas amaban también sus bienes personales y también el país en donde vivían, pero no en el sentido de perder su sangre por esto. Cuando salieron para Sudamérica tuvieron que partir de Canadá con el corazón herido. A Canadá amaban como su patria. Esto de no estar atado a los bienes personales, posiblemente se referirá a los huteros, los cuales poco antes hicieron hablar de sí en los Estados Unidos.

Opositores en las propias filas

Los interesados y los contrarios de la emigración de una misma congregación tenían contacto de confianza entre sí. Los contrarios procuraban por todos los medios evitar la migración a Sudamérica desacreditándola muchas veces como un experimento no pensado y atrevido. Por eso los amantes de la emigración se quedaron en lo posible dentro de un círculo pequeño con sus deliberaciones, planificaciones y sus negociaciones. Cuando el movimiento después de la crisis económica recibió un nuevo impulso, uno de los contrarios a la emigracion de la congregación de los Chortitzer escribió en 'Der Mitarbeiter' en marzo de 1926: *"Sobre la emigración a Paraguay no se puede decir nada claro. Nuestra congregación piensa emigrar en un 50%. Como la cuestión de la emigración se trajo al tapete hace cinco años y mucho se ha discutido al respecto, se puede imaginar que esto no promueve la unidad de la congregación.*

Una cierta cantidad de emigrantes interesados ha reflexionado en estos cinco años si no sería mejor mantener alejadas las manos del proyecto. Estos no quieren colaborar más, porque muchas veces han sido tratados como tontos por los agentes de tierras.

En el verano pasado parecía que la emigración se había diluido en la arena, pero en otoño fue reanudado enérgicamente el trabajo por los agentes de tierras. Ahora se afirmaba que había compradores para las tierras, y se debería registrar de nuevo, quién quería ir a Sudamérica. En la Reserva Oriental hay seis pastores y 200 familias que se preparan. De la congregación de los Sommerfelder son 104 familias, de la congregación de Herbert (Saskatchewan) ocho familias y de la región de Rosthern 32 familias que quieren ir al Paraguay. Al comienzo del año se dijo que en la mitad de febrero o al comienzo de marzo saldrían los primeros emigrantes. Ahora se dice que saldrán a mediados de abril.

Una mujer Garibaldi de Italia quería comprar toda la tierra de los emigrantes a través de los agentes de tierras de la Intercontinental Company y asentar gente de Italia. Pero como la tierra le parece muy cara, se ha retirado del negocio, los agentes de tierras exigen para las mejores granjas entre 60 y 70 dólares el acre. Tampoco nos gustaba tener a los italianos como vecinos. Ahora se dice que se van a ubicar a menonitas de Rusia en las granjas de los emigrantes. Esto nos gusta. Algo mejor no podemos desearnos.

Tenemos en nuestra congregación de Chortitzer una media docena de escuelas privadas, con 12 a 13 alumnos. También algunas de las escuelas del gobierno tienen enseñanza del alemán y de religión los sábados. Las escuelas del gobierno fueron visitadas hace poco por nuestros pastores H. Dörksen y Peter K. Töws. Los pastores del grupo de los emigrantes no se van a las escuelas del gobierno."

El mismo autor escribió mas tarde: "El negocio por la emigración a Paraguay se ha suspendido por un tiempo determinado. Como se dice, las negociaciones con la 'Mennonite Board of Colonization', que quiere asentar a los menonitas de Rusia, se estancan. Como era de esperar, a los rusos le parece muy cara la tierra. El negocio fracasa constantemente, porque los agentes no consiguen ningún comprador para las granjas de los emigrantes.

Lo que pasa a escondidas, y si este es el verdadero motivo de la suspensión, escapa de nuestra observación. Dependemos de probables observaciones."

En realidad las negociaciones no se hicieron con tanta inseguridad como lo describe el autor, pero el proceso fue muy lento. Y es cierto que los no emigrantes no estaban al tanto. Tampoco se esforzaron para concoer la realidad, sino más bien para impedir el movimiento. Todo eso no siempre sucedió con mala intención, sino más bien por el pensamiento de haber hecho algo útil, cuando se lograba distanciar a la gente de este atrevimiento loco. Y de vez en cuando casi lo lograron en una dimensión más grande.

Los colonos menonitas no negociaron individualmente con la empresa de asentamiento en la venta de sus establecimientos. Esto lo hizo el 'Comité de Previsión', que había sido formado especialmente para el fin de los negocios de la emigración. Cada colono tenía que firmar una 'oferta de venta', que le dio al comité de solidaridad la base jurídica, vender sus tierras a la empresa de asentamieno. Esta firma tenía una importancia solamente interna. El 'Comité de Previsión' estaba con el derecho de firmar el contrato de compra con la empresa de asentamiento.

Antes de que suscribiera el comité de solidaridad el contrato con la empresa de asentamiento, la 'Intercontinental Company', y sin haber recibido ningún dinero, salió un chisme que pintaba en colores siniestros, qué los agentes (los empleados de la empresa de asentamiento) eran capaces de hacer con todo eso, habiéndoles exigido las firmas de los colonos sobre sus tierras. Los agentes podían - se decía - ahora, si querían, hipotecar las tierras contra préstamos, que los americanos iban a invertir para su   ventaja en cualquier lugar o de cualquier forma. El chisme parecía tener un trasfondo verídico, y muchos empezaban a angustiarse. De repente la gente llegó en masas y exigió sus papeles firmados. Los empleados menonitas pudieron finalmente sacar a la mesa suficientes argumentos valederos, que demostraban que los chismes eran infundados. La mayoría de la gente permitió que las ofertas de venta de tierras siguieran.

Siguen las negociaciones

'Detrás del telón' - como lo expresaban los contrarios de la emigración - no pasaba entretanto nada inseguro ni dudoso. Estaban dirigiéndose a un objetivo. Los agentes negociaban, pero no como estos, que angustiosamente han de pensar que tienen que vender su mercadería. Ellos naturalmente procuraban de sacar el mayor provecho en cuanto a los precios. La posibilidad de bajar los precios de las tierras siempre estaba abierta para ellos. Miles de menonitas de Rusia venían en aquel entonces a Canadá, y a estos querían asentarlos. Era más gente de la que quería dejar Canadá.

La Intercontinental Company había comprado 100 leguas de tierras a 3,13 dólares la ha de la firma Casado. Esto era más o menos 1,25 dólares el acre. En este negocio era lógico para los americanos pensar que la firma Casado seguiría con la construcción del ferrocarril como estaba previsto. Los americanos pagaban paralelamente las cuotas de las tierras en el Chaco en relación al avance de la construcción del ferrocarril. En relación a las negociaciones entre la Intercontinental Company y los emigrantes escribe Walter Quiring: *"Conjuntamente con el 'Comité de Previsión' la Intercontinental Company hizo un nuevo registro receptivo de las tierras a ser adquiridas y también de los bienes muebles. Después de este registro vendieron los emigrantes 43.998 acres (unas 18.000 has) por un valor de 902.900.- dólares, de los cuales le fueron efectivizados 309.717.- dólares. Por el resto de los 593.183.- dólares y por los 96.155.- dólares, que la Reserva Oriental había recibido de la Intercontinental Company por sus bienes muebles, en total 689.602.- dólares, los emigrantes tenían que tomar como pago la tierra en el Chaco, es decir, 137.920 acres (unas 55.000 has).*

También por el valor de cambio de todos sus bienes mobiliarios los emigrantes tenían que recibir tierras en el Chaco, pero una parte de los agricultores no aceptó estas condiciones, sino prefería rematar cosas domésticas, ganado, etc., para hacerse así de dinero efectivo. Esto cortaba los planes de la Intercontinental Company que necesitaba el ganado, maquinarias, etc., para sus compradores. Por esta razón les ofrecía a estos colonos compradores (ella valoraba los bienes muebles en 55.000.- dólares) dinero en efectivo por sus bienes mobiliarios, si estaban dispuestos a valorarlo un poco menos que aquellos agricultores que no habían recibido dinero en efectivo.

Independientemente de la Intercontinental Company se decidió en la Reserva Oriental repartir los 55.000.- dólares entre todos los emigrantes en relación a sus bienes mobiliarios, así que todos los emigrantes de la Reserva Oriental recibieron un tercio de dinero en efectivo, habiendo entregado la congregación de Chortitzer todos sus bienes mobiliarios por 143.233.- dólares, de los cuales 47.078.- dólares habían recibido en efectivo y por los 96.155.- dólares los agricultores recibían las tierras en el Chaco.

Los emigrantes de la Reserva Occidental en cambio vendieron sus bienes mobiliarios en remates, a precios aceptables por la reducida participación en la emigración; finalmente algunos artículos domésticos fueron recibidos por la Intercontinental Company.

Por fin el 23 de junio de 1926 el contrato entre la Intercontinental Company y el 'Comité de Previsión' pudo ser firmado; con los emigrantes este comité ya había firmado los contratos con anterioridad. La Intercontinental Company pagó en la National Trust Company en Winnipeg en la cuenta del 'Comité de Previsión' la suma mencionada en efectivo por las tierras y por los bienes mobiliarios y depositó además un documento de transferencia de las tierras en el Chaco a nombre de los emigrantes."

Cuando las negociaciones se retomaron por segunda vez en el cambio de año 1925/26, se calculaba que el traslado del primer grupo a Paraguay sucedería todavía en la primera mitad del año 1926. Todas estas negociaciones tomaron mucho más tiempo de lo que se había imaginado, pudiendo comenzar con la salida del primer grupo recién en noviembre. También las preparaciones en Puerto Casado jugaron un rol en este retraso.

La emigración se vuelve realidad

¡Por fin todo estaba listo para empezar! Del intenso material de conversación de los años largos resultó la realidad. En ese momento se decía: ***"¡Adiós patria querida!"***

El 24 de noviembre de 1926 había sido determinado para la salida del primer grupo. Este grupo lo formaron de 51 familias, 34 de la congregación Chortitzer de la Reserva Oriental y 17 familias de la congregación Sommerfelder de la Reserva Occidental. Eran 309 personas, entre ellas tres predicadores: Abram E. Giesbrecht y Johann W. Sawatzky de los Chortitzer y Jakob Bergen de los Sommerfelder.

El último domingo antes de la salida del primer grupo, el 21 de noviembre, se festejó la despedida en la iglesia de Chortitzer, en la aldea Chortitz. Habían ido muchos para la despedida llamativa. Caló hondo en los ánimos de muchos, tanto para los que se quedaron como para los que salieron. Primero habló el predicador Abram E. Giesbrecht del grupo de emigrantes. El habló citando Oseas 10, 12: *"Sembrad para vosotros en justicia, segad para vosotros en misericordia; haced para vosotros barbecho; porque es el tiempo de buscar a Jehová, hasta que venga y os enseñe justicia."* Las interpretaciones suyas no han sido documentadas.

El segundo orador fue el que todavía se quedaba, el Anciano Martin C. Friesen. El papelito con los apuntes de su prédica, está conservado. Allí dice lo siguiente:

"1. Advertencia. Es un emprendimiento importante (esta emigración). Necesitamos de la gracia y de la ayuda de Dios. 'Sin mi no pueden hacer nada'.

2. El mundo está quebrado; por eso estén despiertos. Tengan cuidado de sus hijos. No se olviden del Señor.

3. Cuando el Señor les haya llevado sanos y salvos al lugar de destino, no se olviden de agradecer.

4. A los predicadores acompañantes: 'Entonces tengan cuidado de si mismos y del rebaño'. A los otros: 'Atiendan a sus maestros y síganlos'.

5. Fin. Yo quisiera encomendarles las palabras de José: 'No se enfaden en el camino. No se enfaden sino ejérzanse en el amor entre ustedes'. 'En cuanto dependa de ustedes, tengan paz con todos los hombres'.

Verso de bendición para el viaje: Salmo 121."

El día de la partida fue un miércoles. Los emigrantes subieron al ferrocarril en dos estaciones de la Canadian Pacific Railways (CPR), en Niverville y Carey, y en una de la Canadian National Railways (CNR) en Altona. En las primeras dos estaciones subieron los miembros del grupo Chortitzer y en el último el grupo Sommerfelder. En las tres estaciones se aglomeró mucha gente para la despedida, no solamente aquellos de fe menonita, sino gente de diferente origen de la vecindad. Hasta Crookston, Minnesota, los Sommerfelder y los Chortitzer viajaron en ferrocarriles distintos. Desde Crookston se unieron en un solo grupo.

En las estaciones aparecía también gente de la prensa, olfateaban ahí y procuraban describir más tarde el suceso en la forma más sensacionalista posible. Para eso tenían que superlativizar un poco, y lo sabían hacer muy bien. En la 'Manitobo Free Press' de Winnipeg se leía el día siguiente:

"Más de 300 menonitas subieron ayer a los ferrocarriles en Altona, Niverville y Carey, para emigrar a Sudamérica. La imagen que presentaban no era tan diferente que cuando hace cincuenta años venían de Europa: Hombres con barba en vestimenta tradicional, Mujeres y señoritas en faldas largas, anchas y onduladas y pañuelos coloridos, la una como la otra quizás con un sombrero de paja adornado con flores. Ellos tenían el aspecto de extraños en el invierno frío del Canadá occidental. Si se hablaba con los hombres, respondían en un inglés que-

brado. Pero algunos de sus hijos hablaron el idioma de su país de nacimiento. Habían sido presionados para asisitir a la escuela conducida en inglés. Entre las mujeres prácticamente no había ninguna con la que ni sobre asuntos simples se podría hablar en ingles.

Ahora dejan todos sus bienes, sus hogares, sus campos y sus jardines, que durante largo tiempo fueron su propiedad en Manitoba. Algunos de sus bienes como las herramientas domésticas, han juntado como un haz o empaquetado en cajones y lo llevan como su propiedad personal.

La CPR ha puesto a disposición de estas personas seis vagones de ferrocarril y uno para la carga. Una empresa de Nueva York media en el negocio de las tierras. Compra aquí las granjas de los emigrantes y los vende a nuevos inmigrantes, a menonitas que vienen de Rusia entrando a Canadá, entusiasmados de este país.

Se dice que emigrarán más descontentos de la comunidad menonita a Sudamérica, si este grupo tiene éxito en Sudamérica."

El reportero, seguramente no muy entusiasmado por tal éxodo y consecuentemente no teniendo la más mínima comprensión por tal acción, partiendo de algunas personas, ha generalizado las cosas y confundido a los que se quedaron con los que se fueron, que tampoco llama mucho la atención porque por más que conocía a algunos, posiblemente no a la mayoría. No había por ejemplo ni un solo hombre con barba en el grupo, ni de Niverville ni de Carey. En Altona habrá sido una sola persona. De los menonitas de Rusia había alguno que llevaban barba y bigote. La mayoría de los hombres ahí no estaba vestida fuera de la moda, sino como era la costumbre en Manitoba. Las mujeres y las señoritas no eran iguales en sus uniformes, sino su forma de vestir era bien distinta. Pero es cierto que muchos de ellos hablaban un ingles quebrado.

La revista menonita 'Der Mitarbeiter' relató lo siguiente en enero de 1927: *"Muchos menonitas dejan Canadá. Los menonitas de Rusia compran las granjas de los emigrantes. Ojalá surja a causa de esto una vida espiritual más intensa en la congregación (Se refiere aquí a la congregación Chortitzer de la Reserva Oriental, de donde salía la mayoría. MWF). Menos tres, todos los predicadores se van a Sudamérica. Pero uno de los tres que se quedan también está infectado por el entusiasmo de la emigración. Entonces nos quedan dos para el servicio. Se habla de una nueva elección.*

Muchos de estos emigrantes que dejan Canadá y se van Sudamérica parecen ser, cuando uno los observa de afuera, llenos de ánimo y de buen tino. Pero a muchos les perturba bastante. No es cosa fácil despedirse de los vecinos queridos, de amigos y de parientes, en muchos casos de los hermanos y hermanas físicas, del padre y de la madre. Es imaginable lo que están afectados y su inte-

rior fuertemente sacudido. Uno está profundamente conmovido, eso va directamente al corazón, cuando se observa de al lado, cómo muchos de los salientes casi se diluyen en lágrimas y sollozos, cuando se separan de todo lo que hasta ahora les fue agradable y caro. También sus intalaciones económicas, con las cuales estaban íntimamente unidos y enraizados desde la niñez, tienen que dejar y separarse de todo.

Ojalá conduzca esto a una reflexión más profunda sobre su propia vida y un pensamiento más serío sobre el 'A dónde' y 'De dónde' de la vida humana; porque muchos ya se acostumbraron a llevar la vida de forma irresponsable."

La formación de un grupo tan grande para un traslado a Sudamérica no estaba en el interés ni de la empresa de asentamiento ni de los Casados. Los dos opinaron que la entrada de los nórdicos en esta región tropical hubiera sido más ventajosa si habrían cambiado del verano de Canadá al invierno del Paraguay. También la empresa de asentamiento hubiera preferido un pequeño grupo listo para asentarse, para que primero hiciera un intento de asentamiento en el Paraguay. Esto no sucedía por la fuerte presión de los emigrantes, que después de mucho esperar no quería perder más tiempo, cuando se habían terminado todas las negociaciones. Se habían separado de sus dominios y querían llegar lo más rápido al lugar nuevo.

En Casado no se está preparado

Alfred Rogers, que estaba en Winnipeg, antes de que partiera el primer grupo, había recibido el 27 de setiembre un documento escrito de Asunción, que demuestra cuán poco aparentemente estaba acordada la fecha de la salida del primer grupo y el tamaño del mismo con la preparación en Puerto Casado. La presión acumulada largamente por el afán de la emigración no se pudo contener por más tiempo; en Puerto Casado no se esperaba esta cantidad de inmigrantes a la vez: *"He comunicado a los Casado que los primeros grupos de los colonos menonitas han de llegar a Puerto Casado en diciembre. A los Casado les pareció muy descabellado. Ellos hablaron de notificar al General McRoberts que eso sería un grave error. Yo intenté explicarle a Casado que ahora era necesario trasladar a la gente. Yo también entiendo lo que piensan los Casado. El mes de diciembre es el peor de los meses para estos emigrantes del norte frío. En diciembre el Chaco se vuelve muy caluroso. Y este calor aumenta hasta febrero. Recién entonces se vuelve más agradable. El invierno de este año es muy templado, por eso se teme un verano muy caluroso. Entonces no sé qué hacer realmente; porque yo sé que es verdad lo que dicen los señores Casado. Yo sé también que es tiempo de trasladar a los menonitas. Si como primera acción podemos enviar un pequeño grupo hasta ahí, será mucho mejor."*

Los emigrantes necesitaron de tres días para llegar con el ferrocarril de Manitoba por las grandes ciudades de los Estados Unidos como Minneápolis y Chicago hasta Nueva York. Allí subieron al vapor 'Vasari' de la 'Lamport & Holt Steamship Lines'. El viaje por el océano de Nueva York hasta Buenos Aires con el grupo fue muy bueno.

Llegado a Buenos Aires, la dirección del grupo menonita envió un telegrama con el contenido siguiente a la oficina central de la empresa de navegación en Nueva York: *"El grupo menonita quiere expresar con esto su más sentido agradecimiento. El servicio en su barco 'Vasari' fue excelente. También el clima fue lindo. Lo más destacable del viaje por el océano fue el servicio amigable, la indeleble atención por el bienestar del grupo. El viaje en barco se transformó para cada uno en una experiencia inolvidable. Era un gozo darse cuenta cómo el servicio fue premeditado y ejecutado en el más mínimo detalle. La empresa de la navegación ha consolidado un estándar para el servicio a los grupos que seguirán. Entonces esperamos que estas buenas relaciones se mantengan en el futuro."*

También a las congregaciones en Manitoba se enviaron telegramas desde las distintas paradas del barco, el último de Puerto Casado, en el cual se informaba de la llegada feliz al lugar.

El viaje en barco de Buenos Aires a Puerto Casado tuvo otro 'estándar' que el de Nueva York a Buenos Aires. Dejaba mucho que desear. Claro, estaban felices por el viaje sin incidentes, pero fuera de eso no se encontraban muchos ponderables en el viaje por el río. Un joven tuvo la mala suerte de fracturarse un brazo. Se lo llevó en Asunción a un médico para su tratamiento. El viaje por el río abarcaba un trayecto de 2.300 km. Fue estresante por el calor de verano que pesaba sobre los ánimos, simplemente porque los viajeros pasaban en cabinas y en espacios de carga. Se pudo salir al aire libre, pero allí estaba muy ocupado y también caliente por el fuerte sol del verano. Además la comida y el agua caliente no surtían un efecto agradable sobre el viajero, y al mismo tiempo la suciedad de los baños los abrumaba.

En todos los casos esta empresa de la navegación por el río no se ganó ninguna fama entre esta gente. Muchos sufrían de una diarrea leve, algunos también fuerte, tal es así que difícilmente podían mantenerse en pie. Algunos niños no se recuperaron más y fallecieron en los siguientes días en Puerto Casado. Allí la enfermedad ganó cada vez más terreno y pronto murieron muchos niños. A fines de diciembre del año 1926 se puede leer en una revista en Norteamérica (artículo de John W. White en 'American Weekly': *"Mientras que estoy escribiendo esto, la balsa a vapor sube del río Paraná al río Paraguay. A los dos lados se observan las orillas cubiertas de bosques, altas y con pendientes abruptos del Chaco argentino, y del bosque resuena de vez en cuando el rugir de un Jaguareté. A veces se observa salir a un indígena del bosque, que ve cómo la balsa está pasando. Sobre todo esto se levanta una bóveda de un cielo azul. De repente el silencio del bosque es interrumpido por un ruido; fuera de eso domina un silencio abrumador y una tranquilidad pacífica. Los pasajeros de esta balsa 'Apipé' son emigrantes de Canadá que se encuentran en camino a su tierra prometida, el Paraguay, que se encuentra a 2.700 km de Buenos Aires río arriba.*

Puede ser que la historia le otorgue a esta migración la misma importancia que hace mucho la migración de los padres peregrinos que en el 'Mayflower' se fueron de Inglaterra a América; porque los 309 pasajeros de 'Apipé' forman la vanguardia de una gran emigración al Paraguay. En aquel tiempo cuando los peregrinos ingleses subieron a la 'Mayflower' en Delft (Holanda), para dirigirse a orillas extrañas, donde querían servir a Dios según las ordenanzas de su corazón, no hubo un ideal de migración entusiasmado como esta a Paraguay.

Cuatrocientos menonitas más vendrán esta semana a bordo de la 'Western World' desde Nueva York a Buenos Aires y a finales de abril habrá 2.000 de esta gente en el Paraguay. Varios grupos más le van a seguir, tan pronto como sea posible. Se calcula que dentro de algunos años el asentamiento contará con más de 100.000 pobladores.

Pero esa inmigración en Paraguay es de mucha más importancia que en los números arriba mencionados se calcula; ella es observada por 42 sectas que están en contra de la guerra en todo el mundo, que han decidido ir también al Paraguay.

¿Qué hay en todo eso, que la gente de todos los rincones del mundo se siente motivada a dejar sus hogares, su patria, sus casas y sus propiedades y fundar una nueva patria en el Paraguay? ¿Qué empuja a esta gente, que ama su propia tierra, y decide dejarla y entregarse a un viaje de seis semanas, en busca de un ideal, y dirigir su mirada al Chaco paraguayo, una región, que nunca fue inspeccionada ni investigada por gente blanca?

Estos menonitas ya han revisado la superficie del globo terráqueo durante 400 años en busca de una estadía pacífica, lejos del mundanal ruido. Cada vez dijeron que habían encontrado un lugar así, pero de nuevo extraños se inmiscuían en su forma de vida y se los presionaba a comprometerse con asuntos mundanales, especialmente en tener que participar en las guerras. Los menonitas son pacifistas. No son guerreros y niegan el servicio con las armas. Tomar las armas combatientes para ellos es anticristiano. Esto es un notable principio de su fe.

La emigración de esta gente fue motivada por la Guerra Mundial. Ellos fueron obligados a tomar las armas de distintos gobiernos. Ahora se les acerca el sabio e inteligente gobierno del Paraguay y les ofrece la exoneración del servicio militar, un beneficio que han buscado durante 400 años en los rincones más recónditos de los imperios del mundo.

En los Estados Unidos existen 175.000 y en Canadá 25.000 menonitas. Otros cientos de miles viven dispersados por el mundo. Pesadas persecuciones sufrieron los menonitas también en Canadá, justamente ahí donde habían construido las granjas y hogares más florecientes. Enviaron a delegados para buscar un lugar en el que podían vivir sin ser perturbados en la paz. Uno de los delegados, el señor Fred Engen, se esmeró en forma especial por buscar un lugar como este. Dos años después de la Guerra Mundial vino al Paraguay, después de que había encontrado condiciones políticas no apropiadas en Bolivia, para lograr derechos de propiedad. Descubrió entonces el Chaco Paraguayo, el Gran Chaco Boreal, una región que le parecía ser un paraíso.

*Así se inició una negociación con el gobierno paraguayo. Fueron entregadas concesiones y aprobaciones, como nunca antes se le había dado a un individuo o a un grupo de inmigrantes en un país extraño en forma tan oportuna. Estas garantías grandilocuentes y los informes tan ventajosos sobre las tierras para ellos reconocidas, encendían en sus colegas feligreses en Canadá tanto entusiasmo, que reconocían a Paraguay desde el vamos como **"la Tierra Prometida"** para todos los que rechazaban el servicio con las armas del mundo entero.*

Este asentamiento en el Chaco Paraguayo le parece en muchos sentidos al asentamiento de los padres peregrinos en Norteamérica. Pero allá se establecieron en sabanas desérticas; estos peregrinos vienen a un país en que corre realmente la leche y la miel, y donde los pobladores autóctonos luchan para ellos, en vez de luchar en contra de ellos. Sí, protegen a los colonos de posibles asaltos de los indígenas. En Paraguay encontraron el país en el que están presentes las tres precondiciones para una vida de bienestar en abundancia: 1. Un suelo muy fértil; 2. Un espacio extenso para asentarse, y 3. agua suficiente. El cuarto elemento, la fuerza de trabajo del hombre, lo traen ellos mismos.

La posibilidad de poder ejecutar aquello, logró su Josué, el señor Fred Engen. También logró que el mismo Presidente de la República, Ayala, saludara en su idioma alemán al grupo de colonos peregrinos cuando llegaron a Asunción en el vapor 'Apipé'. El privilegio concedido les abre realmente el derecho de ser un estado dentro de otro estado. Se les garantiza la exoneración del servicio militar y del juramento y les da el derecho de mantener sus propias escuelas e iglesias, como también el derecho de administrar sus congregaciones. Los Ancianos menonitas han dicho que habían encontrado lo que hace 400 años andaban buscado."

Como respuesta a este artículo apareció un pequeño discurso en la revista 'Hillsboro Vorwärts' en Kansas, el 11 de enero de 1929: *"La descripción es exagerada. Tan color de rosa como se describe no son las posibilidades en el Paraguay. Tampocolamigraciónenningúncasohatenidotantasdimensionescomo se menciona. No existen perspectivas para las inmigraciones en masa como son relatadas. Contrariamente a eso se sabe que hay gente que ha vuelto a Canadá. Claro, siempre ha sido así, cuando se ha comenzado de nuevo en algún lugar. Pero tantas perspectivas que el escritor presenta en el artículo, son demasiado ideales, incluso en el mejor de los casos."*

La empresa de asentamiento calculó que el primer grupo llegaría a Puerto Casado en navidad. El señor Alfred Rogers escribió la siguiente carta por este asunto a sus colegas en los Estados Unidos: *"La navidad es para los menonitas un día santo. Y estos menonitas que como primer grupo se van a Sudamérica, tanto como los otros grupos que durante la navidad han de estar en su viaje, valorarían altamente si nosotros lo tuviéramos en cuenta y nos esmeráramos en prepararles una alegría de navidad.*

Sería aconsejable, cuando llegue el grupo a Puerto Casado, presentarles un árbol de navidad, y al mejor estilo alemán, con velas y demás decoraciones. Entonces se debería repartir nueces y dulces entre los niños. Seguramente Fred Engen pensará ya en algo; pero yo propongo escribirle a Engen y encargarlo para que pueda gastar dinero para tal efecto.

Puede ser que esto sea más importante de lo que pensamos. Este es el día en que el pueblo alemán cumple con la festividad, y en forma especial, con ritos devotos en la iglesia. Por tal motivo deberíamos de nuestro lado considerarlo con mucha atención, para que a la gente se le haga posible festejar la navidad en el nuevo lugar. Esto seguramente favorecerá tanto a nosotros como a la empresa de asentamiento."

Los señores de la empresa de asentamiento seguramente se habían interesado menos en la vida espiritual-religiosa de los menonitas, con quienes estaban ligados, que en sus asuntos económicos y de negocios; si no, hubieran sabido mejor que justamente estos menonitas querían saber muy poco o nada del árbol de navidad, aunque para ellos no era algo extraña. Algunos niños suyos habían recitado debajo de los árboles de navidad sus poesías en las escuelas instaladas por el gobierno, pero ellos mismos no solían fomentar la costumbre del árbol de navidad, y si esto sucedía, se daba en muy pocos casos. Esta costumbre para ellos era idolatría. No estaba prohibido estrictamente, más bien era una regla no escrita, no ejercer el culto del árbol de navidad.

Sobre el viaje del primer grupo Walter Quiring dice entre otras cosas: *"El viaje se desarrolla para la mayoría sin incidentes. En la familia de Peter Braun nació un niñito, y el 3 de diciembre fallece la niña de tres años de la familia Johann R. Dörksen; quien tiene que ser sumergida en el agua. Se vuelve cada vez más caluroso conforme avanzan hacia el sur. El tiempo durante el viaje es tran-*

quilo y agradablemente templado, y muy pocos emigrantes se marean. Dos días el vapor 'Vasari' se queda en el puerto de Río de Janeiro, y los emigrantes pueden pasear en tierra firme en pequeños grupos. Ellos hubieran tenido la oportunidad de conocer esta hermosa ciudad portuaria, si no hubiese llovido todos essos días. En Montevideo están informados de su llegada, y apenas llegado al muelle el barco, una cantidad de reporteros sube a bordo y atormenta a los líderes del grupo, Isaak Fehr y Peter Krahn, con preguntas: ¿Por qué dejan sus biencultivadas granjas en Canadá? ¿Por qué se van justamente al desierto mundo distante del Chaco? Ahí no tienen ni agua potable ni madera, sino solamente calor y arena, y tendrán que seguir migrando a otro lugar. ¿Por qué no se quedan en Uruguay, en la cercanía del océano y de las mejores rutas de tránsito?

Pero estos menonitas callados no son tan fácilmente influenciables, son simples y cerrados, y los agentes de tierras se esfuerzan en vano intentando convencerlos de quedarse en Uruguay. Todos los derechos en cuanto se refiere a escuelas y el servicio militar, así lo afirman aquellos, se los concedería también con mucho gusto y tierras fiscales se dispondrían para ellos en cantidades. Pero su prédica chocó con oídos sordos y tienen que renunciar a sus negocios atractivos.

En la desembocadura del imponente La Plata el vapor 'Vasari' enfrenta una fuerte tormenta del oeste, pero ya no están lejos del puerto protector y cerca de su objetivo del viaje en alta mar. Médicos argentinos suben a bordo para inspeccionar y vacunar a los viajeros y se dan cuenta de que ninguno de ellos sufre de una enfermedad contagiosa. El 23 de diciembre llegan a Buenos Aires. No se les permite pisar tierra en ese lugar y así ven solamente una pequeña parte de la vida diligente de la capital argentina.

El 24 llega 'Apipé', un pequeño vapor fluvial de la línea Mihanovich, estacionando en forma longitudinal en la 'Vasari' para cargar los equipajes. ¡Pero qué diferencia hay en relación al 'Vasari'! Ahí hubo espacio abierto y amigable, y en el 'Apipé' las habitaciones son angostas, húmedas y sucias. De noche la gente no podía dormir a causa del calor húmedo y por la cantidad de mosquitos, y para muchos ese viaje de seis días era mucho más estresante que el largo viaje por el océano. A consecuencia de la comida rica en carnes, pero pobre en hortalizas, y del agua a la que no estaban acostumbrados, se enfermaban muchos de diarrea.

Silenciosamente pasa en el barco la Noche Santa; ninguno de los colonos echa de menos el árbol de navidad. Según la creencia de esta gente es pecado e idolatría, festejar el nacimiento de Jesús debajo de un árbol decorado. Fred Engen que los acompañó desde Buenos Aires, trajo manzanas para los niños, que reparte durante el primer día de navidad. Como con el grupo viajan tres pastores, tienen culto en los tres días del festejo."

En diciembre de 1926 pasaron dos grupos más por Buenos Aires en dirección al Paraguay. A principios del año siguiente, le siguieron dos grupos más, y hasta el mes de mayo habían llegado cinco grupos de emigrantes a Puerto Casado. Los últimos dos grupos que tenían que llegar esperaron todavía cuatro meses, hasta que hubo más lugar para ellos, después de que una parte de los colonos haya salido al interior del país desde Puerto Casado.

En el penúltimo grupo, que dejó Canadá en agosto de 1927 estaban también el Anciano Martin C. Friesen y el pastor Diedrich Wiebe con sus familias. El grupo dejó Manitoba el 23 de agosto, un domingo, y en la iglesia Chortitzer se despidió al grupo con una concurrencia muy numerosa. La iglesia no pudo abarcar a todos los participantes. Fuera de los Sommerfelder y los Chortitzer habían llegado otros. En referencia a esta despedida se puede leer lo siguiente en la revista de Winnipeg 'Der Nordwesten' a fines de setiembre de 1927:

"El martes 23 de agosto otro grupo sale rumbo al Paraguay. Entre ellos hay de nuevo una cantidad de pioneros de edad. Como con ellos están yendo el Anciano de la iglesia, el querido Ohm Martin Friesen y el predicador D.D. Wiebe, tuvo lugar el domingo 21 de agosto en la iglesia Chortitzer una gran fiesta de despedida, donde importantes palabras de advertencia fueron dirigidas a los presentes. Se cantaron las siguientes canciones: 'Bienvenidos, queridos amigos ...', 'Cuando Lot y Abrán se fueron' - 'La gracia esté con todos'. El Anciano Martin Friesen presentó el devocional de despedida, después habló el Anciano David Dörksen de Herbert, Saskatchewan, y finalmente el predicador D.D. Wiebe y el predicador nuevo P.F. Wiebe. Alguien había escrito una rima especialmente para esta fiesta, que fue citada por el precantor J. Rempel y después cantada por la congregación.

Aunque fue un día lluvioso, habían llagado 200 automóviles y 100 carros tirados por caballos."

Los apuntes del Anciano Martin C. Friesen indican que él habló acerca de Jeremías 51,6 donde dice: *"Huid de en medio de Babilonia, y salve cada uno su vida. No perezcáis por su culpa, pues este es el tiempo de la venganza del SEÑOR; El le dará su pago."*

La primera etapa de la inmigración de los menonitas al Paraguay fue realizada en siete grupos. Para el traslado de Nueva York a Buenos Aires fueron contratadas dos empresas de barcos a vapor americanas: la 'Lamport & Holt Line' con los barcos 'Vasari', 'Vesters', 'Van Dyck' y 'Voltaire'; y la 'Munson Line' con los barcos 'Western World', 'Pan American' y 'Southern Cross'.

De Buenos Aires el primer grupo viajó con el barco a vapor 'Apipé'. El segundo grupo llegó en dos vapores hasta Puerto Casado: 'Guaraní' y 'Alto Paraná'. El tercer grupo viajó de Buenos Aires a Asunción con el barco 'Washington', y de Asunción a Puerto Casado con'Alto Paraná'. El cuarto y quinto grupo fueron con el 'Apipé' de Buenos Aires a Puerto Casado. El sexto Grupo llegó de Buenos Aires a Asunción con el barco 'Cuyaba'. El séptimo grupo viajó de nuevo con 'Apipé' de Buenos Aires a Asunción y de ahí a Puerto Casado con 'Alto Paraná'.

En cuanto a las congregaciones se ve la emigración com sigue: De la congregación de Chortitzer llegaron 177 familias con 1.177 personas, de las cuales fallecieron algunas en el viaje. De la congregación de Sommerfelder fueron 53 familias con 343 personas. De los Bergthaler de Saskatchewan fueron 36 familias con 225 personas, de las cuales también algunas fallecieron en el viaje. En total en los siete grupos salieron 266 familias con 1.745 personas desde Canadá rumbo al Paraguay. Seis de ellos fallecieron en el viaje, y hubo cuatro nacimientos, llegando a Puerto Casado 1.743 inmigrantes.

Salvo algunos casos especiales, todos los grupos llegaron felices al destino

En algunos casos singulares hubo experiencias muy profundas, como por ejemplo el fallecimiento de algunos niños, que tuvieron que ser entregados a la profundidad del mar. Esto pesaba duramente sobre el ánimo de los padres, que observaron cómo su hijito se estaba hundiendo lentamente en las olas del mar. En otro caso fue una mujer y madre, que se enfermó gravemente y fue llevada a un hospital en Buenos Aires. Allí falleció y fue enterrada en uno de los cementerios de la ciudad. En otro caso una mujer con sus hijos fueron retenidos en Buenos Aires por una enfermedad contagiosa. El marido tuvo que ir con el grupo a Paraguay. Recién después de un mes de espera ansiosa y de tribulación de las dos partes llegó la mujer con sus hijos a Puerto Casado. La pareja más tarde contó su historia: El barco transatlántico 'Western World' de la línea de barcos 'Munson' habían anclado en el puerto de Buenos Aires cuando una ambulancia se acercó para retirar a la familia enferma menonita y trasladarla a un hospital estatal.

La historia había comenzado com sigue: en el barco que un poco antes de navidad había zarpado de Nueva York, se encontraban 35 familias de Canadá, de ellas 31 de la provincia de Saskatchewan. Después de cuatro días de viaje por mar se enfermó la familia de Abram P. Penner. El médico diagnosticó escarlatina, una enfermedad contagiosa. Los padres con sus tres hijos fueron separados estrictamente. Los siguientes catorce días de viaje a Buenos Aires significaron para esta familia la experiencia de una cárcel flotante. Era un encarcelamiento incondicional. No estaba permitido salir de la habitación. Además del médico y la enfermera nadie pudo entrar en su habitación. Algunas veces se permitía que el Anciano Aaron Zacharias entrara por algunos minutos para mirarlos y expresarles palabras de aliento.

El tres de enero, entre Santos y Montevideo, falleció la hijita Margaretha de dos años. El cadáver había sido llevado hacia afuera y los padres nunca más la vieron. Ella fue entregada a la profundidad del Atlántico. En el hospital estatal fueron inspeccionados otra vez todos estos familiares y el diagnóstico del médico fue confirmado. El padre de familia fue liberado. Los Penner habían contado con tener que quedarse en Buenos Aires durante su convalescencia y estaban felices de que el médico los había declarado a todos como enfermos; esto le dio la posibilidad de quedarse todos juntos.

Pero en Buenos Aires cambiaban las cosas. Cuando se terminó con la inspección en el hospital estatal, una enfermera hospedó a la familia por un tiempo. Los hijos, cinco y siete años respectivamente, estaban demasiado enfermos para irse solos y por eso fueron llevados en andas por los padres. La enfermera estrechó la mano al niño que Penner tenía en los brazos. El se resistió a soltarlo, pero la enfermera lo agarró. Penner caminó detrás de ella, porque quería quedarse junto a su familia. La enfermera se dirigió a él y le habló. Penner no entendía el castellano, pero los movimientos enérgicos de las manos le decían todo lo que no quería saber, es decir, él no podría quedarse ahí. Penner estaba consternado, pero siguió persiguiendo a los suyos. El rechazo vino en forma más enérgica todavía: *"Por dios"*, exclamó este hombre preocupado, *"¡¿qué tengo que hacer entonces?!"* Ahí apareció el acompañante de habla inglesa, que se había quedado con el médico. Penner le preguntó apesumbrado: *"¿Qué tengo que hacer ahora?"* *"De vuelta al barco"*, fue la respuesta. *"¡Ellos tampoco me quieren ahí, y yo quiero quedarme con mi familia!"* respondió el atormentado marido y padre. La ambulancia lo llevó al barco velozmente, que habían dejado hacía una hora. El matrimonio no había podido despedirse el uno del otro. La señora se había dado la vuelta en su tristeza y exclamado sollozante: *"¿Que tiene que suceder todavía?"*, y con eso desaparecieron la mujer y los niños por la esquina del corredor.

Llegado al puerto, el acompañante subió enseguida al barco, mientras que Penner fue atajado por el cuidador, con el cual se enfadó en un palabrerío, porque no podían entenderse. Pronto apareció el acompañante, le dijo algo al cuidador, y el camino de Penner se liberó. El tuvo que irse en el barco a su habitación aislada, y como no había ninguna llave para abrir la pieza, le llevaron a otra pequeña pieza. Allí esperó la llegada del médico. El esperó y esperó, pero el médico no llegó. Entonces salió hacia afuera y se topó por un marinero, que lo condujo a la oficina del médico. Después de mucho golpear apareció finalmente en sus camisones. Qué quiere Penner otra vez, exclamó sorprendido, añadiendo que él tendría que haber quedado en el hospital.

"Ellos no me aceptan allá", respondió Penner. El médico empezó a retarlo, pero estalló en un risa y dijo que entonces iban a retenerlo en el barco. El médico lo llevó personalmente a la habitación aislada.

Mientras tanto había anochecido. También en el interior del padre de familia azotado parecía haberse bajado la noche. Estaba solo en la habitación que despertaba recuerdos abrumadores. Se sentía como si recién en ese momento saliera a conciencia todo lo que había pasado, especialmente en el último día. Su alma se revolcaba. Se echó al suelo, rebelado contra Dios y exclamó, ¿Por qué Dios permites todo esto? ¿Acaso soy un pecador tan grande? Mientras que él luchaba en rebelión y duda, sobrevino de repente un alivio y un refuerzo y sintió como si una nube siniestra se alejara. De rodillas exclamó: *"Dios, padre de los cielos, tu eres el único que puede ayudar, donde nadie puede ayudar, ni los eruditos, ni los indoctos. Tu puedes ayudar. Estamos excluidos de la comunidad, pero tu puedes ayudar. ¡En tí, Señor, quiero confiar!"* Entonces se subió a la cama y durmió.

La mañana siguiente se presentó el médico, y le dio su vestimenta y dijo a Penner que se presentara en su consultorio. Ahí le explicó el estado de las cosas y procuró tranquilizarlo en cuanto al estado de salud de su familia. Una cosa, le dijo a Penner, no podía entender, porqué él quería irse con su familia a Paraguay. A ese Paraguay maldito nunca jamás se iría, dijo y se rió. Era un médico holandés y hablaba alemán. Ahí sacó un libro sobre el Paraguay, con imágenes también de Puerto Casado, y quiso explicarle a Penner, a qué país pobre se estaba yendo con su familia. Penner quería saber qué tendría que hacer a partir de ahora. Irse al barco a donde qusiera, fue la respuesta del médico.

Penner buscó la presencia de sus padres, que estaban en el grupo. Su madre era una mujer sufrida. Enferma de reumatismo, tuvo que ser atendida completamente. No pudo caminar más por ser inválida por raquitis. Penner no había hablado con sus padres durante las dos últimas semanas, cuando había sufrido en carne propia tantas dificultades. Su madre posiblemente tendría una palabra de consuelo para él. Y en ese momento encontraba a su madre muy enferma. Tenía que ser trasladada al hospital. Penner pudo hablar algo con ella, y después fue llevada con el mismo vehículo con el cual habían retirado a su familia. El padre se fue con ella. Luego de una hora el padre volvió y le comunicó con una voz entrecortada que la madre había fallecido.

Entonces se fueron cuatro personas del grupo al entierro de la señora Penner. Había llegado a los 61 años. El entierro tuvo lugar en el gran cementerío de Buenos Aires. Se tuvo que pagar 163 dólares. Antes de que el grupo dejara Buenos Aires, vinieron dos señores junto a Penner y le hablaron de la permanencia de su familia en Buenos Aires. Le aseguraron que se encontraba en buenas manos, y que debía quedarse por lo menos algunas semanas allá. Penner estaba muy agradecido por la atención prestada. A pesar de todo se despidió con el corazón atormentado de Buenos Aires.

La atención y el cuidado de las familias viajeras y enfermas era gratis. También Penner pudo haberse quedado como persona sana en Buenos Aires durante la convalescencia de su familia, pero pagando él sus gastos. El no podía pagar esto porque era pobre. En Puerto Casado esperó durante cuatro semanas en temerosa esperanza a su familia, que un día llegó realmente sana y salva a Puerto Casado. En el siguiente grupo, el tercero, nuevamente se retuvo una familia en Buenos Aires a causa de la escarlatina.

La fábrica de Puerto Casado cuando llegaron los menonitas.

Emigrantes menonitas en el barco ultramar
en el viaje a Sudamérica en 1927.

En 1927 en el puerto de Buenos Aires.

En el vapor sobre el río Paraguay viajando a Puerto Casado.

Niños inmigrantes en el campamento menonita. Véase las barracas simples
que servían como vivienda de los inmigrantes nórdicos.

CAPITULO VII

EL CAMPAMENTO DE LOS INMIGRANTES EN PUERTO CASADO

"Las tierras no han sido mensuradas todavía, y nadie sabe cuándo sucederá esto. Unos dicen que vamos a quedarnos cuatro meses en Puerto Casado, otros dicen que vamos a tener que esperar un año. Si esto es así, entonces no sé, qué sucederá ..."

G.D. Klassen, carta de Puerto Casado
a Manitoba, enero de 1927

La llegada de los primeros inmigrantes

A la medianoche del 30 al 31 de diciembre de 1926 llegó el primer grupo de menonitas canadienses a Puerto Casado.

En un muelle angosto, a la entrada en el puerto ancló el vapor 'Apipé'. El muelle se constituía de vigas de madera robustas, que yacían sobre postes gruesos de quebracho. Se encontraba cerca de la fábrica de tanino, que de noche seguía trabajando, y donde burbujeaba y bramaba. Las negras siluetas de las chimeneas se elevaban enhiestas en la clara noche estrellada. Luces se reflejaban en el agua del río, y los movimientos de las olas se multiplicaban en un amplio y constante relucir pestañeante.

Algunos de los pasajeros estaban despiertos y se encontraban en la cubierta para vivir la llegada al puerto final del largo viaje. Indolentes murmuraban las olas del imponente río a la orilla elevada y arenosa. Uniformemente zumbaban los mosquitos molestosos, y raros silbidos de pájaros retumbaban en la lenta correntada nocturna del río.

¡Qué impresión más extraña surtió la noche tropical en los nórdicos!

Cuando en el este se anunciaba el día y el amanecer despertó rápidamente, tan diligente, que no se lo conocía desde el norte, se desenvolvió pronto una vida muy movida en el 'Apipé'.

Grandes y pequeños empujaban hacia las salidas y las escaleras de descenso, estirando su equipaje. Se había llegado a Puerto Casado, un lugar del cual se había hablado mucho y del cual se tuvo una imagen de las más distintas representaciones. Dos personas del primer grupo, Jakob Dörksen e Isaak Funk, ya habían estado allí en 1921. Formaron en aquel entonces parte de la expedición menonita.

Saludos

Para recibir a los colonos habían llegado solamente el médico del lugar, el señor Walter y su esposa, quienes hablaban el alemán. Fuera de los empleados del puerto, ningún habitante del lugar estaba allí para saludar al primer contingente de inmigrantes. Fuera del incesante movimiento en la fábrica de tanino parecía que todo dormía. ¿No era la llegada de los primeros inmigrantes al Chaco un suceso importante? ¿O era poco conocido el suceso?

La población de Puerto Casado estaba muy bien enterada de lo que se venía, porque los pobladores de esta ciudad portuaria habían tenido que trabajar duramente en las últimas semanas para establecer el campamento para los colonos. El trabajo no había terminado todavía, pero se había comenzado con la tala del bosque en el lugar. Otras preparaciones para la recepción de los inmigrantes se habían ejecutado, como la instalación de una cañería de agua del río hasta el campamento. También la construcción de las barracas se había comenzado. No había terminado todavía cuando llegó la noticia de que estaba llegando el primer grupo. Casado había propuesto que los inmigrantes vinieren en marzo o abril, para no entrar en el calor tropical inmediatamente. Ahora de repente decían: ¡ellos vienen! En la ciudad fabril se dejó todo y se empleó a todos los obreros para la construcción de las barracas de los inmigrantes. Hasta la fábrica de tanino llegó a parar por unos días.

Así que los pobladores de Puerto Casado estaban al tanto de lo que pasaba. ¡Pero qué le importaba esta gente! Más tarde cuando el señor Walter los había saludado y recibido, fue también Don José Casado para verlos.

Sí, era cierto, el saludo oficial y real de los inmigrantes se había hecho ya en el puerto de Asunción. Se sabía que habían llegado al Paraguay. Un saludo en un estilo más amplio ya no era necesario. Que en el momento ya se escribían impresionantes artículos en las revistas americanas (su llegada a Asunción se había comunicado telegráficamente), esto no sabían los colonos peregrinos. En un escrito de John C. Marsh del 20 de noviembre de 1926, empleado de la empresa colonizadora, se lee lo siguiente sobre la instalación del asiento en la ciudad portuaria en Casado:

"El campamento para los menonitas se encuentra fuera de la planta de la fábrica de tanino y se extiende por algunos kilómetros a lo largo del ferrocarril hacia el oeste. Está a distancia de unos cien metros del río. El lugar es espacioso, pero se tiene que construir calles y canaletas de desagüe.

Al señor Casado le parece que la época de llegada es muy a destiempo para los nórdicos. Dice que se los tenía que haber traído para el comienzo del invierno paraguayo. La instalación de la provisión de agua para la fábrica y la ciudad no alcanza, para agregar ahora el servicio de agua del campamento de los colonos. Por eso se aprovisionará de agua al campamento directamente del río. Los colonos tendrán suficiente agua a través de su propia cañería, y también para el regadío de sus huertos.

La empresa Casado se esforzará al máximo para terminar todo, porque no se calculó que los colonos llegarían ahora ya. La instalación del campamento tenemos que pagar nosotros como empresa de asentamiento. Para la provisión de agua hemos instalado una bomba a vapor de 14 PS, y dos torres con recipientes de 20.000 litros cada uno. 2.800 metros de cañería para agua hemos instalado. Además se han empleado 670 chapas de cinc para los techos de 5 barracas. Por todo eso hemos pagado 11.000 dólares. Después hemos gastado 1.000 dólares en palmeras y semillas de hortalizas y otras cositas por 600 dólares. En total el campamento nos cuesta 23.500 dólares.

El señor Fred Engen dice que los precios para los trabajos son muy altos. El dinero que el señor Casado paga a sus empleados vuelve otra vez a sus arcas, porque todo lo que los pobladores necesitan en esta ciudad portuaria, pueden y permiten comprar solamente en los negocios de los Casado.

En el campamento se levantan también chozas de palmeras. De mitades de palmeras se hacen las paredes, colocándolas horizontalmente una a lado de la otra. Otras mitades ahuecadas de palmeras se usan para los techos. Se coloca alternadamente una mitad ahuecada de la palmera sobre sus espaldas y al revés, para que los lados de las mitades se incrustren con sus bordes la una en la otra, para que el agua de lluvia se pueda escurrir sin inconvenientes. A través de estas barracas de palmeras deberán aprender los colonos, cómo se puede levantar en forma barata y fácil un albergüe en el desierto.

El campamento no tendrá, como lo desean los menonitas, una iluminación eléctrica. La generación de electricidad de la ciudad no es lo suficientemente potente para servir también al campamento. Se podría emplear un dínamo para 500 focos cerca del lugar de la bomba de agua. Esto significaría 400 dólares más en costos de instalación. La sala de máquina no costaría más. La leña para el calentamiento de la caldera lo pone a disposición Casado sin cobrar nada.

Así como se ha planificado el campamento, podría recibir a 2.000 personas. El señor Engen opina que los colonos han de quedarse aquí unos 6 meses, porque las tierras del asentamiento no han sido mensuradas todavía. Entonces tienen que ser seleccionados los campamentos, antes de que se lleven a las mujeres y niños al desierto. El campamento está organizado de tal forma, que puede ser ampliado fácilmente, en caso de que los duchoborzes u otros inmigrantes también llegue hasta aquí."

Las primeras impresiones

Las viviendas del campamento eran llamadas 'Camps' según el vocabulario inglés. Mujeres y niños fueron transportados del puerto con el ferrocarril hasta las barracas. Estos estaban a un kilómetro del puerto, a unos 100 metros a la izquierda de la línea ferroviaria. Hombres pasaron el trayecto a pie. Pasaron por cientos de troncos de quebracho encimados, que estaban ahí en el suelo esperando la elaboración del tanino. Todos habían sido transportados por el ferrocarril, que por el mismo motivo se había construido 77 km tierra adentro, en dirección a las tierras de asentamiento de los menonitas.

En el borde del terreno de la fábrica aparecían hileras de chozas miserables de indígenas, levantadas de tablas medio podridas, con pedazos de chapas corroídas o cubiertas con paños gruesos como protección contra la inclemencia del tiempo. Hombres sucios yacían inclinados o estaban sentados o parados entre las chozas, todos en vestimenta trapeada, deplorable y caída, casi no le podía llamar vestimenta. Una agresiva jauría de perros medio muerta de hambre se echaba al encuentro de los extraños pasantes con un feroz ladrido. En todas las chozas pobres y empujadas por el viento se observaba una llamarada, que esparcía un aroma de humo penetrante de la madera de palosanto.

¿Estos eran los 'indians', acerca de los cuales se había reflexionado tanto y tenido tantas preocupaciones? Engen apaciguaba el ánimo de sus protegidos y les aseguraba que no existía ningún motivo para temer de ellos. Era gente buena y pacífica. Solamente se tendría que ganar su confianza y tratarlos como compañeros amables. Engen habló de su experiencia personal.

Una vez que totos llegaron a las barracas, las 51 familias del primer transporte de inmigrantes fueron distribuidas en las viviendas. Cinco de las barracas estaban destinadas como viviendas familiares, y una cocina. Pero con diez familias en una barraca esa quedó superpoblada.

Por eso una cantidad de familias se puso a levantar sus propias carpas. En la cocina de la barraca se habían instalado cinco hornos para preparar la comida. En el patio se había construido una cantidad de "tatakuas", hornos en forma de cúpula según el estilo paraguayo. Muchos de los colonos llevado traido hornillos, que enseguida fueron implementados. El hornillo se posaba sobre una abertura pequeña en la tierra, haciendo el fuego debajo del mismo, y allí se cocinaba.

Por lo menos se había llegado al fin de un largo viaje. De que todavía había que superar el trayecto más difícil, los migrantes cansados no tenían la más mínima idea. Hasta ahí el viaje había sido exitoso. Cansador fue el viaje en balsa de Buenos Aires a Puerto Casado, donde habían tenido que vivir en espacios más que repletos. También la comida fue poco agradable. Muchos habían sufrido una leve diarrea, y los baños estaban constantemente ocupados. De esa angostura por lo menos se habían liberado. Pero la coexistencia cercana junto con los demás seguía: y eso era algo nuevo para ellos.

Según la crítica de algunas revistas de aquel tiempo el tren de peregrinos fue una acción impresionante de la fe. Mirándolo desde la óptica puramente humana era una empresa muy arriesgada, uno podría decir, un atrevimiento necio. Gente, observando desde afuera o de cerca, y que no ha tenido ninguna comprensión del porqué de la huida del mundo de estos fanáticos de la fe, condenó esta migración como un accionar sin sentido, empujado por una impetuosidad religiosa sin límites. En forma general esta gente no estaba preparada para un traslado en masas a una región contradictoria como esa. Algunas revistas de aquellos días afirmaron que era la primera vez que un grupo tan numeroso de la raza blanca se trasladaba del norte al sur lejos en los trópicos. Era un cambio de extremos climáticos, que iba a cobrar su tributo, y así sucedió luego.

La concepción de esta gente correspondía a la palabra de la Biblia: *"Si les persiguen en una ciudad, huyan a la otra"*. Lo que resultaría de esto ya no era de su incumbencia, sino cosa de Dios, cuya profecía ellos seguían; porque era el mismo Jesús que había dicho: *"¡Huyan!"* Que muchos de los emigrantes perdieran el ánimo cuando fueron enfrentados con las 'consecuencias de su huída', o de la realidad, y temieran seguir con lo iniciado, no le puede tomar a nadie por sorpresa, si conoce la debilidad y la animosidad contradictoria de la naturaleza humana.

Solamente el viaje de cuatro a cinco semanas, en que más de 300 personas tuvieron que aguantar el relacionamiento humano en un grupo muy ensimismado, fomentó problemas que para su solución requirió un buena porción de sabiduría. Una mezcla colorida de diferentes caracteres se exteriorizó. También hubo aquellos que lanzaron expresiones desinhibidas, hombres atrevidos. Al terminar ahora la primera etapa del viaje, se diluía un poco la tensión y se procuraba volver a la vida familiar normal. Esa posibilidad en el campamento estuvo muy limitada.

Después de que la gente en el primer día en Puerto Casado reservara el lugar de la vivienda y depositara ahí su equipaje de mano, los hombres se pusieron a transportar los bienes de carga del puerto al campamento.

Quiring escribe: *"Transportaron la carga con el ferrocarril tan cerca como fuera posible a las barracas de los inmigrantes y empezaron a descargarla, pero el trabajo corporal bajo el sol fuerte era más cansador que en Canadá, y sedientos se acordaron del agua resfrescante de la vieja patria. Ya durante el viaje por el río habían hablado muchas veces de esto en el calor sofocante y por ese motivo se habían alegrado anticipadamente por llegar a Puerto Casado. Pero se sentían frustrados: el agua en el puerto era simplemente tibia. "*

La búsqueda infructuosa de frutas tropicales

En la mañana del primer día en Puerto Casado, cuando después del alojamiento de las familias en las barracas los hombres adultos y jóvenes transportaban los bienes de carga, algunos jóvenes de dieciséis años se mandaron a mudar hacia el bosque de a lado. Ellos pensaron que sería más interesante salir a buscar las así llamadas 'frutas tropicales', de las cuales los 'viejos' habían hablado tanto, y que las tendría que haber en plenitud en el Paraguay. Primero querían adquirir una cantidad de esta frutas y después ayudar a llevar los bienes de carga al campamento.

Así se fueron al bosque sin tener ni idea de las características reales del terreno extraño. Lo que significaba la inspección de un bosque lleno de espinas, lo aprendieron de una vez por todas, nadie necesitó enseñarles eso. Se fueron acercando al cerro en forma de cono, que se encuentra a unos kilómetros del puerto hacia el oeste, y se eleva a 140 metros por encima del nivel de la zona del río. Que el cerro se llamara 'Cerro Galván', no lo sabían los jóvenes obsesionados por las frutas y posiblemente no les importaba. Cerro Galván significa irónicamente 'loma del holgazán', o 'la loma de la pereza'. Pero estaban entusiasmados con la idea de poder encontrar en esta región ricamente boscosa frutas tropicales. Dicho entusiasmo tuvo un final triste cuando no encontraron ni una sola fruta.

Después de la búsqueda se dieron cuenta que su caza de frutas tropicales en esa región era una empresa vana, un esfuerzo inútil, por lo que decidieron volver. Se habían distanciado demasiado del lugar de origen como para volver con comodidad. Se esforzaron en contrar el camino de vuelta. El sospechoso centelleo del sol tropical estaba encima de ellos y los quemaba sin compasión. La lengua se les pegaba al paladar, porque no habían llevado agua consigo. ¡No lo consideraban necesario, pensando en la existencia de suficientes naranjas o algo parecido, para el gusto de un festín desbordante!

A la tardecita volvieron finalmente al campamento, donde especialmente las madres ya se estaban preocupando por el paradero de los jóvenes. Estaban resecados y sobrecalentados y tomaron enseguida una cantidad de agua tibia para saciar su sed. Muy a pesar de los 'buscadores de las frutas tropicales' empezó un malestar intestinal, y durante la noche los jóvenes tuvieron que irse constantemente a los baños, los cuales se encontraban felizmente en buena cantidad cerca de las barracas. Ahora tuvieron que reconocer que hubiera sida más agradable ayudar a los padres en el transporte de la carga - y desistir de las apetecidas frutas tropicales.

La primera noche

Así pasó el primer día en suelo extraño de la nueva patria, el Chaco Paraguayo. Sorprendentemente rápido desapareció el crepúsculo y se extendía una cúpula negra de la noche tropical, luciente de estrellas sobre el ruidoso bosque subtropical. De a poco se tranquilizó la naturaleza impaciente y calentada por el sol. Papagayos aparentemente perturbados volaron gritando de árbol en árbol. Otras aves del bosque lanzaban un ruido fuerte, casi en tono histérico. De la lejanía de la noche en dirección al río un buitre hizo escuchar sus tonos vibrantes. Así esos extraños del norte recibieron griteríos raros y misteriosos. Por fin entró el hermoso, casi misterios silencio de la noche tropical.

¡Cómo aquí todo era tan diferente, también la noche!

Aunque este primer día sobre suelo chaqueño, que ahora tenía que convertirse en su nueva patria, se había terminado, los pensamientos seguían activos por mucho tiempo. Durante el día, cuando todos estaban ocupados con el transporte de la carga del puerto hasta las viviendas y las carpas, hubo poco tiempo para intercambiar in extenso y acabadamente las nuevas impresiones y sentimientos. Ya llegada la noche, y una brisa suave del norte acariciaba el campamento desde la corriente del río Paraguay, los peregrinos del desierto se agruparon aquí y allá y se explayaron larga- y tendidamente en un intercambio de pensamientos vivenciales. Había aquellos que veían el comienzo del fin. El calor, opinaban, sería inaguantable a largo plazo. Otros creyeron que el calor se podría aguantar de alguna forma, porque habían trabajado durante todo el día - había mucho calor, pero fue posible trabajar todo el día.

Así hubo distintos juicios durante el primer día, y con esta diferencia se quedaron. Había de estos que hubieran preferido volver el siguiente día a la patria vieja, al hermoso Canadá, que en ese momento les parecía maravilloso y lindo. Todas las propuestas para la emigración se habían diluido ya el primer día en esa gente y en el nuevo lugar con el calor del sol tropical.

Otros al contrarío estaban muy valerosos desde el primer día. Muchas cosas en ese país nuevo y tropical anunciaba algo muy paradisíaco, y por eso estaban decididos de ir por el camino al desierto con pasos firmes hasta el final y superar todas las dificultades con la ayuda de Dios. Y realmente se quedaron con la decisión tomada una vez, sin tener en cuenta las pruebas y los tiempos de tribulación, que inmisericorde cayeron sobre ese pueblo migratorio, mientras que abrieron el camino difícil en el desierto inhóspito del bosque. *"¡Adelante con la ayuda de Dios y no capitular"*, era la divisa. Y ellos lo lograron.

La superación de los primeros problemas

El transporte de las cargas del puerto a las barracas no lo terminaron durante el primer día. El día siguiente, un sábado, fue el uno de enero de 1927. Por la mañana se trajo el resto de la carga hasta las barracas y por la tarde se reunieron para un servicio de agradecimiento a Dios; el Señor había conducido y protegido maravillosamente hasta ahí. El segundo día de su permanencia en el borde del gran desierto del Chaco falleció un niño, y varios niños yacían muy enfermos en la cama.

El domingo por la mañana, el dos de enero, se reunieron para el culto - como de costumbre.

A la tardecita de ese día el buen Dios tuvo una sorpresa agradable para los peregrinos: una hermosa y refrescante lluvia cayó sobre la región y llenó a hombres y naturaleza de motivación nueva. El sol ya estaba bien en el oeste, cuando la lluvia se alejó hacia el este, y un hermoso arco iris irradiaba su esplendor en colores majestuosos. ¡Los conocedores de la Biblia lo concibieron como una nueva afirmación en este país, que debería ser patria para ellos, y que Dios, el Señor seguía fiel en lo que prometía!

En la primera semana de 1927, la primera semana completa en el nuevo lugar, se pasó a la construcción de viviendas provisorias, instalando carpas y todo lo que era posible hacer para hacer el lugar más habitable. Las barracas tuvieron que ser liberadas para otros grupos que seguían. Algunos tenían carpas de viviendas o dormitorios con un fondo de lienzo y con puertas y ventanas de malla fina. La mayoría tenía las carpas más simples.

Para apaciguar los rayos quemantes del sol tropical, se levantaba estructuras delante de las carpas, se los unía con balancines cubriéndolas con ramas. Así se tenía un techo de sombra delante de la carpa. Algunos levantaron también estructuras por encima de la carpa, para que la carpa no se calentara tanto en el sol. Algunos habían levantado su carpa debajo de árboles con mucha sombra, pero esta clase de árboles existían pocos en el campamento.

Un problema serio constituyó la situación del agua potable. El Dr. Walter Quiring lo relata así: *"Una preocupación seria para los razonables es el agua potable. Los caños de hierro, por los cuales corría desde el río hasta su recolección en los recipientes, muchas veces están sin protección sobre la arena y expuestos todo el día al las radiaciones solares calurosas. Como los filtros instalados funcionan poco tiempo y su reposición cada vez dura más tiempo, muchos toman el agua bruta y sucia directamente del río; algunos propietarios de techo de chapa están en condiciones de recolectar el agua de lluvia."*

El 16 de enero llegó el segundo grupo y enseguida también el tercero. El segundo grupo consistía de 35 y el tercero de 20 familias, tal es así que ya habían 106 familias en el lugar.

A mediados de enero Fred Engen se fue con cinco menonitas del primer grupo al interior del Chaco. Desde Pirisal - puntarriel de los 77 km del ferrocarril - se fueron con un pequeño camioncito. De ida avanzaron muy bien. Se fueron hacia Campo Esperanza. Para entrar más al interior de Chaco no tenían suficientes alimentos. Engen les comunicó a sus acompañantes, que era el inicio de la region más alta que había visitado con la delegación menonita en 1921. Encontraron un suelo mucho más blando, de lo que mostraba la constitución del suelo en la zona del río. Este suelo del interior les parecía apropiado a los colonos menonitas para la agricultura, como habían   previsto.

Cuando pasaron por la savana de pasto con sus árboles en Campo Esperanza, Engen les mostró la inmensa cantidad de árboles de quebracho y calculó su alto valor. Esto no les importó a los colonos. Ellos querían tierra para cultivar. Uno de los menonitas respondó a Engen: "¡Nosotoros no buscamos el Quebracho, nosotros buscamos tierra!"

El bosque no era del agrado de los menonitas, pero sí el suelo de la savana cubierta con pasto alto y algunos árboles. Dijeron que posiblemente iba a crecer allí el trigo. No se podían imaginar cómo se podría sacar madera útil de ese laberinto y caos de ramas y arbustos llenos de espinas y ganchos y el suelo cubierto de cactus espinoso.

A la vuelta hubo fuertes lluvias y solamente pudieron avanzar con muchos esfuerzos. Era un camino para carretas, pero no para vehículos motorizados, que cada instante se empantanaban en la blandura del suelo. Tuvieron un viaje difícil hasta el km 77.

Hasta febrero habían llegado a Puerto Casado ya 106 familias con 636 personas. De parte de la empresa de asentamiento Fred Engen fue el responsable de los colonos. Tenía el deber de buscar el bien de los colonos dentro de las posibilidades y que la empresa de asentamiento vaya avanzando y no se estancara en ninguna situación. Engen ya conocía hacía muchos años a los menonitas. Los había conocido solamente en vestimenta dominical, aunque conocía bien la problemática del grupo entero. Ahora aprendió a conocer a sus protegidos también en lo cotidiano y fue involucrado en sus dificultades, porque quería y tenía que ayudarles a abrir el camino en forma conjunta al desierto inhóspito.

Causas y consecuencias del espíritu separatista

Engen había escuchado varias veces de las dificultades internas de estos emigrantes. Entre ellos los Chortitzer de la Reserva Oriental constituían la mayoría; el segundo grupo más grande era la congregación de los Sommerfelder de la Reserva Occidental; y finalmente un pequeño grupo de Bergthaler de Saskatchewan.

Según el origen todos eran Antiguos Bergthaler de Rusia. Ahora vinieron de tres congregaciones del lugar, donde habían vivido de 80 a algunos cientos de millas de distancia el uno del otro. En cuatro decenios de separación geográfica se habían distanciado, sin quererlo, mucho más de lo que ellos reconocían. Posiblemente la mayoría no fue consciente de que se habían decidido por la emigración y un nuevo asentamiento en un mismo lugar en base a la formación de una sola comunidad con personas de otros grupos, aún bajo el pretexto de desistir de perspectivas y costumbres propias y muchas veces separatistas. Al contrario, parecía que al tener que vivir juntos tan apretadamente, nunca antes pensaron en esto. Cada grupo procuró vivir libremente su forma de ser considerándola como la más correcta y normal, sin sentir ningún escrúpulo, si el otro reclamara también del mismo derecho. Parecía que la mayoría no estaba dispuesto a suprimir intereses propios en favor de la causa común. Puede ser que el interés por la comunidad no fuera tan fuerte en muchos, o no les importaba cómo los otros sentían su manera de ser y de comportarse. Finalmente: a causa de la limitación de su acostumbrada manera de vivir habían emigrado.

Del problema de la tripartición Engen había escuchado muchas veces. En ese momento lo observó de una cercanía palpable. Y en realidad era un tema podrido en una comunidad que se llamaba la iglesia de Jesucristo.

La acumulación de esta masa de gente debería necesariamente tener sus dificultades; pero lo verdaderamente problemático era la diferencia condicionada de cada grupo o la voluntad funesta de querer ser distintos. Esto era un impedimento casi trágico para el indispensable pensamiento comunitario. Deliberar y planificar, cómo habría que enfrontar a las numerosas y grandes dificultades en la superación del desierto durante el asentamiento. En vez de avanzar en forma unida, se formó desde el comienzo un sistema de tres grupos, y se sentó muy conscientemente en esta relación - y con consecuencias muy negativas - los fundamentos para conflictos y desavenencias posteriores.

Muchos de los colonos no querían eso. Se resistían, pero eran impotentes contra los elementos del conato de formación de delimitaciones. Si estos más intuitivos no querían retirarse de la obra colonizadora - no querían - tenían que seguir el camino señalado por los más fuertes.

Lo que Fred Engen observó al comienzo en el campamento pasajero, no era motivante. Respetaba mucho a este así llamado 'pueblo de la paz'. Él mismo pertenecía a un movimiento organizado de la paz, y le imponía que el nacionalismo y el militarismo fueron las causas de la huída de Canadá bajo grandes sacrificios. El razonamiento de Engen fue entonces (y así en muchos de los colonos) de que los colonos deberían unirse también.

El grupo de los Bergthaler de Saskatchewan se separó en el campamento de Puerto Casado en forma totalmente abierta de los otros. La mayoría del grupo buscó su lugar en un rincón apartado del campamento. Ahí tenían sus propios cultos los domingos, ahí instalaron su propia escuela simplemente por el motivo de que ellos eran Bergthaler de Saskatchewan, y no tenían nada en común con los otros.

Este grupo de Saskatchewan tenía su propio Anciano de la iglesia. El Anciano de Chortitzer estaba todavía en Canadá y vino recién en setiembre de 1927. Los Sommerfelder tenía dos predicadores. Se unieron con los Chortitzer en parte en 1927 en Puerto Casado. Se quedaron algunos Sommerfelder, que se aislaron de los otros en cuestiones económico-sociales.

En pentecostés en 1927 los Chortitzer y los Sommerfelder organizaron un bautismo. Estos recibieron el servicio del pastor líder del grupo de Saskatchewan. Los de Saskatchewan tenían un joven que participó de la enseñanza del bautismo. Quería ser bautizado con los otros, pero no lo permitió el grupo. El tuvo que ser bautizado solo en su congregación. En el otro grupo había 15 candidatos a ser bautizados. Este joven de los Bergthaler no lo podía entender, pero no había nada que hacer.

En un escrito en los últimos días de enero de 1927 - los menonitas estaban hacía un mes en Puerto Casado - Fred Engen informó a sus colegas en el norte que el campamento menonita en Puerto Casado no era tan pacífico. En este tiempo habían más o menos 100 familias en el lugar, de estas más de 20 eran Sommerfelder, 40 Chortitzer y 40 de Saskatchewan.

Engen escribió que los menonitas estiraban en cuatro direcciones diferentes, en vez de aplanar y planificar un solo camino para la obra colonizadora. Opinaba que a la gente le faltaban líderes, pero a estos la empresa de asentamiento los había retenido en Canadá para empujar la obra desde allí. Eso no le parecía correcto. No mencionaba nombres, pero se ve que Engen había pensado en Abraham A. Braun y Martin C. Friesen. Estos dos líderes respetables de la migración paraguaya llegaron recién en los últimos meses de 1927. Sus nombres figuran siempre en primer lugar en las negociaciones entre la 'Intercontinental Company' y los menonitas. La fama de los dos hombres resaltaba entre los menonitas mismos. Tampoco ellos supieron frenar el resquebrajamiento, por más que se esmeraban por la unificación en forma constante.

Que Engen mencione cuatro grupos, habiendo según su origen canadiense solamente tres, puede tener su justificativo; los Sommerfelder se separaron en dos grupos con diferentes pensamientos. La mayoría de ellos desde el comienzo estaba a favor de unirse enseguida al grupo de la congregación Chortitzer y asimilarse a ellos incondicionalmente, porque estos formaron el grupo más fuerte, liderando la obra de la colonización. Esta conciencia era ponderable, era una intencionalidad cristiana; ellos apoyaron la formación de una unidad en el asentamiento como una necesidad prioritaria. La otra parte de los Sommerfelder no quiso desaparecer entre los Chortitzer, es decir, abandonar su sentido de grupo, y aunque se unieran a la congregación con los Chortitzer, en cuestiones económicas querían mantenerse separados. Una parte quería de todos modos 'desaparecer' entre los Chortitzer en todas las relaciones posibles. De ahí se puede afirmar de que los Sommerfelder se dividieron en dos grupos en Puerto Casado, pero fundamentalmente quedaron tres grupos. El grupo más grande y más poderoso se convirtió en más grande y más poderoso todavía, y subió de 70 a 80 % de todo el contingente de los colonos.

El equipamiento de los inmigrantes

Los colonos del primer grupo llevaron diferentes bienes de carga al Paraguay. Algunos habían hecho un pedido a la firma Montgomery Ward en Chicago, Estados Unidos. Otros grupos hacían lo mismo más tarde. Entre las cosas había sillas y mesas replegables, somier plegable, lavarropas y otras más, pero lo hiecieron solo los más pudientes. Pedidos de carruajes de caballos se habían entregado en forma extra. El primer pedido consistió en 99 carros. Su realización fue suspendido de alguna forma, y los colonos esperaron varios meses hasta su llegada a Puerto Casado.

Cuando los buscadores de tierra habían estado en Puerto Casado en 1921 y habían visto cómo se fábricaba las carretas de bueyes con sus ruedas altas, preguntaron al señor Casado si en su fábrica se podría construir el modelo americano de carros con cuatro ruedas, para que los canadienses, al llegar al país, puedan comprarlos. Casado vio la posibilidad y en su fábrica construyeron algunos carros de este modelo. Eran demasiado grandes y pesados, los colonos movían la cabeza en señal de desacuerdo y no compraron ni uno solo de esos.

Cuando llegaron los carros de los Estados Unidos, se tuvo que pagar un poco más de 200 dólares por unidad, incluidos los gastos de transporte hasta Puerto Casado. Los carros de 'modelo norteamericano' de la fábrica de Casado costaron un poco más de 400 dólares. No servían para el trabajo en el campo según los colonos, eran carros para la entrada en el interior del desierto atravesando lagunas profundas y savanas de palmeras inundadas. Para tal efecto no querían carros tan pesados. Para la entrada al lugar del asentamiento querían el ferrocarril y no los carros.

Las primeras familias de los colonos, que entre febrero y mayo se fueron hacia Pozo Azul, fueron llevados por estos 'carros de Casado'. Tenían ruedas altas y elásticas y apropiadas para el cruce de aguas profundas, pero no así para el trabajo en la chacra.

A fines de febrero de 1927 había 160 familias con 1.000 personas en el campamento de Puerto Casado. Cientos de carpas salían como hongos de la tierra. Cada uno ubicó su carpa, donde le parecía ser el mejor lugar. Colonos adinerados adquirieron chapas de cinc de Asunción, que en el lugar de asentamiento querían usar para la construcción de casas; también eran muy apropiadas para usarlos en el campamento; para no agujerearlas con clavos, se los fijaba entre dos tablitas.

La única calle lineal en el campamento era aquella paralela a unos 50 metros distantes del ferrocarril. A los dos lados se habían levantado algunas docenas de chozas de palmeras. Se los había pensado para gente de edad y para enfermos, ya que no se calentaban como las carpas.

Dificultades en la vida en el campamento

Esta clase de vida comunitaria fue muy extraña para la gente. En Canadá se había vivido en una cerrada comunidad, en un ambiente familiar paternal y un orden más o menos fijado por la sociedad. Más allá de este sistema la cuestión competía a disposiciones legales y del gobierno. Estas se debía respetar en Canadá, pero ahora la gente tenía que vérselas con sus propias deliberaciones y ayudar en todos los sentidos. No siempre fue fácil vivir aglomerados y en una masa de hombres tan grande en Casado.

No hubo un espacio particular para la familia fuera de las pequeñas casitas y de las carpas, donde nadie quería quedarse por el inmenso calor. Si uno salía, se encontraba ya en relación con el vecino. Los niños jugaban juntos, peleaban entre sí o corrían simplemente juntos hacia otro lugar. Los jóvenes, especialmente los varones de media edad, se dedicaron al ajetreo de picardías de diferentes matices. Muchos estuvieron cerca del río, donde siempre había entretenimiento, como pescar. Ahí se encontraban en aquel tiempo botes a disposición, y fueron usados a diario. Maravilloso fue especialmente remar sobre la amplia corriente en las noches de plenilunio.

Muchos pasaron el tiempo cerca del río pescando - con resultados bien diferentes. Pescar no era cosa de cualquiera. Un señor de edad, el señor Sawatzky, sabía echar al cebo a los peces. Y en el campamento había muchos que ansiaban comer un asado de pescado. 'Don' Sawatzky vendía barato los pescados. No le costaban nada y tiempo para pescar había de sobra; además sabía pescar. En las horas del mediodía, normalmente pescaba con éxito en el río tranquilo.

Sawatzky una vez más al mediodía dormitaba en el sol caliente de la playa del río, el sedal atado al cuerpo. Hasta ahí no había tenido dificultades al sacar los pescados. *"Pero con los poderes del destino no se puede entretejer un pacto eterno."* Ahora picó un coloso pez. El pescador durmiente despertó al sentir el tiron en el cordón, y quiso estirarlo. Pero el pez estiraba con más fuerza que él, y cuanto más se resistía el pescador, tanto más era estirado hacia el agua, que rápidamente aumentó en   profundidad.

A cien metros de distancia pescaban dos jóvenes. Escucharon el grito de socorro, alzaron la vista y vieron cómo un hombre era tirado violentamente al agua. Rápidamente se fueron corriendo hacia él para ayudarlo. Ahora los tres estiraban el cordón, que junto al gancho aguantó, por más que sacaron un pez de dos metros de largo que se resistía procurando liberarse.

Sin la ayuda de los jóvenes, al señor Sawatzky posiblemente no lo habrían visto nunca más, hubiera desaparecido sin dejar rastros. La historia del pescador hacía su ronda en el campamento, y fue confirmado nuevamente para el señor el apodo de 'Sawatzky pescador'.

En otro momento un joven de 13 años se fue junto al río para pescar, como muchos otros. Había escuchado que un hombre preguntaba por pescado sin espinas - y además quiso pagar bien por el mismo. Era conocido como un hombre con dinero. Esto podría significar para el joven buena paga, si le vendiera los pescados deseados. De su padre no recibía dinero, para tal efecto tenía demasiado varones y ningún dinero. Guillermo, el joven de trece años, hizo una excelente captura, se fue junto al señor y le ofreció los pescados. *"¡Joven, yo quiero estos sin espinas!"* dijo el hombre. *"Estos son sin espinas"*, respondió Guillermo. *"¿Sí, realmente?"* - *"Sí"*, y le vendió el pescado y sonrió cuando embolsó el dinero. Por el dinero quería comprar   cigarrillos.

Cuando la familia que había comprado el pescado sin espinas consumió el pescado, se dieron cuenta que estaba lleno de espinas. *"El joven tiene que acercarse una sola vez más"*, vociferaba el padre, a él le iba a ... Y realmente Guillermo se presentó otra vez, porque el dinero no alcanzó para todo el mundo. Necesitaba más. El hombre no lo había contado a nadie, por lo menos Guillermo no había escuchado que no estaba contento - pero otros lo escucharon, y habían guardado silencio, porque sabían que el hombre le 'enseñaría' lo necesario a Guillermo. Este había repetido una buena pezca, y como el dinero faltaba siempre, se fue junto al hombre y ofreció de nuevo los pescados - pescados sin espinas. Si quería comprar otra vez, preguntó Guillermo con una mirada inocente. *"Tus pescados no quiero, pero te quiero a vos"*, gritó el hombre y largó su brazo hacia el joven para agarrarlo. Pero Guillermo, muy veloz esta vez, pudo mantener la distancia de un brazo de largo, y como había que superar un obstáculo, que Guillermo supo vencer con rapidez, se distanció cada vez más y se salvó del castigo. En ningún momento más le ofreció otro pescado a este hombre.

De este modo daban que hablar mucho los jóvenes, teniendo ellos mucho tiempo y muchas oportunidades para inventar algo, que no siempre eran acciones decorosas.

La juventud no formaba un grupo uniforme. La conciencia de grupo de las diferentes congregaciones jugaba un rol no muy preponderante, mas se agruparon según el grado de la autoconciencia del propio valor de aprecio, en que los débiles tenían que retroceder ante la presencia de los fuertes. Los jóvenes que venían de diferentes regiones de Manitoba y de Saskatchewan no estaban en el mismo nivel social y cultural, ni en los grupos aquí formados. Existían también propiedades sociales de más y de menos valor. Estaban los de la estepa pura - la región sin bosques en la Reserva Oriental y los de la región boscosa de esta reserva, donde los pobladores fueron llamados 'colonos de los arbustos'. Estas señalizaciones fueron instituidas en Manitoba. Los pobladores de la región sin bosques en general eran más adinerados que los de la región boscosa, porque allí la tierra había rendido menos. En esta región había mucha gente pobre que se habían unido a la emigración. Se los había solventado el viaje con la condición de devolver el dinero en Paraguay.

Estas diferencias de la región boscosa y sin bosque fueron resaltadas muy fuertemente por la juventud. En el asentamiento se disolvió más tarde esta actitud, aunque en los primeros tiempos se conservó todavía fuertemente en las aldeas. Esa discriminación imponderable tocó a la juventud en forma desventajosa.

La primera pareja que se casó en Puerto Casado, dio un buen ejemplo para la superación de esta conciencia de grupo. La mujer venía de la estepa pura de la congregación de Chortitzer y el novio vino del grupo de Sommerfeld. Los siguientes casamientos de los primeros tiempos en el Paraguay se mantuvieron tradicionalmente dentro de la limitación del grupo.

Tan colorido como aparentaba el campamento en su pasaje externo, así tan colorido también era el contenido humano de dentro. Se impuso también el cargo del alcalde. Este era al mismo tiempo el encargado del orden y tenía que buscar la justicia. Dos hombres adultos de mediana edad fueron electos: Jakob F. Reimer del grupo de los Sommerfelder y Jakob J. Braun del grupo de los Chortitzer. Los dos eran abiertos y no se inhibían de expresarse y de hablar con otros.

El servicio del orden en el campamento

No era poca cosa mantener una cierta medida de orden en el campamento, en un lugar en el cual se pululaba como en un nido de hormigas, donde día a día, noche tras noche, los muchos jóvenes se agrupaban paseándose sin meta ni sentido por el terreno cubierto de carpas. Grupos   trabajaron conjuntamente y contrariamente. También entre vecinos adultos no estaba ausente la discordia. Estas discordias tuvieron consecuencias no muy agradables. Había muy a pesar de los otros, hombres que casi nunca pensaban cómo y en qué podrían contribuir cada uno para el relacionamiento pacífico, sino que constantemente estaban buscando manifestar su propio derecho, de defender y de argumetar cómo constantemente fueron tratados en forma injusta. Estos caracteres en el campamento sobrepoblado fueron doblemente molestosos.

Una vida tan ensimismada ofrece la oportunidad de conocer a las personas, y a veces más de lo que uno preferiría. Sería un campo de estudio apropiado para la sicología de masas. Las familias están viviendo tan cerca una de la otra, que constantemente prácticamente se tocaban. Uno no podía atreverse a hacer una observación, que el vecino no escuchaba. Las familias temperamentales dieron de qué hablar, y también aquellos en donde el comportamiento pasaba por bobo, cuando el antojo y la arbitrariedad dibujaron la imagen familiar.

Entre enero y abril, cuando los grupos llegaron en etapas más o menos cortas y las barracas se llenaban de las nuevas familias, se tuvo que arreglar en forma conjunta el cocinar y hornear, hasta que se instalara un hogar propio. Si bien todo era muy primitivo, por lo menos uno no dependía del vecino. Muchos comprendieron el refrán: "Cocina propia tiene valor de oro", por más simple que fuera la instalación.

En el uso comunitario de las instalaciones de las barracas, donde por ejemplo una cantidad de señoras se habían dividido el tiempo de cocción en un solo horno, había de vez en cuando llamativas incidencias. Una mujer tenía su pan en el horno y el tiempo de terminarlo no había llegado completamente a su fin. Cuando se iba al horno para sacar su pan, el pan a medio cocinar se encontró al lado del horno. Otra mujer muy independiente pensó que ya había llegado su tiempo para usar el horno compartido. Este modo de conocerse mutuamente tuvo muchas desventajas para la convivencia pacífica. Muchas veces hubo la necesidad de implementar el orden con mano dura.

Sucedió también que gente que no se había conocido hasta este momento, ahora por la cercanía y su cerrado modus vivendi, aprendía a conocerse y apreciarse, y quedarse unidos íntimamente también en la difícil vida en el asentamiento. Resultó ser una ventaja grande para la lucha posterior con la ruda y salvaje realidad del 'Infierno Verde' durante el tiempo de asentamiento.

Los americanos, que tenían la responsabilidad para los asuntos técnicos del asentamiento y constantemente vivían entre los colonos, hasta que organizaran sus aldeas, se dieron cuenta que esta gente tenía muy poca idea de una conducción o liderazgo estricta. También hubo entre los menonitas personas que, según su modo de ser, en su predisposición, reconocieron el caos de masas y no escatimaron esfuerzos para dirigir todo a una meta saludable.

A la juventud se le predicaba el evangelio del amor al prójimo y la no violencia, pero fuera de eso no se cuidaba una conducción planificada hacia una meta definida. No había ninguna conducción de parte de la sociedad o de la congregación, o una educación juvenil, fuera de las cuestiones de fe cristiana durante la así llamada 'enseñanza del bautismo' antes de ser bautizados.

En la vida familiar dominaba en general el derecho patriarcal, que tuvo su expresión en la vida de la comunidad. La autoridad del padre cuidaba el ajuste y la reposición de los jóvenes en el orden de la sociedad. Uno de los hombres del orden subrayó sus gestos para el fomento del orden, cuando los jóvenes no quisieron entenderlo, con el puño y la mano dura, para lo cual estaba excelentemente capacitado por su constitución corporal robusta. Su nombre familiar era Braun, y así recibió el sobrenombre 'Füste Brün - Braun de puño'.

Acontecimientos serios y alegres en la vida del campamento

Difícil era para muchos encontrar la correcta orientación entre las condiciones totalmente distintas y confrontarse con ellas. En muchos casos hubo que cambiar de pensamiento y reubicarse. Un señor de edad, con nombre Friesen, tuvo sus dificultades. Su lengua se había enraizado en su corazón. Lo que pensaba, enseguida lo expresaba en palabras, muchas veces en forma errónea. Un pequeño insecto era realmente molestoso, porque el pequeño pinchazon era muy penoso y el animalito casi invisible, y por eso difícil de combatirlo. Su nombre: 'polvorino', de polvo. De ese polvorino había de sobra en la zona del río. Especialmente molestosos fueron en las noches de luna. Si alguien se escondía debajo del mosquitero con una malla suficientemente fina para mantener afuera estos animalitos, entonces el calor sofocante atormentaba al querer dormir.

Una noche así la había pasado el 'Don Friesen'. En las tempranas horas de la mañana caminaba por el patio criticando al Paraguay. Sorprendido del criticón, el vecino le preguntó si no había dormido bien. *"No"*, respondió el nervioso, *"nada he dormido. Esas mandarinas me han comido toda la noche"*. Su vecino intentó explicarle la diferencia entre las 'mandarinas' y los 'polvorines', cosas que había confundido. Él respondió que estas bestias pueden llamarse como quieran, pero él sabia de qué hablaba.

En otra ocasión se fue a la tienda del señor Casado. Ahí había un vendedor que hablaba el alemán. El señor Friesen quería comprar tela para el pantalón. Lastimosamente no trajo los números de la medida, los había olvidado, o mejor, no los había comprendido muy correctamente. El pensó en silencio: ¿Si, pero cómo se dice eso aquí donde todo es diferente? ¿Yarda? No, eso no anda aquí. Pensó otra vez y de golpe exclamó: *"Yo quiero tres kilómetros de esta tela."* El vendedor detrás de la mesa ya sabía lo que el señor quería decir y no se rió de él. Pero había otros clientes del campamento, de su propia gente, que se burlaron del caos del señor Friesen, difundiendo la historia entre la gente muy a pesar del señor y hablando de las dimensiones de los grandes y largos pantalones que el señor Friesen quería confeccionar.

Preparativos para el asentamiento

Pronto los colonos comenzaron a comprar animales vacunos, ya que sabían que en el Chaco iban a servirles para el transporte y en el cultivo de las tierras. Así lo habían hecho sus padres y abuelos exitosamente en la colonización de las estepas de Manitoba. Los bueyes eran preferibles en un camino tan largo al desierto, por la razón de ser más resistentes que los caballos. Y se dieron cuenta enseguida que habían tenido razón. Bajo el calor sofocante y en tiempos de lluvias, cuando el camino se volvía casi intransitable, el buey aguantaba mucho más que los caballos, respetando su fuerza de tracción y de carga. Los caballos exigían un cuidado especial que en el comienzo de la colonización no se podría haber dado.

En relación a la compra de vacunos escribe el Dr. Walter Quiring: *"Se compraba animales semisalvajes de la raza Hereford con fuerte corcoba y cuernos largos. En el sur del Paraguay sobresale la vaca criolla de procedencia correntina, mientras que en el norte se crian principalmente los 'pantaneiros' y los 'franqueiros', mezclados con la raza del cebú."*

En otra parte agregó: *"El que tenía dinero, compró una vaca en Casado, para tener leche para los niños. Un campo de pastoreo alambrado Casado instaló no lejos del campamento. También los primeros bueyes para las carretas se adquirieron en Casado; más tarde los colonos compraron el ganado mucho más barato de Hansen y Baerwald a la orilla este del río Paraguay entre los puertos Casado y Pinasco. También trajeron mulas, cerdos y gallinas de la orilla oriental del río Paraguay. Cuando a fines de 1927 en Casado se enfermaron supuestamente algunos bueyes de aftosa, Casado tomó esto como motivo para prohibir la importación de ganado, y desde ese momento se lo pudo comprar solamente de su rebaño.*

Los inmigrantes no adinerados prestaron las vacas y los bueyes de Casado, y en diciembre de 1928 la Corporación Paraguaya le prestó a los colonos 75.000

(2.000.- dólares) pesos por seis años sin intereses para la compra de ganado.

De los caballos comprados en principio en poco tiempo murieron algunos a causa de una temida parálisis de la cadera y la espalda, el 'Mal de la Cadera', una enfermedad casi siempre mortal."

Algunas familias ordeñaban su propia vaca. Bastante lejos del campamento tenían que realizar este trabajo, en un corral liberado por Casado. Los obreros de Casado hacían pastar a las vacas de día y para la noche las arreaban al coral. Lo que a los nórdicos les parecía muy 'español' (extraño, porque prácticamente no entendían el castellano), era que ninguna vaca daba su leche al ordeñador sin que antes chupara el ternero. Aquí valía no solamente:'otros pueblos, otras costumbres', sino también 'otras vacas, otras costumbres'.

Un lugar especial ocupó la domesticación de los bueyes. En gran parte se hacía esto en Puerto Casado. Domar los bueyes no era cosa de cualquiera. Cuando había un padre de familia con hijos adultos, normalmente ellos mismos lo hacían. Muchos no lo querían hacer, y nadie era capaz de hacerlo solo. Había suficientes hombres jóvenes, a quienes les gustaba enormemente el proceso, por lo que se formaron algunos equipos de doma de bueyes y lo hacían por un pago, cobrando 500 pesos (12 dólares) por una yunta de bueyes.

Al proceso lo llamaron'alinear' a los bueyes. Esto exigía en la mayoría de los casos una agresividad robusta. Los hombres que se juntaban para este procedimiento eran chicos guapos. No querían ganarse solamente un poco de dinero, sino era una diversión, porque tenían tiempo de sobra. Eran chicos musculosos. Pero más importante eran la intrepidez y los manejos bien pensados y cuidadosamente ejecutados, y las bien planificadas intervenciones con la correcta colocación del lazo.

Se conducía a los bueyes tranquilos o furiosos hasta los postes fuertes en medio de varios jinetes. En la mayoría de los casos estaban furiosos. Una vez atado a los postes, se dejaba un tiempo para acostumbrarse a su situación algo incómoda. Luego se empezaba a poner cuidadosamente el tirante. Luego era acercado el carro. Pocas veces se montaba a un buey delante de una estructura pesada como un trineo, sino enseguida se lo montaba delante un carro, era más útil. Enseguida se acostumbraban al pértigo.

Cuando todo estaba listo para arrancar, se liberó los animales de los postes. Había animales, que no querían moverse. Eran simplemente rebeldes. La mayoría saltaba brutalmente hacia adelante y era fundamental el control firme de estos animales. Generalmente estaban dos hombres en el carro y dos hombres cuidaban las cuerdas de seguridad en cada lado del carro. Lo importante era no permitir que los bueyes empiecen a galopar; si esto pasaba, la cuestión estaba perdida. A veces sucedía que en forma pasajera se perdía el dominio sobre el apasionante salvajismo de estas bestias.

Una vez una yunta de bueyes rebeldes durante el arranque se había acercado demasiado a un horno de cocina levantado delante de una carpa. Sobre el horno hervía el agua en una olla. La olla fue tocada por los bueyes en el ir y venir de los mismos, y parte del agua salpicó a uno de los animales. Súbitamente el buey saltó hacia adelante y se llevó al otro animal. Los dos hombres de cada lado fueron tirados al suelo y soltaron sus cuerdas. Todo se había desarrollado demasiado rápido para ellos.

Cuando los hombres tirados en el suelo se dieron cuenta de la situación, el carruaje con los bueyes ya estaba lejos. Ellos corrieron detrás de él. Los dos pilotos en el carro habían perdido el control del freno y se esforzaron para mantenerse en el carro rugiente. La pareja salvaje salió de la calle central del campamento y corrió frenéticamente en zigzag en dirección a las carpas. Las mujeres corrían gritando a sus niños que estaban jugando cuando el furibundo 'monstruo' se acercó alborotante, agarraron a sus niños y buscaron cómo salir de su paso. Los niños mismos gritaron de angustia, entraron en las carpas y se ocultaron debajo de las camas. Cuando terminó el viaje frenético y un adolescente no aparecía más, la madre lo encontró tiritando debajo de una cama, donde con temor y fragor esperaba las cosas que   sucederían.

Hasta hoy día parece un milagro que ninguna carpa se haya tumbado. Ningún niño, de los cuales tantos jugaban alrededor de las carpas, ha sido arrollado. Los dos hombres acompañantes se apuraron para alcanzar a su vehículo escapado. Los dos conductores lograron pararlo finalmente, y desde lejos los otros le preguntaron por qué se habían apurado tanto, ellos también habían querido irse con el mismo.

En otra oportunidad viajaron los domadores con los bueyes, de los cuales creían que ya se habían entregado lo suficiente a su destino. Se habían ido un trayecto bastante largo, pararon y volvieron al campamento. En el camino sobre una superficie libre y abierta paseaba un hombre con una bolsa blanca, que bamboleaba sobre un hombro. Uno de los bueyes era bastante inquieto, por lo que dejaron correr a los dos bueyes con el carro. Al acercarse al paseante, de repente el buey enojado se dirigió con toda la fuerza hacia el hombre delante de ellos. Este se puso rápidamente en movimiento y giró más hacia la derecha, para dejar pasar al carro. El buey seguía sus movimientos y lo persiguió concientemente, arrastrando simplemente al otro buey. Mientras que el señor corría, la bolsa detrás de él se movía de un lado para otro, acentuando el enojo de los bueyes. Los conductores no los pudieron frenar, pero estiraban con toda la fuerza la cuerda y lograron desviar a los bueyes del perseguido. Mientras que pasaron por el hombre, este exclamó sin haber perdido la calma: *"¿Este buey quería algo de mí?"* Claro, el buey había querido algo de él; había querido limar las puntas de sus cuernos con él.

Cuando una vez más un equipo de domadores entró en otra dirección que la prevista con una yunta de bueyes, pasaron por un tatacuá, que fue destruido. Los panes, que una señora tenía en el horno en este momento se mantuvieron intactos. La mujer pudo llevar el pan a casa sin tener que abrir el horno.

Muy pocos menonitas han intentado manejar sus bueyes en un yugo como lo hacían los paraguayos. La mayoría los manejó con un arnés. Desde el comienzo usaron una collera cómoda y almohadada, a la cual los bueyes se acostumbraron. Los bueyes pudieron estirar mejor una carga que con un yugo y rendían así más.

Lo que concernía la compra de los bueyes, el señor Casado tuvo ciertos días en que arreaba muchos animales en el corral, y donde los menonitas podían elegir a sus bueyes. En estos días se reunían grandes y pequeños alrededor del corral. Por un lado había suficiente tiempo y por el otro era una diversión, porque se veía algo diferente al cotidiano tedio en las carpas. Entusiasmados, observaban cómo los vaqueros manejaban magistralmente sus   lazos.

Un día la gente se reunió de nuevo en el corral. Aquellos que pensaban comprar algunos bueyes le indicaron a los vaqueros cuál de los animales tenían que atrapar con el lazo. De nuevo ataron un buey en un poste para ser observado. El hombre interesado lo observó de los dos lados y se paseó hacia delante. No calculó que el buey, que parecía ser muy manso, tendría tanto espacio libre para mover su cabeza, equipada con dos cuernos puntiagudos. En un instante, ¡el buey levantó la cabeza y rasgó una pernera del pantalón de arriba hasta abajo! Todos lo vieron, pero nadie se rió, por estar preocupados por si el hombre mismo no habría sido herido. Cuando se dieron cuenta que solamente su pantalón se había roto, se escuchó un aplauso. Tuvo que ocuparse ahora para que sus vestimentas se vuelvan   presentables.

El campamento se sobrepuebla

Según el acuerdo con la empresa de asentamiento en ese momento (1927) se tendría que haber mensurado el complejo de asentamiento y construido el ferrocarril hasta ese lugar. Por lo menos esos dos emprendimientos tendrían que estar en plena marcha. Pero no se había contruido el ferrocarril, ni fueron mensuradas las tierras. La construcción del ferrocarril se había hecho del km 60 hasta el km 77, pero estos 15 km se dirigían más hacia los costados que hacia el oeste en dirección al terreno a colonizar.

Estos dos acuerdos no cumplidos presentaron las dos más grandes desilusiones para los colonos llegados hasta Puerto Casado. Ellos fueron consolados constantemente con el 'mañana' - sí 'mañana'. Se esperó mucho tiempo, hasta que el 'mañana' finalmente se convirtiera en hoy.

Los menonitas habían considerado a Puerto Casado como un lugar de paso, en el que entrarían y saldrían, para asentarse en las aldeas correspondientes. Pero lo que no se tuvo en cuenta era que después de la salida de Puerto Casado se quedarían por bastante tiempo en otro campamento en el camino a las tierras propias de asentamiento.

Puerto Casado se transformó necesariamente en un campamento duradero. Por eso hubo problemas, los cuales se debía solucionar. En primer término se debía frenar la acumulación desmedida de colonos. Se trató de frenar la venida de otro contingente de emigrantes. Se había previsto de que los grupos vendrían en etapas cortas una tras otra a Puerto Casado, y la entrada al interior del Chaco se haría al mismo ritmo.

Los emigrantes, que todavía estaban en Canadá, querían llegar lo más pronto posible al Paraguay, porque el negocio de sus tierras ya se había finiquitado a mediados de 1926, y tenían que entregar sus tierras a los menonitas de Rusia, que querían ocuparlas en 1927. Por eso los migrantes paraguayos querían irse lo más rápido a Sudamérica, para asentarse otra vez en suelo propio y cultivarlo. Así también los menonitas de Rusia, que llegaron de Europa a Canadá en calidad de refugiados, querían acceder lo más rápidamente posible a su propiedad.

De repente brilló luz roja de Sudamérica: *"Por favor no dejar salir más familias a Paraguay, hasta que la situación haya cambiado aquí."* Fue un fuerte golpe de retroceso para los emigrantes. Los rusos que habían comprado sus granjas, ya habían entrado. Los 'paraguayos' que tenían que quedarse por más tiempo en Canadá, buscaron cómo solucionar sus estadía. 60 familias estaban con este problema. Muchos se quedaron en las viviendas con los menonitas de Rusia, y esto trajo consigo en algunos casos la formación de un pacto de amistad duradera. Otros se mudaron a casas de amigos y parientes, hasta que apareció nuevamente luz verde de Sudamérica.

En Puerto Casado el señor Fred Engen procuró convencer a los colonos, que la mayor cantidad posible salga ya al interior, para aliviar el campamento. La gente se resistía. Se metieron en la cabeza: salir una sola vez y no más. Por un lado era entendible cuando uno piensa en los esfuerzos que conllevaba desmontar las construcciones e instalarse de nuevo con la familia y al mismo tiempo saber que no se podría quedar en el lugar. Por otro lado el campamento cerca del río estuvo demasiado sobrepoblado como para esperar tanto tiempo.

El primer avance anticipado hacia el oeste

El 12 de febrero de 1927 salieron seis familias de Puerto Casado hacia el interior en dirección a las tierras del asentamiento futuro. Con ellos se fueron 10 hombres jóvenes del campamento. El grupo se fue con el ferrocarril hasta Pirizal o Km 77, puntarriel del ferrocarril en aquellos días. De ahí fueron transportados en carretas y carros de ruedas altas por obreros de la empresa Casado. El transporte fue equipado ricamente en provista y bueyes de faena, que fueron llevados con el grupo. También una cantidad de caballos de silla se fueron con ellos. Uno de los obreros de los Casado era de más alto rango, los otros, conductores de las carretas y de los bueyes. El de alto rango, el señor Siebert, hablaba alemán. Era el conductor del grupo y responsable del primer asentamiento de los menonitas en el camino hacia el misterioso desierto durmiente del gran Chaco del norte.

Días enteros viajaron de Pirisal hacia el oeste. Después de los primeros 100 km se establecieron en una atractiva laguna de agua dulce. En el borde de la laguna y del bosque y instalaron sus carpas y se organizaron para la estadía. El señor Siebert con su gente levantó a lado del campamento de los menonitas una casa duradera. Fueron las primeras familias de colonos que entraron hacia el interior del 'Infierno Verde'. Por las hermosas aguas azuladas de la laguna el asiento recibió el nombre de Pozo Azul.

Después de instalar una habitación, se pusieron a levantar un depósito más grande, como lo habían resuelto en Puerto Casado. Esta casa debería servir como depósito de bienes de consumo para la entrada en el Chaco, como también como depósito de bienes de carga. Por sobre todas las cosas habría que depositar suficiente harina en este lugar, en caso que el camino a causa de grandes lluvias se volviera impasable. El depósito se conocía con el nombre de 'casa de harina de Pozo Azul'. Pozo Azul se convirtió así en el puesto de vanguardia y anticipo del asentamiento en el desierto. Un grupo de tres familias siguió pronto y más tarde vinieron más. A mitad del mes de mayo de 1927 ya hubo ahí 28 familias.

Bases en el camino a la zona de asentamiento

Después de levantar el depósito, se empezó con el cultivo de plantas paraguayas. En ese menester fueron apoyados por un agrónomo, que había sido enviado por la empresa de colonización. Se debió instalar desde Pozo Azul nuevos campamentos a la vera del camino. Fue tarea de Fred Engen aliviar la entrada a la región inhóspita. Engen era un excelente pionero del desierto, pero un organizador lento. Se resolvió enviar al señor Alfred Rogers desde los EEUU, el vicepresidente de la empresa de colonización y mano derecha de McRoberts, al Paraguay. Llegó en los últimos días de mayo a Puerto Casado. Primero mantuvo reuniones de consejo con los colonos, que con justicia se sintieron decepcionados. McRoberts le había entregado la propuesta de poner a disposición un tractor oruga y su acoplado, para poder transportar mejor sus bienes de carga, y si era posible también a las familias que no tenían bueyes y carros. La máquina no debía costar nada, ellos solamente serían responsables de su mantenimiento.

En junio de 1927 llegó McRoberts al Paraguay. Reunió a la gente en Puerto Casado y dileberó con ellos. Lo mismo hizo en Pozo Azul, a donde se fue con los señores Engen y Rogers. Entraron hasta la región que hoy es la Colonia Fernheim. McRoberts estuvo muy impresionado por la constitución del suelo. También el clima le parecía muy agradable, que para el mes de junio no es sorprendente. Animó a los colonos mantenerse firmes y les aseguró que la empresa de asentamiento apoyaría la colonización en forma imperturbable. McRoberts mandó la máquina con acoplado, que en la segunda mitad de 1928 rindió importentes servicios de transporte. Fue manejada por David A. Braun.

A propuesta del señor Rogers se creó el comité de transporte, que tuvo la responsabilidad de la importación de harina y en general de generar la entrada al interior del Chaco. También se fundó una comisión de inspección de tierras, que bajo la dirección de Fred Engen viajó al interior e inspeccionó la región propuesta para el asentamiento en el año 1921. Esa comisión estuvo formada por 12 personas. Cada uno de los diferentes grupos de Canadá fue representado por cuatro personas. La comisión salió el 28 de junio de Puerto Casado y volvió el 14 de agosto a ese lugar. Pozo Azul fue usado como punto de apoyo.

En agosto se fue un grupo más numeroso de familias de colonos en dirección a Pozo Azul. Pero salió más hacia el oeste y armó un nuevo campamento en un lugar donde había agua - lugar que Fred Engen había llamado *'Campo Esperanza'* en 1921. Allí había tenido lugar el primer encuentro con los Enlhet Norte en que se había dado cuenta de que el Chaco central sería apropiado para un asentamiento agrícola.

En setiembre los Bergthaler de Saskatchewan entraron como grupo al Chaco y se ubicaron en el lugar llamado 'Palo Blanco', en la cercanía de lo que más tarde sería la aldea Gnadenfeld.

El 18 de agosto llegaron las primeras tres familias hasta Loma Plata y levantaron sus carpas. Pronto llegaron más. Cuando en varios lugares se estaba encontrando agua de pozo buena y dulce, y el lugar ofrecía mucho espacio para asentarse, Loma Plata se convirtió en poco tiempo en el campamento más grande en el camino a las aldeas que se quería organizar. Aquí vivieron por momentos hasta 60 familias. Más tarde surgieron otros dos campamentos más pequeños, uno en Laguna Casado en la cercanía de Pozo Azul, y otro en el Km 216, llamado simplemente 'Dos-Dieciseis'. Era el lugar más al interior. Los nombres de los campamentos (menos Puerto Casado) surgidos en 1927 fueron los siguientes; la numeración indica el orden cronológica de su fundación: 1. Pozo Azul; 2. Campo Esperanza; 3. Palo Blanco; 4. Loma Plata; 5. Laguna Casado; 6. Kilómetro 216.

Decepciones y el regreso de algunos emigrantes

A fines del año 1927 ya había 120 familias en los seis campamentos. El resto del contingente que había sido frenado por superpoblación en Puerto Casado, llegó ahí antes de fin de año. Eran 60 familias. 40 familias de los inmigrantes ya habían salido de regreso a Canadá. Entre ellas algunas que ya habían estado en los campamentos en el interior del Chaco. En Puerto Casado quedaban todavía unas 100 familias.

Cada salida hacia el interior del Chaco significó para el campamento cerca del río un suceso grande. Generalmente salieron menos que 10 familias a la vez. Primero se realizaban las preparaciones básicas para el viaje. No era poca cosa iniciar un viaje largo y desconocido con las familias. Muchos se asustaron ante esa exigencia y prefirieron volver a Canadá.

Los desanimados y los disgustados se quedaron en el campamento en Casado, aunque había en los campamentos en el interior del Chaco algunos sin el ánimo de seguir con la empresa. Por más que hasta finales del año 1927 ya habían regresado más de 40 familias, había todavía una cantidad que no vio sentido alguno en entrar en el desconocido desierto del Chaco pensando en las posibilidades de iniciar el camino de regreso.

Que la gente en los campamentos hacia el interior era más valiente y con más aguante, tuvo su razón que en estos lugares la gente se ocupó con cosas más útiles que en Puerto Casado. En Pozo Azul, Campo Esperanza, Palo Blanco y Loma Plata se ocupaban intensivamente por ejemplo en la agricultura. Se procuró investigar cuándo y en qué época crecía mejor. Esto se hizo con cultivos extraños y también con frutos del campo autóctonos. La gente cosechaba maní, poroto, maíz, mandioca, batata y especialmente muchas sandías, que crecieron y se desarrollaron paradisíacamente, siendo muy dulces y sabrosas.

Esto significó una alternativa muy bienvenida en la alimentación diaria, y por fin se pudo reducir los costos condicionados por la alimentación. Eso animó a la gente, pero para el que perdió el ánimo, o ni lo había tenido, significó muy poco y no se pudo originar un espíritu de permanencia en él.

Entre el campamento de Casado y los otros lugares se viajó mucho. Los sucesos contados en los encuentros experimentaron variaciones muy llamativas. Una historia comunicada en la lejanía del interior del Chaco ya se encontraba cabeza abajo cuando llegaba a Puerto Casado. La gente en Casado no tuvo prácticamente nada que hacer y por eso suficiente tiempo para las diferentes ideas. En ese momento, como se habían ido ya más de 100 familias al interior, la mayoría de las compras de bueyes se habían finiquitado y la doma ya había terminado casi totalmente.

Al comienzo el señor Casado ofreció trabajo en su fábrica de tanino. Pagó 33 pesos (75 centavos el dólar) por día. Sería de ayuda para aquellos que no tenían medios para comprar alimentos. Pero justamente los que no tenían nada, no querían trabajar. Preferían seguir recibiendo ayuda. Otros al contrario, que no tenían la necesidad, llegaron puntualmente al lugar de trabajo.

Intentos de asentarse en Paraguay Oriental

En vísperas del año nuevo 1927/1928 se formó un grupo que no quiso volver a Canadá, pero tampoco asentarse en el Chaco. Este grupo procuró convencer a los líderes de la congregación de buscar un lugar para colonizar en el Paraguay Oriental. Pero no se quiso dejar el proyecto del Chaco, por haber invertido mucho dinero y tiempo en el mismo.

El suelo en la zona del río, en y alrededor de Puerto Casado era duro e inapropiado para el cultivo de hortalizas. Como no querían quedarse allí, no era rentable instalar un regadío costoso. Muchos le dieron el mismo valor a todas las tierras del Chaco según la calidad de la región de Casado. Cuando se animó a uno de estos desanimados a visitar uno de los campamentos en el interior del Chaco, se fijó solamente en las cuestiones negativas, que los había más que suficientes, viendo muchos asuntos solamente del lado defectuoso.

Un cierto padre, que con su familia quiso volver a Canadá sin haber visto el interior del Chaco, se lo convenció para viajar a la región del asentamiento. Se pensaba que a él le gustaría tanto que finalmente decidiera quedarse. Solamente se fue, como él opinaba, por la paz. De vuelta en Casado, estuvo más resuelto de darle las espaldas a este Paraguay pobre. En el interior, así contaba él, aún los pájaros cantaban ya en las tempranas horas de la mañana: *"¡Aquí todos morirán de hambre! ¡Aquí todos morirán de hambre!"* Eran las charatas que lo habían asustado e inspirado a la interpretación con su grito vibrante. Se fue decidido de regreso a Canadá.

En la segunda mitad de 1928, cuando ya en el Chaco 200 familias estaban trabajando diligentemente en la colonización con mucho ánimo, había en el campamento de Puerto Casado gente todavía que no quería entrar en el Chaco, pero tampoco contaba con la posibilidad de regresar a Canadá. Algunos llegaron finalmente a las ya florecientes aldeas, otro viajaron con sus familias a Asunción y se quedaron allí por varios años, buscando trabajo. Dos de los padres de familia fallecieron en Asunción. Una viuda volvió después de eso con su familia a Canadá y la otra regresó con su familia al Chaco. También las demás familias volvieron más tarde al Chaco.

Raras veces gente joven difundía el desánimo. Esto lo hacía la gente de edad, arrastrando a los otros consigo. También uno de los delegados de 1921 que ahora vivía en Puerto Casado, no pudo entusiasmarse con el Chaco, que él mismo había ayudado elegir para la colonización menonita. Fue Isaak Funk. Nunca se pudo descubrir las verdaderas razones de la pérdida de su afinidad. Los americanos de la Corporación Paraguaya, que intercambiaron ideas en relación al caso, dijeron que el hombre había esperado recibir un empleo de la empresa. Como no había resultado nada, el Chaco había perdido su estímulo para él, por lo que regresó a Canadá.

Don José Casado negoció con los menonitas y vendió el terreno chaqueño a los inmigrantes.

El campamento provisorio menonita en Casado. Vista parcial.

El señor Sawatzky con el enorme pez que casi lo llevó al fondo del río Paraguay en 1927.

La aldea menonita en Puerto Casado se sobrepobló rápidamente, porque no se estaba preparado para albergar a tantos inmigrantes.

Pioneros del campamento en Puerto Casado transportan la harina
importada desde Argentina a sus hogares transitorios.

Vivienda precaria de una familia inmigrante
en el campamento en Puerto Casado.

CAPÍTULO VIII

LOS CAMPAMENTOS EN EL CAMINO AL INTERIOR DEL CHACO

*"Lo que siempre sufras en dificultades y viscisitudes -
no dejes pasar de vista la meta y mantén
el paso con los sucesos. Levantar un asentamiento
como este no es poca cosa.
Ahí fácilmente surgen confusiones, se vienen ahogos,
y uno tiene que esforzarse realmente ..."*

A.A Rogers a R. N. Landreht,
que reemplazó a Rogers en la empresa de
asentamiento en el Chaco, noviembre de 1927

El campamento transitorio se convierte en un campamento duradero

Las dos promesas que Casado les había hecho a los menonitas durante las negociaciones no se habían cumplido: El ferrocarril no se había construido hacia el interior del Chaco y el complejo de tierras compradas por los menonitas no había sido mensurado. Al mismo tiempo se debió mensurar más que las tierras del asentamiento compradas por los menonitas, porque se tuvo que comenzar la mensura desde el río Paraguay para determinar con exactitud el terreno elegido para la colonización.

Mensuras para el interior del Chaco existían en aquel tiempo solamente sobre el papel. Eran suposiciones cartográficas, cuando en 1921 se dijo que la tierra para el asentamiento seleccionado por los menonitas se encontraba dentro de los límites de la empresa Casado, es decir, en la esquina sureste del complejo cartográfico de 100 leguas, conocido como bloque 168. El límite este del bloque en cuestión estuvo a unas 39 leguas (170 km) del río Paraguay.

Meses pasaron desde el inicio de la mensura en 1927, hasta que finalmente se alcanzó el límite este de las tierras para la colonización. Entonces se pudo delimitar las tierra elegidas para el asentamiento de 3 x 10 Leguas de extensión. Hasta que todo se cumplió según las reglas del orden, pasaron 16 meses desde la llegada del primer grupo.

Puerto Casado, en el momento de la meta final del largo viaje, sirvió de campamento pasajero. Después de un descanso corto se pensó seguir hasta el lugar de asentamiento definitivo. Era una frustración amarga darse cuenta de que se tendría que esperar todavía seis meses antes de poder ir hasta el nuevo hogar. ¡Estos seis meses al final fueron 16 meses!

No les quedó otra a los peregrinos del Chaco que levantar sus carpas en Puerto Casado por un tiempo extenso.

La primera inspección de la región de colonización

En la segunda semana de su estadía en Puerto Casado, más o menos a mediados del mes de enero (1927), Engen se fue con algunos colonos al interior del Chaco, en dirección a la región de colonización. Eran cuatro del grupo de los Chortitzer: Peter F. Krahn, Johann H. Harder, David H. Harder y Johann G. Klippenstein, y uno de los Sommerfelder: Bernhard F. Wiebe.

El Dr. W. Quiring escribe en 'Alemanes rusos buscan una nueva patria' en la pagina 82: *"Se fueron en un vehículo motorizado hasta Campo Esperanza. En parte usaron el antiguo camino de los delegados de 1921, en parte abrieron nuevas picadas por el bosque. Por momentos se perdieron de la picada principal, y repetidas veces demoraron mucho tiempo, para encontrar otra vez el camino principal ... El camino era feo, constantemente se empantanaron en el suelo blando, de donde tenían que salir con mucho esfuerzo. Ya en Campo Esperanza, los viajeros fueron obligados a volver, porque las provisiones se estaban terminando. Más de una semana demoraron para llegar hasta allá. La provista se había enviado por adelantado desde el puerto de Casado en dos carretas de bueyes y Fred Engen la había distribuido solidariamente entre los indígenas, que adoraban apasionadamente a su patrón Engen. Engen tenía 60 años en aquel tiempo y su cabello en canas le insuflaba a los indígenas un temor respetuoso. Él se esmeró desde el primer día de su contacto con los indígenas, por ganar su simpatía con regalos y a través de un trato correcto, paciente y justo y sacarles la impresión de que los blancos querrían desalojarlos.*

Este grupo estuvo contento con las impresiones recogidas en el Chaco ... La tierra gris hasta gris-amarilla les parecía ser fértil, más al oeste de Campo Esperanza."

Uno de los participantes - Johann G. Klippenstein - escribió acerca del viaje: *"... De la tierra del Chaco ya hemos visto algo. Pero la tierra propiamente dicha, que han seleccionado nuestros delegados, no la hemos visto todavía. No llevamos suficiente alimentos. No era el objetivo de nuestro viaje ver estas tierras, sino queríamos buscar un lugar para un campamento. Allá tendrá que ser instalado nuestro depósito y organizada una plantación. La inspección del agua potable era muy importante para nosotros. En el lugar del campamento hay una fuente. Allí deberá quedarse un grupo de las familias.*

Nos fuimos de Pirisal - Km 77 del ferrocarril - con un auto. De ida nos empantanamos varias veces. Durante el regreso se registraron fuertes lluvias. Nos quedamos varado por el camino varias veces. Hemos trabajado duramente empujando al auto a tierra firme. Hemos visto varios venados, algunos avestruces, también perdices que con zumbos levantaron vuelo del alto pasto. Son aquí mucho más pequeños que los que conocemos en Canadá. También hay patos y palomas. De las palomas cazamos algunas y preparamos una rica comida. También nos encontramos con un zorro. Eso es todo lo que hemos visto de animales silvestres.

No he adquirido ningún arma de caza. Cuando ahora nos vayamos con nuestras familias al desierto, el señor Engen me entregará su escopeta..."

Antes de que las familias de los colonos se fueran al interior inhóspito, Engen entró una vez más en compañía de algunos menonitas hasta la región del asentamiento. Eran Johann F. Wiebe, Heinrich N. Bergen, Jakob J. Neufeld; Bergen y Neufeld eran de los Bergthaler. Había algunos otros más, cuyos nombres no son conocidos. Engen llevó un cocinero consigo, un joven negro de nombre 'Víctor'.

De Pirisal viajaron con el pequeño camión, un Chevrolet. El camión cargaba a los menonitas, y la provista para la alimentación y unas ruedas de auxilio. En Campo Esperanza descargaron los alimentos, y el joven negro se quedó allí. Era de mañana. Querían irse más hacia el oeste y volver por el atardecer o por lo menos a la noche a Campo Esperanza. El cocinero tenía que preparar una rica comida, porque tendrían hambre al regresar. Había confianza en el joven negro. Preparó una rica comida, pero fue consumida recién el otro día de noche, porque antes no volvieron del oeste. Engen había estado en todas partes más que una sola vez, pero viajar con el camión a través de la zona era mucho más que un arreglo rápido de la visita de la región. Las cubiertas de goma del vehículo no aguantaron las espinas innumerables, por las cuales habían pasado muchas veces. Cuando no sobró ninguna rueda de auxilio, tuvieron que remendar las cámaras. Habían llegado hasta el Km 216. Después de un 'tiempo de ayuno' de 24 horas, porque no habían comido en ese tiempo, disfrutaron con un apetito bendecido de la cena que había sido suspendida por 24 horas.

El cometido de este segundo viaje de inspección era, después de haber elegido al 'Km 165' - conocido más tarde como Pozo Azul - buscar más lugares para levantar campamentos provisorios.

Pozo Azul es elegido como punto logístico de la colonización

De común acuerdo entre los tres grupos (Chortitzer, Sommerfelder y Bergthaler) en Puerto Casado se resolvió organizar el 'Km 165' como punto de apoyo para la entrada al Chaco inhóspito, construir allí un depósito e instalar campos experimentales con cultivos paraguayos.

Se formó un grupo de seis familias, que entró como primer grupo colonizador en el gran desierto. Eran las familias de Johann G. Klippenstein, Johann H. Harder, Peter R. Dörksen, Peter K. Hiebert, Cornelius T. Dörksen, todos del grupo de los Chortitzer, y la familia Abram F. Wiebe del grupo de los Sommerfelder; 31 personas. Además se fueron con ellos cuatro padres de familia: Gerhard T. Klassen, Gerhard D. Klassen, Bernhard G. Klippenstein y Aaron Heinrichs; y más ocho hombres solteros. En total fueron 43 menonitas.

Estas personas salieron el 12 de febrero de 1927 de Puerto Casado rumbo a Pirisal. En punta riel la caravana estuvo lista y equipada para la entrada al desierto misterioso del bosque chaqueño. La empresa de asentamiento había prestado de la firma Casado la cantidad necesaria de carretas con ruedas altas y altos carros amortiguados, con los bueyes y una tripulación de empleados. La caravana del desierto fue atendida por los empleados de Casado, hombres que conocían el laberinto del bosque. El conductor de la caravana era un paraguayo alemán con nombre Siebert. Fred Engen mientras tanto viajó a Asunción, y no pudo acompañar la primera entrada de las familias al gran desierto.

A la entrada de la noche del primer día de viaje la caravana de colonos llegó al lugar que se llama 'Laguna Barranca', donde estaban estacionados militares paraguayos. Ahí se instalaron los conquistadores del Chaco para el descanso de la noche.

Con el amanecer se pusieron otra vez en movimiento. Los paraguayos ya habían tomado su mate cocido imperdible cerca de la fogata y se apuraron a poner en movimiento la caravana; tenían que preparar ocho carros. De repente apareció el oficial del destacamento militar, que estaba en la cercanía; se le informó sobre el llamativo contingente al interior inhóspito guiado por el señor Siebert. De vez en cuando entraban hombres de mala fama a esa región, pero ahora había también mujeres y niños con ellos. El conductor de la caravana no tenía escrúpulos de contarle todo lo que esa gente, los inmigrantes menonitas, querían. Era un punto positivo para el Paraguay, por la razón de que el Paraguay exigía el derecho de soberanía y de posesión de esta región, lo que Bolivia negaba y cada vez más condenaba. Pero, - así siguió preguntando el oficial - ¿esta gente lleva armas consigo? Porque ellos deberían tener en cuenta de que los indígenas iban a asaltarles. El señor

Siebert le dijo que apenas tenían algunos rifles de caza consigo. *"¿Qué harán cuando se les asalta?"*, siguió averiguando el oficial. El señor Siebert tradujo la pregunta para los menonitas. El señor Gerhard T. Klassen, que estaba cerca del grupo escuchándolo, murmuraba algo. Los que estaban en su cercanía se reían. *"¿Qué dijo este señor?"*, quería saber el oficial. Siebert lo preguntó y se lo tradujo al oficial. El también se rió, hizo un gesto con la mano y dijo que podían irse, deseándoles mucha suerte y éxito en el emprendimiento. El menonita había dicho que tomarían palos para la defensa si así lo exigía la situación.

Lugares de descanco en la entrada al desierto del Chaco medio en aquel entonces, desde Pirisal (fin del ferrocarril en el km 77) hasta Pozo Azul, fueron: Laguna Castilla, Laguna Barranca, Cañaverales, Laguna Casado.

A inicios de 1927 el destacamento militar de Laguna Barranca era la patrulla militar más avanzada hacia el oeste en el Chaco Central Paraguayo. A lo largo del Pilcomayo había ya con anterioridad fortines paraguayos. En 1927 surgió un fortín cerca del asentamiento de la Colonia Menno, con el nombre 'Isla Poi'. Desde allí se organizó el fortín Toledo. Estaba a 30 km más hacia el oeste. De esta manera el ejército paraguayo entró al mismo tiempo al Chaco Central que los colonos menonitas.

El primer grupo se instala en Pozo Azul

El primer grupo de las familias de los colonos menonitas que entró en el gran desierto del Chaco, llegó el 17 de febrero a las 14 horas al lugar elegido àra el campamento. Se habló entonces del 'Km 165'.

Las familias ubicaron sus campamentos en el borde del bosque, limpiaron los espacios y levantaron sus carpas. Luego instalaron sus hornos, que a pesar de su simplicidad funcionaron bien: se abrieron angostas fositas en la tierra y se colocó la placa hoguera traída de Canadá sobre la fosa y se cocinaba en un horno perfecto. También los otros que habían venido con estas familias, se acomodaron para convivir por unas dos semanas con ellos, como lo preveía el programa de trabajo.

El señor Siebert y sus acompañantes paraguayos se retiraron a medio km del campamento después de haber descargado todo. Una parte de ellos pronto se fue a Pirisal para buscar nuevas familias de colonos.

El señor Siebert y algunos paraguayos construyeron chozas para los colonos, un corral y levantaron alambrados. No lejos de ahí se contruiría de a poco una estancia. Repetidas veces se faenó un bovino para la alimantación, tanto para los paraguayos como también para los menonitas.

Siebert y algunos empleados de la empresa Casado se quedaron cerca del campamento. Era una orden tanto de la firma Casado como de la empresa de colonización. A los colonos no se los podía dejar solos. Siebert era el responsable del bienestar de estos colonos.

Rápidamente llega la noche del 17 de febrero. La noche tropical entra extrañamente en el desierto silencioso, que se mueve al puro estilo de la naturaleza. El cielo se inunda de una oscuridad profunda, adornado de estrellas tiritantes. El bosque se transforma en contornos negruzcos. Una amena brisa nocturna roza esta región olvidada del mundo, refresca y hace revivir a los peregrinos colonos cansados, estropeados y exhaustos por el calor tropical del sol de febrero. Ahora se anuncian molestosos los mosquitos, como si en represalia quisieran tener la sangre de los intrusos blancos, que aquí buscan su derecho de posesión. Las molestas bestias no pueden afirmarse contra los humos extendidos y penetrantes de los fuegos de palosanto, que llamean en los bordes de los bosques e inundan los campamentos y su alrededor con una luz agradable y entretenida.

El silencio de la naturaleza nocturna es interrumpido de vez en cuando por el cacarear histérico de las charatas. En el fondo del bosque devorado por la noche misteriosa retumba la voz doliente del Urutaú. Los colonos, todavía desconociendo la naturaleza y las criaturas de este desierto, pensaron que aquel sonido tendría que ser de alguna especie de mono.

Un movimiento excitado de la naturaleza y sus criaturas sucede en la laguna, en cuya cercanía los conquistadores de la selva se han asentado. La laguna en forma de arco, con unos cientos de metros de extensión, era la terminación de una bajante, que se había profundizado al lado de un cañadón y desmembrado por lenguas boscosas, en una laguna angosta. Las orillas llanas estaban bordeados por galerías de bosques, y el declive hacia el agua estaba lleno de juncos altos y la superficie de agua cubierta por plantas acuáticas. Ahí zarandeaba la naturaleza burbujeante. La foja gigante vociferaba con su 'Karau-Karau' entre el ruido de los sapos y ranas. A este ruido se mezclaba la risa de la foja. Innumerables luciérnagas resaltaron con su vuelo hamaqueante.

También la anaconda habitaba en los cañaverales de la laguna, y de vez en cuando se mostraba a los nuevos habitantes; estos no lo sabían, pero pronto se enteraron de la terrorífica bestia del agua. Seguramente la presencia de la serpiente acuática contribuyó para que el baño en el agua resca y agradable de la laguna se evitara; porque los residentes del campamento habían resuelto no bañarse allí, se quería mantener limpia el agua para el consumo en el hogar. Era agua potable de buena calidad, siempre fresca y de buen gusto debajo de la vegetación.

La primera noche pasó con conversaciones intensas, diálogos e impresiones acerca de esta misteriosa selva para los peregrinos nórdicos; y se discutía los trabajos del día siguiente y cómo se los haría.

Lentamente enmudecía la primera 'conversación económica' en lo profundo del corazón del Chaco Paraguayo. La aventura atrevida a través de la colonización del mal afamado **'Infierno Verde'** recién había comenzada, y ya no paró a pesar de las dificultades innumerables e inimagibables, que querían impedir la conquista económica del lugar alejado de la civilización.

En las tempranas horas del 18 de febrero, un viernes, los peregrinos comenzaron a trabajar. Un grupo se hizo cargo de la fabricación de ladrillos de adobe, otros buscaron árboles, cuyos troncos serían adecuados para la construcción de un depósito para albergar las mercaderías. Se cortaron árboles y los tronco para tablas. Luego un buey, que hasta el momento había conocido solamente el yugo de la yunta, debió sacar los troncos del bosque. Le parecía tan extraño que no sabía hacer nada con los tirantes. Por eso capitularon los hombres y trajeron una mula con la que funcionó el trabajo. Tanto el buey como la mula los puso a su disposición el señor Siebert. Los menonitas no desistieron con el buey, lo colocaron delante del trineo de madera, con el cual querían transportar los ladrillos del lugar de fabricación hasta el de la construcción. En lugares abiertos había más libertad de movimiento que en el bosque denso. Cuando el buey finalmente había comprendido lo que estos hombres alemanes querían de él, llevó tranquilamente todos los ladrillos al lugar deseado.

Para el techo habían llevado chapas de cinc. Las columnas, sobre las cuales descansó la estructura del techo, consistían en troncos redondos y también la estructura del techo, así como se los había encontrado en el bosque. Alambre y clavos también se había llevado. El depósito medía 12 x 12 metros con una altura de un hombre en los lados y en el medio de cuatro metros, sin ventanas, con una sola puerta. Después de terminar el 'depósito de la congregación', como lo llamaron, se fueron de vuelta a Casado los 12 acompañantes y empleados de las familias menonitas en Pozo Azul.

Más familias llegan a Pozo Azul

Entretanto habían llegado tres familias más y hasta fines de junio fueron 28 familias al kilómetro 165, que Engen había llamado 'Pozo Asunción', y un poco más tarde 'Pozo Azul' - Pozo Azul, pozo o fuente azul. Engen creía que allí había una fuente. ¿Quién podría confirmar eso? ¡Nadie! El interior de esta región grande hasta ese momento no contaba con la debida investigación, era un desierto boscoso deconocido. Y cuando Engen le preguntó a los indígenas, si allí siempre existía agua, respondieron con un 'sí'; porque era su manera de ser, responder las preguntas en forma positiva. Y Engen era su gran amigo. Desde 1921 Engen había estado allí varias veces, y siempre la laguna estaba llena de agua fresca hasta el borde. Los menonitas creyeron lo que los indígenas le habían afirmado a Engen, e informaron a Canadá que en el Chaco había agua de fuente. Pero a finales del invierno de 1927, cuando la lluvia se había ausentada por un tiempo más largo en Pozo Azul, y los calurosos vientos fuertes del norte pasaron por la región, bajó tanto el espejo de agua de la 'fuente azul', que los colonos del campamento empezaron a preocuparse por el agua. A tiempo se movieron y buscaron agua potable en el suelo a través de perforaciones y encontraron agua dulce suficiente. Cuando empezó a llover, la laguna se llenó de agua. La idea de la presencia de fuentes en el Chaco terminó de una vez por todas.

Sigue una parte de una carta que se escribió de Pozo Azul a Canadá sobre la entrada en el Chaco al comienzo del invierno de 1927: *"El cuatro de mayo de 1927 nos fuimos de Puerto Casado a Pozo Azul. Primero unos 60 km en ferrocarril y después con carretas tiradas por bueyes por unos 100 km más. Cuando terminamos un día de viaje, hubo fuertes lluvias. Nuestra caravana se paró un día entero. El tercer día seguimos el viaje hacia el oeste. Tuvimos a uno de los carros americanos con nosotros. En el agua profunda nuestro vehículo se hundió varias veces. Los otros, 13 carretas y un carro, todos con ruedas altas, eran mejores para estos camino que el nuestro. Cada vehículo fue estirado por dos bueyes. Se había uncido a 92 bueyes y además fueron llevados por los jinetes 108 bueyes al lado de las carretas. El camino se volvió a veces tan feo, que los paraguayos, conductores y los jefes nuestros, ataron hasta ocho yuntas de bueyes delante de una carreta para poder pasar. En el agua profunda casi se hundían los bueyes. Pero por fin llegamos a Pozo Azul."*

Visita importante en Pozo Azul

Del 20 al 21 de junio los pobladores del campamento en la 'fuente azul' recibieron una visita oficial. El General Samuel McRoberts, jefe de la empresa norteamericana, la 'Intercontinental Company', que tenía la responsabilidad por el asentamiento de estos colonos menonitas de Canadá en el Chaco, había venido al Paraguay. Había estado algunos días en Asunción en el año 1920 por la cuestión menonita y su colonización en el Chaco - ahora los colonos estaban en el lugar y su situación era muy crítica. Él mismo quería analizar la situación, por sobre todas las cosas le importó el ferrocarril; le preocupó mucho que no fue construido como claramente se había acordado. Quería él mismo ver la región que se había seleccionado para los colonos para corroborar si realmente existía la posibilidad de un asentamiento agrícola; porque se había informado acerca de la inutilidad del Chaco. Lo que más le preocupó e inquietó fue el problema de la construcción del ferrocarril.

El señor Alfred Rogers, hombre de confianza y el colaborador más importante de McRoberts, había llegado un mes antes al Paraguay para ayudar en el asentamiento en cierto sentido estancado. Había sido la tarea de Fred Engen, pero no le cabía bien el tema de la organización. Rogers, que no había estado en el Chaco, acompañó a su jefe. También el Dr. Eusebio Ayala se había unido a la expedición relámpago. El Dr. Ayala era uno de los primeros paraguayos que había recomendado la inmigración menonita conjuntamente con el Dr. Manuel Gondra. Ayala fue un colaborador estrecho del equipo de administración de la empresa de colonización, miembro de la Corporación Paraguaya, la empresa 'hermana' de la Intercontinental Company. El Dr. Ayala tampoco había visto el Chaco. El líder de esta expedición fue Fred Engen, que conocía muy bien el camino a esta gigante región boscosa ya que había viajado repetidas veces hacia su interior. A los indígenas no los temía, estos lo aplaudían dondequiera que aparecía.

No se sabe cómo esta delegación de alta investidura llegó a Pozo Azul. Engen estaba en Pozo Azul y recibió a los visitantes. Desde allí Engen los llevó en un pequeño camión hacia el oeste salvaje.

Un día antes de la llegada de los visitantes a Pozo Azul, Engen había enviado a dos menonitas con un carro tirado por bueyes, cargado de alimentos y carpas. Tenían que irse hasta Palo Blanco, un lugar en la región de la actual aldea Gnadenfeld, para levantar las carpas y preparar una comida. Eran Heinrich B. Harder y Cornelius Töws (se asentó en Strassberg en 1928). Ellos apenas levantaron la carpa y prepararon la comida, cuando a lo lejos escuchaban el zumbar del camión. Harder y Töws prepararon de nuevo la yunta de bueyes con el carro, cargaron algunas cosas y siguieron por el camino a Kilómetro 216. Cuando pasaron por la loma de arena de Loma Plata, el camión se les adelantó.

Llegados al Km 216, Töws y Harder prepararon otra vez una comida. Pronto llegó el camión con los cuatro señores de vuelta al lugar de descanso. Habían ido hasta la región que hoy es la Colonia Fernheim. Después de un corto descanso volvieron a Pozo Azul. Cuando Harder y Töws llegaron a Pozo Azul, los visitantes ya habían partido rumbo a Pirisal.

En Pozo Azul se había llamado a reunión, y el General McRoberts había dicho a los conquistadores de la selva, que había recibido muy buenas impresiones de la región de asentamiento, y les había animado a seguir adelante y asegurado que estaban apoyando el emprendimiento como empresa, y harían todo lo posible por plasmar el asentamiento. Su preocupación más grande era el ferrocarril, pero también ahí querían intentar lo mejor para acelerar su construcción. Como ya llegó el tiempo de la entrada al Chaco, se tendría que pasar por el trayecto restante sin el ferrocarril. Y se sabía muy bien - agregó McRoberts - lo difícil que era el transporte en estos caminos de condiciones feas. Pero como había que superar el trayecto, la empresa del asentamiento les iba a regalar un caterpillar.

También en Puerto Casado habló McRoberts a los menonitas para animarles a aguantar.

En el regreso a Norteamérica McRoberts compró en Buenos Aires un Tractor 'Holt' con acoplado. El costo - la compra y el transporte – era de 12.000.- dólares. Era un regalo muy valioso para los colonos. También el acoplado se movió a base de cadenas con una capacidad de carga de 10 toneladas. En agosto llegó la máquina y fue puesta en servicio desde Pirisal. David A. Braun fue el chofer. Los costos de mantenimiento corrieron a cuenta de los colonos.

La visita de McRoberts significó para los peregrinos duramente exigitos realmente una motivación. Así también el esfuerzo del mismo Rogers, quien se quedó siete meses con los menonitas, algunas veces durante semanas en el Chaco, compartiendo alegrías y penas con los conquistadores del desierto.

Los siguientes cinco campamentos

Después de que McRoberts regresara a Norteamérica y Rogers se esforzara en Puerto Casado por el emprendimiento estancado, se pudo constituir una 'Comisión de Tierras' compuesta por cuatro miembros de cada grupo (Chortitzer, Sommerfelder, Bergthaler), doce en total. Esta comisión debió inspeccionar una vez más la región que los expedicionarios menonitas habían seleccionado en lo profundo del Chaco en 1921, y emitir un dictamen. Así rezaba en el contrato de venta entre los colonos y la Corporación Paraguaya. Esta comisión recorrió durante seis semanas el interior y se decidió por la región que la delegación había seleccionado en 1921.

Después de estos sucesos - la visita de la McRoberts y de la inspección de las tierras - mucha gente salió de Puerto Casado hacia el interior del Chaco. Se había fundado un 'Comité de Transporte' para supervisar la entrada en el vasto desierto, para que todo se desarrollara en orden y en forma racional. No era poca cosa entrar a la selva con las familias, por un lado por los caminos difíciles en el bosque infranqueable y a través de las savanas, y por el otro lado por el viaje cansador en carretas de bueyes para asentarse en medio del desierto, alejado de la civilización.

Así surgieron cinco campamentos en el interior, uno antes de Pozo Azul, los otros cuatro mucho más hacia el oeste. Después de la organización del primer campamento había pasado medio año. La realización de otros campamentos se había impedido por la inseguridad de los de límites del asentamiento. El esfuerzo y la entrega personal de McRoberts y de Rogers insuflaba más ánimo a los colonos atormentados, dejando motivarse para entrar en el desierto no muy atractivo, y asentarse en la cercanía de la 'Tierra Prometida'.

En gran parte los colonos se organizaron en grupos para los campamentos. Se envió a los hombres al interior para buscar y seleccionar un campamento para su grupo.

Los campamentos de Campo Esperanza y Loma Plata fueron organizados casi simultáneamente. En estos lugares se asentaron los Chortitzer y los Sommerfelder. Los Bergthaler levantaron sus carpas en Palo Blanco. El movimiento de entrada se inició a finales de agosto de 1927. El campamento en Laguna Casado, donde se encontraban media docena de familias, se disolvió durante la navidad. Más hacia el oeste cuatro familias organizaron el campamento de Km 216, quedándose ahí hasta la instalación de las aldeas.

Al campamento en Loma Plata las primeras tres familias llegaron un jueves, 18 de agosto alrededor del mediodía: El pastor y viudo Johann Sawatzky con sus hijas, su hijo Peter P. Sawatzky con su esposa y el cuñado Gerhard T. Klassen con esposa e hijo. Después de una semana llegaron más familias. De a poco Loma Plata se convirtió en el campamento más grande.

La muerte del Anciano Aarón Zacharias

En setiembre de 1927 llegaron 11 familias del grupo de los Bergthaler a Palo Blanco. Entre ellos el Anciano Aarón Zacharias con su familia.

Engen desaconsejó quedarse en Palo Blanco, donde el tema del agua potable no le parecía muy seguro. Y realmente estas familias tuvieron problemas muy pronto. El agua del pozo, que hace poco se había perforado, empeoró día tras día, y el tajamar en la cercanía se embarró.

Las carretas que habían llevado a las 11 familias con 60 personas al lugar, habían vuelto enseguida. No se tenía ningún carro en el lugar. Un viento norte fuerte sopló varios días sobre la región y resecó hasta la última gota de humedad del suelo. Los hombres y toda la naturaleza suspiraron por el vital líquido refrescante. Engen mandó al camión con un tonel lleno de agua hasta allí. Duró poco tiempo. Los hombres preocupados del lugar buscaron lugares de agua, mientras perforaban en la tierra para poder encontrarlo. Encontraron un lugar de agua dulce. Asiduamente se cavó en un ritmo ininterrumpido. Llegó la noche cuando se avistó el agua. Pronto se pudo sacar el agua y todos saciaron la sed tormentosa. Antes de que se entregaran al descanso de la noche, se reunieron adultos y jóvenes para agradecer a Dios y expresar lo que sintieron. El Anciano Aaron Zacharias expresó algunas palabras de agradecimiento por el maravilloso aprovisionamiento de agua, y juntos cantaron unas canciones de agradecimiento.

Algunas semanas más tarde se enfermó Zacharias.

Era un día caluroso. En la naturaleza dominaba una sequía desoladora.

Todo esperaba la lluvia. El hombre moribundo, líder del grupo, incluyó en su última oración también un pedido íntimo por la lluvia, y que el señor levante su mano para proteger a los colonos en el desierto. Con estas palabras en su lengua falleció el 10 de octubre a los 56 años. Mientras se velaba al fallecido, una tormenta se descargó sobre Palo Blanco, y una lluvia refrescante cayó sobre la naturaleza resecada. Por más que trajo un alivio para la naturaleza, no pudo calmar el desconsuelo por la persona fallecida. La muerte había dejado una huella profunda, no solamente en la familia, sino en el grupo de quien el Anciano era una sostén y un conductor.

La vida en el campamento

En los cuatro grandes campamentos se enseñó a los niños en edad escolar. Se levantó una estructura de troncos finos de árboles y se fijó en ellos chapas de cinc, en lo posible debajo de un árbol de sombra, para que el techo de cinc no se caliente tanto. Los maestros eran: Abram B. Töws en Pozo Azul, Klaas Harder en Campo Esperanza, Johann R. Funk en Palo Blanco, Bernhard R. Funk en Loma Plata.

La cantidad de pobladores en los campamentos cambió constantemente. En general fue así: Loma Plata tenía 60 familias, Pozo Azul y Campo Esperanza 30 cada uno y Palo Blanco 20.

Loma Plata y Kilometro 216 tenían mucha agua dulce. En Campo Esperanza se encontró después de mucha búsqueda también un lugar con agua buena. El pozo que tenía mucha agua se llamó 'Pozo de Jacob', que más tarde tuvo su esencial importancia en el servicio de la provisión de agua de los viajeros a punta riel. El agua allí no terminó nunca.

La grave diarrea que en el campamento de Puerto Casado se llevara tantos niños, estaba ausente en los asientos del interior, pero no así la fiebre tifoidea. El causante de la fiebre tifoidea, que creían haber dejado atrás, lo habían llevado consigo. La enfermedad se difundía en los campamentos y muchos fallecieron. En Pozo Azul falleció también el predicador Jakob A. Bergen, que vivía allí con su familia. El sirvió como asesor sicológico y espiritual de los enfermos y de los moribundos, predicó en 15 entierros - y entonces falleció él.

En todos los campamentos se trabajó diligentemente. En comparación con el campamento en Puerto Casado ya había una diferencia positiva con efectos constructivos. La constitución del suelo cerca del río era inapropiada para el cultivo. Era demasiado duro. Distinto era hacia el interior del Chaco. Allí el suelo era fácilmente cultivable. Y se lo aprovechó ricamente, siendo esto una bendición para el asentamiento. En Puerto Casado se 'habían tramado' ciertas ideas que no le fueron de mucho provecho a la colonización del Chaco.

El tránsito entre Puerto Casado y los campamentos estuvo en movimiento constante. Desde Puerto Casado hasta Pirisal, puntarriel del ferrocarril, se transitaba dos veces por semana con el tren. Desde allí se avanzó lentamente en carros de bueyes. Durante la época de lluvia hubo un camino difícil y de muchas fatigas.

Las noticias de Puerto Casado a los campamentos en el desierto y del desierto a Puerto Casado, llegaron muy lentas, y llegaron muchas veces en forma tergiversada. La gente de los campamentos no recibía informaciones tan tergiversadas, como la gente de Puerto Casado esparcía cambiando las informaciones que provenían de los campamentos del interior. ¿Por qué era así? En el campamento de Puerto Casado había muchos que temían la entrada al desierto, no teniendo ningún interés en la obra de asentamiento, y todo lo miraban a través de 'vidrios oscuros'. No se responsabilizaban en cuanto a su actitud y a sus deberes. Y no hacían más que ocuparse de pensamientos pesimistas.

Experimentos con distintos cultivos agrícolas

Para la gente en los campamentos era diferente el asunto. Primero tenían una actividad: realizaban diferentes intentos con distintos cultivos, plantando maní, poroto, batata, mandioca. Al cosecharlas tenían más diversidad en la receta de la cocina. Llamativamente lindas eran las sandías, que conocían de Canadá, pero no con una calidad tan impresionante. No siempre hubo éxito, y en algunos casos ningún éxito, especialmente con las diferentes especies de cereales, que no querían crecer de forma suficiente.

Lo que a los colonos del desierto les impresionó positivamente, era la constitución del suelo, que en condiciones climáticas favorables resultaba fértil de sobremanera. Se daban cuenta de las condiciones adversas, en caso de que la lluvia se ausentara por mucho tiempo, y vientos del norte muy calientes pasaban por sobre la región. Los grandes árboles en los campos agrícolas provisorios se dejaron ahí donde estaban y se hacían pasar las filas de plantas debajo de ellos. Las plantas debajo de los árboles no querían crecer, como se había presumido.

En Puerto Casado se contaba lo siguiente: las plantas en el Chaco no quieren crecer, por ser demasiado caluroso; ni en la sombra crecían las plantas. Y esto se informó enseguida al Norte, y ahí aparecía en las revistas en forma acentuada.

Cuando los colonos de Km 216 cerca del año nuevo de 1928 tuvieron una experiencia con los indígenas, dejando su campamento por una noche, esta información también llegó a Puerto Casado. Ahí fue contada la noticia en forma diferente - que se había sufrido un asalto. Esta noticia se envió enseguida a Canadá y las revistas de Norteamérica marcaron los títulos con letras grandes, cómo los menonitas en el Chaco Paraguayo fueron asaltados por los indígenas y los bolivianos para después tener que huir; que los menonitas tenían una existencia frustrante en el Chaco.

Así la gente del campamento de Puerto Casado tergiversaba muchas cosas. No todos participaban, no todos estaban desanimados, pero los otros gritaban tan fuerte que las voces de los razonables no se escuchaban; los descontentos superaban en el tono a los firmes.

Las chacras experimentales de Pozo Azul crecían fantásticamente con los cultivos tropicales. Se nombró la chacra también el 'huerto de la congregación'. En la chacra experimental participaron los tres grupos de las congregaciones: Chortitzer, Bergthaler y Sommerfelder. La semilla y las plantas fueron puestas a disposición por la empresa de colonización, los menonitas alambraron y cultivaron la tierra, araron y plantaron los campos agrícolas. Una organización agrícola no existía aún para atender una empresa como esta; todo se hacía y se fomentaba desde las congregaciones; por eso se hablaba del 'huerto de la congregación'.

La gente joven de Pozo Azul tuvo una buena diversión. Muchachos y chicas se unieron y juntos con la gente de edad construyeron un huerto. Más difícil era protegerlo. El camino más al interior pasaba en medio del campamento y cerca de la chacra experimental. Y por el camino pasaba mucha gente. Pozo Azul también era un refugio muy agradable para el descanso en los viajes cansadores. Lo que a los administradores de los campos de experimentación no les agradaba, era que muchos pasantes pensaban que ellos sin más podían recoger también los frutos maduros de allí. Cuando en los últimos días de enero de 1928 el Anciano Martin C. Friesen se ubicó en Pozo Azul con su familia, se le dio un lugarcito dentro del alambrado de la chacra experimental, en una esquina del huerto, debajo de árboles con mucha sombra, para levantar sus carpas. Por más que él no fue empleado como guardia de las frutas maduras del campo (el guardian vivía fuera del campo alambrado), por lo menos se contaba con la buena impresión de su presencia.

Las plantaciones experimentales con los cultivos tropicales se iniciaron en agosto de 1927. Los tres grupos enviaron alambre desde Puerto Casado. La empresa colonizadora mandó a un agrónomo, el señor Erik Lindgren, que vivía en la cercanía de Asunción y que tenía allí una chacra. El debió aconsejar a la gente del campamento. Se sabía lo que en el Paraguay Oriental crecía, pero el Chaco Central no contaba con una investigación en esta relación; nunca se había hecho unos intentos de cultivo. En ese momento se estaba comenzando con diferentes cultivos.

Las plantas en Pozo Azul crecieron en forma excelente: mandioca, batatas, maní, bananas, piña, algodón, porotos, maíz, sandías y mucho más.

Para aquellos que razonablemente aguantaban agarrándose del emprendimiento, Pozo Azul era con su campo de experimentación un factor animador en medio de las contrariedades que rodeaban a los conquistadores del desierto.

El señor Lindgren, que había estado en Pozo Azul en agosto, analizando con los colonos la forma de la chacra experimental, volvió a mitad de noviembre (1927) al Chaco. En un informe a la empresa de asentamiento comunicó que las plantaciones en Pozo Azul se habían desarrollo bien, aunque no había llovido mucho. Lo que no le gustó era la actitud de los colonos de acentuar demasiado la preponderancia de los cultivos de su vieja patria.

También en Campo Esperanza pusieron mano a la obra en el cultivo del campo y sembraron plantaciones comunitarias. Ahí se implementó a los bueyes con sus tirantes para el trabajo menonita del campo. Se esmeraron especialmente en plantar cereales, conocidos desde el Canadá. También se empezó a cultivar hortalizas.

El señor Lindgren escribe el 11 de noviembre de 1927 acerca de los experimentos de Campo Esperanza: *"En Campo Esperanza encontré diferentes plantaciones. Los campos se habían hecho sin plan. Los campos se habían arado de tal manera como se les había antojado a los bueyes. Lo que más se plantó era avena y lino. Hubiera sido más útil plantar lo que es de la zona, y también lo que sirve para la alimentación. Se pone demasiada énfasis en las costumbres de la vieja patria, lo que se ha plantado allá, y cultivado, como se han alimentado - papas y pan blanco ... También plantan muy concentradamente. He procurado explicarles, pero no me hicieron mucho caso, y sus respuestas eran que iban a encontrar lo que se debería hacer de la mejor manera...*

También en Loma Plata vi hermosos cultivos. Pero también allá se le da poca importancia a los cultivos autóctonos."

La afirmación del señor Lindgren, de que los colonos se esforzaran demasiado poco por los cultivos autóctonas, no era desmedida, más todavía cuando se trataba de alimentos, ellos se esforzaban en forma intensiva por cultivos conocidos. También esto tuvo su lado positivo; cuando se fueron a sus aldeas y allá araron y plantaron sus campos, se ocuparon casi exclusivamente con los cultivos autóctonos. Los experimentos en Pozo Azul demostraron lo que se debía hacer; y en los otros campamentos se había encontrado lo que menos se debía hacer. Entonces no se hizo, y lo que no se había querido hacer, se empezó a hacer.

El señor Fred Engen que en marzo levantó su carpa en Pozo Azul y se acomodó allí, viajó de vez en cuando a Puerto Casado y también a Asunción, pero en general estuvo entre los colonos en el interior del desierto.

Entrada paulatina al territorio de colonización

Cuando en abril llegó el momento en que los colonos por fin pudieron ocupar sus terrenos en las aldeas, todavía muchas familias se encontraban en Puerto Casado. Los colonos que se habían trasladado a los campamentos en el Chaco estaban en ventaja. Los de Puerto Casado tuvieron que superar el camino difícil, y se retrasó el traslado todavía hasta la segunda mitad de 1928.

No solamente la entrada era difícil porque se debió ir por la mayor parte del trayecto en carretas de bueyes, ya que además fue enormemente complicado el asentamiento por el transporte complicado. Pero se pudo - ¿cómo?, uno hoy casi no puede imaginárselo.

El transporte difícil entre el ferrocarril y el asentamiento fue una prueba de valor. Sin él ya hubiera habido más que suficientes dificultades agotadoras y pesadas, suficientes fatigas en la conquista del desierto.

Esta entrada en el Chaco tan lleno de obstáculos no se había imaginado ni previsto en el programa de la colonización. Se pensó que la entrada tenía que hacerse con el ferrocarril; no se había contado con arrastrarse en forma tan primitiva con las familias, con todos los bienes y mercaderías a través de una región desierta, originaria e inhóspita al asentamiento.

Todos los que habían viajado a la región para la inspección, después de haber puesto la mirada en esta región, habían considerado imposible ir con esposa e hijos y con todo lo que había que llevar y conquistar el lugar al paso de los bueyes.

Realizar una colonización en una región aislada puede suceder solamente bajo condiciones determinadas, y una de estas condiciones es, tener una conexión de transporte con el punto de salida. Después de deliberaciones intensas por la colonización menonita, se dijo que todas las condiciones para la ejecución del asentamiento estaban dadas en el gran desierto boscoso, menos una sola: la del transporte. Ese tema había que solucionar primero. El ferrocarril cubría apenas un cuarto del trayecto, que había que seguir para llegar a la región del asentamiento.

En el Paraguay Oriental habían fracasado varios asentamientos organizados por extranjeros, también una en el Chaco (Villa Occidental en 1855), en la región de influencia de Villa Hayes. Los asentamientos no aguantaron porque los colonos no servían como agricultores, como pioneros de la agricultura.

Un poco antes de la colonización menonita en el Chaco Paraguayo, se había intentado con un asentamiento de agricultura en el borde del Chaco, pero del lado boliviano.

El señor Federico Hettmann escribe desde Buenos Aires a Fred Engen el 15 de octubre de 1924: *"Yo no he podido visitar ahora la colonia 'Murray' en*

Bolivia. Pero me he dado cuenta que algunos de los colonos se han desanimado. No me sorprendería que fracase todo el asentamiento. El emprendimiento no ha sido planificado según su necesidad, tampoco se ha liderado como se debería haberlo hecho, cuando los colonos llegaron al lugar indicado.

No se puede esperar éxito alguno de un emprendimiento, cuando se envía cientos de miles de familias de colonos al terreno y decirles, ahora hay que esmerarse para poder avanzar.

El recibimiento de estos colonos en sus tierras se debe preparar en forma, como Ud. señor Engen bien lo sabe. Tiene que haber gente experimentada, tienen que aconsejar, y tienen que mostrarles a los nuevos colonos en las tierras qué hay que hacer. Si bien me acuerdo, esta gente llegó sin que se hayan ocupado del agua potable ni de un techo bajo el cual guarecerse. A ningún hombre se le puede enseñar algo práctico, si el estómago está vacio y la lengua se cuelga de la boca a causa de la sed, simplemente porque no existe agua fresca. Esta es la diferencia entre el éxito y el fracaso..."

Los colonos menonitas chaqueños de origen canadiense del año 1927 pasaron a la obra de la colonización en el desierto a pesar de la falta del cumplimiento de disposiciones importantes, y superaron los inconvenientes del emprendimiento totalmente adverso. Entre las condiciones no cumplidas estuvo el transporte. Si se hubiera previsto con antelación lo que sucedería o no sucedería, que la gente debería pasar por el largo y difícil trayecto con los carros de bueyes y no con el ferrocarril, posiblemente la gente no se hubiera atrevido a colonizar y poblar el Chaco Central, se hubieran asustado y expresado que en esa forma no podrían lograrlo, y la colonización del Chaco no se habría plasmado.

Ahora se conseguía de una manera impensada, que se consideraba imposible, es decir, ir con las familias y todos los bienes por el camino rústico al desierto cubierto por el bosque perdido, de una manera, como nunca antes se hubiera atrevido hacerlo; porque los colonos no eran aventureros salvajes, no era gente que buscaba atrevimientos en este sentido.

Así la entrada de aquellos menonitas canadienses en el desierto grande del Chaco se convirtió en una prueba de fuego, en un experimento pionero de colonización, que no encuentra semejantes. Y finalmente: fue solamene posible superar lo 'imposible', al unirse y mantenerse unidos de la forma como la mayoría de los colonos lo hizo.

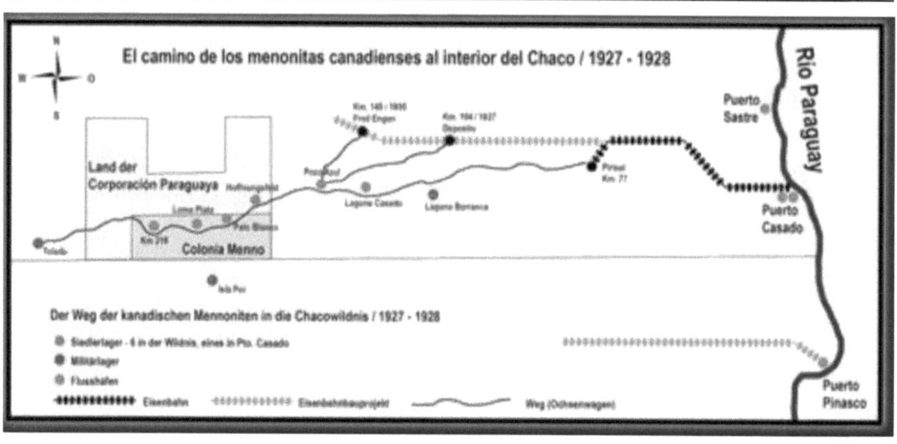

El pionero Bernhard R. Penner tenía cinco años en 1927 cuando vivía con su familia en Laguna Casado antes de asentarse en la colonia Menno. Casi 80 años más tarde pudo visitar su primer 'hogar' en el Chaco.

Navidad de 1927 en Loma Plata. Para la primera navidad en el Chaco
ya se han cosechado frutas muy buenas.

Pozo Azul 1927. Los bueyes tienen que aprender el alemán para empezar a
trabajar la tierra chaqueña con los inmigrantes canadienses.

Rumbo al interior del Chaco con ayuda de las carretas de la empresa Casado.

Tanto en Pozo Azul como en los otros campamentos, y en el tiempo de asentamiento las mujeros cumplieron un rol muy importante en el trabajo del campo.

CAPÍTULO IX

EL FERROCARRIL, QUE SE HIZO ESPERAR

"¿... Qué opina Ud, esta gente llegará al Chaco para asentarse?
- preguntó el Presidente del Paraguay a los delegados menonitas
que inspeccionaron el Chaco en 1921, después de su vuelta
del Chaco a Asunción. Ellos respondieron:
... suponiendo que el ferrcarril se construya hasta la
región del asentamiento, creemos que van a venir..."

Apuntes de la Expedicion Menonita del Chaco en 1921

La necesidad del ferrocarril

Cuando la empresa colonizadora norteamericana, la 'Intercontinental Company', realizó el negocio de las tierras para los colonos menonitas con la empresa Casado, se había incluido la construcción del ferrocarril hasta la región del asentamiento en el contrato final. Para todos los lados fue obvio: si se tenía que plasmar el asentamiento en el interior del desierto, debería haber un ferrocarril.

Este ferrocarril se volvió un asunto muy enredado en la novel colonización del Chaco.

La empresa americana era responsable del inicio de la obra de asentamiento y creó la base de la realización del mismo.

El comienzo de la realización de este programa de colonización del Chaco fue la compra de 100 leguas de tierras de la empresa Casado. También la mensura de las tierras compradas fue asunto de la empresa. La construcción del ferrocarril - tarea de la empresa Casado. Si el ferrocarril se abría 180 Km en dirección hacia la región de asentamiento, se encontraría todavía sobre el terreno de la empresa Casado, es decir, sobre tierras no vendidas.

Se calculó desde el principio (cuando en 1920 - 1921 fue inspeccionado el Chaco), que la región de asentamiento sería más hacia el interior, el Chaco Central, porque recién a partir del Km 170 - 180 desde el río Paraguay al interior del Chaco existía el terreno más alto y apropiado para la agricultura.

Después de las deliberaciones poco precisas al comienzo (límites para el Chaco existían en aquel tiempo solamente sobre el papel), el límite este del complejo de tierras de las 100 leguas que los americanos habían adquirido para la colonización agrícola, se encontraba más o menos allá donde el terreno bajo ascendió de a poco hacia las savanas de pasto y árboles. Por consiguiente se contaba con el ferrocarril hasta esa zona.

Un vistazo a la historia del ferrocarril del Chaco de aquellos días ofrecen los diferentes informes originales, que se encuentran en el Archivo Histórico de la Colonia Menno. El 18 de diciembre de 1926 escribe el Sr. J.C. Marsh, encargado de la empresa de asentamiento de Norteamérica en Asunción, en su informe: *"... La construcción del ferrocarril sigue avanzando. La firma Casado ha pedido en el exterior material para poder construir el ferrocarril hasta el Km 100. Este trayecto no es suficiente para poder pasar por los terrenos bajos y difíciles. Para tal efecto se debería construir el ferrocarril hasta el Km 160.*

... Los señores de la empresa Casado dijeron que nosotros (de la empresa de colonización) debiéramos darle suficiente atención al ferrocarril; porque en tres a cuatro meses - así su afirmación - les faltará dinero.

¿Podemos motivar a ellos para que contruyan el ferrocarril hasta el Km 156, si le pagamos la segunda cuota para las tierras? Además, para justificar tal construcción del ferrocarril, uno tendría que estar seguro de que una cantidad grande de colonos llegue al Chaco..."

El señor Marsh sigue en otro informe: "...El ferrocarril pertenece al complejo de la fábrica de tanino. La empresa Casado construye el ferrocarril allí, donde se encuentra la máxima cantidad de árboles de quebracho. Si sigue esta tendencia, puede resultar que el ferrocarril no llegue a la cercanía de la región de asentamiento. Queremos tratar con la empresa Casado sobre este asunto. Antes de hacer el segundo pago por las tierras, y los menonitas han elegido sus tierras para asentarse, tendría que aclararse que el ferrocarril se construya hasta la región del asentamiento ... si no son más que 200 km desde el río Paraguay.

La empresa Casado estará dispuesta a colaborar, mientras que pueda asegurarse que el asentamiento se realice..."

La construcción del ferrocarril se retrasa

El señor Isaak Fehr escribe el 27 de febrero de 1927 desde Puerto Casado al señor A.A. Rogers en Winnipeg, Manitoba: *"La construcción del ferrocarril debería avanzar con más rapidez. El señor Casado dice, que si la empresa de colonización no le envía el dinero, tampoco puede construir el ferrocarril. Ellos propulsarían la construcción del ferrocarril - como dice Casado - si la empresa de asentamiento le hubiera pagado por un millón de acres en el Chaco, en vez de por 200.000.*

Será difícil superar el largo trayecto del terreno bajo con carretas de bueyes."

Un informe de la oficina de la Corporación Paraguaya en Asunción a la oficina central en los Estados Unidos, la Intercontinental Company - 5 de abril de 1927: *"... El señor Casado dice que la construcción del ferrocarril avanza lentamente, por que le falta dinero; la empresa de asentamiento - así Casado - no respetó las cuotas acordadas de pago..."*

El señor Alfred Rogers, que en abril de 1927 viajó al Paraguay, escribe el 11 de julio de 1927 a la oficina central de la empresa de colonización en Filadelfia, PA, Estados Unidos: *"... La unidad de transporte para la entrada en el Chaco consiste ahora en 10 carretas de bueyes de dos ruedas y 20 carros menonitas. Tenemos 60 bueyes con nosotros y los menonitas tienen 100 bueyes. Así se supera la entrada en el Chaco con 160 bueyes. Ahí se pueden imaginar el gasto en fuerzas de transporte que se necesita para ejecutar la entrada ... Existen lugares en el camino, por donde estamos pasando ahora, en que en los árboles se nota que el nivel de agua ha llegado hasta una profundidad de 15 pies. Ahora hay una profundidad de 5 pies. Hacemos lo que está en nuestras fuerzas para motivar a la empresa Casado para que construya el ferrocarril.*

Requerirán tres a cuatro meses para que los colonos lleven a todos sus bienes de Puerto Casado hasta el interior, así como ahora funciona el transporte ..."

El 28 de Julio escribe el señor Rogers: *"... He tenido conocimiento de que la empresa Casado cobra por los viajes en carretas de bueyes con los colonos y sus bienes de punta riel hasta el interior del Chaco por la cantidad de días: para pasajeros 100 pesos por día y para la carga 75 pesos - cálculo con una carreta. Un viaje ida y vuelta dura 9 a 10 días.. Así la entrada por milla nos cuesta un dólar - y son 50 millas ...*

Vamas a implementar el Caterpillar (tractor). Estos viajes van a salir más barato. El Athey-acoplado lleva de 8 a 10 toneladas de carga. Desde punta riel hasta Pozo Azul necesitamos 15 horas de viaje. 36 horas alcanzan para la ida y la vuelta. Podemos realizar de cuatro hasta cinco viajes en el mismo tiempo que los bueyes y sus carretas cubren un viaje.

Necesitaremos por lo menos seis meses para realizar la entrada. Cuando hayamos transportado 50 toneladas de carga al Chaco, los menonitas van a asumir los costos del transporte con el tractor.

El domingo próximo se quiere salir con 250 vacunos al desierto. Hay más o menos 500 vacunos que tienen que ser llevados al Chaco ..."

El General McRoberts, que había estado en el Chaco en junio y en julio de 1927, escribe el 6 de setiembre: *"Lo que a mí me preocupa de sobremanera, es el retraso de la construcción del ferrocarril de la empresa Casado. Esto influye muy negativamente sobre el transporte, también el de los colonos a la región de colonización ... ¿Pero qué tenemos y qué podemos hacer en este caso? Nosotros no somos los que construimos el ferrocarril ..."*

A.A. Rogers escribe el 9 de noviembre de 1927 desde Pozo Azul: *"... De Pirisal hasta Pozo Azul son unos 115 Km. En Pozo Azul hemos instalado un gran depósito para guardar la mercancía. De Pozo Azul hasta el Km 216 - es este el lugar más hacia el oeste en que viven los colonos - hay 78 Km ... Para el transporte con bueyes el camino desde la estación del ferrocarril hasta los lugares de asentamiento es largo. En épocas sin lluvias se puede pasar el trayecto, pero en tiempos de lluvia se vuelve muy difícil, muchas veces más que difícil ...*

Del fortín militar 'Laguna Barranca' se mandó a los soldados para construir un nuevo camino, que nos unirá con el Km 103. Esta comunicación vial entre el Km 103 y Pozo Azul será 28 km más corto que el trayecto entre Pirisal y Pozo Azul. Así se necesitará dos días menos para un viaje de ida y vuelta...

Se dice que el ferrocarril hasta el Km 103 será terminado antes de navidad (1927). Entonces vamos a trasladar la estación del ferrocarril para el transporte de los colonos de Pirisal al Km 103 ..."

Seguía diciendo el documento de A. A. Rogers: *"... El tractor Holt-30 Caterpillar con su acoplado que lleva 10 mil kilos, le sirve mucho a los menonitas. Ya lo manejan por sus propios costos y ya han viajado con él 2.000 km; ellos mantienen el vehículo, pagan el combustible y el manejo del vehículo ..."*

El 20 de noviembre de 1927 Rogers escribe desde Buenos Aires: *"... Los señores responsables de la empresa Casado constituyen un colorido caótico. Los socios más jóvenes quieren vender todo y distribuir el dinero entre todos los participantes. Cuando un negocio que han planeado todos juntos no funciona, el director tiene la culpa ... Ya tuvieron tiempo suficiente para reflexionar si quieren emplear los pagos de la tierra vendida a nosotros para la construcción del ferrocarril. No se puede hacer dos cosas a la vez: invertir el dinero que reciben por la venta de tierras en la construcción del ferrocarril, o distribuirlo entre ellos. Se puede hacer lo uno o lo otro. Y este es su problema. Una cierta cantidad de los socios no tiene mucha responsabilidad, ellos serían capaces de hacer pasar hambre a los menonitas ...*

... Los Casados saben bien que han de tener en cuenta al gobierno paraguayo - ellos mismos son todos argentinos. El Dr. Eusebio Ayala se ha esmerado especialmente por el ferrocarril. Estuvo muy descontento con los Casados. Pero ahora opina que nosotros quizás estamos presionando demasiado a que se construya con rapidez el ferrocarril ... Nosotros no hemos tratado del todo bien al Dr. Ayala ...

Mi propuesta es la de pagarle 12.000.- dólares por un año y también un reconocimiento de 5000.- dólares. El tiene suficientes ofertas de otra parte para aplicar sus capacidades. ...

Deberíamos tener constantemente a un hombre de la empresa entre los colonos menonitas, para animarles en su difícil emprendimiento - y tendríamos que intentar eliminar los pequeños obstáculos - en otras palabras: es muy im-

portante que nosotros tengamos la última supervisión, y para eso tenemos que emplear una buena persona ...

Vuelvo nuevamente al Chaco. Pero para la navidad quiero estar en casa (Winnipeg). Se tiene que trabajar desde allá. Tienen que venir más colonos ... Piensen en esto: para nosotros no es negocio si no vienen más colonos ...”

El señor Rogers sigue diciendo: *“Los señores Casado no tienen confianza en nosotros. Ellos dicen que no cumplimos con lo pactado. Nosotros no podemos tirar la toalla, tenemos que seguir luchando ...”*

El señor J.C.Marsh escribe el 16 de setiembre de 1927: *“... El General McRoberts piensa hacer una revisión del tratado con la empresa Casado. Dice que la formulación del actual contrato es insuficiente. Cuenta con el apoyo del gobierno paraguayo en la cuestión del cambio en el modo de pago de la compra de tierras, para que se acelere la construcción del ferrocarril de parte de la empresa Casado ...”*

El siete de diciembre de 1927 - un nuevo contrato ya se ha hecho: *“... para cada trayecto de 15 km del ferrocarril finalizado se realiza una parte del pago por 100 leguas de tierras - del Km 100 a 160, es decir, cada vez que se terminen 15 km de ferrocarril la Corporación Paraguaya paga 72.359.- dólares ...”*

En navidad de 1927 el señor Rogers ha vuelto a Manitoba e informa sobre la colonización del Chaco. A él le interesa entusiasmar a más gente para la colonización, hacer lobby para la colonización del Chaco por lo que procuró presentar la empresa de colonización de la mejor manera: *“... El ferrocarril se construye de forma tan rápida como lo permiten las condiciones en el Paraguay. Hemos acordado un nuevo contrato con la empresa Casado ... La empresa Ca-sado recibe ahora un pago, siempre y cuando haya terminado de construir 15 km. El contrato anterior fijaba un pago por año. El nuevo contrato acelera la construcción. También hemos acordado que se le dé la oportunidad a los menonitas de participar como obreros en la construcción del ferrocarril. Lamentamos la realidad de que los menonitas en el campamento en Puerto Casado no hayan sido muy puntuales como obreros en la fábrica de tanino, o hayan llegado tarde al trabajo o no aparecieran simplemente. Por esto han surgido problemas con los señores Casado. El ferrocarril actualmente está terminado hasta el Km 104; deberá llegar hasta el Km 200.”*

A.A. Rogers escribe el 2 de abril de 1928:*“El terraplén del ferrocarril se levanta con palas de mano. Los menonitas tienen trailers tirados por bueyes, llevando la tierra al terraplén. Abrir fosas, levantar el terraplén ... Yo creo que el levantamiento del terraplén para la construcción del ferrocarril costará el cuarto del precio final del ferrocarril. Si la empresa Casado negociaría con los menonitas para terminar dentro de cierto tiempo los 15 km, la terminación del terraplén se desarrollaría seguramente mucho más rápido y los menonitas podrían ganarse algo de dinero..."*

R.N. Landreth escribe desde el Paraguay al comienzo de 1928: *"...Yo había pensado que el gobierno paraguayo se inmiscuiría con su apoyo, quizá en la construcción de caminos o en todo lo que podría ser útil para el éxito del asentamiento en el Chaco. Yo sé que el gobierno no tiene mucho dinero a su disposición, pero quizás podríamos convencerlos de emprender unas mejoras en el Chaco, y nosotros podríamos hacer préstamos y recibir garantes a cambio ..."*

Engen escribe el 15 de mayo de 1928 desde Pozo Azul: *"... La empresa Casado no tiene apuros en la construcción del ferrocarril. Es realmente como para quejarse, si se compara con lo que se conoce en el norte. El carácter nato de los Casado es aseñorado y no se dejan perturbar por nadie en su tranquilidad aparente. Nadie les puede motivar a acelerar la construcción del ferrocarril. Si como empresa colonizadora queremos alcanzar alguna meta, tendremos que meternos en el asunto. Acusaciones vienen y van. Los menonitas acusan a la empresa de colonización que no se sigue con la construcción del ferrocarril hacia el interior. Nosotros como empresa de asentamiento nos acercamos a los Casado, para saber por qué el ferrocarril no se construye en forma más acelerada. Los Casado responden que el ferrocarril no se está construyendo porque la empresa de colonización no ha pagado de la forma pactada. Entonces díganme, ¿dónde está la culpa? Si nosotros tuviéramos en nuestras manos la construcción del ferrocarril, esta avanzaría mucho más rápido. Pagamos ahora para eso, pero no se construye ..."*

Engen luego escribe desde Puerto Casado el 9 de junio de 1928: *"... Mr. Landreth y el Dr. Ayala vienen de Asunción a Puerto Casado para una reunión en cuestiones de dificultades de transporte ... El ferrocarril está terminado hasta el Km 104, pero el camino de 104 hasta Laguna Casado es impasable. Constantemente se tiene que descargar las cosas, para que los bueyes puedan estirar las carretas a través de los lugares pantanosos. Ustedes no pueden imaginarse qué esfuerzo se requiere para seguir adelante, casi ni se puede avanzar con el carro vacío. Muchos bueyes mueren a la vera del camino. Todo eso es muy desanimador para los colonos. El señor Casado sabe de las dificultades de transporte, y yo creo que él va a contribuir algo para mejorar el camino. El ferrocarril ahora se construirá hasta el Km 135. Entonces se va a construir un camino de Pozo Azul hasta el Km 135. Los menonitas gastan mucho tiempo con el transporte de los carros de bueyes, no solo por el trayecto largo, sino por el camino horrible, en vez de emplear el tiempo en forma útil en sus aldeas, donde falta hacer mucho.*

Estas malas condiciones de transporte no le serán muy favorables a la colonización, sino la pintarán mucho más de mala fama."

Si Engen escribe que el ferrocarril se deberá terminar hasta el Km 135, y después el camino de Pozo Azul hasta el Km 135, se puede decir que este camino de Pozo Azul hasta el Km 135 ya estaba terminado anteriormente a la construcción del ferrocarril, y los menonitas lo usaron, cuando estaban usufructuando el trayecto al lado del terraplén del futuro ferrocarril. Con esa ayuda esquivaron las bajantes que pasaron en el camino viejo hasta el Km 104. Así se intentó, no solamente los menonitas, sino también la empresa colonizadora y la empresa Casado, mejorar el camino siempre y cuando fuera posible, y que a pesar de todo estaba muy difícil y exigía mucho tiempo.

Landreth escribe el 13 de junio de 1928 desde Asunción a su oficina en los Estados Unidos: *"… Los caminos a la naturaleza salvaje están en muy malas condiciones. Tenemos que emprender algo para mejorarlos.*

Hay 60 a 70 familias en Puerto Casado. Es casi imposible en estas condiciones de transporte que ahora tenemos, llevar a la gente al Chaco. Simplemente no tenemos el equipo necesario para ejecutarlo. Tenemos que emprender algo … Uno tiene que preguntarse de vez en cuando, si la construcción del ferrocarril avanza o retrocede. Yo hablé con el Dr. Ayala sobre la construcción del ferrocarril, y estábamos de acuerdo que era necesario negociar fundamentalmente con Casado sobre este asunto. Yo he negociado con él sobre el ferrocarril y he solicitado de él la aceleración de la construcción de los rieles, por ser un asunto demasiado importante para el desarrollo del asentamiento. Su argumento es entonces que él hará todo lo que está en sus manos; hacer todo lo que puede.

El ferrocarril está terminado hasta el Km 110, hace dos meses ya tendría que haber llegado al Km 112 …"

Landreth escribió el 20 de julio de 1928 desde Asunción a la oficina central en los EEUU: *"El Dr. Ayala está en Puerto Casado y negocia con el señor Casado por la construcción del ferrocarril. El Dr. Ayala me dijo que intentará convencer al señor Casado de que la lenta construcción del ferrocarril pone en peligro el asentamiento del Chaco. Quiere escribir una carta con dirección a la oficina central de la empresa Casado en Buenos Aires y acusarle por el tema del ferrocarril. Muchas veces he hablado sobre este tema con el señor Casado. Hace poco tiempo me dijo que solamente para el levantamiento del terraplén quería emplear a 150 obreros. Según tengo conocimiento, el señor Casado aún sigue queriendo emplear a estos 150 obreros … Los rieles del ferrocarril fueron descargados y colocados hasta el Km 114, el terraplén casi llega hasta el Km 122. No creo que el ferrocarril termine en setiembre hasta el Km 135, así como lo ha prometido el señor Casado. Según lo que me dijo Casado, el ferrocarril va llegar en navidad haste el Km 145.*

Cuando uno habla personalmente con los obreros, se da cuenta que ellos son de la opinión que el trabajo podría acelerarse mucho más. Lo que dicen sus obreros, no lo puedo contar a Casado ... Lo que muy seguro es que la construcción del ferrocarril podría avanzar mucho más rápido ..."

Duros encontronazos

La empresa de colonización - la 'Corporacion Paraguaya' - escribe el 3 de agosto de 1928 a la dirección de la empresa Casado en Puerto Casado: *"... El contrato de diciembre de 1927, pactado entre su empresa y la nuestra, fue firmado de parte nuestra en la buena fe, basado en promesas, de que el ferrocarril se contruiría lo más rápido posible hasta la región del asentamiento de los menonitas.*

Nosotros como Corporación Paraguaya hemos aceptado las condiciones por las cuales nos responsabilizamos por pagos de corto plazo, que tenemos que hacer por las tierras compradas de Ud. Que los pagos estamos realizando ahora en plazos cortos, como pactado en aquella oportunidad, es simplemente por la razón de mejorar las condiciones de tránsito a la selva. Porque la comunicación vial es una parte esencial del asentamiento y el desarrollo del mismo.

Hemos sido defraudados profundamente en nuestras esperanzas. El ferrocarril se construye tan lentamente, que se pone en tela de juicio el aguante del asentamiento. Y nosotros como empresa de colonización hemos invertido mucho esfuerzo y dinero en esta obra en el Chaco.

Realmente no podemos entender por qué la empresa Casado actúa así. Gente entendida en la materia y también otros dicen, observándolo desde al lado, que la realización del ferrocarril podría avanzar mucho más rápido; lo único que falta es la voluntad de la empresa Casado.

Durante el presente año el asentamiento ha sufrido mucho bajo las condiciones difíciles del transporte. Y estas dificultades están en el trayecto entre el ferrocarril y el asentamiento.

Esto no ha contribuido para motivar a los colonos; al contrario: muchos han sido desanimados. Muchas cartas de mal humor han sido escritas de parte de los colonos a sus amigos en el norte. Muchos de estos colonos quieren volver a Canadá, otros quieren asentarse en el Paraguay Oriental. Esto ha motivado a propietarios de tierras de la Región Oriental a hacer propaganda. Y esta es una cuestión que va en contra de nuestros intereses, es para dañar a la empresa de la colonizacion en el Chaco.

No se puede decir a ciencia cierta que todos los problemas los origina el transporte lamentable, pero una gran parte de las dificultades surge del miserable transporte. No hubiera sido así, si se hubiera construido el ferrocarril así como se lo había planificado desde el comienzo.

Antes de la firma del segundo contrato, se quejó la empresa Casado de no poder construir el ferrocarril porque la empresa de asentamiento no había pagado lo suficiente. Este problema se ha solucionado, después de que en diciembre de 1927 se firmó un nuevo contrato; el asunto del ferrocarril no se ha mejorado, simplemente no se acelera la construcción - y el ferrocarril es demasiado importante para el asentamiento. Por otro lado hay que tener en cuenta que la empresa Casado emprende diferentes asuntos que le cuestan dinero. Se construyó un muelle, en el puerto se instala un estacionamiento de ferrocarril, se amplían los campos de pastoreo en las estancias.

Así que vemos con mucha preocupación la poca atención que recibe la colonización en el Chaco de parte de la empresa Casado.

Nos esforzamos mucho por traer más colonos al Chaco, como lo quiere el gobierno del Paraguay, y las perspectivas para el efecto son buenas, y tenemos que frenar el movimiento porque no se construye el ferrocarril ...

Queremos llamarle a Ud. la atención, de cuán negativo es el efecto que ejerce la suspensión de la construcción del ferrocarril en los colonos menonitas y también en la empresa colonizadora.

Los líderes de nuestra empresa no han tenido solamente intenciones de negocio, cuando comenzaron con la obra de la colonización, sino también lo consideraban como un servicio a la humanidad y al Paraguay.

Como ya hubo tantos reveses, la empresa de asentamiento decidió acordar en diciembre de 1927 un nuevo contrato con nuevas ideas y nuevas formulaciones. Nos sentíamos obligados a contribuir con lo máximo para fomentar la construcción del ferrocarril. Nos hemos esforzado en proteger la obra colonizadora ante un posible fracaso. Hemos hecho todo eso por considerarnos responsable frente a los colonos. A la larga esto no puede seguir que constantemente se eroga grandes sumas de dinero para nuestra empresa, que frena su desarrollo en el sentido de que su empresa no colabora.

El tiempo es un elemento esencial para esta empresa y así también para el contrato. Esperamos en todo caso una respuesta de parte de ustedes. Se debe decir que solamente una colaboración mutua y efectiva en la colonización de sus tierras dará frutos en el futuro ..."

La respuesta de la empresa Casado a la carta de la Corporación Paraguaya data del 10 de agosto: *"Hemos recibido su escrito del 3 de agosto.*

Nos vemos obligados a rechazar y contrarrestar las acusaciones suyas en su escrito. Sabemos que nuestra empresa ha cumplido los acuerdos en toda su dimensión.

Ustedes han de acordarse todavía que el primer contrato que usted y yo hicimos juntos, no fue cumplido de parte de ustedes, no sabiendo si era ventajoso o simplemente por la razón de que el contrato no era vinculante. Hasta que se realizó el segundo contrato se ha perdido mucho tiempo. Y después del tiempo perdido ya no era posible impulsar la construcción del ferrocarril según las exigencias actuales. Pero ahora se fomenta la construcción lo mejor que se puede ...

Construir un ferrocarril aquí en el Chaco es totalmente otra cosa que conversar sobre este asunto en su oficina de Nueva York. No tenemos aquí los pertrechos necesarios para levantar un terraplenado rápidamente o hacer una picada en el bosque para limpiar una línea de ferrocarril.

Queremos llamarle la atención que estaba totalmente en contra de nuestra voluntad traer a los colonos sin estar preparado convenientemente. Que todo eso haya sucedido y a pesar de todo exitosamente hasta el momento, fue posible solamente gracias a la empresa Casado que se colocó detrás de la obra, ayudando y fomentando poniendo a disposición muchas cosas nuestras.

Los colonos tuvieron que esperar mucho tiempo en Puerto Casado, porque no estaban mensuradas sus tierras de colonización ... Si hubieran ido un año antes a sus tierras, ahora habrían avanzado un año en el desarrollo de su asentamiento. Muchos descontentos se hubiera prevenido y Ud. no tendría que ocuparse de las acusaciones ...

Lo que mencionan de las inversiones de dinero nuestro en diferentes instalaciones como el muelle, estancias y otros más, nos sorprende - ¿y qué tiene que ver con el contrato entre ustedes y nosotros? Es nuestro el asunto donde invertimos nuestro dinero. Y finalmente, ¿no sirven estas mejoras todas para el bien y el desarrollo de la colonización del Chaco? ¿O cree Ud. que cuando mejoramos el muelle va en contra de la colonización? ¿O si ampliamos nuestras estancias, suspendemos por eso otros trabajos o tareas?

Nadie más que nosotros está interesado en el éxito de la colonización del Chaco. No es solamente que nosotros querramos sacarle provecho económico, no, mucho más tenemos puestos nuestro empeño en el bienestar del Paraguay. Nos sentimos íntimamente ligados a este país, estando aquí ya hace 40 años.

Finalmente queremos llamar la atención en que los caminos que hemos construido en el Chaco tendrán que ser mantenidos por ustedes, y esto no ha pasado hasta ahora. Vemos el retraso del mantenimiento de los caminos no como una culpa de ustedes, sino más bien es asunto de los colonos ...”

El señor Engen escribe el 8 de setiembre de 1928 al Dr. Ayala y al sr. R.N. Landreth en Asunción: *“El ferrocarril llega ahora hasta el Km 122 y tendrá que ser construido hasta el Km 200 ...*

Hemos discutido mucho sobre las dificultades que tenemos con el transporte. Si queremos organizar más asentamientos, tenemos que crear más posibilidades de transporte; y si no, crear caminos pasables entre el ferrocarril y el asentamiento ..."

El sr. Landreth escribe el 20 de octubre de 1928 desde el Chaco al Dr. Ayala: *"... El ferrocarril está terminado hasta el Km 127. Y como se dice, se lo terminará hasta el Km 135 en la mitad de diciembre. El señor Peña, el capitán del fortín militar de Laguna Castilla, dijo que él había estado en la región donde se construía el ferrocarril, y había hablado con un grupo de trabajo de la empresa Casado, que le comunicó que venían ahora del lugar de la construcción para salir, porque no había suficiente trabajo para ellos en este lugar. No entiendo por qué no hay suficiente trabajo. Ellos pueden colocar los rieles, si no todos están ocupados con el levantamiento del terraplén.*

La cuestión de la construcción del ferrocarril tiene una mala cara y no resulta ser motivante ... Si ahora llega la época de las lluvias, el camino se convertirá en un obstáculo cada vez más acentuado, justamente allá donde debería estar terminado el ferrocarril ..."

Mr. Landreth escribe a los Estados Unidos el 7 de febrero de 1929: *"... Nuestro plan ahora consiste en arreglar el camino de puntarriel hasta Campo Esperanza, para que pueda ser pasable durante todas las épocas del año. En este momento el camino está en buenas condiciones, pero cuando comienza a llover, el transporte se vuelve muy difícil. Cuando hayamos arreglado el camino como lo planificamos, podremos pasar con un automóvil, y lo que es muy importante, vamos a poder movernos con caballos. El transporte se aliviará ostensiblemente con tal camino.*

El camino va ahora de Campo Esperanza hasta Pozo Azul, y de Pozo Azul sigue hasta el Km 145. La estación de cambio de carga está - entre ferrocarril y carretas de bueyes - todavía en el Km 135. Entonces uno se va por el trayecto de la línea del tren, desde el Km 145 a 135.

El ferrocarril se ha de construir hasta el Km 160. Yo creo que nosotros estaremos muy satisfechos cuando finalmente el ferrocarril llegue al Km 145. El camino para las carretas de bueyes se terminó ahora desde Pozo Azul hasta el Km 145, y no vamos a cambiar el camino al Km 160, porque la distancia de Pozo Azul hasta el Km 160 es la misma que entre Pozo Azul y Km 145 ..."

Mr. Landreth escribe desde Asunción el 16 de agosto de 1929 a los Estados Unidos: *"... La construcción del camino entre la colonia y el ferrocarril demuestra un aspecto muy magro. Entre Campo Esperanza y Pozo Azul se ha hecho algo con el camino, pero nada en el camino de Pozo Azul hasta Km 145 ..."*

El tren sale rumbo al interior del Chaco.

En 1927 los inmigrantes subieron al tren e iniciaron su entrada
al interior del Chaco inhóspito.

La estación del ferrocarril Km 145 o Fred Engen después
de su establecimiento.

CAPÍTULO X

LA GRAN MORTANDAD

"El Señor anduvo con nosotros por caminos profundos.
Un lenguaje muy serio nos ha hablado el Señor
a través de diferentes accidentes, especialmente
por medio de la enfermedad y muchos casos mortales;
muchos niños fueron arrebatados de sus padres,
muchas separaciones entre parejas matrimoniales han sucedido,
lo que es muy doloroso.
En algunos casos han muerto las dos partes de la pareja.
A causa de esto hubo muchos huerfanitos.
Dios ha herido, pero él coloca el vendaje,
él estropea, pero su mano sana."
(Según Job 5,16)
La dirección de la congregación de los colonos
a las congregaciones en
Manitoba - Noviembre de 1928

Remedios caseros en Canadá

Como de costumbre en Canadá los emigrantes habían consultado a los médicos que tenían sus consultorios en los lugares cercanos a sus aldeas. Compraban los medicamentos recetados por los médicos, o también medicamentos de su predilección, siempre y cuando fueran de venta libre en las diferentes farmacias. Para intervenciones quirúrgicas iban a uno de los hospitales de la ciudad. Cada uno pagaba su cuenta al médico, a la farmacia o en el hospital mismo. Cuando había necesidad, la congregación ayudaba. Esto se aplicaba en casos complicados.

Los nacimientos eran realizados generalmente en casa, con ayuda de las parteras de la misma comunidad. La aplicación de medios domésticos diferentes para el tratamiento de enfermedades era de uso común y corriente. Mucho se apreciaba el 'hacer corregir' o los 'médicos de huesos'. En dialecto se llamaba este tratamiento: 'Traijmoake'. De estos correctores de huesos habían siempre en la propia comunidad.

Los correctores de huesos – los 'arregladores'

El más conocido entre los correctores era un señor Johann Peters de Grünthal de la Reserva Oriental en Canadá. Era conocido como el 'doctor

Peetasch'. Era muy conocido más allá de la misma comunidad y había tratado muchos casos de fractura complicada. Por parte del profesionalismo médico y científico esta clase de correctores no gozaban de mucho reconocimiento. Por qué tal actitud de parte de los médicos, pregunté a uno de los practicantes, que había corregido muchos desgarros diferentes y fracturas de huesos. Su respuesta era que tal actitud se basaba en la 'ignorancia científica'. Se contaba que hubo una vez dos estudiantes de medicina de Winnipeg que intentaron 'desnudar' al doctor Peetasch. No creían que el hombre fuera capaz de hacer lo que la gente contaba de él y lo que él mismo decía saber hacer. Querían poner argumentos sobre la mesa, demostrando que toda maniobra suya fue un engaño. El hombre nunca había estudiado anatomía, y por eso no podría ser capaz de hacer lo que se decía que realmente hacía. Los dos estudiantes creían que era necesario sacar a luz estos desconocimientos. Visitaron un día al 'doctor Peetasch'. El uno se quejaba de la articulación de la mano. El creía, como dijo, algo no estaba en orden ahí. El otro se lamentó de su nuca, diciendo que había que arreglarla. Ellos querían que el 'doctor Peetasch' los corrigiera. Tenían la clara opinión que a él le faltaba el conocimiento sobre la formación de las articulaciones. Qué chiste saldría a luz, si este hombre les corrigiera las partes con una especie de masajes, opinando que él arreglaría algo, mientras que ellos bien sabían que no les dolía absolutamente nada.

Peters no se dio por aludido, aunque presentía lo que se estaba jugando. El hizo la corrección correspondiente, los estudiantes pagaron y se fueron. Pronto salió a luz que ellos y no el doctor Peetasch habían caído en la trampa. La siguiente mañana muy temprano de vuelta en la puerta del doctor Peetasch pidieron que los dejara entrar. Se disculparon y le pidieron que corrigiera las partes que realmente estaban fallando. El uno vino con una nuca hinchada y dura y el otro también con la articulación de la mano   hinchada.

Peters reconoció enseguida a los compañeros que habían querido probar sus conocimientos anatómicos. También había contado con que muy pronto iban a aparecer otra vez. Ahora reconoció que se encontraban en un callejón sin salida. Pidió que tomen asiento en uno de los bancos, y se disculpó por tener que hacer otra cosa. En realidad quería solamente que duraran un poco más en su discurso científico sobre la anatomía. Después del tratamiento correspondiente pagaron otra vez y se fueron del lugar. El resultado de la intención fallida de ellos era que ahora la gente estaba riéndose de los estudiantes de Medicina en vez del 'doctor Peetasch'. Este había aprobado bien su examen de anatomía.

El señor Peters y señora emigraron en 1927 y se quedaron en el campamento de Puerto Casado, donde los dos fallecieron en el mismo año.   Peters falleció el 26 de diciembre a la edad de 77 años. En lo que concernía el clima, él estaba muy frustrado, porque era demasiado caluroso. Durante la doma de los bueyes hubo muchos desgarros en el campamento que pudo arreglar él. Criticó a la gente y dijo que dejen corren a los bueyes locos, ¿qué que querían de ellos?

Durante el traslado de Canadá a Paraguay el grupo de los emigrantes llevó consigo algunos 'arregladores' de la anatomía y algunas parteras empíricas.

En Puerto Casado surgió un poco después de la llegada del primer grupo la disentería pesada entre los niños que llevó a muchos de ellos. También surgió la fiebre tifoidea entre los adultos y numerosos fallecieron, no solamente en el campamento en Puerto Casado, sino también en los campamentos a lo largo del camino hacia el desierto. De las anotaciones del Anciano Martin C. Friesen leemos: *"En Puerto Casado había un médico que era llamado en casos de enfermedad grave. En Pozo Azul también había un médico en los primeros tiempos del campamento provisorio. El médico tenía el apellido Meilinger. En la colonia no hubo ningún médico hasta el año 1930, cuando llegó el Dr. Ediger. En el año 1936 llegó la señora del Anciano A. Harder al Chaco. Entre 1932 y 1936 los médicos militares atendieron a los enfermos en las colonias.*

En un médico muchos ni habían pensado. Los médicos en Canadá tampoco fueron tomados muy en cuenta. Hubo siempre gente que opinaba que se debería tener un médico. No pudimos emplear a ninguno por falta de medios. Lo que se llevó de medicamentos al Paraguay, eran esencialmente el 'Aceite milagroso' (Wonder Oil), el 'Aceite eléctrico' (Electric Oil), 'Gotas verdes', contra el cólico y otros más. También el alcanfor se estaba usando. Y había gente que prefirió el aguardiente como medicina.

Cuando aumentaron cada vez más los casos de la malaria y anquilostoma, se buscó un médico porque los remedios caseros fracasaron. Remedios caseros contra la picadura de víbora también se tuvo, cuando hacía falta. 1. Realizar una ligadura, cortar la parte de la picadura, introducirlo en arcilla blanda o en leche cuajada; 2. Colocar una gallina faenada; 3. Dejar succionar la parte de la picadura de parte de un indígena; 4. Tomar mucho aguardiente, y muchas otras cosas se aconsejaban. ¡A Dios la gracia! Hubo muy pocas picaduras de víboras. En casos de enfermos graves se pudo hacer solamente lo que se sabía de oídas. En muchas ocasiones fueron llamadas las parteras; pero su conocimiento y su capacidad eran muy limitados."

Lamentalidaddelosemigrantesencuestionesdesalud

Aunque esos peregrinos del Paraguay en general no se preocuparon ni se ocuparon tanto por la atención de salud por medio de los médicos, igualmente estaban muy atentos en el sentido de tener remedios caseros, dándolos mucha importancia. Llevaron consigo una cantidad de recetas caseras y de los remedios populares. También diferentes hierbas medicinales secas en astillas, hojas y flores fueron empaquetadas conjuntamente con sus trastos, trayéndolos a la nueva patria. De los así llamados 'remedios caseros' en la aplicación contra dolores y enfermedades, de los cuales supuestamente se había llevado de Prusia a Rusia, y de allí a Canadá y ahora al Paraguay, algunos eran realmente analgésicos y de curación útiles y muy efectivos. Otros no servían mucho para recuperar la salud, especialmente cuando fueron mezclados con el aguardiente.

Comoquiera que fuera su actitud frente al cuidado de la salud, no existía una diferencia en cuanto a la cantidad de las cifras de muertes y la esperanza de vida entre ellos en comparación con otras poblaciones. Hubo gente que creía que la mortandad de los recién nacidos era más alta, encontrando una explicación en que se daba demasiado valor a los remedios caseros, buscando muy poco el consejo médico. Muchos de los remedios caseros aplicados no trajeron la plena convalescencia esperada, pero sí aliviaron o por lo menos no inhibieron el proceso de la curación. Eran remedios caseros con acción lenta, pero no perturbadores, que se aplicaron en caso de enfermedades livianas, con tratamientos simples y corrientes, como por ejemplo compresa o baño frío o caliente. Dañinos pudieron ser los remedios caseros en enfermedades agudas, que exigían un tratamiento médico. Si se confiaba en la acción convalesciente de los remedios caseros seleccionados y aplicados por ellos mismos, no solamente no se lograba nada, sino empeoró la situación, especialmente cuando se esperaba mucho de la acción positiva de los aguardientes fuertemente mezclados. No existía necesariamente una tendencia uniforme en el tratamiento con los remedios caseros. Hubo siempre gente que se atenía a los médicos, si esto era posible.

Remedios caseros en el Paraguay

Los emigrantes llevaron consigo remedios caseros, cuando salieron rumbo a Sudamérica, yuyos secos como comino, menta, manzanilla e hinojo, más enebrinas, clavos de olor, y otros más. Los medicamentos que llevaron también: barrita de alcanfor, del cual se hacía el alcanfor, ungüento de boro, ungüento de cinc, ungüento de carbol, ácido de boro, aloe vera endurecido, aceite de ricino, aceite eléctrico, aceite elixier, gotas de Hoffmann, gotas de baldrian, gotas frías (un remedio que contiene éter), aceite verde, aceite de oliva, aceite de pescado, gotas de Haarlem, y otros más. También se apreciaba mucho el 'Dr. Peter Fahrney´s' (Chicaco) medicamentos de yuyos, como: el fortificador del estómago, uterino, yuyos alpinos, que también se pidió desde el Paraguay.

En Canadá esta gente recibía constantemente artículos farmacéuticos de parte de vendedores ambulantes, que los representantes de la 'Rawleighs' y de las compañías 'Watkins' llevaban a sus casas. Esto se intentó también en el Chaco, donde el señor Heinrich B. Töws de Waldheim se dedicó a esta cuestión como representante de 'Rawleighs'. Dejó la representación después de algunos envíos, por la dificultad de que los remedios lleguen al asentamiento, debido a la distancia, a pesar de la importación libre de impuestos. También faltaron los medios económicos.

Mencionamos a continuación una cantidad de recetas de remedios caseros, que se trajo de Canadá al Paraguay. No es una lista completa. En el Paraguay se añadieron algunos más, motivados por los paraguayos que conocen muy bien los diferentes yuyos aplicándolos para fines de la convalescencia. Los indígenas guaraní, el pueblo autóctono del Paraguay, conocían en forma excelente los yuyos como remedios. No en todas las familias se aplicaban las mismas recetas de remedios caseros. Se aplicaban de muy distintas formas.

Se presenta un resumen de los remedios más importantes:

Úlceras: los enfermos se bañaban en lejía de jabón frío o bien caliente. Era un remedio generalmente aplicado por la gente. O se preparaba un puré de semillas de lino, de esto se hacía parche, una especie de alfombrita sobre un paño, colocándolo sobre la úlcera. En vez de semillas de lino hervidas, con crema de leche o con leche cuajada, o con un puré de pan. Otros tomaron lana de oveja no lavada, la colocaron sobre carbón de madera incandescentes, dejando pasar el humo por encima de la lesión. A veces se colocó una hoja de aloe vera encima de la úlcera. El aloe se plantó desde el inicio también en el Chaco.

Infecciones: se preparó un líquido de clavo o de flores de la rosal silvestre y se lo tomaba.

Erisipela: una enfermedad de la piel, se preparaba un té en lo posible muy amargo. En un litro de agua se mezclaba tanta sal inglesa, hasta que el agua se sature, se mojó con eso un paño y se colocaba encima. Sobre esto se puso un paño seco y un calentador.

Resfríos: se aplicó la terapia de la inhalación de vapor de agua. Si el resfrío había afectado el pulmón, se vertía algunas gotas del aceite de eucalipto en el agua caliente o se metía algunas hojas de eucalipto en el agua. Durante cinco minutos se inhaló el vapor. Era un remedio curativo fuerte o por lo menos un remedio atenuante del dolor. Se tomó al resfriarse también el té de manzanilla. De vez en cuando se colocaba un sinapismo sobre el pecho.

Infecciones del ojo: se lavaron los ojos con agua ligeramente salada. También se humedecía un paño con agua salada y se lo colocó encima de los ojos. El clavo se aplicó también. A veces se lavaron los ojos con agua boricada. Otros tomaban el líquido del huevo de gallina batido, lo vertieron sobre un paño y lo colocaron sobre los ojos enfermos. La infección del ojo era muy frecuente en los primeros tiempos de colonización. Algunos niños quedaron ciegos a causa de un tratamiento falso.

Enfermedades o dolores de los recién nacidos: fueron tratados de diferentes formas. Si los niños tenían dolores de cuerpo, les hacían tomar el té de menta. También el té de hinojo se usaba como medio tranquilizante. Cuando el ombligo no estaba bien, se freía tres yemas de huevos de gallina, se las rallaba para friccionar el ombligo. En caso de dolores al orinar se colocó una fina membrana de un huevo hervido sobre el bajo vientre.

Acidez de estómago: se tomaba un poco de tierra arcillosa, diluyéndola en un vaso de agua para tomarlo dos veces al día.

Padecimiento biliar: se friccionó una batata cruda a la noche, virtiéndola en un vaso de agua, removiéndolo bien y se lo guardó hasta la siguiente mañana. Ahí se agitó bien, pasó el líquido por un colador y se lo bebía algunas horas antes de la comida. Durante el tratamiento no se debía tomar ni comer nada caliente.

Fracturas: mojar un paño con vino o vinagre y realizar compresas.

Presión alta: ingerir ajo.

Quemaduras: se mojaba un paño con miel de caña y se cubría con este el lugar de la lesión, para cerrarla bien. Cuando las quemaduras se encontraron en las manos o en los pies, se los puso en el suero de la leche, para aliviar el dolor.

Hidropesía: se tomaba en partes iguales a ajenjo, enebrina, las raíces del rábano, perejil y ajo y se hervía. Se mezcló con jugo de limón, y se tomó esa mezcla. Piernas, cuerpo y dorso se friccionaron con aceite de oliva algo calentado.

Dolores del estómago: se tostaba un huevo de gallina en la sartén, para después pulverizarlo, mezclarlo con agua y tomarlo. El té de menta se tomó igualmente en caso de dolores en el intestino y del estómago.

La **manzanilla** se empleaba mucho en casos diferentes. En buenas cantidades lo usaron las parteras en el servicio a las parturientas. La manzanilla se tomaba como té y se usaba en compresas y paños.

En Paraguay se tuvo que contar con la picadura de la víbora, y atender a los pacientes. En general la gente no se preocupó mucho por eso. Habían estado los delegados en el Chaco durante dos meses en 1921 (casi un mes cerca del río Paraguay y casi un mes en el interior del Chaco). Habían visto solamente algunas serpientes, y esas no habían mostrado ninguna agresividad. Pero se sabía que existían víboras y varias personas fueron víctimas de la picadura de víboras, mientras se vivía en los campamentos. Se enfermaron seriamente, y se dieron cuenta que a las víboras había que tomarlas en serio. Plasma antiofídico no había. Pero habían recetas, las con sentido y las sin sentido. Aquí una lista de remedios caseros, aplicados en caso de picaduras de víboras:

- Saturar un litro de agua con sal inglesa, mojar un paño y colocarlo sobre la lesión de la picadura. Cubrirlo con un paño seco y colocar encima un calentador. Era lo mismo que se hacía en caso de úlceras.

- Ingerir suficientes diuréticos.

- Si era posible, se llamaba a los indígenas para succionar la   picadura.

- Se preparó una mezcla de arcilla, se cortó la lesión con una hoja de afeitar y se colocó la mezcla de la arcilla sobre la lesión.

- Se colocó un polvo explosivo sobre la lesión y se lo prendía fuego.

- Si la picadura se encontraba en la mano o en el pie, el paciente tenía que colocar el miembro en la leche cuajada.

- Se hacía una compresa con benzol refinado y con ácido acético (de la mesa) y se lo colocaba encima de la lesión.

- Se vertía el jugo de un limón en el suero de leche, se mojaba el paño y se hacía compresas.

- También se usaron vino y aguardientes, la persona afectada tenía que tomar mucho o mejor dicho muchísimo del líquido. Que esta acción no servía para nada, se dieron cuenta muy pronto, y ya no se repetía.

Diarrea: en el Paraguay se descubrió en poco tiempo el buen efecto del jugo de granada contra la diarrea. También las hojas del guayabo se usaba en estos casos.

Dolores del riñón: se preparó un té del yuyo caracolí o de la planta con hojas como pezuña de buey. Cada hora había que tomar algo del jugo. También de la raíz secada de la planta de cardo se preparó un té. Se trituraba la raíz en la guampa para tomarlo con el tereré. La así llamada 'hierba del gusano' se usó, sacándo la semilla para preparar un té, para tomarlo con el tereré. Este 'yuyo del gusano' es muy amargo y surtió efecto contra la anquilostoma. Esta enfermedad se anidó tan fuertemente, que hubo urgencia de un tratamiento médico-natural.

La gente de Menno no tenía reglamentos de la congregación para la atención o no de la salud, que se debió obedecer bajo toda circunstancia. Cada uno hacía lo que le parecía conveniente y necesario, o simplemente no lo hacía. En general predominó la opinión de que con medidas preventivas el hombre se inmiscuía en el ministerio de Dios. Pero una prohibición directa para aplicar los remedios no existía.

La actitud hacia las vacunas y los anticonceptivos

La vacuna contra varicela era obligatoria en Canadá, como también en muchos otros países, y con eso la aplicación y la ejecución no dependían de la opinión o de la conciencia de las personas. La ley lo prescribía y estaban obligada a respetarla. De vez en cuando los ejecutores de estos reglamentos de salud pasaban también por las aldeas de los menonitas y cada familia era obligada a irse a la escuela del lugar para vacunarse. En el caso de la varicela, conocida también como varicela negra, los menonitas sabían muy bien todo lo que había provocado esta 'peste del pueblo' en la historia de la humanidad, hasta en un pasado no muy remoto. Igualmente sabían que había disminiudo desde que se había introducida la vacunación preventiva.

Queda demostrado que los menonitas conservadores creían en esta vacunación y su efecto positivo, lo demostraron en el Chaco, donde tomaron la iniciativa de realizar una vacunación preventiva, aunque nadie les obligaba. No todos la legitimaron. Las voces en contra se perdieron en el inmenso bosque chaqueño.

Más tarde se tuvo la experiencia con la problemática de la varicela negra. En verano de 1932 al 33 se expandó esta peste entre los indígenas en la región de las Colonias Menno y Fernheim. Muchos fallecieron a causa de la enfermedad. En la aldea Chortitz, de la Colonia Menno, se enfermó una cantidad de niños y adultos de los menonitas y siete personas fallecieron. Fallecieron también niños en otras aldeas. Felizmente la enfermedad no tuvo mucha expansión. En la aldea Chortitz resultó que varias familias no habían recibido la vacunación en Canad, por alguna causa desconocida. Estos se enfermaron mucho más y varios niños y adultos de ellos fallecieron. La gente que cuidaba a los enfermos, se contagió también, pero en forma más leve.

Es muy probable que la enfermedad haya sido transmitida por los indígenas. Como la mayoría de los colonos habían recibido la vacunación immunológica, ella tuvo un efecto en forma suave. Este suceso en la aldea Chortitz contribuyó con seguridad a que la gente tomara la iniciativa de ordenar la vacuna preventiva.

El campamento menonita en Puerto Casado estaba suboridado a las reglamentaciones de salud de la ciudad portuaria. El médico de Casado, el Dr. Walter, se ocupó del asunto desde el día de la llegada de los peregrinos. El juicio acerca de su trabajo era variado. Diferente era la gente en el respeto y en el seguimiento de sus recetas. Estaban de acuerdo en forma casi unánime en el rechazo de aplicación de los remedios de prevención, como el tratamiento de la fiebre tifoidea: todos se negaron a recibirla. Qué diferencia hubo en comparación con la atención médica de la varicela, no se sabe. Pero así fue. El médico de la ciudad portuaria presionaba constantemente para que acepten los remedios preventivos como él los recetaba, para que se apliquen las injecciones. Siempre habían los que aceptaron. Otros negaron radicalmente la atención por su conciencia moral. De una carta extraemos lo siguiente: *"En Puerto Casado hemos llevado de nuevo varios niños y adultos al cementerio (después del fallecimiento de muchos, MWF). Ay, existen tantas viudas y huérfanos, lo que hace cada vez más difícil el asentamiento. Hay todavía varios enfermos. Ojalá que superemos pronto el cambio aquí. ¡Que Dios nos oiga! El señor Landreth (de la Corporacion Paraguaya o Intercontinental Company, MWF) procura convencernos, que nos vacunemos todos contra la fiebre tifoidea, pero las hemos negado rotundamente."*

Era una actitud muy llamativa sobre las medidas de prevención. Unos no creían absolutamente en la prevención de la fiebre tifoidea, es decir, prevenir la enfermedad a través de un tratamiento previo. Otros no lo pusieron en tela de juicio, pero no pudieron ponerse de acuerdo con su conciencia. Opinaron que con las medidas de prevención se ataba de las manos a Dios, mientras que a través de las medidas de prevención se impedía que el hombre se infecte cuando Dios lo quisiera. Y eso no era bueno. Estas actitudes no tenían ningún fundamento en ninguno de los sentidos. Llamativo fue que justamente esta gente reaccionó muy sensiblemente al cambio del tiempo, cuando estaba por venir una tormenta u otra variedad climática. Estos se ocuparon por cambiar su vestimenta a tiempo, demostrando como nadie más la aplicación de una medida de prevención en el pleno sentido de la palabra.

La ideas y las actitudes en cuestiones de salud como también en otras cosas, no eran bien fundamentadas. Mayormente eran costumbres dependientes de la tradición y de los viejos tiempos. La mayoría de los colonos cuidó dentro de un marco determinado y adecuado la limpieza para conservar la salud, pero no más.

Bajo las condiciones climáticas en las provincias de Canadá se pudo manejar en cierta forma los asuntos y medidas de salud, pero en el Paraguay no. Cuando casi cien niños fallecieran dentro de un año, la mayoría de ellos de corta edad, significó una cifra y un porcentaje muy alto – cerca de la tercera parte de los niños llegados al Paraguay.

Posiblemente todas las medidas de prevención no hubieran alcanzado para frenar la mortandad de los niños, pero si la gente en general hubiera aceptado una disciplina de salud conforme a las indicaciones del médico o también de los americanos, se hubiera presentado un panorama de la mortandad menos trágico. Los americanos que se movían entre los menonitas y los observaron de todos lados, por medio de sus informes ilustran la situación de los peregrinos, también en relación a las necesidades de salud. Los colonos estaban recién unas semanas en Puerto Casado, cuando A.A. Rogers escribió: *"Lo que concierne el fallecimiento de los seis niños, no existe la necesidad de que nos preocupemos por ello. Entre esta gente mueren generalmente más niños que en otros casos. El motivo para tal realidad es que ellos no se someten a ninguna ayuda médica por medio de indicaciones y consejos. Su manera de vivir contribuye a que haya una cifra muy alta de la mortandad infantil. Ests emigrantes menonitas saben muy bien y también cuentan con la posibilidad, de que las personas débiles entre ellos no sobrevivan los grandes obstáculos de traslado. A pesar de todo es lamentable que sucedan tantos fallecimientos, y nosotros tenemos que procurar y administrar medidas de prevención, donde es posible. Estos menonitas que en los últimos 50 años se han casado demasiado entre los parientes, tienen muchos impedidos mentales entre sí, y como consecuencia de su forma de vivir van a seguir experimentando una mortandad infantil anormal."*

Esfuerzos de la empresa de colonización

El señor Alfred Rogers, vicepresidente de la Intercontinental Company, viajó en abril o mayo de 1927, cuando en el campamento de Puerto Casado la situación se volvió muy crítica, a Paraguay y escribió desde allí a la oficina central en Norteamérica. Mientras ya habían fallecido muchos niños a causa de una fuerte diarrea. *"Hoy vino junto a mi el médico de la ciudad portuaria de Casado y me comunicó que había un caso de difteria en una señora y se encontraba en una situación crítica. El esposo prohibía la vacunación. Tampoco respetaron la indicación de vivir en forma aislada. Me apuré entonces en recetarle una pronta vacunación y ejecutarla. ¡Maldita sea!, ¿qué podemos hacer con esta gente que se niega a ayudar a sus enfermos? Y por la mortandad de tantos niños se nos acusa como empresa de asentamiento que ellos tuvieron que esperar tanto tiempo aquí cerca del río. Ninguno de los menonitas toma un baño, nadie llama al médico, quizá en el momento cuando está enfermo de muerte. ¡Que Dios le ayude a este pueblo! No podemos más que procurar de ayudarles en lo posible, mientras seguimos dándoles indicaciones, estando a disposición para aconsejarles. Yo he ordenado que la familia con difteria se aísle en un plazo de cinco horas. Si esto no sucediera, intervendría la policía. Mi orden entonces se ejecutó. El médico que atiende a la gente es muy joven y no sabe manejarse con esta gente."*

En la segunda mitad 1927 más colonos salieron rumbo al interior del Chaco, se ubicaron en los campamentos por el camino y esperaron que el ángel de la muerte no les siguiera de Puerto Casado hacia el interior. Se engañaron.

Pronto el ángel de la muerte volteaba su guadaña en forma atemorizante también en los campamentos en la profundidad de la selva. Hubo fallecidos en Pozo Azul, Campo Esperanza, Palo Blanco y Loma Plata, especialmente los adultos. Por la fuerte diarrea, que en Puerto Casado había sido tan mortal y que había matado a muchos niños, en el interior del Chaco casi no fueron afectados. Seguramente cumplió un rol muy importante y positivo el aprovisionamiento de agua. En setiembre Rogers escribió en un informe desde Pozo Azul: *"Los menonitas pagan 7.000 dólares mensualmente por el médico. Ahora dicen que no pueden pegarse el lujo de seguir pagando esta suma, porque mucha gente no desea tener al médico. No tienen dinero suficiente para emplearlo. Nuestra propuesta era la de pagar el 50 % y ellos el 50 %, la mitad ellos y la otra mitad nuestra empresa. Para tal efecto los menonitas tendrían que cobrar dos dólares de cada familia. El tratamiento sería gratis, pero los medicamentos pagaría cada uno.*

Nosotros como empresa de asentamiento no podemos abandonar a esta gente en la selva boscosa sin la atención de un médico. Tenemos que hacer algo. Tenemos aquí en Pozo Azul una familia con los seis niños y la madre enfermos. Hice todo lo que estaba a mi alcance para mantenerlos con vida, y parece que lo voy a lograr. He ordenado baños de asiento, y tomaron Chinina. La alta temperatura está bajando. También les di un remedio desinfectante para el intestino. Compartimos una semana difícil con ellos. Muchos se perdieron en un delirio. Es una especie de diarrea y algo más. A toda esta problemática de las enfermedades se asocia el problema de la mensura de las tierras, las dificultades del transporte y mucho más. Imagínense todo eso. ¿Qué opinan ustedes, es sorprendente si el ánimo se está quedando por el suelo? Seguramente que no. ¿Y si suspendemos nuestro apoyo?!, vamos a pensarlo bien.

Recien ingerí una comida, una sopa suave de col con pan y té. Mientras que estoy escribiendo esto, la señora que mencioné arriba ha fallecido. La gente se ha reunido frente a su carpa y canta. Es de noche, una hermosa noche de domingo. Supuestamente la señora ha fallecido a causa de la infección pulmonar. Ningún médico interviene en este caso, porque no hay nadie, y así la gente se está muriendo. ¡¡Ahora llamo a un médico!!"

El día siguiente (7 de setiembre) el señor Rogers escribe al Dr. Eusebio Ayala en Asunción: *"La cuestión del médico para esta gente aquí en el Chaco es muy seria. Tenemos que emplear a un médico, y tenemos que pagarlo nosotros. Aquí en Pozo Azul circula una fiebre muy fuerte. He telegrafiado al norte. Si allá no comprendieran por el sufrimiento de aquí, para emplear a un médico, creo que igualmente lo tenemos que hacer. Negocie Ud. con un médico. Tiene que saber que vivirá en una carpa en el campamento. Tiene que venir lo más pronto posi-*

ble. He solicitado a los líderes del asentamiento menonita el pago una parte del sueldo del médico y el resto pagaríamos nosotros. Muchos de estos menonitas quieren tener un médico, y nosotros tenemos que ayudar en encontrarlo:

1. Para que nosotros hagamos todo en cuanto a la atención médica, lo que está en nuestras manos; no se sabe lo que los colonos han de pasar todavía;

2. Tenemos que hacerlo para conservar nuestra reputación, para que después no se nos acuse de no haber hecho nada por ellos. Tenemos que buscar el mejor camino para ayudarlos."

Semanas más tarde Rogers escribe otra vez a la oficina central de la Intercontinental Company: *"Tres meses he visto morir a la gente en Pozo Azul, sin que haya habido ayuda médica alguna para ellos, ni pudo haber esta ayuda. Yo considero necesario que en Pozo Azul se emplee a un médico, aunque le pagamos el sueldo como empresa de asentamiento. He contactado con un médico y espero ahora la opinión de parte de ustedes en esta cuestión. Yo lo enviaré enseguida al campo, es irresponsable que nosotros no emprendemos nada."*

El 24 de setiembre Rogers escribe al médico, con nombre Meilinger: "Usted se va a Pozo Azul y se queda ahí durante un mes entre los menonitas. Durante ese tiempo se van a conocer mutuamente. Ojalá contribuya este mes para que usted se quede más tiempo en el lugar. En su viaje al Chaco visite también el campamento en Puerto Casado y aconseje a la gente en relación a la salud. Durante el primer mes en Pozo Azul no le cobre nada a la gente por el tratamiento médico. Nosotros nos ocuparemos del pago. Calculé el precio de los medicamentos de manera mesurada.

Se lo buscará en la estación del ferrocarril y se lo llevará con carreta de bueyes a Pozo Azul. Ahí el señor Fred Engen se ocupará de su hospedaje. Nosotros le vamos a poner a su disposición un caballo de silla y también una carpa. Otras cosas que va a necesitar, por ejemplo sábanas para la cama y utensilios de cocina, mejor que usted lo consiga según su gusto personal. Le deseo mucho éxito y pienso estar allí en poco tiempo."

El 3 de octubre de 1927 Engen escribe desde Pozo Azul a A.A. Rogers en Puerto Casado: *"El asunto del médico es complicado. El Dr. Meilinger no es aceptado por los menonitas en Pozo Azul. En el fondo no están a favor de que un médico esté entre ellos. Los líderes como Krahn y Dörksen no aceptan esta atención médica. Por ser gratis la consulta del médico, se ha permitido inspeccionar a cinco enfermos, posiblemente con la esperanza de que la muerte no llegue prematuramente si dejan entrar a un médico. Esa actitud le complica al médico estar entre ellos. El médico quiere una casilla aislante para los enfermos.*

Los menonitas no quieren esto. Además es muy difícil enseñarles el cuidado de la limpieza. La viuda Harder y sus parientes se comportan de tal forma como si casi nada hubiera pasado con el fallecimiento del esposo y padre; sin embargo el señor Johann Harder ha fallecido. Se dice que los Harder tuvieron 14 hijos. La mitad de ellos falleció; tres aquí en Pozo Azul. La señora tiene 41 años. La gente dice que ella se casará de nuevo. Espero que lo logren de alguna manera por su forma de ser."

Un mes más tarde el médico mismo escribe: *"Llegué el 1 de octubre a Pozo Azul. Viendo la gran cantidad de enfermos y lo que faltaba, la situación era muy triste. Muchos no tenían ánimo. Yo diagnostiqué cinco casos de la fiebre tifoidea, una especie de fiebre tifoidea que se encuentra solamente en zonas frías y templadas. Es llamativo. Los menonitas dicen que han tenido ya esa enfermedad en Canadá en su grupo. Y unos de esos enfermos ya se encontraba en estado de restablecimiento, cuando salieron rumbo al Paraguay. Aquí la enfermedad es desconocida, y se tiene que suponer que se la ha traído de Canadá. Como hace falta el correcto cuidado, ella se esparce por doquier. A eso se añade que la gente no cumple con lo que podrían hacer bien. No se instalan como lo exige el clima. También su actitud religiosa entorpece en el sentido de que no le dan importancia a las prescripciones médicas ni medicinales.*

En Pozo Azul disminuye la enfermedad, pero aumenta en otros lugares. Conozco 20 casos. En dos casos pude realizar el tratamiento con éxito. Receté 'Uretrepina Endevenosa'. Muchos tienen la sorprendente actitud de que Dios les envió esta enfermedad y él sanaría a los hombres; se resisten a obedecer las indicaciones médicas. Con esta actitud se le ata las manos al médico, él no puede intervenir correctamente. Mucha gente no está suficientemente alimentada. Hubo ya tres casos de Neuritis, parecido al Beri Beri, y la causa está en la alimentación deficiente.

La mayoría de los colonos vive de pan, grasa y café. La leche casi no se puede conseguir para un enfermo. Raras veces se consigue huevos de gallina y ni hablar de frutas. Carne se sirve una vez a la semana en Pozo Azul, y en Loma Plata cada 20 días. Han cosechado un poco de hortalizas. A pesar de todo se podría respetar y cumplir diferentes medidas en relación a la salud. Quizás se debería intentar mejorar la alimentación.

Hace falta la presencia de una autoridad que motive a cumplir lo necesario. Me siento obligado, después de haber visto la pobreza de la gente, advertir que aquí hay que ayudar. La gente necesita del apoyo de la congregación hasta superar la etapa más difícil y tener éxito en el asentamiento. Si llegan nuevos grupos, se debería ubicarlos en nuevos campamentos, para poder así prevenir el contagio de la enfermedad."

Después de que el señor Rogers terminó su servicio en el Paraguay entre los menonitas en el asunto del asentamiento en el Chaco - la mayor parte de su tiempo había estado en los campamentos en el Chaco - escribió en su viaje de regreso de Buenos Aires el 26 de noviembre de 1927 al Anciano de la congregación de los peregrinos del Chaco: *"Usted es un hombre joven, usted sabe lo que quiere, y yo sé, que usted no se desanima por todos los obstáculos y dificultades que se presentan en la ejecución la obra de la fundación de un nuevo hogar en el Chaco. ¡Seguramente sus pasos van a dirigirse hacia la meta con la capacidad de influencia suya y motivar a entregarse juntos y dar a la empresa el apoyo necesario, para llevar el proyecto de colonización a un feliz final y al subsiguiente éxito!*

Yo sé que este año fue para usted y su pueblo un año muy difícil. Por un lado no pudieron asentarse en sus tierras, y después vinieron todas estas dificultades, por ser todo diferente acá - realmente todo es diferente aquí a lo que hasta ahora estaban acostumbrados. Procure ahora con todas sus fuerzas motivar a la gente a cuidar realmente su salud. Su pueblo está ahora en otro país con condiciones totalmente diferentes, y tiene que adaptarse a ellas. Significa que su gente debe cambiar su forma de vivir y adaptarse a las nuevas circunstancias y condiciones según las posibilidades. No hay que trabajar en el calor intenso, sino solamente en las primeras horas de la mañana y durante el atardecer en los meses de verano. No se debería tomar el agua no hervida. Se debería atender en forma especial el asunto del agua potable. Además es muy importante ducharse frecuentemente para mantener el cuerpo limpio y los poros abiertos. Esto es útil para el cuerpo, para que pueda cumplir con las funciones de la desintoxicación. Llame constantemente la atención de su gente, sobre cuán importante es mantener limpio el campamento en Puerto Casado. Se debería aplicar medidas de desinfección por lo menos una vez a la semana. No se puede exagerar con la limpieza, más bien fácilmente se puede desatender esta necesidad. Tenemos en ingles un refrán que dice: 'Cleanliness is next to godliness' (Lo más cercano a la devoción es la higiene).

El 7 de diciembre de 1927 escribió el médico Dr. Carlos Meilinger al señor Rogers en Winnipeg: *"En Pozo Azul la epidemia de la fiebre tifoidea ha retrocedido. En noviembre han fallecido todavía dos personas. Es una prueba de que la aclimatación sigue su paso firme. Otra es la historia en Campo Esperanza y en Palo Blanco. Especialmente en Palo Blanco aumenta la enfermedad. En Loma Plata se ha la podido frenar a causa del buen sistema de provisión de agua. He encontrado ahí también algunos casos de la fiebre tifoidea, pero fueron combatidos con más facilidad.*

En general el estado de la salud sigue como antes. En realidad la gente toma el cuidado de su salud con mucha superficialidad. Atienden muy poco las reglas de la salud. Hace falta alguien en su comunidad que sin temor y consideración de la persona los corriga e indique el camino a seguir, le pinte ante sus ojos la fatalidad de su comportamiento erróneo en relación a su salud y que obre con una severidad enérgica, llamando a la atención y al respeto de si mismos. No creo que esto sea mi tarea. Siempre procuro a través de un tono suave mostrar su responsabilidad a la gente que no quiere que se le tutele.

Esa gente no quiere a un médico. Muchos simplemente dicen que no lo necesitan. Los más inteligentes entre ellos enseguida quieren a un médico, cuando hay picaduras de víboras o de escorpiones. Si vuelvo varias veces al paciente para tratarlo, cuando empieza su mejoría, enseguida dicen que ya van a lograrlo ellos, no necesito ir más. Esto dicen por ser muy tacaños. Les cuesta demasiado lo que gastan por medicamentos, que son necesarios para una curación definitiva. Les he ofrecido también medicamentos en forma gratuita, pero a pesar de esto hay gente que no quiere recibirlos. A pesar de todo espero haber sido útil acá."

Cuando Alfred Rogers llegó a Winnipeg, Peter J. A. Braun de Grüntal, Manitoba, un hermano de Abraham A. Braun, que se asentó en la aldea Strassberg, realizó una conversación con el señor Rogers el 28 de diciembre de 1927, que se reproduce aquí en parte:

"Braun: Nuestra gente escribe muchísimo desde Paraguay sobre el asunto de la diarrea. ¿Todos tienen que pasar por eso? ¿Es por culpa del agua potable?

Rogers: Yo estuve varios meses ahí y no me enfermé. No hacía falta que tantos se enfermen a causa de la diarrea. Claro que el origen es el agua que toman los colonos, pero no del agua del pozo, sino porque la gente toma el agua de cualquier parte, sin haberla hervido anteriormente. La gente es así: Cuando tienen sed, dicen que tienen que beber enseguida, y entonces toman sin preguntar qué agua es. Siempre le advertimos a la gente a no tomar el agua de los charcos y pocitos, sin haberla hervido. El agua estancada está llena de bichos y gérmenes de diferentes enfermedades. Esta es la causa de la frecuencia de la diarrea.

Braun: ¿Cómo se explica que tanta gente nuestra se está muriendo?

Rogers: En cierto sentido no podemos lamentarnos de una cantidad extraordinaria de muertes, por lo menos no comparando con otros lugares. Además la mayoría de la gente ha fallecido a causa de enfermedades no-epidémicas, como por ejemplo el uno de hernia, el otro de tuberculosis, y otro por la debilidad senil y las mujeres a consecuencia de motivos pospartos. Hay algunos que fallecieron a causa de la epidemia, por ejemplo a causa de la fiebre tifoidea. Hasta ahora nadie ha muerto a causa de una enfermedad sudamericana; porque la fiebre tifoidea ahí no está en casa. Es una enfermedad norteamericana."

Nos damos cuenta de que Rogers, después de su regreso de Paraguay a Manitoba, tuvo el deber de ganar más gente para el asentamiento en el Chaco, y por eso dio un informe médico muy cuidadoso. En aquel tiempo ya habían fallecido extraordinariamente muchos adultos, tanto en Puerto Casado como en los campamentos del interior del Chaco.

La relación 'menonita y médico' no era nada fácil. Eso tenía varios motivos. No en último lugar estaba la cuestión financiera. Estos peregrinos después de la larga espera ya no habían tenido ingresos y habían gastado mucho para conservar a si mismo, y temían no sin causa justificada los costos de una atención médica, en particular cuando un médico iba especialmente para ellos. Un médico debería recibir un buen sueldo, eso lo sabían. Y aunque la empresa colonizadora saliera al paso empleando a un médico por medios propios, sabían que de ellos también se esperaba una contribución. Estos menonitas tenían una caja comunitaria débil que no podía ser exigida demasiado. El sentido de aporte personal nunca se había puesto en práctica, tal como la necesidad lo exigía en ese momento.

El Dr. Walter Quiring ha dedicado un capítulo a esa tragedia con el siguiente nombre: *'Las tumbas en el camino de inmigración'.* Presentamos aquí un fragmento: *"Atroz fue el precio que pagaron estos pioneros al destino por el refugio y la libertad en la selva; uno de cada diez de los inmigrantes dejó su vida aquí por un futuro inseguro de todo un pueblo. Una fila larga de tumbas señala el camino del sufrimiento de estos buscadores de patria en el desierto del Chaco inhóspito. En el puerto, en Pozo Azul, en Campo Esperanza y en Loma Plata (y también en Palo Blanco, MWF) el peregrino choca hasta hoy (1933) contra las muchas lomitas de las tumbas en el borde del bosque y se queda por el momento estremecido y estupefacto frente a las tumbas de estos peregrinos. Muchos colonos llegaron enfermos al puerto, porque no habían soportado la comida y el agua en la sucia balsa argentina, y fuertes infecciones intestinales se generalizaron. A esto se sumó en el puerto la comida no apropiada para este clima, consistente en carne de cerdo en abundancia (la mayoría había traído de Canadá jamón de cerdo), sin frutas y hortalizas, el agua sucia del río, que muchas veces fue tomada en forma cruda, la convivencia apretada, la vestimenta inapropiada de Canadá, el trabajo al aire libre también bajo el sol caliente del mediodía, los baños abiertos cerca de las viviendas y de las carpas y finalmente la falta de oportunidades para bañarse a 42 grados celcius en la sombra. Bañar en el Río Paraguay es peligroso por la presencia de un pez rabioso, la palometa.*

Los espacios abiertos, las chozas precarias y las carpas transparentes naturalmente no ofrecían protección suficiente contra el calor quemante y la inmensa cantidad de bichos, y durante la época de lluvias la plaga de los mosquitos se volvía casi inaguantable en las orillas inundadas del río. Pero peor que los chupa sangre que pueden llevarte a la desesperación, son las torturas de los pequeños polvorines, cuyas picaduras son más molestosas que las de los mosquitos.

Los inmigrantes no conocían los mosquiteros en el comienzo, y más tarde ya no estaban en condiciones de comprar ninguno. Para tener por lo menos durante la noche un poco de tranquilidad, los colonos dormían generalmente inmersos en el humo del palosanto, cuyo olor ácido espantaba a los mosquitos, pero causó muchas veces inflamaciones de los ojos.

Ya en el segundo día de la llegada del primer grupo murió uno y el tercer día murieron tres niños; y a partir de ese momento durante dos meses se llevó casi todos los días un fallecido al cementerio. El cinco de febrero falleció el primer adulto, la señora Katharina Görtzen, a consecuencia de la insolación al lavar la ropa bajo cielo abierto. En marzo falleció la señora Katharina Braun a consecuencia de una hernia.

Inmediatamente después de las primeras enfermedades fuertes los colonos consultaron al médico de la ciudad portuaria, el Dr. Walter, que ha tratado a los enfermos durante la epidemia. Pero después de poco tiempo fue tomado en cuenta solamente en casos muy urgentes, después de que los colonos se dieran cuenta que tanto el tratamiento médico como también los medicamentos eran muy caros. El dinero traído en efectivo se diluyó rápidamente ya sin estos gastos. Además no hubo una relación de confianza mutua entre el médico austríaco y estos taciturnos alemanes nórdicos, porque el médico no entendía su dialecto. Los colonos de ninguna manera eran fatalistas religiosos, que le dieron camino libre a la desgracia, en vez de enfrentarse con toda su fuerza a la mala suerte, como se pudo leer en revistas alemanas.

Muchos de los inmigrantes no pudieron decidirse por la vacunar contra la fiebre tifoidea. Un caso de muerte especialmente trágico hizo que desconfiaran de la vacunación. Peter Klippenstein, un hombre joven de 25 años que había venido de Canadá para llevar a su novia, había sido vacunado contra la fiebre tifoidea y poco tiempo después había fallecido.

Mientras tanto, la enfermedad se volvía cada vez más frecuente y se propagaba hacia los campamentos en el Chaco, por la no interrupción del tránsito a pesar del peligro de contagio. Mucho ha contribuido a la propagación de la enfermedad, que no fueron cumplidas estrictamente las medidas de aislamiento indicadas por el médico, y que los entierros se realizaran siempre con la participación de la mayoría de la gente.

Recién en setiembre de 1927, después de llevar a 83 personas al cementerio, la Corporación Paraguaya empleó a un segundo médico, el Dr. Meilinger de Encarnación de la zona del Paraná. Este tenía el deber de tratar a los enfermos en los campamentos en el Chaco, y diagnosticó en su primer viaje por el bosque la fiebre tifoidea. Los colonos creyeron durante mucho tiempo que la pandemia era algo que tenía relación con el clima, por el solo hecho de que al entrar al Chaco hubo una sequía durante largo tiempo y que hasta el mes de mayo había llovido muy poco.

Una gran frustración tomó cuerpo en los colonos, y por cierto tiempo parecía que se había quebrado su fuerza de resistencia por su traslado a los trópicos, como si la larga espera los hubiera cansado y ablandado. En poco tiempo en el cementerio se formó una fila de tumbas, y el número de las viudas, huérfanos y viudos a ser mantenidos por la congregación crecía cada día. Solo algunas de aquellas tumbas son adornadas por lápidas de cemento y arena; la mayoría fue enmarcada con madera. Cruces no toleran estos colonos ni en sus cementerios ni en las iglesias, que se construyen como simples casitas sin torre y sin adornos.

Cuando la epidemia estaba en la cúspide, el gobierno de Asunción envió una comisión de médicos, que inspeccionó la situación en el puerto y declaró estar de acuerdo con las medidas tomadas por el médico de la ciudad portuaria.

En marzo de 1928, después de más de 130 personas fallecidas (eran 171, MWF), empezó a retroceder lentamente la enfermedad. En la colonia falleció en el mismo año la esposa de Diedrich Gerbrand (Bergfeld), y por fin los pobladores tuvieron su paz y tranquilidad de parte del ángel de la muerte.

Ni esta pesada persecución había logrado estremecer su decisión de asentarse en el Chaco, y por más que a todos los feligreses se les ofreció el regreso a Canadá, a su vieja patria, solamente una quinta parte lo aceptó."

La comisión médica mencionada arriba por el Dr. Quiring, que fue encargada por el gobierno de Asunción para supervisar la situación en Puerto Casado, ha informado sobre el asunto. El informe dado a conocer por el Dr. Santos Canillas de Concepcion, tiene como fecha el 7 de marzo de 1927. Aquí algunos extractos: *"Las condiciones para la situación de salud son tan buenas que Puerto Casado puede servir como ejemplo para otras ciudades. En todas partes uno se da cuenta, que se prioriza el valor de la salud de los empleados y de los obreros. Las calles son limpias, bordeadas por árboles de eucalipto y son hermosas. Fábricas, talleres, panadería, hotel, todo está pulcro y ordenado. La mayoría de las viviendas están en condiciones limpias. En todas partes hay electricidad. El agua se bombea del río, se filtra y es conducida a las viviendas.*

La farmacia es atendida por un extranjero. Está equipada con los medicamentos necesarios. Yo diagnostiqué entre la población paraguaya de esta ciudad un caso de fiebre tifoidea. El caso es atendido en forma aislada, y también la familia recibe el tratamiento. Otro caso, entre la parentela de los enfermos de la fiebre tifoidea, es tratado en Asunción. Se puede suponer que ahí está el foco de la fiebre tifoidea.

El campamento de los menonitas en Puerto Casado:

Los hace poco ahí asentados más o menos 800 menonitas son atendidos en forma especial en cuestiones de salud. Se encuentran en un campamento de carpas y de chozas, distante más o menos a dos kilómetros de la fábrica de Casado. En la cercanía del campamento existe una bomba de agua instalada. Las cañerías salientes de la bomba (dos tanques en una altura de 40 pies) hasta el campamento terminan con un dispositivo de filtro. Suficientes letrinas fueron instaladas y diariamente son desinfectadas.

Los primeros grupos de estos inmigrantes menonitas dejaron Canadá en el invierno frío y llegaron hasta aquí en la época más calurosa del año. Esto resultó contraproducente. Se vistieron con una vestimenta oscura con tela muy gruesa, no apta para este clima. No respetaron tampoco lo suficiente los quemantes rayos solares del mediodía. En la región fría no era tan urgente el baño diario. Para esta región el baño diario es muy importante, lo que esta gente no ha reconocido todavía. Trajeron mucha carne conservada de cerdo, lo que les sirve de alimentación, pero no les conviene. Lo que conviene en cuanto a alimentación no lo respetan suficientemente. Encontré solamente a un enfermo entre los adultos. Una mujer había fallecido a causa de la insolación, como lo había diagnosticado el médico. Los niños sufren extremadamente bajo los efectos del cambio del clima. Era un grueso error dejar Canadá en la época de frío y llegar hasta aquí en el verano.

La enfermedad afecta especialmente a los niños menores de dos años, y esa edad es la más apeligrada en todas las partes del mundo. Esos niños son las víctimas de una alimentación errada y del no respeto de otros factores de la conservación de la salud. De los niños en el marco de la mencionada edad, han fallecido muchos en el campamento de Puerto Casado. Yo he inspeccionado a algunos de los niños enfermos y he diagnosticado una 'diarrea estival', a consecuencia de una intoxicación de alimentos, como se diría en el lenguaje médico. Según lo que pude constatar, es esta la causa de la fuerte diarrea entre los niños por la cual muchos fallecieron en el campamento. El inmenso calor fomenta la enfermedad, especialmente si la alimentación no es la debida. No hubieran fallecido tantos niños, si se los hubiera tratado según sus necesidades. Esto se tendría que haber hecho fuera del campamento. La gente posiblemente no lo hubiera aceptado.

Estos menonitas son muy obedientes. Es un pueblo respetuoso y razonable, pero no atiende suficientemente las circunstancias y las situaciones que actúan por el cambio del clima sobre ellos y a qué cambio se exponen a través de este cambio climático en el país extraño por medio de su inmigración. Si quieren venir más de ellos al país, se los debería advertir seriamente. Se debería repartir folletos en alemán con recomendaciones de salud preferentemente a las madres de los niños pequeños."

Así informó el médico que había sido encargado por el gobierno para inspeccionar las condiciones de salud en la ciudad portuaria de Puerto Casado y en los campamentos. Esto demuestra que el gobierno en Asunción no quedó indiferente a la vida de los inmigrantes menonitas. Unas semanas más tarde los diarios de Asunción mantuvieron una conversación con el señor José Casado (El Liberal, 27 de abril de 1927), quien les comunicó lo siguiente: *"Es cierto que mueren muchos niños, y especialmente los pequeños. Adultos han fallecido hasta ahora tres. La muerte de tantos niños no tiene nada que ver con el clima y no tiene ninguna relación con este nuevo país para los inmigrantes. Simplemente es porque la gente está acostumbrada demasiado a conservar las peculiaridades y costumbres de Canadá, y consecuentemente no alimentan a sus niños según las exigencias nuevas. Esto se les ha dicho, y se les dijo también qué tienen que hacer. Pero son muy conservadores. Trajeron una cantidad de alimentos de Canadá que aquí no son aconsejables. Además son muy cerrados en cuanto a la atención médica. Dios debería cuidarles, opinan, no la medicina."*

En la primera mitad de 1927 fueron principalmente los niños, y la mayoría con menos de dos años, los que no superaron el cambio. Pero en la segunda mitad del mismo año comenzó la mortandad sin distinción de edades. Fallecieron personas de media y de avanzada edad. Esta mortandad duró hasta la mitad del siguiente año. Cuando se organizaron las aldeas en 1928, la epidemia de la fiebre tifoidea se fue hasta ahí, se llevó a algunos adultos, y una mujer de avanzada edad murió a causa de la fiebre. Después de esto se fue la peste, y entró una situación de salud, como lo habían conocido en Canadá.

El Dr. Meilinger informa de este tiempo, cuando la gente se mudó a las aldeas: *"Desde el 1 de mayo de 1928 hubo 16 casos de fiebre tifoidea. Las muertes son cada vez menos. Al comienzo del año todavía aumentaban. Tal situación puede ser consecuencia de la falta de resistencia corporal, y tal falta se origina en la alimentación insuficiente. Especialmente aquellos sufren más las consecuencias que no tienen medios para comprar algo. Estos son proveídos con harina por la comunidad, pero solamente con eso. Así la alimentación se vuelve monótona. Es muy comprensible que la debilidad corporal induce a la enfermedad. La fuerza de la resistencia se quiebra y la enfermedad hace su entrada. Esa debilidad corporal además roba la voluntad y la capacidad para el trabajo.*

Hace falta la provisión de alimentos, también hoy día. Hay casos de conjuntivitis, entre ellos un caso muy serio, que resultará en la ceguera. Los otros casos como laringitis, enfermedades pulmonares y de piel, entre otros, son de naturaleza general."

En general fue un tiempo enturbiado. En cinco familias fallecieron los dos miembros, en 25 familias falleció la madre, en 24 el padre; 54 familias perdieron uno de los padres o los dos a través de la muerte. Hubo más de 100 semihuérfanos y una cantidad de huérfanos. Diedrich R. Friesen, que perdió a su madre en aquella instancia, escribió más tarde: *"Era a finales de agosto de 1927, cuando mis padres, Heinrich H. Friesens, se fueron con su familia de Puerto Casado a Pozo Azul. En el lugar nos instalamos para vivir en el campamento. Mi padre volvió de ahí al ferrocarril para traer más cosas.*

Cuando estuvo todavía en el viaje de ida, se enfermaron en forma seguida casi todos en mi casa. La gente se esforzó para traer lo más pronto posible a mi padre. Fue posible con un caballo. Mi padre volvió enseguida a casa. Era muy deprimente para él encontrar a la esposa y a los niños enfermos. Rápidamente sucedería lo pesado: el 4 de setiembre falleció la mamá. Tenía la edad de 29 años. El 12 de setiembre falleció la hermana Margaretha, con 18 años de edad y el 24 murió la hermana Anna de cuatro años. Mi padre ha pasado un tiempo muy difícil. El dinero traído de Canadá ya se había consumado en Puerto Casado con la manutención de la familia. Para la vida en el interior del Chaco nos quedó la pobreza. Como las tierras del asentamiento no habían sido mensuradas, esperamos mucho tiempo antes de asentarnos. Mi padre luchó con los cinco hijos que le habían quedado. Era un camino lleno de pruebas. No tenía bueyes propios, ningún caballo y tampoco un carro.

Yo me acuerdo todavía cómo nosotros los niños empezábamos a pelearnos. No había harina, no había aceite, solamente teníamos porotos. ¡Entonces mi padre dijo un día, que teníamos que ser agradecidos por tener porotos! Así comíamos porotos. Cada comida consistía solamente de porotos cocinados. Teníamos un poco de sal. No podía entender lo que papá quería decir con 'ser agradecido'. ¡Mi padre confiaba en Dios! Contaba con que iba a cambiar la situación, que iba a mejorar. Y así sucedió."

El Dr. Johann Ediger y la Homeopatía

Todavía en el año 1927 un menonita de Rusia que había inmigrado a Alemania, se dirigió a la administración del campamento menonita en Puerto Casado y exteriorizó su interés por ir al Paraguay y unirse a la colonización del Chaco. Él tenía una esposa y dos hijos. Era un tal Johann Ediger, un homeópata, un representante capacitado en la homeopatía, una forma de convalescencia, en que la enfermedad se combate con pequeñas cantidades de remedios naturales.

Hace 25 años se había ocupado, como él escribió, en ayudar a los hombres enfermos sin medicamentos y en lo posible sin cirugía, con la bendición de la homeopatía, que a él le había salvado de la muerte segura a los veinte años.

Quiso aplicar este método también a otros enfermos. Se concentró especialmente - así rezaba su carta - en crear un fundamento para la homeopatía en este país, que prometía volverse un país de paz, y fomentar el autotratamiento del paciente, también en casos de enfermedades complejas. En su referencia al 'país de paz' posiblemente se dirigía al Chaco Paraguayo, que iba a ser poblado por los menonitas amantes de la paz. Mencionó el éxito con el cual había trabajado en Alemania. Entusiasmado por el asentamiento menonita en el Chaco lejano, quiso irse allá con su familia. Supuestamente veía una posibilidad de ejercer con más intensidad y con más creatividad la profesión de la homeopatía. La homeopatía es un método que en aquel entonces tenía pocos adeptos y frecuentemente fue motivo de crítica.

No se conocen las respuestas de parte de la administración de los menonitas del Chaco. Un compromiso nunca hubo con esa persona. Puede ser que haya recibido alguno que otro apoyo de parte de Alemania. Todavía en el año 1929, antes de que los menonitas de Rusia vinieran al Chaco, llegó con su familia y se asentó en la cercanía de Campo Esperanza, en el camino que sigue de Campo Esperanza a Km 145. El pequeño campo fue propiedad de la Corporación Paraguaya, que recibió a la familia Ediger y la ofreció un terreno para asentarse.

Según un informe en la revista menonita 'Die Post' en Manitoba, del 2 de abril de 1930, había algo más que el interés personal del señor Ediger en quedarse en el Paraguay. En el informe dice que el señor Ediger era un hombre de confianza del profesor Benjamin H. Unruh, que a su vez era representante en Alemania de los 'Rostherner Board' en Canadá, un comité ejecutivo que se ocupó del alojamiento de los menonitas refugiados. Entonces - como sigue el informe - fue enviado el señor Ediger al Paraguay con el fin de estudiar las condiciones actuales en relación con el traslado posible de los refugiados menonitas de Rusia al Paraguay.

De la práctica homeopática del señor Ediger, tanto entre la gente de la Colonia Menno como de Fernheim más tarde, no ha quedado prácticamente nada ni se ha anotado mucho. En las dos colonias logró muy poco y luego de un breve tiempo dejó el Chaco. Pero algo que se ha quedado por mucho tiempo: el cañadón, donde él y su familia vivieron, conservó por bastante tiempo el nombre de 'Campo Ediger'.

Que como homeópata recetó remedios caseros diluidos en mucha agua, y que no eran tóxicos, como él mismo aseguró, sabía la gente. Pero la gente no se interesó mucho por el tratamiento homeopático, si bien nadie tenía algo en contra. El que quiso aplicar estos remedios, lo hizo. Además al comienzo se recibía los remedios en forma gratuita.

Lo que se conoce del tiempo del tratamiento gratuito es lo siguiente:

Cuando una vez un grupo de jóvenes de la Colonia Menno pasaron por lo de Ediger al volver de Km 145, les entregó una botella de un litro con líquido para la sanación de ojos infectados para una aldea, que tenían que tomar los enfermos. No se sabe qué motivo les ha impulsado a los jóvenes de tomar el 'remedio para ojos' en el camino a casa. ¿Era la sed? ¿Se les había terminado el agua potable? ¿Era algún sabor rico de este remedio transparente y de sanación, o lo tomaron como medida de prevención? Lo que siempre haya sucedido es claro, es que cuando llegaron a la aldea donde tenían que entregar el remedio de sanación del homeópata para el libre uso, no había ni una gota más en la botella. Lo habían tomado todo.

La mortandad termina en 1928

Como ya se ha mencionado: Cuando los colonos se asentaron en sus aldeas, fallecieron algunos todavía, y ahí paró la mortandad en 1928. En el año 1929 fallecieron 7 personas.

La lista de la gran mortandad

1. En Puerto Casado
Niños:

Menos de un año	29	de tres a cuatro años	3
De uno a dos años	23	de cuatro a cinco años	2
De dos a tres años	9	de cinco a seis años	2

Total en la edad de 0 a 6 años:												**68 niños**

De seis a siete años	2	de nueve a diez años	4
De trece años	1	entre estos años	0

Total en la edad de 6 a 14 años:						**7 niños**

Jóvenes, hombres solteros de 15 a 25 años: Total 2 jovenes

Hombres casados:

De 21 a 27 años	4	de 54 a 57 años	3
De 33 a 39 años	3	de 62 a 64 años	3
De 40 a 42 años	2	de3 70 a 77 años	5

Total:						**20 hombres casados**

Mujeres solteras de 16 a 27 años: Total 5

Una señorita de 58 años

Mujeres casadas:

De 18 años	1	de 40 a 41 años	2
De 21 a 27 años	3	de 50 a 57 años	3
De 31 a 35 años	6	de 61 a 68 años	2
		De 70 años	1

Total: **18 mujeres casadas**

En total: 121 fallecidos

Estos 121 fallecidos fueron enterrados en el cementerio católico de Puerto Casado. Además fueron sepultados dos niños que habían fallecido durante el viaje, que fueron llevados como cadáveres del barco al cementerio. Entonces descansan en paz en el cementerio de Puerto Casado 123 menonitas de Canadá. El señor Fred Engen, que también como servidor de estos peregrinos falleció en Puerto Casado, es el número 124 que llegó al cementerio católico de la ciudad portuaria. Uno de los menonitas, el joven Pedro de 15 años de la familia Diedrich D. Wiebe, fue devorado por las corrientes del río Paraguay al bañarse en el mismo el 26 de agosto de 1928. Su restos jamás fueron encontrados.

2. En Pozo Azul

Niños debajo de la edad escolar	4
Niños en edad escolar	1
Mujeres de 15 a 20 años	3
Hombres jóvenes no casados (más de 20 años)	2
Mujeres casadas de 26 a 58 años	3
Hombres casados de 40 a 65 años	4

Total fallecidos: 17 en Pozo Azul

3. En Campo Esperanza

Niños debajo de la edad escolar	5
Niños en edad escolar	1
Una mujer en la edad de 30 años	1
Una viuda de 54 años	1

Total: 8 fallecidos en Campo Esperanza

4. En Palo Blanco

Niños debajo de la edad escolar	1

Niños en la edad escolar	2
Una joven de 15 años	1
Una señorita de 38 años	1
Mujeres casadas de 26 a 32 años	2
Hombres casados de 56 a 58 años	2
Un desconocido	1

Total: 10 fallecidos en Palo Blanco

5. En Loma Plata

Niños debajo de la edad escolar	3
Niños en edad escolar	1
Hombres no casados de 14 a 32 años	4
Una mujer de 30 años	1
Una señora de 24 años	1
Un hombre casado de 38 años	1
Un viudo de 74 años	1

Total: 12 fallecidos en Loma Plata

En total:

En Puerto Casado	121
En otros campamentos	47

Total: 168 fallecidos

En el cementerio católico de Puerto Casado fueron enterrados 121 pioneros, la mayoría fallecidos a causa de la epidemia tifoidea surgida por el cambio climático brusco desde Canadá al Paraguay.

Entierro en el campamento en Pozo Azul.

CAPÍTULO XI

¡AQUÍ NO ME QUEDO YO!

> *"No es nada anormal que de este grupo de gente*
> *se alejen colonos... En el mejor de los casos*
> *se tiene que contar que del 5 al 10 % vuelvan a Canadá*
> *por de motivos familiares u otra causa.*
> *No tenemos ningún motivo por el cual inquietarnos,*
> *si de 100 a 200 personas del grupo de 1.800 a 2.000*
> *dan la vuelta y regresen al lugar de donde vinieron..."*
>
> A.A. Rogers de Buenos Aires a la oficina
> de la Corporación Paraguaya en Asunción
> - Noviembre de 1927

Imaginación y realidad

El Dr. Walter Quiring escribe acerca del regreso de inmigrantes menonitas como sigue: *"Que ... no todos los inmigrantes mostraran suficiente aguante en ese tiempo de espera interminable, no debe llamar la atención. Muchos de los inmigrantes se desanimaron y colapsaron bajo convulsiones corporales y anímicas, y desesperados y amargados le volvieron la espalda al Chaco para regresar a su vieja patria. Muchos motivos importantes hicieron comprensible el regreso de los frustrados y resaltan aun más los méritos de la acción heróica de los conquistadores del Chaco."*

Existen sin duda migraciones precipitadas, porque todo sucede en forma muy rápida, no quedando tiempo para un razonamiento profundo y un examen de la empresa a ser ejecutada. Esto no se puede afirmar de la peregrinación de Canadá a Paraguay de los años 1920. Había tiempo, mucho tiempo, para analizarla exhaustivamente desde todas las perspectivas y lados, y mirar y deliberar con la debida tranquilidad. Fue entre 1921 hasta el final o por lo menos la mitad del año 1926. Durante esos cinco años hubo bastantes motivos para analizar todo, pensar a profundidad e imaginarse cómo sería la misma en realidad.

Muchos de los que al principio de la emigración habían sido cuerpo y alma para con la empresa, después de cinco largos años se decidieron en contra de la misma y se retiraron. Muchos se quedaron con la decisión una vez tomada de emigrar al Paraguay, a pesar de todas las advertencias e indicaciones de lo que sería esta empresa cansadora de un asentamiento en un país tropical, y además en una región tan inhóspita. Solamente el viaje torturador, con todo lo que vendría de improvisto, ya sería motivo suficiente para tomar distancia de la misma. Pero los entusiasmados peregrinos no reaccionaron frente a esta realidad.

No estaban en condiciones de reconocer toda la realidad; esa primeramente se debía palpar. A esta circunstancia entre otras contribuyeron las descripciones de su nueva patria. El informe de los delegados había salido totalmente positivo. Otros informes positivos se leía en el libro *'Paraguay - disertaciones económicas, histórico-naturales y climatológicas'*, escrito por un cónsul de Alemania en el Paraguay. Este libre se refería casi exclusivamente a la parte oriental del Paraguay, y eso le importó muy poco a los emigrantes entusiasmados. ¡Paraguay era Paraguay, y punto! Además un representante de la 'Intercontinental Company' escribió lo siguiente sobre el Chaco: *"En los meses de verano, en enero y en febrero, la temperatura es calurosa y sobrepasa en algunos años los 38 grados Celsius, a veces no alcanza los 37 grados. Engen y también los otros delegados menonitas dicen que ahí existe un clima muy agradable."*

Además los delegados informaron: *"Del kilometro 235 hasta 255 encontramos diferentes huertos indígenas. También aquí vimos, como ya antes en nuestro trayecto, batatas, mandioca, porotos. Hemos encontrado en diferentes lugares plantas como sandías, melones azucarados, zapallos, algodón y tártago. Las plantaciones parecen provenir de semillas esparcidas y crecen en forma silvestre, una clara afirmación de que aquí plantas diferentes crecen simplemente al echar la semilla en la tierra."*

Por más que los menonitas realistas no se habían imaginado un país de utopía a pesar de los informes positivos sobre el Paraguay y el Chaco, sino más bien contaban con la dura realidad del período de asentamiento rudo y fatigoso, no podían saber qué carente, qué sacrificado y qué sacrificante iba a ser. Pero no desistieron de su decisión de emigrar, a pesar de todos los ataques e intentos de parte de los opositores.

¡Y entonces llegó la realidad! Era totalmente distinta de la que se había imaginado en repetidas ocasiones. En general influyó de forma diferente en la gente. Dos situaciones resultaron iguales para todos: primero, que el ferrocarril no se había construido hasta la región del asentamiento (tampoco fue construido más tarde) y segundo, la región a colonizar no estaba mensurada. Otra frustración significaba el pasto para el ganado. Los delegados habían hablado constantemente del abundante pasto que cubría las extensas savanas de la región, y se pensaba que había pasturas suficientes para el ganado, pero este al final resultaba ser amargo y no apto para la alimentación del ganado. Llama la atención el por qué del desconocimiento de los delegados, que era un pasto amargo. Ellos vieron en la expedición de 1921 cómo los bueyes y los caballos, cuando descansaban, se paseaban y pastoraban. Pero los animales habían comido solamente el pasto dulce que se encontraba entre las plantas amargas, como más tarde se observaría. Esta circunstancia, que la inmensa cantidad de la supuesta pastura para el ganado resultaba ser inútil, significaba para los colonos un engaño muy grave. En muchos otros asuntos la frustración era de tinte personal. Uno se puede imaginar que la nostalgia surgió en todos, pero las reacciones eran diferentes.

Ante todo tuvo un efecto paralizante que todo era muy diferente y extraño, así que las frustraciones aparentaron ser mucho más pesadas. Hasta los más optimistas fueron afectados temporalmente por la situación. El clima, el terreno y las costumbres: todo era tan diferente en comparación con la patria vieja, e hizo que no se sintieran como en casa.

Encima de todo vino la gran mortandad. Walter Quiring describe la situación: *"El motivo fundamental del regreso fue sin duda la nostalgia, que bajo las condiciones en el Puerto se sentía con más fuerza. Nostalgia hacia los parientes y los conocidos, al hogar y al regocijo y a todo lo que hizo de Canadá una patria. Además los inmgrantes tenían motivos suficientes para estar descontentos con la elección de las tierras. Por sobre todas las cosas desanimaba la gran mortandad, que no quería terminar, y el clima tropical que hacía sufrir mucho a los inmigrantes del norte en Puerto Casado. Durante meses el clima se presentó seco y muy caluroso, y la vida en las finas carpas, donde los sanos y los enfermos fueran torturados por los mosquitos y los polvorines, no era aguantable. Y cuando llegaron las primeras precipitaciones, inundando la región baja del puerto, se intensificó la plaga de los mosquitos hasta el tormento."*

También el sentimiento de la distancia infinita que les separaba de su anterior hogar acogedor, de su casa agradable, pesó mucho sobre el ánimo; fue como si hubieran pasado por un puente cruzando una brecha inmensa para destruirlo luego. El sentimiento de la distancia aumentó por la situación prolija y la extensión del viaje con los medios de aquel tiempo. Esta nostalgia se acentuaba, y al descender la fuerza de la resistencia, se profundizaba convirtiéndose en un tormento del alma.

Él que se había imaginado todo en forma 'sudamericana', reflexionando sobre los aspectos sin caer en la imaginación utópica, sobrellevó mucho mejor las adversidades que aquellos que en secreto se habían imaginado circunstancias paradisíacas en unas tierras de eterna primavera, o por lo menos un verano maravilloso, se vio traspasado ahora a un clima seco y caluroso, con la consabida fricción destructiva en cuerpo y alma de los vaivenes tropicales en un desierto boscoso sin fondo y lleno de espinas y zarzales.

Otra frustración tuvo origen en el largo tiempo de la espera. Cuando se llegó a Puerto Casado, se dijo que habían llegado a la meta, y después de la llegada de cada grupo se envió un telegrama a los parientes en Canadá: *"¡Llegamos sanos y salvos!"* En realidad estaban todavía lejos del asentamiento. ¡Una selva pavorosa, una naturaleza indomable estaba de por medio! No extraña que muchos volvieron 'a mitad de camino', cuando dirigían su mirada al inhóspito Chaco enclavado de espinas, que se encontraba entre los campamentos y el propio terreno de colonización. Un camino con inmensas dificultades había que superar todavía, cada vez más hacia los zarzales del Chaco desconocido. A nadie que pasara por el camino horrendo más tarde, le podía sorprender que la gente perdiera el ánimo, o que ni saliera de Puerto Casado, a menos que sea en caso para regresar a su vieja patria. El ánimo por introducirse a esta región inhóspita, indomable y hostil a la cultural y a la civilización, se diluía demasiado rápido ante el encuentro con esta realidad. Si se estaba obligado a hacerlo, se haría, pero nunca voluntariamente.

Por eso algunos de los peregrinos del desierto pensaron al llegar a Puerto Casado, cómo podrían salir lo más pronto posible de ese ambiente y volver de donde habían venido y donde era posible vivir. En marzo de 1927 salió la primera familia 'rumbo a casa'. Era la familia de Jacob Peters de Saskatchewan. Una vez iniciado el regreso, más gente dicidió volver a sus lares.

Llamativos son los motivos que anuncian para regresar: el calor, la inseguridad de la construcción del ferrocarril, la tierra a colonizar no mensurada, la difícil cuestión del agua, el asunto de la pastura del ganado y muchos otros. Nadie quiso anunciar como causa la nostalgia. Parece que todos temían la acusación de que habían salido de Canadá a causa de la fe, y ahora reconocer que la nostalgia era motivo de su regreso; eso hubiera traicionado la pusilanimidad y dañado mucho la reputación en la vieja patria. Como la gran mayoría quedó en el Chaco, tenía que haber motivos más valederos para el regreso. En la vieja patria esas motivaciones fueron recibidas con cierto escepticismo, por ser muy diferentes unas de otras.

Los colonos firmes tomaron el regreso como una acción sobresaltada y lo llamaron 'el regreso a mitad de camino', por no haber llegado todavía al lugar de asentamiento, a la meta final. ¡¿Por qué capitular ahora?!

20 de cada 100 personas volvieron. La mayoría volvió en los primeros 16 meses, casi todos del campamento de Puerto Casado. Más o menos una docena de familias dejó el Paraguay más tarde, cuando ya se habían organizado las aldeas. En total volvieron 60 familias con 335 personas: de Manitoba

(Reserva Oriental y Occidental) 229 personas (15 % de este grupo) y de los Bergthaler de Saskatchewan 106 personas (47 % del grupo).

Para los señores de la empresa colonizadora el regreso de los colonos era preocupante. Pero tuvieron que asimilarlo y se consolaron finalmente con el resultado de la experiencia de empresas colonizadoras, donde el regreso de 100 a 200 personas de 2.000 personas era un fenómeno normal.

Por ese motivo intentaron comprender a los colonos que regresaron y aceptaron lo inevitable. En este caso los cálculos de la Intercontinental Company no se cumplieron, ya que volvieron 50 % más de lo previsto.

Sobre el regreso de la primera familia alguien había escrito del campamento de Puerto Casado a Canadá: una familia Peters ha regresado y mencionó como motivo que la emigración había sido una farsa grande. Eso no era cierto. Peters era en realidad un cobarde por haber regresado a mitad de camino. Fred Engen escribió: *"Uno tiene sus reparos sobre lo que el señor Peters informará alla en Canadá."*

Viendo la difícil situación del tiempo de espera frustrante, cuya influencia desanimante cayó sobre los colonos, y la situación se volvió más doliente y sentimental en el campamento de Puerto Casado, donde se propagaba una fuerte ola de rebeldía. A fines de marzo de 1927, poco después del regreso de la familia Peters a Canadá, los inmigrantes realizaron una asamblea en Puerto Casado. Fred Engen, que asistió a la asamblea, exigió de sus protegidos compararse con las colonizaciones de los antepasados, como en la región de la desembocadura del Vístula en Polonia, en las estepas de Rusia y en las savanas de Manitoba. En todas partes se había sufrido en carne propia en los comienzos grandes esfuerzos y privaciones y con grandes gastos. Así también era en ese momento. 'Si', decían los apesumbrados peregrinos del asentamiento, eso era cierto, pero la espera en el campamento era muy agotador.

La carta de Engen del marzo de 1927 dice lo siguiente: *"La gente se preocupa por el agua. Pero cuántas miles de personas - indígenas - ya están en el Chaco desde hace mucho tiempo. ¿Y entonces no habría agua también para los menonitas? Bueno, gente descontenta existe en todas partes. El señor Peters informará seguramente lo contrario de lo que esperamos del Chaco. Posiblemente buscará parar la emigración al Paraguay. Hoy se van algunos menonitas de Puerto Casado a Asunción. Ellos quieren enviar desde allí un telegrama a Canadá, para expresar su malestar. Vamos a procurar de aclarar a la gente que tiene que arreglar el asunto aquí: ellos mismos dicen que Canadá ya no tiene valor como su patria. Y cuanto más quejas envían a Canadá, tanto más difícil se tornará para ellos, porque se inflingen daños a sí mismos."*

La ola del descontento subió mucho entre los Bergthaler de Saskatchewan. Casi la mitad de esta comunidad regresó desde Puerto Casado a Canadá. No se puede explicar con una certeza convincente por qué de este grupo proporcionalmente regresaron más. Posiblemente una especie de desacuerdo entre el mismo grupo contribuyó para dar el último golpe, más la dificultad en todos los emprendimientos comenzados. Los dos delegados de este grupo, que en el año 1921 habían acompañado la inspección del Chaco, no había emigrado.

Después del regreso de una familia, otras más se animaron para iniciar el 'camino a casa', y los descontentos e intranquilos llamaron cada vez más la atención en esta dirección. Pronto se escuchó el eco de los frustrados en diferentes diarios. El cuatro de agosto de 1927 'La Tribuna' de Asunción se ocupó del asunto: *"El gobierno debería realizar una inspección, para ver qué pasa realmente entre los menonitas en Puerto Casado. Están agitados. Ocho familias salen ahora en dirección a Canadá. Ellos van a llevar la voz del engaño y del descontento más allá de las fronteras de nuestro país. Dicen que han sido engañados por la Intercontinental Company con sede en Nueva York y con una oficina en Winnipeg. Esta empresa que realiza tanto el negocio de las tierras como también el traslado de los colonos inmigrantes y su asentamiento, no se han dedicado suficientemente a su tarea, tal como se había establecido en el contrato, informan los menonitas. El regreso de la gente a Canadá no tiene que ver con la constitución del suelo, ni con otras condiciones de nuestro país; sino las tierras son excelentes como ellos mismos dicen, y tampoco está faltando el agua. El proyecto del asentamiento está en peligro. Una inspección debería comenzar sin más trámites. Debería inmiscuirse para crear un cambio para mejor, para que el proyecto de colonización del Chaco pueda seguir."*

Los americanos (la empresa de asentamiento) no estaban muy de acuerdo con estos informes. Uno de ellos escribe: *"Si uno lee este informe de la revista, se queda con la impresión de que aquí se trata de una banda de delincuentes, en vez de gente devota, laboriosa, pacífica y ahorrativa, lo que pensábamos que eran los menonitas."*

Distorsiones y semiverdades

Pronto se escuchó el eco de los frustrados emigrantes en Canadá. Los primeros emigrantes habían vuelto a Saskatchewan y una revista de allí informó sobre *'La tragedia colonizadora de los menonitas canadienses en Paraguay'* ... un título llamativo. Luego decía: *"Gran descontento por las fatigas y el tratamiento que han recibido domina a los menonitas, que hace medio año han salido de Canadá para inmigrar al Paraguay. Se molestan porque las tierras que habían recibido por sus propiedades en Canadá no han sido mensuradas, es un desierto sin agua, totalmente inapto para fines agrícolas. La mayoría de esta gente ya no tiene dinero. Se dirigen ahora a parientes y amigos en Canadá y piden ayuda para poder volver. Gente aquí en Rosthern ha recibido cartas en las que se informa que las tierras que han comprado los menonitas son habitadas por indígenas. Ellos pudieron tomar en posesión otras tierras, pero ahí no había agua. Muchos pozos se han cavado, sin haber encontrado agua. Un grupo de menonitas de Saskatchewan y Manitoba vendió su propiedad de tierra en Canadá, recibió 7 dólares en efectivo y por el resto tierras en el Paraguay. Unas 1.000 personas con sus familias dejaron todo, sus hogares, sus parientes y conocidos, y viajaron a Puerto Casado. Ahí están ahora, donde llegaron hace 6 meses; la mayoría de ellos ya no tiene dinero. Muchos viven en la pobreza extrema. El dinero que recibieron por su propiedad lo han usado para el viaje. De aquí salieron en invierno y llegaron en el verano tropical. Bajo este cambio climático han sufrido mucho. Han fallecido 50 personas, la mayoría niños.*

Dejamos constancia de esto en una carta de una persona que tenía una granja hermosa con un equipamiento completo, y cuando dejó el país, tenía dinero en el banco:

'Puerto Casado, Paraguay, el 15 de mayo de 1927.

Mi querido tío. Estamos todavía en el lugar de desembarco. No tenemos ninguna esperanza de poder avanzar. El ferrocarril no ha sido construido hasta la región del asentamiento. Aunque podríamos llegar a nuestras tierras, no podemos quedarnos ahí. Agua potable no se encuentra. El suelo es duro como la piedra por el sol quemante. Arar la tierra, como lo conocemos de Canadá, aquí no funciona. No se puede cavar la tierra ni con la pala. Si quieres hacer algo, tienes que usar la azada. Hemos cultivado la tierra aquí en Puerto Casado en ese sentido, también hemos plantado algo, que brotó, pero rápidamente desapareció. No tiene ningún sentido plantar algo. Por favor escriba a mi hermano en Manitoba, que no cometa la estupidez de vender sus tierras para venir a estas latitudes infértiles del mundo. Especialmente para niños el clima se vuelve insoportable. En 5 meses han fallecido más de 50 personas. Yo espero verles dentro de poco de cara a cara. Lo más pronto posible regresamos a Canadá.

Tu sobrino querido, A.F. Friesen'"

La revista sigue: *"Como surge de otras cartas de esta gente infeliz de Sudamérica, ellos sufren horrendamente. Su dinero se fue, no pueden ir a sus tierras, por ser una selva no mensurada. Algunos que tienen dinero, quieren volver lo más pronto posible. Todos se quejan del terrible calor, hormigas agresivas, de la falta de agua, del fracaso de su plan de asentamiento. La tierra no tiene la constitución que se había presentado, es inútil para la gente, que está acostumbrada a labrar la tierra de la manera canadiense. Los colonos que tenían aquí propiedades con mucho rendimiento, pozos y edificios, sí, todo lo que se usa, herramientas para la agricultura y dinero en el banco, ahora no tienen nada. Están varados en un desierto sin agua en un país tropical, a miles de kilómetros de distancia de sus seres queridos y parientes."*

La empresa colonizadora obviamente reaccionó al instante. R.N. Landreth escribió el 5 de julio desde Winnipeg: *"Los informes en 'Saskatoon Daily Star' nos ha creado dificultades. Yo he conversado sobre esta problemática con el Anciano Friesen y con A.A. Braun. Yo les pedí que me enviaran las cartas que demostrarían lo contrario a lo que ha publicado el Saskatoon Daily Star. Puede ser que yo mismo vaya a Saskatoon para hablar con el editor personalmente. Y no solamente en esta revista se ha publicado el informe paradójico, también fue informado a través de la radio. Hay muchas más historias en el éter. Ayer me dijo un señor que él había pedido a la empresa del ferrocarril ayuda a 500 menonitas para regresar de Sudamérica bajo precios favorables. Son para reírse estas historias. También se cuenta que el señor Peters trajo 50 cartas de gente descontenta, para entregarlas allá."*

También los menonitas en el Paraguay se hicieron escuchar en relación a ese tema: *"Nosotros escuchamos de informes sin sentido, que contienen crudas semiverdades, publicadas por las revistas y difundiéndolas a través de las radios. El Mr. Rogers está aquí con nosotros y brega y suda con nosotros, para darle forma y contenido al asentamiento. Antes de que llegara hasta aquí, uno de los nuestros decidió volver a Canadá. Otros ahora se preparan para volver. Eso no debería sorprendernos. Siempre fue así en cada nuevo asentamiento. Ahora, viendo la pura realidad, cada uno tiene que demostrar hasta dónde está fundamentada su existencia. Si hay alguien muy superficial, mejor que salga enseguida, en vez de sentarse y quejarse. No existen muchos de esa clase. Claro que a todos nos parecería mejor, si el asentamiento avanzaría con más rapidez. Pero nosotros somos los culpables. ¡Por qué no respetamos la propuesta de Engen de enviar una comisión para gestionar los trabajos de preparación del asentamiento! Por más que la realidad es así ahora, una cosa queda bien clara: estamos aquí, donde hemos encontrado nuestras libertades para la iglesia y la escuela. Deberíamos ser agradecidos. Quien no lo es, no se posiciona en lo que le agrada a Dios. Nos hemos alegrado realmente de que el General McRoberts haya venido personalmente hasta acá, para inspeccionar todo, verlo con sus propios ojos. A él y al señor Rogers les agradecemos mucho por sus esfuerzos para con nosotros y nuestra causa. También al señor Casado le agradecemos de corazón por su constante esfuerzo a favor de nuestros intereses, mientras él nos acompaña fomentando el asentamiento."*

Por medio de aquel informe en el 'Saskatoon Daily Star' se inició la información sensacionalista sobre el fracaso del asentamiento paraguayo. Los seguidores de Peters, que pronto, después de haber huido de la *'gran tribulación'* en Paraguay, llegaron felices a docenas en Saskatchewan, confirmaron enseguida los 'informes desérticos'.

Convencer a los periodistas de publicar informes objetivos y no sensacionalistas, no solamente es difícil, sino posiblemente totalmente imposible. Uno tiene que tragárselo. Así pensaron también los responsables de la empresa colonizadora. No era una cuestión simple para ellos, tragar todo de esta manera sin contradecirlo. No querían que los colonos volvieran, sino que más gente se traslade al Paraguay. Se habían ocupado de esta cuestión cuando compraron las 100 leguas de Casado. Habían tenido muchos gastos para llevar el proyecto de asentamiento hasta este punto, y ahora empezaba la gente a poner todo en duda.

El señor Rogers escribe al Anciano Martin C. Friesen el 12 de julio de 1927: *"Estuve en Saskatoon y me di cuenta de que allá están en contra del proyecto de emigración. Me dijeron que el asentamiento en el Paraguay era un fracaso, y todos los menonitas volverían. Estas noticias contribuyeron a que bastante menonitas de la región Hague, que querían emigrar al Paraguay, ya no lo hará, sino se irán a México. Ellos creyeron las informaciones erróneas. Tenemos que luchar con informaciones en contra de lo publicado. Espero que Ud. piense de la misma manera."*

El señor Rogers había organizó un informe imparcial de parte de los menonitas en Puerto Casado a fines de agosto de 1927, cuando estaba regresando a Winnipeg. El informe había sido firmado por 29 colonos, líderes y otros. Con ese informe Rogers en enero de 1928 se fue a Saskatoon y lo publicó en la misma revista que hacía seis meses había publicado los informes sensacionalistas. El informe apareció - por orden de Rogers - totalmente impreso en negrilla.

Ese informe desmintió la publicación sensacionalista anterior de la revista 'Saskatoon Daily Star'. Después de la publicación otras revistas de Saskatchewan también publicaron el informe en contra del artículo anterior y lo corrigieron.

Los menonitas de la región Hague, que sobre la base de las malas noticias anularon su emigración prevista a Paraguay, yéndose a México, pertenecían a la comunidad de los Colonos Antiguos; habían enviado una delegación propia a Paraguay a finales de 1920, que había visto del Chaco solamente las regiones periféricas. Lo consideraban inútil para la agricultura, porque la tierra que habían inspeccionada, se inundaba de vez en cuando. Por eso se borró a Paraguay de su lista. Más tarde cuando vieron que los menonitas de los Antiguos Berthaler entraron cada vez más en el interior del Chaco considerando sus tierras aptas para la agricultura, pensaron aparentemente una vez más, y encontraron el interés para irse también a Paraguay. Pero finalmente esto resultó en la nada.

También los Duchoborzes negociaron con la Intercontinental Company para irse al Chaco. Que finalmente decidieron no irse al Chaco, no tenía sus motivos solamente en las malas noticias propagadas en Canadá, sino las dificultades aparecidas en su propia comunidad los alejó de la posible emigración. Este movimiento de emigración llegó a pararse completamente.

En Manitoba, donde a mitad de 1927 esperaron 60 familias para salir a Sudamérica, las noticias espantosas de Saskatchewan no causaron gran impresión. Cuando llegó el momento de salida, se fueron sin más al Paraguay. Las noticias podridas y el regreso de una buena cantidad de gente lo consideraron como un fenómeno natural. No era gente de Manitoba que había regresado. Al contrario, su gente seguía invitando para irse. Así se mantuvo el buen ambiente en este grupo.

Más tarde empezó a brotar la semilla del descontento también en esta comunidad. Claro, el germen había existido también allí desde el primer día. Solamente que el descontento se desenvolvió más lentamente, se desarrolló más tarde en relación proporcional a la cantidad del grupo, pero nunca con tanto ímpetu. Si en el caso de los Bergthaler regresaron el 50 %, del grupo de Manitoba era una séptima parte.

Complicado era en especial para los menos adinerados, cuando estos perdieron todo ánimo para quedarse. Su regreso dependía totalmente de sus amigos y parientes de Canadá. Esos reaccionaron de forma diferente. Muchos metieron sus manos en el bolsillo y ayudaron. Otros decían simplemente, que los que ahora estaban pidiendo la ayuda para regresar, eran los que voluntariamente se habían ido, sin que nadie les obligara. Tenían que quedarse. Otros aconsejaron quedarse, porque el asentamiento estaba en proceso de realizarse. Sigue una parte de la carta de Peter A. Braun en Canadá a Jacob Ginter en Puerto Casado, en junio de 1927: *"¡Queridos amigos! Les deseamos la paciencia que les hace falta. Yo sé que han esperado ansiosos una respuesta, pero a mi me cuesta escribirles, porque piden ayuda para poder regresar. El permiso de inmigración, sin problema - pero el dinero para el viaje de regreso, ¡el querido dinero! He hablado varias veces con sus padres y siempre llegamos al acuerdo de esperar todavía un poco con esa ayuda. Cuando el señor Rogers llegue junto a ustedes, se van a comportar de otra manera las cosas. Como nosotros, así también piensan los demás. No creemos que se va a permitir que ustedes mueran de hambre, sino se les apoyará a vosotros, y si no, entonces hay todavía tiempo para recibir algo desde acá. La mayoría de la gente de acá opina que con la ayuda de regreso no existe mucho apuro.*

Entonces, vamos a esperar, lo que escribirán, después de que Rogers haya estado un tiempo en el Chaco y la gente se traslade al Chaco. Tengan mucho ánimo y no duden bajo la presión de la indignación y no se hagan imposible la vida. Ustedes tienen que adecuarse a la situación. Y si quisiéramos ayudarles desde acá, duraría bastante tiempo hasta que ustedes pudieran salir del Paraguay. La situación es bastante difícil, pero todos estamos en el mundo, nosotros aquí y ustedes allá. Tenemos que orar, y la oración puede aliviar la situación. La oración es el arma para superar al enemigo. Lo que es difícil de vencer, tanto más valor posee."

A fines del año 1927 regresó también una familia Friesen a Manitoba. Una revista de Winnipeg publicó un dialogo con él, un informe muy imparcial: *"Hace un año Friesen emigró con un grupo grande a Sudamérica, a un país que les prometió más libertades. Es un país caluroso, tropical. No se sabía que allá iba a ser tan caluroso, por lo menos Friesen no lo sabía. Repetidas veces - y todos los días - reinaba un calor de 38 grados en la sombra. Para los canadienses no es muy agradable. Es un viaje largo que esta gente debe realizar para llegar a Puerto Casado, en el corazón de Sudamérica. Luego hay que ir lejos al interior de Chaco donde no existen caminos, solamente un corto trayecto del ferrocarril angosto. Se ha prometido construirlo hasta la región del asentamiento. Recién ahora se ocupan de fijar los límites de las tierras de colonización. Se tienen pequeñas parcelas experimentales de bananas, piñas y otros cultivos tropicales. También hay indígenas, que no realizan mucho trabajo de campo. Tampoco molestan a los inmigrantes. Cuando finalmente se llegue a organizar la colonia, se van a asentar en aldeas. El asentamiento tendrá sus propias escuelas y durante 10 años quedará libre de impuestos. La tierra parece ser fértil. Por parte es boscoso, además hay bajantes, que de vez en cuando están bajo agua. Muchas veces la región sufre de largas sequías. El señor Friesen no puede decir si los otros aguantarán. Cuando él dejó la región, en general reinaba la tranquilidad, y no había indicios significantes de que la gente volvería a Canadá. Algunos como él mismo ya habían degustado lo suficiente del clima, se organizaron y regresaron a su patria. Aquellos que ya viven en el interior del Chaco van a quedarse por lo menos algunos años más. Fue un gran emprendimiento migrar miles de millas para encontrar allá nada preparado. La gente se fue para asentarse, pero no se pudo. Friesen está feliz de estar en casa nuevamente."*

Regresaron más menonitas a Manitoba. Algunos exageraron en las revistas locales. Una de ellas (Manitoba Free Press) publicó un artículo de la siguiente manera: ***"MENONITAS CANADIENSES MUEREN DE HAMBRE:*** *Los menonitas emigradas a Sudamérica vuelven y informan de una gran tribulación, como de la peste y la hambruna. Dieciocho de ellos vinieron por Nueva York, entre ellos una señora Harder con siete hijos, totalmente empobrecida. Su esposo había gastado el último dinero cuando compartía con personas hambrientas de su comunidad, con gente sobre un terreno totalmente improductivo, que no tenía más nada. Su esposo falleció entonces de desnutrición y de malaria. Los viajeros en el barco, con el cual la señora vino hasta Nueva York, reunieron 250 dólares para su viaje de regreso hasta Canadá. También para el señor Anton Schroeder se juntó 125 dólares. El sufría fuertemente de malaria y fue internado en un hospital de Nueva York. Además otros adeptos de esta secta recibieron ayuda y apoyo financiero."*

La misma revista había informado el 8 de octubre de 1927 que todos regresaran de Sudamérica: *"Los menonitas vuelven del Paraguay, a donde habían ido hace 9 años* (¿de dónde se sacó este número? MWF), *cuando cambiaron sus propiedades en Manitoba y Saskatchewan por tierra en el Paraguay, donde creían encontrar mejores posibilidades de vida. Cierto tiempo todo iba bien, pero luego vinieron las malas cosechas, y un tiempo pesado cayó sobre el asentamiento. Condiciones climáticas y la falta de alimentación contribuyeron a que fallecieran 90 niños. La dirección del asentamiento decidió entonces que todos regresaran a Canadá, mientras tenían todavía los recursos para esto, para comenzar aquí de nuevo. Al resto de los colonos se los espera en algunas semanas."*

Generalmente los que regresaban causaron la impresión de que toda la empresa de asentamiento había sido un fracaso. Justo eso intentaban, porque no querían haber abandonado a los otros sin un motivo valedero. Así tenían que justificar su regreso.

Por más que había tantas contrariedades y frustraciones reales, la mayoría no quería capitular. Se formaron dos posiciones. El grupo estable entendía la acción de los que regresaban como una vuelta a mitad de camino, porque no los habían acompañado hasta las tierras a colonizar en el interior del Chaco y no habían esperado el inicio del asentamiento.

Quedó demostrado, cuán fuerte la naturaleza humana está sometida a los vaivenes de la vida. Una clara definición de los grupos no se pudo dar. Quien ayer había estado con ánimo, se callaba de repente el día siguiente. La firmeza había recibido una fisura. En algunos este estado de ánimo actuó como un gusano roedor que de a poco corroía el tejido. Algunos fueron arrastrados por los demás. Si volvía una familia, eran despertados sentimientos extraños en los otros. Así que les siguieron otras familias. Otros se quedaron simplemente porque no querían volver a mitad de camino, o tenían que quedarse porque no podían regresar por motivos económicos.

Había también de aquellos que llevaban la voz altisonante, pero cuando vinieron las cosas, como ellos mismos decían, que exigían más de su buena voluntad, instantáneamente cambiaban de opinión y volvían.

No se puede afirmar que para los que volvieron fue más fácil que para los que quedaron. Los que se quedaron tuvieron que luchar contra muchas inclemencias, pero manteniéndose firmes a su palabra. Los que regresaron no se enfrontaron con las fatigas, con las inmensas dificultades de la superación del desierto, pero en Canadá no encontraron más lo que habían dejado. Tuvieron que comenzar totalmente de nuevo. Muchos de los repatriados no solamente no tenían medios económicos, sino en muchos casos estaban muy endeudados y tuvieron que pasar una vida miserable. Además tenían que tragarse comentarios sarcásticos de los otros, por ejemplo de que en Canadá no podían vivir más su fe, habiendo encontrado la 'Tierra Prometida' en otra parte, y ahora, ¿qué?

Para justificarse tenían que informar que el Paraguay no era apropiado para la gente del norte. Muchos informes expresaron la verdad, otros eran tendenciosos y unilaterales, así que el verdadero quid de la cuestión no salió a luz. Que el Paraguay y el Chaco no eran para gente blanca, correspondía a la tesis que los contrarios a la emigración habían enseñado ya con anterioridad, pero que no la habían creído. Ahora se afirmaban en su tesis.

No todos eran iguales. Hubo gente que informó objetivamente. Dejaban constar lo bueno del Paraguay y del Chaco, aunque no querían estar ahí.

Aunque el límite entre los firmes y los fracasados o frustrados no se diferenciaba, porque nunca se sabía con certeza cómo se pensaría en el día de mañana, había un núcleo duro entre los firmes, decidido a aguantar, declarando la acción de los que regresaron como sin sentido, comparando su comportamiento con los israelitas en su camino por el desierto, que sentían la nostalgia hacia las ollas de carne en Egipto durante su peregrinación sacrificada (Éxodo, 16,3), o con las citas en Proverbios 26,11 y la Epístola de San Pedro 2,22, en que un cierto accionar del hombre es comparado con un perro, que comía lo que había vomitado, y con el chancho que se revolcaba en sus propios excrementos.

Al mismo tiempo la contraparte tenía su núcleo duro, que a través de sus modismos idiomáticos exteriorizaba todas las justificaciones posibles. Si los directores de las revistas menonitas hubiesen querido, entonces hubieran pintado el panorama más colorido de la 'peregrinación del desierto' para sus lectores, pero no lo hicieron. Encendieron a tiempo la 'luz roja', cuando los informes apeligraban salir fuera de quicio.

Las revistas menonitas de Manitoba se pusieron llamativamente del lado de los firmes. Este grupo despertaba prioritariamente su interés, y ellos presentaron especialmente sus informes. Seguramente habrán notado que los informes de los peregrinos de la colonización en el Chaco correspondían más a la realidad que las informaciones de los que habían regresado, que no propagaban solamente mentiras, sino también pusieron la verdad patas arriba comunicando semiverdades.

Enojados se mostraron los que habían regresado, cuando los corajudos a veces salían con sus explicaciones poco ortodoxas, y que no siempre estaban condimentadas con amor.

Que las revistas menonitas de Manitoba se colocaran del lado de los guapos colonos del Chaco, es visible en el sentido de que ellas expresaron una buena porción de comprensión para con el ideal de la emigración, cuando se dieron cuenta que el asunto de la enseñanza de la religión y de la escuela privada fue tomada realmente en serio. Impresionó también que no cambiaron de opinión por el gobierno. Aunque las otras congregaciones no querían emigrar, porque no lo consideraron necesarias, tampoco estaban de acuerdo con las disposiciones del gobierno en relación a la cuestión escolar y de la enseñanza.

Al emigrar tantos excelentes agricultores del sur de Manitoba, hubo también un giro a favor de los menonitas que se quedaron. Las medidas gubernativas aminoraban de a poco y tomaron formas reconciliatorias. Uno quisiera decir con cierta tendencia, que la emigración resultó en beneficios para los que se quedaron. El gobierno como el pueblo canadiense no querían dejar ir a los menonitas, excelente gente agrícola.

Aunque otros menonitas no estaban a favor de la emigración, ahora deseaban a los que ya estaban en el Chaco la bendición de Dios para su heroico e impresionantemente difícil emprendimiento.

La gente que regresaba no estaba de acuerdo con esta actitud. Consideraron muy unilateral la actitud que las informaciones sobre el asentamiento en el Chaco supuestamente eran siempre positivas, habiendo ellos dejado el Chaco no sin motivo. En forma especial se sintieron provocados cuando en 1929 una revista de Manitoba publicó un artículo que ya había sido publicado en la 'REVISTA ALEMANA PARA EL PARAGUAY'. Este artículo llevó al extremo la inquietud de los que habían salido del Chaco, diciendo: *"En Asunción tuvimos el placer de recibir la visita de una personalidad representativa de la Colonia menonita 'Menno' del Chaco. El hombre nos ofreció un informe realista, interesante de las condiciones allí. Expresa lo siguiente: En el Chaco Paraguayo se ha asentado un pueblo. Se comenzó con eso en el año 1928. El asentamiento se encuentra en sus comienzos. Los colonos están hace 11 meses en sus tierras y se sienten felices por su éxito luego del breve tiempo de trabajo pesado.*

No se ocupan de la política y tampoco lo que sus hermanos en la vieja patria saben criticar de ellos, cuando los hermanos que rompen el acuerdo regresan pintando todo en negro, lo que han visto, lo que han escuchado y sentido. Estos en el Chaco tienen tanto que hacer que no tienen tiempo para dedicarse a este parloteo y contradecirlo. Están conscientes de que esta calumnia es una repetición de lo que han experimentado los antepasados al emigrar de Rusia a Manitoba, pero con la diferencia de que la prensa en aquel entonces no estaba tan bien desarrollada como hoy en día. Ya Napoleón habría dicho que él, antes de luchar contra la prensa inglesa, quisiera luchar contra toda Europa. Lo que puede hacer la prensa nosotros hemos conocido bastante. Y bajo esa batuta los colonos han sufrido mucho y siguen sufriendo todavía.

Esos colonos sudamericanos de Canadá son los hombres posiblemente menos comprendidos en todo el mundo. Así la gente en Norteamérica no puede entender, por qué se informan mentiras como estas, que el viento frío sopla desde el sur, y el viento caliente del norte; el sol ha de brillar desde el norte y en el verano los días son cortos y en invierno son largos; nieve tampoco habrá ahí. Todo eso no es para creer; porque el buen Dios ha instituido el invierno, el verano, la nieve y el hielo en todo el mundo. Tampoco los colonos han realizado tanto trabajo, que el progreso en el asentamiento durante dos años ha hecho que ya parezca tener una edad de cuarenta años. Según las observaciones hay que concluir que el asentamiento ya tiene un desarrollo de cuarenta años. Y si lo conseguido no corresponde a lo que se informa, el asentamiento es un fracaso.

El Chaco como terreno a colonizar está desacreditado, como hace 50 años estaba desacreditado el oeste canadiense, de donde vienen los colonos. Y realmente parecía que el mal destino estaba en contra del asentamiento en el oeste canadiense. En el primer año las langostas devoraron la primera cosecha. Desde este momento nunca más volvieron. La helada vino muy temprano en el otoño y el trigo fue dañado. Hoy no hay necesidad de temer el peligro de las heladas para el cultivo de cereales.

La situación de salud deja mucho que desear en un nuevo asentamiento, también era el caso en el Paraguay. Un médico tuvo que ayudar a los colonos en consejos y en hechos, pero no tuvo éxito. La fiebre tifoidea se propagaba. El joven médico vacunó a sus enfermos hasta el último respiro. La gente no quería saber nada de él. Era un hombre muy joven y muy nervioso, vivía con los latinos y amaba las bebidas alcohólicas. El aguardiente era un remedio universal. Fue aplicado, parecía que no ayudaba, por lo menos no fortalecía la carne, pero sí aparentemente el espíritu. La Escritura cumplió su palabra: el espíritu es diligente, pero la carne débil. El médico fue dado de baja. Otra cosa era que él no sabía montar a caballo, lo que en un nuevo asentamiento es muy necesario.

Desde ese momento el asentamiento no tiene un médico. Y el estado de salud es satisfactorio. Lastimosamente el joven doctor vio necesario exteriorizar su rabia en revistas del extranjero sobre la administración de la colonia, y en artículos que han sido salados y pimentados con sensaciones, que le dificultan al lector decidir de qué escándalo debería sentirse más enojado.

Los fieles colonos de Canadá han desarrollado aquí en el Chaco una actividad que a pesar de la contrariedad de sus hermanos infieles, será única en la historia de la humanidad.

Se han fundado aldeas, se construyeron escuelas en las que se enseña el alemán, se ha levantado viviendas, desmontado bosques, plantado en superficies de campos, y casi todo en forma diferente que en Canadá. Toda la agricultura es tan simple allá que las 'máquinas de comodidades' se comen toda la ganancia. Aquí en el Chaco el trabajo es manual. Desde tempranas horas hasta las altas horas de la noche la gente está ocupada en sus campos agrícolas, o se encuentran en el camino rumbo a la estación del ferrocarril para traer sus bienes y colocarlos debajo un techo seguro.

El tiempo les era favorable, y pudieron depositar la primera cosecha y vender una parte de la misma. Sandías hubo a montones, se estima un millón de unidades, muy buenas, con un peso de 50 libras (23 kg) cada una. Se ha cocinado mucha miel de caña y degustado cuanta cantidad se quiso. También otras clases de hortalizas existen, de las cuales los que regresan informan con seguridad que en el Chaco estos no crecen, una historia infundada de la mesa cervecera de Puerto Casado, y lo que el cliente habitual a su vez habría confirmado.

Se ha tenido ganancias de hasta 50 dólares por acre. Un colono ha tenido de su cosecha de cuatro hectáreas un ingreso de 230 dólares, y además retuvo de la cosecha suficiente semilla y medios de consumo. Estos son resultados de una región que ha sido arada por primera vez. Si se hubiera preparado la tierra con anterioridad, ella hubiera producido más todavía. Las cosechas se hicieron en menos de cuatro meses. La tierra puede descansar dos meses, y ya está lista para una nueva siembra y cosecha en el correr del año. Una helada como en Canadá aquí no existe.

Existe una época de verano y una época de invierno. Para la siembra hay que encontrar y aplicar la época correcta, si no, no crece. Esa realidad los norteamericanos tampoco pueden entender. Cuando allá se descongela la naturaleza, rápidamente se siembra. Esa es la época determinante para la siembra. Y por qué no debería ser así también en el Chaco, se preguntan. El mundo tiene el mismo clima desde el tiempo de Noé, y eso Dios, el Señor, ha comunicado claramente a Noé, cuando este salía del arca.

Existen animales muy venenosos como serpientes, escorpiones y otros. Uno los diferencia porque son temidos a causa de su mordedura mortal o simplemente por su picadura. Se nos ha comunicado que se han visto víboras muy grandes, que se echan como una bestia sobre la víctima para destruirla. También los cocodrilos han de ser peligrosos, escorpiones y grandes arañas han de perseguir a los hombres. Con todos estos prejuicios vinieron los primeros colonos al Chaco. ¿Pero qué encontraron? Muchos de ellos no han visto ni un solo animal venenoso en dos años de su permanencia aquí, mucho menos han recibido alguna mordedura. Se han registrado mordeduras de víboras. Fueron subsanadas con los remedios acostumbrados. También picaduras de escorpiones fueron sanadas. Hasta ahora no ha habido ningún caso de muerte a causa de esos animalitos.

Las terribles historias que circulan en Norteamérica nos ponen los pelos de punta. ¡Qué engaño agradable experimenta el inmigrante, cuando después de un buen tiempo se da cuenta de que estas supuestas cosas horrendas no existen! Se pasea en el campo y en el bosque de día y de noche sin temor y sin angustia, simplemente por el motivo de que no hay ningún peligro. Los niños corren descalzos por todos los lados. '¡Si, pero la nigua!', dice la madre norteamericana. Si, estos existen. ¿Y qué se hace con ellos? Simplemente se los aleja, eso es todo.

Existen animales silvestres, como el venado, jabalíes, tigres, avestruces, perdices, loros, cigüeñas, etc. Si los últimos han elevado el número de nacimientos, no lo sabemos. Patos hay de diferentes clases. Existe una especie - los silenciosos en el país - que solamente cecean. Posiblemente el creador los hizo como ejemplo para los charlatanes y los gritones. Se tendría que llevarlos como modelo a Norteamérica, especialmente para la prensa de allá.

Un bocado especial constituye la carne del jabalí; los mismos norteamericanos disfrutan de él. No es tan grande como el norteamericano, que allá se mueve a veces en las ciudades.

Casos de muerte no hubo en la segunda mitad de 1928, en la primera mitad uno solo, una persona, que vino ya enferma de Canadá."

Fue diferente con las revistas y diarios canadienses no menonitas. Publicaron reportes propios, y esos debían tener un trasfondo sensacionalista. Todo tipo de informaciones se estaba publicando, también los artículos de pura fantasía. Exagerado en todo sentido, propagaban muchas veces historias sin sentido y presentaron el asentamiento en el Paraguay como un fracaso. Esas publicaciones llenaron las expectativas del pueblo canadiense. Se quiso que todos los agricultores jóvenes volvieran a donde habían estado antes. La prensa propagaba la idea de que toda esta gente había sido engañada por agentes de tierras hambrientos de hacer negocio con ellos. Por eso no se les guardaba rencor, sino antes se les tuvo compasión.

Las revistas americanas reconocían en el movimiento de la emigración una acción heroica de los afligidos peregrinos de la fe. Definían a los intrépidos pioneros como héroes de la fe, que dejaban una forma de vida segura, para superar un desierto hasta ese momento poblado por indígenas   salvajes.

Al comienzo el artículo de aquella revista de Asunción dice, que una 'personalidad representativa' de la colonia menonita había elaborado el informe. Eso no quiere decir que el autor del artículo no haya mezclado también su color en el mismo, mientras el material más importante provino sin dudas del informante. La coloración hasta cierto punto sarcástica provenía de un informante menonita y no se puede imaginar otra persona más apropiada que el así llamado 'abogado menonita' Johan J. Priesz. Estamos de acuerdo con la gente que regresó a Canadá que en el norte leyó el artículo con decepción, concluyendo de la misma manera. Todo el contenido, así el ímpetu y el estilo del informe resaltan el carácter de Priesz.

En algunas partes uno se da cuenta que el artículo se dirige en especial en contra de la prensa en idioma inglés. Se sabía que el señor Priesz, quien se encontraba en estrecha relación con la empresa de asentamiento, dominaba muy bien el inglés y que conocía todos los informes de la prensa en inglés, no ocultando su enojo hacia los informes sin sentido. Priesz no era socio de la empresa de asentamiento ni miembro de la congregación menonita, por más que estaba con la última. Había venido al Paraguay a pedido de la empresa colonizadora y de la dirección menonita, para colaborar en los distintos asuntos gubernamentales como el título de tierra, el 'Waisenamt', entre otros. De esta manera había colaborado con la expedición menonita al Chaco en 1921. La segunda vez ya no regresó a Canadá, sino se quedó con sus amigos en Menno, donde también falleció. Priesz era soltero y nunca fue miembro de la congregación.

Si el señor Priesz durante la elaboración del artículo había contado con la publicación del mismo en las revistas menonitas en Manitoba, no se sabe. Pero fue publicado y naturalmente tuvo un efecto provocador en los que habían regresado a Canadá, como era de esperar. Aunque la esencia del informe se basaba en la verdad, se sintió en parte una mezcla de 'poesía y verdad'; y los periodistas le habrán dado el tinte que faltaba. La descripción arbitraria de las cosas se nota especialmente en la descripción del 'doctor'.

A los que regresaron - los *"hermanos que rompieron el pacto"*, como son sellados en el informe - les parecía muy descabellado. Una carta en contra del artículo apareció el 5 de marzo de 1930 en la revista 'Steinbach Post': *"El informante del Paraguay ha de tener mucho tiempo para juntar informaciones. El sabe muchas novedades sobre los hermanos que rompieron el pacto, que volvieron a Canadá y sobre el joven Doctor, que ha sido esclavo del aguardiente. Ahí yerra el autor. No habrá conocido bien al Doctor. Un refrán dice: Lo que yo hago, es capaz de hacer mi prójimo.*

El escritor ha de tener mucho tiempo, de otra forma no experimentaría tanto en la mesa de la cerveza. Yo pienso que la partida de cerveza está todavía en el Paraguay, y ahí se habrá infundado el informe de los 50 dólares el acre y de los 4 hectáreas con 230 dólares de ingreso. Puede ser que con eso se refiera a pesos, es decir, un error ortográfico. Sería muy ilustrativo.

Nosotros encontramos siempre lo mismo en la prensa: sandías, maní, trigo, sorgo y después la miel de caña. Esto lo experimentamos al comienzo, no ocupó mucho tiempo. Quedaba entonces tiempo para tomar cerveza.

...horrendas historias que se cuentan en Norteamérica, que a nuestros amigos en el sur les eriza el cabello - eso ha de costar muchas sepilladas para planchar el cabello. ¡Y las niguas, se las aleja - pero con qué consecuencias en los pies lesionados! El Señor Engen tuvo que irse a Buenos Aires, para que los médicos atiendan sus pies, que estaban llenos de niguas.

Ahí leemos también de los silenciosos del país, que el creador los haya creado como ejemplos. Le damos la razón al autor. Pero él tendría que atenerse primero a esto, y no enviarnos esa palabrería inútil. Aquí en Norteamérica no necesitamos las cosechas modelo, hay suficiente trabajo sin ellas. Tenemos aquí también la lengua alemana - y mucho ciudado, no dejen que el castellano empiece a dominar allá - el enemigo quiere sembrar el yuyo allá como acá. Está trabajando en todas partes, así como nosotros lo hemos experimentado."

Un 'reportaje' que no fue informado

Esta 'sarnosa' carta apareció en la 'Steinbach Post'. Después llegó mucho más intenso; algunos hombres de los que habían regresado se juntaron y constituyeron una especie de 'consejo de guerra' para definir cómo actuar para enfrentar a los muchos 'buenos informes' del sur y especialmente a ese artículo en una revista de Asunción. Ellos querían simplemente pujar en contra del as en las mangas del otro lado. Ellos no habían dejado así nomás el Paraguay, habían tenido sus motivos bien fundados, que fueron desechados, y eso se había que presentar en forma clara, para que la gente lo entendiera y se convenciera de manera efectiva. No se tenía que informar siempre y solamente lo bueno del Paraguay, sino también habría que demostrar la otra cara de la moneda.

Resolvieron ir a un publicista, para pedirle ajustar su artículo del Chaco y sus pesares sobre el Paraguay, que ya estaba listo para la publicación, a un marco de una lectura aceptable para la sociedad. El hombre lo aceptó y ellos le entregaron la materia prima.

Cuando estaba listo el informe - bastante largo - el mismo debió ser publicado en las revistas menonitas de Manitoba. Los hombres habían actuado sin el director de la revista. Ni uno de los directores de las revistas aceptó el informe. Dijeron que no publicaron el artículo por respeto al joven asentamiento en el Paraguay.

El hombre que había elaborado el informe (Peter J.A. Braun), no estaba enojado por eso, porque él, teniendo a su único hermano en el Paraguay, deseaba el mejor de los éxitos al asentamiento. Guardó el informe, y con esto se finiquitó el asunto.

Muchos años más tarde, cuando él mismo fue al Paraguay para visitar a su hermano y al muy examinado asentamiento, trajo el informe y lo puso a disposición al Archivo de Historia en Menno. Ahora se lo lee con gusto, y nadie se siente mal por eso. Se ha convertido en un documento histórico de mucho valor.

Aquí el informe en toda su extensión: *"Muchos pros y contras se han escrito sobre las posibilidades de colonización en el Chaco. El Chaco es una selva inexplotada en el Paraguay. Hasta ahora se ha escrito más a favor que en contra. Posiblemente eso tiene su origen en que los informes fueron presentados especialmente por la empresa colonizadora, la 'Intercontinental Company', ya que ella quiere poblar la zona. Otro motivo por el cual solamente se informa lo bueno, puede provenir de que la gente quiera levantar su ánimo caído, pero lo que no será suficiente para los agricultores. Hay algunos de ellos allá que lo hacen todo a su manera, pero que a baja voz reconocen para sí mismos la insuficiencia y desean estar ya lejos del lugar, de vuelta a su vieja patria, allá, con los 'hermanos que rompieron el pacto', y que ya regresaron pintando en negro todo lo que quisieran haber escuchado, visto y sentido, como lo dice en un artículo de la 'Steinbach Post', extraído de la 'Deutsche Zeitung' para el Paraguay en Asunción.*

Lo que queremos presentar acá, hemos personalmente 'escuchado, visto y sentido', no lo hemos 'querido' solamente - nosotros estuvimos allá.

Creemos que aquella autoridad representativa no ha sido otra que J.J. Priesz, un empleado de la Corporación Paraguaya en Asunción, y que aquel artículo en la 'Deutsche Zeitung' de Asunción provenga de él, o por lo menos surgió bajo su influencia. Si en la elaboración de ese artículo existía la intención de repartir palizas con chismeríos y calumnias, no queremos responder con mentiras; porque lo que se presenta en el informe, linda desesperadamente cerca de la no-verdad.

Nosotros estuvimos ahí donde hoy se encuentran todavía muchos de nuestros hermanos. Algunos de nosotros viajamos entre los primeros que en noviembre de 1926 llegaron al Paraguay, lleno de esperanzas y convencidos de haber acertado en la elección. Los que nosotros habíamos enviado para analizar la región, nos habían dado perspectivas muy satisfactorias.

Uno de nosotros ha trabajado desde los comienzos con la mensura de las tierras, por eso puede emitir algún juicio sobre el asunto. Cuando aquellos periodistas dicen que los fieles colonos pioneros de Canadá han desarrollado allá en la región del Chaco una 'actividad a pesar de todas las desavenencias', entonces añadimos: y del calor casi inaguantable y la gran sequía, y que a veces no hemos podido tomar agua durante todo el día, de noche desplomándonos totalmente exhaustos y demacrados. Más los molestos mosquitos, y otro pequeños y grandes espíritus de tormento, que no nos dejaron en paz día y noche. Sin el mosquitero no pudimos dormir. Muchas veces lo hemos visto y sentido. Hemos estado allí varios años e informamos de nuestra experiencia.

Hace nueve años algunas de nuestras congregaciones enviaron cinco delegados a Sudamérica. Se arrimó a estos posiblemente por su propia decisión, el arriba mencionado señor J.J. Priesz de Altona, Manitoba, y se fue con ellos. Nuestros delegados poseían el permiso de entrada para Argentina, Uruguay, Bolivia, Brasil, Chile y Paraguay. Tenían que buscar posibilidades de colonización. Ellos lo han realizado solamente en el Chaco Paraguayo, en las tierras de un argentino rico, en la región de Puerto Casado, donde el señor Casado posee una fábrica de tanino muy grande. Los delegados estaban ahí en otoño, mayo de 1921, en un momento en que no hay muchos bichos molestos. Un agente, el señor Engen, viajó con ellos para examinar el Chaco. Ellos tuvieron que esperar un mes para viajar a la selva, porque, como se decía, era demasiado húmedo. Si esta ha sido la causa, no lo sabemos. El señor Casado ha dicho más tarde que él no había contado con que la comisión de inspección volvería del Chaco.

Cuando nuestros delegados estaban de vuelta en Asunción, querían mirar también tierras en la parte oriental del Paraguay, 100 kilómetros al sureste de Villarica. No era propiedad del señor Casado, sino eran tierras fiscales, que el mismo General McRoberts había aconsejado a los delegados a observarlas. Ellos no conocían el país y no sabían dónde estaban estas tierras, y Engen, su líder, que tampoco parecía conocerlo, dijo que tenía que preguntarle al General McRoberts dónde estaban las tierras. Pasaron varios días y no llegó ninguna respuesta. Después de una espera de diez días los delegados capitularon y siguieron el viaje. Fueron despedidos sin nada. Hoy sabemos mejor, por qué el telegrama no llegó. Esto lo hemos 'escuchado' y de nuestros delegados.

Durante la presencia de ellos en el Paraguay, nuestros delegados fueron protegidos y observados constantemente. Ellos fueron hospedados en Asunción en un hotel donde solamente se hablaba el castellano, en vez de hospedarlos en un hotel donde se habla el alemán, de los cuales hay suficientes allí, y donde posiblemente se hubieran sentido más en casa. Se los advertía constantemente de no irse a las calles a pasear sin acompañamiento, para que no les sucediera ninguna desgracia. Eso lo hemos escuchado y también lo creemos, pero no creemos que hubiera sido una desgracia para nuestros menonitas, si oportunamente se hubieran encontrado con unos de los hombres de negocio alemanes de Asunción, pero posiblemente una mala patada para los agentes: porque en-

tonces nuestros menonitas no hubieran ido al Chaco, sino a la Región Oriental, a la región de Villarica.

Cuando durante el regreso de Sudamérica estaban visitando México, parecía imposible presentarse al gobierno, y por eso el rol lo tomó otro agente, un señor Solberg, que de alguna manera se había unido a nuestra delegación en los Estados Unidos. Aquí los indígenas (o los mexicanos) fueron presentados como tan malos que la delegación ya no quiso saber nada de este país, en contraposición de los indígenas en el Chaco, que fueron descritos como hombres muy pacíficos. Por eso se decidió por el Chaco. De vuelta a casa, fueron organizadas las reuniones para ver cómo llegar allá.

La Intercontinental Company fue fundada y el Comité de Previsión fue formado en nuestro medio. Los dos elaboraron un plan viable de emigración al Paraguay. Pero recién después de cinco años se pudo ejecutar el traslado. En Puerto Casado se acumuló mucha gente, por no haber tomado precauciones precisas para el asentamiento. Luz eléctrica y la provisión de agua fresca, que había sido un tema de mucha conversación en Canadá, no existían en el campamento de Puerto Casado. Había pequeñas casitas de palmeras, y tampoco ellas estaban terminadas; de los 50 acres para una huerta lista para su cultivo, de los cuales los inmigrantes tenían que recibir una buena parte para su alimentación, ni se hablaba.

Uno tiene que haberlo vivido en carne propia para saber cómo lse siente, cuando una masa de gente se junta sin ningún plan y no puede hacer nada. Las tierras no estaban mensuradas, por lo tanto no podían asentarse. El agua potable del río Paraguay era templada y tenía mal gusto. Cuando llovía, se arrastraba toda la basura al río, también restos de los cadáveres de animales. Se ha dicho que muchas enfermedades que aparecían al comienzo, fueron traídas de Canadá, pero uno se pregunta si ellas no habrán provenido del agua del río ingerida por la gente.

El calor era casi inaguantable para los nórdicos. Con el agua templada no pudimos refrescarnos. Por eso no ha de sorprendernos que por ahí se ha inventado algo en la 'mesa de la cerveza', donde también los señores de la empresa colonizadora estaban sentados bajo el ventilador refrescante, haciendo planes y posibilidades para el asentamiento menonita en el Chaco.

Allí existen moscas de carne que excretan larvas vivientes, que no viven recién después de 24 horas como aquí en Canadá. Las larvas empiezan a comer enseguida. Son peligrosas para animales y para hombres. En cualesquiera de los animales vivos hacen su trabajo. Se tiene que cuidar mucho. Los hombres las tienen en los oídos, en la nariz, en los pies, cuando uno no se cuida. Los murciélagos plagean a los vacunos, y las larvas empiezan a comer en las heridas de la mordedura de los murciélagos.

En Puerto Casado estábamos sentados y esperamos lo que iba a suceder. Todo sucedía lentamente. Engen, el empleado de la empresa de colonización, defraudó. Entonces tuvo que venir el señor Rogers, el administrador de la empresa. Se ganó la confianza de los menonitas durante las negociaciones en Canadá y se había afirmado como un líder nato. El ordenaba todo en Puerto Casado y se fue con los menonitas al Chaco. El comía donde comíamos, dormía donde dormíamos. Era solidario, tenía intenciones sanas y era servicial con alma y cuerpo. Después de un tiempo Rogers nos dejó y se fue otra vez a Canadá. La despedida nos costó mucho. Rogers prometió volver dentro de un año. Mientras tanto tenía que venir su hijo y seguir con la empresa, como él lo había hecho. Habrá pasado algo, con lo que el señor Rogers no estaba contando. En vez de su hijo vino el señor Landreth. No era tan amable como el señor Rogers. Frustró el apetito de la gente, y en especial cuando con mano dura echó a la gente del campamento en Puerto Casado (hacía que la gente saliera de ahí). Muchos que no habían decidido aún quedarse, volvieron Canadá o se quedaron en Asunción, donde deambularon desde ese momento. Creemos que si Rogers hubiera regresado, estaríamos en el Paraguay, pero no en el Chaco, sino en la Región Oriental, a donde hubiese ido más gente.

Mientras que Rogers estaba allá, se comenzó finalmente con la entrada en el Chaco, por más que algunos ya se habían ido al desierto anteriormente. Era muy pesado, pero se encaminó bastante bien. Hemos intentado de diferentes maneras hacer algo del asentamiento. Pero no con la esperanza de convertir 'dos años en cuarenta años', como está escrito en el artículo 'Colonia Menno'. Lo hicimos tan bien como pudimos y según el consejo del agrónomo de la Company. Hemos plantado para cosechar algo. Pero en los dos años no hemos cosechado tanto como para tener el ánimo para intentarlo de nuevo.

Unos se desanimaron desde el vamos, otros más tarde, y volvieron todos. La mayoría tuvo que quedarse porque no tenía los medios para regresar. Algunos salieron antes de que se acabaron los medios, otros fueron apoyados por sus parientes para poder regresar. Muchos no podían regresar, porque los mismos parientes en Canadá no tenían los medios. Hubo algunos de ellos que se dirigían al ministro de Agricultura de Manitoba para pedir ayuda para poder regresar.

Al llegar al Paraguay compramos vacas y bueyes. Los vacunos se comportaron de otra manera como lo conocíamos de estos en Canadá. De los cuernos largos hay que cuidarse mucho si uno está con la vaca o con el buey. De vez en cuando era muy peligroso.

Lo más complicado en el viaje largo al interior fue conseguir el agua y el forraje. El pasto en general era un pasto amargo, no consumible para el ganado. Encontramos también de vez en cuando lugares con mejores pasturas. Pasto lindo existe en muy pocos lugares. Unas aldeas tienen más, otras prácticamente nada de pastura. Las vacas lecheras tenían que caminar a veces hasta 12 km para llegar al lugar de pastura. ¡Bajo el sol caliente suele ser una tarea muy difícil!

Las cosechas consistían en su mayoría de sandías, de sandías y otra vez de sandías - y algo de maní y de porotos, no lo suficiente para alimentar a una familia. Que alguien haya cosechado por el valor de 50 dólares en ¼ de hectárea y otro hasta 230 dólares en cuatro hectáreas y después retenido suficiente semilla para la siembra, como lo reza en el consabido artículo, no lo hemos escuchado ni visto y no lo creemos tampoco, porque tal cosa no puede suceder en el Chaco.

La constitución del suelo no es tan mala, pero el clima es muy extremo, una vez demasiado húmedo, luego muy seco, mucho tiempo sin lluvias; sobre todas las cosas, demasiado caluroso. Cuando el viento norte sopla durante tres o cuatro días por los campos hermosos, pronto todo se destruye.

Miel hemos preparado también en el Chaco, de sandías, y comíamos cuanto queríamos. Pero no queríamos gozar de él más de dos días, porque ahí la linda miel estaba tan fermentada que se la tuvo que cocinar otra vez para no desecharla. No era aconsejable gustar más de ella. El tiempo de las sandías no se mantiene durante todo el año, sino - si es mucho - por cuatro meses. Después de ese tiempo termina también el degustar de la miel de caña.

Pan y carne las hay que ocultar bien, si no lo consumen las hormigas que de noche aparecen en millones. Cada pata de la mesa tiene que estar en un recipiente de nafta, si las hormigas no deben entrar a la mesa por todas partes. Al cavar un pozo encontramos pasos de hormigas hasta a una profundidad de 10 pies.

Cereales como el trigo - naturalmente importado, otro no existe - sorgo, porotos, etc., todo esto no se puede conservar. No dura muchas semanas hasta que los bichos lo hayan consumido todo.

Aquella 'personalidad representativa' aparentemente conoce muy poco del Chaco. Entonces no hubiera informado sobre el caminar descalzo y dormir afuera en el campo o en el bosque de noche. Hemos estado allá y sabemos que no hemos cerrado los ojos durante noches enteras a causa de los bichos. Ahí hay muchos mosquitos, y lo que es peor, ahí están los polvorines inmisericordes, ahí existen las niguas. Claro que si, una madre norteamericana tiene muchas razones de pensar con asombro en esta situación. La 'personalidad representativa' afirma en el artículo, 'estos se los saca, y eso es todo'. ¡Pero qué se tiene que aguantar todo en este momento! De nuestros hijos algunos tuvieron también estos bichos entre los dedos del pie y demasiado queríamos olvidarnos de esto, en vez de escribir algo sobre el asunto. Fred Engen tuvo que ir a Buenos Aires para dejarse tratar por el tema de las niguas.

Que el médico fuera tratado en forma tan desprestigiada, no sorprende. Siempre era abierto en sus enunciados. No pudo entender qué queríamos en el Cha-

co. El Chaco, como él dijo, no era para gente blanca, sino para los indígenas. Claro, eso no les agradaba a los agentes en su cuestión empresarial. El doctor era muy amable. Amaba a los menonitas. Parecía conocer el Paraguay. El convivía con una paraguaya, casado o en concubinato, no lo sabemos, y allá tampoco es importante. Nos dijeron que de 1.000 parejas tres viven en una relación matrimonial normal. Que el médico haya sido una persona nerviosa, no lo sabemos. Tampoco lo creemos.

No todos los que no confiaron en el Chaco, volvieron enseguida; no se quiso darle la espalda al Chaco y volver a Canadá solamente por las 'ollas de carne', queríamos quedarnos en el Paraguay 'libre'. Inspeccionamos la región oriental del Paraguay. Visitamos asentamientos alemanes, plantaciones de la yerba mate, vimos cómo se elabora el té. Es muy arduo, pero es posible. En el Chaco no crece la yerba mate. Muchas naranjas silvestres vimos, tampoco existen en el Chaco, y muchas hortalizas. El algodón crece muy bien. La madera es mucho mejor que la del Chaco, también hay otras especies. Lo que crece en el Chaco, en la Región Oriental crece mucho mejor. Creemos que la Región Oriental hubiera sido mejor para los menonitas que el Chaco. El Chaco es el peor terreno que tiene el Paraguay. También otra gente dice que el Chaco no es apropiado para los asentamientos.

Nos dijeron que el Presidente de 1921, cuando nuestros delegados visitaban el país, lamentó que los delegados hubieran visto el Chaco, para llevar a los menonitas hasta esta región. A la pregunta nuestra, por qué a nuestros delegados no se habían mostrado las tierras de la Región Oriental, el Presidente había respondido que los menonitas estaban negociando con el señor Casado sobre las tierras. Ahora queremos preguntar, ¿quién lo ha sabido? Nosotros no lo hemos sabido, y por lo que sabemos, nuestros pastores y delegados no sabían nada de esto, por lo menos no todos. Y por tal motivo tampoco llegó a destino el telegrama de Nueva York, porque 'los menonitas estaban negociando con Casado'. Y nosotros ni sabíamos que existía un Casado.

En la Región Oriental del Paraguay se nos ofreció la tierra fiscal por cuatro dólares el acre, a unos 30 kilómetros de Asunción, y en la zona de Villarica a dos y medio dólares el acre, y también por un dólar el acre. (En el Chaco se nos ofreció la tierra por cinco dolares el acre). El ambiente y el clima de la Región Oriental nos gustaron. Pero no estábamos en condiciones, ni financiera ni corporalmente para hacer un comienzo nuevo. Lo temíamos. También numéricamente no éramos suficientemente fuertes para tal efecto. Los líderes de las congregaciones no pudieron decidirse por el traslado a la Región Oriental del Paraguay.

Habría que mencionar más razones que nos indujeron a dejar todo y volver a Canadá, por encima de la nostalgia que menciona en su escrito J.W. Thiessen. No pudimos imaginarnos cómo realizaríamos nuestra vida allá en el Chaco.

Al gobierno del Paraguay la presencia menonita le era bienvenida. Cuando estábamos en Asunción, se nos ofrecían ventajas; el ministro de agricultura nos entregó una carta:

'Asunción, el 16 de octubre de 1928

Yo soy el encargado de la sección de tierras y de colonizaciones para ofrecerles ventajas, en caso que ustedes decidan asentarse en tierras fiscales; libre permanencia en el Hotel de inmigración en Asunción, viaje libre y transporte libre de sus bienes hasta el lugar de destino (con el ferrocarril o el barco), entrega de lotes agrícolas bajo las condiciones de la ley de inmigración y de la colonización. Anoten debajo de ese escrito su respuesta, si están de acuerdo o no. Estamos abiertos a las informaciones necesarias. Esta oferta vale no solamente para su grupo, sino también para otros de su comunidad, que quieren asentarse en una colonia fiscal.

(Sello y estampilla, más la firma)'

Cerramos por esta vez. Si es necesario, lo complementamos. Hemos tocado diferentes puntos a grandes rasgos."

Paraguay, sí - el Chaco, no

Muchos pensaron: ¡No regresar a Canadá, pero salir del Chaco!

Walter Quiring escribe: *"La intranquilidad generalizada vivió su auge a finales de 1927, cuando un grupo tenía como meta el traslado de una parte de los inmigrantes a la Región Oriental del Paraguay. Conocieron un terrateniente cerca de Villarrica. Le ofreció tierras cerca de Pastoreo, a 100 km al noreste de Villarrica, en condiciones muy ventajosas. Por tal motivo viajaron el delegado de 1921 el señor Isaak Funk, miembro del Comité de Previsión A.J. Friesen, así como Bernhard Wiebe, Abram Wiebe, Johann Töws y Peter Harder, para inspeccionar las condiciones de colonización. Encontraron las tierras muy aptas para cumplir con sus objetivos: linda agua potable, fuentes, arroyos, madera para construcción en inmensas cantidades, y la tierra 60 % más barata que en el Chaco."*

Los que se interesaron en un asentamiento en la Región Oriental del Paraguay, intentaron convencer a la dirección de la congregación para esta empresa y pidieron que por lo menos uno de los pastores les acompañe. Inclusive las mujeres se esmeraron en influenciar a los pastores. Pero también ellas tuvieron que volver a sus carpas sin haber logrado algo (era todavía Puerto Casado). El Anciano Friesen y sus colegas se sintieron responsables por el grupo más numeroso de los colonos. Y finalmente el proyecto del asentamiento en el Chaco estaba todavía en su fase de preparación. No se había iniciado todavía el asentamiento. Mucho dinero ya se había invertido.

Y nadie pudo decir con seguridad que se lograría hacerlo. La dirección de la congregación se negó rotundamente al proyecto de asentamiento en la Región Oriental del país.

El Anciano Friesen, que en 1928 entró al Chaco con su familia, ubicándose en el campamento de Pozo Azul, escribió en febrero a la congregación en Puerto Casado: *"¡Queridos hermanos: La gracia y la paz de Dios, el padre de la misericordia, esté con ustedes!*

¿Por qué buscar otro país? Después de dejarles el 31 de enero, he pensado mucho en ustedes. El movimiento allá (hacia la Región Oriental del Paraguay y de vuelta a Canadá) me ha dejado mucho que pensar. Ahora se busca otro lugar, donde se estaría mejor. Esta inconstancia me pesa. Aunque en Puerto Casado hay pastores que se preocupan por ustedes, me siento obligado por la conciencia y la gran responsabilidad de escribir para advertirles y fortalecerles. Dios se mantiene fiel para con nosotros los débiles obreros, con lo que hemos emprendido en la confianza de Dios, y que nos ha costado mucho ya. ¿Ustedes, los que buscan algo mejor, no han olvidado que bajo oración enviamos a nuestros delegados, pidiéndole a Dios tantas veces que bendiga la empresa? Y el Señor los ha guiado felices a casa, y también trajeron una buena noticia: la Carta de Libertad de un gobierno con las mejores intenciones. Ellos informaron que tenían fe que con la ayuda de Dios podríamos desarrollar nuestra vida en la tierra que ellos habían inspeccionado.

Claro - todo comienzo es difícil.

¿Por qué volver en realidad?

Hermanos y hermanas, piensen no solamente en nuestra situación actual, sino más allá. ¡Ahora no vamos a ignorar el propósito de la emigración! ¿No son solamente tentaciones que si o si se acercan a nosotros? Cuánto valor hemos tenido al dejar Canadá y venir hasta aquí. Y si ahora tenemos que sufrir algo, parece esto demasiado para nosotros. Por eso, no regresemos, sino aguantemos. No hemos resistido hasta el extremo todavía. ¿No nos ha significado realmente más, emigrar en el nombre de Jesús? ¿Queremos comer otra vez lo que hemos vomitado? (2. Pedro 2, 22) - Entonces es lamentable que hayamos iniciado esa empresa. No nos faltan mejores tierras, tampoco un mejor gobierno, nos hace falta un corazón humilde y obediente, nos hace falta la entrega a la causa. Es difícil, es cierto, y yo creo que será más difícil todavía, pero, ¿por qué complicarlo aún más con la desobediencia y la resistencia? ¿Por qué no procurar realizar esa obra difícil con la ayuda de Dios, con confianza y con buen ánimo con todos los medios regalados por Dios?

¿Nos entregamos realmente por nuestra comunidad? Nos falta una verdadera entrega. No debemos de pensar: 'Yo he', sino 'nosotros hemos' empuñado la obra. Has pensado, querido hermano, qué sentido profundo abarca la

expresión: ¿nosotros hemos emprendido la obra? Es necesario considerar el por qué estamos aquí.

*¿Tu, **que estás sin medios o casi sin medios,** has hecho lo tuyo? ¿Has empleado la fuerza sana recibida de Dios para fomentar esta obra con el corazón voluntario? ¡No preguntes lo que se te da por eso! Sé fiel en esta causa y sigue obedientemente a aquellos que tienen la tarea de contratarte. No nos cansemos, pues, de hacer el bien, porque a su debido tiempo cosecharemos infinitamente.*

Queridos hermanos, no se cansen de hacer el bien. No vamos a apetecer el bien del prójimo. Demuestren una buena conducta, eduquen a los hijos en la castidad y en la amonestación del Señor.

*Y nosotros, queridos hermanos, que tenemos por la gracia del Señor **las dos cosas: la fuerza y los medios,** ¿cómo estamos? Vamos a examinarnos también. ¿Hemos hecho, lo que era posible para nosotros hacer? ¿Hemos empleado los medios regalados por Dios por su simple gracia, por el bien de todos de acuerdo a nuestras fuerzas? ¿O aceptamos simplemente que los otros fomentan y se cargan la empresa difícil, sin esforzarnos a nosotros mismos? Seamos ejemplares con nuestra fuerza y con nuestros medios, para aminorar la carga. Vamos a cubrir fielmente las espaldas a nuestros hermanos, quienes tienen el deber de arreglar todo, para que la obra siga adelante, y para tal efecto necesitan nuestro apoyo moral y financiero.*

¡Tomemos la palabra de Dios como guía y dejémonos guiar por el espíritu de Dios! ¡Que Dios nos sea clemente y motive en nosotros la voluntad y la determinación según su complacencia!"

Y casi al mismo tiempo el predicador Diedrich Wiebe desde Puerto Casado escribió al Anciano Friesen en Pozo Azul el 2 de marzo: *"Lo que concierne a las tierras de la Región Oriental del Paraguay, el movimiento hacia allá tiene muchos adeptos. El delegado Isaak Funk lo explica de la siguiente manera: Ahora al irse al Chaco se les abrieron los ojos, se los engañó (1921) mucho, dice él. Ahora sabe - dice él - por qué se custodió tanto a la delegación en 1921. Aquella vez no tuvieron ninguna libertad para moverse libremente, e irse a donde quisieran. Cuando alguien salía por un rato a solas, los líderes se habían enojado. Siempre tuvieron que vivir en hoteles en que se hablaba solamente el castellano, habiendo suficientes hoteles donde se hablaba el alemán. Varios días habían esperado en Asunción para poder salir e inspeccionar tierras; pero no le dieron la oportunidad de hacerlo. Algunos están tan desanimados, que, si se desecha la opción del asentamiento en la Región Oriental, regresarán a Canadá. ¡Ojalá no resulte todo eso! Espero que todos entren al Chaco. Pero las informaciones del Chaco, que pintan distinto a lo que les da ánimo, empeoran la cuestión. Primero vino alguien e informó que todas las plantaciones se habían resecado por el calor.*

En segunda instancia se nos comunicó que nuestra gente había tenido que huir de los militares bolivianos. Y tercero se contó que no todas las aldeas tendrían suficiente pasto para el ganado, ni para una yunta de bueyes y una vaca. Y todo esto frustra más a los desanimados."

Un poco más tarde el Anciano Friesen visitó la congregación en Puerto Casado. De regreso a Pozo Azul escribió al pastor Abram E. Giesbrecht, que vivía en el campamento de Loma Plata: *"Hace una semana estuve en Puerto Casado. Ahí hay abuelos, que vuelven temerosa a la gente por sus discursos llenos de dudas. Pero, cuántos han olvidado ya lo que hemos prometido a nuestro Dios cuando oramos sobre rodillas ser fieles y consistentes hasta el final. También en esa emigración fue nuestro anhelo que el Señor nos muestre un lugar de albergue - y lo hizo. Pero nosotros criticamos en vez de agradecer. ¡Hombre ciego, cuándo por fin quieres ser agradecido!"*

Casi al mismo instante uno de los líderes de la empresa de asentamiento, R.N. Landreth, escribió a sus colegas en los Estados Unidos: *"El 8 de febrero de 1928 les envié el siguiente telegrama: Isaak Funk y A. Friesen han inspeccionado las tierras en la Región Oriental del Paraguay. Están haciendo el esfuerzo para constituir un grupo. Yo pienso que los esfuerzos serán en vano. ¡Entonces no hay ningún motivo para alarmarse!*

Yo he hablado con Funk y con Friesen, y el señor Alfonso Hoefliger ha conversado más con ellos que yo. Funk parece ser el líder de esta cuestión. Está amargado por los de la Reserva Oriental, y así también Friesen. Los dos afirman que la delegación de 1921 ha procurado visitar las tierras en la Región Oriental del Paraguay. Las tierras que han visto ahora, pertenecen al anterior Presidente de Estado Schaerer. Yo creo que la cosa va a caer al agua. Friesen me dijo que él sólo quería una cosa: regresar al Canadá.

Hoefliger me comunicó con toda confianza, que Funk había señalado que la empresa de asentamiento estaba obligada a emplearlo. Parece que él contaba con que nosotros le ibamos a pagar. Está en la penuria. Yo le dije a Hoefliger que no había ninguna posibilidad de emplearlo y pagarle. He dicho a Funk y a Friesen muy claramente lo que pienso de su actitud. Yo tengo la impresión de que están amargados y totalmente cansados de esta empresa colonizadora."

Los empleados y los responsables de la empresa de asentamiento hicieron la misma cosa que los peregrinos menonitas, que no querían capitular: se animaron mutuamente. Por ejemplo el señor Engen escribe desde Pozo Azul al señor Rogers en Winnipegel 4 de marzo de 1928: *"Que el delegado Funk empiece a distanciarse, no apeligra para nada la voluntad de los demás colonos.*

Cuanto más dificultades se cruzan en el camino, tanto más resistentes se vuelven. El asentamiento en la Región Oriental del Paraguay no resultará. Les dije ya con anterioridad, vamos a dejar a los menonitas para que ellos se organicen solos y encuentren su camino en la empresa de asentamiento. Ellos desarrollarán el Chaco según sus propio estilo, posiblemente no así como nosotros lo quisiéramos, pero de una manera, que nuestra empresa de asentamiento sacará un pez gordo en el sentido de que el Chaco se convertirá en una de las regiones más hermosas de América. Yo me imagino cuán desconsoladora habrá sido la región desértica de la llanura del Red River en Canadá, cuando los pioneros menonitas llegaron hasta allí."

Engen siguió en junio de 1928, con menos ánimo: *"Debemos tomar medidas para frenar la propaganda para un asentamiento en la Región Oriental del Paraguay. Aquí en Puerto Casado hay demasiada mucha gente que no quiere irse al Chaco, y ahí el programa de la Región Oriental gana sus adeptos. Toda grandiosidad del Chaco se pierde a causa de las malas condiciones del camino. Nuesto chofer del camión puede ser reemplazado por otro. Recibe como pago 106 dólares al mes, y el sueldo se va seguramente para la construcción de una aldea Funk en Caaguazú. El viejo Funk y sus colegas han adquirido allá 70.000 acres de tierras por 140.000.- dólares. Al mismo tiempo asumen un contrato de la entrega de madera de construcción, que existe entre el propietario y algunos leñadores, y que debe pasar ahora a los menonitas, por seguir dos años más para la entrega de madera. Se espera una ganancia de 100.000.- dólares, así que las tierras le costarán finalmente apenas unos 40.000.- dólares."*

Del campamento de Loma Plata alguien escribe en la 'Steinbach Post' en agosto de 1928: *"Un grupo de 19 familias está listo para trasladarse a la Región Oriental del Paraguay. Yo también con mucho gusto estaría allí. Ahí existen corrientes de agua y mejor pastura, y el clima no es tan caluroso. Las tierras abiertas allá son realmente abiertas, y el bosque tiene árboles más grandes."*

Aunque hubo en un momento bastante colonos que se interesaron por la Región Oriental, por las condiciones agrícolas más ventajosas y el clima más agradable, solamente algunas familias decidieron irse, porque se seguía todavía en el Paraguay, por más que se iría hacia el otro lado del río. Por eso muchos de los frustrados en y del Chaco prefirieron volver a Canadá, en vez de hacer un intento de asentamiento otra vez en Sudamérica. Otros decidieron ir al Chaco, donde la mayoría bajo el peso del último esfuerzo no se retiró ni una sola pulgada de la empresa de colonización. Así también la dirección del asentamiento y de la congregación, dieron todo de sí para enfrentar la dispersión o la disolución del emprendimiento.

La compra de las tierras en la Región Oriental no tomó formas. Supuestamente se dieron cuenta, cuando se conoció la situación, que esta causa no se pintaba tanto color de rosa como a primera vista parecía. De las cartas se sabe que el negocio de la madera en las tierras en cuestión arrojó pérdidas. También se hablaba de que el negocio de las tierras y el título de posesión no habían sido muy transparentes. Se deducía que si los menonitas compraban las tierras, cometerían una gran estupidez.

Pero nadie, ni los menonitas del Chaco ni la empresa de colonización intentaron tomar medidas en contra. Se permitió a esa gente que estaba cansada del Chaco, encontrar su propio camino. Ellos tenían que encontrar para sí lo que era lo mejor para ellos.

Finalmente se trasladaron dos familias - I. Funk y A.F. Wiebe - a la región de Villarrica. Pero después de un mes más o menos salieron y volvieron a su querido Canadá.

Se preocupó la dirigencia del asentamiento, porque no se sabía si de repente el asentamiento no se iba a realizar en la Región Oriental. Para tal efecto habría que contar que una buena cantidad de colonos se unirían a tal empresa. Muchos no estaban en condiciones financieras de regresar a Canadá y otros no estaban suficientemente convencidos de hacerlo, pero un simple traslado hacia la Región Oriental del Paraguay hubiera sido posible; por un lado porque no sería muy costoso, y por el otro lado creían que no sería ridículo su irresolución, porque seguirían en el Paraguay.

También el regreso de los desanimados era una resta para la realización del asentamiento, porque debilitaba el entusiasmo para la empresa. A nadie se le negó el regreso, pero se aconsejaba seriamente no hacerlo. Algunos de los que regresaban tenían medios. Naturalmente llevaron su dinero de vuelta a Canadá, en vez de prestarlo a la congregación, como lo hicieron con sus medios que se convirtieron en una bendición para la colonización del Chaco.

El regreso no fue planificado en conjunto, al menos que se juntaran un par de familias para tal fin. Por eso no era tan preocupante como la idea del traslado a la Región Oriental, que parecía convertirse en un movimiento organizado. Si hubiera sido apoyado por otra organización para ese traslado, se hubiera producido el hecho de la dispersión y con eso una debilitación, si no un resquebrajamiento de toda la empresa de colonización.

Si solamente un pequeño grupo hubiera estado de acuerdo y hubiera aguantado en la región de Villarrica, posiblemente hubieran seguido otros. Pero esa clase de empresa, por más atractiva que fuera la naturaleza allá, necesitaba de una alianza nueva, exigía una nueva organización, y tal condición previa no se había dado.

Cuando la mayoría de aquellos, que habían desechado el proyecto del Chaco, regresaron a Canadá, empezaron a difundir nuevos chismes a fines de 1928 y al comienzo del año 1929. Muchos en Manitoba no habían descartado la idea de la emigración. El Chaco, del cual habían escuchado historias tan horrendas, los asustaba. Ahora los que regresaban insinuaban nuevas ideas de asentamiento, en la Región Oriental. Que la cuestión tuvo mucha aceptación, se deduce de una carta del señor Rogers a inicios de 1929, que le respondió a una solicitud del Anciano Friesen: *"Usted me escribe de un movimiento entre los menonitas aquí en Manitoba, de trasladarse a la Región Oriental del Paraguay, y que usted ha escuchado que yo estaría interesado en eso.*

Es cierto que la gente ha venido hacia mi persona por esa cuestión. Mi respuesta fue la siguiente: cuando lo menonitas, a quienes yo he ayudado, se asienten en el Chaco, y allí no puedan subsistir entrando en la necesidad extrema, por ejemplo, pasando hambre, y estos chaqueños que son mis amigos, vienen junto a mi y me piden ayuda para el asentamiento en la Región Oriental del Paraguay, entonces lo haré. Yo dije a la gente, sería hiriente para la gente en el Chaco, si me ocupo fuera de eso con el asentamiento en la Región Oriental, esto simplemente no puedo hacer, a no ser que a la gente le resulte imposible la vida en el Chaco y quisieran dejarlo. Yo tengo aquí amigos entre los menonitas, y ellos quieren una emigración hacia el Paraguay Oriental. Estaría dispuesto a ayudarles, pero lo veo como una violación de los sentimientos de aquellos a quienes he ayudado ir al Chaco.

Esta, señor obispo, es mi actitud".

Con esto se ha adormitado el asunto, porque un asentmiento organizado en la Región Oriental del Parguay no ha podido ser plasmado nunca.

Problemas con el 'pasaporte generalizado'

Problemático se volvió para los que regresaron al Canadá conseguir un pasaporte generalizado; eso demuestra que al emigrar no se había tomado en consideración el regreso de personas individualmente. Cuando los peregrinos paraguayos se prepararon en Canadá para el largo y costoso viaje a Sudamérica, tuvieron la idea de viajar por medio de un pasaporte general y entrar con él a Paraguay. Ellos querían ahorrar miles de dólares, que hubieran tenido que gastar para la elaboración de los documentos individuales. Muy pocos tenían un documento personal, es decir, un pasaporte canadiense.

Para hacer un pasaporte comunitario se tuvo que llenar un documento por familia, y para cada persona se anotaron los siguientes datos: nombre, fecha de nacimiento, nacionalidad, altura, peso, color de ojos, color de cabello, características especiales. El formulario fue llamado 'descripción personal'. Este formulario se completó en varias copias, y según las descripciones se controlaba a los pasajeros, si era necesario. Fuera de algunas excepciones, todo funcionó muy bien.

Más tarde, cuando la gente empezó a regresar a Canadá, la ausencia de documentos personales se volvió un tema candente. El Dr. Walter Quiring escribió en relación al tema: *"El permiso de entrada de los que regresaron a Canadá se les otorgó al comienzo sin condicionamiento, siendo ellos ciudadanos británicos, pero más tarde pudieron regresar solamente bajo la ley migratoria canadiense. El cónsul inglés en Asunción exigía además un registro personal de la familia entregado por el Anciano o la administración del asentamiento, pero que les fue negado por la congregación, para no favorecer el avance del regreso de esa parte. Muchos de los que querían regresar esperaron largo rato porque los documentos tenían que ser preparados en Canadá. Ademas cada uno tuvo que presentar un tutor en Canadá, para asegurar que el que regresaba no sería una carga para el estado."*

No se sabe cómo consiguió su permiso de retorno el primero que regresó a Canadá con su familia, un señor Peters de Saskatchewan, que en marzo de 1927 dejó el Paraguay. Supuestamente llevó los documentos consigo, porque algunos los prepararon antes de su salida de Canadá.

Cuando cada vez más de los que regresaron llegaron de Puerto Casado a Asunción, se presentaron ante el cónsul británico sin documento alguno, y se quejaron que fueron engañados por la empresa de asentamiento, al no haber encontrado lo que habían esperado y como se los había prometido, e informaron que ellos querían volver únicamente a su vieja y amada patria, y justamente en este momento mientras tenían todavía medios para viajar. Entonces el cónsul no los rechazó, sino sintió empatía y el deseo de ocuparse de estos ciudadanos británicos 'abandonados' y posibilitar el retorno a su vieja patria, porque se sentía responsable de su bienestar. Para sus ojos eran subordinados canadienses-británicos, que se encontraban en la miseria, y que necesitaban su ayuda. Se dirigió a la Corporación en Asunción y solicitó la confirmación de que eran ciudadanos que la empresa de colonización había trasladado de Canadá al Paraguay. La información le fue negada. El cónsul expresó su descontento en el escrito del 28 de agosto de 1927 a la oficina de la Corporación Paraguaya en Asunción: *"En relación a la resolución del señor Rogers, no entregar a esta embajada las informaciones solicitadas sobre los menonitas descontentos, para aliviar la situación de la Corporación Paraguaya, quisiera señalar que, a pesar de que según mi parecer los intereses de su empresa no mejoran a través de esta respuesta, la situación inclusive puede tener lamentables consecuencias de largo alcance.*

Lo que siempre se emprende, esta gente está decidida a retornar a Canadá. Pero justamente usted puede retrasar su retorno, y ellos pierden cada vez más. Y si no hay nada más que obstaculice su derecho ciudadano canadiense, ellos van a recibir el permiso para entrar al país.

No me preocupa mucho lo que esa gente informe cuando retorne a Canadá, y qué influencia van a ejercer en aquellas personas que están pensando venir al Paraguay. Pero quiero llamar la atención sobre otros asuntos, en que posiblemente no ha pensado todavía.

Es correcto que usted no puede dar una descripción personal completa, pero puede colaborar y ayudar en la confirmación. Y si usted se opone a confirmar con su firma las explicaciones, que urgentemente necesitamos para la confección de los pasaportes, usted contribuye para que esa gente que está en Asunción y no tiene amigos, entre todavía más en la miseria - no pueden emprender nada, pero para avanzar tienen que gastar su dinero - sino aportan a la mala reputación de la empresa colonizadora y dañan el interés de la nación en su empresa. Mientras que la gente está retenida aquí innecesariamente, donde especialmente las mujeres y niños sufren las consecuencias, hay que tener en cuenta, que tanto el gobierno británico como el canadiense van a parar la continuación planificada de la inmigración menonita al Paraguay, hasta que la situación haya mejorado satisfactoriamente. Entre los demás inmigrantes ciertamente habrá una cantidad que retornará frustrada.

No queremos que los súbditos de la corona británica sean retenidos intencionalmente por la empresa colonizadora, si se dan cuenta que las condiciones no las encontraron como se las había presentado al decidirse por el traslado.

Yo espero que usted entienda, cuando digo que el gobierno canadiense considere necesaria una inspección seria, si la gente aquí sufre en la miseria, en el caso que de su empresa trabe el retorno de la gente, y en un país, en que no tienen a nadie más que a usted que puede hablar por ellos."

También el General McRoberts en Nueva York recibió una copia de esa carta. Escribió al cónsul, que realmente no sabía por qué el señor Rogers se había negado a colaborar en el retorno de la gente descontenta. Inmediatamente se comunicó telegráficamente con Asunción para encargar la ayuda de retorno de los descontentos, esperando que su encargo se cumpla. McRoberts se lamentó de este accidente y terminó su escrito de esta manera, el 16 de noviembre de 1927: *"En empresas de colonización hubo siempre esa gente, que por uno u otro motivo se retiró frustrada, abandonando a la empresa. No es la intención de esa empresa colonizadora cerrarles el camino si quieren volver a Canadá."*

El cónsul inglés, representado por H.A. Cunard-Cummins y H.M.Charge D'Affaires quedó positivamente impresionado por la carta del General McRoberts. En su respuesta del 20 de diciembre dice entre otras cosas: *"Sus instrucciones han liberado a ese consulado de una cosa desagradable. Por eso le agradezco y me declaro dispuesto a apoyar con sus representantes aquí en el Paraguay el interés de los menonitas británicos, que bajo su conducción se asientan aquí en el Paraguay, que en cualquiera de las situaciones que se dan estoy para apoyarlos, y también a través de la confianza que tengo en uno de sus colaboradores, el señor Fred Engen, quien ha demostrado una actitud maravillosa y conciliadora, más un comportamiento sabio, como lo he observado personalmente. El mismo testimonio sobre él he escuchado de la boca de autoridades del gobierno paraguayo, en el cual su juicio y su personalidad han dejado una impresión excelente."*

Con eso se canceló satisfactoriamente las desigualdades entre el consulado británico y la empresa de colonización.

Pronto las condiciones de retorno fueron endurecidas considerablemente por el gobierno **canadiense**. Teniendo hasta ese momento el cónsul en Asunción la última palabra en la confirmación de la identidad de los que regresaban, a partir de ese momento el gobierno quiso tener la última palabra. Eso tampoco era sorprendente. El gobierno canadiense subordinó el regreso de los emigrantes a su legislación de inmigración. Según esas determinaciones se volvían necesarias medidas diferentes y más amplias para justificar el retorno. Para los que regresaban era mucho más complicado, y de a poco esa gente empezó a comprender la realidad de la nueva disposición. El cónsul británico escribió en relación a esa medida a la oficina de la Corporación Paraguaya en Asunción: *"Es difícil convencer a los menonitas que quieren volver a Canadá que las exigencias que han de cumplir, son necesarias para la identificación y la elaboración del pasaporte. Pero como no hicieron los documentos personales al emigrar a Paraguay, tienen que hacerlo ahora."*

Siguen las instrucciones para el trabajo previo del proceso de la documentación, diciendo lo siguiente en el punto c: *"Una confirmación de la identificación es necesaria, firmada por un predicador o uno de los dirigentes del grupo al cual pertenece la persona solicitante, y confirmado también por el Anciano o el representante principal de la comunidad menonita del Paraguay.*

Por favor informen a los menonitas sobre el asunto, que cumplan a tiempo y llenen todo antes de venir a Asunción, para evitar gastos y frustraciones."

La Corporación Paraguaya se dirigió entonces al 'Comité de Previsión' en Puerto Casado el 18 de mayo de 1928: *"Hemos invertido mucho dinero y tiempo en la cuestión del retorno de la gente. Esperamos que ella ahora se guíe por las prescripciones precisas, para ahorrar gastos y prevenir retardos. La Corporación Paraguaya ve su tarea más encumbrada en el esfuerzo por aquellos menonitas que se quedan y quieren asentarse en el Paraguay, y darles la atención y el tiempo, para que el asentamiento llegue a un éxito total. Deseamos que los que retornan se ocupen de sus asuntos, para evitar sorpresas desagradables para si mismos y la Corporación Paraguaya."*

Cuando estas nuevas instrucciones de la identificación se conocieron entre los colonos que se quedaban, negaron ayuda a los que querían retornar. Se presionó fuertemente a la dirección de la congregación a que niegue la confirmación con su firma. El consejo de pastores decidió entonces no firmar, después de que el Anciano había firmado el formulario de una familia. El Anciano Friesen se dirigió el 13 de agosto de 1929 al consulado británico comu sigue: *"Me permito comunicarle que nosotros no queremos firmar los formularios declaratorios. Hemos firmado un formulario de la familia J. Ginter. La dirección de la congregación no lo considera correcto, y por eso no hemos firmado nada más. A los que regresan no le cerramos ningún camino en el gobierno canadiense. Pero deseamos, y le pedimos a usted no enviarnos a la gente para conseguir una firma. Le agradecemos al gobierno de Canadá por todo lo bueno que ha hecho por nosotros. Hemos sido desplazados de Canadá por la ley escolar, por la ley escolar no-religiosa. Por eso le pedimos no molestarnos más con la exigencia de las firmas."*

Esta carta dejó bien en claro el asunto. No se conoce la reacción del consulado. Naturalmente los que regresaron se pusieron muy nerviosos, por esa actitud de la dirección de la congregación. Cada intento siguiente de conseguir alguna firma, era como si alguien quisiera atravesar la pared con la cabeza.

También habían colonos firmes que opinaban que los que querían regresar sufrían una injusticia con esa medida. El consejo de predicadores llenó una clase de formularios de identidad autoelaborados y los entregó a los que querían retornar. El formulario confirmaba que esa gente había sido miembro de la congregación menonita en el Paraguay hasta ese momento, pero ahora habían dejado la comunidad. La comunidad no lo veía con buenos ojos, porque el asentamiento no estaba firme todavía como para exponerla a un juicio y concluir qué posibilidades de existencia o no había para el proyecto de colonización en el Chaco. No se tenían nada en contra de esta gente que volvía a su antigua patria.

Algunas familias lo intentaron con esos formularios. Los empleados de la Corporación Paraguaya estaban consternados por la posición de la dirección de la congregación menonita. Los que regresaban venían otra vez con los formularios declaratorios a medio terminar para su emisión oficial. Lo que la gente traía de parte del Anciano, no correspondía a lo que el Señor Cónsul de su Majestad Británica exigía de la gente.

La Corporación Paraguaya se dirigió a los pastores de la comunidad de colonización en cuanto a los documentos faltantes. Las familias que querían regresar esperaban el resultado en Asunción. Como no tenían éxito, tenían que volver a Puerto Casado. Esa gente quedó muy tensa por la actitud de la dirección de la congregación. Pero quedarse en Asunción era menos aconsejable que volver a Puerto Casado. Eligieron el mal menor.

En la oficina de la Corporación Paraguaya se opinaba que la dirección de la congregación menonita quería frenar el retorno de los interesados. Estaban preocupados porque la situación podría tener consecuencias negativas para la empresa de asentamiento, y querían que ella envíe una explicación al norte. Esa no quería frenar el retorno de la gente ni fomentarlo. Los empleados de la Corporación Paraguaya quedaron perplejos: *"No podemos entender que justamente ahora cuando creíamos haber encontrado una solución favorable para los que retornan, son los mismos líderes menonitas los que crean problemas."*

En la primera mitad del año 1929 se organizaron ocho familias para retornar a su vieja patria. Que en aquel entonces en Canadá se empeoraban las condiciones económicas a causa de una depresión galopante, puede haber contribuido a que el retorno llegue a parar definitivamente.

Entre los que regresaron se encontraban también algunos que habían liderado el movimiento de emigración, y que a veces habían señalado en forma despectiva con sus dedos a los no interesados en la emigración, en el sentido que esa gente no quiso huir de la 'Babilonia'. Para ellos era muy delicado y comprometedor volver a esta 'Babilonia', que anteriormente habían condenado dura- y ruidosamente. Pero no podían vivir bajo las condiciones reinantes en la nueva patria. Entonces no les quedaba otra cosa que 'tragar lo que habían vomitado'.

En octubre de 1928 el responsable de la Corporación Paraguaya escribió del Chaco al Dr. Eusebio Ayala: *"En general reina un espíritu activo en el asentamiento. Hay algunos que están pensando que sería mejor para ellos volver a Canadá - según lo que dicen - si no mejora la situación en los próximos meses. No se sabe cuántos son. Peter Krahn es uno de ellos. Yo hablé con él. Dijo que en el Chaco ni crece lo suficiente para que se pueda alimentar algunas centenas de gallinas. Además dice que aquellos que dicen otra cosa mienten. Pero justamente Krahn no dice la verdad, y pienso que él lo sabe. Es triste, y no favorece a la colonización, si hombres como ese Krahn, que anteriormente tuvo una importancia positiva en la empresa, se dejan llevar así. Él se encuentra ya hace algún tiempo en el Chaco.*

El problema es, que nosotros, donde estamos hoy, tendríamos que haber estado ya hace un año. Porque durante ese tiempo de espera la gente ha tenido solamente gastos y no ingresos, y les ha corroído económicamente, por lo menos a muchos de ellos. Y ahora viene el nudo que debe ser superado. El Anciano Friesen, como a mi me parecía, estaba muy contento con todo."

La 'vieja patria' ya no es 'patria'

Pero ni la 'vieja patria' era más la 'vieja patria', y la mayoría de los que retornaron no estaba feliz, aunque ahora estaban 'felices de estar otra vez en casa', es decir, haber llegado al viejo hogar. Algunos ni llegaron. Los que llegaron, en realidad allá ya no tenían un hogar. Este se debía adquirir de nuevo. Sus casas estaban ocupadas por otros. Ya no tenían el derecho de posesión, por el simple motivo de haber entregado voluntariamente todo para la emigración. La formación de un nuevo hogar no era tan fácil. Quien había traído medios económicos, pudo llegar a poseer algo con más rapidez. Muchos de ellos no tenían nada, quedándose en hospedajes miserables. Por lo menos estaban de nuevo en un país en el que habían estado en casa y donde querían seguir estando en casa.

"Pero" - como dice Schiller - *"con los poderes del destino no se puede tejer un pacto eterno, y la desgracia corre rápido"*. Mientras se recuperaban del golpe financiero, de las pérdidas económicas y de los estremecimientos sicológicos a causa de la fallida empresa de emigración, vino otra crisis económica pesada, que golpeó a todos los canadienses, no solamente aquellos que habían fracasado en la gran empresa de colonización. Esos últimos se quedaban siempre una escala más abajo que aquellos que no habían   emigrado.

Entre los que regresaron había gente adinerada, que a pesar del fallido experimento de emigración tenían suficiente dinero. Uno de ellos, que posiblemente en relación de la onda depresiva que aparecía en el horizonte económico, quiso invertir su dinero en un lugar más seguro, compró ya desde el Chaco una granja en Canadá y pagó la primera cuota de su 'dinero de bolsillo'. Pero antes de que llegue a retirar su dinero depositado del lugar indicado para pagar toda la granja, ese Banco declaró la bancarrota. Estremecido hasta el último rincón de su alma, el hombre quedó sentado con las manos vacías. El dinero que durante su estadía en el Paraguay había guardado tan seguramente en el Banco Alemán en Asunción, se había disuelto en lanada.

Este hombre dejó el Chaco cuando todos ya se habían asentado en las aldeas. Conseguir dinero se volvía cada vez más difícil. Repetidas veces se llamó a los que tenían dinero todavía, para prestar algo del mismo a la caja de auxilio, para importar harina, porque muchos no tenían nada. Entre los colonos siempre habían algunos que voluntariamente retiraban parte de su dinero del Banco Germánica de Asunción para ofrecerlo a la comunidad. Otros procuraron por todos los medios alejarse en lo posible de esa ayuda.

Gente que conocía al hombre arriba mencionado opinó que había querido dejar el Chaco principalmente por el motivo de ahorrar su platita, porque mucha gente en el asentamiento posiblemente dependería por buen tiempo de la ayuda de los más adinerados, y él quería retirarse lo más lejos posible para que no le piden su ayuda.

¡Y, muy llamativo! La granja que él había comprado en Canadá estaba situada en la región que él antes había indicado como la de menos valor, para gente pobre que no daba mucho que hablar de sí.

Muchas familias entraron al interior del Chaco en un largo y cansador viaje. Otras no aguantaron y regresaron a Canadá.

CAPÍTULO XII

LA AGRIMENSURA DEL TERRENO A COLONIZAR

"...no queremos quejarnos, pero quere-
mos que se apure la cosa (mensura de la región de asentamiento).
Ustedes entenderán que es muy difícil mantener el orden
entre los colonos
y no perder el ánimo. Es difícil luchar en contra de la selva,
para cultivarla - a lo que se agregan tantas enfermedades
y mucha gente nuestra se está muriendo ..."

El Anciano M.C. Friesen al señor Rogers,
octubre de 1927

La incertidumbre de los límites

Peter F. Krahn escribió el 17 de junio de 1927 desde Puerto Casado a A.A. Braun en Grüntal, Manitoba: *"McRoberts llegará en junio al Paraguay. Ahí vere-mos qué se puede hacer para avanzar con más rapidez en el asunto del asen-tamiento. Deberíamos estar ya en nuestros terrenos; pero en tierras no mensura-das no nos asentamos; eso podría tener consecuencias negativas."*

Se trataba del terreno de Campo Esperanza hacia el oeste, donde estaban los extensos 'campos altos', copados por árboles individuales, arbustos y pas-turas. Allí fueron organizadas en 1928 las primeras 14 aldeas y en el año 1929 la décimoquinta. Desde el momento de la llegada del primer grupo de colo-nos a Puerto Casado hasta la fundación de las aldeas y de la confirmación le-gal del derecho de posesión de las tierras para los colonos pasaron 16 meses llenos de tensión y de desesperación, un tiempo de incidentes desagrada-bles y de pruebas muy duras, un tiempo de sacrificios y de privaciones, 16 meses de espera de cosas que tenían que venir. Siempre se escuchaba el 'mañana' y con eso se quedaron durante 16 meses.

Se había constatado que la región, por la cual se interesaban los menoni-tas, se encontraba en el rincón sureste del bloque cartográfico Nr. 168, en el límite sur de la propiedad de los Casado (un bloque cartográfico es un complejo de 10 por 10 leguas. Una legua tiene 4.330 x 4.330 metros, 1.870 ha). La incertidumbre radicaba en la pregunta: '¿Dónde están los límites de las tierras a ocupar?' Supuestamente se encontraría el complejo previsto en la región de las 100 leguas cuadrados, que la Intercontinental Company y/o la Corporación Paraguaya habían comprado de la empresa Casado. Si real-mente era así, debía resultar de una mensura precisa. Como los límites de las tierras de Casado no estaban bien fijadas, era prácticamente imposible saber si las tierras que se ocuparían, pertenecían totalmente a esas, o si después de haberlas mensurado en forma precisa, estarían en parte fuera de la propiedad y los linderos de las tierras de Casado. Hasta que finalmente quedaron establecidos los límites en dirección este-oeste, pasó más de un año.

Antes de la fijación concreta de los límites se apoyaba en las determinaciones y cálculos cartográficas y astronómicas. Se creía poder señalar con seguridad bastante cercana, dónde pasarían los límites de la región de asentamiento, pero en realidad era solamente un indicio. Al azar los colonos no querían asentarse y fundar sus aldeas. Para eso no se los podía motivar. El límite sur podría moverse eventualmente algunos kilómetros hacia el norte. Y si se hubiera fundado una aldea sobre esta franja, se debería abandonarla otra vez. Era justamente esta región la que interesaba a los colonos. Es muy posible que el asentamiento se hubiera formalizado mucho antes, si la región preferida habría estado en el medio del complejo de las 100 leguas cuadradas. Los colonos no se hubieran arriesgado sin la fijación exacta de los límites, porque dentro del complejo grande tenían el permiso de elegir la región de asentamiento según sus preferencias. Ellos querían comprar una región de 30 leguas cuadradas.

De esa realidad, que la región más apropiada para el asentamiento se encontraba en el límite sur del bloque cartográfico 168, surgió en gran parte el problema del retraso. El límite sur exacto se debería haber esclarecido ya en el momento de la llegada del primer grupo de inmigrantes en Puerto Casado. Fue esclarecida recién un año después. Los empleados de la empresa colonizadora presionaron para que los colonos dejaran el campamento en Puerto Casado, para trasladarse al interior del Chaco. En primer lugar se quería vaciar más el campamento. Además los colonos estarían más cerca del lugar de colonización y podrían esperar el trabajo de la mensura. Pero no estaban de acuerdo con esa idea, porque no querían dejar Puerto Casado varias veces, sino una sola vez. De a poco se realizó el traslado parcial.

En el contrato de la compra/venta de las tierras entre los colonos y la empresa de asentamiento estaba previsto que los colonos constituirían una comisión de inspección de tierras, para definir en forma definitiva la región que ellos preferirían. Entre mayo y junio de 1927 la Corporación presionó a que lo hicieran. Los colonos también lo querían, pero dijeron: "Muéstrenos dónde comienzan las tierras de Casado, y nosotros elegiremos nuestra tierra para asentarnos." Los colonos querían puntos claros de referencia, de los cuales partir con toda seguridad. En realidad no existía ni un solo límite principal desde el Río Paraguay hasta el bloque cartográfico 168. Eso se debía aclarar sobre todo. Los colonos estaban molestos por el retraso de la fijación de los límites y acusaron a la empresa, de no haber cumplido con su tarea de la mensura de las tierras.

El contrato de compra/venta de las tierras entre Casado y la Corporación Paraguaya rezaba que esta tenía la responsabilidad de realizar la mensura y pagar los gastos de la misma. Ya durante todo el año 1926 había trabajado en Asunción uno de los encargados, el señor Mr. John Marsh. Su tarea había sido finiquitar el contrato de compra/venta del terreno y realizar la mensura del mismo. En relación al contrato de compra/venta de las tierras con los Casado tuvo que superar muchos inconvenientes que se pudieron llevar a feliz término. En lo concerniente a la mensura de las tierras, no había avanzado ni un solo paso. Pero cuando regresó a los Estados Unidos, había aprendido una buena cantidad de costumbres laborales sudamericanas.

La mayoría de los colonos no se dio cuenta del esfuerzo del señor Marsh por los límites de su propiedad. Casi un año había trabajado duro en Asunción, pero alcanzado prácticamente nada. Finalmente su responsabilidad era la misma para con a la empresa de asentamiento y con los colonos. Por eso tuvo que negociar a causa de los gastos de la mensura, para no terminar con contratos muy caros. No se puede decir que los señores de la Corporación fueran muy avaros con sus dólares, pero tampoco querían pagar muy caro por la mensura. Al final pagaron bastante caro, porque la cuestión no tenía solución de otra forma.

Hoy se sabe, - y la dirección de asentamiento menonita lo sabía ya en aquel entonces - que la empresa colonizadora fue acusada erróneamente; porque los responsables de la misma no pudieron cambiar las condiciones latinoamericanas. Ellos mismo se sintieron molestos por el lento avance del proceso. Ellos también estuvieron a veces al borde de dejar todo por las negociaciones desalentadoras y largas. En esos momentos de estancamiento momentáneo, cuando en vez de avanzar parecía que todo retrocedía, a veces hablaban de que sería mejor dejarlo todo. La mayoría de los colonos que nunca hablaba de la capitulación, dejó una impresión muy positiva en los americanos, que también eran simplemente hombres.

El abarrotamiento del campamento en Puerto Casado

Cuando al comienzo de 1927 un grupo de colonos tras otro llegó a Puerto Casado, se agolparon los inmigrantes. El plan era traer a las 270 familias, que se habían registrado para la primera ola de inmigración al Paraguay, en la primera mitad del año 1927. En ese momento deberían haberse establecido ya los límites principales de la región, o por lo menos debería ocuparse con este asunto. También el ferrocarril debía llegar hasta la región de asentamiento. Para todo esto había una sola palabra: 'mañana'.

Estos fueron los planes de parte del lado norteamericano. Del otro lado, el sudamericano, había otra perspectiva. Tan impulsivo como se había planificado y descrito de parte del lado norteamericano, en la calurosa y tropical América del Sur las ruedas de todas las empresas rodaban con mucha más lentitud. Uno se movía a pasos de bueyes. Todo perdía aquí su entusiasmo y fácilmente se reducía el impulso dado. Lo que quedó para los participantes de la colonización era: aprender, cómo manejarse en tal situación.

Cuando los colonos se dieron cuenta que las preparaciones, como la mensura de las tierras y la construcción del ferrocarril se habían quedado muy retrasadas, se desilusionaron profundamente. A causa de las promesas que no habría problemas en la mensura de las tierras y en la construcción del ferrocarril, se habían comprometido con la obra de la colonización del desierto. Se había confiado plenamente en la promesa, sin contar con la concretización tardía de todo esto.

Los principales responsables de la empresa de asentamiento y los señores Casado por cierto habían tenido al principio otro plan: los colonos menonitas llegarían recién a mediados de 1927 al Paraguay, para no llegar en medio del verano tropical. Los menonitas que habían esperado ya demasiado la hora de la emigración, habían vendidos sus granjas y alojado a los menonitas de Rusia en sus hogares, no se dejaron retener. Ahora por fin se habían finiquitado los contratos comerciales, y solo querían irse a su nueva patria. Puerto Casado les serviría como campamento de paso, pero no como un lugar de permanencia. Que luego se convertiría en un lugar de espera más larga, ya le fue comunicado al primer grupo en el vapor antes de llegar a Puerto Casado, según Walter Quiring: *"Durante el viaje de Asunción el señor Fred Engen comienza (cuando acompañaba el primer grupo de Buenos Aires a Puerto Casado) a prepararles en forma suave, que sus tierras no han sido elegidas ni tampoco mensuradas, y que por esa razón se quedarían por más tiempo en Puerto Casado, esperando su ingreso al Chaco."*

Al llegar a Puerto Casado, los inmigrantes consideraron cómo disminuir el hacinamiento de la inmigración, si los grupos vendrían como se había planificado, porque no se podía seguir el viaje hacia el interior del Chaco, como era previsto. Se sabía que 55 familias más ya estaban en el viaje y llegarían en poco tiempo, y se envió un telegrama a Winnipeg, en el cual se pedía no enviar ningún grupo más a Paraguay, hasta tanto llegara otra noticia de Puerto Casado. Dar estas indicaciones desde el sur no era tarea difícil. Mucho más difícil era frenar los grupos del norte listos para el viaje. La gente no quiso quedar ni un día más, porque se habían desligado de todo. Pero en Puerto Casado se creyó que con 100 familias el campamento estaba cargado.

El traslado de los grupos de Manitoba a Paraguay tenía que ver con el viaje en ferrocarril, con el barco transatlántico y la navegación por río. Por un lado fueron los pasajes que tenían que ser reservados, y por el otro existían conexiones para seguir el viaje, ya que se pasaba de un medio de transporte a otro. Desde esta perspectiva no era fácil frenar a grupos listos para el viaje. Un problema no menos complicado era el de proporcionar a las familias una estadía en Canadá. Sus granjas vendidas a la Intercontinental Company ya fueron ocupados por los menonitas provenientes de   Rusia.

Unas 60 familias fueron retenidas hasta el segundo semestre de 1927. Esas se hospedaron en las casas de sus amigos y parientes, o acordaron con las familias de los menonitas de Rusia, ocupar conjuntamente con ellos una casa. Los menonitas en Puerto Casado, opinaron que era mejor quedarse en Canadá, ya que en el Paraguay era todo más caro. Los señores de la Intercontinental Company tenían otra opinión: *"Si subsisten defectos desde la perspectiva sudamericana en cuanto a la preparación, es responsabilidad de nuestros directores - McRoberts y Robinette en los Estados Unidos - y de los que están en el campo en Sudamérica. Uno podría decir que hubo suficiente tiempo de prepararse para la inmigración. ¿Por qué en el interior del Chaco no se ha instalado un campamento para los colonos? Habíamos contado con esto. Se tiene que hacerlo. De las consecuencias de la no-mensura de las tierras de asentamiento ya nos damos cuenta. Los límites principales tendrían que estar terminados.*

Los menonitas que ya están en el Paraguay, desean que desde ya no salgan más grupos de viaje a Sudamérica. Eso debemos considerar. Retenemos ahora a 50 familias. También a ellos tenemos que cuidar. Sus granjas se entregan a los menonitas de Rusia. Es una situación desagradable para nosotros. Pero también para los menonitas que emigran es una situación penosa. Ellos afirman que ya no tienen dinero acá para apoyar a los pobres. Tienen que ser trasladados lo más pronto posible a Sudamérica. Tenemos que procurar sacarlos de acá. La carga cae sobre nosotros, porque tienen que ser mantenidos. Sería más aconsejable gastar el dinero en Sudamérica que aquí en Canadá. Lo que se gasta ahora aquí, es dinero tirado. Tenemos que hacer todo lo posible para iniciar el traslado de los grupos. Mejor tener más emigrantes que atajarlos. Queremos incluir más tierras en nuestros negocios. La emigración debe ser impulsada desde aquí, aunque en Sudamérica nos cueste más dinero de lo que habíamos pensado primeramente."

Este escrito resultó del enfrentamiento entre los miembros de la misma empresa.

Así llegaron en la primera mitad de 1927 cinco grupos con más de 200 familias (unas 1.300 personas) a Puerto Casado. La Corporación había limpiado una superficie boscosa para la instalación del campamento. Con eso no se quiso decir que allí surgiría un campamento tan grande. Las familias que pasarían por ese lugar debían preparar huertas. Cada grupo que pasaría por Puerto Casado debería invertir su tiempo para el trabajo durante su estadía: organizar huertos y cuidarlos para que hubiera suficientes hortalizas para la alimentación. Fue una idea muy buena, que seguramente hubiera resultado beneficioso para la alimentación de la gente, si se hubiera ejecutado. En realidad el suelo cerca de las orillas del río era totalmente inapropiado para el cultivo de hortalizas. Si se hubiera querido quedar en Puerto Casado, seguramente se habría encontrado la forma de preparar el suelo. En ese momento solo algunas familias se dedicaron a esa difícil tarea.

No por el espacio, sino por las condiciones dadas, el campamento de Puerto Casado estaba sobrepoblado. Faltaban reglas y el orden correspondientes. Se impartieron instrucciones de parte de la empresa. Pero no fueron observadas lo suficiente en la práctica. La gente no se había ido al Paraguay para construir al lado de Puerto Casado una segunda ciudad según reglas instituidas, es decir, instalar viviendas duraderas. Querían ir a sus propias tierras e instalarse allí.

Hubiera sido de provecho, si desde el comienzo se hubieran adaptado más a las condiciones tropicales. La diferencia de las condiciones climáticas entre Canadá y Paraguay tendrían que haber respetado más, porque en Sudamérica era totalmente distinto de lo que estaban acostumbrados en el norte. En el sur enfrentaron exigencias totalmente diferentes. En Norteamérica se dieron cuenta pronto que se estaba estancando la causa colonizadora en el Chaco. Ellos habían confiado demasiado en las negociaciones escritas, que se mostraron como insuficientes. El señor Engen, único hombre en el campo inmediato de la empresa colonizadora, no era el que manejaba el timón con mano estricta. La organización, de fundamental importancia en la empresa, no era su fuerte. En realidad no lo quería. Era un pionero del desierto, un explorador. Se interesó por inspeccionar la selva y observar todo lo necesario para encaminar la empresa. La cuestión indígena la llevaba en el corazón, pero no el teje y maneje de la entrada problemática de los colonos al desierto, donde la planificación delicada y correcta, el razonamiento y el convencimiento eran de fundamental importancia para el buen   funcionamiento.

La visita de los señores McRoberts, Rogers y Ayala

La empresa de asentamiento resolvió entonces enviar al vicepresidente y jefe de la oficina de la Intercontinental Company en Winnipeg, el señor Alfred A. Rogers, a Sudamérica. Los emigrantes no solamente lo conocían muy bien, también era muy querido por ellos. Era la persona que McRoberts había encargado para retomar las negociaciones de las tierras en 1925 con los emigrantes, estancadas en 1922, y reavivar la obra emigratoria. Era ingeniero de profesión y un buen organizador.

El señor Rogers llegó a Asunción a fines de mayo de 1927. Inspeccionaba el movimiento, o mejor dicho, el estancamiento de la obra colonizadora en la oficina de la empresa, llamada aquí 'Corporación Paraguaya'. Luego se fue a Puerto Casado y examinó la situación, se reunió con los líderes menonitas y escuchó finalmente las quejas de Fred Engen. En el campamento reinaba un ambiente tenso. Rogers volvió a Asunción y recibió a McRoberts, que había llegado desde Nueva York. Vino para observar de cerca el proyecto de la colonización.

Lo que a McRoberts le parecía muy importante, era acelerar la construcción del ferrocarril. El colega suyo, Edward B. Robinette, tenía que haber venido con él, porque conjuntamente con McRoberts ya había invertido mucho dinero en el proyecto. Se enfermó antes de salir y tuvo que quedarse.

En la segunda mitad de junio los señores McRoberts, Rogers, Eusebio Ayala y Engen viajaron al Chaco. Engen era el conductor. Desde Laguna Casado, cerca de Pozo Azul, siguieron el viaje con un camioncito. Siguieron el camino de la expedición de 1921 y llegaron a la región que hoy es Colonia Fernheim, al oeste de la Colonia Menno.

McRoberts quedó positivamente impresionado por la constitución del suelo de los grandes campos. Animó a los peregrinos en Pozo Azul y en Puerto Casado, donde todavía se encontraba la mayoría. En los dos campamentos se reunió con los inmigrantes, y McRoberts conversó con ellos. Aseguró a sus protegidos que como representantes de la empresa colonizadora apoyaban a los peregrinos del desierto y harían todo lo posible para que la empresa sea exitosa. Que en su caso no eran solamente palabras, lo demostró al comprar una arruga con acoplado y la regaló a los colonos. La capacidad de transporte de esta máquina en camino seco era de 10 toneladas. Se pudo usar también en caminos en malas condiciones, pero con menos cargamento. Esta máquina le sirvió mucho durante la entrada al desierto.

La primera tarea del señor Rogers fue motivar el reconocimiento del terreno a colonizar, así como se había acordado en el contrato. Después los colonos tendrían que entrar en el desierto, quedarse cerca del terreno y esperar la mensura del mismo. Se esperaba mejores condiciones de vida en pequeños grupos, tanto en relación de higiene como en el sentido comunitario.

Para asegurar la posesión de las tierras a colonizar, que se encontraban en el límite sur de las tierras de Casado, los menonitas sin falta querían tener puntos de referencias y puntos de partida concretos. Y esos no existían. Eran cálculos abstractos e intentos de orientación hasta el momento. Habían estado presentes en esos intentos de orientación también agrimensores. Pero ellos mismos dieron un margen de cinco km, porque no existía ninguna mensura precisa. Para los colonos menonitas, que querían ver límites precisos, cinco km eran demasiados; porque en una franja de cinco km se podía organizar y concretizar fácilmente una aldea. Si al determinar los límites definitivos uno estaría fuera del asentamiento y sobre terreno extraño, quizás se debería abandonar nuevamente ese terreno.

El inicio de la agrimensura

El señor Rogers había asumido enseguida el trabajo de la agrimensura. A fines de mayo vino un agrimensor de Asunción a Puerto Casado y organizó un grupo de trabajo para entrar al Chaco. Se fue con el ferrocarril de Sastre unos 70 kilómetros hacia el oeste y después un día más con la carreta de bueyes. Era un grupo de doce personas, entre ellos cuatro menonitas. Entre los menonitas estaban los dos padres de familia Peter R. Sawatzky (32) y Bernhard Klippenstein (32), y los dos solteros Peter W. Niessen (24) y Abram F. Töws (19). En un lugar con mucha pastura de la empresa de Sastre, un lugar, que más tarde se llamaría Chamacoco, se organizaron las carpas y se quedaron durante una semana. Allí se tenía que montar las mulas y acostumbrar los burros a la carga y al transporte de carga. Para cada uno de los diez mulas había un burro como transportador de carga. El agrimensor montaba un caballo.

Luego la caravana de mulas y burros de carga se puso en movimiento. Algunos hombres seguían a pie detrás de la caravana, llevando un recipiente de agua para usar en los campamentos. Muchos de los objetos a ser usados durante el viaje estaban atados a las montaduras. Así se adelantó la caravana de animales de carga y de jinetes en fila india, en movimientos lentos parecidos a los de una hamaca. Cada vez al salir de un campamento para seguir el viaje y organizar otro nuevo, se repetía la misma fórmula y el mismo trote de la columna.

Unos 30 kilómetros pasaron por una picada en los bosques. Era el límite fijado ya hacía años entre la empresa Casado y de Sastre. Esa picada estaba llena de arbustos y de plantas. Todo el trayecto debía ser limpiado de nuevo con hachas y machetes. Por eso se avanzaba de a poquito. De la esquina suroeste de las tierras de Sastre comenzó la nueva mensura, hasta la esquina nordeste del bloque 168. De ahí se debía ir hasta el sureste del mismo bloque. El nuevo trayecto a ser mensurado pasaba por bosque, exclusivamente, un bosque muy espinoso. De vez en cuando había una angosta franja de terreno abierto y de pastura, que rompía agradablemente el bosque monótono, la selva originaria. Los menonitas aprendieron allí de los paraguayos el uso del machete.

En el campamento de Puerto Casado unas 200 familias esperaban ya durante cuatro meses la fijación de los límites de la región de asentamiento. En ese momento se creía que el tiempo de espera estaba por terminar. Se respiró con alivio. Se hablaba de un mes para la finalización de la mensura hasta la región del asentamiento. En el mismo momento en que ese grupo llegaría al punto de mensurar el límite este del bloque 168, saldría otro grupo desde el campamento de Puerto Casado al interior del Chaco, para inspeccionar y seleccionar las tierras de colonización. Se había hecho el cálculo sin el patrón sudamericano. Cuatro meses duró lo que habían pensado terminar en un mes. Recién en cuatro meses el grupo de trabajo de delimitación pudo pasar el límite este del bloque 168.

Apenas comenzado con la agrimensura desde Puerto Sastre, el agrimensor se enfermó. Volvió a Asunción y envió otro agrimensor, pero pasaron semanas hasta poder continuar con los trabajos. Sin hacer nada los hombres esperaron en el campamento. Especialmente para los cuatro menonitas era una prueba de paciencia. El nuevo agrimensor llegó por primera vez al Chaco, y cuando conoció el bosque desértico casi impenetrable, se imaginó que todo el Chaco era así, y no pudo entender qué los menonitas querían allí.

La comisión de límites trabajó lentamente en dirección al oeste, abriéndo camino con el machete y el hacha por el bosque espinoso y resistente. Los menonitas no estaban en condiciones de acelerar el ritmo. Tuvieron que conformarse con lo inviable. La palabra 'mañana' se transformó para ellos en un concepto duro de roer, en una palabra que ignoraba el tiempo y lo despreciaba. Durante el trabajo generalmente los menonitas y algunos paraguayos abrían la picada, demarcaban la línea y colocaban el medidor. Bernhard Klippenstein era el cocinero. Era un desierto de bosques misterioso, lleno de espinas, de ganchos y de púas, un caos de ramificaciones cerradas con mata, cactus y palmeras de abanico.

Entre sí se entendieron muy bien. Mantener la unidad era un mandamiento de extrema necesidad. Los menonitas se comunicaron con el agrimensor en el idioma ingles. Pronto aprendieron algo de castellano. El clima en esta época era muy agradable, apropiado para el trabajo en el denso bosque. De vez en cuando hubo días con llovizna, raras veces noches de heladas. Algunos de los paraguayos acercaban el agua con los burros de carga. Dos recipientes se ataron entre sí con un tirante de cuero y se colgó sobre la montadura. A veces los responsables del aprovisionamiento de agua tenían que buscar días enteros. En el campamento se esperaba ya con mucha ansiedad, porque no había más agua. Los paraguayos conocedores del Chaco pasaron revista a la región en busca de cactus, que almacena agua, y de ese modo pudieron recoger algo de líquido para tomar, hasta que los aproviosionadores de agua volvieran finalmente.

Otros paraguayos eran responsables de la alimentación. Los traían de los 'campamentos', lugares de los obreros de la contrucción del ferrocarril (obrajes), que se encontraban a muchos km al sureste del lugar de la agrimensura. El transporte se hacía con los burros de carga y las mulas. Cuanto más se adentraban hacia el oeste, tanto más lejos se quedaba el lugar de donde se recogían los alimentos. Algunas veces los que traían los alimentos volvían con un animal de faena al campamento. Entonces hubo un verdadero festín. Los menonitas se dieron cuenta que los paraguayos sabían preparar un excelente y rico 'asado'.

No tan rico para los menonitas era la carne seca, que fue llamada 'charqui'. El resto de la carne que sobraba después del asado se cortaba en tiras finas y largas, colgándolas en una cuerda para conservarlas por más tiempo. Esa carne tenía para los menonitas un gusto medio extraño. Generalmente la carne secada fue usada para la preparación de un guiso, con arroz, fideos o con porotos.

Una vez los responsables del aprovisionamiento de alimentos con sus mulas y burros de carga, se perdieron. En vez de ir por la picada del límite en la dirección oeste hacia el campamento, habían cruzado la misma y montaron días enteros por cañadones y aberturas en los montes, hasta encontrar el camino correcto. Había durado dos semanas enteras volver al campamento. El agrimensor y su gente empezaron a incomodarse. No sabían realmente, qué habría sucedido con sus camaradas. Se terminaron los alimentos y pensaron ya cómo salir de esta situación infeliz; no se sabía si los que fueron a buscar los alimentos volverían. Repetidas veces miraron por sus prismáticos por la picada que se perdía en la lejanía. Ya no se preguntaba más, si alguien miraba por el aparato. Se notaba en la reacción del observador que no veía nada de lo que buscaba.

Mientras tanto se habían asado algunos pájaros sobre las brasas, porque los otros alimentos se habían acabado. No tenían otra cosa que comer. Era el tercer día de hambre, cuando Peter Sawatzky miró por el prísmatico buscando algo en la picada, como lo habían hecho incontables veces. Esta vez entregó enseguida el prismático al agrimensor, en vez de, como era costumbre, dejarlo en su lugar de origen. Hizo una observación, que algo se estaba moviendo lejos en la picada. El agrimensor tomó el prismático, miró y expresó con mucha alegría: *"¡Ellos vienen, ellos vienen!"* Y realmente - ellos eran ellos. Este suceso unió aún más al grupo. Aquellos hombres, que habían perdido el camino correcto con el transporte de los víveres, habían demostrado su fidelidad a sus compañeros. Mucho más fácil hubiera sido volver al campamento del ferrocarril. Pero sabían que sus compañeros necesitaban con urgencia esos víveres.

De vez en cuando aparecieron también indígenas en el campamento. Trabajaron en el límite de la región entre los Lengua, los Toba y los Chamacoco. Los Chamacoco eran gente con una mirada siniestra. Los Lengua y los Toba eran siempre amables y mostraban buena voluntad. No así los Chamacoco, a los que se veía mas traicioneros. Los paraguayos tenían sus armas listos para disparar. Una noche los perros ladraron mucho. Algunos de los paraguayos siguieron a los perros. En la oscuridad de la noche reconocieron algunas siluetas humanas alejándose del campamento. La guardia de la noche se hacía más estrictamente a partir de ese momento. En la siguiente mañana se encontraron huellas, pero no a los indígenas. No aparecieron más.

Los menonitas agrimensores no recibieron ni una sola noticia del campamento de Puerto Casado. Klippenstein y Niessen volvieron después de dos meses a Puerto Casado. Sawatzky y Töws se quedaron un mes más, antes de regresar al campamento en Puerto Casado, aunque no se había terminada ni la primera etapa de la agrimensura.

Era para ellos como si despertaran de un largo sueño. Ni una sola noticia habían recibido de lo que pasaba en el campamento de Puerto Casado o lo que en todo el mundo estaba sucediendo. No tenían ni la menor idea de cómo estaban pasando sus propios familiares. Todos encontraron a sus familias con vida y sanos, pero no todos los amigos. Varios se habían enterrado en el cementerio católico de la ciudad fabril. Allá podían ver las tristes lomas. Otros habían regresado a Canadá con sus familias. Muy atentos escucharon a los informes de lo que había pasado mientras tanto.

En los tres meses habían sucedido muchas cosas. La obra del asentamiento no había progresada, por más que en algunos puntos había adquirido una forma más clara. El señor Rogers había logrado levantar nuevamente la esperanza de los peregrinos profundamente frustrados. La larga espera los había dañado. Rogers comunicó a sus colegas en el norte lo siguiente: *"Hasta ahora simplemente no les he informado de nada, porque tenía que interiorizarme primero aquí para saber qué estaba pasando y no pasando. La situación fue realmente crítica, y ya no faltaba mucho para el derrumbe total. No era muy consolador el asunto que ví."*

Y al 'Comité de Previsión', la dirección del asentamiento menonita escribió desde Asunción: *"Si tengo que decir algo, entonces esto: Envíen lo más pronto posible a doce hombres de su medio al Chaco para decidir la selección de las tierras. Hagan indicaciones que 300 personas lleguen de Canadá a Paraguay.*

*Y procuren por todos los medios a su alcance, mover a la gente que está vivien-
do en el campamento en Puerto Casado hacia el interior del Chaco para aco-
modarse allá en los campamentos, para que se puedan crear más espacio para
nuevos inmigrantes. En el Chaco ya pueden comenzar con las plantaciones. Pero
ese es su asunto, y ustedes tienen que ver cómo dominar la situación."*

Rogers hablaba en serio, cuando dijo que los colonos debían arreglar sus
asuntos propios y superar sus propias dificultades, porque los problemas
internos de los colonos no eran problemas de la empresa. Bien sabía que
la empresa colonizadora tenían que ayudar bastante en la organización del
proyecto. Los colonos del Chaco sufrían bajo un egoísmo grupal, que los
sumergía a causa de la trágica división entre los tres grupos, dificultando sus
pasos hacia adelante. Así lo veían los empleados de la Corporación y Rogers
escribió el 4 de junio de 1927 a Robinette en los Estados Unidos: *"Entre los
colonos menonitas está faltando la unidad. Están divididos en tres grupos. También hace falta una conducción severa."*

Los colonos menonitas y los señores de la empresa de asentamiento trabajaron en una sola obra. Y uno estaba dependiendo del otro en relación a
la continuación de la colonizacion. Si la empresa de asentamiento no hubiera superado la cuestión monetaria, el fundamento financiero, los menonitas tampoco hubieran hecho su parte. Si esos colonos no hubieran sido tan
heroicos y agresivos en la colonización, la empresa de asentamiento nunca
hubiese podido motivar a otro grupo de gente para tal emprendimiento. A
pesar de los esfuerzos financieros y las inversiones no hubiera resultado ninguna colonización en el Chaco central. El desierto sin el ferrocarril no era
accesible a una obra colonizadora.

Los señores de la Corporación no podían entender el espíritu separatista
de los colonos, pero observaron que dificultaba seriamente a la ya pesada
obra. Reconocieron en toda su dimensión la entrega de los colonos, por realizar el asentamiento. Por eso los norteamericanos estaban dispuestos a
los servicios enormes, pero también con la intención de hacer realidad un
negocio a largo plazo y sacar provecho del proyecto. Los colonos menonitas demostraron ser pioneros extraordinarios en la colonización y tuvieron
éxito con su obra. La empresa colonizadora al final tuvo muchas pérdidas y
tuvo que declararse en bancarrota, aunque al comienzo la colonización en el
Chaco central parecía tener color de rosa para ellos.

Los señores líderes de la empresa colonizadora superaron por mucho
a los colonos menonitas en los asuntos técnicos y organizativos. Era gente profesional y dominaba la teoría. Los colonos menonitas eran prácticos

y lo reconocían los americanos. A pesar de las tensiones y problemas que surgieron entre los colonos y la empresa, existía una buena relación entre ambos. Indicaron recíprocamente los errores y se procuró calmar los ánimos donde era posible. El señor Rogers caía simpático a los menonitas en todas las negociaciones complicadas y problemáticas. Ellos amaban su transparencia, porque sentían de él su sinceridad para con ellos y que los quería ayudar.

La comisión de selección de las tierras

Los tres grupos de las congregaciones constituyeron en el campamento de Puerto Casado una comisión de selección de las tierras bajo la conducción del señor Rogers, luego de la ida del señor McRoberts. A esa comisión pertenecían de los Chortitzer: Johann K. Hiebert, Peter F. Braun, Johann R. Dörksen, y Johann H. Harder; de los Sommerfelder: Peter F. Reimer, Peter A. Friesen, David Peters e Isaak Funk; de los Bergthaler de Saskatchewan Heinrich H. Dyck, Johann H. Penner, Johann A. Neufeld y Johann J. Wall. Algunos ya vivían en Pozo Azul. Se unieron a los que llegaron de Puerto Casado a comienzos de julio. Se preparó pan para el grupo, y el 6 de julio salió para inspeccionar el bloque cartográfico 168.

La caravana de la comisión de selección de tierras consistía en media docena de carros altos y carretas tirados por bueyes y guiados por empleados de Casado. Se llevó 40 bueyes y algunos caballos y mulas a montar. A la caravana se unieron 15 pioneros, los 12 ya mencionados y tres menonitas más. De parte la empresa de asentamiento estaban los señores Alfred Rogers y Fred Engen, también el señor Alfons Hoefliger, que la empresa de asentamiento había traído desde Hohenau, Paraguay Oriental. Participó como intermediador entre el equipo de mensura y los colonos menonitas, pero también ayudó en la planificación de las aldeas y la fijación de los límites de las leguas. El hablaba alemán, castellano, guaraní y también un poco de ingles. Engen era el conductor de la expedición.

Además de la inspección de las tierras y la investigación de la constitución del suelo se inspeccionó el agua subterránea, perforando en muchos lugares. No en todas partes se encontraba el agua dulce. Muy buena agua se encontró en Campo Esperanza, en Palo Blanco, en Loma Plata, en el Km 216 y en varios otros lugares. Varias perforaciones tenían agua salada no potable. La comisión tenía la impresión de que el tema del agua en general podría ser resuelto en forma satisfactoria.

Del Kilometro 216 la comisión cabalgó unos 60 km hacia el norte. Ahí encontró menos lugares con agua potable. También se fueron hacia el sur y hacia el oeste en largos trayectos. El 6 de agosto la caravana dejó su campamento en Km 216 y retornó a Pozo Azul y de ahí a Puerto Casado, a donde llegaron el 14 de agosto. Se había cumplido la tarea de la inspección y de la selección de las tierras. Todos estaban de acuerdo en recomendar la región de la savana al suroeste de Campo Esperanza como complejo de asentamiento. Era la misma región que la delegación del año 1921 había recomendado como tierra de colonización.

Un informe de Fred Engen desde Pozo Azul el 11 de agosto de 1927 dirigido a Samuel McRoberts dice lo siguiente: *"Más de un mes la comisión de selección de tierras de los menonitas ha estado en el interior del desierto del Chaco y se ha seleccionado la tierras para el asentamiento. Se hizo todo el esfuerzo posible para ese fin. La región por la cual se ha decidido la comisión, es la misma que ya hemos visto varias veces. La comisión está muy satisfecha con el resultado de la investigación. Ahora se quiere ver en primer término dónde estarán los límites exactos del bloque 168 en el este y en el sur. Después se quiere tomar la decisión definitiva. A partir de ahí nosotros como empresa de asentamiento ya no tenemos nada que ver con las tierras de asentamiento. Podemos inspeccionar la otra parte del complejo de las 100 leguas, para saber qué tenemos en lo siguiente para ofrecer para la venta."*

Uno de los participantes de la expedición, P.A. Friesen, se enfermó y fue llevado en carreta a Pozo Azul. Los miembros de la expedición se preguntaron si volverían a verlo, porque la frecuencia de los fallecidos aumentaba cada vez más, pero Friesen se sanó. Con Pozo Azul la expedición tuvo constante comunicación, aunque a pasos de bueyes. De Pozo Azul se porveían de alimentos.

De vez en cuando se cazó un animal. En general eran avestruces que cruzaban su camino. Cuando un día dos de los menonitas pasaron con sus caballos por la sabana, de nuevo apareció frente a sus ojos un de estos pájaros con cuello largo. Querían seguirlo hasta el cansancio y agarrarlo. Pero antes que sus caballos tomaran velocidad suficiente, el avestruz había comenzado con sus saltos en zig-zag y desapareció ante sus miradas.

Hubo bosques, tierra boscosa y tierras abiertas. La tierra abierta no fue realmente abrierta, sino había también árboles y arbustos. El señor Rogers y uno de los menonitas discutían, cuánto tiempo de trabajo y de esfuerzo tomaría el desmonte. Acordaron entonces cortar juntos un árbol grande - el Urundey. Cavaron con la pala a una profundidad de la pala alrededor del árbol, para desnudar las raíces y empezaron a cortarlo con las hachas. Cuando habían finalmente cortado el árbol, ¡estaban cansados - muy cansados! Rogers movió la cabeza y dijo que costaría mucho trabajo urbanizar esas tierras.

Sobre esta expedición el señor Rogers escribió desde el Kilómetro 216 el 11 de julio de 1927: *"A la gente le va bien. Todos están motivados. Algunos he curado con lo que tengo en mi caja de primeros auxilios. Uno tenía una úlcera fea en la mano, una especie de intoxicación de sangre. Calentamos cebollas y las pusimos encima. Ayudó realmente. Otros tenían diarrea. Repetidas veces toman agua no hervida. Eso no deberían hacer. Ayer uno de los menonitas cayó involuntariamente de la montura de una mula, sin fractura de hueso. ¡Su suerte!*

Los menonitas van a ocupar 30 Leguas cuadrados de nuestras tierras. La selección de las tierras depende mucho de la existencia de agua potable subterránea. Los menonitas quieren inspeccionar todas las tierras de la región. Por eso tenemos que abrir para tal efecto picadas en el bosque. El señor Engen realmente ha realizado un gran trabajo, al entrar a tientas en el interior del bosque salvaje. Ha pasado con mucho esfuerzo por muchos bosques. Si no hubiera ejecutado este trabajo previo, ¿quién de nosotros estaría hoy aquí? ¡Nadie! Solamente a través de su espíritu emprendedor se ha podido realizar ese trabajo. Engen ha construido puentes, que estamos usando ahora, sin haber contribuido nada para esto. ¡Es realmente un desierto inmenso, muy inmenso! Y casi hubiera fracasada la obra de la colonización, justo por la razón de que hay que superar un trayecto tan enorme en el desierto."

Rogers no se quedó con la comisión de selección de tierras hasta terminar el trabajo. Se fue dos semanas antes a Pozo Azul, prestó un caballo y siguió hasta Pirisal, puntarriel del ferrocarril de aquel entonces, a casi 100 km de Pozo Azul. Llegó una media mañana e intentó comunicarse telefónicamente con Puerto Casado, para pedir un tranvía que lo llevara al puerto. La comunicación telefónica con Puerto Casado era muy complicada justamente en ese día, tal es así que recién a las 16.00 horas pudo hablar. Se prometió enviar un tranvía inmediatamente.

Rogers se instaló en la cercanía del ferrocarril, prendió una fogata, calentó el agua, tomó el té, rompió las galletas duras y esperó al tranvía, el auto de las rieles, que lo devolvería otra vez a la civilización. ¡Seguramente esperaría hasta bien entrada la noche, pensaba él! ¡Pero llegó la medianoche y pasó! Finalmente empezó a pintarse la aurora en el este, sin la tranvía a la vista. Preparó otro té caliente y comió de nuevo sus galletas duras. El sol apareió y subió por el horizonte sobre el bosque atrofiado y ahí - ¡por fin el carro se acercó ruidosamente a las 7.00 de la mañana! - Este fue para el señor Rogers uno de los factores inhibidores para la superación de la selva. Siete meses acompañó de distintas formas esas travesías durante la conquista del Chaco.

Los colonos del Chaco tuvieron que someterse a muchas dificultades impensables durante el avance en el desierto inhóspito, muy inamistosa para la civilización. Por tal motivo el señor Rogers vió la superación y la conquista llena de penas y sacrificios de todas las dificultades como el único camino de la conquista definitiva del desierto, y con eso una colonización exitosa. Los menonitas tenían en Rogers a un hombre que no solamente compartía con ellos las penas y penurias, sino lidiaba con toda transparencia por ellos. Participó en las tareas más difíciles. El comía lo que comían los colonos, dormía donde dormían ellos. Los menonitas lo reconocían como autoridad, y por eso pudo comunicarles libremente sus errores y sus discordias, que había entre ellos.

Los menonitas y el señor Rogers se diferenciaban más radicalmente, en cuanto a la paciencia. Eso le pasaba a los menonitas, a Rogers y a sus colegas. Los menonitas solían expresarse con su propia idiosincrasia típica en esos casos, usando sus dichos muy'menonitizados'. Rogers barajaba en tal situación una buena cantidad de palabras duras y rudas. Cuando en noviembre de 1927 se despidió de sus amigos heroicos para retornar a Norteamérica, los colonos le regalaron una Biblia con una dedicatoria especial, y él confesó que esta dedicatoria le había conmovido bastante.

El surgimiento de los campamentos en el interior del Chaco

La tarea del señor Rogers era motivar a los colonos de Puerto Casado, que esperaban flegmáticamente una solución de los problemas de asentamiento, para salir al interior del desierto. El creía que era más saludable para ellos asentarse en pequeños grupos en campamentos a lo largo del camino al interior, que quedarse por más tiempo en el campamento en Puerto Casado. Si no fuera posible todavía asentarse en aldeas, a donde querían irse los colonos, sí se lo podría en la cercanía de la región de asentamiento. Y ahí había mucho lugar y también posibilidades para ocuparse un poco y realizar intentos con diferentes cultivos agrícolas. Con las tierras en el interior del desierto se podría lograr mucho más que con el suelo endurecido de la zona del río.

Después de seleccionar las tierras de asentamiento por los tres grupos de colonos y tomada la decisión por el complejo de las grandes savanas en el rincón sureste del bloque cartográfico 168, el señor Rogers junto al agrimensor se fue a Pozo Azul, y de ahí hacia el asentamiento previsto, para tomar las mediciones astronómicas para la fijación de los límites. Se servían para el trabajo de una radio y usaron señales de Buenos Aires, para determinar los límites lo más preciso posible. El grupo del trabajo de límites, que en junio había salido de Puerto Sastre, todavía no había llegado a fines de agosto hasta las tierras de asentamiento. Por eso se emprendió ahora otras medidas de localización, para asegurarse que las grandes savanas de pasturas, por las cuales los menonitas se interesaban, estarían en la región sureste del bloque 168.

En Puerto Casado se había creado al mismo tiempo una 'Comisión de Transporte'. Una posición de liderazgo se había encomendado al señor Jakob A. Braun, un colono de 35 años. Le acompañaba el colono Martin A. Friesen. Los dos provenían de los Sommerfelder y de aquellos que se unieron a los Chortitzer en Puerto Casado. Este comité era responsable de traer harina de la Argentina. La libre importación sin pagar impuestos bajo la ley 514 era facultad del comité, y por ese motivo los menonitas conseguían harina mucho más barata que en el país o en Puerto Casado mismo. Y el comité era responsable por sobre todas las cosas de la entrada de los colonos al interior del Chaco. Friesen tenía a su cargo la compra de harina y el señor Braun el ordenamiento de la entrada de las familias al Chaco.

Hasta ese momento Pozo Azul era el único campamento en el interior del Chaco. A finales de agosto y en setiembre, los colonos fundaron otros campamentos. La elección cayó en los lugares, en que la comisión de la selección de tierras había encontrado agua potable. El segundo campamento era Campo Esperanza. Engen lo llamó así en 1920/21. El tercer lugar era Loma Plata. Seguían Palo Blanco, Kilómetro 216 y Laguna Casado. Todos esos lugares ya tenían sus nombres cuando los colonos se ubicaron ahí. En Palo Blanco se quedaron los Bergthaler de Saskatchewan. Cuando terminó el año 1927, habían algo así como 110 familias en estos seis campamentos.

Desde Pozo Azul hasta el Kilómetro 216, es decir entre el lugar al inicio más al este y el más al oeste en el interior del Chaco, había 55 km. En Laguna Casado, que se encontraba cinco km hacia el este de Pozo Azul, vivieron una media docena de familias por medio año. Se repartieron más tarde en los otros cinco campamentos. El campamento de Puerto Casado se vació cada vez más por la entrada de muchas familias hacia el interior del Chaco. Antes de fin de año llegaron dos grupos más de Canadá a Puerto Casado, en total 60 familias.

Los tres grupos de inmigrantes

Después del intento fallido en Canadá de unir a las tres congregaciones de los interesados en el Paraguay en un solo grupo, se pensó que quizás sería posible en el Paraguay, si estarían juntos para ejecutar la gran obra del asentamiento. Quizás se olvidaría las diferencias entre los gupos por los fatigosos esfuerzos durante el asentamiento y se lograría la unidad. También en este aspecto se engañaron. La actitud inflexible en aferrarse radicalmente a lo propio condujo a divergencias duras.

De Canadá a Paraguay emigraron en aquel tiempo:
- 177 familias de la congregación Chortitzer - Reserva Oriental (Manitoba)

- 53 familias de la congregación de los Sommerfelder de la Reserva Occidental (Manitoba)

- 36 familias de la congregación Bergthal de Rosthern, (Saskatchewan)

De las 177 familias de los Chortitzer 4 familias se unieron con los Bergthaler de Saskatchewan. Por eso el grupo de los Bergthaler consistía de 40 familias. Se quedaron con los Chortitzer 173 familias. Llegados a Puerto Casado, los de la Reserva Oriental y Occidental se mezclaron en el campamento, sumados con unas familias de los Bergthaler. Los otros Bergthaler se ubicaron en otro rincón del campamento.

El pequeño grupo de los Sommerfelder, que era más grande que el de los Bergthaler, pero no organizado como congregación, no quería presentarse como un grupo independiente. Esa gente había dicho al inicio de la emigración en Canadá, que no se unirían todavía a ninguno de los grupos, porque la unión de los Chortitzer y de los Bergthaler no se pudo realizar, sino decidirían en el asentamiento, a cuál de los grupos anexarse. En el Paraguay desde el comienzo se unieron a los Chortitzer. 27 familias del grupo de los Sommerfelder se unieron antes de la fundación de la colonia, y los demás en 1927 y al comienzo de 1928 al grupo de los Chortitzer. 13 familias de los Sommerfelder retornaron a Canadá y 13 familias se quedaron con la idea de mantenerse entre los Chortitzer y los Bergthaler, para unirse en su debido tiempo a uno de las dos congregaciones, como habían resuelto en las conversaciones oficiales en Manitoba. Esas familias fundaron las aldeas Laubenheim y Waldheim.

Las 27 familias Sommerfelder de la Reserva Occidental se unieron en Puerto Casado a los Chortitzer y fundaron con ellos en 1928 las aldeas Gnadenfeld, Weidenfeld, Bergfeld, Halbstadt, Reinland, Osterwick, Strassberg, Chortitz, Blumengart, Schöntal y Silberfeld. Los Bergthaler fundaron la aldea Bergthal. Esas fueron las 14 aldeas al fundarse la Colonia Menno. Laubenheim y de Waldheim en la segunda mitad del año 1928 se unieron a los Chortitzer.

Así en el comienzo del asentamiento de la Colonia Menno había dos congregaciones: la 'Iglesia (Congregación) Menonita Chortitzer' y la 'Iglesia (Congregación) Menonita Bergthaler'. En cuanto a la administración financiera se constituyó un sistema de tres. Los títulos de las tierras se distribuyeron entre los de Saskatchewan (Bergthaler), de la Reserva Occidental (Sommerfelder) y la Reserva Oriental (Chortitzer). La distribución de los títulos de las tierras a los tres no hubiera sido tan problemática, pero las diferencias entre las tres partes eran más profundas de lo que figuraba en el papel.

En vez de instalar una administración unitaria fundada en el asentamiento, se la organizó en forma tripartita. Y como los grupos se diferenciaban en su número, el derecho de la administración no estaba distribuido equitativamente. Es muy llamativo que lo que al pequeño grupo debía servir de protección, porque el grupo más grande tenía más pobres, resultó ser perjudicial para ellos. El asentamiento sufrió mucho bajo el espíritu separatista. Debilitó el avance y frenó abiertamente el desarrollo del asentamiento joven en el desierto.

De esa división resultó la pregunta: ¿Quién asume dónde la tierra? Cada grupo tenía el derecho a poseer una superficie determinada: los de Saskatchewan 7.400 ha, la Reserva Occidental 6.100 ha y la Reserva Oriental 42.400 ha. Para el grupo grande de los Chortitzer la elección de las tierras no fue tan determinante. Por eso se dejó elegir a los otros grupos. Sobre todas las cosas eran los de Saskatchewan, los que difícilmente lograron decidirse, dónde tomar posesión de sus tierras para asentarse. Los de la Reserva Occidental querían asentarse entre los Chortitzer y los de Saskatchewan, para que más tarde no resultara problemático a qué congregación anexarse.

Fue un sistema de asentamiento muy llamativo. Como teóricamente era una colonia, en realidad era un sistema de asentamiento dividido en tres, y así resultó en la práctica. Por esa razón la Reserva Oriental conjuntamente con la Reserva Occidental se dirigían con pasos firmes a la fundación de una administración, como se verá en el capítulo XVIII.

La empresa colonizadora responsable de la delimitación reconocida legalmente a través de la agrimensura correspondiente de la región de asentamiento, dejó a los colonos elegir las tierras del complejo de 100 leguas, y permitió que ellos decidan qué forma tendría la superficie de todo el asentamiento. El lado norte de las tierras no debería correr en forma lineal. Entonces la región de asentamiento no tendría la longitud de las 10 leguas. Podrían incluir la región de Campo Esperanza o dejarla de lado.

Se fijó una fecha límite. Si hasta ese día no comunicaban otros deseos a la empresa, significaría que la superficie de la región de asentamiento consistiría en un rectángulo de cerca de 12 por 43 km, es decir, 3 leguas de ancho y 10 leguas de largo. En esa región el grupo de Chortitzer recibió, junto con 27 familias del grupo de Sommerfelder unas 42.300 ha, el grupo independiente de los Sommerfelder 6.100 ha y el grupo de Saskatchewan 7.400 ha.

En la repartición de las tierras llama la atención, que el pequeño grupo de la Reserva Occidental dubitativo, recibiera mucha mas tierra proporcionalmente en relación al número de las familias que los otros grupos. Cuando se hubiera repartido toda la superficie de las tierras de 55.800 ha en partes iguales sobre todas las familias (es decir 240), se tendría la cantidad de 232,50 ha por familia. El grupo de los Chortitzer (200 familias) ocuparía entonces 46.500 ha, el grupo de la Reserva Occidental (13 familias) hubiera recibido 3.022,50 ha y los de Saskatchewan (27 familias) poseerían 6.277.50 ha. La repartición de las tierras se estaba haciendo, según los medios económicos de los emigrantes de Canadá. Según el valor económico aportado recibían de la Intercontinental Company en la misma relación las tierras en el Chaco y dinero en efectivo. De ahí se ve en forma muy clara, dónde estaba la mayoría de la gente pobre (Reserva Oriental) y de dónde provenía el grupo económicamente más fuerte (Reserva Occidental). Por ese motivo el último grupo estaba muy interesado en la independencia basada en su protagonismo económico. También se dice que la Reserva Occidental estaba mejor situada que los otros en cuanto a la formación educativa, confirmado en la presencia de hombres líderes del asentamiento que surgieron de ese grupo. Con seguridad en aquel entonces, cuando en Manitoba un grupo progresista fundaba una escuela secundaria, que motivaba la ruptura de la congregación, esa gente estaba más envuelta e influenciada por esa situación de lo que ellos mismos se imaginaban. Ahora al entrar en contacto con la gente conservadora eso llamó mucho más la atención. En cuanto a la espiritualidad habrán sido menos exigentes, no tenían intereses propios de renombre y se asociaron sin condicionamientos a la congregación de Chortitzer. Su posición económica alcanzada en Canadá expresa claramente su actitud económica.

El grupo de Saskatchewan en contrapartida era más testarudo y no quiso ninguna mezcla con gente de otra forma de ser y con otro pensamiento. De las 40 familias (36 propias y 4 familias de los Chortitzer) antes del asentamiento 13 familias volvieron a Canadá. Los otros fundaron la aldea Bergtal (ahora sin la h), que se convirtió en una gran aldea de doble filo. Inmediatamente después de asentarse en la aldea, dos familias retornaron a Canadá quedando 25 familias. Ni esos pudieron sostener la unidad de la congregación, y en 1929 se separó un grupo fundando la aldea Neuanlage. En retrospectiva las condiciones de esa congregación aparecen difíciles de detallar, especialmente en cuanto a los datos y los números del grupo.

Organizar la ocupación de las tierras de parte de los tres grupos era un asunto interno. A los de Saskatchewan les parecía difícil decidir qué parcela de tierra tomarían. Entre los Chortitzer y los de Saskatchewan querían ubicarse los Sommerfelder independientes. Los Chortitzer o tenían que ubicarse en la parte oeste o la parte este. A ellos le quedaba igual qué parte recibirían. Recién después de varios meses los de Saskatchewan se decidieron. Eso no tenía nada que ver con los límites exterior, sino con la división interna de toda la región de asentamiento.

El plazo para la fijación de la superficie había vencido y otras propuestas no habían llegado. Al iniciarse la fijación del límite exterior, los de Saskatchewan, que vivían en el campamento de Palo Blanco, se presentaron. Se habían decidido por las tierras cercanas a Campo Esperanza.

El señor Landreth escribe el 22 de marzo de 1928 en relación a esta cuestión: *"Me ha sorprendido en forma desagradable, cuando hace algunas semanas estuve en el Chaco y me di cuenta que el grupo de Saskatchewan estaba descontento por la organización de la superficie del asentamiento, como la habíamos determinado. También los de la Reserva Occidental se molestaron y hablaron de cambios. Los de Saskatchewan afirman que no habían aceptado la forma de la superficie de tres leguas de ancho por diez leguas de largo. Yo tuve que decirles, que ya era demasiado tarde para cambiar, por la simple razón que la mensura y la fijación del límite norte ya había comenzado. También les dije que sería de su provecho la actual forma de la superficie. Y ellos mismos habían dicho 'Sí' a eso. Ahora se metieron en la cabeza ocupar la región de Campo Esperanza. ¡Allí habría abundante y buena agua!"*

El señor Landreth procuró convencer a los de Saskatchewan, de que la región del extremo este del complejo de asentamiento no era mala. Fueron convencidos y eligieron la parte este. Más tarde cambiaron su opinión e intentaron adquirir otro terreno.

Lo que el señor Landreth menciona en el escrito de arriba, que la gente de la Reserva Occidental (las 13 familias de los Sommerfelder) se quejaron de los de la Reserva Oriental, puede referirse a esa problemática. Que muchos de los Sommerfelder habían dejado al grupo, asimilándose completamente entre los Chortitzer, no le gustó a los que se habían quedado. Querían administrarse ellos mismos y tener un título de tierra propio. Los que pasaron a los Chortitzer sacaron su tierra de la región de la Reserva Occidental y la traspasaron a los Chortitzer (Reserva Oriental).

Todo eso sucedió antes de haberse fijado definitivamente los límites. Para la fijación definitiva y oficial de los límites de todo el complejo de asentamiento eso no constituyó ningún problema. El grupo no lo pudo ni negar, ni impedir. El restante grupo independiente de la Reserva Occidental quería que la empresa colonizadora reservara entre sus tierras y las tierras de la Reserva Oriental un terreno para los que vendrían más tarde. Supuestamente era su intención incorporar esa tierra a su posesión. Estas tierras de nadie entre los grupos menonitas no las querían aceptar los Chortitzer, porque temían que otra gente que los mismos menonitas pudieran comprarlas, por lo que se despedazaría la Colonia cerrada. Los señores de la Corporación apoyaron a la Reserva Oriental y no aceptaron esas ideas de una reserva de tierras entre los diferentes grupos.

Cuando los de Saskatchewan se dieron cuenta que la fijación del límite norte estaba en movimiento y su plan de recibir el terreno rectangular para el asentamiento en la región de Campo Esperanza no era reconocido, procuraron fijar la región de Palo Blanco, lugar de su campamento a la vera del camino, para el asentamiento de su grupo. En ese caso los Chortitzer hubieran tenido que despedazar sus tierras. Por eso rechazaron radicalmente este razonamiento. Los Bergthaler de Saskatchewan se quedaron en el extremo este, donde en abril del año 1929 fundaron la aldea Bergtal. Este litigio de límites duró meses. El trasfondo oscuro era la división de las tierras en tres título, que exigía un delimitación exacta de la región. Mucho más simple y fácil hubiera sido si solamente se tratase la determinación de los lugares de cada colono en la organización de las aldeas.

Así lo vieron también los señores responsables de la empresa de asentamiento, y lo formuló así el señor A.A. Rogers a fines de diciembre de 1927: *"El dicho: 'La unidad hace la fuerza', los menonitas no lo han tomado en cuenta, por lo menos no suficientemente. Si hubieran actuado ecuánimemente, el asentamiento hubiera progresado mucho más rápido. Así como hasta ahora se ha atascado, ellos pierde tiempo y dinero. Un accionar más decidido hubiera contribuido para que tengan los títulos de sus terrenos en sus manos. El grupo que recibió el permiso para elegir primero sus tierras, por mucho tiempo no pudo decidirse, dónde tomar posesión de ellas. Esta actitud ha frenado a los otros en su propósito."*

El señor Rogers escribió antes de su salida del Paraguay el 9 de noviembre de 1927 al señor Landreth en Winnipeg, pero que pronto viajaría al Paraguay, para ocupar allá el puesto del señor Rogers: *"Es una lucha entre los de Saskatchewan y los otros. Los menonitas han cometido el error de darle el derecho a los de Saskatchewan a elegir primero la región de asentamiento. La decisión cayó en la punta este. Ahora quieren la región de Palo Blanco. Ellos creen que esa región pertenece a la punta este. No es el caso. Por eso el asunto se ha alargado por cuatro meses. Y, tan absurdo como todo eso es, para nosotros como empresa de asentamiento significa ganar tiempo para la repartición de los trabajos de la agrimensura de las tierras."*

Recien al comienzo de 1928 los de Saskatchewan aceptaron en forma definitiva la punta este para asentarse. Su desconfianza, que sacarían la peor parte de la lotería, no tenía fundamento, pero los distanció durante largo rato de aprobar definitivamente el lugar de asentamiento. No habían sacado una lotería mala. Por lo menos no habían elegido una región menos apta que los demás.

La fijación de los lugares para las aldeas

La empresa de asentamiento tuvo sus dificultades con las firmas agrimensoras. Cuando se había trabajado bajo el primer contrato durante los cuatro meses y avanzado solamente 55 km, dijeron los señores de la empresa de colonización: con esa velocidad de la agrimensura los colonos esperarían todavía un segundo año para poder fundar sus aldeas. La empresa se puso en contacto con otras firmas agrimensoras y plasmó un nuevo contrato. Las exigencias de esos agrimensores no eran mayores que los agrimensores canadienses, aunque su trabajo en el Chaco era mucho más estresante que en las tierras canadienses. A pesar de que no se pagaba menos por el trabajo que antes, se introdujo un cambio en la forma de pago: los gastos de aprovisionamiento para todo el equipo corrían a cargo de la firma agrimensora. Significaba una aceleración de los trabajos, ya que mientras más rápido avanzaban, más ganancias habría.

Los resultados del segundo contrato fueron más satisfactorios. Todo el trabajo de mensura le costó a la empresa de asentamiento unos 25.000 dólares. Los gastos de los trabajos de apertura de picadas dentro del rectángulo del asentamiento lo pagaron los colonos mismos. Hasta navidad de 1927 estaba terminada la mensura de los límites circundantes de todo el complejo. Entonces se pasó a la división de las tres regiones para los grupos. Fue ese período en que los dos pequeños grupos, especialmente a los de Saskatchewan, 'no sabían cómo decidirse'. A comienzos de febrero de 1928 escribió el señor Landreth, el supervisor de campo de la Corporación, que los menonitas no estaban todavía en condiciones de dividir las tierras por razones de discordias internas.

En el campamento de Puerto Casado esperaban 80 familias una fijación definitiva de los planes para la fundación de las aldeas. Si no habían preparado el regreso a Canadá, no querían salir de Puerto Casado hasta poder entrar directamente a la aldea delimitada con estacas en la pastura alta.

En su totalidad los peregrinos estaban dispersos en una inmensa región, que se extendía de Puerto Casado hasta más de 200 km en el interior del Chaco. Siempre hubo causas suficientes para deliberar sobre diversos asuntos que concernían a todos los colonos. La comunicación entre los campamentos era muy complicada. En la mayoría de los casos se viajaba en carretas de bueyes. Tiempo para viajar había, pero cuando se trataba de reuniones importantes, que debían ser realizados lo más rápidamente posible, la carreta de bueyes era demasiado lenta. Noticias urgentes se transportaba a caballo. Los responsables de la empresa de asentamiento no siempre estaban en el lugar, sino como todos los otros colonos, generalmente en 'algún lugar' de la región. Por eso era casi imposible reunir a todos en un lugar.

Se resolvió entonces que el Anciano de la congregación, Martin C. Friesen, se ubicara con su familia en Pozo Azul, para ejercer su cargo desde ese lugar. Como Anciano de la congregación era responsable no solamento de los asuntos de la congregación, sino también conjuntamente con otros de las cuestiones que concernían al asentamiento. En enero de 1928 llegó a Pozo Azul. Desde allí viajaba a Campo Esperanza, Palo Blanco y Loma Plata, y si era necesario, también a Puerto Casado. Como vivíva ahora en en centro de la región de los campamentos, era mucho más fácil manejar los asuntos diferentes. En un escrito que envió a uno de sus colegas a otro campamento, se ven las preocupaciones que lo acompañaron en ese tiempo. Dice la carta del Anciano Martin C. Friesen de Pozo Azul al pastor Abram E. Giesbrecht, Loma Plata, abril de 1928: *"Lamento realmente de corazón el espíritu de la desunión. Mis pensamientos se dirigen hacia esa dirección, y me pregunto: ¿Qué queremos hacer para unirnos con la Reserva Occidental? Yo temo que será objeto de controversia por mucho tiempo si sigue así como está ahora. Cuántas veces he deseado en mi debilidad, que pudiéramos colaborar en el trabajo."*

El grupo de la Reserva Oriental hubiera estado dispuesto enseguida a cooperar con la Reserva Occidental en la región de asentamiento, aunque los de Saskatchewan hubiesen quedado con su región separada. Pero no fue posible para los de la Reserva Occidental venir con propuestas de unificación. Se habían metido en la cabeza asentarse independientemente de la Reserva Oriental. Las regiones de los tres grupos fueron calculadas según del derecho de posesión de tierras, y después fueron fijados los límites.

Para los grupos pequeños - la Reserva Occidental y de Saskatchewan - ya no se volvía tan difícil encontrar una solución para la fundación de las aldeas. Un grupo tenía una y el otro apenas dos aldeas. Diferente era para el gran grupo de la Reserva Oriental, que ocupó la superficie más extensa, el 75 por ciento de las tierras. Esos colonos se habían dividido en 11 grupos de aldeas y por ende tenían que preparar la misma cantidad de lugares para las aldeas. De repente no pudieron decidir, cuándo iban a buscar los lugares para las aldeas y marcarlos. Ellos pensaron en definir primero los límites de las leguas. El señor Alfonso Hoefliger, el responsable de la empresa de asentamiento para el fomento de los trabajos de límites, escribió el 8 de enero de 1928 al Anciano Martin C. Friesen una carta urgente en relación a la organización de las aldeas y de la supuesta importancia de los límites de las leguas. Es una carta muy explícita, que se presenta en forma resumida: *"La época del año ha avanzado, y las condiciones futuras de los miembros de su congregación son inciertas. Yo quisiera ayudar en la solución de los conflictos. En ese caso me refiero a la mensura de las aldeas, que tiene que estar lista, como he notado, antes de que se aren las tierras. Yo veo ahí un peligro grande para el asentamiento. Quisiera aprovechar cada oportunidad para llamar la atención por eso. Y lo he hecho desde el mes de octubre del año pasado. Siendo yo un extraño, me preocupo por el destino de su empresa. Lo veo simplemente como una obligación mía.*

Sobre todas las cosas le llamo la atención, que en relación a la duración de la agrimensura de las tierras no existe ninguna confianza, si los menonitas no participan en forma activa. Los intereses del agrimensor son diferentes a los de los menonitas. El hace el trabajo para ganar dinero. Un lapso de tiempo no le ha sido fijado. No se apura por la situación de los menonitas. Vamos a tener que hacer todo lo posible por avanzar. Para lograrlo dependerá de muchos otros factores. El tiempo feo puede frenar el trabajo por días enteros; los obreros indígenas pueden desaparecer sin despedirse con anterioridad, y entonces tenemos que buscar otros empleados; el agrimensor puede enfermarse, y después puede durar meses, hasta que llegue otro al trabajo, porque la distancia juega un rol muy importante.

Al agrimensor no le importa cuándo se terminan los trabajos de mensura. También puede suceder que el que define los límites de las leguas no concuerde con su superior, y puede ser despedido. Esas y muchas más cosas pueden suceder y la ejecución de la agrimensura puede alargarse por meses. También puede suceder por las situaciones desagradables de parte de los menonitas, lo que nunca se puede excluir. La fijación de los límites de las leguas no se puede predecir ni aproximadamente en su duración. En otras palabras: el destino de los colonos depende en cierto sentido de hechos secundarios relacionados con la agrimensura.

Pero en la faz de la Tierra ya se han fundado aldeas y ciudades, antes de que hubo agrimensores. Se nota ahora ya una gran pobreza en muchas familias. Y como usted dirige el destino de este pueblo, lo sabe mejor. Yo no sé de qué medios económicos importantes disponen las congregaciones de los menonitas, y aunque tuvieran muchos medios económicos, no lo van a lograr, si sigue así. Y si encontráramos los medios, no sería una solución, porque así la fuertemente atormentada congregación quedaría más adeudada. Los primeros años de la lucha han de emplear para pagar deudas, por las cuales no han tenido otra cosa que miseria. Tal situación trae disgusto - e influye el agotamiento corporal - y el uno u otro muere a causa de eso. Por las condiciones de endeudamiento muchos colonos gastan lo menos posible a la hora de comer. Y eso tiene efectos negativos en todos los sentidos.

Habrá gente que va a tergiversar las situaciones reales, y le van a echar la culpa al Chaco. Una congregación agotada y venida a menos no estará en condiciones de mantener el ímpetu de la inmigración, para fundar un país realmente menonita. Esto ha de ser el fundamento de su empresa. Yo veo como mi obligación hace ya algunos meses, trabajar para que los lugares de las aldeas se seleccionen y se aren, al definir el límite sur, y no cuando el agrimensor esté listo con sus trabajos. Con eso quiero apartar la miseria que se acerca en forma peligrosa.

Lo he dicho y explicado en las reuniones de su gente, donde yo estaba presente, cómo se puede encontrar los lugares para las aldeas. Se tendría que nombrar a hombres que ahora ya montan a caballo por la región del asentamiento. Si comienzan con la región del grupo de Saskatchewan y desde la cercanía del límite sur se dirigen hacia el oeste, van a descubrir todos los lugares apropiados para las aldeas. En el momento de encontrar un lugar para una aldea, se sigue con el caballo y la brújula hacia el sur hasta el límite. Allí se encuentra en cada medio km y cada km un poste con el número gravado. Como todas las aldeas se han de organizar por la característica de la tierra más o menos cerca del límite sur, será aconsejable colocar cada aldea en la legua correspondiente, para que no sea cortada por ninguno de los límites hechos por la agrimensura.

El sentido de ese trabajo preparatorio es arar lo más pronto posible, para plantar y cosechar y consecuentemente aminorar la miseria. Si hubiera necesidad de corregir la mensura, entonces no sería tan lamentable como el hambre y la falta de dinero. Otra ventaja de organizar las aldeas a lo largo del límite sur, sería: más allá de la línea sur existen muy buenos lugares de pastura, que podrían aprovechar los colonos. No le dañará a nadie.

Por favor examine usted lo que le aconsejo con este escrito. Está en el interés de la empresa de asentamiento y será por el bien de los menonitas. Hay que abrir todavía 250 km de picadas como límites, y no será posible terminar el trabajo hasta que comience la época de la siembra. Yo le aseguro nuevamente, que las propuestas arriba mencionadas deben servir para el bien de su empresa, una obra, que usted ha conducido tan heroicamente."

Las explicaciones y propuestas del señor Hoefliger tuvieron un efecto positivo en los colonos. El 19 de enero de 1928 se le entregó al señor Hoefliger, quien se encontraba en Loma Plata en ese momento, un escrito del Anciano Martin Friesen, que contenía la promesa de comenzar inmediatamente con la búsqueda y la fijación de los lugares para las aldeas. El 28 de enero tuvo lugar en Loma Plata una reunión, en la que se deliberó cómo proceder.

Los menonitas emplearon a hombres jóvenes para la fijación de los límites de las leguas. Los límites hoy en día no tienen significado, pero en aquel entonces eran importantes en la determinación de la superficie para una aldea. Se formó también una comisión, que debía buscar los lugares para las aldeas y planificarlas. Fueron elegidos para eso: Abram B. Töws, Johann A. Schröder, Johann W. Fröse, Peter F. Braun y Jakob H. Harder. El señor Hoefliger los acompañó todo el tiempo. A poco tiempo se acopló a la comisión Jakob A. Braun, que en ese momento vivía en Puerto Casado. El trabajo de la fijación de los lugares para las aldeas duró un mes.

Jakob A. Braun había viajado bajo la colaboración de la empresa de asentamiento hasta los campamentos en el Chaco, para motivar a la gente a retirar las familias del ferrocarril. En ese momento habían todavía 70 a 80 familias en Puerto Casado. Ellos por fin debían salir de ahí. Muchos no tenían ninguna posibilidad de viajar desde puntarriel hasta el asentamiento, por no poseer ni bueyes ni carretas. Otros eran simplemente indecisos. Después de cumplir su encargo en los campamentos Braun se unió a la comisión de la organización de las aldeas. Los miembros de la comisión lo recibieron con gusto, porque era conocido como un conductor valiente y sacrificado y que se había distinguido en la capacidad de cálculo y de razonamiento.

Los señores de la empresa de asentamiento criticaron al señor Braun, por qué no volvía directamente a Puerto Casado para informar personalmente cómo andaban los asuntos en el Chaco. Además le pagaron a Braun por el tiempo para las planificaciones de la entrada al desierto. Tuvieron las mismas intenciones, ya que también la empresa de asentamiento ansiaba que los colonos se trasladaran a sus aldeas.

Durante semanas la comisión de organización de las aldeas recorrió a caballo las extensas y angostas savanas de pasturas, midió, razonó y acomodó los planes de las aldeas, mientras que, siempre partiendo del límite sur, pasaron a caballo por los 'campos'. Usaron una brújula, lápiz y papel. Cada jinete llevaba consigo una caramagnola y algo de provista. Para la noche retornaban al campamento más cercano: Palo Blanco, Loma Plata o Km 216. Con los medios primitivos a disposición de ellos para este trabajo, no era poca cosa. Pero hicieron un buen trabajo, ya que diez de las once aldeas organizadas existen todavía después de 85 años.

Durante ese trabajo de la comisión, Jakob A. Braun un día entró antes de anochecer en un bosque, que era más extenso de lo que había pensado. Volvió un poco antes del amanecer con su caballo del tejido espinoso del bosque chaqueño, herida la piel, y la vestimenta destrozada. Tanta era su fatiga que el siguiente día solo descansó.

Cuando la comisión había terminado la mayor parte de su trabajo y teniendo todavía su cuartel en el Km 216, sucedió un incidente muy llamativo. Engen informa como sigue (4 de marzo de 1928 al señor Rogers en Winnipeg): *"El 17 de febrero, un poco antes del amanecer, se presentaron algunos hombres frente a mi carpa en Palo Blanco, donde dormía debajo de mi mosquitero. Eran Hoefliger y Jakob Braun. Hoeflinger me pidió que salga, tenían que comunicarme algo. Yo respondí si no se podía esperar hasta la mañana. No quería levantarme.*

Pero Hoefliger insistía en que eso no se podía suspender hasta la mañana. Me levanté, me fui hacia afuera y les pregunté, ¿qué cosa tan urgente tenían ellos? Informaron que ayer por la noche habían llegado algunos indígenas al campamento de Km 216, donde estaba la comisión de la organización de las aldeas, y habían dicho, que soldados bolivianos habían sido vistos en la cercanía. Yo pregunté a Hoefliger, qué diablos quería realmente, qué querían que yo emprenda. Porque él no había investigado si era verdadera esa historia. Los indígenas se habían pegado el lujo de hacer un chiste a costa nuestra.

Enseguida pensé cómo podría ser todo eso, y así fue entonces: Hoefliger comunicó que él había ordenado a las cuatro familias que vivían en el campamento del Km 216 salir de ese lugar, dándoles instrucciones para huir a Loma Plata. Ellos habían cargado rápidamente sus cosas sobre el carro y se fueron a Loma Plata, donde habían llegado un poco antes de la medianoche. En Loma Plata Hoefliger había ido rápidamente junto a David Fehr, le había dado un informe de la situación, pidiéndole que instruya la salida y la huida de los pobladores del campamento.

Yo le expliqué entonces a Hoefliger, qué acción sin sentido él había ordenado, y sus consecuencias - lo dije y me fui otra vez a mi cama debajo del mosquitero. El pobre Braun estaba muy cansado; porque el había estado todo el día en la montura en el asunto de la fijación de los lugares de las aldeas hasta bien entrada la noche.

En Loma Plata había mucho nerviosismo. Y las 50 a 60 familias del campamento habían sido llamadas para estar listas para la huida. Nadie había dormido después de la alarma de la medianoche de Hoefliger. En todos los lugares se avistaba caras atormentadas por el temor. Le convencimos a la gente que no tenía sentido imaginarse que los militares bolivianos tendrían la intención de molestar a los colonos pacíficos.

Nos fuimos entonces a Isla Poi, donde se encuentra el militar paraguayo. El señor Isaak Funk nos llevó con el camión. Llevamos con nosotros al señor agrimensor, que hablaba alemán y les informó a los menonitas después del retorno, que no se sabía nada del militar boliviano en esta región. Alrededor de la medianoche se estaba otra vez en el campamento de Loma Plata. Le insuflamos a los colonos nerviosos de nuevo el ánimo necesario.

Los colonos se expresaron muy abiertamente sobre Hoefliger. Este se había quedado en Palo Blanco, esperando angustiado las cosas que vendrían. Cuando al día siguiente regresamos hasta ahí, quería saber, si habíamos avistado a los bolivianos. Es un buen hombre. También los menonitas lo quieren mucho. Y ellos mismos insisten ahora, en que él debe seguir ayudándoles en la cuestión del asentamiento. Pero si yo en ese caso no hubiera estado allí, él habría hecho muchas cosas tontas, es decir, lo que había comenzado también habría ejecuta-

do en toda la seriedad del momento. Pero no se preocupen en relación a esa situación, ya que Hoefliger ha recibido una lección instructiva y los menonitas también. Los indígenas por ciertos trabajos realizados no habían recibido suficiente comida y solamente dos y medio metros de tela como sueldo de la semana. Eso lo hemos arreglado con ellos y todo está bien otra vez."

Cuando esta noticia del incidente incómodo llegó hasta el campamento de Puerto Casado, había recibido por el largo trayecto a través del desierto un cariz mucho más serio. Un verdadero asalto habría sucedido, y mucho más la gente había agregado a esta historia. En poco tiempo se encontró la historia en revistas norteamericanas.

En los últimos días de febrero de 1928 se terminó el trabajo de la planificación de las aldeas. La comisión había realizado la parte principal de sus tareas. Los croquis separados fueron unificados y los lugares de las aldeas fueron presentados y definidos sus nombres. En los campamentos se habían formado grupos de aldeas y elegido un alcalde (Dorfschulze). La dirección del asentamiento se puso en contacto con estos y se procedió al sorteo de las aldeas entre los grupos formados. Era un asunto esforzado y lento, porque los responsables vivían muy distantes (200 km) entre sí en los diferentes campamentos. Hasta el mes de abril se terminó el sorteo.

¡Por fin los colonos pudieron sortear entre sí como grupos de aldeas la ubicación de su propiedad y salir para mensurar- y delimitarla.

¡Un suspiro de alivio se sentía en las filas de los que habían esperado hasta la fatiga! Ahora había que superar la última etapa, para estar finalmente en casa.

A LOS MENNONITAS

RESIDENTES EN EL CHACO PARAGUAYO

COMUNIDAD WEST RESERVE.

He sido informado de haber Uds. obtenido los títulos de propiedad de las tierras en que se asientan sus poblaciones y tambien de que Uds. han empezado la construccion de sus casas, el cultivo de sus lotes y la delineacion de sus aldeas, la instalacion de sus Iglesias y Escuelas y en fin la organizacion de su vida y de su trabajo en el Chaco. Estas noticias han llenado mi espiritu de viva satisfaccion y deseo aprovechar esta auspiciosa oportunidad para desearles ventura en su empresa y dicha en sus nuevos hogares.

El Gobierno del Paraguay y el país entero contemplan el empeño de los Mennonitas con honda simpatía.

Los derechos de propiedad que acaban de adquirir están amparados suficientemente por nuestras leyes. Ademas pueden contar con la seguridad de que todos los intereses legitimos de las colonias y de sus habitantes recibiran en todo tiempo la necesaria proteccion de las autoridades nacionales, a fin de darles la maxima garantía para sus personas, bienes y trabajo.

Llegaron los primeros Mennonitas a esta República precedidos de la justa fama de honorables tradiciones. Espero que los colonos sabran mostrarse dignos de tales tradiciones, manteniendo en toda su pureza sus costumbres, su religion, su cultura.

Así, con la ayuda de Dios, confío en que los colonos alcanzarán todos los beneficios morales y materiales deseables en su nueva patria.

José P. Guggiari

Presidente de la República.

Dia 15 Setiembre de 1928

El Presidente José P. Guggiari (1928 - 1932) mandó una carta a los colonos menonitas en 1928, cuando estos por fin se asentaron en terreno propio.

Casa pionera en una aldea recientemente fundada en el Chaco.

Hombres voluntarios que se dedicaron a la agrimensura del terreno a comprar porque la empresa Casado demoró mucho este trabajo importante.

Importante fue también encontrar agua subterránea buena
para el uso en el hogar y para los animales.

La Comisión de Planeamiento de las Aldeas 1927/28 que recorrió por varios
meses los campos abiertos para organizar el asentamiento en aldeas.

CAPÍTULO XIII

EL ASENTAMIENTO SE ORIGINA

*"El tiempo más difícil para los inmigrantes menonitas del Chaco
ha sido superado. El tiempo de espera era muy difícil...
Uno casi no puede imaginarse lo que esta gente ha sufrido...
Pero hoy se ve que están con ánimo, generalmente contentos
y se alegran por estar en su propio terreno..."*

De los informes de los menonitas, que en 1929
visitaron el asentamiento joven del desierto
encomendados por su congregación en los Estados Unidos.

La formación de los grupos de aldeas, el sorteo de las aldeas y de las fincas

La formación de los grupos para las aldeas era distinta una de otra. En parte los colonos se reunieron como lo conocían de sus regiones delimitadas en Canadá. En casi todas las aldeas había familias, que no habían conocido a sus vecinos de ahora o habían vivido bastante lejos el uno del otro. Se conocieron durante la larga espera y se volvieron amigos íntimos.

La comunidad de Schöntal surgió del campamento Campo Esperanza y se formó de familias de distintas regiones de las Reserva Occidental y Oriental del sur de Manitoba. Al contrario en la aldea de Bergfeld se ubicaron familias que en Manitoba ya habían vivido juntas. Las 27 familias de la Reserva Occidental, que se unieron con los de la Reserva Oriental en cuanto a iglesia y economía antes de la formación de las comunidades aldeanas, se distribuyeron en seis de las 11 aldeas de la Reserva Oriental, que en aquel entonces constituía todavía la congregación Chortitzer.

De Pozo Azul algunas familias retornaron a Canadá, las otras se fueron con sus familias a los lugares sorteados, donde no encontraron otra cosa que pastura alta, arbustos y árboles. Así lo hizo también la mayoría del campamento de Campo Esperanza. También de ahí algunos regresaron a Canadá. Los pobladores del campamento de Loma Plata se quedaron por un tiempo más con sus familias. Primero trabajaron en sus propiedades de las aldeas, levantaron sus casas y araron las chacras. De a poco entraron en las aldeas. Y algunas familias volvieron a Canadá. La mayoría de los Gnadenfelder vinieron de Loma Plata, los Weidenfelder de Pozo Azul. La aldea Waldheim se formó en gran parte en el bosque, por colonos provenientes de Loma Plata. Los pobladores del campamento de Palo Blanco fundaron la aldea Bergtal. Se mantenían como congregracion en forma separada con el nombre de 'Congregación de los Bergtaler'. La unidad de esta pequeña congregación duró casi un año. En el año 1929 siete familias salieron de esa aldea y fundaron la aldea Neuanlage. Con eso se separaron de la congregación de los Bergtaler y se unieron a la congregación de los Chortitzer. Opinaron que la organización de la congregación era muy defectuosa. Los otros querían mantener la comunidad de los Bergtaler como tal. Por tal motivo aquellos tuvieron que dejar la aldea para unirse a los Chortitzer. Entre las siete familias se encontraban las cuatro familias que en Canadá salieron de la congregación Chortitzer para unirse a los Bergtaler de Saskatchewan, emigrando como Bergtaler a Paraguay. Ahora estaban de vuelta con los Chortitzer.

La última de las 14 aldeas del asentamiento era Silberfeld, organizada también en 1928. Ese grupo fue formado principalmente por gente que no cayó bien con los otros, y por eso no le quedó otra cosa que organizarse juntos en la aldea Silberfeld. La mayoría era pobre. La aldea no se pudo mantener porque le faltaba la unidad. Así se disolvió después de 6 años, y los pobladores fueron repartidos en otras aldeas.

De las 70 familias que en ese momento de la fundación de las aldeas (abril 1928) todavía vivían en Puerto Casado, varias regresaron a Canadá; las otras se unieron a las aldeas a las que pertenecían o a las que intentaron anexarse ahora. También estaban las que más tarde vivían en Silberfeld. Los de Laubenheim todos llegaron de Puerto Casado.

La formación de los grupos de aldeas fue supervisado en parte por los predicadores. Una carta del pastor líder Martin C. Friesen de Puerto Casado a los predicadores del campamento de Loma Plata, del 18 de enero de 1928, dice entre otras cosas: *"Algo más sobre la organización de los grupos de aldeas: Es necesario llamar la atención a que durante la agrupación reinen derecho y justicia, sin considerar la reputación de la persona, para que el Señor pueda bendecir la obra. Y también llamar la atención, que no muchos parientes de sangre se establezcan en una aldea o que ellos solo organicen una aldea. Pensamos en el casamiento entre consanguíneos, y queremos advertir ante esta posibilidad de casarse."*

Los grupos de aldeas se organizaron en su comunidad. Ellos eligieron sus propios campos, para ocuparlos y asentarlos. Los campos para la organización de las aldeas fueron elegidos y determinados por una comisión nombrada para tal efecto. En marzo de 1928 esa comisión había terminado con su trabajo (ver capítulo anterior).

El establecimiento de los lugares de las aldeas se refería solo a la zona de la Reserva Occidental, incluyendo las 27 familias que incorporaron su propiedad a la región de estos. Las aldeas Laubenheim y Waldheim fueron organizadas por el grupo independiente de la Reserva Occidental, que cumplía funciones requeridas en forma separada, igual que los de Saskatchewan, que fundaron la aldea Bergtal.

El gran grupo de la Reserva Oriental tuvo mucho más que hacer para la organización de las aldeas que los grupos pequeños. Juntos habían formado 11 aldeas, de las cuales Silberfeld apenas lentamente se consolidaba cuando las otras ya estaban organizadas.

Después de definir los planes de las aldeas, se reunieron para darle nombres a las aldeas, y se acordaron los siguientes: Gnadenfeld, Bergfeld, Chortitz, Reinland, Strassberg, Osterwick, Weidenfeld, Halbstadt, Grüntal, Hoffnungsort y Silberfeld.

El 1 de marzo de 1928 se invitó a los representantes de las aldeas a Campo Esperanza, para el sorteo de los lugares de las aldeas. Habían ido seis alcaldes. Los demás representantes, que estaban todavía en el campamento en Puerto Casado, fueron algunas semanas más tarde a Pozo Azul y sacaron también su boleta.

Luego de este acto los colonos salieron en pequeños o grandes grupos para inspeccionar sus lugares de asentamiento; ver lo que habían recibido. Los Gnadenfelder, los Weidenfelder, los Bergfelder, los Reinländer, los Halbstädter, los Chortitzer y lo Osterwicker aceptaron las propiedades recibidas a través del sorteo sin ningún cambio y así también el grupo de Hoffnungsort; solo que este grupo cambió el nombre de su aldea y la llamó Blumengart.

Los posteriores Schöntaler habían recibido el lugar de la aldea Strassberg. Pero no encontaron apropiado el campo para el gran grupo. Como hacia el noroeste había más lugares que no entraron en el sorteo, eligieron uno de esos para su aldea y lo llamaron Schöntal. Los Strassberger de más tarde habían recibido el lugar de Grüntal. No les gustaba tampoco, y como el lugar de la aldea de Strassberg se había liberado, ese grupo ocupó Strassberg quedándose con el mismo nombre.

Por consecuencia la aldea Grüntal sobró tanto como lugar y como también su nombre. Más tarde fue poblado por agricultores jóvenes y conservó su nombre desde entonces.

De las 60 familias que retornaron a Canadá, 25 eran las familias que habían llegado hasta el interior del Chaco a los campamentos. Unas 15 familias se habían asentado ya antes de regresar.

Al ocupar un grupo su aldea, se empezó a idear cómo se la organizaría de la forma más conveniente. Lo que se pretendía en general era repartir las tierras del campo abierto en forma equitativa entre las familias; y se hizo de nuevo a través del sorteo. Se vio enseguida que las propiedades no eran iguales en cuanto a su utilidad para la agricultura.

Cuando en un momento dado un grupo de colonos estaba reunido para el sorteo correspondiente - fue el grupo de Bergfeld - y cada uno sacó su boleto, uno de los presentes se negó cuando fue llamado. Dijo que no quería todavía. El por qué de no hacerlo no lo decía. Otros habían escuchado que había dicho que a uno de los presentes no lo quería como vecino en ninguno de los casos. Y justamente en ese momento se le llamó después de la persona mencionada para sacar su boleta. Quería esperar hasta el final, para salir más de su cercanía. En realidad era un pensar sin sentido, porque la boleta se sacaba al azar. Y cuando sacó el boleto de su propiedad, ¡qué sorpresa! - era la propiedad vecina del hombre al cual no quería tener como vecino. Y era la última boleta y la única que se había quedado ...

Los primeros trabajos y vivencias en terreno propio

El tiempo lleno de pruebas de espera, la deliberación infinitamente larga de la gente, cuando el vetusto concepto del 'mañana' finalmente fue cumplido, y toda la espera había terminado, por fin la nostálgica y esperada organización de su propio hogar en la extraña y silvestre patria nueva pudo comenzar. El terreno adquirido se había pagado ya antes de la salida de Canadá, y mientras tanto se había dado cuenta que el suelo era capaz de arrojar resultados.

En los campamentos esparcidos en el desierto extenso se notó un nuevo movimiento, nueva vida, nueva esperanza. Ahora se iniciaba la preparación para un nuevo comienzo, para la entrada por fin a la 'Tierra Prometida', no para irse otra vez a cualquier lugar, ubicar las carpas y sentarse durante meses sin hacer nada. ¡No, ahora se salía para estar en su propiedad, donde finalmente cada uno sería realmente su propio amo y señor!

"Bueno, ahora estamos en casa", dijo una madre a sus hijos, cuando el carro pesadamente cargado y rugiente se paró en medio de la pastura alta en una propiedad. *"Sí, ahora tenemos que empezar a trabajar, ahora tenemos que trabajar muy duro todavía"*, dijo el padre y mirando algo preocupado hacia el desierto de arbustos y pastizales que poco invitaba a ser   cultivado.

Sí, estaban ahora en casa, pero no en un hogar ya hecho, sino debería llegar a serlo. Se tenía un derecho de posesión, un derecho de propiedad, confirmado legalmente, pero eso era todo. A partir de ahí nada era tan real como la inseguridad del futuro, oscuro y misterioso como la selva misma. Quién podría criticar a estos heroicos, y en muchos casos cansados conquistadores del desierto, si se estaban preguntando: *"¿Qué nos traerá el futuro?"*

Los nombres de las aldeas hacían recordar la patria vieja: **Bergtal** (Valle Montaña), **Laubenheim** (Hogar de Pérgola), **Waldheim** (Hogar del Bosque),

Gnadenfeld (Campo de Gracia), **Weidenfeld** (Campo de Pasto), **Bergfeld** (Campo de Montaña), **Silberfeld** (Campo de Plata), **Reinland** (Tierra Limpia), **Halbstadt** (Media Ciudad), **Strassberg** (Calle Montaña), **Osterwick, Blumengart** (Jardín de Flores), **Schöntal** (Valle Hermoso) y **Chortitz.**

¡Pero qué! Esos eran solamente nombres, todo lo demás era totalmente distinto. Lo único conocido y familiar que les esperaba, eran realmente los nombres de esas aldeas. Alrededor de ellas había desierto rudo, callado, que por tanto tiempo se había afirmado en su virginidad y su resistencia, engallándose de toda cultura. Para atacar por sobre todas las cosas ese estado natural inmisericorde y resistente de las tierras para la conquista cultural, se necesitaba a hombres que se sacrificaran con puño y letra como transformadores del desierto, dispuestos a sacrificarse poco a poco; se necesitaba a hombres que tomaran en serio la causa empeñada, porque con asuntos mediocres no se lograba nada en esas latitudes. En realidad se tuvo que entregar todo de sí; arriesgar simplemente todo.

Uno podría pensar que en las venas de los conquistadores del desierto habría corrido sangre de aventureros, que habrían sido aventureros crudos. ¡Pero no! ¡No era eso! Eran hombres con una confianza intachable en Dios, hombres que no buscaban lo suyo, sino lo que es de Dios.

En lo siguiente citamos a tres hombres de aquel tiempo con sus expresiones sobre el comienzo del asentamiento. Primero escribe Walter Quiring en su libro: 'Alemanes ruso buscan una patria': *"Ahora comenzó en los cañadones de la selva un hacer y accionar, y parece que la fuerza de estos nuevos actores con sangre alemana es inagotable. Después de haber mensurado y sorteado las propiedades, bajo grandes dificultades se busca agua, se levantan chozas de arcilla como vivienda provisoria, se limpian los campos de los árboles, se aran los campos y se prepara la tierra para la primera siembra. Así surge el asentamiento* **Menno** *- así nombrado según* **Menno Simons.**_"_

El señor Alfred Rogers escribió desde Winnipeg el 7 de junio de 1928 al empleado de la empresa de asentamiento Abram A. Braun en la aldea Strassberg, como sigue: *"Yo creo que la obra suya del asentamiento ha llegado hasta tal punto, que ustedes como líderes puedan descansar un poco. No es ninguna pequeñez haber abarcado todo lo que encontraron por el camino. Yo admiro la motivación y el coraje de carácter, que he observado en ustedes. Ahora los otros pueden hacer algo. Entonces, yo sé, que mucha gente de ustedes no tiene ninguna experiencia; muchos son muy jóvenes, nunca salieron del ambiente donde crecieron. Muy cierto es como usted escribe, que ahora opinan que en la conquista del desierto tengan que luchar contra el gigante Goliath. Ellos tienen miedo. Mucho en el mundo fracasa en el momento en el que hay temor. Y en una empresa como la suya del asentamiento en el desierto, para aguantar se tiene que poseer una confianza propia o un una fe inquebrantable. Y repito: Yo admiro la fuerza de su fe y la manera, cómo dominan el temor. Y justamente eso le dará la capacidad para ejecutar con éxito la obra del asentamiento."*

El Anciano Martin C. Friesen escribió el 1 de marzo de 1928 al señor Alfred Rogers en Winnipeg: *"Esta región tiene ventajas, también desventajas, así como los es en todas las regiones del mundo. ¿Por qué se debería enumerar entonces solamente las desventajas? No lo queremos. Y lo que hoy vemos como una desventaja, mañana puede ser visto como una ventaja. Es realmente muy temprano para emitir un juicio completo y demostrar cuáles serán las desventajas reales y cuáles las ventajas. Pero hoy podemos decir lo siguiente, que confiamos y creemos en Dios y su ayuda y esperamos realizar nuestra vida aquí. Y finalmente - no importa en qué lugar del mundo estemos - todo depende de la bendición de Dios. Le agradecemos a Dios que nos ha ayudado encontrar un país, que nos ha dado grandes libertades. ¡Que estas libertades puedan ser conservadas para nosotros!"*

El desierto hasta entonces duro e inaccesible exigía realmente a fondo las fuerzas de los pioneros. Estos agricultores de procedencia germánica tenían callos en sus manos, callos del así llamado trabajo pionero menonita. No eran soñadores flojos, que a causa de una despreocupación somnolienta o de indiferencia habían rebuscado un rincón silencioso. Con erudición y con efervescentes discursos, decían ellos, no se lograba nada en estas tierras; y tenían acabadas razones. Tenían algo mejor: una voluntad inquebrantrable y una dosis alta de una fe humilde, enraizada en la confianza inamovible en Dios.

¿Qué había tratado de lograr el mundo con su alto nivel de educación? ¿Qué había logrado? ¿Qué resultó de eso? Se era muy escéptico frente a esos resultados.

El señor Alfred Rogers había estado durante casi todo el año difícil de 1927 entre los colonos, había observado lo demasiado humano de los menonitas que se aferraban a la tradición de manera inflexible, y en el calor de la lucha colonizadora había tenido también sus enojos con ellos. Fue reemplazado por el señor Landreth en el servicio a los colonos. Rogers retornó a su oficina en Winnipeg. De ahí escribió el 1 de mayo de 1928 al señor Landreth en Paraguay: *"Aprecio el trabajo que estás haciendo en el sur, que trabajas en el sentido de que los diferentes grupos menonitas se acercan cada vez más y colaboran mutuamente. Yo sé que esa tarea es difícil. Requiere de mucha paciencia y sabiduría de nuestra parte. Reconozco el sacrificio, que tú estás demostrando en el desierto entre los menonitas. No es fácil mantener la cabeza erguida, cuando constantemente molestan las dificultades naturales en la conquista del desierto, y encima una cantidad de fastidios con la misma gente. Por otro lado tenemos que reconocer, que estos menonitas son justamente la gente que podemos usar allá; porque es un género humano que no se asusta ante la tormenta de las dificultades de la superación del desierto. No vamos a encontrar pueblo similar que logre tal proeza, como estos menonitas, y que demuestre esa paciencia y ánimo en todo momento."*

La primera acción en terreno propio para la fundación del hogar consistió en la limpieza de una pequeña parcela, donde primero fueron levantadas e instaladas las carpas. La carpa era el primer refugio, el cobijo ante la intemperie y del fantasma negro de la noche del desierto. Rápidamente se instaló una 'cocina'; se cavó una pequeña huella en el suelo y se colocó encima una placa metálica. Además se instalaron hornos de una manera simple y rápida.

Entonces se levantó una choza más resistente contra las inclemencias del tiempo, porque durante una tormenta en una carpa se estaba más incómodo que en una casita un poco más estable. Las primeras chozas eran más bien una solución pasajera. Y se las construyó de una manera diferente. Quien tenía chapas de cinc, las techaba con estas, y cuando había una cantidad suficiente de estas, se las usaba también como pared. Así rápidamente se levantaba una choza. Además se construían techo bastante rápido con pasto amargo; en ese caso se tenía que buscar tablas del bosque. Para construir la estructura, se servía de los pequeños árboles. Los techos de paja eran más baratos y también más agradables en las condiciones del tiempo comparando con la chapa. Para la construcción de las paredes se colocaban los troncos de árboles o tablas una cerca de otra en forma vertical en un pequeño canal, que se estaba cavando para tal efecto. El canal se llenaba de tierra, se la compactaba para fijar las tablas en el fondo. Arriba se las fijaba con tablas horizontales. Las tablas verticales se rebocaba con una mezcla de arcilla mojada y paja; de esa forma se obtenía una pared fuerte e impermeable.

También con la limpieza de los campos de distintos arbustos y de los pequeños árboles se comenzó enseguida, para poder arar el campo. Existían muchos arbustos 'Pi-Hin', una especie de mimosa con suntuosa, suave y con muy densa hojarasca y florecillas redondas, amarillentas y brillantes. Por la extensa ramificación que alcanzan el suelo y por sus espinas finas cmo agujas, se tenía que trabajar duro para llegar a las raíces, que se cortaban con facilidad.

Diferente era con el Urundey, que muchas veces tenía troncos y raíces gruesas y nudosas, que no eran duras, y no tenían espinas. Los Paratodo y los Jacarandá eran fáciles de cortar. Era muy difícil manejar los árboles de

Quebracho y de Urundey y cortarlos en la profundidad necesaria, para que el arado no los tocase al pasar encima. Por ese motivo no se tocaron a los árboles grandes. Se pelaba una franja de la corteza del árbol, para que se sequen. Entonces se les prendía fuego.

Era un trabajo sacrificado, especialmente por el calor. Cuando había sido limpiado un terreno para el arado, no era seguro aún si los bueyes iban a estirar el arado, porque era diferente al tirar el carro. La mayoría de los bueyes fueron rápidamente entrenados para el trabajo, por más de que alguien tenía que caminar delante de los animales para conducirlos.

Un silencio misterioso y expresivo cubría a veces la savana inmensa de árboles y de pasto, interrumpido por las bandadas de papagayos inquietos, que volaban ruidosamente por encima de las cabezas de los intrusos extraños, para reprender a los aguafiestas, que habían entrado en su área sin el permiso correspondiente, y por los tonos altísimos que sonaban del sariema, un pájaro con patas largas. Los colonos menonitas lo llamaron 'corredor de la arena'.

De momento los conquistadores de la savana admiraron a los pájaros coloridos, cuyos ruidos solían molestar, pero cuyo plumaje brillaba en colores tan hermosos. Más tarde cuando se dieron cuenta de que los loros con su pico fuerte destruían sus frutas, la admiración se transformó en enojo por su voracidad.

El silencio misterioso durante algunas noches de la región era borrado de golpe, cuando en la cercanía de la aldea de los colonos era atravezada por el chillar de algún grupo de indígenas, que festejaban sus encuentros con bailes. Esto era muy incómodo para los oídos de los colonos.

El inicio de una vida ordenada en las aldeas

La gente vivió el comienzo en las aldeas en forma distinta. Klaas Wiens, que se asentó en Strassberg, ha realizado apuntes. No tenía carro. Entonces fue llevado con su familia hasta su hogar. El carro volvió enseguida. Otro colono que estaba sin su familia se quedó con ellos para ayudar. No tenían todavía bueyes para acercar madera de construcción. Ellos mismos tenían que conseguirla. Las primeras chozas fueron levantadas con las tablas que se sacaron del bosque. Un pozo artesiano se había cavado con anterioridad. El agua no era potable para la gente. El siguiente pozo con agua potable se encontraba en la punta sur de la aldea Osterwick, la aldea vecina. Caminaron unos tres km desde el oeste de Strassberg a Osterwick, para traer agua con un balde.

Pronto se unió otra familia. Ella tenía bueyes y un carro. A partir de ahí acarreaban el agua en toneles. Se seguía buscando agua potable en Strassberg, y se pidió a los indígenas ayuda para buscar lugares de agua. Un indígena le mostró un lugar donde encontrarían agua potable. Ellos cavaron un pozo y - ¡realmente! - el agua era muy buena. Por fin había agua potable en la cercanía.

Cornelius B. Töws de la aldea Laubenheim, anotó en sus apuntes: Después de elegir el lugar para la aldea, cavaron un pozo. Pensaban que habían encontrado agua buena, y retornaron a Puerto Casado para traer a sus familias. Simplemente creyeron que el pozo iba a tener agua buena, sin analizarla. Luego hubo una gran frustración muy amarga e inolvidable. En Puerto Casado sacaron su vivienda, se prepararon para el viaje y se fueron con sus fami-lias al Chaco. Era agosto y en aquel entonces todo estaba muy seco. Un viento norte impetuoso sopló sobre el bosque y los campos. Cansados del viaje llegaron a destino en una noche. Confiaron que en ese lugar habría un pozo con buena y suficiente agua para todos. Por esa razón no habían llenado sus recipientes de agua al tener la oportunidad. E ese momento, al sacar agua del pozo, se dieron cuenta de que no era potable. Tenían mucha sed, pero tenían que acostarse sin haber tomado agua. Hasta la noche siguiente se quedaron sin agua potable. A tempranas horas empezaron los hombres a cavar un nuevo pozo. Constantemente se turnaron en el trabajo, para avanzar sin interrupciones. No había que cavar muy profundo hasta la vertiente de agua, y hasta la noche lograron su meta y - ¡gracias a Dios! - el agua era buena. Ese tiempo de pruebas de sed no olvidaron jamás los colonos. En aquella noche el agua degustaba fantásticamente. Dijeron que ya sabían con anterioridad que el agua tenía mucho valor, pero así como lo sintieron en ese momento, jamás se habían imaginado.

En todas partes comenzaba una vida arreglada en las aldes. La mayoría de los colonos ya no conocía la vida en las aldeas de Canadá, porque allá la habían dejado hacía muchos años. La mayoría había crecido en propiedades particulares, y la administración escolar se había dividido en distritos. Pero se había mantenido el cargo de la alcaldía. Todos los asuntos económicos se movían a nivel privado. La administración económica había sido encargo del gobierno de Canadá o de Manitoba, por medio de la municipalidad. En ese órgano, que por muchos años tenía que supervisar el tránsito rural y mejorar de a poco los caminos, siempre se encontraron también menonitas. Cuando se habían organizado reuniones del distrito, los menonitas habían enviado a sus alcaldes como representantes.

Esos menonitas habían tenido en su poder la administración escolar, y en la reunión de la aldea (Schultebott) se determinaba este asunto. También para el empleo del maestro y la definición de su sueldo el alcalde había sido la persona indicada. Pero ahora en el Chaco, en esa olvidada zona del mundo, en que nadie se preocupaba por ellos, todos los cargos de gobierno estaban en la inalcanzable lejanía.

La administración económica conjunta y su conducción ahora la asumieron los colonos. La cooperación económica estrecha era una necesidad urgente. En ese sentido los colonos habían aprendido mucho durante su larga espera. Era un lapso lleno de pruebas para la convivencia y para aguantarse recíprocamente. Muchos que ni siquiera se conocían, se habían unido por necesidad en las penurias, en la nostalgia y en la lucha por la misma meta, que voluntariamente y en obediencia en la fe se habían fijado. Ese tiempo de espera de muchas pruebas fue seguramente un tiempo de muchas deliberaciones y orientaciones comunitarias. No todos habían aprendido de igual manera de esa situación, pero para muchos fue el inicio de la cooperación necesaria.

En las aldeas había oportunidad suficiente de aplicar en la práctica diferentes teorías e ideas. Teniendo en cuenta todo, no es exagerado decir que la unión en la fe y la conciencia en ella enraizada, así como la responsabilidad recíproca, de donde resultó la forma de la vida social, fuera fundamental para que la colonización pudiera ser realizada sin que fracasara. Esa razón fundamental de por si sola dio suficiente fuerza a los colonos y el ánimo que los ayudó mantenerse firmes, a pesar de las pequeñas y simples discordias y los movimientos de resquebrajamiento.

Toda la cuestión de asentamiento fue puesta a tan duras pruebas, que hubieran alcanzado para hacer fracasar toda la empresa. Por suerte estaban los hombres en la dirección, que demostraron ser especialmente capaces en dirigir y conducir la obra en todas las pruebas y a veces en episodios escandalosos. A ellos se sumaron otros hombres talentosos de la masa de los colonos, así que conjuntamente tomaron las riendas en sus manos. Por sobre todas las cosas reinaba - como esos hombres de gran responsabilidad lo llamaron - la gracia de Dios sobre la obra colonizadora. Sin ella, a pesar de los esfuerzos humanos, hubiera fracasado. Las personalidades líderes se aferraron al contenido de la carta a los Hebreos 12, 4, que habla de la fe en el sentido de que se debe resistir hasta la sangre en todo lo que enfrenten.

El Dr. Walter Quiring escribe como sigue: *"Ni la inmigración de Alemania a Rusia y de ahí a Canadá, ni los muchos asentamientos en aquellos países constituían un riesgo tan grande como el asentamiento en el Chaco. Mientras que los menonitas en Europa Oriental, en Asia y en Norteamérica se quedaron en las regiones climáticas acostrumbradas, y como la estepa del sur de Rusia y de Siberia como también el llano canadiense podrían ser consideradas con mucha verosimilitud como apropiados para la agricultura, se asentaron por primera vez en los trópicos, en una región de bosque lejano del mundo, que solamente por su falta de agua fue conocido desde hace mucho tiempo como inhóspito e improductivo. Se sumó además, que antes de su inmigración nadie en el mundo conocía esa región gigante no valorada. Ningún investigador o cazador había penetrado hasta la mitad del Chaco, e inútilmente el inmigrante formado buscaba informaciones en los escritos científicos acerca del mismo. Lo que encontró eran pequeñas referencias en diarios y revistas de Asunción acerca de los márgenes del Chaco, de sus maderas nobles, la fabricación de tanino, o langostas e indígenas, pero nada sobre el interior del Chaco, sobre el clima, el suelo y la agricultura, que solo hubiera sido de valor para ellos.*

Por eso esos inmigrantes dependían en toda la conquista de esa 'tierra de nadie' de su trabajo, de su capacidad de adaptación y su aguante, y con un ánimo imperecedero y una pujanza que es propia solamente de miembros de un pueblo joven y lleno de energía, los alemanes canadienses iniciaron la colonización de la selva virgen, que hasta hace poco había sido una mancha blanca en la cartografía global.

Inmensamente enormes fueron las dificultades y las carencias, las penurias y las sacudidas sicológicas, que debían ser superadas por los inmigrantes, antes de tomar posesión de sus tierras en el Chaco. Pero el difícil tiempo de penurias no había sido inútil: hizo que todas las impresionantes dificultades a superar durante el asentamiento aparecieran más pequeñas de lo que eran en realidad, y ayudaron vencer las penurias, ante las cuales muchos colonos hubieran fracasado.

También sus experiencias económicas adquiridas caramente en los campamentos se demostraron como capital muy valioso; los inmigrantes ahora sabían por lo menos en qué mes en el Chaco se debía sembrar, y conocían algunos cultivos tropicales, los cuales se suponía que iban a crecer en el Chaco."

La vida de la congregación (vida religiosa) – Resoluciones relevantes

La conducción de la vida de la congregación siguió en el Chaco de la misma manera como se lo conocía en la vieja patria. En las semanas previas a pentecostés en 1928 se realizo un curso de bautismo para jóvenes en los campamentos de Loma Plata, Campo Esperanza y Puerto Casado y en la recién organizada aldea Bergtal. El 28 de mayo se dio lugar en Loma Plata la primera fiesta de bautismo del año. También desde las aldeas circundantes recién fundadas la gente acudió al culto dominicale en Loma Plata y al acto de bautismo. 28 jóvenes fueron bautizados; 8 de ellos venían de las familias de la Reserva Occidental, que no se habían unido a la Reserva Oriental, es decir, a los Chortitzer. El 29 de mayo fueron bautizadas seis jóvenes en

Campo Esperanza y el 30 de mayo dos en Bergtal. La fiesta del bautismo en Puerto Casado con cinco candidatos se dio lugar recién el 17 de junio.

El Anciano Martin C. Friesen servía en todos los lugares con el bautismo; también en Bergtal, aunque sus pobladores tenían su propia congregación, que en ese momento tenía solamente un predicador y un diácono. El diácono dejó pronto el Chaco y retornó a Canadá. El pastor líder de los Bergtaler Aaron Zacharias había fallecido en el campamento de Palo Blanco en octubre de 1927. En junio de 1927 el mismo había servido el bautismo y la santa cena a los de la Reserva Occidental y de la Reserva Oriental en Puerto Casado.

Durante el transcurso del año 1928 se realizaron cultos en las casas privadas en algunas aldeas, por no existir todavía edificios oficiales. Cuando en diciembre de este años se terminó de construir las escuelas en casi todas las aldeas, estas fueron usados también para las reuniones dominicales.

El los inicios del asentamiento los alcaldes fueron invitados a la aldea de Osterwick, donde bajo la dirección de los líderes fueron tratados varias temáticas y tomadas varias resoluciones:

1. Cada uno debe cuidarse mucho para no perderse en el inmenso desierto, lo que puede suceder fácilmente, si uno no se cuida mucho. Cada alcalde tiene que inculcar eso a sus aldeanos lo más fuerte posible.

2. Los alcaldes deben advertir a los colonos, de no prender fuego en los campos de pasto.

3. Se debe cuidar para que ninguna familia sufra hambre.

Fácilmente alguien podía perderse, cuando salía en busca de sus bueyes, que muchas veces se apartaban lejos en el desierto, no habiendo alambrados en aquel entonces.

Como hasta ese momento en general las vacas no pastaban en los campos abiertos, muchas de las plantas crecidas en forma silvestre podían desarrollarse libremente, creciendo muy bien el pasto amargo en esos campos. Más tarde durante los meses de invierno se resecaba y prendía fácilmente. Especialmente en noches nubladas de invierno la quema de campos hacía resplandecer la imagen de las nubes de manera brillante. Alquien que ha observado esto, lo describe de la siguiente manera: *"En las silenciosas noches de invierno en el Chaco el brillo del fuego de la quema de campos tiene una apariencia particular; en la inmensidad de la soledad del bosque el colono cree avistar en el brillo de la luz una lejana ciudad y sueña trascendiendo la angostura del bosque denso."*

Durante el viento fuerte la quema de campos pudo convertirse en un peligro especialmente para las nuevas carpas y las chozas del asentamiento. Por más que los colonos cuidaron el detalle para impedir las grandes quemas de campos, igual sucedieron. Recién cuando se libraron de pasto los patios, y arado alrededor de la casa, el peligro de la quema destructiva fue superado.

El 4 y el 5 de octubre de 1928 se efectuaron reuniones de los hermanos, primero en Osterwick y después en Weidenfeld. Temas a ser tratados y consensuados eran los siguientes:

1. Escuelas. En lo posible las escuelas deben terminarse de construir antes del 1 de diciembre, para comenzar inmediatamente con las clases.

2. Crédito para alimentos. La Corporación Paraguaya quiere abrir en Campo Esperanza una tienda para la venta de alimentos; también los que no tienen medios para comprar las mercaderías imprescindibles para la manutención de la familia como el azúcar, el arroz, la sal, etc., lo pueden llevar anotándolos. La suma del crédito no es ilimitado, sino es fijado cada mes según la cantidad de miembros de la familia.

3. Ganado. La firma Casado ofrece a los colonos, que ahora no pueden pagar, ganado a tres años sin intereses. Quien después de tres años no lo puede pagar todavía, puede suspender por tres años más bajo las mismas condiciones. Si hay alguien que luego todavía no puede pagarlo, entonces - como ha dicho el señor Casado - lo pagará Dios mismo.

4. El campamento de Puerto Casado debe disolverse ahora. Es una resolución conjunta de la Corporación Paraguaya y la dirección del asentamiento menonita. Todos los menonitas deben dejar ahora el campamento. Quien quiere ir al Chaco para el asentamiento, tiene que ir, y los que quieren retornar a Canadá, que vuelvan. El campamento debe cerrarse ahora. De las aldeas irán colonos a puntarriel para recibir a los que entran al Chaco.

Los colonos sin medios económicos, que no habían podido comprar bueyes en Puerto Casado, tuvieron en el proceso de formación del asentamiento la oportunidad de hacerse de bueyes. La Corporación Paraguaya compró 140 bueyes de la firma Casado y los prestó a los colonos pobres por cinco años. También de la firma Casado se compró a crédito una cantidad de bueyes y vacas, como ella había ofrecido. Era una gran ayuda para los colonos pobres.

La situación desde el punto de vista de Landreth - medidas propuestas

Como había terminado el tiempo de espera y los colonos se ubicaron en las aldeas y sus nuevos hogares, la Corporación Paraguaya apoyó totalmente a los colonos, buscando medios y caminos para atenderlos donde fuera necesario. El reponsable de la empresa de asentamiento, R. N. Landreth, escribe el 5 de mayo de 1928: *"No busco nuevos caminos para gastar más dinero, pero quisiera dirigir su atención hacia algunos asuntos importantes. Yo pienso que sería de valiosa importancia, organizar un campo de experimentación en el Chaco. Yo sé que nuestros jefes en nuestras oficinas están metidos en los negocios banqueros, lucrando con los mismos. También sé que en su caso no se trata de hacer dinero solamente, sino que realmente quieren ayudar a la empresa de colonización. Para tal efecto hay posibilidades aquí. Nuestros gastos para los próximos seis meses pueden llegar a ser de 25.000 dólares. Son gastos para cuestiones importantes. Habría otros gastos como la búsqueda de agua. Más inspecciones de tierras y también un campo de experimentación, que son cosas muy importantes según mi punto de vista, que no estarían incluidos en los 25.000 dólares, que casi exclusivamente consisten en sueldos para ejecutivos (6.000 para Ayala y 4.000 para Engen)."*

Algunos meses más tarde el mismo hombre dio un vistazo a los comienzos del asentamiento, sobre las penurias y diferentes dificultades y sobre el progreso lento de los colonos: *"Los colonos han arado muy poco. Lo que han sembrado o plantado, lo han hecho en seguida detrás del arado. Como estaban demasiado ansiosos por plantar algo, no se pudo preparar mejor las tierras recientemente quebradas, para mejorar las cosechas.*

En cuanto a la actividad del asentamiento se podría decir lo siguiente:

Para la construcción de las viviendas se trajeron los troncos y las tablas del bosque y se empleó la arcilla como material de construcción. La madera más dura es, en lo que se refiere a la calidad, la más apropiada para la construcción, pero no lo más fácil de preparar.

Uno tiene que procurar proteger las plantaciones ante la entrada del ganado. Para el levantamiento del alambrado hay que tomarse tiempo.

Se sigue con la búsqueda del agua buena. Si se presume en algún lugar agua buena, se cava el pozo. En algunas aldeas se tiene que traer el agua para el uso doméstico desde lejos. Se gasta mucho tiempo en eso.

El algunas aldeas las hormigas están trabajando fuertemente, y lo poco que se plantó, cuando sale y es una planta que le gusta, la comen enseguida. Hay que luchar contra ellas. Para poder arar la tierra se tiene que limpiar con mucho esfuerzo el campo de los arbustos y troncos en muchos lugares. Es un trabajo duro, que frena mucho el avance de los trabajos.

Algunas aldeas no tienen suficiente pasto para las vacas. Uno tiene que dejar que los vacunos salgan lejos de la aldea para encontrar la pastura necesaria. Y se tiene que cuidar a las vacas, estar con ellas todo el día. Esto conlleva mucho tiempo. Muchos hacen ese trabajo de cuidado simplemente a pie, por no tener todavía un caballo para montar.

Grandes son los problemas del transporte. Son posiblemente el mayor de los impedimentos para avanzar rápidamente con el asentamiento. Cada mes hay que acercar de puntarriel 300 bolsas de harina a la colonia. Tanta harina consumen los colonos por mes, porque los alimentos producidos pr ellos mismos todavía son muy escasos. Todo lo que de afuera viene tiene que ser llevado desde la estación del ferrocarril. Un viaje abarca por lo menos una semana, si el camino está muy mal, también dura dos semanas. De por medio se cargan 10 bolsas de harina en un carro. Llegado a casa, los bueyes deben tener tiempo para descansar, antes de que se los utilice para otro trabajo, por ejemplo arar. En muchas aldeas a veces la mitad de los bueyes no pueden trabajar; por el esfuerzo que realizan no reciben la adecuada alimentación.

No creemos que las dificultades arriba mencionadas no puedan ser superadas. Se necesita de mucho tiempo para superar todo, y posiblemente es de gran importancia que nosotros como empresa del asentamiento tengamos nuestro aporte activo en todo eso. Levantar los edificios, cavar un pozo, todo lo van a ejecutar los colonos. Mucho ya lo han hecho. Para la lucha en contra de las hormigas le damos los tóxicos correspondientes en forma gratuita. Si queremos esperar hasta que ellos vengan a comprarlo, las hormigas habrán destruido las plantaciones en muchos casos. Tenemos que entremeternos ayudando, para que ellos puedan arar y plantar mejor. También en el sistema de transporte tenemos que ayudar. Todas son cosas que se entrelazan entre si. Tenemos que ayudar, para que el progreso y la estabilización del asentamiento se acelere.

Podríamos abrir un almacén, para tener en el depósito las mercaderías más necesarias. Ha sido previsto en el contrato con el 'Comité de Previsión' hace cierto tiempo. Eso le ayudaría mucho a los colonos. Para el transporte de la mercadería de puntarriel hasta el asentamiento podríamos poner en función el tractor con el acoplado. En el almacén tendríamos que dar a los colonos pobres un cierto préstamo, para que puedan comprar la mercadería más necesaria. Necesitan con urgencia más alimentos. Podemos comprar más bueyes a crédito, y también algunos caballos. Esa posibilidad la tienen con la firma Casado, y ellos van a aprovechar esa oportunidad.

Nuestro almacén en la aldea Weidenfeld podría comenzar con 9.000 dólares. El señor Langer podría asumir este negocio. 140 bueyes ya le hemos prestado y entregado a los colonos. Pero faltan más. Faltan más caballos. Debemos contar con pérdidas. Al grupo de Saskatchewan le he prestado conjuntamente con los créditos anteriores más de 2.000 dólares. Es muy difícil para los colonos vivir sin los créditos; en realidad es imposible.

La mayor parte de los colonos, me doy cuenta, está contenta, y realmente muy contenta. Existen algunos que que quieren esperar todavía. Ellos son irresolutos, no saben si se quedan o si se van de regreso a Canadá. Entre ellos existen los que son ricos, y ellos tienen un poco de angustia, van a tener que hacer algo para ayudar a los pobres.

Si miro los últimos sucesos en el asentamiento, estoy muy confiado que el desarrollo tomará su debido ímpetu. Y creo que la mayoría de los colonos lo ven así también.

Claro que sí, las dificultades están ahí, pero no roban el ánimo. Todo progresa muy lentamente, eso sí. Todo necesita de tiempo.

Lo que no nos anima tanto es la supuesta posibilidad que la firma Casado embolsará seguramente la mayor ganancia. Nosotros llevamos la responsabilidad más grande, la gran carga de la causa. Tampoco es motivante que la construccion del ferrocarril dependa del capricho de la firma Casado."

Una carta a la 'Mennonitische Rundschau' (revista menonita de Canadá)

Para terminar este capítulo presentamos una carta desde el nuevo asentamiento. Fue escrita el 29 de junio de 1928 por Franz R. Funk de la aldea Halbstadt y enviada a la revista menonita con el nombre arriba mencionado. Apareció el 15 de agosto de 1928: *"Me da lástima: tengo que darle al editor el comunicado desagradable, de que ya no quiero abonar más por esta revista, porque no tengo el dinero correspondiente para enviarlo con ese escrito, para prolongar el envío de la misma. Uno necesita el poco dinero que tiene para rebuscárselas en este asentamiento del desierto.*

Hace algún tiempo he visto una foto de una edición de esta revista menonita, que representa la vida en el Paraguay. Era una foto muy conocida, pero no una foto de los colonos menonitas de aquí. Era una carreta de bueyes, la que se veía en esta foto. Nuestros carruajes menonitas no se diferencian de los carros en Canadá, solamente que aquí tenemos bueyes en vez de caballos delante de los carros.

Estamos muy ocupados con la entrada en las aldeas. Muchos viven ya en sus hogares. Los cereales ya plantados están en buenas condiciones. También a las hortalizas se las ve bien. En algunas partes las hormigas han sido malas y han comido lo que no debían. Han destruido nuestro huerto casi por completo. Muchos han sembrado por tercera vez, por culpa de las hormigas.

Tenemos aquí y ahora lindo tiempo. En las noches suele ser fresco y agradable. En algunas partes ya hubo heladas. El estado de salud es bueno. Yo personalmente ya me siento aquí como en casa."

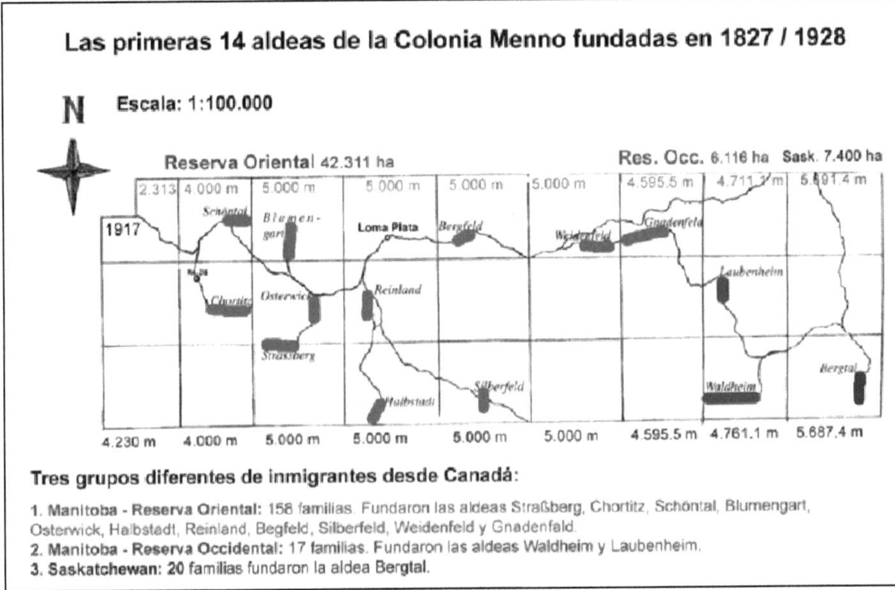

1928: Las primeras 14 aldeas fundadas en la Colonia Menno.

El depósito y negocio de la Corporación Paraguaya en la aldea Weidenfeld en 1928.

El hogar de Peter W. Hiebert en la aldea Hochfeld; se nota la precariedad
que sufrieron los inmigrantes en los primeros años en el Chaco.

Familias entrando al interior del Chaco
con sus cosas para ocupar sus hogares nuevos.

En la estación del ferrocarril, Km 145 o Fred Engen, hasta 1957 fue
director el señor Enrique Troxler de la empresa Carlos Casado Ltda.
En la foto con su familia.

El viaje hasta la estación del ferrocarril fue largo y cansador para hombres y
animales y requería descansos planificados.

La aldea Reinland durante la Guerra del Chaco - 1933.

La escuela de Halbstadt ocupada por las tropas paraguayas
durante la Guerra del Chaco.

La estación en el Km 77, Pirisal. Desde ese lugar el viaje al interior (150 km más) siguió con carros y carretas y duró varios días.

La juventud de Bergfeld reuniéndose para pasar el fin de semana cantando.

Los futuros pobladores de Waldheim entrando en la selva chaqueña
para habitar su aldea.

CAPÍTULO XIV

BUSCAMOS A NUESTROS HERMANOS

"La joven Colonia Menno en el Chaco paraguayo:
Muchos han leído acá en los EEUU en las revistas, que los
colonos del Chaco se encuentran en una gran miseria.
Pero se contradicen las noticias que se ofrecen de
distintos lados. Hemos enviado a hombres
para inspeccionar la situación en el lugar y sitio ..."

Orie Miller en Missionary Messinger, febrero de 1929

Mensajes de alarma en los Estados Unidos

La revista 'Philadelphia Enquirer' en los Estados Unidos trajo en su edición del 13 de diciembre de 1928 entre otras una rimbombante y llamativa noticia sobre los colonos menonitas en el Chaco: *"El grito de ayuda para salir de las penurias en Sudamérica que los menonitas de Canadá dirigen a sus vecinos de antes y a sus parientes en Canadá, es un capítulo más de los trágicos en la historia de esa gente.*

Hace más de dos años llegaron al Paraguay. Buscaron el supuesto país bien regado con agua y vieron dos ideales: huir del servicio militar obligatorio, que en Norteamérica apretaba desagradablemente, y la conservación de sus usos y costumbres cuidados largamente, de las cuales es parte el idioma alemán.

Las inmensas y fértiles llanuras del Chaco parecían ofrecer grandes posibilidades, especialmente dejar atrás lo que les había dificultado la vida en el norte. El Chaco les parecía una 'Tierra Prometida'. Grandes libertades se les había ofrecido en ese país. Dos mil pioneros han creado las bases para más colonos que seguirían. Ellos contaban con 60.000.

Al comienzo las perspectivas parecían muy buenas. Las aldeas florecían y se desarrollaban. Algo no se había tenido en cuenta: no había suficiente agua.

La semana pasada llegó la noticia, de que el hambre y la enfermedad hacían fallecer a los pioneros y que se necesitaba urgentemente de ayuda. Y como si eso fuera poco, existe la posibilidad de originar una guerra entre Paraguay y Bolivia. Puede considerarse que entonces Paraguay revocará los privilegios dados a los menonitas.

Pase lo que pase, una cosa es evidente: un país de ensueño no existe en el mundo, donde se pueda vivir sin pagar impuestos y sin un sistema oficial de educación, y donde no se necesite de instalaciones para protegerse contra los enemigos internos o externos, no importa si son humanos o de la naturaleza."

El eco de ese mensaje de alarma retumbó por América del Norte y llamó la atención a la gente sobre el destino trágico de los pobres menonitas canadienses, que habían entrado a una región inhóspita y que supuestamente morirían allá miserablemente.

La noticia fue publicada al principio por revistas americanas no menonitas. Entonces se dieron cuenta a través de la lectura del artículo también los menonitas americanos, especialmente los de Pennsilvania. Ellos comenzaron a advertir también de su parte la miseria y la necesidad de ayuda en sus propias revistas.

En el 'Missionary Messenger' del 23 de diciembre de 1928 se leía: *"Se difunden noticias de que posiblemente todos aquellos menonitas canadienses, que hace dos años emigraron al Paraguay retornarán a Canadá. El asentamiento se ha organizado en el Chaco paraguayo cerca de la frontera con Bolivia. Entre los dos países subsiste hace años un litigio de límites. Se dice que una parte de las tierras, que han ocupado los menonitas, es reclamado por Bolivia. Se escucha de incidentes belicosos; y esa es una de las razones principales por las cuales todos los menonitas quieren salir del lugar.*

En una revista de Nueva York, del 6 de diciembre de 1928, dice que han llegado 18 personas desde el Paraguay. Ellos informaron de pestilencia y de una miseria de hambre entre su gente. Una señora de Harder vino con 7 hijos y sin medios al puerto de Nueva York. Su esposo - así informó ella - había fallecido en el Paraguay a causa de la desnutrición y de la malaria, allá, donde todos sufren hambre y nadie le puede ayudar al otro. Se había fundado un asentamiento, pero a pesar de todo no hubo ninguna cosecha.

Si esto es realmente así de serio, entonces queremos procurar de contribuir para que la gente no tenga que sufrir tanta miseria."

Los menonitas americanos se preocuparon por la miseria de aquellos colonos, en caso de que realmente fuere así como las revistas informaron. Entre los hombres que querían poner mano a la obra, y que empezaron a informarse acerca de la situación verdadera de la gente, para ayudarles en caso necesario, era el señor Orie Miller, quien como hombre jóven había estado en el servicio del Comité Central Menonita (MCC) en Rusia durante la hambruna y también en otros países.

Intentos de contacto

La conferencia de los menonitas tradicionales, la 'Mennonite Church', tenía un comité para la misión y servicios de beneficencia, y tenía ocho misioneros en Argentina .

Detrás de la fachada tuvieron lugar reuniones acerca la tragedia de los colonos y planes para su ayuda, antes de que lo conocieran, habiendo varios intentos para establecer contactos con ellos.

Dejamos constancia de algunos ejemplos sobre la preocupación de los hermanos americanos y sus intentos por establecer una comunicación:

"T.K.Hershey – Superintendente
Misión Evangélica Menonita
Tres Palmas F.C.O.,   *Argentina, 10 de agosto de 1928*
A la direccion del asentamiento en el Chaco paraguayo:
Saludos en nombre de Jesús. Quisiera establecer contacto con los hermanos en el Chaco. Yo represento a 'The Eastern Mennonite Board of Missions and Charities' aquí en la Argentina y soy superintendente de esta organización, como ven en la dirección postal. Aquí en la Argentina realizamos trabajo misionero. Quisiéramos comunicar que intentamos hacer un viaje al Paraguay, para visitarlos, los hermanos Swartzentruber de Ontario, Canadá y yo. No conozco a ninguno de ustedes. Voy a enviar varias cartas a su asentamiento, al obispo y al correo. Veremos si alguno llega a destino.
Nuestra visita obedece a motivos cristianos."

"Amos Swartzentruber
Misión Evangélica Menonita   *18 de diciembre de 1928*
Tres Palmas, F.C.O., Argentina
Al V.E. Reiff
Elkhart, Indiana
Hemos recibido el telegrama del 16 de diciembre. Vd. desea que nosotros emprendamos viaje enseguida al Paraguay, por haber recibido la noticia que la gente del asentamiento allá sufre mucho. El hermano Hershey se ha ido a Buenos Aires para buscar cómo llegar al asentamiento. Se dice que en el norte del Paraguay empiezan a moverse las acciones bélicas entre Paraguay y Bolivia. Yo cuento con que mañana recibiré noticias del hermano Hershey, para ver qué perspectiva existe para nuestro viaje al Paraguay."

Por fin esos hermanos preocupados y solidarios tuvieron éxito. Un día el pastor líder Martin C. Friesen recibió una carta de uno de los misioneros en un alemán bastante insuficiente. Se publica aquí el contenido resumido de la carta:

"Amos Swartzentruber
Misión Evangélica Menonita
Tres Palmas, F.C.O., Argentina   *22 de diciembre de 1928*
Al obispo Friesen, Colonia Menno

Mi alemán no está muy correcto. A pesar de eso quiero intentar escribir esta vez en alemán, porque varias cartas las hemos escrito en inglés, pero no hemos recibido ninguna respuesta.

Como se darán cuenta por la dirección postal, somos menonitas, pastores menonitas. Nuestras congregaciones de los Estados Unidos y Canadá nos han enviado aquí a la Argentina, a predicar el evangelio a este pueblo que vive en la perdición.

Repetidas veces hemos recibido en los últimos tiempos consultas de Canadá y de los EEUU, para saber cómo le va a la gente en el Chaco, Paraguay. Lastimosamente no hemos podido dar informaciones. Ahora nuestras congregaciones norteamericanas han propuesto que dos hermanos de aquí visiten a los menonitas del Chaco, para recibir las informaciones de primera mano. Pero ahora no podemos comunicarnos con ustedes. Del señor Crawford de la Corporación Paraguaya en Asunción tenemos una respuesta, y tenemos la impresión de que a esos señores no les gustaría mucho, que vayamos junto a ustedes en el Chaco.

Las congregaciones de Norteamérica solo quieren lo mejor para ustedes. Eso lo han demostrado con su trabajo de ayuda en Rusia, que se ha realizado   allí hace algunos años.

Quisiéramos que nos responda cuatro preguntas:

1. ¿Qué opinan de la tierra y el clima allá?

2. ¿Cómo le va a nuestros hermanos allá y cuántos hay?

3. ¿Usted nos recibiría, si le visitáramos?

4. ¿Cuándo es el mejor tiempo para ir allá; cuándo quisiera usted que fuéramos?

Esperamos su respuesta.

P.S. ¿En qué idioma predican en su iglesia, en inglés o en alemán?"

No se sabe si el Anciano Friesen les respondió a los misioneros, o si ellos recibieron una respuesta. En todo caso las noticias de alarma en las hojas norteamericanas eran suficientemente preocupantes para que la 'The Eastern Board of Missions and Charities' simplemente encargara a dos de sus misioneros en la Argentina, visitar el asentamiento y cerciorarse de la situación en el Chaco.

Dos misioneros de la Argentina encargados de visitar a los menonitas en el Chaco

Pasaron meses hasta que por fin estuvieron listos para salir de viaje al Paraguay, es decir, hasta que el camino se había aclarado por cuál viajar al Chaco. El 7 de febrero de 1929 subieron al vapor en Buenos Aires y llegaron a

Asunción el 11 de febrero. Ahí buscaron primero la oficina de la Corporación Paraguaya. Con ella se habían relacionado hacía bastante tiempo a través del correo, pero de alguna manera los señores de la Corporación Paraguaya no les tenían confianza verdadera, por ser gente totalmente extraña para ellos, y no se sabía con certeza, qué querían realmente de los colonos del Chaco.

Cuando explicaron el motivo de su visita, y que eran miembros de las comunidades menonitas de Pennsilvania, que a esos señores de la Corporación Paraguaya les eran conocidos, y de los cuales sabían lo que habían hecho en distintas partes del mundo donde sufrían personas, todos los impedimentos fueron superados para que se viaje al interior del Chaco. No solamente eso. La Corporación hizo todo para facilitar a los misioneros Hershey y Swartzentruber el viaje al desierto y mandó cartas de recomendación para Casado y la dirección de la congregación del asentamiento menonita. Esto fue inmediatamente después del año nuevo de 1929.

La visita en el Chaco

La siguiente descripción de sus experiencias durante la visita al Chaco se extrajo de los apuntes diarias, realizadas por Hershey. De Puerto Casado salieron el 15 de febrero de 1929 con el tranvía al Kilómetro 135. Habían empleado cinco horas para el trayecto, porque en algunas sucursales habían tenido que parar, para esperar el paso de algunos trenes con carga de troncos de quebracho.

En la estación del Kilómetro 135 esperaba el camión de la Corporación Paraguaya, un Chevrolet. Ahí fueron saludados por los señores Joe McRoberts, un sobrino del General McRoberts, y Friesen. Ellos recibieron a los visitantes y se fueron con ellos en el camión. Los 68 km hasta Campo Esperanza los superaron en cuatro horas. *"Tan bien"*, como decían McRoberts y Friesen, *"no siempre se viaja por este trayecto."*

En Campo Esperanza primero visitaron las instalaciones de la Corporación Paraguaya, que desde allí asistía al asentamiento joven; había oficinas, depósitos, etc. Se hacía experimentos con diferentes cultivos tropicales. Vieron calabazas gigantes, que los asombró mucho. Se encontraron con algunos colonos que habían venido con sus productos agrícolas para venderlos. Esa gente no manejaba sus bueyes bajo yugo, sino simplemente con tirantes de cuero, guiados por cuerdas de cuero, igual como a los caballos.

Indígenas semidesnudos, hombres y mujeres, corrían de allí para allá; los niños no llevaban ropa.

Ahí también empezaron a conocer el origen y la función de la Corporación Paraguaya.

Los misioneros Herskey y Swartzentruber se dieron cuenta, que la Corporación Paraguaya cumplía un rol muy importante y útil en la realización y el éxito del asentamiento y que estaba muy atentos al bienestar de los colonos. En ese tiempo el señor Landreth era el líder responsable en el campo. En Campo Esperanza había en aquel momento una chacra experimental que procuraba investigar, qué clases de cutivos tropicales se debería plantar, y qué se podría hacer en el Chaco.

La Corporación Paraguaya compraba de los colonos menonitas sus productos y ayudaba de diversas formas. Había instalado un almacén en el asentamiento y se ocupó de que los colonos pudieran adquirir diversos alimentos y otras cosas necesarias par su sustento. Para los que no tenían medios económicos existía un préstamo, para comprar los artículos necesarios por medio del sistema de anotaciones. Además la Corporación había comprado bueyes en las estancias y vendido a los colonos sin medios en base al préstamo. El campo de experimentación en Campo Esperanza se había instalado en forma especial para el apoyo de los colonos.

La Corporación era responsable del bienestar de los colonos. Ningún extraño tenía el permiso de interferir en eso. Era casi imposible llegar sin el permiso de la Corporación Paraguaya.

Hershey y Swartzentruber vieron que en ese momento ninguno de los colonos sufría la falta de alimentos. La harina se importaba de Buenos Aires y otras mercaderías se traían de Asuncion. En el almacén de la Corporación Paraguaya se podía comprar pasas, ciruelas, peras y duraznos en conservas y también manzanas. Cuando alguien no tenía dinero, mostraba un documento del Anciano que confirmaba que necesitaba de un préstamo y que podía comprar por una cierta suma por cierto tiempo, anotándose tal suma. Uno de los colonos había dicho que gente de su aldea tenía anotado unos 2.000 dólares, todo mercadería comprada del almacén de la Corporación.

En la mañana del sábado, 16 de febrero de 1929, salieron en dirección al asentamiento, es decir, hacia las aldeas nuevas de la colonia. Como había llovido en esa región, no se pudo usar el camión. El viaje se hacía montando caballos. Los señores Joe McRoberts y Erdmann S. Fehr acompañaron a los dos visitantes. Para el almuerzo descansaron en Weidenfeld, en la casa de Jacob Doerksen, que en el año 1921 había estado en el Chaco como delegado. También en lo de Jacob A. Braun, Weidenfeld, se quedaron un poco y degustaron de sus sandías dulces, que le fueron servidos en el lugar. ¡Hacía mucho calor! Cuando se alistaron para seguir el viaje a Osterwick, el termómetro señalaba 40,5 grados Celsius en la sombra.

Al seguir el viaje fueron sorprendidos por un chubasco fuerte. Intentaron cubrirse debajo de los árboles, para protegerse ante el diluvio que los abatía;

sus esfuerzos para quedar secos fracasaron. Entonces montaron sus caballos para seguir el viaje - ¡bajo una torrencial lluvia!

A esa clase de viajar no estaban acostumbrados los visitantes. Un poco antes del anochecer, totalmente mojados por la lluvia, cansados y exhaustos del viaje llegaron a la propiedad del Anciano Friesen en Osterwick. 36 km habían recurrido a caballo. Una mula había llevado sus cosas.

Primero se vistieron con ropa seca y recibieron una comida que les renovó las fuerzas. Aunque existía la necesidad de acostarse para el descanso de la noche, entraron en un diálogo muy intenso, olvidándose por el momente de su cansancio.

Por la mañana del domingo los dos misioneros visitaron la reunión religiosa que se cumplía en la escuela. A la tarde visitaron, acompañados por McRoberts, las tres aldeas Blumengart, Schöntal y Chortitz. En Schöntal se encontraron con el pastor Johann Schröder, que había predicado por la mañana en Osterwick, para tomar un café. Era una típica comida menonita para la tarde verspertina, como fuera también preparada por sus madres en sus hogares. Durante el regreso se encontraron con un grupo de indígenas. Cuando en la otra aldea se quedaron un rato, indígenas entraron al patio donde estaban los visitantes extraños. Esos le dieron dinero y les dijeron que el otro día tenían que ir al almacén y comprar algo por ese dinero. Los indígenas brillaron de alegría en todo su rostro.

Después de su cabalgata de 25 km volvieron al cuartel en el hogar del Anciano Friesen. Esa noche conversaron largo tiempo con el Anciano, quien les dio una lección de la historia de esos menonitas y su asentamiento en el Chaco.

La otra mañana se despidieron del Anciano Friesen y cabalgaron y visitaron una cantidad de aldeas diferentes. Hershey fue acompañado por McRoberts y Swartzentruber por Erdmann Fehr. Recorrieron unos 50 km.

Hershey y McRoberts habían almorzado con una familia Enns de Silberfeld. Para el señor Hershey fue una sorpresa, cuando durante la conversación la mujer había hecho una observación, diciendo que ella no sabía por qué estaban en el Paraguay, pero tampoco quería volver a Canadá.

Llovió todo el día. De Halbstadt a Silberfeld cabalgaron por la picada angosta, el límite sur de la colonia. Mientras tanto el señor Hershey conoció el bosque chaqueño, más de lo que le hubiera agradado. Su ropa sufría especialmente durante la cabalgata.

En la mañana del martes cabalgaron juntos a la aldea Waldheim (Hogar del Bosque), una aldea que llevaba con razón su nombre, porque los colonos habían organizado sus hogares en el bosque. Los visitantes recibieron la impresión de que en Waldheim se estaba entusiasmado especialmente por la colonización en el Chaco. También los indígenas estaban muy ocupados con el trabajo al servicio de los colonos. Trabajaban por la comida y por la ropa. Pero la ropa que ellos recibían como sueldo no debía tener fisuras. Si eran usadas, no molestaba.

Los visitantes se quedaron en Waldheim con las familias Heinrich B. Töws y David K. Fehr. Allí observaron también cómo se quemaba los troncos de quebracho y cómo se tomaba la ceniza para pintar las viviendas por fuera y por dentro. La ceniza se usaba como la cal, y se pintaban las paredes con un blanco muy hermoso. En el hogar de Heinrich B. Töws conversaron también con el señor Priesz, el 'abogado' entre los menonitas. Él menospreciaba bastante a la prensa canadiense, que había publicado noticias exorbitantes y sin sentido sobre los emigrantes canadienses en el Paraguay. *"En realidad"*, decía Priesz, *"al gobierno de Canadá le da lástima que esos agricultores excelentes hayan abandonado su país."*

El martes 14 de febrero, a las seis de la noche, estaban de vuelta en Campo Esperanza. Habían pasado por 13 de las 14 aldeas del asentamiento. Habían cabalgado unos 130 km. Hershey y Swartzentruber, no acostumbrados a montar a caballo, creían que habían alcanzado algo importante. Desde el domingo cuando habían cabalgado hasta el asentamiento, había llovido todos los días. De noche, cuando se dispusieron a descansar, llovió de nuevo. El techo de la casa, en la cual dormían, no estaba del todo cerrado, y por eso tuvieron que vérselas para mantenerse secos.

El retorno

En el inesperadamente duro viaje de retorno hasta el ferrocarril los dos misioneros tuvieron la oportunidad de experimentar intensamente lo que Friesen y McRoberts habían dicho, cuando afirmaron que el camino no siempre estaba en buenas condiciones, habiendo avanzado con el camión unos 17 km/h. Ahora tuvieron la oportunidad de probar algo de lo que los colonos ya habían vivido, y que constantemente tenían que volver a vivir.

El miércoles 20 de febrero a las seis de la mañana se fueron los cuatro en el Chevrolet desde Campo Esperanza en dirección al ferrocarril: Hershey, Swartzentruber, McRoberts y C. S. Friesen. En Campo Esperanza se les había dicho que en los últimos cuatro días había llovido torrencialmente, hasta 200 mm. Sin embargo Hershey y Swartzentruber querían retornar con el camión por ese trayecto, porque en la mañana del viernes tendrían la oportunidad de subir a un barco en Puerto Casado, la que no querían perder.

La gente de Campo Esperanza que sabía lo que significaba esa lluvia torrencial para el camino, había aconsejado no viajar con el camión. La gente del lugar había opinado que era mucho mejor emprender el viaje a caballo y que los animales lleven la carga. Los señores visitantes no cambiaron su manera de pensar, porque no querían perder tanto tiempo, y así McRoberts y Friesen se encargaron de llevarlos al km 135. Para McRoberts y Friesen no era nada nuevo lo que vivieron. Para los americanos extraños del Chaco era una experiencia inolvidable, por ser también desagradable, y los acercó un buen trayecto más a comprender lo que significaba, si en el Chaco se hablaba de un 'mal camino'.

Todavía no habían ido lejos cuando ya se quedaron trancados. Cavando y empujando sacaron el camión y siguieron el viaje. Avanzaron lentamente. A las 11 horas se trancaron de nuevo, esa vez totalmente. Mientras tanto habían pasado por un campamento de soldados, donde un oficial subió al camión para ir con ellos hasta el próximo fortín militar. En ese lugar había también soldados bajo un árbol grande, en el que había una escalera de cuerda. Por ella subían para supervisar la región, a ver si habían enemigos intrusos, es decir, bolivianos. El oficial envió a dos soldados al siguiente fortín para traer un caballo, ya que era imposible seguir con el camión. Dos soldados debieron buscar una yunta de bueyes para sacar al camión empantanado.

Demoró poco tiempo hasta que el soldado llegue con el caballo, y el oficial fue en dirección al fortín. Los bueyes no llegaron. Hasta las tres de la tarde el chofer del camión y los pasajeros trabajaron como locos para salir del pantano, pero sin ningún resultado. Todo intento de cavar, levantar, y empujar - absolutamente todo - no servía para nada. A las tres capitularon y resolvieron que dos de ellos se quedarían con el camión, y los otro dos irían a pie al fortín militar para ver si conseguían bueyes con los cuales salir de la situación.

McRoberts y Swartzentruber salieron. Habían unos 4 km hasta el fortín, a donde llegaron en una hora. El camino estaba demasiado feo también para caminar. Era en general un suelo arcilloso en el bosque, y tenían que caminar en el pantano sumergidos hasta la rodilla. El sol de los trópicos los quemaba inmisericorde. Los mosquitos los atacaban ininterrumpidamente. De vez en cuando tomaban del agua, que se encontraba a su lado y parecía ser lo suficiente limpio. Swartzentruber ya estaba cansado y hablaba de rendirse.

Pero por fin llagaron al fortín. Ahí se dieron cuenta que no había bueyes. Los bueyes estaban en la otra estación militar, distante a varios km.

Los señores fastidiados se levantaron de nuevo y caminaron en el pantanoso suelo y en el agua. A las seis de la noche llegaron, cansados hasta la fatiga total, al destino anhelado. Desde el desayuno no habían comido nada en ese día, solamente habían tomado un poco de café caliente, que ellos mismos prepararon, junto con un pedacito de pan. Allí recibieron algo caliente para tomar y descansaron un poco. Los bueyes debían ser traídos desde lejos todavía.

Por fin los soldados llegaron con dos bueyes jóvenes. McRoberts y Swartzentruber se levantaron y caminaron con los soldados y los bueyes en dirección al camión. A las nueve de la noche alcanzaron el lugar en el que el camión estaba empantanado. Hershey y Friesen ya no tenían la esperanza de que los dos buscadores de ayuda volvieran durante la noche. Se habían acostado en el pasto para no pararse inútilmente, ya que no podían dormir porque los mosquitos les infligían terribles pinchazos. Para comer no habían llevado casi nada consigo, porque en situación normal no lo necesitaban en ese trayecto.

Las dos yuntas de bueyes fueron enganchadas delante del camión. Consiguieron liberar este hundido e impotente producto de la técnica humana de su triste cautiverio. Así los señores exhaustos permitieron que los bueyes estiraran el camión hasta el próximo fortín militar. Ahí se soltó a los bueyes, y siguieron el viaje, pero asegurando antes que los soldados les siguieran con los bueyes. Lo hicieron, pero pronto se trancaron otra vez, y la yunta de bueyes los sacó de nuevo; se fueron otra vez, pero solamente un trayecto muy corto antes de trancarse nuevamente.

Aunque engancharon de nuevo a los bueyes, el camión ahora no se movía del lugar, ni con el empuje, ni hacia atrás. Ellos construyeron una especie de palanca consistente de troncos, lo intentaron una y otra vez, pero todo en vano. Mojados, muy cansados y cubiertos totalmente de barro, se propuso que sería mejor descansar hasta la madrugada, para intentar con fuerzas renovadas salir del pantano. Discutieron sobre cómo preparar una cama del pasto y buscaron lugares libres de agua. Uno de ellos propuso que procuraran una vez más salir y enganchar los bueyes adelante y estirar con toda la última fuerza, de lo que los bueyes eran capaces de sacar tanto de si mismos como del automóvil.

Friesen se sentó en el volante y apretó el acelerador a fondo, los soldados gritaron a más no poder para que los bueyes hagan lo mismo, y los demás hombres empujaron, levantaron o tiraron el camión y ¡realmente! - de repente se movió el camión y salió hacia adelante. Se esforzaron mucho durante un cierto trayecto, con bueyes, sin bueyes. Metieron el pasto debajo de las ruedas, para que anduvieran mejor en el suelo resbaladizo, y así llegaron al segundo fortín militar antes de la medianoche.

¡Y como la suerte les favoreció a peser de todas estas situaciones miserables! Los dos soldados, con los cuales habían acordado traer dos bueyes jóvenes, y a quienes habían esperado tanto, estaban allí en el fortín militar y tenían listos los bueyes para engancharlos frente al camión. Eran entonces soldados conscientes de su deber, que querían cumplir incondicionalmente con el compromiso hecho.

En ese campamento se dijo, que recién a partir de allí iban a tener delante de ellos un camino realmente feo. Se dieron cuenta ellos mismos que esa era una realidad fundamentada 'sin fundamento'. Solamente un corto trayecto se fueron solos, para dejarse sacar otra vez del estancamiento, y los soldados seguían fielmente con sus bueyes jóvenes. En poco tiempo no soltaron más a los bueyes, sino los dejaron estirar en forma seguida el camión, mientras que el motor ayudaba.

Así siguieron el viaje hasta las dos de la madrugada. En ese momento se trancaron de nuevo en un lugar pantanoso, donde se exigió toda la energía de los bueyes, de los hombres y del motor, para salir en forma dificultosa.

A las tres de la mañana llegaron a una bajada inundada y en medio de la misma pasaba el camino no reconocible. Uno de los soldados tuvo que caminar descalzo para buscar las huellas en el agua profunda, delante del camión. Así caminaron a través de la savana de las palmeras, para llegar finalmente a las cuatro de la mañana al fortín militar.

En el este se avistaron las primeras señales del naciente nuevo día. El fortín militar despertó de a poco. De repente los extraños viajeros, muy sucios, cubiertos con arcilla y tierra, fueron rodeados por cientos de soldados. Informaron al oficial sobre el viaje lleno de penurias. Swartzentruber y Hershey hablaban un buen español.

Se habían esforzado terriblemente. Un día y una noche prácticamente no habían comido nada. Además tenían que luchar constantemente contra los mosquitos chupasangres muy agresivos. Estaban exhaustos, y eso lo podía reconocer cualquiera sin que otro lo confirme.

Rápidamente los mozos prepararon un mate cocido. Esa bebida tonificadora fue degustada con mucho agrado. Luego tuvieron que obedecer las órdenes del oficial, acostarse en catres, camas con tirantes de cuero, para descansar un poco. Durmieron una hora. Entonces tuvieron que sentarse con el oficial para que les sirvan otra vez el mate cocido. Mientras tanto los soldados tenían que hacer su entrenamiento de la mañana.

Luego se preparó una carreta con dos ruedas altas con tres yuntas de bueyes. En ese carro subieron Hershey y Swartzentruber llevando su equipaje. Dos soldados se sentaron adelante iniciando el viaje al Km 135. El trayecto tenía una longitud de 12 km.

Era un camino que en realidad no lo era: suelo pantanoso, a veces bajo agua y trayectos blandos. El camión nunca se hubiera podido ni estirar por este trayecto. A veces el agua tenía una profundidad de un metro. Ahora no había la necesidad de bajarse de la carreta para empujarla en el barro. Arriba y encumbrados pasaron por encima de todas las dificultades sucias.

Pero los mosquitos, esos espíritus zumbadores encontraron el camino también hacia la meceante casita alta - el cajoncito del carro estaba cubierto de cuero - y buscaban chupar tanta sangre como era posible de aquellos extraños de piel blanda y blanca.

Por fin, al mediodía, llegaron al Km 135. En seis a siete horas, como habían dicho en Campo Esperanza, querían llegar al Km 135, pero habían transcurrido 30 horas hasta allí. En carne propia vivieron por qué la gente de Campo Esperanza no quería llevarles en el camión.

¡Pero, en la ida había funcionado tan bien!

McRoberts y Friesen no eran principiantes en esas lides de viaje, por eso estaban un poquito enojados ya que finalmente habían aceptado el sinsentido de irse con el camión, también, sabiendo que en esa región había llovido unos 200 mm.

Nuevamente un oficial - también allí había un fortín militar - los recibía amablemente. Les ofreció un cuarto donde pudieron deshacerse de su ropaje sucio y feo, para vestirse de nuevo con ropa limpia.

Vivían todavía familias en el Km 135 en aquel tiempo. Los hombres habían sido empleados por la dirección del asentamiento como supervisores y administradores de la estación. Eran responsables de la mercadería comprada y depositada, que se transportaba desde Puerto Casado hasta ese lugar.

Junto a esa gente se fueron Hershey y Swartzentruber para tomar un café caliente y comer algo. Se dieron cuenta enseguida, que la familia anfitriona ya no quiso ir hacia el asentamiento, sino quería regresar a su vieja patria, que llamativamente habían dejado, creyendo que era mala.

Hershey y Swartzentruber querían saber entonces, qué harían en Canadá, si allá según su propia convicción les robarían la religión y el idioma. Para esa pregunta no tenían ninguna respuesta, pero , dijo el padre de la familia, señalando a su hijo mayor, su hijo podría cazar conejos y venderlos a 10 centavos el dólar, y diez por diez eran un dólar. Hershey y Swartzentruber pensaron durante esa conversación en los hijos de Israel durante su éxodo de Egipto, que se habían dado vuelta para mirar las ollas llenas de carne anheladas, por no recibir ninguna carne durante el viaje. También esa gente en el Km 135 supuestamente no tenía carne para comer. Cuando se sentaron a la mesa para la comida, el hombre le había dicho en un inglés malo: *"Here we have no meeting"* (aquí no tenemos ningún encuentro o asamblea). Quiso decir lo siguiente: *"Here we have no meat"* (Aquí no tenemos carne para comer).

Hershey y Swartzentruber se dieron cuenta de que los menonitas del Km 135 tenían ya una relación no muy sana con los soldados. Parecían realmente gente 'pobre'.

A la una de la tarde subieron al tranvía y salieron rumbo a Puerto Casado, donde llegaron a las seis de la tarde. Durante esa noche tuvieron por fin una comida en forma, lo que no habían tenido desde su salida de la casa de la familia H. Töws de Waldheim el martes anterior (ya era jueves).

Al salir del lío, pensaron en el viaje de Campo Esperanza al Km 135 y lo que hubiera resultado de él, si no hubieran estado los soldados o no les hubieran ayudado. Entonces hubiera sido imposible pasar. Ellos habían experimentado durante el camino terrorífico la maravillosa conducción de Dios.

Los informes de los misioneros

Cuando los dos misioneros informaron lo que los peregrinos les habían contado de sus experiencias del camino hacia el desierto del bosque, y lo que experimentaban cada vez que entraba la época de lluvias, no solamente hablaron de algo que habían escuchado, sino sus informes fueron confirmados por sus experiencias inolvidables.

De las 14 aldeas del asentamiento habían visto 13. Habían dormido en las chozas de los colonos y comido en las mesas de ellos. Habían visto que la gente tenía suficiente para comer, aunque a veces las comidas eran monótonas. Pero eso cambiaría dentro de poco tiempo.

Habían estado en muchos hogares, habían hablado con muchos colonos y observado sus condiciones de vida. En Asunción hablaron con el Dr. Eusebio Ayala, quien había sido Presidente de la República una vez, y en ese entonces era vicepresidente de la Corporación Paraguaya, que era la responsable de éxito del asentamiento. Hablaron con el señor Casado, que antes había sido el propietario de las tierras que los menonitas ocupaban ahora ; hablaron con el cónsul americano, el señor Faust, quien poco antes que ellos había estado en el Chaco con los menonitas; hablaron con el señor Landreth, el alto comisionado de la Corporación Paraguaya y un miembro de honor de la Intercontinental Company, y con muchas otras personas fuera de la comunidad menonita.

Detalles de sus impresiones en el asentamiento, sus conversaciones y sus ideas sobre la empresa toda del asentamiento siguen en sus informes entre setiembre y noviembre de 1929:

"Esos colonos del Chaco han pasado por un tiempo difícil. No se dejaron desmotivar por eso, sino que han tomado todo lo que les sucedió como una prueba de fe de la mano de Dios. Los que no aprobaron la prueba, retornaron a Canadá.

Actualmente el estado de salud es bueno. Algunas familias sufren de ojos inflamados. En general los colonos miran con ánimo hacia el futuro. Acerca de las exageraciones en artículos en las revistas simplemente le causaron risa. Al comienzo todos han sufrido mucho, es cierto. Cuánto, lo saben únicamente ellos y Dios. Pero ahora creen que el tiempo más difícil ya pasó. Han tenido una coseche grande y quieren quedarse gustosos.

En el Chaco hay mucha tierra reservada para ellos. Los colonos de Menno han dividido sus tierras - 140.000 acres o 56.000 has) - en 27 secciones. Han organizado 14 aldeas. Existen aldeas con 10 familias y con 20. Cada colono debe tener por lo menos 30 acres de tierra alambrada en la cercanía de su vivienda. Las propiedades agrícolas fueron sorteadas. Existe mucha tierra aún no cultivada.

En general las tierras son boscosas. Existen muchos árboles de madera dura, empleadas como postes de alambrados, que por lo menos durante 40 años no se pudren estando en el suelo. En los bajantes la pastura para los animales crece muy bien. Sobre las tierras más altas crece mucho pasto amargo, que los animales no comen.

La mayoría de las tierras para la organización de las aldeas es arenosa. Que esta tierra rinde muy bien y mucho, lo hemos visto, lo demuestran también sus cosechas. Lo que siempre plantan y siembran, crece maravillosamente, muy parecido como se lo conoce de los estados del sur de nuestro país (EEUU). Todo lo que crece aquí, también crece en el Chaco.

Hemos visto sorgo, maíz, mijos, porotos, arvejas, batatas, bananas, maní (cosecharon 14 bolsas en 1/3 de ha), mandioca, sandía y algodón. Las sandías son muy grandes allí. El Anciano Friesen dijo que habían cosechado una sandía de dos pies de largo y 50 libras de peso. Se dice que en el último año el asentamiento había cosechado por lo menos un millón de sandias. También ha crecido muy bien el algodón. Se espera que el producto ocupe el primer lugar en el mercado de venta.

Algunos de esos colonos estaban recién seis meses en sus tierras. Nos maravillamos por lo que habían realizado en ese breve lapso de tiempo. Han hecho alambrados, construido casas, y prepararon las tierras para las plantaciones. Hemos visto también huertos que nos hacen recordar de los de Pensilvania, con porotos, calabazas y otras plantaciones. También el sorgo estaba a la venta.

Hay aldeas que tienen dificultades para encontrar agua buena. Traen el agua para el uso doméstico de bastante lejos. Se cuenta que van a encontrar más agua buena, si se profundiza las perforaciones. Se contruyen aljibes para recoger el agua de lluvia. Durante la época de lluvias aparecen muchos mosquitos.

En la región de asentamiento de los menonitas viven unos 300 indígenas. Son muy pacíficos y trabajan bien. Muchas veces están contentos con la ropa recibida como pago por su trabajo. Viven muy humildemente y construyen sus toldos con bastones, ramas y pasto; colocan los palos en forma de cúpula cubriéndolos con pasto alto. Muebles no poseen.

Desde que los menonitas han convivido con ellos, ha mejorado su vestimenta. Anteriormente vivían casi desnudos. Los menonitas quieren que se visten con más ropa. Al líder lo llaman cacique. Los menonitas están contentos con que los indígenas estén allí, por ser muy probos en la tala del bosque.

Según nuestra opinión existen realmente todas las posibilidades para que los laboriosos menonitas puedan hacer resurgir una fantástica región agrícola. Creemos que los colonos menonitas tienen en el Chaco un futuro prometedor.

La comunidad planifica levantar en cada aldea una escuela. Las ya terminadas construcciones escolares tiene un dimensión de 15 por 28 pies (unos 4,5 por 8,4 metros). Son de ladrillos crudos hechos y secados al aire libre. Los techos son de paja o de chapas de cinc, los pisos de arcilla.

En algunas aldeas hay devocionales cada domingo, en unas cado segundo domingo y en otras únicamente cada cuarto domingo, depende del tamaño de la aldea, o si un predicador vive en ella. Como las aldeas están ubicadas a una distancia de hasta 30 km la una de la otra, los predicadores tienen que pasar por un camino bastante largo hasta el lugar de la reunión para predicar. Ellos se reparten los lugares y los domingos para tal tarea, para no tener que hablar siempre en el mismo lugar. Como tienen que hacer el viaje con el carro tirado por bueyes, se van generalmente a la tarde del sábado y viajan a veces hasta altas horas de la noche para estar a tiempo en el lugar correspondiente.

El culto comienza a las ocho de la mañana. Después se realizan las visitas, y a la tarde se retorna nuevamente a casa. Durante el intenso calor del día no se viaja si no es urgente.

La congregación tiene seis predicadores y un obispo (Anciano). Estuvimos un solo domingo en el asentamiento, en Osterwick, donde tuvo lugar el culto. Nos fuimos juntos a la iglesia. En la iglesia encontramos a cuatro predicadores, un diácono y un Anciano. Nos presentamos a la congregación y hablamos acerca de nosotros y nuestra tarea. No fuimos invitados para predicar. En esa mañana el predicador Johann Schröder dirigió el culto.

Al comienzo se cantaron dos canciones extensas, lo que duró media hora. Las canciones tenían 10 estrofas y las estrofas tenían unos 10 a 12 versos. El canto fue guiado por entonadores, que tenían una forma llamativa de entonación del traspaso de un verso a otro. Las melodías fueron cantadas según un ritmo de arrastre tradicional. Después de las dos canciones se levantó el predicador, sacó un papelucho de su bolsillo y los puso sobre el pupitre. Eran 28 páginas densamente escritas, que leyó frente a la congregación. Necesitó más de una hora.

Dos veces la congregación realizó una oración de rodillas, pero nadie oró en voz alta. El fin de esta oración se dio cuando el pastor empezaba a leer otra vez. Fue fatigoso sentarse durante dos horas sobre bancos sin posibilidad de reclinarse y escuchar en el calor sofocante la prédica monótona. Nos dimos cuenta que muchos presentes dormitaban, especialmente durante la segunda mitad de la lectura del texto. Muchos estaban sentados con sus brazos apoyados en las rodillas, la cabeza oculta en las manos, o la mandíbula apoyada en la mano. Luego de la prédica se cantó otra vez un canción larga.

Para los presentes, que también llegaron de las aldeas vecinas, no había suficientes asientos, y muchos visitantes habían traído sus bancos y los llevaron de vuelta después del culto.

Los pastores llevaban una chaqueta oficial que llegaba hasta la rodilla, camisas negras, sin corbatas. Entre los reunidos varios hombres vestían corbatas, pero más los jóvenes. La mayoría vestía trajes oscuros, otros también claros. Las mujeres tenían uno cobertura en la cabeza, según la moda inglesa. Algunas de las mujeres tenían el cabello cortado.

Las devocionales se realizan en el idioma alemán, y así también la enseñanza en las escuelas. En la comunicación diaria y en los hogares se habla el así llamado dialecto alemán, 'Plattdeutsch'. Si uno entiende algo del idioma alemán, no significa que se entienda el dialecto. Es otro idioma totalmente distinto. La gente misma tilda su lenguaje coloquial como el 'idioma menonita'.

Durante los días de entresemana se imparte la enseñanza en estos edificios. Se enseña la lectura y la escritura. Tan pronto como el alumno pueda leer algo, la Biblia alemana se usa como texto de lectura. Queríamos saber si sus maestros habían recibido una formación para poder enseñar en una escuela, a lo cual se nos respondió con un claro 'No'; eso no se consideraba necesario.

Recibimos la impresión de que el alemán era lo más importante en su religión. Uno de los colonos dijo que si se les sacara el idioma alemán, perderían su fe. Le preguntamos a uno, quien a nuestro parecer era uno de los colonos más adinerados, si no tenía nostalgia por volver a Canadá, y lo que habían tenido allá de agradable. - Pero no - si ellos se acordaban del por qué de su emigración, y se quería robarles el idioma alemán, la emigración había sido la única alternativa válida. Si ahora ellos - seguía diciendo - tenían que pasar por diferentes tribulaciones y pruebas, eso les pasaba solamente por alguna buena cosa, y por la cual valía la pena sacrificarse.

¿A dónde debería haber ido esa gente, si Paraguay no los hubiera recibido en forma grandilocuente? Que a estos colonos les vaya muy bien allá en el Paraguay, y Dios ya sabrá qué ha planficado para ellos en aquel lugar."

Por la larga ausencia de los dos inspectores, sin haber recibido alguna noticia de ellos, empezaron a surgir también preocupaciones y especulaciones temerosas por ellos, de la misma manera como hacía ocho años había sucedido con el caso de la primera delegación menonita.

Durante mucho tiempo no se escuchó nada de los dos misioneros argentinos, que se habían ido al desierto boscoso de los indígenas, y por eso se creía que se tendría que contar con lo peor. En las revistas de Pennsilvania se pudo leer, que dos hombres se habían ido al desierto paraguayo en busca de gente para ayudarles. Acerca de su paradero no existía ningún reporte.

Y en la congregación en Pennsilvania, de donde se había encargado a los hombres, y no habían escuchad nada de su paradero en los últimos tiempos, se estaba muy preocupado. Había gente que en retrospectiva dijo que no era tan fácil llegar al asentamiento por el desierto. Eso significaba asumir muchos inconvenientes y dificultades. El último trayecto se podía superar a caballo, o quizá ni esto, sino uno tenía que pasar un largo trayecto a pie.

En los informes de las revistas se dijo que ya habían pasado semanas desde que los misioneros habían emprendido el paso al desierto y la comunidad menonita responsable de esos dos hombres esperaba ansiosamente alguna noticia de ellos. El asentamiento de los colonos menonitas se encontraba en medio de un desierto inmenso, inaccesible y estaba aislado totalmente del mundo entero. La gente - así seguía el relato - había huido hace dos años, cuando en Canadá se intentaba imponer el idioma ingles y ellos debían dejar de enseñar a sus hijos el idioma alemán.

Los menonitas de Pennsilvania al mismo tiempo escucharon las noticias acerca de los colonos en problemas, y estaban dispuestos, en caso de que lo necesitaran, enviar alimentos o transferir dinero para ayudarlos en el lugar. Orie O. Miller, miembro de una organización de ayuda, escribe el 22 de febrero de 1929 en el 'Missionary Messenger':

"Los menonitas en Paraguay

De las revistas hemos recibido la noticia de que esa gente ha de estar en grandes dificultades. Por eso hemos encargado a dos hombres para inspeccionar la situación en el lugar. Estos hombres, que posiblemente ahora estarán en su trabajo de inspección, son nuestros misioneros T. K. Hershey y Amos Swartzentruber de la Argentina. Ojalá puedan informar en los próximos tiempos sobre los resultados de la inspección.

Las informaciones que hemos recibido de las revistas alemanas se contradicen. A consecuencia del cambio climático duro han fallecido muchos de ellos en el Paraguay, y muchos han regresado a Canadá. La mayoría ya se ha organizado en aldeas. Posiblemente la empresa colonizadora, que ha realizado el proyecto, ayuda a los colonos a independizarse en lo posible. Es decir, que les ayuda con ganado, semillas para las plantaciones, proveyéndolos equipos para el cultivo agrícola, que ha sido posible a través de la entrega de créditos.

Muchas circunstancias difíciles que han sufrido los colonos, no extrañan en realidad, porque nunca ha sido fácil fundar tales asentamientos, y mucho más difícil es en regiones tan apartadas como el desierto, como esa región del Chaco."

La verdad tiene que vencer

Después de que los menonitas americanos realizaron la inspección del asentamiento menonita del desierto en el Chaco, e informaron de primera mano sobre el estado real de esa empresa colonizadora, las revistas publicaron otras noticias. De la información más positiva también participó la embajada americana en Asunción. Ella publicó informaciones optimistas en el continente americano que el mismo cónsul Faust redactó.

Sigue uno de aquellos informes superoptimistas de la revista: *"En el desierto surge una nueva pequeña ciudad. Se llama Campo Esperanza. Es prácticamente una metrópoli floreciente de un estado menonita que se administra a si mismo en el Chaco Paraguayo y abarca unos 230 km cuadrados. Es una comunidad religiosa conducida por un obispo. Ella tiene la ventaja de crear ella misma sus propias leyes, y está liberada por tiempo determinado de todos los impuestos y otras obligaciones estatales, y este es el punto más importante en los privilegios que les fueron otorgados por el gobierno paraguayo.*

Un grupo de dujobores canadienses también se preparó para ir al Chaco.

Este asentamiento nuevo de los menonitas en el desierto de una región del Paraguay, ha sido creado por empresas canadienses y americanas. De parte de la empresa americana fue asegurado el fundamento o la base financiera necesaria, un asunto que en esa clase de asentamientos muchas veces se ha obviado, y por consiguiente fracasó la colonización.

Las malas noticias que hace poco tiempo han sido divulgadas acerca del asentamiento y que relataban cómo la gente sufría hambre, cómo fueron asaltados por los indígenas, y que fueron robados por soldados paraguayos y bolivianos, estaban motivados por aquellos emigrantes que han perdido el ánimo y retornaron a Canadá. Dieron sus pareceres unilaterales y esa unilateralidad fue acentuada por la prensa. Muchos de esos que retornaron no habían visto todavía sus tierras de asentamiento. Pero allá en el río Paraguay, en la ciudad de Puerto Casado, no les gustó para nada el clima, y ya no querían conocer más nada, sino solamente apuraron su regreso a Canadá.

En realidad el ejército paraguayo mantiene la guardia sobre aquella región y los colonos. Los indígenas tampoco son peligrosos. Son mucho más sucios que peligrosos. Los menonitas ya han tenido cosechas, y de una hambruna no hay por qué hablar.

Las condiciones bajo las cuales han emigrado los menonitas al Paraguay son únicas. Paraguay fomenta la colonización en forma ejemplar. Los menonitas han comprado las tierras de un hombre que allá posee una región inmensa. Mensuras de tierras nunca antes se habían realizado allí. Existen solamente registraciones en la cartografía.

Cuando al Paraguay en aquel tiempo le estaba faltando dinero, prestó el dinero de un argentino que se llama Carlos Casado, la suma de 300.000 dólares. Más tarde el Paraguay le dio por ese préstamo, en vez de dinero, 3.000 leguas de tierras en el Chaco."

Familia en la aldea Bergtal en el nuevo asentamiento
con su primera cosecha del campo.

La iglesia en Osterwick, inaugurada el 8 de setiembre de 1932,
al mismo tiempo cuando las tropas paraguayas se acercaron
a Boquerón para reconquistarlo.

CAPÍTULO XV

PARA LA EMIGRACION Y COLONIZACIÓN SE NECESITA DINERO

*"... Los colonos deben ser apoyados financieramente y también
en sus operaciones de asentamiento, para poder progresar.
Para crear una base sólida, deben ser superadas unas contrariedades
y solucionadas algunas carencias. Le falta a los colonos una
mejor organización (económico-social). La mayoría de ellos son
buenos agricultores, son honrados y muy laboriosos. Y nosotros
tenemos que apoyar (como empresa colonizadora) financieramente
y entonces van a lograr la meta en el tema del asentamiento ..."*

R.N. Landreth escribe desde Puerto Casado al
señor Robinette en los Estados Unidos, octubre de 1928

La situación financiera de los colonos al comienzo

Rodney N. Landreth, el encargado de la Corporación para la asistencia del asentamiento joven, escribe en octubre de 1928 al presidente de la empresa, el señor Edward B. Robinette: *"Los colonos necesitan un apoyo acertado, tanto financiera- como también estructuralmente, si se quiere registrar pronto un progreso de su asentamiento.*

Para crear una base sólida deben superarse algunos inconvenientes. Esos menonitas tienen que vencer sus propias carencias que les impiden ejecutar efectivamente el asentamiento. Tienen que organizarse como corresponde, y eso es lo que siempre hace falta.

Son en sí muy buenos agricultores y la mayoría de ellos son gente transparente y muy laboriosa. Con nuestro apoyo lo van a lograr."

El señor Robinette era un miembro importante de la Firma Stroud & Company en Filadelfia, EEUU. Después del General McRoberts tenía el capital más grande en la empresa de asentamiento y era presidente de la misma, mientras que McRoberts, que tenía la palabra más influyente en la empresa, era presidente de honor. También Landreth poseía una parte económica en esa empresa. Era la mano derecha de Robinette y de McRoberts, y como encargado de la empresa estaba presente cuando surgió la colonia. El primer encargado de la empresa para la atención de los colonos en el año 1927 había sido Alfred Rogers. Era justamente el año crítico, cuando se quería asentar a los colonos, pero no se pudo, porque no había sido mensurada la tierra.

Él había retornado a Canadá para despertar más interés entre los menonitas por la colonización en el Chaco, y el señor Landreth había asumido su posición en el Paraguay.

La carta de Landreth a Robinette tenía el objetivo de señalar por lo menos la necesidad o la importancia de un apoyo financiero o el permiso de préstamos para el comienzo del asentamiento. Algnos días más tarde escribió el señor Landreth al Anciano Martin C. Friesen, como sigue: *"Yo he escuchado que mucha gente suya se preocupa por los préstamos que queremos liberar para su comunidad, y que estos podrían obstaculizar la salida del Chaco, si el crédito no fue pagado todavía, o sea, debería quedarse en el Paraguay, hasta haber pagado toda su deuda.*

Esas son preocupaciones superfluas. Lo único que podría retenerlos sería la obligación hacia la propia congregación. En caso de que se confirmara alguna vez que todo el Chaco no es apropiado para el asentamiento - lo que no creo - entonces todos los colonos están en su derecho de dejarlo, como si nunca se hubiera hecho el préstamo.

Yo le dije a usted que nosotros hacemos el préstamo de la misma manera como lo hicieron los menonitas de Ontario en aquel tiempo, cuando vuestros padres inmigraron de Rusia a Canada.

Yo espero un asentamiento floreciente aquí, y tengo la plena confianza en su pueblo, y creo que el asentamiento progresará y tendrá una base sólida, si todos participan del trabajo constructivo y no escuchan las tonterías que se dicen por ahí."

Mirada retrospectiva a la emigración de los Bergthaler, 1874 - 1876

Cuando en el año 1873 la congregación de los Bergthaler en Rusia había decidido emigrar a América, no se había aclarado cómo se concretizaría económicamente. Toda la congregación quería emigrar, pero solamente una tercera parte podía solventar los gastos. La congregación había acordado que nadie debería quedar atrás por falta de dinero. Quien quería emigrar, podría hacerlo. Para hacer posible esto, también se debería buscar un camino para los pobres. El Anciano de la iglesia de los Bergthaler, el señor Gerhard Wiebe, explica en su libro cómo se ha solucionado este problema: *"La congregación era pobre, no tanto los miembros individualmente, pero debíamos dejar nuestras propiedades y patios, y pudimos vender solamente los bienes movibles, y además no teníamos otros compradores que los rusos, luteranos y griegos, y ellos decían: Tienen que vender, vamos a esperar hasta que lo consigamos muy barato.*

La mayoría tenía que ser ayudada por la iglesia, porque contábamos con unos 145 propietarios y en total éramos unas 500 familias, la mayoría de ellas pobres. Además había una deuda de 100.000 rublos con el 'Waisenamt' (la institución de los huérfanos y viudas), además con el tendero. Todo se debía arreglar para que nadie nos denunciara, porque teníamos entre nosotros hermanos malintencionados.

Lo hicimos de la siguiente manera: En primer término contamos con un hombre bienintencionado, inteligente, y su ayudante; eran los directores del 'Waisenamt', que juntos estudiaron y deliberaron cómo se podría superar económicamente el tema de la emigración.

El 'Waisenamt' tenía todavía 50.000 rublos en efectivo que pertenecía a los huérfanos y viudas, y también a algunos agricultores de edad, que habían vendido sus propiedades y depositado su dinero para los tiempos de su avanzada edad. También había una buena cantidad de cónyuges fallecidos, y los parientes (madres y padres) habían pagado su herencia a los huérfanos, y esa plata estaba en la institución de huérfanos y viudas. Aunque se había prestado en parte, se lo podía considerar como dinero en efectivo. Hubo mucha gente que no depositó su dinero, y si lo hubieran hecho, no hubieran podido emigrar; otros habían pagado por sus hijos, pero luego quedaron demasiado pobres como para llevar a sus hijos. En base a esa situación habían efectuado la cuenta de la siguiente manera: los que poseían un capital bastante grande y un superávit, tenían que - con su permiso - dejar en la caja 25 rublos de 100 para los pobres, y con ese dinero se debía ayudar a los huérfanos; muchos recibían del dinero depositado y pudieron así emigrar con su familia; otros llevaron su deuda con la institución de los huérfanos y viudas, y a esto se sumó 5.000 rublos que la congregación había recaudada para la compra de tierras.

Segundo: Los que no tenían dinero, sino tenían deudas en la institución para huérfanos y viudas, podían llevar sus deudas, y con el dinero prestado se les ayudó a pagar el viaje bajo la condición de devolver el dinero en América.

Todo se presentó a los hermanos como una propuesta, y para nuestra sorpresa dijeron: Sí, estamos de acuerdo a hacer todo lo posible para que nuestros hermanos pobres con sus hijos puedan ir con nosotros, de otra manera no consideramos correcta nuestra emigración. A pesar de que a algunos les parecía un poco difícil la decisión, también dieron en poco tiempo su respuesta positiva; el Señor había tocado sus corazones y los había ablandado para dar voluntariamente. Unos prestaron el dinero y otros llevaron a sus amigos a cuenta propia."

Este procedimiento era realmente comunitario. De otra manera no hubiera sido posible realizar la emigración. Hubo posibilidades de crédito creadas para todos los que lo necesitaban. Muchos se hubieran quedado, si con créditos anticipados no se hubiera creado las bases para ellos. Algunas garantías se habían suprimido y toda la carga económica había sido asumida por toda la comunidad.

En los primeros tiempos había sido muy complicado, especialmente para los más pobres que ni habían tenido el dinero suficiente para adquirir los alimentos necesarios. Al mismo tiempo fue destruida la primera cosecha por las langostas. Otra vez tuvieron que buscar un camino para ayudar a la gente. Ahí se esmeraron los menonitas de Ontario para ayudar y organizaron un préstamo de parte del gobierno canadiense. Los menonitas de Ontario habían garantizado la devolución del crédito que recibían los menonitas de Manitoba para la provisión de alimentos.

También sobre este asunto se expresa el Anciano Gerhard Wiebe: *"En el año 1881 me fui a Ontario junto a los hermanos por las deudas de la congregación, para pedir un poco más de paciencia, ya que la hora del desembolso estaba muy cerca y nuestra deuda con ellos era de alrededor de 80.000 dólares, y especialmente para pedir que condonen una parte de los intereses; pero no aceptaron.*

Los hermanos acordaron entre sí alargar el plazo del pago por algunos años más. Han cumplido con su palabra y nos han descontado unos 30.000 dólares conjuntamente con los Colonos Antiguos y demostrado ricamente su amor hacia nosotros, sus hermanos. ¡A ellos y a Dios muchas veces gracias por el gesto!"

Aquella ayuda de dinero a través del gobierno canadiense, creada por los menonitas de Ontario, había sido el factor detonante para la superación de las necesidades durante el comienzo del asentamiento. Más allá cada uno había tenido que organizarse para encaminar sus ingresos para el mantenimiento de su vida diaria y la conducción de su economía. La institución de los huérfanos y viudas (Waisenamt) también habría prestado dinero, si lo hubiera tenido. Esta institución no había sido instalada para tal efecto, es decir, para ser una institución de créditos a largo plazo, que en cuestiones de grandes sumas de dinero pudiera haber sido útil. En pequeñas cantidades se hubiera podido comprar a cuenta las mercaderías en los almacenes. Esto era posible especialmente para aquellos que eran conocidos como pagadores conscientes y puntuales.

Créditos de emigración para gente sin medios al emigrar al Paraguay

Cuando se reanudó la emigración, la congregación de los Chortitzer, originada en la congregación de los Bergthaler de Rusia, que formó la base de los peregrinos sudamericanos, tomó como ejemplo el procedimiento de los padres de Rusia, es decir que todos los que querían emigrar podían hacerlo, aún sin tener los medios.

Los aportes para este crédito lo realizaron personas adineradas, en forma voluntaria - aportando 50.000 dólares en total, como un préstamo. Se gastaron 43.000 dólares en boletos de viaje de Manitoba a Paraguay y en las deudas de aquellos que no podían pagar cuentas diferentes. Cada uno tenía que recibir su dinero en el nuevo hogar. El plazo de la devolución del dinero en primer término fue de cinco años sin intereses. Los restantes 7.000 dólares fueron empleados para la compra de harina durante el tiempo de espera de 16 meses en los campamentos de Puerto Casado y en los siguientes en el interior del Chaco. El 37% de los inmigrantes aprovechó este crédito del viaje de Canadá al Paraguay, y muchos también siguieron después con el crédito de harina en el Paraguay, ya que su dinero de bolsillo se había gastado muy rápido.

De la caja de crédito, llamada 'caja de la congregación', se pagó también el material para la construcción de la casa de harina en el campamento de Puerto Casado. La harina fue comprada a precios mayoristas en Buenos Aires por la comunidad menonita e importada al Paraguay libre de impuestos, fue vendido desde allí a los colonos menonitas durante su espera de 16 meses. Cuando a finales / comienzos de los años 1928 / 1929 se fijaban y mensuraban los límites de las leguas del complejo de asentamiento, se pagó también el trabajo realizado, así como los otros costos relacionados con esta cuestión, del fondo de la caja de la congregación.

Fuera de esta caja de la congregación la comunidad también tenía la 'caja de los huérfanos y de las viudas', de donde se realizaron muchos préstamos. Un préstamo se recibía si la mayoría de la comunidad daba su voto a favor.

Después del tiempo de espera de un año y medio, un lapso de inactividad económica en que no había ingresos y se debía de gastar dinero para la alimentación, a muchos colonos se les habían acabado los pocos medios propios. Otros habían aumentado sus deudas. La comunidad se ocupó de que nadie sufriera de hambre. En todo caso en muchas situaciones no se pudo prevenir la precaria alimentación. Muchos sufrían bajo esas condiciones, especialmente los niños. Pronto se acabó en muchos adultos la resistencia física, especialmente cuando la enfermedad los estaba acechando. Viendo el nivel económico existían entre los colonos un tercio de pobres, un tercio con medios económicos y un tercio de adinerados.

En los campamentos a la vera del camino hasta las tierras de asentamiento se vivía mejor que en el de Puerto Casado, porque se cultivaba frutas de campo que se repartían casi a lo largo de todo el año. Ahí había ya una rica variación en el menú del día. Al asentarse en su propia finca, se cultivaron lo más pronto posible frutas duraderas, especialmente la mandioca, que se conservaba muy bien en la tierra.

Los americanos de la Corporación que estaban entre los colonos y que conjuntamente con ellos deliberaron y planificaron todo y que estaban interiorizados hasta en los detalles de las circunstancias de la comunidad, sea negativo o positivo, no se cerraron ante la necesidad de esta gente, que había sufrido ya tantas penas y molestias. Al fin y al cabo, del éxito y del logro del primer asentamiento sobre el complejo de las 100 leguas dependía la importancia del negocio de la colonización futura. También los sentimientos humanos influyeron y muchas veces la relación amistosa trascendía por encima del negocio, muchas veces mucho más allá de lo que se reconocía en realidad.

Aunque los americanos experimentaron muchas situaciones desagradables con esa gente, por el otro lado apreciaban y admiraban sus capacidades de aguantar en forma tranquila en los tiempos difíciles, en los que otros hombres de otros pueblos hubieran tirado hace tiempo la toalla, y resaltaron la paciencia en las pruebas y sacrificios, aguardando momentos mejores.

Seguramente los responsables de la empresa de asentamiento tenían sus obligaciones morales fijadas contractualmente que conocían de memoria y de las cuales no se apartaron. En el contrato entre el 'Comité de Previsión' de los menonitas y de la empresa de asentamiento, dice en el parágrafo 18: *"La empresa instalará y mantendrá en la cercanía del Km 180 un depósito, en donde los colonos puedan recibir los alimentos necesarios a precios accesibles."*

El tiempo previsto para mantener la instalación para la provisión de los alimentos ya había vencido, cuando finalmente se pudo fundar las aldeas. Por haberse retrasado tanto, la empresa de asentamiento consideró necesario seguir todavía con el apoyo a finales de 1928. Se eligió Campo Esperanza como sitio apropiado para el futuro apoyo del asentamiento. Se levantó una serie de casas para los trabajadores y los empleados, depósitos y una tienda. En el depósito se tenía frutas secadas, pasas y ciruelas, y frutas conservadas como peras y duraznos entre otros. Y cosas para la preparación de comidas, como té, café, grasa animal, arroz, azúcar y otros se pudo conseguir. El que no tenía dinero, podía comprar a crédito. Era una ayuda muy valiosa.

Ayuda de la empresa de asentamiento (Corporación Paraguaya)

En Campo Esperanza se instaló una chacra experimental que no fue muy exitosa. Los menonitas habían realizado distintos experimentos y observado durante la espera de un año y medio, aprendiendo el manejo de los cultivos paraguayos y tropicales. Al observar cómo trabajaba el agrónomo de la Región Oriental, el señor Alexander Langer, parecía que no sabía más que ellos como agricultores. Cuando por ejemplo Langer quiso hacer entender a los colonos, que durante la cosecha del maní se coloque a cada planta en un palito con los frutos hacia arriba para que se sequen, los colonos lo consideraron como una tontería científica o una contrariedad sin igual. Los agricultores menonitas pusieron las plantas con los frutos pata arriba para dejarlos secar.

El método de Langer parecía ridículo ya por la simple razón de que llevaría mucho tiempo para su ejecución, no teniendo ni en cuenta el esfuerzo de juntar miles de palitos, incrustrarlos en el suelo y sacarlos otra vez más tarde. El señor Langer no había estado hace muchos años en el Paraguay, o sea en Sudamérica y tuvo que aprender a manejar primeramente los cultivos tropicales.

Por eso es muy comprensible que entre los encargados de la empresa de asentamiento y los colonos menonitas no siempre haya existido unanimidad de opiniones en lo que a la agricultura se refería. Los encargados de la empresa acusaron a los colonos menonitas de ser muy cerrados ante las cuestiones científicas. Y a veces con razón, porque los colonos buscaban sus propios caminos, cuando mejor hubieran seguido las enseñanzas que se les impartían. Pero ellos creían que no era necesario escuchar a los encargados, porque se sentían como agricultores más experimentados. De esa actitud surgieron algunas contrariedades entre los colonos y los encargados de la Corporación. Los colonos se concentraron al comienzo demasiado en los cultivos agrícolas del hemisferio norte. Creyeron que lo practicado en el norte podían y tenían que seguir aquí, porque el suelo chaqueño - y lo veían ellos mismos - era muy fértil.

Los encargados de la empresa de asentamiento presionaron para que los colonos no intentaran todavía con algunos cultivos como el trigo, sino que se dediquen plenamente a los cultivos tropicales aclimatados al Paraguay. Los colonos estaban entusiasmados totalmente con el trigo y su cultivo, como así también de otros cultivos del hemisferio norte. El trigo importaba por sobre todas las cosas, porque representaba un medio de alimentación muy importante, y no podía ser obviado por tal motivo.

Cómo la gente pensaba - en general - demuestra el siguiente episodio: sucedió en el campamento de Casado. Un grupo de colonos conversaba sobre el futuro asentamiento. Ahí surgió la pregunta si en la zona se podría cultivar realmente el trigo. En ese momento tomó la palabra una señora de edad, que conocía muy bien la historia de los menonitas y los éxitos de los pioneros en el cultivo del trigo en el sur de Rusia, en Kansas y en las estepas de

Manitoba, diciendo lo siguiente: *"Diós siempre ha permitido que el trigo crezca donde estén los menonitas, y lo hará también aquí en el Chaco."*

Pero esta vez Dios tenía otro pensamiento. Él quería que ellos sean agricultores del algodón, y lo fueron. Al comienzo el cambio de actitud fue duro, pero fue necesario para muchos que tenían una autoestima muy fuerte. El Chaco se mostró más duro y más cerrado que ellos y no cambió por   nada.

Durante la larga espera los colonos aprendieron mucho. Pero pagaron caro el aprendizaje, rico en experiencias y que a pesar de las tribulaciones experimentadas se transformó en una bendición duradera. Si se hubieran adaptado desde el primer día a las exigencias tropicales de estos cultivos, hubieran sacado muchas ventajas especialmente para el sostén de su alimentación. Claro que hicieron muchas cosas correctas. En todos los campamentos plantaron algo de la casa. Se dieron cuenta también que algunos cultivos del norte aquí crecían mucho más que allá. Lo experimentaron en forma especial con las sandías. De las grandes y azucaradas sandías informaron a sus parientes en el norte con mucho entusiasmo.

Un colono escribió a su hermano del rendimiento mucho más que esperado de las sandías, y cómo se refrescaban con ellas. Su hermano no quiso saber nada de Sudamérica o del 'Sur', como lo llamaba. Se había enojado cuando su hermano emigró a aquél desierto creado solamente para indígenas, pero nunca para un hombre blanco. Él escribió en forma lacónica a su hermano. *"De sandías no van a sobrevivir."* Bueno, tampoco su hermano lo entendía así. Pero el apreciaba las hermosas sandías y lo quería transmitir de corazón a su hermano escéptico.

Aunque en los campamentos se plantaban cultivos tropicales, en algunos lugares como Campo Esperanza y Loma Plata se concentraban en primera línea en realizar intentos con los cultivos del hemisferio norte. En Palo Blanco se puso más énfasis en los cultivos tropicales, y en Pozo Azul se trabajó solamente con cultivos propios del Paraguay. Y Pozo Azul se llevó la victoria. Cuando en la mitad del año 1928 finalmente se plasmó el asentamiento, los cultivos que se habían demostrado apropiadas para el Chaco, fueron determinantes para los agricultores principiantes de la nueva colonización.

Los pioneros menonitas sabían manejarse excelentemente en las cuestiones inhibidoras, con las cuales se veían confrontados en el desierto boscoso del Chaco. Hubiera sido provechoso, si hubieran escuchado en otras cosas las palabras de los encargados de la Corporación, dándoles más valor, no solamente en temas de la agricultura, sino también en asuntos sociales y medicinales. No lo hicieron por la razón de su rechazo hacia la educación formal y superior y por la falta de claridad de las prácticas científicas.

Rescisión de los créditos de la empresa de asentamiento

Cuando se habían fundado y organizado las aldeas y la gente llegó a su hogar desde los campamentos, la empresa colonizadora levantó un almacén en la aldea de Weidenfeld, así como lo había hecho en Campo Esperanza. De a poco se trasladaron las mercaderías y las instalaciones desde Campo Esperanza a Weidenfeld. Cuando se disolvió totalmente el almacén de Campo Esperanza en el cambio de año 1929/30, los colonos habían comprado alimentos a crédito por un valor de 10.000 dólares. Eso significó una ayuda extraordinaria para los pobres. Además la empresa había dado un crédito para la compra de harina y comprado una cantidad de bueyes y vacas lecheras de las estancias de los Casado y prestado a los colonos que no tenían medios. También se había ofrecido otras ayudas a la gente pobre, como a los colonos del grupo de Saskatchewan, tal es así que la suma de los préstamos concedidos por la Corporación Paraguaya era de 30.000 dólares en 1930. Para aquel tiempo y aquellas condiciones era mucho dinero y signi-ficó para el comienzo de la obra de asentamiento un apoyo muy valioso y nada despreciable.

Cuando en febrero de 1930 de repente - dos años después de la fundación de las aldeas - la Corporación Paraguaya anunció que acabaría con todos los desembolsos anticipados de créditos, los colonos se asustaron mucho. Un escrito de los representantes de la Reserva Oriental, de los Chortitzer en el 'Comité de Previsión', a la oficina en Filadelfia, Estados Unidos, expresó algo de la sorpresa desagradable: *"Lamentamos enterarnos que usted (Corporación Paraguaya) ya no quiere darnos el crédito que para nosotros es tan importante.*

Estimados señores, nuestro futuro, nuestro éxito aquí en el Paraguay depende de los apoyos de afuera mientras que no nos hayamos independizado económicamente. Ha sido la realidad también en otros asentamientos. No lo vamos a lograr aquí, como otros asentamientos tampoco lo han logrado y han fracasado simplemente por la falta de apoyo.

Su representante, el señor Rodney Landreth nos ha prometido el año pasado que su apoyo seguiría así. Y en eso hemos confiado. Hemos renunciado al apoyo de otros por haber confiado en la Corporación Paraguaya, que el apoyo dado por ustedes seguiría.

Su medida de cierre instantánea en relación al desembolso de sus créditos llegó para nosotros como un relámpago del cielo abierto. Esta clase de retiro en la cuestión de los créditos puede resultar en una catástrofe. No entendemos el por qué de no querer apoyarnos más. Como colonos fieles que se han comprometido con el desierto no merecemos esa clase de atención, y no hemos esperado ese trato, ese cierre instantáneo del desembolso de crédito.

Le pedimos con la amabilidad de siempre considerar otra vez este asunto y garantizarnos el apoyo existencialmente necesario. Esperamos ansiosamente su respuesta."

Después de un mes, el 05 de abril de 1930, llegó una respuesta del señor H. G. Norman de los EEUU dirigida al sr. Jacob A. Braun: *"Hemos recibido su escrito del 3 de marzo. Hemos hablado con el señor Landreth. Él ya no está en nuestra empresa. Dijo que posiblemente le entendieron mal, porque fuera de lo que el año pasado se ha desembolsado como una suma determinada para la compra de harina, no se ha hecho ninguna promesa más. Se ha hablado que la empresa iba a ayudar en caso necesario, si hubiera una especie de hambruna o se diera otra catástrofe.*

Cuando en su tiempo en Canada se hicieron los acuerdos entre los colonos menonitas y la empresa de asentamiento, no se ha ni mencionado que la empresa asumiría el compromiso por apoyar a esos colonos y mantenerlos. Ella era responsable de la compra de tierras, y los menonitas emigrantes dijeron que ellos mismos sobrellevarían con sus finanzas la situación.

La mayoría de los colonos ya está tanto tiempo en sus tierras, que han podido cosechar dos veces. Con las cosechas y el ganado ya deberían mantenerse. Por eso decimos ahora que llegó el tiempo de la autosuficiencia como tal, y por esa razón tenemos que terminar con los desembolsos de los créditos, como se han dado constantemente en los últimos dos años.

También creemos que para aquellos que se acostumbran fácilmente a eso, no está bien que reciban más el apoyo, por la razón de que ya no se esmeran tanto para lograr una existencia independiente. Sería mucho más ventajoso, tanto para sus colonos como para todo el asentamiento y para nuestra organización, animar a esa gente a trabajar más diligentemente. De otro modo se apoya la pereza de la misma, para mal de todo el asentamiento.

En esta cuestión nos hemos aconsejado también con otras firmas y tenemos la impresión de que no existe ningún motivo de preocupación. El asentamiento tendría que mantenerse solo.

Queremos esforzarnos a hacer todo lo posible para apoyar la colonización. Nuestra organización sigue existiendo y nosotros invertimos más dinero y hacemos más esfuerzos llevando más colonos al Chaco. Ellos vienen de Europa. Debería tener una importancia considerable también para ustedes en el Chaco. Seguramente los colonos de Menno van a poder vender de sus productos agrícolas a los nuevos colonos, y los nuevos colonos en cambio van a ser útiles en general para los colonos ya presentes.

Durante esta semana hemos prestado a su gente otros 1.000 dólares, que necesitaban urgentemente de apoyo para comprar harina. Hemos decidido a favor de esto. Pero tenemos que decir a ustedes, que a partir de ahora la gente ha de contar con administrarse en forma propia, en cuanto se esfuerzan para cosechar los alimentos de su campo, en vez de vivir de la harina cara que viene del exterior.

Si la colonia de repente entra en una necesidad extrema que no pudieran superar sin ayuda de afuera, nosotros seguramente le ayudaríamos efectivamente y le apoyaríamos como corresponde.

Queremos haber dicho con esta explicación que nuestra organización sigue existiendo. Pero la mejor manera de ayuda directa es ahora el fomento de la agricultura, trayendo más colonos al Chaco y nosotros apoyaremos moralmente desde Asunción a la obra colonizadora, ayudando con la compra de mercaderías de consumo o en la venta de productos agrícolas."

El Dr. Eusebio Ayala se expresó en cuanto al tema de los créditos en abril de 1930: *"El apoyo de los colonos a través de la Corporación Paraguaya se está suspendiendo de a poco. La empresa de los Casado quiere instalar en la cercanía del asentamiento un campo de experimentación para servir a los colonos. Nosotros vamos a disolver nuestro campo de experimentación en Campo Esperanza. También cerraremos allí nuestro almacén.*

Hemos informado a los menonitas que la Corporación Paraguaya terminará ahora con el desembolso de créditos para la compra de harina. Los colonos no quieren contentarse con esta medida todavía. Algunos de ellos se aferran a lo que habrían dicho los empleados de la Corporación Paraguaya, que se apoyaría al asentamiento financieramente hasta tanto puedan mantenerse ellos mismos.

Especialmente consternado se muestra en el retiro de los créditos el líder del asentamiento, el señor J.A. Braun. Yo le dije que ellos debían intentar recibir un crédito de Molinos Harineros en Asunción. Creo que sería posible obtener un crédito por un año para la compra de harina. Puede ser también que un año no alcance todavía por el lento avance del asentamiento.

Nosotros tendremos que ayudar en el mercadeo de sus productos, tanto en el consejo como en la representación, pero con los desembolsos de dinero anticipados vamos a tener que terminar.

El algodón posiblemente será su único producto de exportación. Lo otro se puede vender a Puerto Casado. Nosotros contamos con que podamos vender el poroto y el maíz de su cosecha actual a los militares estacionados en aquella región. Quizá se podría vender a otros puertos del río Paraguay, si fuera necesario, los productos cosechados.

Es un poco problemático con la gente, que planta lo que creen que es bueno, pero lo que es poco conocido en nuestro país. En el Paraguay se debe hacer conocer todavía ese producto, antes de que se lo compre. También debemos saber cuánto hay de un producto para planificar la venta. Se debe tener en cuenta que los compradores mismos se dirigirán hacia la colonia, si de repente hubiere suficiente algodón y otros productos. Así por lo menos sucede en otras partes de nuestro país."

Jakob A. Braun dirigó otro escrito a los señores de la Corporación Paraguaya: *"Hemos recibido su escrito del 5 de abril de 1930. Lo hemos leído con cierto pesar. Quisiera enfocar en algunos puntos del escrito.*

Primero repito que el señor Landreth nos ha asegurado que el apoyo seguiría hasta que podamos mantenernos a nosotros mismos, no hay retroceso en esto.

Lo que concierne al compromiso original durante la emigración desde Canadá, se ha de notar que sus explicaciones referentes a aquella situación demuestran su gran ignorancia.

Siempre se ha señalado que los pagos en efectivo para las tierras canadienses y para la propiedad inmóvil eran demasiado bajos, para asegurar a los colonos un comienzo y que eso tarde o temprano originaría una situación de miseria. Se sumó a esta situación que se demoró el asentamiento por dos años. Durante ese tiempo los colonos debieron vivir de sus reservas. La consecuencia fue un gran descontento y el retorno de muchos colonos a Canada, que de otra manera se hubieran quedado aquí con sus medios.

*Esa permanencia involuntaria en Puerto Casado y en los campamentos en el interior del Chaco **no fue culpa** de los menonitas, sino de la empresa de colonización suya. Su encargado, el señor Landreth, **nunca nos dijo** que sus promesas no eran también promesas de su organización. Él nos aseguró que él tenía la autoridad para hacerlo.*

Que hemos ingresado dos cosechas en menos de dos años no garantiza todavía ninguna estabilidad del asentamiento, mucho menos esa situación puede reemplazar la pérdida de vidas humanas y de bienes, que hemos sufrido.

Tenemos experiencias propias en la cuestión del asentamiento y sabemos que un asentamiento se desarrolla en períodos de cinco, diez, quince y veinte años. Que debemos contar con eso, ha sido comunicado a su organización constantemente.

Si hubiéramos sabido que Ud. accionaría así, cortándonos simple- y llanamente el crédito, entonces hubiéramos aceptado otras maneras de apoyo y no habríamos aceptado que nos nieguen estas ofertas de parte del señor Landreth.

Los menonitas que vienen ahora de Europa emigran bajo presión, y esa emigración Ud. no ha motivado. Esa gente ha sufrido terriblemente y ha sido separada por los médicos canadienses. Y como si ese sufrimiento no fuera suficiente, los médicos del Brasil han colado una vez más a esa gente, y lo que al final se quedó, llega hasta acá. Con qué negligencia se trae a la gente hasta aquí, se ve en que le fueron entregados los carros que eran más angostos que los nuestros. Ahora ellos destruyen nuestros caminos. Su organización sabía que tenemos una distancia de carril uniforme, y Ud. tendría que haber impedido la entrada de estos carros angostos.

Si Ud. está preocupado por lo que escribe, que su organización ha de ser de ayuda al asentamiento en todos los órdenes, tenemos que darnos cuenta lastimosamente que mucho queda por desear en lo que llaman 'ser de ayuda'.

El negocio de los productos en Campo Esperanza primero fue denegado, después aceptado, luego comprado en parte y después denegado totalmente. La forma de pago originó en los vendedores de productos ciertas preocupaciones desagradables, porque acá no existe un banco. El último envío de harina a través de su empresa en Asunción nos ha salido extraordinariamente caro, los costos del envío eran muy altos.

Su negación de futuros desembolsos de créditos ha desencadenado entre los colonos una fuerte depresión que se nota en todas partes. Ya tenemos suficientes luchas que digerir para mantener en un cierto nivel el ánimo de los colonos.

Si Ud. está señalando la pereza de nuestra gente y temiendo por apoyar la vida de los perezosos, en caso de dar más apoyo, esto resultaría muy desventajoso, queremos afirmar que su juicio no acierta a la realidad. Aquella gente que Ud. ha consultado es tan superficial como otros señores de ese calibre. Pero no queremos ocuparnos más de los señores que informan así, sino mucho más de encontrar una comisión no partidaria que esté en condiciones de investigar la situación económica y que pueda emitir su juicio sobre tal situación.

Nuestro pueblo se ha negado por largo tiempo a aceptar la ayuda de afuera. Finalmente se dejó convencer, aunque con mucha resistencia. El señor Landreth, su representante, ha asegurado que esta ayuda perduraría hasta que los colonos puedan mantenerse a sí mismos. Y ahora sin la advertencia correspondiente recibimos una noticia telegráfica, que se va a cortar el apoyo. ¿Y el motivo de ese corte abrupto? Bueno, no se trabaja lo suficiente, el asentamiento tendría que haber progresado mucho más.

Qué lucha los colonos asumen con la naturaleza dura, con los insectos, cómo tienen que comportarse en esta lid, esto ni se menciona. La colonia se habrá independizado con dos cosechas, por pequeñas que sean. En otras palabras, ella tiene que haber logrado ya un desarrollo de diez años.

El trabajo realizado aquí solamente puede ser diagnosticado en forma profesional, y muchos trabajos realizados en esta región son invisibles. La colonia no ha esperado tal trato y se siente terriblemente engañada."

El 'Comité de Previsión' de la Colonia Menno recibió un escrito de la Intercontinental Company, la oficina central de la Corporación Paraguaya en los

Estados Unidos: *"La carta del señor Braun del 27 de mayo no nos gusta, porque los dos, el General McRoberts y Robinette dicen que habían hecho mucho más de lo que se había previsto anteriormente. Nunca se ha previsto o prometido desembolsar tantos créditos como la Corporación Paraguaya o la Intercontinental Company ya han entregado.*

Nosotros no podemos imaginarnos que el 'Comité de Previsión' y el Anciano Friesen y los otros líderes del asentamiento también piensen de la misma manera que el señor Braun. Tampoco creemos que la carta del señor Braun haya sido escrita en nombre de ellos.

¿Realmente ha prometido desembolsar créditos el señor Landreth o algún otro miembro de nuestra organización que no se han cumplido? En caso de que sea así, ¿Ud. puede comunicarnos exactamente cómo está el asunto?

La carta del señor Braun se ha presentado al señor Landreth, y él dice que él no ha hecho ninguna promesa que no se han cumplido. Nosotros creemos simplemente que hemos hecho más de lo que ha sido previsto por nosotros. El escrito del señor Braun echa una sombra sobre nuestra organización, y en especial a los señores McRoberts y Robinette. Cada uno sabe que ellos han hecho mucho más de lo que se esperó y se exigió de ellos, para realizar la emigración y el asentamiento nuevo. Cuando pensamos en lo que estos señores han gastado por la causa de los menonitas en el Paraguay, es decir, 1,5 millones de dólares, entonces hay que aceptar que el escrito del señor Braun es reprobable e injusto."

El Anciano Friesen recibió también un escrito de los señores de la Intercontinental Company: *"Creemos que la carta del señor Braun echa una mala luz sobre nuestra organización y en especial sobre los señores McRoberts y Robinette. Ud. será seguramente de la misma opinión, cuando decimos que estos señores han hecho mucho más para plasmar el asentamiento, de lo que se había esperado de ellos. Hemos seguido con interés y leído los informes del Dr. Ediger al Profesor Unruh de Alemania y de G.G. Hiebert al C.C.M. de Akron. Después de eso la situación de los menonitas ha mejorado mucho en el Chaco. Y seguramente Ud. no buscará en primer lugar sacar rápidamente un provecho material del asentamiento, sino que va a encontrar una satisfacción en los sacrificios y esfuerzos que Ud. ha entregado para servirle a la causa menonita."*

Un empleado de la oficina de la Corporación Paraguaya en Asunción escribió a la oficina central en Estados Unidos: *"Lo que concierne al contenido de la carta del señor Braun, según me parece, es la opinión de la mayoría de los colonos. Ellos creen que el crédito se habría cortado a causa de las malas noticias sobre su trabajo y su manera de vivir. Entre los colonos domina el descontento sobre la empresa de asentamiento.*

Las acusaciones en la carta del señor Braun no son justificables. Los productos comprados por nosotros en Campo Esperanza hemos pagado con cheques que se puede cambiar en Puerto Casado. No sería aconsejable irse con 300.000 pesos de dinero en efectivo al Chaco. Los pagos en cheques no ha creado ninguna dificultad a los colonos. Todos los productos del año 1929 se han pagado así. Y no ha habido ninguna queja.

La harina mencionada en la carta del señor Braun estaba más cara a causa de la inflación, es decir, el 25% más caro que antes. El peso paraguayo está muy dependiente del peso argentino, y si baja su valor, el peso paraguayo también es arrastrado.

Tan difícil como el señor Braun pinta el panorama no lo es. La carta la escribió otra persona. Joe McRoberts dice que el señor John Priesz ha dictado la carta. Comparado con lo que Joe me comunicó, y lo que yo mismo he observado, me parece acertada la idea de Joe, que el origen de toda la tensión está en el señor Priesz. El señor Priesz me ha comunicado diferentes asuntos que fueron mencionados también en la carta del señor Braun.

Me doy cuenta que el señor Priesz nos daña en este caso. Ahí existe todavía la cuestión del registro de la institución de los huérfanos y viudas, que se tiene que arreglar con el gobierno, y esto eso toma para justificar la presencia del señor Priesz en esta cuestión. En realidad la presencia del señor Priesz aquí no significa más nada. Él no ha tenido voz en la reglamentación de la institución de los huérfanos y viudas (Waisenamt), porque no habla el castellano. A pesar de eso dicen los colonos que él pudo lograrlo. Yo pienso que tendríamos que aconsejar a Priesz retornar a Canada."

El 'Comité de Previsión' respondió a la oficina de la Intercontinental Company en los Estados Unidos: *"Nosotros hemos recibido su escrito y leído detenidamente y nos damos cuenta que hay indicios falsos. Primero quisiéramos expresar nuestros agradecimientos sinceros a los señores, el General McRoberts y Robinette y exteriorizar nuestro respeto hacia ellos. Tenemos una muy buena impresión de Uds. y les debemos mucho, demasiado mucho por la ayuda brindada. Los dos señores han demostrado una muy buena voluntad para con nuestra obra de emigración y el mismo asentamiento.*

Serán necesarios esfuerzos unificados en el futuro para alcanzar la meta, y se necesitará una serie de años para conseguirlo. Los líderes de nuestras congregaciones dan su palabra a favor de lo mencionado arriba .

A pedido suyo hemos examinado en qué medida se han cumplido las promesas. Nosotros tenemos la impresión de que las promesas de apoyo correrían hasta que el asentamiento se haya estabilizado por ayuda propia. Supuestamente el señor Landreth ha insinuado algo parecido, y la gente ha confiado en eso. Ustedes pueden imaginarse cómo la gente se siente cuando sin advertencia previa se dan cuenta que el apoyo termina en ese momento. No pudimos comprenderlo al comienzo. Un cambio tan abrupto en cuestiones oficiales conduce a sorpresas desagradables y origina preocupaciones. Hemos confiado en Ud. desde la fundación del asentamiento y estábamos consternados cuando nos dimos cuenta que las relaciones bilaterales fueron interrumpidas. No tenemos otras fuentes de ayuda y la situación del asentamiento es grave y está lejos de poder autosustentarse. Puede durar diez años hasta lleguemos a eso."

La Intercontinental Company respondió al Comité de Previsión: *"Lo que concierne a los grandes desembolsos de dinero que estaban destinados al apoyo de esa gente, que de ninguna forma pudo autosustentarse, la resolución dice ahora que no habrá más créditos. La gente debe buscar los créditos en otra parte.*

Como Ud. sabe, nuestros aportes sobrepasaron lejos la medida que en algún momento se había pensado. Hemos brindado tanto apoyo, como no ha sido el caso en ninguno de los otros asentamientos menonitas.

Esa nuestra decisión de ahora no la hemos tomado de repente, sino la hemos pensado muy bien. Viendo las condiciones actuales, no existen perspectivas para cambiar nuestra decisión. Queremos seguir estando con ustedes, y queremos apoyar en donde sea posible. Pero ahora no es posible."

El Anciano Friesen respondió a la Intercontinental Company el 22 de diciembre de 1930 como sigue: *"Con lástima nos damos cuenta que entre nuestro hermano Braun y su organización se ha llegado a un desatino. La causa es posiblemente el corte abrupto del apoyo en dinero, y en un momento en que nuestra gente ha vendido sus productos agrícolas a los nuevos inmigrantes de Rusia (Fernheim) a precios muy bajos y ahora no pueden adquirir suficientes alimentos, porque el resultado de la cosecha no cubre todas las demandas.*

Con esto nuestra gente ha entrado en una situación miserable. Solamente la confianza plena en Dios puede insuflarnos nuevo ánimo y fortificarnos en la esperanza, que Él también en el día de hoy puede ayudar a sus hijos con una mano benigna, porque Dios puede ayudar en la necesidad más grande, y ayudará en la necesidad más grande. La siembra en este año se ha realizada muy tarde, y la plaga de los insectos no es poca.

Nosotros nos sentimos obligados a agradecer grandemente a los señores McRoberts y Robinette por la ayuda y el apoyo que nos brindaron. Nuestro 'Comité de Previsión' entrará en más detalles. Esperamos que los desatinos puedan ser arreglados."

Los colonos experimentaron la finalización de nuevos apoyos a través de desembolsos de dinero como algo brusco, porque realmente no habían contado con esa medida. El ya demasiado difícil desarrollo económico se estaba frenando todavía más, según su apreciación.

El señor Rodney Landreth, el último encargado de la empresa de asentamiento, que durante el año 1928 y la primera mitad de 1929 estaba entre los colonos, había asumido la iniciativa para el desembolso de dinero para la compra de harina y otras mercaderías de consumo. A través de su propuesta se había comenzado con la entrega de los créditos, porque veía con propios ojos, cuán necesaria era un crédito para los colonos desanimados. En fin, los colonos no tenían la culpa por la espera de 16 meses largos, hasta que finalmente pudieran ir a sus propias tierras en las aldeas y dedicarse a la agricultura para su manutención.

En base a las palabras del señor Landreth los colonos habían esperaban crédito por más tiempo. Esa esperanza los colonos no habían inventado por interés propio. Landreth la había despertado en ellos. Landreth no era la personas que daba los dólares. Lo hacían los dirigentes suyos, que tenían la palabra y no él. Cuando Landreth retornó en la primera mitad del año 1929 a los Estados Unidos y dirigió un informe personal a sus superiores, ya había cambiado mucho en la colonización. Las perspectivas de una colonización en grandes dimensiones se habían achicado ya en forma preocupante.

Al fin y al cabo el señor Landreth no habrá hecho promesas comprometedoras. No tenía la autoridad para ello. El podía expresar solamente lo que pensaba, y proponerlo. Y si las propuestas eran aceptadas, podía fomentarlas. Las últimas decisiones en cuestiones más importantes fueron hechas en la oficina central de la Intercontinental Company en los EEUU.

Si el señor Landreth ahora decía no haber hecho las promesas, era seguramente cierto en el sentido de promesas concretas. Pero había despertado esperanzas de desembolso de créditos a largo plazo entre los colonos, no cabía la menor duda. Las decisiones en la oficina central de la Intercontinental Company no dependían solamente de los informes que el señor Landreth presentaba al retornar del Chaco. Los hilos se centraban aquí de todos lados, y los señores superiores ya estaban al tanto antes de escuchar a Landreth.

En la oficina central de la Intercontinental Company la negativa de nuevos créditos no era un corte abrupto. Para los responsables era la finalización de desembolsos de dinero que en el proyecto de colonización nunca se habían previsto. Pero como muchos asuntos se desarrollaron de manera distinta a como se había planificado, la empresa había sido motivada para ayudar.

Finalmente no se trataba solamente de este asentamiento único, sino de una empresa mucho más amplia. Se trataba de la ejecución de un proyecto de colonización de dimensiones grandes. Esto hay que tener en cuenta, cuando se quiere entender toda la problemática.

En el transcurso del año 1929 ya se pudo palpar que un proyecto de la colonización del Chaco en las dimensiones previstas originalmente estaba perdiendo terreno. Su perfil al comienzo muy prometedor se reducía, las perspectivas de rendimiento auspicioso se diluían como una niebla en el sol mañanero se levanta y desaparece.

Causas y trasfondos de la empresa colonizadora costosa

El primer contingente de los inmigrantes menonitas, los pioneros de la colonización del Chaco, había superado la fase inicial del asentamiento. De las 100 leguas cuadradas que había comprado la Corporación Paraguaya con el objetivo de la colonización en el Chaco, los primeros inmigrantes habían adquirido 30 leguas. A la empresa de asentamiento le habían quedado todavía 70 leguas para la ejecución del extenso proyecto de colonización. Si esas no serían suficientes, se podría comprar más de la empresa de los Casado, que tenía todavía muchas tierras en el Chaco.

El pequeño asentamiento de Menno era el conejillo de Indias, el comienzo de la colonización del Chaco central. Después del primer intento positivo se tenía previsto otros proyectos de colonización. Pero todo salió diferente de lo que se había previsto. Pronto la obra salió de sus rieles y desencadenó reacciones en cadena con efectos negativos directos.

Después de superar con éxito las primeras barreras de asentamiento en la primera etapa, se había previsto traer a cientas de familias de agricultores menonitas más de Canadá. También se había contado con muchos colonos de Europa y de Asia, en Japón incluso ya se había contactado con gente, porque no habían transcurrido muchos años desde la Primera Guerra Mundial, cuando la intranquilidad y la inseguridad había sobrevenido a muchos pueblos. Por eso en el Chaco se había visto la posibilidad de realizar una colonización de grandes dimensiones.

Grandes planes se había tenido para la creación de una red vial por medio de conexiones ferroviarias. Se había hablado de la construcción de una red ferroviaria diagonal a través de todo el Chaco, parecida a la actual 'Ruta Transchaco'. La fantasía de los especuladores sobre las grandes ventajas el Chaco no conocía límites. Era como si aparecía para ellos una tierra de ensueño de proyectos prometedores de colonización. Valía la pena engatusar a mucha gente.

Desde este punto de vista se comprende que todo logro posterior dependía del éxito del primer asentamiento. Además los americanos habían tenido la idea de comprar toda la propiedad mueble e inmueble de la empresa Casado en el Chaco Paraguayo. Las negociaciones ya se habían puesto en movimiento. Pero no se había llegado a ningún acuerdo. A los americanos les parecían muy elevadas las pretensiones de los Casado. Ellos habían hecho una contraoferta, de la cual Casado no se había ocupado. No resultó - y desde la perspectiva de hoy - por suerte para los americanos, salió a luz que se iban a quedar con gran parte de las 100 leguas cuadradas. Y no era todo. Habían gastado una gran suma de dinero para organizar la inmensa obra colonizadora de acuerdo a lo planeado por ellos.

Cuanto más rápido creciera el asentamiento del Chaco, tanto más exitoso sería la empresa. Por eso los dueños de la empresa, los americanos, habían hecho todo lo posible y no habían tenido reparos en los gastos para crear las bases de la primera Colonia, realizada heroicamente por los menonitas canadienses.

No fue ese pequeño asentamiento por el que los señores de la empresa colonizadora estaban dispuestos a gastar tanto dinero, sino por la promesa de un lucro que se veía crecer como consecuencia del proyecto inicial.

Al final a los americanos no les era indiferente lo que pasaba con los colonos diligentes. Ellos establecieron lazos de amistad durante esos años con esta gente humilde, simplista y muy laboriosa, y con ellos superaron magistralmente una serie de dificultades casi infranqueables.

Cuando los americanos miraron la obra en el Chaco, estaban orgullosos en cierto sentido de los colonos menonitas, que se habían demostrado extraordinariamente valientes en la dominación del desierto. Y siendo sinceros consigo mismos, tenían que reconocer que como responsables de la empresa colonizadora habían cometido errores graves, por los cuales los colonos casi habían sido empujados al límite de la desesperación. A pesar de todo, se habían mantenido fieles hacia los americanos en la obra. *"¡Nuestro respeto profundo a ese pueblo que es único en su género!"*, exclamaron los americanos.

A quién le extrañaba que estos señores no querían invertir más dinero en la empresa transformada en utopía, cuando vieron desaparecer sus esperanzas del lucro seguro y real. Y eso no era todo. No solamente la perspectiva del lucro estaba por convertirse en un castillo de aire, sino también tenían que contar con una pérdida muy grande, porque no existía la perspectiva de que los colonos devolviesen los préstamos en un corto plazo.

Los colonos con el dinero prestado no compraron ganado o herramientas de labranza para el desarrollo de la agricultura, sino harina que necesitaban para la supervivencia. Por ese motivo la empresa de asentamiento, después de dos años de cosechas, no quería inversiones nuevas. Los colonos debían comenzar a vivir de sus propios productos.

El quiebre total de la empresa de asentamiento y su venta al Comité Central Mennonita (CCM)

En la retrospectiva, y viendo especialmente los sucesos financieros, tenemos que reconocer la maravillosa conducción de Dios en todo lo que sucedió. No se puede imaginar que en algún momento hubiera existido la Intercontinental Company, si no se hubiera tenido la esperanza de poder organizar el proyecto de asentamiento en una proporción tan inmensa. Consecuentemente no se hubiese realizado una colonización en el Chaco. Por cuenta propia la obra de colonización en el desierto hubiera sido muy arriesgada. Exigía un fuerte apoyo financiero desde afuera.

Cuando en la primera mitad de los años 1920 los menonitas canadienses interesados en Sudamérica habían pedido al señor Samuel McRoberts por su intermediación financiera, él se aconsejó con gente que más tarde se involucró en la organización del asentamiento. Junto con los menonitas habían delimitado el marco de las condiciones, bajo las cuales debía hacerse todo. En aquel momento hubo muchos más interesados en Manitoba por la emigración. Al principio se decidió un grupo para tal efecto, y las perspectivas habían sido alentadoras a que más colonos seguirían. Pero nunca sucedió. La empresa se quedó con el proyecto después de haberse comprometido.

De las 400 familias con las cuales se había contado sin falta, hasta el año 1930 habían llegado 260 familias, y ellas habían adquirido 30 leguas cuadradas. En el año 1930 llegaron dos familias más.

Con los dujobores los americanos también habían contado plenamente. Habían enviado una delegación al Chaco en 1926 bajo la conducción de Fred Engen. Habían estado muy entusiasmados con las posibilidades de la región despoblada. Pero como habían entrado en grandes conflictos con el gobierno canadiense, ellos habían suspendido la emigración. ¡Y gracias a Dios que no emigraron al Chaco o al Paraguay! No se sabe lo que hubiera pasado entonces.

Llegó luego un pequeño grupo de refugiados europeos, totalmente dependiente de la ayuda. Además subió al tapete una tormenta económica mundial, que echó por tierras los cálculos de las ganancias de los señores de la empresa colonizadora con la compra y la venta de granjas canadienses. Así la Intercontinental Company al final embolsó solamente pérdidas, aunque había contada con una ganancias enorme. Un negocio grande finalmente fue, sí, pero sin lucro.

De los miles de dólares que la Intercontinental Company había invertido en la obra de colonización en el Chaco, como también de los 30.000 dólares que fueron desembolsados a los colonos como créditos, no han recibido prácticamente nada de vuelta. Antes de que los colonos estuvieron listos para iniciar el pago de sus deudas, la Intercontinental Company y la Corporación Paraguaya declararon la bancarrota. Los bienes muebles y los inmuebles (70 leguas en el Chaco, una desmotadora en Campo Esperanza, y el préstamo a los colonos de Menno) se vendieron al Comité Central Menonita en Akron, Pensilvania, por 57.000 dólares.

Los colonos de Menno tuvieron que devolver una mínima suma del dinero de los créditos a la Central Menonita. Ella hizo los cálculos de acuerdo a las condiciones en que había adquirido el proyecto completo.

Cerramos el capítulo con un escrito conmovedor del señor Samuel McRoberts, que desempeñó el rol principal desde el punto de vista económico, que él dirigió el 14 de abril de 1945, un poco antes de su fallecimiento, al Anciano Martin C. Friesen: *"Los menonitas me aseguraban que iban a negociar el proyecto de tal forma, que me iba a indemnizar por mis esfuerzos, y eso me parecía muy adecuado.*

A pesar de los puros negocios económicos y sus intereses, yo estaba muy impresionado del carácter de ese grupo menonita. También estaba convencido, de que al mundo se le haría un bien, si esa gente conservara su fe. Y por eso acepté sus anhelos. Yo asumí responsabilizarme del negocio de la colonización, y ayudar a solucionar sus problemas.

Pero antes de poder hacerlo, vino una crisis económica mundial (1922 / 1923). Las tierras en Canada no se podían vender, y no existían perspectivas para un negocio lucrativo. Yo ya estuve demasiado unido con esta gente. Así me quedé con eso, ejecutar la obra. El final de la obra fue una gran pérdida para mí.

Ahora me escribe Ud., señor Friesen, que después de 18 años no se han vuelto ricos, pero viven en paz y tranquilidad y tienen alimentación y vestimenta.

Si los menonitas en el nuevo asentamiento están felices y cumplen el programa por el cual aquella delegación me habló a mí en aquel momento, entonces estoy feliz por haber apoyado la causa. Aunque me haya empobrecido a causa de aquello, no me arrepiento de que mi dinero haya sido gastado por ese objetivo.

Salude a los colonos de mi parte. ¡Es mi sincero deseo que Ud. siga viviendo en adelante en paz y bienestar!

Samuel McRoberts"

Colonia Menno 1927 - 1928 30 leguas (56.250 ha)

El señor Toews con sus hijos luego del fallecimiento de la esposa y madre en Puerto Casado, como tambián sucedió en tantas otras familias.

Jinetes menonitas junto al enorme Urunde´y en una expedición para conocer características de la región a habitar en el Chaco.

La familia de Franz W. Thiessen durante los años 1930.
Se nota la pobreza reinante en la época.

Las primeras viviendas propias en la nueva colonia fueron hechas con
ayuda de toda la familia.

CAPÍTULO XVI

FRED ENGEN, EL PIONERO DEL CHACO

"Engen realizó un trabajo gigantesco. No ha sido poca cosa encontrar el camino por todos los bosques de la selva. Si no hubiera hecho ese trabajo (de exploración), el emprendimiento colonizador jamás hubiera surgido. Engen construyó un puente que ahora estamos aprovechando sin que hayamos aportado algo para su construcción. Es una región alejada del mundo, y eso lo hace tan difícil. La obra estaba en peligro de quiebre."

A. A. Rogers en una carta a la oficina
de la Corporación en los EEUU - julio 1927

La muerte de Engen y su entierro

A.A. Rogers escribió ya en el año 1927: *"Engen es el abrecaminos de la entrada colonizadora en el Chaco. Muchas sendas ha abierto. Sin él la entrada a la selva no se hubiera realizado."*

Fue en agosto de 1929. En la Colonia Menno que hace apenas un año existía, en el interior lejano de la gran selva de montes y sabanas, los colonos lucharon por su existencia humilde y se esforzaron incansablemente por construir una nueva patria. La mayoría estaba con ánimo y trató con todos sus medios posibles ganarse la vida del suelo virgen y ubicarse según las posibilidades existentes.

De lo que pasó en ese tiempo, en agosto de 1929, puede deducirse algunas cosas importantes del diario del predicador Abram E. Giesbrecht. Se cortaba las plantas de algodón para preparar los campos para una nueva siembra, se desmontaba los campos para ganar nuevas tierras agrícolas, se preparaban adobes para construir casas y se cortaban troncos para tener la madera de Palo Blanco y Quebracho Blanco en las construcciones a realizar.

Algunas familias justamente en agosto se prepararon para volver a Canadá. Se realizaron remates en las aldeas, porque no quisieron llevar de vuelta sus utensilios. El correo y las informaciones corrían muy lentamente. Desde Puerto Casado hasta puntarriel, Km 145, había comunicación telefónica. Luego quedaba el extenso camino lento a través del monte y los campos hasta la colonia.

A mediados de agosto llegó desde Puerto Casado de la información que el señor Fred Engen se encontraba moribundo en Puerto Casado. Se pidió que sus amigos menonitas le visiten. Lo más rápido posible salieron para su encuentro los señores Martin C. Friesen (Anciano), Isaak K. Fehr (líder del Comité de Previsión), David K. Fehr (Consejero) y Jacob Doerksen (miembro de la expedición de 1921). Llegaron en la tardecita del 22 de agosto a Casado y se trasladaron con urgencia al Hotel, en el que Engen tenía su alojamiento.

El sirviente de Engen los recibió en la puerta y les susurró que Engen justamente acababa de morir. Así que habían llegado tarde para saludarle vivo y hablar con el. El único acompañante en su muerte fue su servidor Ribero. Al siguiente día, un 23 de agosto, Engen fue enterrado en el cementerio católico de Puerto Casado. Ocho personas acompañaron su último camino en esta tierra que había amado tanto, los cuatro menonitas y cuatro otras personas de Casado.

Luego de ubicar el ataúd sobre la tumba los amigos menonitas dedicaron algunos minutos a este señor tan importante para la empresa migratoria. El Anciano Friesen leyó el Evangelio de San Lúcas 7:4-5: ***"Y ellos vinieron a Jesús y le rogaron con solicitud, diciéndole: Es digno de que le concedas esto; porque ama a nuestra nación, y nos edificó una sinagoga."*** Luego habló acerca de los esfuerzos de Engen en relación a las grandes dificultades durante la entrada al Chaco, con los cuales apoyó sabiamente a este pequeño pueblo en la colonización de la selva. Eso fue lo que movió a los presentes a leer esos versículos. Engen, que no era menonita, dio todo de sí por los menonitas como si fuese uno de ellos. Se esforzó sin descanso ininterrumpidamente por la causa menonita; y valiente- y desinteresadamente apoyó sus escuelas y el principio del no uso de las armas y la negación del servicio de guerra, porque era su convicción y por eso lo mantuvo en alto con los menonitas.

Conmovidos desde lo profundo dejaron esos líderes el cemtenterio católico, donde 123 colonos encontraron su último descanso en el tiempo de espera por ingresar al Chaco. En realidad solo fueron 121 los que fallecieron en Casado. Pero dos féretros de niños que habían fallecido ya en el vapor durante el viaje por el río también fueron enterrados allí. Así que la tumba de Engen fue la número 124 entre esta larga fila de inmigrantes que abrieron camino a la selva chaqueña.

Ahora encontró junto a sus protegidos su último descanso, este valiente pero pacífico conquistador de una región olvidada y salvaje, ajena a la civilización. Los corazones de los indígenas, a los que la gente blanca hasta ese momento no le atribuían muchas cosas positivas, había ganado para su causa. Engen estaba entusiasmado de su ideal aparentemente muy alto, la creación de un 'estado menonita', una comunidad grande de negadores de la violencia que abarcaría amplias formas en su ser. Fue una ilusión que bajó con él a la tumba. Porque eso de crear un estado de paz ni lo habían intentado los mismos menonitas, objetores del uso de armas de guerra. Mucho más querían ser una comunidad de paz y vivir la paz en el quehacer cotidiano.

Breve curriculum vitae

¿Quién fue ese Fred Engen?

Engen nació el 6 de noviembre de 1863 en Noruega. De su vida antes de 1919 se conoce muy poco. Algún día había llegado a los EEUU, porque fue ciudadano norteamericano. Ha sido agricultor durante 15 años. Pero al salir mal en la profesión dejó ese trabajo, como ha manifestado J.C. Marsh en una carta a E.B. Robinette el 28 de setiembre de 1927. También se dice que fue vendedor de terrenos, se convirtió primero en millonario, pero en un negocio infeliz habría perdido toda su fortuna.

Llegó luego a conocer a los menonitas del oeste canadiense, en especial a los Berthaler de Saskatchewan y a su Anciano Aaron Zacharias. Engen perteneció a un movimiento pacifista y como tal fue un amigo de los menonitas objetores del servicio de guerra. En una reunión entre los menonitas de Manitoba el 25 de noviembre de 1925, con interesados en emigrar al Paraguay, dijo entre otras cosas a los presentes: *"Ustedes no están solos en representar el principio de la no violencia. No, nosotros con muchos otros hemos intentado llegar a eso en que ustedes ya han estado fielmente 400 años. Es completamente contra mi convicción que un hermano mate a otro."*

Su expedición al Chaco

Engen desde el primer día estuvo entusiasmado con el proyecto de colonización menonita. Cuando había estado con la delegación menonita en el Chaco en mayo de 1921, envió junto con sus seis acompañantes un informe desde Buenos Aires al General McRoberts el 2 de julio. Él mismo se quedó en Buenos Aires, cuando los delegados siguieron viaje hacia el norte.

"Usted me ha pedido enviar mis ideas y planes sobre la colonización del Chaco con los delegados menonitas. Me he dado cuenta de que usted quiere depender en sus deciciones en gran parte de esos informes. Le agradezco por la confianza, pero al mismo tiempo le quiero decir que en mis juicios no me siento capaz de medirme con usted, o mejor dicho, no me siento capaz de mejorar sus juicios. Pero como usted se ha manifestado así, estoy contento con eso y le paso con gusto mis ideas. Y espero que usted encuentre algo aceptable entre ellas. Aunque haya bastante cosas inmaduras, espero que encuentre cosas que fomenten nuestro proyecto del Chaco.

Los informes de los delegados menonitas, igual que los míos, expresan una pequeña parte de lo que realmente se podría realizar, si se tiene en cuenta cuán maravillosas condiciones naturales ofrece el Chaco. Hemos visto las ventajas de la región en cuanto al suelo, que puede ser trabajado en su fertilidad, al igual que la hermosura del paisaje. También hemos experimentado el clima agradable. Todo eso se encuentra en nuestros pies, es para uso nuestro. ¿Y cómo lo logramos?

Los menonitas no disponen del capital. Préstamos en base a sus tierras en Canadá no se puede hacer fácilmente. Muchos querrán observar cómo se desenvuelve todo. Lo mejor que se puede esperar de los que primeramente saldrán, es que paguen sus costos de viaje y que lleven algo de dinero para el inicio en el nuevo lugar. Ojalá puedan luego, cuando mejore su situación económica, aplicar sus bienes dejados en Canadá. No creo que los Casado estén muy nececitados en cuanto a dinero se refiere, y quizás se dispongan a vender la tierra a precio bajo y en base a un plazo de pago extenso y sin pago en efectivo.

*Pero mientras no haya un ferrocarril, nada tiene sentido. Sin el ferrocarril la colonización sería demasiado complicada y no valdría la pena su atención y el esfuerzo. No sería económicamente rentable. Pero si hubiera un ferrocarril, ya cualquier precio correspondiente sería aceptable. Una vez que los menonitas sea dueños de las tierras y reciban la **Carta de Libertad** que se está elaborando ahora, no venderían la tierra ni por 100 Dólares el acre. Los menonitas no solo quieren la tierra, quieren el ferrocarril. El Señor Casado vendrá hasta Nueva York para entablar las relaciones para el negocio del terreno. Como siempre negocie con Casado, hágalo en favor de los menonitas. El negocio entonces también será favorable para usted. Pero las ventajas no deberían correr a nuestra cuenta, a cuenta de nuestros intereses, debemos planificar debidamente.*

Usted preguntó cuáles son los planes de Casado. Tengo la impresión de que corren casi paralelamente con los nuestros. Me inclino a creer que los Casados cooperarán bien con nosotros. Propongo comprar tres millones de Acres de tierra de los Casado. Primeramente debe constuirse 125 km de ferrocarril desde el puntarriel actual, o sea, 125 km más desde el km 62. Sería una gran ayuda para los colonos. Luego debería existir un plan para la extensión del ferrocarril. Debería correr hasta Santa Cruz en Bolivia. A través de eso Bolivia recibiría un paso al Océano Atlántico, lo que anhela. Así se unirían cuatro naciones: Paraguay, Argentina, Bolivia y Brasil. ¡Qué adelanto para el transporte de los productos significaría eso!

¡Adelante!, esas son mis ideas. Por favor tómelas en cuenta en el espíritu, en el que las entrego. Tenemos una gran oportunidad para invertir dinero. La ganancia no se hará esperar y no será poca. Y los colonos menonitas crearán una base para eso. Serán los garantes de ese proyecto. Pero para eso se deberá organizar

todo, y eso significa trabajar y entregarse uno mismo para el proyecto. Le digo, el Chaco ofrece posibilidades extraordinariamente favorables, pero debe haber un ferrocarril. El núcleo de todo este asunto lo forman los colonos menonitas.

Las condiciones naturales de esa zona ofrecen la posibilidad de crear el sustento de vida en seis meses. Todo el año se podría producir los diferentes frutos como alimentos. No corresponde aquí dudar todavía y poner en duda el éxito y bienestar, si se trabaja aquí para crear un nuevo hogar. El ferrocarril entonces debería llegar hasta 'Media Luna' en la Tierra Menno (Media Luna es el lugar en el que la expedición menonita fijó la cruz con la media luna en un árbol cerca de Filadelfia; MWF). En ningún lugar del mundo existe una región con tanta exuberancia natural. ¡Qué jardín hemos descubierto, usted y yo! ¡Colonos pobres podrán ganarse la vida aquí con poca inversión y esfuerzo!"

Por causa de la crisis económica surgida mientras tanto el proyecto de colonización del Chaco llegó a pararse por varios años. Engen se quedó en ese tiempo en los EEUU, en California, donde vivía su familia. Pero siempre esperó que la colonización del Chaco se realice, como se deduce de una carta que Frederico Hettman, un hermano de Karl Hettman, quien participó de la expedición de 1921, dirigió a Engen el 15 de octubre de 1924: *"Me alegra enterarme de que usted está entusiasmado con el trabajo de promover el proyecto de una colonización en el Paraguay. Creo que lo lograrán. Ventajoso para usted es, que conoce el Paraguay, que está enterado de los obstáculos y problemas de una colonización. Y lo que es demasiado importante, usted sabe manejar situaciones con contrariedades.*

Mi viaje planeado a Bolivia no lo he realizado todavía. Quise visitar la Colonia-Murray. Mientras tanto me he dado cuenta que los colonos allá se desaniman. No me sorprendería, que la colonización fracase. Sé que no se ha preparado bien para la llegada de los colonos. No se puede esperar un éxito, si se deja a cientas de familias simplemente en tierra pelada y se les dice que hagan algo con ella. Se debe preparar la llegada de los colonos, como usted, querido señor Engen lo sabe muy bien. Se debe tener a gente experimentada, que sabe lo que se debe hacer en una colonización nueva. Según mi conocimiento no se había cavado pozos y no se había preparado viviendas provisorias o realizado alguna otra preparación. No se puede esperar esfuerzos de hombres hambrientos y sedientes."

En 1926 Engen llegó de nuevo a Sudamérica. En abril escribió desde Buenos Aires al señor J.J. Priesz en Altona, Manitoba, entre otros: *"Hace poco retorné del Chaco. No ha habido otra inundación igual a la que experimentamos en 1921. Anualmente llovió unos 1.250 mm. Todo crece muy bien. Casado ahora construyó un buen hotel. Ahí pueden ser hospedados una cantidad de visitantes.*

La construcción del ferrocarril avanza muy lentamente. Deberemos construir un depósito más o menos en el km 200, para guardar los alimentos hasta que los colonos se provean ellos mismos. Creo que con la producción del algodón se podrá hacer algo en el Chaco, y así también con la yerba. En la ciudad argentina de Corrientes un hombre tiene 127.000 árboles de yerba, que dan una renta anual de hasta 50.000 dólares. Las expectativas por hacer una vida en el Chaco no son dudosas. Estoy convencido de que los menonitas podrán desarrollarse económicamente por encima de todas las expectativas."

En un viaje a Puerto Casado en abril de 1926 Fred Engen escribe al Anciano Aaron Zacharias de la congregación de los Bergthaler en Saskatchewan: *"Me alegra que ustedes oran por mi. Espero que nos encontremos en Puerto Casado. Vivo en la gran esperanza de que la emigración al Paraguay ahora se vuelva realidad. Y ustedes los menonitas son capaces de realizar tal obra."*

Llegado a Puerto Casado Engen escribe el 23 de abril al señor Alfred A. Rogers en Winnipeg: *"Espero que todo vaya por el camino correcto. Si el traslado de los menonitas canadienses al Chaco sale bien y la colonización corre por buen camino (con lo que yo cuento), muchos llegarán, de todas las partes del mundo. Sí, el Chaco central es desconocido. Simplemente no se sabe qué se podrá hacer allá. Pero los menonitas muy pronto lo averiguarán."*

Con los dujobores

En Puerto Casado Engen se preparó para recibir a una delegación de dujobores de Canadá, que quería inspeccionar el Chaco. (Los dujobores - luchadores espirituales - son un movimiento religioso y social pacifista de Rusia fundado a mediados del siglo XVIII. Entre otros consideran la Biblia como fuente de su fe y las enseñanzas de Jesús como verdad fundamental; pero la Biblia no es suficiente para llegar a la relevación divina. Fueron perseguidos en Rusia y emigraron a Canadá en 1898.) Pretendían encontrar su Estado de paz en el Chaco, por lo que invitaron a Fred Engen a acompañarles en una expedición a esta zona del Paraguay. Esta segunda expedición al Chaco se realizó en junio de 1926. Los participantes dujobores fueron los señores Boris Sachatoff, Ivan Swetlischneff, John J. Malakoff, George W. Popoff y Joseph Derhausoff. Boris Sachatoff fue el secretario de la delegación. Como guía participó nuevamente Fred Engen. Estuvieron por tres semanas en el interior del Chaco recorriendo el mismo trayecto de la expedición de 1921. La caravana estuvo compuesta por seis carretas con más de cien bueyes y un equipo humano de 24 personas. El primer trayecto desde el ferrocarril hacia el oeste fue malo. Días enteros pasaron por barro y agua.

Siguen partes del informe dujobor: *"Admiramos el espíritu pacifista de la vida en la caravana. Como estuvimos en medio de ella nos dimos cuenta hasta de los más mínimos detalles y resaltamos qué maravilloso resultó todo. Uno que participó fundamentalmente en la formación de esa atmósfera armónica fue el señor Fred Engen. Se portó como un general responsable entre soldados fieles, simpático y velando por lo bueno en todas partes. Fue, por otra parte, como un padre que se preocupa de todo y crea soluciones si surgen problemas. Si alguien tenía dolor de cabeza, u otro se lesionó levemente en su piel - los arbustos del Chaco están llenos de espinas - fue Fred Engen quien ofreció su mano de ayuda. Nunca le fue demás intervenir ayudando. Estuvo aquí, luego allá, enérgico y siempre de buen humor. Eso se transmitió también a los otros viajeros.*

La obra, por la cual se sacrifica, es de tanta importancia, que vale la pena ayudar a un pueblo objetor del servicio de guerra a encontrar un nuevo hogar. Este logrará establecer en la selva una colonia floreciente, para lo cual están dadas todas las condiciones. Solo una condición mediata no está dada, es el ferrocarril. No está todavía. Y sin ferrocarril no se puede iniciar nada aquí. Pero si un ferrocarril pasase por esa zona, se la podría colonizar y lograr éxitos enormes a través del esfuerzo de las energías creativas. Una de las posibilidades más seguras para ganar plata allí será la plantación de la Yerba Mate. Esto lo puede hacer cualquiera, y la demanda es grande.

Engen se esforzó mucho para realizar exitosamente la expedición. Su relación con los indios es admirable. Asombra cuán bien le entienden, si quiere algo de ellos. Repetidas veces observamos cómo los indios se esmeraron por cumplir los deseos de Engen, en cualquier trabajo que cumplieron en base a sus anhelos. Los indios confían en él llamativamente, por lo que puede reconocerse que tiene una relación sincera con ellos. Los indígenas no se dejan engañar fácilmente. Sienten el corazón del hombre que les trata, y sienten su simpatía real. Y en base a eso se subordinan al hombre, o se alejan, si algo les parece sospechoso. Pero realmente son amigos si uno mismo es honesto en su amistad."

El General McRoberts escribió el 26 de agosto de 1926 a Fred Engen en Sudamérica: *"Los dujobores han informado. Quieren que se realice perforaciones más profundas para ver cómo es la cuestión del agua subterránea.*

Es muy importante para ellos la construcción del ferrocarril hasta la zona de colonización. Dicen que sin el ferrocarril no se puede pensar en colonizar esa región.

Creo que lograremos todo. La cuestión del agua se solucionará, y lo que atañe al ferrocarril, sí o sí está en nuestras manos.

Ahora es de importancia cómo se emprende todo. Usted, señor Engen, se encuentra en relación inmediata con los menonitas. Y exactamente usted   debe concentrarce en todas esas cosas importantes para la colonización, asuntos que aportarán a mantener a los menonitas en un estado de conformidad, de alegría y esperanza. Usted debe ayudarles a elegir lo más pronto posible el área de colonización y realizar los primeros pasos para desarrollar económicamente ese nuevo lugar.

En todas esas cosas, señor Engen, confiamos en usted. Esperamos que justamente usted realice los pasos correspondientes.

Que en Puerto Casado se organicen huertos para plantar hortalizas me parece exagerado. Eso pueden hacer ellos mismos, después de llegar al lugar. Y pueden ampliar el campo según necesidad. No es nuestra tarea proveerles con alimentos; eso deben hacerlo ellos mismos. En primer lugar debemos tratar de poner al alcance de ellos los alimentos. Pero no debemos mimarlos. No deben quedar dependientes de nosotros. Ya ha costado mucho para nosotros, iniciar este proyecto. Debemos empezar a limitar nuestro trabajo a lo fundamental. Debemos empezar a frenar los egresos.

He leído cartas que usted, señor Engen, escribió a algunos de nuestros empleados; sobre cosas que no les atañen a ellos. Ellos fueron encargados con otros asuntos. Señor Engen, eso usted no debería hacer. Con ello solo crea desorden en nuestra obra. Cada cosa tiene su lugar y debe ser tratada allí donde corresponde. Por favor recuerde eso. Pienso mucho en usted y valoro sus esfuerzos. Y usted también sabe que yo tengo gran interés en el asunto de la colonización del Chaco, para ayudar así a los menonitas. De lo contrario ya hubiera suspendido todo hace mucho."

Cuando a comienzos de 1927 un grupo tras otro llegó a Puerto Casado, y la gente descubrió en forma desagradable que en la primera mitad del año todavía no se podía pensar en un ingreso al interior del Chaco para ubicarse en tierra propia, se quiso frenar la llegada de más grupos. Consultaron al señor Engen, y este mandó un telegrama. Lo que originó el mismo en el norte demuestra una parte del escrito de Alfred A. Rogers en Winnipeg el 31 de enero de 1927, dirigido a J.C. Marsh en la oficina central de la Corporación en los EEUU: *"Si Engen tiene la capacidad de jugar un rol - y el telegrama indica algo así - se le debería hacer entender en un idioma inequívoco, que él está en Puerto Casado para ocuparse de la gente, y no de cosas que a él no le atañen. Mi pregunte es, ¿si su edad avanzada está jugando un papel en este asunto? ¿O es la soledad y el silencio del Chaco inhóspito? Si este es el caso, debemos buscar otro representante para Puerto Casado, para arreglar allí los asuntos necesarios."*

El mismo Alfred Rogers, que ya había viajado a Sudamérica, escribe el 11 de julio de 1927 desde el campamento Km 216 en el interior del Chaco a la oficina central en Filadelfia, EEUU: *"La comisión de investigación de tierra (comité de selección de tierra) quiere revisar todo el terreno en su alrededor. Eso significa abrir picadas por bosques y yuyales para crear caminos para avanzar. El señor Engen sí que ha realizado ya un trabajo gigantesco, para abrir caminos por el bosque y los yuyales y abrir así el camino que fue usado por la expedición de 1921. Si Engen no hubiera hecho este trabajo, la obra colonizadora seguramente nunca se hubiera realizado. Engen construyó un puente, por el cual ahora seguimos sus huellas sin haber hecho nada. Sí que es una distancia inmensa, poder alcanzar esa región, y esa distancia es la que ha puesto en duda el proyecto ya de vez en cuando."*

Correspondencia

El 15 de agosto de 1927 Rogers escribió desde Asunción a la oficina central: *„El señor Engen ya ha estado por lo menos dos veranos en el Chaco y ha trabajado duro. Con la edad que tiene no sería aconsejable que se quede otro verano más para hacer el trabajo allí, podría caer mal a su salud. Engen ya realizó un gran trabajo al abrir el paso al interior del Chaco y por haber entablado y mantenido las buenas relaciones con los nativos. También ayudó a los menonitas a encontrar el terreno a colonizar. Deberíamos liberarlo por lo menos por tres meses, pero pagarle por ese tiempo."*

Engen escribió el 4 de marzo de 1928 desde Pozo Azul a Alfred A. Rogers en Winnipeg: *"Estoy encima del caballo día tras día. Pero estoy sano y sigo convencido de que realmente lograremos algo en este Chaco. Poblaremos densamente la zona. También hay muchas dificultades; pero no me dejo doblegar por ellas, aunque sean muy variadas. Agradezco por los saludos de muchos viejos conocidos. A nadie le guardo rencor. ¿Por qué debería hacerlo? He tenido suficiente trabajo sin eso."*

También desde Pozo Azul escribió Engen al Anciano Martin C. Friesen, quien en ese momento ya estaba viviendo en la aldea Osterwick en el interior de la selva chaqueña. La carta data del 22 de mayo de 1928: *"Valoro su reconocimiento por lo que he hecho en el asunto de su asentamiento. En mi debilidad realmente he hecho poco por el asunto de los menonitas.*

¡No necesito de otra mejor recompensa que la obra salga bien! Muchas veces tengo la impresión de que los menonitas no saben lo suficiente de mi, no saben que soy un pobre empleado que en realidad puede hacer muy poco por el proyecto de colonización.

Hay dos hombres que se entregen realmente por esa obra, que son el General McRoberts en Nueva York y Edward B. Robinette en Filadelfia, EEUU. Tratamos de cumplir sus indicaciones. Y ellos ya han tenido muchos gastos en dinero, adelantándolo para el proyecto de inmigración de los menonitas al Chaco, especialmente desde el tiempo en que A.A. Rogers se ha empleado a favor del mismo.

Se ha necesitado grandes sumas de dinero para solventar todos los gastos surgidos, y no se han negado. Digo nuevamente: McRoberts y Robinette han financiado todo.

Entiendo muy bien, que le entristezca que tanta gente de ustedes simplemente capitulan y dan la espalda al proyecto. También los señores McRoberts y Robinette estan decepcionados profundamente por eso.

Quiero visitarle pronto. Hasta entonces deseo todo lo bueno. ¡Seguramente todo mejorará!"

EL General McRoberts envió a uno de sus parientes al Chaco. Fue su sobrino Joe McRoberts, quien se aplazó en la escuela. Quiso ver si no podría ser útil en la conquista colonizadora del Chaco central. Sigue una parte de una carta de Joe a su tío, del 23 de mayo de 1928: *"Con Engen me llevo bien* (con los demás eso no siempre fue así. MWF). *Pero Engen ya está viejo. Una cabalgata de un día le cansa, pero pronto se recupera. Engen es un hombre interesante. Su ideología es muy interesante. Tiene sus puntos de vista especiales, que son tan diferentes de las que otras personas tienen."*

El señor Rodney N. Landreth escribe el 31 de agosto de 1929 a los señores Norman y Marsh en la oficina central de la Intercontinental Company en los EEUU: *"El señor Engen ahora está en Buenos Aires para un análisis médico. Tuvo la mala suerte en el Chaco de tropezar con el tronco de un árbol y sus costillas quedaron seriamente lastimadas. Le había pedido que se traslade a Asunción. El médico habría dicho que no fue tan grave. Engen volvió entonces al Chaco. Ahí empezaron dolores de estómago. Los médicos de Asunción por eso le enviaron a Buenos Aires, donde tuvo que realizar una radiografía. El Dr. Herr de la 'Rockefeller Foundation' aquí en Asunción le analizó. No creyó que fuese algo grave. Su dolencia actual parece que no es consecuencia de la lesión de sus costillas.*

He hablado con (Eusebio) Ayala sobre el asunto, y qué deberíamos hacer con él. Ayala y yo pensamos que deberíamos liberar a Engen de sus obligaciones. Según nuestro parecer ejerce una influencia molestosa aquí. Pensamos que otra persona podría hacer lo que él hace, y más que eso, en especial lo que Engen no puede y no quiere hacer, o sea escribir informes y hacer la contabilidad.

Yo me he llevado muy bien con él, a exepción de una o dos veces durante mi primera visita al Chaco. Eso no tuvo más consecuencias y fue olvidado pronto. Engen sintió mucha simpatía por mi. Repetidas veces consultamos su consejo en asuntos importantes. Que yo sepa, siempre estuvo de lleno con el asunto, y no sé si alguna vez se ha olvidado de seguir sus consejos y planes. Si ahora no está de acuerdo en cómo se realizan varios asuntos durante mi estadía, no sé qué quiere decir con eso.

Ayala me dio a entender que las observaciones de Engen acerca de mi persona no fueron muy lisonjeras. Supuestamente ha informado hacia el norte sobre asuntos de aquí, lo que no debería haber hecho, y lo que no reconoció. Eso no habla bien de él. En asuntos de negocio trata de esquivar toda responsabilidad. Si trabajamos juntos en un lugar, nos llevamos muy bien. Me da pena que debo escribir también otras cosas de él."

El señor Rodney N. Landreth sigue el 8 de setiembre de 1928 desde Buenos Aires al General McRoberts y Edward B. Robinette en los EEUU: *"No sé, si la salud de Engen le permitirá volver al Chaco. El médico que le ha revisado aquí me dijo que no seamos indiferentes si quiere volver de nuevo al Chaco, porque una operación por una úlcera es demasiado seria para un señor de su edad."*

El 16 de noviembre de 1928 Engen escribió desde Buenos Aires al Anciano Martin C. Friesen en la Colonia 'Menno' en la selva chaqueña, que él, si fuese posible, saldría rumbo al Paraguay el 22 de noviembre. Había estado bajo cuidado médico y estaba ya mejor, por lo que estaba muy agradecido. Posiblemente no viajó al Paraguay, sino hacia los EEUU, porque el 19 de enero de 1929 escribió de nuevo al Anciano Friesen, pero desde Nueva York: *"Le deseo a usted y a todos los que están en la dirección de la colonia en la selva, la protección y la guía de Dios en el desarrollo de los nuevos hogares en un país nuevo, los que iniciaron la obra en la esperanza del éxito y en la fe. Tengo planeado visitar la zona de colonización con una delegación de dujobores en abril o mayo, y necesitaré de su cooperación para ser exitoso en mi trabajo. Siento nostalgia por el Chaco. Creo que yo sería una ayuda allí entre su gente, y espero tener el placer de poder vivir junto con usted. Mi salud mejora, y las fuerzas aumentan día tras día. Veo llegar el fin de mi convalecencia."*

Luego, a fines de mayo, Engen aparece de nuevo en Asunción. Escribe el 28 de mayo al General McRoberts en Nueva York, desde su 'cuartel' en el 'Gran Hotel del Paraguay': *"El señor J.J. Priesz negocia ahora en asuntos importantes del 'Waisenamt' menonita con el gobierno de acá. El señor Priesz es el consejero de los menonitas en asuntos legales, ya durante 25 años. En Canadá siempre se esmeró en favor de ellos, por ejemplo frente al gobierno canadiense en Ottawa y en otros lugares. Tiene una influencia tan enorme en ellos como nadie más.*

El cáncer me crea muchos dolores. Pero estoy más fuerte que en el tiempo cuando dejé Nueva York. No soy muy fuerte. Aquí tengo un enfermero paraguayo quien cuida de mi.

En mayo o junio los dujobores quieren llegar de nuevo al Paraguay. ¿Puede usted, General, venir quizás tambien para negociar con esa gente?"

De la segunda llegada de los dujobores al Paraguay no resultó nada. Según las informaciones, no fue por Paraguay ni por la Corporación Paraguaya porque no llegaron, sino asuntos internos obstaculizaron la iniciación de las negociaciones. Es inimaginable que Engen nuevamente hubiera podido ingresar al Chaco con ellos, si realmente hubieran venido. En realidad estaba demasiado enfermo. Los empleados de la empresa colonizadora no querían dejarle salir de Asunción. Pero Engen salió junto con su enfermero, a quien la empresa había empleado, en dirección a Puerto Casado. Se dieron cuenta los responsables de la Corporación recién cuando ya habían salido. En Puerto Casado se agravó rápidamente su estado de salud, y en poco tiempo falleció.

El señor Rodney Landreth escribe el 13 de setiembre de 1929 desde los EEUU al Dr. Eusebio Ayala en Asunción: *"Expresamos nuestras condolencias por la muerte de Engen. Por cierto, la noticia no nos llegó de sorpresa.*

Es bueno que no tuvo que sufrir mucho tiempo en la cama. Seguramente se hizo todo lo posible para alivianar el sufrimiento de Engen.

Engen realizó muchos apuntes, que serían muy importantes para nuestro emprendimiento. Espero que recibamos todo. Él mismo algún día quiso escribir un informe histórico, pero no llegó a cumplir con eso. Espero que usted pueda poner a salvo los escritos de Engen, para que más tarde podamos hacer algo con ellos."

Informes de diarios

En la 'Steinbach Post' del 20 de noviembre de 1929 se leyó en un texto de un colono de Menno: *"El señor Fred Engen falleció aquí en Puerto Casado. A decir verdad es el fundador de nuestra colonia aquí en el Chaco. Además estuvo siempre activo aquí. También entre los indígenas se hizo de amigos, casi todos le conocen y saben contar muchas cosas buenas de él."*

En el diario asunceño 'El Liberal' del 26 de agosto de 1929 se publicó el siguiente artículo sobre Engen:

"Un pionero en el desarrollo del Chaco

El señor Fred Engen, una figura romántica, un gran amigo del Paraguay, que motivó la colonización menonita en el Chaco, falleció en Puerto Casado.

En Puerto Casado falleció en esos días el señor Fred Engen, una de las personalidades más simpáticas que ha llegado al Paraguay, y uno de los mayores amigos que ha tenido jamás nuestro país. Es interesante conocer algo de él, de ese pionero del Chaco, quien sacrificó su vida para el desarrollo económico del Chaco. Su empleo como conquistador moderno de la naturaleza salvaje es ejemplar.

En sus años jóvenes se dedicó a la colonización en las extensas praderas canadienses. Se enriqueció, pero a consecuencia de su amabilidad con las personas y la generosidad de su espíritu perdió esa riqueza. En esas condiciones recibió el pedido de los pastores menonitas en Canadá, de buscar un país adecuado para su pueblo, en el que pudieran asentarse y vivir en tranquilidad y paz.

El presidente de uno de los emprendimientos bancarios más grandes de Nueva York y una personalidad destacada de los ámbitos financieros de los EEUU recibió el pedido de líderes menonitas, participar de la búsqueda de un lugar en el mundo, en el que esos menonitas puedan mantener su tradición, donde existirían posibilidades económicas y donde reine un clima bueno. Ese presidente, un McRoberts, que conocía los méritos y las experiencias de Fred Engen, deliberó con él. Engen viajó a Sudamérica y buscó tal lugar. Llegó a la siguiente conclusión: en la zona entre las estribaciones andinas y el río Paraguay debería existir una región, equipada con posibilidades extraordinarias para la agricultura y donde todavía casi no exista poblamiento alguno.

Así llegó a realizarse la misión de Engen a Sudamérica. Primero viajó a Bolivia y quiso entrar desde allí al Chaco, lo que no le salió. Luego llegó a través de Santa Cruz y la parte superior del río Paraguay hacia Puerto Pinasco, siempre convencido e interrogando a la gente, cómo se llegaría al interior del desierto del Chaco. Desde Puerto Pinasco viajó una parte con el ferrocarril, y luego siguió decididamente los senderos salvajes, guiado por indígenas, siempre más hacia el oeste, hasta dejar atrás los bajos palmares y los calveros cubiertos de algarrobo. Llegó a una zona levemente ondulada con extensas pasturas, una región que ofrecía exelentes condiciones para la agricultura. Con esos resultados y diversas experiencias regresó de nuevo al río Paraguay.

En ese tiempo - julio de 1920 - el General McRoberts se dirigió a Sudamérica. Con él viajó el Dr. Manuel Gondra, quien justamente volvía de los EEUU para ocupar el cargo de Presidente de Estado. En sus charlas durante el viaje por el océano McRoberts conoció y apreció al señor Gondra, y por la personalidad simpática de él, McRoberts empezó a interesarse por el Paraguay. El General McRoberts buscó en ese tiempo también un lugar para los menonitas. Los menonitas lograron su cooperación. Cuando McRoberts estuvo en Buenos Aires, recibió un telegrama del señor Engen desde Asunción, con el contenido siguiente: 'He encontrado el paraíso. Ven para acá.' (Así lo ha vivido el pionero Peter M. Reimer personalmente. MWF.)

McRoberts viajó a Asunción y fue recibido por el Presidente Gondra. Allí fue creada y formulada la base para el proyecto de colonización menonita. Ahora deberían ser convencidos los menonitas, de que el Chaco realmente era la tierra prometida. Los menonitas enviaron una delegación al Chaco, guiada por Engen. A pesar de todas las fatigas, relacionadas con la entrada en la selva inhóspita, los menonitas quedaron tan bien impresionados de esa tierra que iniciaron inmediatamente las preparativas para la inmigración.

El señor Engen acompañó constantemente a los menonitas en su inmigración a la selva chaqueña. Se inició en Puerto Casado; después siguió hasta Pozo Azul y luego hacia allí, donde estaba el terreno comprado de los Casado. Engen se esforzó como un peón y generosamente estuvo listo para servir en cooperación con los colonos menonitas. Al mismo tiempo trató constantemente ganar la simpatía de los indígenas. Nadie logró jamás tanto aprecio entre los Toba, Lengua y Sanapaná como Fred Engen. Los indígenas le llamaron el 'Cacique Sí-Sí'. Ese nombre recibió, porque respondió a todos sus deseos y preguntas, cualesquiera que fueron, inmediatamente con un sí-sí, también si no entendía todavía esas preguntas o deseos expresados, y muchas veces tuvo que adivinar primero lo que realmente querían de él. Adivinó esos deseos al darles yerba, tabaco, galletas y telas, o cualquier otra cosa.

Uno de nuestra gente, que algún día viajó junto con Engen al Fortín Toledo, informó, que los indígenas repetidas veces salieron del bosque al encuentro del camión. Corriendo y gritando le siguieron. Sabían, que su Engen estaba ahí, su gran amigo. Porque en ese tiempo había un solo camión en el Chaco, y ese fue el camión de Engen.

Engen se ocupó también de la marcación de los caminos, con la apertura de picadas, para que se pueda entrar cada vez más en la grande y desconocida selva. Todos esos trabajos, que muchas veces fueron realizadas lejos de los campamentos - y eso llevó a veces no solo semanas, sino meses - los realizó con los indígenas. Vivía con ellos, habitaba junto a ellos, y todo eso en una amistad completa y en una confianza de todo corazón. Ni una sola vez hubo peligro para Engen entre los indígenas.

Así Fred Engen se convirtió en un ejemplo brillante para bien, para los que trataron a los indígenas como animales. Engen estuvo marvillado del Chaco. Eso demostró también porque estuvo el mayor tiempo allí, siempre cuando le fue posible. Entonces habitaba en una carpa y vivía en condiciones muy humildes. Donde sea que fuese Engen, en las ciudades ricas de su patria, en los hoteles y clubes derrochadores, nunca estuvo en casa allí. El Chaco fue su hogar real. Hacia allí se sintió atraído, ahí quiso estar.

Engen falleció el pasado jueves, 22 de agosto, a las 4.00 horas de la tarde, en su pieza en el hotel de Puerto Casado. Una vez más demostró su amor al Chaco y con eso, cuán grande fue la atracción que ejerció el Chaco sobre su persona.

Hace más o menos un año se enfermó seriamente. Estuvo en aquel entonces en el Chaco. Luego se dirigió a Buenos Aires para someterse a una intervención quirúrgica complicada. Padeció de cáncer. La operación le alivió los dolores. Se dirigió entonces a los EEUU, donde recibió atención médica en la famosa clínica de los Hermanos Mayo en Rochester. Los cirujanos famosos de aquella institución diagnosticaron que ya no le podrían ayudar; la efermedad había avanzado demasiado. Le dieron algunos meses de vida.

Así el señor Engen sabía de su destino. Pero no se sentó para descansar junto a sus amigos en Norteamérica, para dejarse mimar con todas las comodidades. No, no quiso esperar su fin de esa forma. Quiso regresar al Paraguay, quería finalizar su vida en el Chaco. El Chaco - no Asunción - fue el destino final de su viaje al Paraguay. Pero como la enfermedad le afectó duramente, se quedó por algunas semanas en Asunción. Pero el Chaco le atrajo. Se recuperó tanto que pudo moverse nuevamente un poco, y siguió su viaje hasta Puerto Casado. Allí murió. Al interior del Chaco ya no pudo llegar, como fue su anhelo ardiente. Pero falleció rodeado de sus amigos, los menonitas, que habían llegado junto a él, para escuchar por última vez lo que quisiera decirles, y para saludarle con un 'vaya con Dios'. No falleció entre desconocidos e indiferentes. El señor José Casado y el señor Carlos Casado y todos los empleados de la empresa Casado rodearon su lecho y se esmeraron por él, para alivianar su sufrimiento.

Al señor Fred Engen no le gustaba presentarse en público: y así vivió años en el Paraguay, y pocos le han conocido. Quien tuvo un encuentro con él, sin conocerlo, viendo su cabello blanco y su cara amable, se preguntaba en primer lugar, si era un pastor de una comunidad del norte. Paraguay ha perdido un amigo generoso, un espíritu grande y un corazón filantrópico, que se dedicó en forma desinteresada, altruista al desarrollo de nuestro país."

Desde la oficina de la Corporación Paraguaya en Asunción se escribió una carta a la oficina central en Filadelfia, EEUU, el 28 de agosto de 1929. Sigue una parte de la misma:

"El señor Eusebio Riveros, el enfermero de Engen, ha vuelto desde Puerto Casado, donde estuvo con Engen hasta su muerte. Así hemos recibido informaciones más cercanas de Engen, quien ha fallecido el 22 de agosto a las 4.00 de la tarde en el hotel de Puerto Casado. Recibimos la noticia de su defunción desde Puerto Casado por telegrafía y la enviamos enseguida hacia usted. Riveros informa, que Engen algunos días antes de su muerte de repente perdió rápidamente sus fuerzas. Su estado empeoró ya desde mayo, cuando llegó aquí a Asunción. Estuvo la mayoría del tiempo en la cama. El cáncer de estómago le torturó constantemente. Finalmente estuvo paralítico en el lado derecho y no pudo mover ni el brazo ni la pierna de ese lado. Él tuvo una muerte muy tranquila y liviana.

El señor Riveros fue la única persona en su lecho de muerte. La tumba de Engen ahora está en la fila de las tumbas menonitas en el cementerio de Puerto Casado. El viernes, 23 de agosto, a las 10 de la mañana se realizó el entierro. Cuatro menonitas estuvieron presentes: el Anciano Martin C. Friesen, Jacob

Dörksen, David K. Fehr e Isaak K. Fehr. Habían llegado para visitar a Engen, pero recién había fallecido cuando llegaron. Participaron de su entierro. El Anciano Friesen hablo en su tumba. El diario asunceño 'El Liberal' informó de la muerte de Engen y publicó un artículo largo sobre su significado y su obra en relación a la colonización menonita en el Chaco paraguayo. También diarios en Buenos Aires informaron sobre Fred Engen. Ubicaremos una placa conmemorativa en su tumba, como corresponde."

Los diarios de Engen

Engen tenía amigos en la Argentina, los hermanos Karl y Federico Hettman. Karl había participado de la expedición menonita al Chaco en 1921, pero en 1930 ya no vivía. Después de haberse dado cuenta del fallecimiento de Fred Engen, Federico escribió el 22 de enero de 1930 a unos americanos relacionados con la Corporación, dirigido a Rodney N. Landreth Stroud & Co., Philadelphia, EEUU:

"Como usted sabe, mi hermano fallecido ha trabajado junto con Fred Engen en los primeros años de la investigación del Chaco. Los dos llevaron un diario sobre los detalles de la expedición al Chaco, y Engen escribió muchas cosas acerca del desarrollo del proyecto de colonización del Chaco. Muchos de esos apuntes de sus diarios fueron hechos bajo la sombra de un árbol en la selva, o en cualquier lugar en el que se encontraba. La mayoría de esos libros los tengo conmigo aquí en Buenos Aires.

Esos apuntes del diario me los ha entregado Engen, porque sabía que yo tenía un interés en el asunto, ya que mi hermano había trabajado tan cercanamente con él, y yo había pensado siempre en el mismo asunto. Los apuntes de Engen son difíciles de leer. Mi esposa quiere intentar copiarlas con una máquina de escribir - y ordenarlas cronológicamente. Luego le enviaré una copia. Los escritos serán de valor para el archivo histórico de su sociedad. Es un material interesante sobre los acontecimientos en el Chaco paraguayo. Serán varios cientos de páginas escritas a máquina.

Engen me dio el poder amplio para hacerme cargo de sus cosas. El señor J.J. Priesz fue encargado por Engen para entregarme todas sus cosas luego de su fallecimiento. Seguramente la muerte de Engen significa una pérdida enorme para usted. Si se hubiera podido tenerlo por algunos años más entre nosotros, hubiese sido seguramente de mucho valor para la Corporación en el trabajo con los colonos menonitas. Tenía mucha experiencia en el trato a esa gente. Yo mismo le extraño como un hijo a su padre."

Poco después se presentó la esposa de Engen, Laura Engen, desde California, EEUU. Siguen algunos puntos de una carta del señor Federico Hettman a la señora Engen, con residencia en East San Gabriel, California, del 6 de marzo de 1930: *"He recibido su telegrama, que reza: 'Prohibo copiar los diarios de Fred Engen. Quisiera que usted me las envíe inmediatamente.'*

Hettman sigue relatando: "Fue el deseo expreso de Engen que yo guarde sus diarios. Varias veces nos ha visitado en nuestro hogar y pedido a mi mujer, que ordene los diarios cronológicamente y los copie con la máquina de escribir, para que más tarde sirvan a esos menonitas en la lucha por la conquista del Chaco inhóspito. Quizás usted tema que su esposo haya realizado apuntes sobre asuntos familiares en sus diarios. Le puedo asegurar que su nombre ni se ha mencionado. Yo ni sabía que Engen estaba casado, hasta que un día me dí cuenta de eso luego de conocernos ya mucho tiempo. Cuánto dinero ha dejado Engen tampoco lo sé, y ese no es mi asunto, lo arreglarán otras personas."

La señora de Engen escribe luego el 26 de febrero de 1930 a H.G. Norman, el vicepresidente de la Stroud & Co. en Philadelphia en los EEUU: *"No entiendo por qué el señor Hettman no quiere enviarme los diarios de Engen. Pues era el deseo de mi marido que yo reciba los diarios después de su fallecimiento."*

Sigue escribiendo la señora Engen el 9 de agosto de 1931 al señor Maurice Fisher, de la Stroud & Co., Philadelphia, EEUU: *"Quiero tener todas las cosas que pertenecieron a mi esposo. Significan mucho para mí. Ya he mantenido correspondencia con el señor Norman por los diarios de mi marido y por los costos de viaje que ha tenido en América del Sur. Siempre fue la intención de mi marido que sus diarios lleguen a ser parte de su familia. Y ahora al haber fallecido son retenidos por el señor Hettman en Buenos Aires. Hasta hoy no los he recibido. Estoy profundamente dolida porque los viajes y las experiencias de mi marido al sur lejano significan para su familia mucho más que para cualquier otra persona. Si usted puede hacer algo para que yo reciba de vuelta los diarios, hágalo por favor, ¡le agradeceré eternamente por eso!"*

El carácter de Engen y su contribución a la colonización del Chaco

John E. Bender escribe en un folleto (a máquina) bajo el título: 'Paraguay – Portrait of Nation – 1945, Part II, Menno Colony, en la página 37:

*"**Fred Engen, el héroe olvidado de la colonización del Chaco***

Hoy casi no se escucha su nombre. En el Km 145, la última estación del ferrocarril de Casado desde el río al interior del Chaco, desde donde sigue un feo camino de tierra hasta las colonias, está un letrero con la inscripción 'FRED ENGEN'. Esta estación por consiguiente se ha nombrado así en su honor. Si alguna vez es eri-

gido un monumento, en homenaje a esa primera colonización, entonces debería ser elevado en honor a Fred Engen, quien ha abierto el paso del camino para esos colonos de la selva. Ese noruego heróico fue el Colón de las colonias, quien se adelantó valientemente en un terreno, cuya nacionalidad fue muy cuestionado, y al que hasta ese momento casi ningún blanco se había atrevido. Engen dejó las armas en casa, entabló lazos de amistad con los salvajes que ahí malvivían, y exploró su región. Dedicó, o más bien sacrificó los últimos años de su vida a esa cosa de la colonización del Chaco, hasta que falleciese en agosto de 1929 en esa región, en el Chaco paraguayo, por el futuro del cual dio todo de sí."

Engen fue muy querido entre los colonos menonitas del Chaco. También los Casado le querían. Engen era empleado de la sociedad colonizadora americana y fue pagado por ella. También los responsables y socios de esa Corporación querían a Engen y reconocieron de lleno su significado para la conquista colonizadora del Chaco central. Sin él no hubiese sido pensable, porque en ese asunto fue un pionero real. Sus jefes sin embargo tuvieron algunos problemas con él, por ejemplo que dio demasiado en favor de los indígenas, lo que debía pagar la Corporación, por lo que muchas veces el presupuesto de la Corporación fue sobrepasado de manera significativa.

Cuando en marzo de 1927 fue establecido Pozo Azul como primer campamento y punto de apoyo para la entrada en la selva salvaje, también Fred Engen abrió su carpa en ese lugar. Con frecuencia tuvo que viajar a Puerto Casado, pero la mayor parte del tiempo pasó en el interior del Chaco entre los menonitas, quienes de a poco penetraron a la selva y esperaron allí la mensura de la tierra a colonizar. Cuando surgieron más campamentos al lado del camino al interior del Chaco inhóspito, vivió de vez en cuando en los otros campamentos, pero preferentemente en Pozo Azul. Desde allí viajó frecuentemente con el camión a su disposición hacia los demás campamentos, para velar por el orden, y aconsejar y planificar de acuerdo a las necesidades.

La inspección de la selva chaqueña a los dos lados del camino y más hacia el oeste lo realizó a caballo. Días enteros estuvo en la montadura, desde tempranas horas hasta el anochecer. En esto le ayudaron constantemente los indígenas. La confianza mútua fue excelente. Que Engen tomaba en serio la exploración de la selva del Chaco central, se dieron cuenta ya al inicio de la empresa audaz. En diciembre de 1926, cuando no había llegado ningún colono menonita, pero Engen repetidas veces había entrado ya a la selva para conocerla mejor, reza en un escrito del señor Marsh, que estaba ocupado también con los preparativos de la inmigración menonita: *"Engen es capaz de trabajar en exceso, de hacer esfuerzos excesivos, y nosotros deberíamos sacarle algunas de las cosas complicadas."*

Entre los pioneros menonitas del Chaco fueron amigos muy especiales de Engen, los que en 1927 entraron desde el campamento de Puerto Casado rumbo al interior de la selva inhóspita y dura para instalar los seis campamentos en el camino lejano al oeste salvaje, hasta el Km 216. Lo hicieron a pesar de todas las dificultades, agobios y privaciones. Estaban seguros de la simpatía de Engen, porque ese fue el camino que había preparado bajo dificultades aún mayores para los menonitas. Pero los que permanecían en Puerto Casado y que tuvieron miedo y se desbocaron por entrar con sus familias por el camino a la selva, no tuvieron consideración alguna frente al señor Engen, sino que debieron quedarse allí por orden superior.

Si Engen llegaba a Puerto Casado, lo que sucedía frecuentemente, se acercaron los gandulos, para preguntarle cómo corrían las cosas en el interior del Chaco. Querían saber muchas cosas. Sabían que nadie conocía mejor la situación que él. Cuando una vez más se encontraba en Puerto Casado, caminando por la aldea de carpas de los menonitas, fue atajado por uno de los que no quisieron entrar al Chaco, quien le preguntó cómo era la situación del agua subterránea en el Chaco, y si realmente ya habían hecho algunos avances. Engen le miró directamente a ese hombre y le respondió: *"¡¿Why don´t you go into the Chaco and look for yourself, how things go ahead?!"* (¿Por qué usted no entra al Chaco para ver cómo es allí?) Al haberlo dicho, se dio la vuelta y siguió su camino. El interrogante por un momento le miró bocabierto y con grandes ojos, pero no se animó a realizar nuevas   preguntas.

Cuando algo le molestaba a Engen, reaccionaba demasiado escuetamente. Y en tal caso podía increpar y reprender tremendamente, saltando a la vista su carácter vehemente, aunque normalmente era muy benevolente y amigable. Pero solo de palabras, no de hechos. De los menonitas respetaba especialmente los hechos, porque de esos dependía todo. Engen tomó la vida de la selva así como venía. Vivía humildemente, se alimentaba escasamente muchas veces, a veces ni había comidas regulares. En el campamento de Pozo Azul intentó comer adecuadamente. La mayor parte del tiempo tenía allí un cocinero negro. Pero la alimentació repetidas veces era muy monótona. Y en sus cartas a sus superiores pidió de vez en cuanto que le envíen eso o aquello, ya que sufría hambre por la comida unilateral que   recibía.

Cuando una vez había recibido una pequeña partida de conservas, pasaron por la noche dos hombres menonitas del campamento de Pozo Azul por su casa para hablar de diferentes asuntos de la vida en la selva. Al final le pidieron que les venda algunas conservas de chukrut, porque sus esposas estaban enfermas y necesitaban urgentemente un cambio de dieta. Ahí se enojó y les retó: ¿qué pensarían, que el quisiera abrir una despensa con lo poco que tenía?

Los hombres sorprendidos por esas palabras duras se disculparon y le explicaron luego que solo había sido una pregunta, ya estaba todo bien. Cuando le desearon una buena noche y se alejaron Engen les llamó y dijo que a la siguiente mañana revisen cierto espacio en el galpón comunitario. Ese depósito servía para guardar la encomienda traída de Casado. Normalmente era llamado 'casa de harina', porque se guardaba ahí la harina importada. A tempranas horas del siguiente día hicieron lo que Engen había aconsejado, y realmente encontraron una alternancia valiosa para la mesa de sus esposas enfermas. Una cuenta a pagar no había. Las conservas ya habían sido pagadas. (Así lo contó mucho más tarde el señor Cornelius Toews, uno de los dos peticionarios.)

Rápidamente se divulgó en aquellos días de agosto de 1929 la triste noticia del fallecimiento de Fred Engen entre las 14 aldeas de los colonos del joven asentamiento en el Chaco; esa noticia del tan significativo hombre de la colonización del Chaco central, que siempre en forma tan simple había aparecido y fue tan amigable en los encuentros.

Los diarios de Asunción honraron sus obras como actos heroicos de la exploración del Chaco paraguayo.

Los colonos menonitas de la región inhóspita, a quienes apoyó fielmente, y por los cuales dio todo de sí, y entre los cuales tanto anhelaba morir y ser sepultado, lloraron la muerte de un amigo real.

Y a escondidas susurraban entre sí los indígenas verdaderamente huérfanos: *"Mista Engken* (como fue llamado generalmente), *nuestro gran amigo y nuestro buen **Cacique Sí-Sí** jamás volverá junto a nosotros..."*

El guía de la Expedición Menonita de 1921 Fred Engen realizando apuntes sobre el Chaco en Puerto Casado.

La tumba de Fred Engen en el cementerio de Puerto Casado.

El camión de Fred Engen en uno de sus tantos viajes por los senderos del Chaco.

El Hotel en Puerto Casado en 1927, donde falleció Fred Engen en   1929.

Fred Engen en uno de sus innumerables viajes
al interior del Chaco con su camión.

CAPÍTULO XVII

LLEGAN LOS "RUSOS"

*"...Reencuentro entre alemanes después de casi 60 años,
muchos miles de km distantes de la lejana patria rusa conjunta.
Que estos colonos (la gente de Menno) hayan vivido de una manera
más aislada en sus granjas que los alemanes rusos, el observador se da
cuenta enseguida por el idioma; estos hablan el dialecto del
oeste de Prusia tal como se lo ha hablado hace 50 a 60 años en las
Colonias de los Chortitzer ..."*

Dr. Walter Quiring en: Alemanes rusos
buscan una nueva patria

Visión y esfuerzos de la Intercontinental Company

Fred Engen escribió el 29 de junio de 1921 a Mc Roberts: *"Nuestros asentamientos menonitas vamos a instalarlos al oeste del km 160; allá hay espacio para más colonias. Los colonos podrán realizar en esta región sus trabajos diarios sin impedimento alguno. Al este del km 160 no es tan bueno, pero hacia el oeste existe una región apropiada para el asentamiento. Se invitará a amigos y parientes de todas las direcciones del mundo, para enraizarse aquí y participar de las bendiciones de esta Tierra-Menno."*

Durante la colonización del Chaco los fundadores de la Colonia Menno no contaban solamente con menonitas de línea conservadora, es decir, de gente de su tipo. Contaron con que más tarde vendrían otros. Pero para su propio asentamiento querían a aquellas personas que se adaptarían a ellos. Los primeros colonos que en siete grupos llegaron al Paraguay en 1926 y 1927, esperaban con una segunda ola de inmigración, supuestamente consistente de gente suya, que se había quedado en el norte. No vinieron al Chaco, sino emigraron en el año 1948 y fundaron en el Paraguay Oriental las Colonias Bergthal y Sommerfeld, en Caaguazú. Al Chaco en los años 30 apenas llegaron cuatro o cinco familias.

Los colonos de Menno sabían que la empresa de asentamiento americana tenía la intención de ubicar menonitas de otra mentalidad y tradición en la región del Chaco. No solamente eso, sino procuraban introducir también grupos no menonitas y asentarlos en las 100 leguas adquiridas. Por qué otra razón la empresa había comprado tantas tierras de la firma de Casado. Tenía que servir para la colonización.

Antes de que los menonitas llegaran al Paraguay asentándose aquí (pero recién después del viaje de inspección de la expedición menonita al Chaco con Engen) se había hablado de traer a menonitas de Rusia al Chaco. Éstas habían sido solo consideraciones de los americanos, que querían poblar al Chaco en una dimensión muy grande. También se quería traer otros colonos no menonitas, por ejemplo a los dujobores (en ruso: *'luchadores del espíritu'*). La empresa colonizadora entró en negociaciones con los dujobores canadienses, una secta espiritualista, que había emigrado de Rusia a Canadá alrededor de 1900. Enviaron una delegación al Chaco Paraguayo en 1926, también bajo la conducción de Fred Engen. Sucedía en la época agradable del año y después de muchas precipitaciones las tierras chaqueñas vírgenes lucían en un verde muy bello. La delegación estaba muy impresionada y a favor del asentamiento en esta 'selva hermosa'. Su informe fue muy optimista. El asentamiento de los dujobores nunca se realizó, supuestamente por las discrepancias de su propia dirección.

Dondequiera los americanos de la Corporación olían una tendencia hacia la emigración, se presentaban y ofrecían al Chaco Paraguayo, con su espacio infinito para asentarse y formar una nueva patria. El tiempo después de la Primera Guerra Mundial había dejado sin patria a mucha gente. Cuando se vendieron 30 leguas a los menonitas, sobraron todavía 70 leguas para los siguientes proyectos de colonización. Se sabía que en Rusia, de donde habían inmigrado muchos a Canadá en ese intervalo, había mucho menonitas y otros alemanes que vivían en dificultades y en inseguridad. También con los japoneses se estaba contactando para asentarlos en el Chaco. El proyecto de la colonización del Chaco prometía volverse un negocio floreciente.

La fundación de la Colonia Menno se había convertido en la primera empresa del gran programa de colonización, que al comienzo parecía convertirse en un lucro dorado. Del éxito de esta empresa que se presentaba como el proyecto inicial, dependía el siguiente desarrollo de la gran obra del asentamiento del Chaco. Ante los planes grandes los americanos permitieron una erogación considerable de gastos, de plasmar el primer asentamiento pequeño y presentarlo sobre una base sólida. Pagaron un precio muy alto, tuvieron enormes gastos en un momento determinado, en base a negocios que no se justificaron. Se esperaba que con un resultado exitoso del primer asentamiento, se aseguraría un lucro multiplicador del negocio.

Como efecto negativo para la empresa (y los colonos también) el destino quiso que en vez de una inmigración creciente de los agricultores pioneros de los Antiguos Bergthaler, estos empezaron a retornar; y en vez de la 'luz verde' para los interesados en la inmigración surgió la 'luz roja', que también los grupos conservadores en Canadá entendieron como una señal de pare duradero que frenaba toda inmigración. Los que retornaron desanimaron a la gente para seguir a sus colegas en la fe al desierto del Chaco. A partir de 1930 solamente algunas familias se unieron al asentamiento de Menno.

No se puede responsabilizar sola- y exclusivamente por todo eso a los que retornaron. También hay que tener en cuenta que los gobiernos provinciales de Canadá tomaron en ese momento una actitud más benevolente frente a los menonitas, en relación a la emigración mostraban otro carácter. El gobierno canadiense no quiso dejar salir a esos agricultores laboriosos. Al contrario, quería mantenerlos en el país y se preocupaba porque tanta gente había dejado el país. Todo eso y los rumores negativos sobre el Chaco contribuían a que los mismos menonitas conservadores ya no quisieran saber más nada de la migración o el traslado al Chaco; preferían quedarse.

Los americanos que se habían imaginado un lucrativo proyecto de colonización grande, siguieron este suceso con un expreso descontento. Habían invertido más de un millón de dólares en el proyecto, gastos que debieron producir ganancias múltiples. El proyecto al principio no se veía mal y prometía volverse un éxito. Pero solo llenaba un pequeño espacio en el marco de toda la obra colonizadora prevista. Muchos gastos que había realizado la empresa, los había invertido en vista del proyecto de colonización completo, como figuraba en el papel. Es comprensible que los representantes de la empresa colonizadora no siempre se sirvieran de las palabras y expresiones más amenas, al informar sobre los asuntos fracasados de la colonización del Chaco.

Los pioneros canadienses aguantan

A pesar de todo, 210 familias se mantuvieron fieles a la decición de colonización del Chaco. Desatendiendo las dificultades y bajo grandes sacrificios y carencias, y a pesar de todas las contrariedades no capitularon. Los americanos reconocieron a este pueblo humilde y valiente en forma muy positiva, admirando el ánimo, la corazonada y el aguante de sus protegidos. Estos pioneros ratificaron la historia de sus antecesores como colonos pioneros famosos. Los responsables de la empresa se preguntaron entonces, dónde más en el mundo podría encontrarse esta clase de pueblos, que en una situación tan difícil, carente e indigente inicie voluntariamente un asentamiento nuevo, aguantando todas las contrariedades. Y los americanos concluyeron: no existía un pueblo similar que se pudiera encontrar. Por otro lado experimentaron muchas frustraciones con este pueblo de agricultores tan probo y tuvieron que reconocer que eran también de este mundo, que a veces con su comportamiento dificultaron aún más la penosa empresa del asentamiento. Los americanos dijeron entonces que los lados positivos de estos colonos peregrinos valientes superaban lejos los lados negativos. Por tal motivo los americanos, orientados en primera línea por el negocio, se mantuvieron fieles a su empresa, que de a poco amenazaba en convertirse en un fiasco económico para la gente de Nueva York. Algunos de los señores que habían sido empujados por las ganancias del emprendimiento, y luego participaron en gran parte en la conquista enervante del Chaco experimentándolo en piel propia, se habían unido en amistad con los peregrinos y confirmaron que el dinero estaba en segundo lugar. Les aseguraron que ayudarían a sacarlos del desierto del Chaco Paraguayo, en caso de que fuera imposible vivir ahí.

Estos menonitas canadienses se convirtieron en conquistadores del desierto, en pioneros, o, como las revistas lo expresaron en aquellos días, en 'héroes' de la conquista económica de una región hasta ese momento virgen, inhóspito y hostil hacia la cultura occidental en el Chaco Central del Paraguay. Si se les hubiera preguntado, cómo estaban viendo las cosas, habrían respondido humildemente en su dialecto alemán: *'Nada para vanagloriarse'* ('nuscht too puche').

Los menonitas de Rusia

En 1930, el tercer año de la Colonia Menno, llegaron los menonitas de Rusia y se asentaron en la vecindad de sus hermanos de fe de Canadá. Ellos fundaron la Colonia Fernheim. Se realizó esta obra a pesar de malos chismeríos, que el desacreditado 'Infierno verde' tuvo que sufrir en los últimos años. Los menonitas canadienses que se habían instalado en el bosque chaqueño, no hablaron ni escribieron de un infierno 'verde', sino de un infierno 'árido', o de una 'selva verde', según la época del año, si era de sequía o de período de lluvias. Pero afirmaron que también los hombres blancos podrían organizar convenientemente su vida diaria en estas latitudes, y no solo los indígenas.

Los nuevos colonos que vinieron de Rusia vía Alemania, habían huido precipitadamente de sus aldeas y llegados en masa a Moscú, para hacer visas, adquirir permisos de emigración; porque la salida de Rusia en forma legal y arreglada, como había sido posible en la primera mitad de los años veinte, al final de los años veinte se volvía cada vez más difícil y finalmente imposible.

Así se juntaron en el año 1929 en el Kremlin más de 10.000 personas. Eran colonos ruso-alemanes, menonitas, luteranos y católicos. Este 'asalto' a la capital de la Rusia soviética en aquellos días tiene una fama trágica bajo la denominación 'Frente a los portones de Moscú'. Unos 5.000 de los más de 10.000 refugiados pasaron la frontera hacia Alemania. Los otros fueron metidos violentamente en los vagones de los ferrocarriles y mandados de vuelta. Muchos de esos pobres y atormentados hombres no fueron enviados a sus aldeas, es decir, a sus hogares, sino deportados a Siberia, al destierro, en donde muchos encontraron una muerte terrible.

Alemania no estaba en condiciones en aquel tiempo de mantener a los refugiados en su país. Había aceptado su entrada solamente bajo la condición de que se trasladen a otro país lo más pronto posible. Organizaciones de ayuda, que habían pedido al gobierno alemán recibir a los refugiados para que no fuesen enviados desde Moscú de vuelta a la esclavitud, estaban obligados a buscar un refugio duradero para los 'sin patria'. Organizaciones de caridad menonitas, católicas y luteranas y el gobierno alemán se ocuparon de los 'sin patria' y buscaron una 'nueva patria' para ellos. Menonitas alemanes, holandeses y norteamericanos se responsabilizaron de los refugiados menonitas y las organizaciones católicas y luteranas de los partidarios de sus confesiones.

Los refugiados menonitas echaron su vista en Canadá, que en su huida del 'Egipto' era una especie de 'Canaán', en que tantos de su grupo de la patria del sur de Rusia habían encontrado refugio. Canadá en ese momento cerró sus fronteras para refugiados. Estaba abierta la posibilidad de ir al Brasil y al Paraguay. Estos países se ofrecieron para recibir a los refugiados. Muchos de los refugiados menonitas se decidieron por Paraguay, otros prefirieron el Brasil. Esta decisión fue condicionada totalmente por la situación de los inmigrantes. En realidad todos querían ir a Canadá. Pero no había forma. Solamente una pequeña parte que tenía sus parientes en Canadá, fue recibido allá. En relación a eso escribe el Profesor Benjamin H. Unruh en *"Providencias y conducciones en el servicio de socorro menonita - 1920 a 1933"*:

"Aunque Canadá no pueda recibir por el momento a ningún inmigrante, sin embargo hay puertas abiertas hacia el Paraguay.

Se puede recomendar a los inmigrantes ir al Brasil, donde podrían asentarse unas 1.000 a 3.000 personas.

Brasil no nos gusta a nosotros así de simple.

La problemática del juramento y del servicio militar es para los menonitas una temática ardiente de la conciencia, y hasta ahora no existiría ninguna seguridad, de que el gobierno brasileño estaría dispuesto a tal concesión.

Cuando Bender y yo a comienzos de febrero de 1930 informábamos en los campamentos de los refugiados de las diferentes posibilidades de asentamiento en el Paraguay, surgieron algunos desconciertos. Las personas que se habían decidido a favor de Brasil, querían decidirse por el Paraguay, pareciéndoles allí las condiciones más favorables. Paralelamente a las concesiones religiosas y nacionales que ofrecía el Paraguay, había otra promesa: la gente podía llevar a sus familiares enfermos e impedidos. Al escuchar nuestra fundamentación que el gobierno alemán había decidido realizar todos los transportes al Brasil, finalmente actuaron razonablemente y no nos crearon ninguna situación desagradable."

La decisión por Paraguay

El Comité Central Menonita en Norteamérica había presentado a esos menonitas de Rusia informes sobre el Chaco Paraguayo, donde en los últimos tiempos había surgido una colonia menonita. Los informes provenían de representantes de los menonitas tradicionales (Mennonite Church) de Norteamérica, que habían visitado el asentamiento en febrero de 1929 en nombre de su comunidad por la propagación de noticias espeluznantes sobre la supuestamente perdida comunidad plagada por el hambre y epidemias. Los enviados habían encontrado lo contrario, una colonia floreciente, gente animada y trabajadora, y en general todo lo contrario de lo que habían informado las revistas norteamericanas hasta el momento. Otro informe auténtico, que tenía la Central Menonita, era del cónsul americano en Asunción, y un tercero, que se menciona - el autor no es conocido - realizado posiblemente por un empleado de la empresa americana que se había ocupado del asentamiento joven del Chaco. Sigue un informe sintetizado sobre el Paraguay como país de colonización del profesor Harold S. Bender en Danzig, durante la Conferencia Mundial Menonita, en el año 1930: *"Por la falta de pobladores el Paraguay queda muy retrasado en cuestiones agrícolas. Otra razón del retraso consiste en que el Paraguay está fuera de las grandes comunicaciones viales del mundo entero.*

En el Chaco norte el suelo se compone de sedimentos aluviales, un suelo arcilloso de arena con una capa de humus voluminosa y fértil, que no es difícil de cultivar. Aunque paralelamente a la agricultura son importantes la ganadería y la industria maderera, en el futuro seguramente la agricultura será la ocupación más importante de los colonos. Queda sellado que el producto central del Chaco será el algodón. El suelo y el clima son muy favorables para el algodón, hasta se podría contar con el doble de una cosecha comparando con los centros de acopio de los Estados Unidos y al mismo tiempo de una calidad excelente. Otra ventaja consiste en que las plantas se deben renovar cada diez años, en vez de cada tres a cuatro años, como en los Estados Unidos. El algodón tiene muy buen mercado. Junto al algodón crecen bien el maíz, el arroz, caña de azúcar, maní y mandioca y batata, todas las frutas subtropicales como naranjas, limones, piña, etc. Otro producto principal es el aceite de maní, fabricado del maní. Es naturalmente imposible enumerar todas las posibilidades agrícolas de este hasta hoy no explorado terreno. Yo puedo decir que los resultados de la cosecha son extraordinariamente buenos, y que los profesionales le prometen al país un futuro muy alentador. La tierra está en parte cubierta de madera y es fácil limpiarla. Los bosques están marcadamente abiertos con mucha tierra abierta, que en su mayoría consiste en praderas hermosas llamadas cañadón o campo.

El clima parece mucho al clima del sur de los Estados Unidos, aunque subtropical, es muy saludable y muy conveniente, especialmente para enfermedades pulmonares, el asma y el reumatismo. Las enfermedades tropicales aparecen raras veces, y las enfermedades de las zonas templadas aquí son menos fuertes. Las condiciones de salud del Paraguay son las mejores de Sudamérica.

La temperatura promedia del año es de 22 grados Celsius, la temperatura más alta es de 42 grados Celsius, las noches generalmente son frescas. Se cuenta con unas heladas leves en invierno. La cantidad de lluvias tiene un promedio de 1.000 mm por año repartidas en especial entre los meses de marzo y octubre, aunque ningún mes se queda sin lluvia.

De esta breve descripción del Chaco Paraguayo se puede concluir fácilmente que un asentamiento desde el punto de vista económica es muy justificado. Queda por aclarar por qué y cómo los menonitas de Norteamérica llegaron a asentar una parte de los refugiados en este Chaco Paraguayo lejano del mundo y subdesarrollado. Nuestra atención al Chaco Paraguayo llegó por el asentamiento, que en los años 1926 al 28 fue ejecutado por menonitas canadienses de Manitoba, que en el día de hoy se desarrolla muy bien, después de dificultades al principio.

Para ayudar a los refugiados en su miseria y destierro, el CCM formó una comisión de estudios; aquí algunos de sus resultados: 'Canadá tiene un control médico rígido, por lo que muchos refugiados no pueden inmigrar a Canadá. Los refugiados no quieren ir tanto al Brasil: a) porque allá existe el servicio militar obligatorio, b) porque la tierra a colonizar es montañosa y cubierta por un bosque espeso. Si los refugiados no pueden ir a Canadá y no quieren ir al Brasil, los menonitas norteamericanos pueden ayudar a ubicarlos en una región en la que, libres en su conciencia y del servicio militar obligatorio, tienen un futuro económico asegurado. En el Chaco Paraguayo (en el que ya hay una colonia menonita) podemos asentar a esos refugiados y cumplir con los cometidos arriba mencionados.

En base a esta recomendación se ha resuelto asentar a los refugiados en el Chaco Paraguayo. Parecería que esta decisión se habría hecho sin preparación y en forma sobresaltada, porque toda la inspección se ha realizado en menos de seis semanas. No era tal el caso. Teníamos tres informes confiables sobre las condiciones en el Chaco y en especial sobre la nueva colonia menonita que ahora cumple dos años. El primer informe llegó de un Anciano de los menonitas tradicionales, T.K. Hershey, un misionero en Argentina, que fue enviado al Chaco en febrero de 1929, para inspeccionar las condiciones e informar sobre los asentamientos menonitas. El segundo informe era un documento preparado por el cónsul americano en Asunción. El tercero fue de un señor que había vivido más de un año en el Chaco.

Sobre la base de estos informes nos convencimos por unanimidad que fuera de Canadá el Chaco Paraguayo sería la mejor tierra para el asentamiento para los menonitas, en base a una ley del gobierno paraguayo del julio de 1921 (una concesión extraordinariamente favorable - completa libertad de culto, del servicio militar, de idioma, de escuela y de auto-administración por tiempos eternos - diez años de liberación de impuestos y aranceles - y nadie quedar excluido de la inmigración por deficiencias corporales o mentales). El significado de estas conceciones no puede ser despreciado. Ningún país en el mundo permite esta inmigración incondicional. Y finalmente: allá existe una capacidad enorme de recepción, y en caso necesario podríamos ubicar decenas de miles de personas.

Bueno, en este Chaco podemos asentar fácilmente a todos los menonitas del mundo. ¿Por qué no comenzar ahí, donde se puede seguir (con la inmigración)? Nosotros nos imaginábamos un estado menonita, donde todos los menonitas de Rusia desarrollarían su vida y su cultura dentro de una libertad ilimitada. Otra ventaja muy especial en el Chaco Paraguayo en su relacionamiento cultural es que ahí hoy día existe absolutamente ninguna cultura. Entonces no existe ningún peligro de que los menonitas se extinguen con su cultura alemana.

Siempre ha sido mi política desde el comienzo no llevar a refugiados al Paraguay si éstos pudieran irse a Canadá. Tampoco he competido ni quise competir con el Brasil por el movimiento paraguayo. Que no todos los refugiados hayan ido al Brasil, es porque el gobierno brasileño no estaba dispuesto a garantizar a nuestra gente la exoneración del servicio militar obligatorio. La emigración al Paraguay desde el comienzo ha sido voluntaria. A nadie he aceptado para el Paraguay, si no estaba plenamente convencido que ese país sería su futura patria. Nadie fue persuadido. Yo he advertido de un puro entusiasmo tonto y de una esperanza enaltecida, y ha sido una alegría enorme para mí, que nuestros medios justamente alcanzaron para llevar al Paraguay a todos los refugiados que realmente querían ir allí.

Toda la causa es para nosotros todos - menonitas en Norteamérica, el CCM, para mí y para los refugiados salientes - una cuestión de fe. Con el convencimiento de cumplir la voluntad de Dios, en confianza de la presencia de su gracia, y en la conducción de su espíritu santo bueno. Existen en todo el movimiento tantas pruebas fehacientes de la asistencia divina, que no podemos ni siquiera dudar que fue nuestro corazón el que quiso que estos 1.500 refugiados nuestros encontraran su nueva patria en el Paraguay. ¡A él alabanzas y agradecimientos por eso! Con este convencimiento queremos seguir en nuestra responsabilidad por el crecimiento de la nueva colonia y confiar en las bendiciones de la gracia divina."

Los informes mencionados por Bender no salieron de la nada, pero fueron presentados en forma unilateral. Se había pintado las cosas color de rosa. Fue la razón por la cual después hubo tantas frustraciones, ya que se presentó muy positivo todo, pero luego se sintió también lo difícil y penoso con toda su fuerza. En relación a esa problemática se pronuncian los investigadores Oskar Schmieder y Herbert Wilhelmy en su libro: *'Asentamientos agrícolas alemanes en las praderas sudamericanas - Pampa y el Gran Chaco'* en 1938: *"Este informe impresionante del Chaco Paraguayo del profesor Harold S. Bender demuestra su muy reducido conocimiento sobre las tierras o de un optimismo imperdonable de la comisión de estudio, porque los colonos han sido profundamente engañados en sus esperanzas. La vieja y siempre fracasada idea del estado divino en la tierra dio el puntapié final (no solamente las perspectivas económicas con muchas posibilidades) para un experimento, que sí es apropiado para conocer los límites de la capacidad de poblamiento del Gran Chaco, pero que arrojaron a muchos hombres diligentes en una profunda miseria. De esto no existen dudas: LOS MENONITAS PERTENECEN A LOS GRUPOS DE PUEBLOS MÁS ENCUMBRADOS. Por tal motivo han merecido mejor suerte que derrochar su fuerza en el Chaco."*

Que casi dos terceras parte de los menonitas refugiados que estaban en Alemania, hayan decidido ir al Chaco Paraguayo, estaba fundamentado en la garantía de las libertades otorgadas por el gobierno, no previstas en la solicitud de inmigración al Brasil. Este privilegio que habían recibido los menonitas canadienses en el Paraguay, atraía también a los menonitas de Rusia, cuya tradición había sido impregnada en gran parte por el tiempo privilegiado en Rusia. Las tierras del Chaco eran de planicie, las del Brasil montañosas. Ellos estaban acostumbrados a terrenos planos.

La Colonia Fernheim

Se decidieron por el Brasil unos 900 menonitas y unos 1.000 por el Paraguay en 1929 / 1930. En el año 1932 llegaron además Menonitas que habían huido de Rusia por el Amur hacia China. Así que llegaron unos 2.000 menonitas de Rusia al Chaco Paraguayo. Entre esos había 9 familias que habían venido de Polonia. Estos primero quedaron en el Brasil, pero después se decidieron por el Paraguay. Se unieron a la Colonia Fernheim y fundaron la aldea Rosenfeld. No eran refugiados, sino simples emigrantes por libre decisión. Cinco familias de esos menonitas de Polonia y algunas otras dejaron en el año 1937 la Colonia Fenheim y fundaron la aldea Neu-Moelln en la región de la Colonia Menno.

El encuentro entre los menonitas canadienses y rusos

El transporte de los refugiados menonitas de Alemania al Paraguay y hasta el Km 145, la punta del ferrocarril de los Casados, fue posibilitado por el gobierno alemán. El equipamiento estaba en manos de distintas organizaciones menonitas de ayuda. La compra de las tierras en el Chaco la negociaba la Central Menonita. El traslado de los grupos desde el Km 145 hasta el destino final lo habían asumido los colonos de la Colonia Menno. El Comité Central Menonita pagó algo por esta ayuda, porque muchos de los colonos estaban sin medios, habían empobrecido, y el traslado significaba para los canadienses un reducido ingreso de dinero. Así sucedió el primer encuentro entre los menonitas de Rusia con los de Canadá en el Chaco Paraguayo.

Los menonitas canadienses tenían sus propias ideas de los 'rusos', que no siempre correspondían a la realidad. Así se originó entonces el problema de los prejuicios. De los cuales hubo muchos entre los menonitas canadienses hacia los rusos. No era un asunto nuevo, sino devenía todavía de la época común de Rusia, y se había llevado estos prejuicios cuando en el año 1874 la gente había emigrado de Rusia a Manitoba, Canadá. Algo se ha documentado, cuando el líder de la emigración describió el traslado de Rusia a Manitoba en 1875. Los prejuicios mezclados con juicios justos fueron transmitidos de generación en generación. La consecuencia fue una fisura casi insuperable entre los grupos en el sentido religioso y espiritual. Especialmente la diferencia en la tradición escolar y en la congregación desempeñaba un rol relevante. La gente de Menno conservó por las experiencias anteriores una distancia cuidadosa, hasta en cierto momento angustiosa hacia los menonitas rusos, que pusieron en su momento en duda las medidas tradicionales de vida ya adquiridas en Rusia.

Trasfondos históricos

Este prejuicio en contra de los menonitas de Rusia tuvo en parte un trasfondo histórico muy nebuloso. Los antecesores de los menonitas canadienses ya en Rusia se habían separado de a poco, formando identidades propias sin que hayan intencionado o reconocido esto. Comenzó con factores de distancia. La colonia Bergthal, fundada por gente salida de Chortitza, a gran distancia de esta colonia madre, desde el primer día se desarrolló en forma independiente en lo congregacional, económico y social. Por la ausencia de relaciones, Bergthal no mantuvo el ritmo de desarrollo intelectual y religioso con la colonia madre, sino se quedó naturalmente atrasada, y con el tiempo se quiso quedar en el atraso. Esto condujo irremediablemente al estancamiento en la tradición del pensamiento autosuficiente. Vivieron separados de los otros menonitas en Rusia de 1836 al 1874. Automáticamente se formó en el campo eclesiástica y también escolar una mentalidad separada, con el afán de mantenerse en desarrollo como había sido alrededor de 1830 en la colonia madre.

En Chortitza luego se inició el mejoramiento del sistema escolar. Muchas cosas fueron cambiadas desde el fondo. De una enseñanza formal atascada se pasó a una enseñanza viva. Pero no así en la Colonia Bergthal, distante a unos 200 km. No se quiso saber nada de eso. Todo lo intelectual y religioso había que mantener como „siempre" había sido.

Se podría afirmar que tres factores habían tenido un rol importante para que los Bergthaler dejaran Rusia para trasladarse a Manitoba, Canadá. En primer término eran las medidas que tomó el gobierno de los zares con la abolición de los privilegios y derechos de los menonitas en Rusia. Por otro lado era la situación de los jóvenes pobladores, de los cuales ya habían muchos, y que no tenían ninguna posibilidad de adquirir sus propias tierras. Se había fundado una 'Caja para la Compra de Tierras', pero no se encontró un terreno apropiado. Y un tercer motivo fue escapar de la influencia de los propios hermanos progresistas, que amenazaban romper el marco tradicional severamente cuidado por los menonitas.

Así que eligieron Manitoba como refugio, donde todavía había menonitas, porque vieron la posibilidad de asegurar el futuro de su comunidad en un espacio inmenso. Dos peticiones fueron cabalmente cumplidas con la emigración hacia Manitoba: la exoneración del servicio militar y la concesión de una región extensa para un asentamiento cerrado, en que cada familia ocupara un terreno propio. La influencia de afuera sobre la vida religiosa y espiritual en Manitoba fue mayor que en Rusia.

Poco después tuvieron como vecinos a menonitas no tan tradicionales y cerrados como ellos y que presionaron por una reforma en la enseñanza escolar. Entraron en contacto directo con esos, y, por más que se aferraron a su tradición, aparecieron de a poco grietas en sus formas. Experimentaron algo que no conocían de Rusia; en su propia comunidad se abrieron movimientos de reforma originando separaciones. El Anciano de la congregación de los Bergthaler, que había liderado la emigración de Rusia en los años 1870, escribió un libro acerca de la misma. Ahí puso su dedo en la problemática de la relación hacia otras congregaciones, tanto en Manitoba como antes en Rusia, y lamentó o más bien condenó en un enjuiciamiento duro, la laicización del sistema escolar desde su punto de vista personal limitado.

En los años 1920, cuando se empezó a planificar la emigración de Canadá, la congregación de los Bergthaler ya se había dividido en cuatro congregaciones o iglesias locales diferentes e independientes: dos en el sur de Manitoba (Reserva Oriental y Reserva Occidental) y dos en Saskatchewan (en las regiones de Rosthern y Herbert). De tres de esas cuatro congregaciones salieron 270 familias hacia el Paraguay. Sus granjas fueron ocupadas por los menonitas que llegaron recientemente de Rusia, que ocuparon los hogares muchas veces ya antes de ser abandonados por los emigrantes paraguayos. Vivieron juntos durante meses y surgieron amistades duraderas, que más tarde se mantuvieron por bastante tiempo a través del correo. Quedaron recuerdos agradables como desagradables. Dos jóvenes de los futuros emigrantes se casaron con señoritas de los menonitas llegados de Rusia antes de la emigración al Paraguay, y estas se fueron con ellos, dejando toda su parentela en Manitoba.

Entre los emigrantes paraguayos que fundaron la Colonia Menno había unas 80 personas que en 1874 llegaron de Rusia a Manitoba. En aquel tiempo 30 de ellos estaban en la edad de entre 10 y 25 años, los otros 50 con menos de 10 años. Los que habían dejado Rusia, vieron señales suficientes en el horizonte político, y consideraron conveniente iniciar una nueva peregrinación en busca de una nueva patria. Los que se quedaron vieron en esa emigración un intento para eludir la realidad. Como cristiano se debería enfrentarla, para dar testimonio al mundo. Los emigrantes tildaron a los que se habían quedado como gente no dispuesta a asumir el 'sufrimiento' del pueblo de Dios. Emigrar no significó para ellos haber elegido el camino fácil, sino más bien el camino difícil. Quedarse sería como un decaimiento de la fe menonita.

Y realmente sobrevino el juicio severo sobre Rusia. Fue obvio que estos hermanos en fe, que después del juicio habían dejado Rusia, salieron de una gran tribulación. También se creyó que ellos deberían haber salido humillados de tal situación. No se dieron cuenta tanto de que los mismos colonos de Menno estuvieran algo orgullosos porque sus padres habían dejado Rusia a tiempo, como si hubieran tenido un presentimiento de esta tribulación que se estaba acercando. Tan fácil es creerse mejor, cuando a uno le va mejor que al prójimo.

Ese pensamiento de tener que huir a tiempo, antes de que entre el juicio y se origine el derrumbe de la fe, no era extraño a los peregrinos paraguayos de 1927. Fue el tiempo después de la Primera Guerra Mundial y se habló de que dentro de poco tiempo le seguiría otra guerra grande. Fue la conclusión por el caos y los tejes y manejes políticos que esta guerra había provocado. Y otra vez era real y cierto, que después de poco tiempo advino otra guerra grande sobre gran parte del mundo. Habían tenido razón nuevamente. Pero que en el Chaco Paraguayo inhóspito, en el paraíso de su refugio, también experimentarían una guerra dentro de contados años, no lo habían imaginado.

Otra cosa que vieron surgir en Canadá fue el derrumbe de la fe menonita. Esa profecía o presentimiento no se ha cumplido. Esta clase de profecías surge desde la perspectiva y la visión de la concepción tradicional. Otros menonitas fueron a Canadá para poder vivir allí su fe. Así que en 1920 llegaron más menonitas a Canadá de los que dejaron el país.

Con este trasfondo de perspectivas y pareceres diferentes se encontraron los menonitas que llegaron a Canadá con los que salieron al Paraguay.

Recién pocos años los menonitas canadienses vivían en el Chaco, cuando los menonitas rusos llegaron a esa zona. Se imaginaron que habían corrido del comunismo sufriendo una persecución terrible, por lo que se les dio la bienvenida como compañeros en la conquista del Chaco.

El señor Franz Funk, escribió el 26 de abril de 1930 en una carta, publicada en la 'Steinbach Post', Winnipeg: *"Esos menonitas de Rusia habrán sufrido muchas cosas pesadas, y posiblemente estarán agradecidos por haber salido con fortuna del infierno soviético, pero les espera aquí en el Chaco todavía algo muy difícil, es decir, colonizar esta región salvaje."*

Sea como sea que los colonos canadienses se imaginaran a los menonitas de Rusia, una cosa quedó bien clara: formaban un grupo adicional de colonos, una ayuda más en la lid por cultivar el Chaco Central. Los menonitas de Rusia fundaron su propio asentamiento. Las dos colonias serían independientes en forma funcional la una de la otra. Al mismo tiempo redoblarían en forma conjunta esfuerzos para la conquista económica de la alejada región del Chaco.

Y finalmente, así decían los colonos de Menno, en qué pueden dañarnos esos menonitas de Rusia en cuestiones sociales y la escuela, sabiendo muy bien ellos mismos qué había que hacer y qué no. Y los menonitas de Rusia se preocuparían por si mismo. Ellos querían solamente lo que ya habían conseguido los de Menno, gozar en una comunidad cerrada la grandilocuencia de los privilegios paraguayos a favor de los menonitas, construir y mantener una autoadministración en una comunidad de fe no estorbada. De mucho valor hubiera sido para los dos, si desde el primer día se hubieran intercambiado intensivamente en los niveles intelectual y espiritual. Lo que concernía a la parte agrícola, escribió en aquel tiempo un colono de Menno en 1930, cuando llegó la noticia de que los menonitas rusos tenían que ser asentados en el Chaco: *"Los colonos de Menno anhelan mucho la llegada de los menonitas de Rusia; porque se dice que ellos entienden algo del cultivo de trigo."*

El traslado al interior del Chaco

El primer grupo de los menonitas de Rusia llegó a Puerto Casado el 18 de abril de 1930. Fue un Viernes Santo. En realidad tendrían que haber salido hacia el Km 145 el siguiente día. Pero la gente de Menno se había negado a viajar durante la fiesta de pascuas. Por esa razón el grupo permaneció en Puerto Casado hasta el 23 de abril hospedado en las mismas barracas, que en los años 1927 a 1928 habían servido como albergue a los menonitas de Canadá. Como la suspensión del traslado no fue planificado, había que organizar la atención de los viajeros en Casado. De parte de la gente de Menno fue una acentuación extrema de los días festivos de domingo y de pascuas, que les impedía traer enseguida a los inmigrantes. El 23 de abril, un poco antes del anochecer, el primer grupo de refugiados llegó al Km 145. También la gente de Menno con sus carros llegó a esa hora al Km 145. Con 108 carros tirados por bueyes llegaron para retirar a las 61 familias y sus bienes materiales. Muchos habían salido de sus casas del Chaco el lunes de   pascuas.

Acerca del encuentro y el saludo entre los canadienses y rusos en el Km 145 escribe Walter Quiring: *"Cerca del anochecer el grupo de los menonitas de Rusia llega al Km 145; el tren para frente al depósito pequeño, la 'estación del ferrocarril'; otro depósito de chapas de cinc está en construcción. No lejos de este se paran los carros de bueyes, de quienes los cajones extraños (los colonos lo llamaron sobrepuestos) llaman la atención. A lado de los carros están parados en grupos personas que conducen los mismos, los canadienses alemanes de Menno. ¡Pero qué aspecto tiene esa gente con sus vestimentas rotas por el largo viaje con los bueyes! La mayoría camina descalza o tiene sandalias de madera, lleva sombreros de paja y anteojos oscuros protectores por los ojos enfermos.*

Un re-encuentro entre dos pueblos alemanes después de sesenta años, muchos miles de kilómetros distantes de la misma frontera común de Rusia. Que estos agricultores hayan vivido en Canadá más solitariamente en sus granjas que los alemanes de Rusia, también se da cuenta el observador atento en el idioma; ellos hablan el dialecto de Prusia Occidental, como lo hicieron en aquel país y en las colonias de los Chortitzer hace 50 - 60 años. En cambio, los menonitas de Rusia, de los cuales muchos llegaron de las mismas colonias, han renunciado a su dialecto en gran parte a favor del dialecto de los Molotschna."

Uno del grupo, el 'ruso' David Hein, escribió en su diario: *"Y ahora estábamos frente a los menonitas canadienses, quienes hace tres años ya vivían en el Chaco, 'gozando' de todas las carencias. Muchos de nosotros habrá pensado en ese momento: lo que ellos son, serás tú también. Cuando entramos a conversar con la gente menonita de Canadá, alguien quería saber qué significaba   la palabra 'Chaco', y recibimos la respuesta: 'La palabra Chaco significa infierno, Infierno Verde'. Así, sin saberlo habíamos llegado al infierno. Otro conductor de carro conocía una explicación más clemente sobre el nombre Chaco, 'el campo de la caza de los indígenas'."*

Heinrich B. Friesen, uno de los del primer grupo, escribe sobre el primer encuentro con los menonitas canadienses, los colonos de Menno, que habían llegado al Km 145 en su búsqueda: *"Enseguida hay conversaciones. Entre ellos existen pesimistas y optimistas, como lo quieras tu. Entre nuestra gente hay aquellos que están convencidos profundamente, que este es el camino de Dios, mientras que otros creen que son solamente hombres que nos han empujado hacia este lugar para deshacerse de nosotros. Esto caracteriza el ambiente, así son las conversaciones. Pero aquí hay poco tiempo; los conductores de los carros quieren ir un trayecto antes de que el sol caliente demasiado. Lo que se habló por el camino, ya se puede imaginar. En general el ambiente era de abatimiento."*

Nicolai Siemens, uno de los menonitas de Rusia, pero del tercer grupo, escribe en 1955 del viaje al interior del Chaco: *"Los hermanos de Menno nos saludaron. Cuando se habían descargado las cosas del ferrocarril, nos invitaron a subir en sus carros. Acerca de los carros pudimos quedar tranquilos, porque no eran las carretas altas vistas en Puerto Casado, sino carros con cuatro ruedas, muy parecidos a los que traímos de Alemania. Algunos tenían un techo adyacente que protegía de la lluvia y del sol.*

Lo que concernía a los arreos, los bueyes no caminaban con el yugo en los cuernos, sino estiraban la carga en tirantes de cuero agradables con collares acolchonados, tirantes decueroycuerosanchossobrelasespaldas. Losanimales tenían una brida por la boca y se los conducía con una línea de cuero cruzado. Parecían orgullosos con sus cuernos largos y abiertos. Nosotros nos habíamos imaginado pequeños vacunos como en Kirguizistán o bueyecitos como búfalos, como los enganchaban los comerciantes de frutas de Bulgaria de la cordillera de la Península de Crimea, pero aquí fuimos sorprendidos gratamente, por lo grande y fuerte que eran esos bueyes. Los conductores de los carros nos advirtieron para no acercarnos mucho a los cuernos y a los pies de los animales, porque en general el buey no conoce la confianza de su patrón.

Yo me acuerdo todavía que en mi transporte (era el tercer grupo) entre los 65 carros tirados por bueyes había uno solo en forma excepcional estirado por mulas, en el cual yo viajaba con mi familia. Mi conductor me explicó que esos animales eran extraordinariamente duros y muy poco exigentes en cuanto a la alimentación, pero estos mestizos también eran muy astutos y no se confiaba en los cascos de sus patas.

Un viaje de tal envergadura con bueyes - también las mulas respetaban la velocidad plácida de los bueyes - duró cuatro días. Pero el que tenía la suerte de tener a su lado un conductor locuaz, pudo solucionar una cantidad de interrogantes económicos, antes de llegar al campamento. Esas preguntas eran las siguientes: ¿Cuándo comienza el tiempo de siembra? ¿Crecen también las hortalizas? ¿Cómo se construyen las casas? ¿Existen animales silvestres? ¿Y de qué tipo? Las mujeres querían saber de las gallinas y su cría, y miles de cosas más, que nos interesaban en este país extraño. Nuestros futuros vecinos querían saber muchas cosas de nuestra huida y la situación mundial actual, porque en aquel tiempo no se conocía aquí ninguna radio. Así se entablaron muchas amistades que aún hoy día persisten, luego de 25 años."

Encuentros aislados entre los menonitas de Rusia y los canadienses del Chaco ya hubo en Asunción antes del encuentro y saludo en Km 145. Cuando durante la estadía del primer grupo de los menonitas rusos en el puerto de Asunción se había permitido a 40 hombres de salir del vapor para visitar la ciudad, se encontraron con un menonita canadiense. Uno de los involucrados relató en 1940 en la revista Mennoblatt: *"Fue grande nuestra sorpresa cuando nos encontramos aquí con una menonita. ¿Quién es? ¿De dónde viene? Es un Dick* (posiblemente se llamó Dück, MWF), *uno de los menonitas canadienses. Nos explicó que no se puede vivir en el Chaco. Fueron engañados. ¡O, ahí se volvieron muy serias las caras! Pero en ese momento no había tiempo para reflexionar."*

Estuvo de viaje también gente de la Colonia Menno: *"En Asunción ha subido a nuestro vehículo un nuevo pasajero. Es un menonita del Chaco, que ha curado sus ojos en la capital del país. Wiebe es su nombre, y es el nieto del pastor Gerhard Wiebe, quien en los años 1870 se fue a Canadá como delegado de Rusia y participó como cofundador de las primeras colonias menonitas en las estepas salvajes. La madre naturaleza ha capacitado a ese hombre con una verborragia fantástica. Aunque en Asunción tuvo tiempo de cuidar su lengua - porque no sabía hablar el castellano - aquí en el barco 'Apipé' se había acabado su tranquilidad por algunos días. Porque fue sitiado literalmente por nosotros los curiosos día y noche.*

Nuestro amigo ya estaba 'aclimatizado' de tal forma que de un recipiente hecho de un zapallo del tamaño de un puño, en el cual vertía una especie de yuyo que se llama yerba, lo hervía con agua caliente, y tomaba lentamente ese cocido verde, amargo como la hiel e hirviente con una bombilla - que es un cañito largo de metal plateado. Es saludable para el estómago, nos enseña. Correctamente escupe de vez en cuando el líquido y remueve este puré profesionalmente con la bombilla. Además responde incansablemente a nuestras mil preguntas."

Walter Quiring nos informa más sobre el encuentro en el Km 145: *"Rápidamente se suben las personas y se cargan los equipajes, siempre dos familias en un carruaje; cada familia ha recibido para el viaje de cinco días maní, porotos, arroz, galletas y carne cocinada.*

Uno de estos conductores de Menno, un joven, se niega a llevar la familia para él indicada. ¿Pero por qué?, se le pregunta. '¡Ellos son menonitas alemanes!' 'Eso sí, pero mi padre me dijo que no le traiga a ningún menonita con bigote a su casa.' Y solamente con esmero se convence a este muchacho para llevar a la gente. Con el corazón en la mano decide llevar a este señor con bigote y lo deja subir al carruaje. ¿Qué dirá el padre?

Los menonitas de Rusia observaron con sorpresa cómo sus conductores caminaban descalzos por las altas pasturas en busca de los bueyes sin atender al peligro de la presencia de víboras. Muchas veces tuvieron que buscar por largo rato. A pesar de que ya es bastante tarde, los colonos no se apuran por enganchar a los bueyes. Este comportamiento no acostumbrado por los colonos alemanes llama la atención de los inmigrantes, pero los alemanes canadienses sonríen: 'Bajo este calor del Chaco también ustedes van a reducir la velocidad, si no quieren sucumbir miserablemente'."

Impresiones recíprocas y (pre)juicios

La gente de Menno que mucho había hablado de los menonitas de Rusia y había hablado mucho acerca de los posibles nuevos vecinos, recibió ahora la oportunidad de observarlos de cerca y evaluarlos. Y lo hicieron bastante. Después de que los 108 conductores bajaran a las 61 familias de menonitas rusos con su equipaje en el campamento Trébol, el 'Campo de la Corporación', hubo una entretenida y rica conversación entre ellos, y seguramente hubo casi la misma cantidad de preguntas sobre los menonitas de Rusia, como estos tenían acerca del Chaco.

Como llegaron a destino un fin de semana, algunas familias de la Menno hospedaron en su casa a los inmigrantes hasta el lunes. Esto posibilitó conversar más todavía con ellos, y especialmente servirles con comidas abundantes y ofrecerles un descanso antes de bajar en sus nuevo hogar a formar. Algunos llegaron el domingo por la noche con sus viajeros hasta el campamento de los menonitas de Rusia, otros recién el lunes. La parada no se había planificado exclusivamente para santificar el domingo, como se lee en la revista Mennoblatt del mes de abril de 1940: *"La mañana del primer domingo ha amanecido. Los padres de las familias que han llegado durante la noche, están ansiosos por ver las tierras. G.G. Hiebert pide que no se pierda el culto dominical, pero se realizará recién a la tarde; posiblemente mientras tanto hayan llegado algunos colonos más. Los hermanos canadienses casi sin excepción se mantienen inflexibles en la santificación del domingo. Recién cerca del anochecer algunos carruajes llegan de las aldeas más cercanas. El lunes llegan todas las cargas."*

No todos los colonos de Menno tenían contacto con los inmigrantes de Rusia, pero todos estaban envueltos en las conversaciones acerca de ellos. Muchos juicios y evaluaciones personales hubo sobre los vecinos nuevos. No importaba qué la gente de Rusia creía de si misma, ellos no se salvaron de la censura de parte de la gente de Menno, a pesar de su formación superior.

Entre la gente de Menno hubo también los capaces de realizar evaluaciones objetivas en base a las observaciones hechas en el encuentro con los menonitas de Rusia. Algunos conocían lo que había escrito el Anciano Gerhard Wiebe, líder del movimiento de emigración de Rusia en el año 1874, acerca de los menonitas de Rusia 'adeptos al mundo': tenían un mejor nivel de educación formal, y consideraron que la gente de la Colonia Bergthal (en Rusia, antecesores de Menno) estuvo atrasada. Aunque había algo de verdad en esa historia, en general era una opinión muy unilateral.

Naturalmente estos Antiguos Bergthaler llenos de prejuicios se dieron cuenta de que los menonitas de Rusia no podían ser evaluados todos por igual. Así también lo vieron los menonitas de Rusia en relación a los de Menno. Aunque la gente de Menno no estaba a la altura de la formación de sus vecinos (había algunos que la tenían), y muchos ni tenían una formación elemental, eran muy diferentes y no todos limitados en el intelecto.

Así como los menonitas de Rusia vieron afirmados en algunos de los menonitas conservadores una limitación intelectual pertinente a sus imaginaciones, se confirmó también entre la gente de Menno algunos de los prejuicios en relación a los menonitas de Rusia, que se creyeron superiores en cuanto a formación se refiere. Entre los informes que los conductores de los carruajes dieron en casa, había ejemplos como: Cuando - una vez más - se quedaron en un campamento para permitir el descanso de los animales, escucharon que uno de los líderes de los menonitas de Rusia decía lo siguiente: *"Aquí no queremos descansar todavía, queremos seguir el viaje y descansar más tarde."* Pensaba que los conductores querían lo mismo que ellos. La gente de Menno no se dejó perturbar por eso. Se sabía que el lugar era conveniente para dar de comer a los animales, y por eso se desenganchó a los bueyes. Esto confirmó la imaginación de cómo eran los menonitas de   Rusia.

Sea como resultaran los informes: bueno, menos bueno, y a veces muy malos - ofrecieron a los menonitas aislados del mundo ya hacía tiempo una conversación interesante. 'Los rusos han venido', se leyó en 'Die Post' en Canadá el 2 de julio de 1930 en un artículo de Franz R. Funk: *"Yo personalmente no he visto a ninguno y por eso no he hablado con ellos, pero según los juicios de algunos de nosotros, que estuvieron junto a ellos por algunos días, en ellos no se nota que estén viniendo de una miseria grande."*

Sea como fuere en realidad el encuentro entre estos dos grupos de gente menonita, que por varias décadas y por una distancia grande se habían separado mentalmente, una cosa quedó bien en claro: La gente de Menno no estaba ya sola en el Chaco Central Paraguayo, perdida en el mundo, olvidada por la civilización. Los menonitas de Rusia estaban ahora en inmediata vecindad con ellos.

Así se plasmó un segundo asentamiento en el Chaco central. Lo que los menonitas de Rusia y de Canadá tenían en común, eran su diligencia, su amor por el trabajo y su capacidad para crear un hogar, levantar viviendas simples pero agradables, aferrarse a la agricultura, y saber hacer algo con lo poco que tenían. En los dos asentamientos se trabajó duramente. En el fondo eran de la misma fe, pero eran desiguales en sus acciones mentales. Ni en Menno la gente era igual, pero en general tendían hacia una actitud que los menonitas de Rusia consideraban una indiferencia intelectual. No todos, pero muchos de ellos pensaron más lejos de lo que los menonitas de Rusia se percataron en los encuentros pasajeros. Se expresaron generalmente en forma muy reservada. Los de Rusia al contrario - y eso se dio automáticamente de su superioridad formativa - en general eran más abiertos y más locuaces. La gente de Menno creyó haber observado que los de Rusia sabían hablar mejor que cumplir. Los de Rusia vieron a la gente de Menno muy lentos en el pensar e inertes en la reacción de pensamiento. Así surgió la siguiente observación: *"Cuando los de Menno cuentan un chiste entre sí, recién el otro día se ríen del mismo."*

Lo que los rusos evaluaban muy positivamente de los de Menno era la confiabilidad de sus palabras. Cumplían lo que prometían, siendo muy sinceros. En general fue así, pero no siempre en lo particular. A la gente de Menno le llamó la atención la forma ligera y la rapidez de la negociación de los menonitas de Rusia. Llamaron eso en el dialecto: *'Los rusos están haciéndolo como los judíos'.* En este caso se refería a la agilidad de sacar algún descuento importante de los precios, cuando querían comprar alguna cosa de la gente de Menno. Cuando la mercadería ya estaba con precio reducido, igual había que descontar. Pero no todos los 'rusos' eran iguales en ese menester.

Si se dice que la gente de Menno era menos comunicativa que los de Rusia, tiene su razón en el sentido de que la gente de Menno era más reservada en el manejo con los de Rusia, porque estos se consideraban más educados y por ende más capaces de convencer a otro o hacerle callar. Eso exigía prudencia. Entre si la gente de Menno era de mucha conversación, aunque en distintas medidas. Eso deberían haber escuchado los de Rusia, lo que la gente de Menno sabían discutir, cuando no estaban ellos. Entonces no hubieran afirmado tan fácilmente que los canadienses eran reservados de palabra. Los de Rusia, que poco a poco se convirtieron en 'Fernheimer', aprendieron a conocer a la gente de Menno como la que en la regla llevaba el sombrero pirí sobre la cabeza. Los de Rusia prefirieron el gorro. Los de Menno por lo tanto recibieron el sobrenombre 'sombrero pirí', y los de Rusia el sobrenombre 'gorra' de parte de la gente de Menno. Eso estuvo presente más entre la gente joven que entre los adultos.

La diferencia en el equipamiento

Los menonitas canadienses habían vendido sus granjas y las herramientas agrícolas en parte a cambio de efectivo y en parte también lo habían cambiado por tierras en el Chaco. Sus herramientas y otras cosas embalaron en cajas y las llevaron como bienes de carga, algunos más, otros menos. En general había sido posible solo en forma limitada. En relación al status financiero se puede decir que una tercera parte estaba bien munida con dinero en efectivo. Otro tercio tenía algo de dinero y la última parte prácticamente no tenía nada, o sea, llegó pobre al Paraguay, y desde el primer día requirió del apoyo de otros. Prácticamente todos llevaron algunos bienes, pero algunos mucho menos que los demás.

Los inmigrantes canadienses no llevaron cosas para las instituciones comunitarias, como por ejemplo un aserradero o una prensa de aceite. Los menonitas de Rusia por el contrario, que como refugiados habían dejando todo en Rusia, en Alemania fueron equipados con muchas herramientas domésticas y agrícolas, y sobre todo con maquinarias para las instituciones comunitarias, como un aserradero, una prensa de aceite y mucho más. La gente de Menno estaba distintamente equipada en el campo privado, los de Rusia mucho más igualitariamente. Además los de Rusia tenían la ventaja al poner en funcionamiento inmediatamente las instalaciones comunitarias. Era un plus muy grande en el comienzo de la Colonia Fernheim.

En Menno se tenía lo uno y lo otro, pero en pequeña escala y en esferas privadas. El sentido comunitario en cuestiones agrícolas y de negocios recién más tarde se desarrolló de a poco, frenado e impedido por las dificultades organizativas de la administración del asentamiento. Fernheim tuvo en ese sentido una ventaja desde el vamos en las instituciones económicas y sociales. Las maquinarias en Filadelfia fueron aprovechadas por eso también por la gente de Menno, especialmente la prensa de aceite. Pero el camino era largo y se buscó la solución en la adquicisión de una prensa de aceite propia.

Informe de una comisión de Fernheim sobre la Colonia Menno

En marzo del año 1931 una comisión de Fernheim recorrió la Colonia Menno, para hacer un estudio del progreso económico del asenta-miento vecino y aprovechar este estudio en un mejor y más correcto planeamiento de su colonia. Se quiso conocer qué cultivos mejor crecían, en qué cultivos se podrían insistir o si realmente habría esperanza de progreso en el Chaco.

Siguen algunos puntos del informe de esa comisión acerca de las diferentes aldeas de Menno:

*"**Schöntal**: Hemos visto el 'maíz de 40 días'. No es nada especial. Tiene solo el nombre. No es que madure en 40 días. De un resultado normal como lo conocemos de Ucrania, no se tiene ningún concepto. El pasto Sudán se siembra con la mano y se rastrilla; el sorgo alto se junta en gavillas, se coloca en el suelo y se usa como forraje para bueyes en invierno. La mandioca y su raíz se protege ante las heladas, colocándola en pocitos y cubriéndola con heno. Para plantar mandioca se corta la rama en pedazos de 20 cm y se coloca en el suelo dos pedazos en forma cruzada uno sobre el otro en una profundidad de un ancho de mano. Las plantas trepadoras son muy apropiadas para dar sombra en los patios. La enseñanza en las escuelas de todas las aldeas dura unos 6 meses y el sueldo del maestro es de unos 700 pesos. Se puede aprender en todas partes, o como tiene que ser, o como no tiene que ser.*

***Osterwick**: Un pequeño molino de sorgo a mano para preparar harina y el maní para manteca; no se puede confundirla con la manteca de vaca, pero no se la puede despreciar. Un molino para limpiar de la dimensión de una férula tendríamos que fabricar también, como la hemos visto en Osterwick. Pastura de elefante se siembra primero (la semilla) y después se plantan los tallos, se los coloca en fosas y se cierra con el arado.*

***Reinland**: Notablenosparecióuntrilloounbatidordesorgoyporotos. Laconstrucción es muy simple y se impulsa a mano. Un descripción precisa se puede conseguir. Muy prácticos son los plantadores de porotos, con los que se ahorra mucho tiempo. Simple y buena es la prensa para la caña de azúcar. Como un señor Sawatzky posee una tornería, podría hacer el rodillo para la máquina y construirla uno mismo. La mora crece hasta tres metros de altura en tres años.*

***Bergfeld**: Una aldea sin agua en los patios. Un agricultor tenía dos colmenas con abejas negras, pero no consiguió miel en este año.*

***Weidenfeld**: De las clases de batatas la blanca ha de ser la menos dulce. Un adorno para el patio y el jardín son las pirámides: poste de cuatro metros de altura con plantas trepadoras (Lappenranke). Hemos visto también una molinera a motor para sorgo. Toda la instalación: 8.000 pesos. Suficiente para todo el asentamiento. El algodón hay que cosechar a mano cuando las cápsulas se pin-*

tan de marrón. El algodón secado al sol, esparcido después de la cosecha sobre una plataforma al aire libre, es metido en bolsas que se colocan en un cajón de madera de 38 por 65 cm. El cajón debe tener pinzas y articulaciones para abrirlo después de llenarlo de algodón y haberlo pisado.

Los agricultores más fuertes han preparado sus tierras y quieren sembrar la mitad después de la primera lluvia importante. Hortalizas deben ser rociadas con una débil alcalina de tabaco para protegerlas de las orugas. En las aldeas canadienses el suelo es más arenoso que en casa, por eso se ha plantado en el patio de algunas propiedades el pasto Bermuda, lindo para la vista: ¡es recomendable!

Laubenheim: *El señor Johann Töws fue tan cordial de mostrarnos su instalación para sacar árboles. Ahí vimos para nuestra alegría cómo dos árboles fuertes fueron sacados con sus raíces por dos indígenas en cinco minutos.*

Waldheim: *Recepción amable en la casa del señor David Peters. En esta aldea se pagaron tres ediciones anuales del Mennoblatt por adelantado, mientras en otros lugares se mostró poco interés, como si no se tuviera tiempo para la lectura. En la casa del señor H. Töws llamó la atención el paseo de sombra de árboles de paraíso. Se espera poder usar su madera (En esta aldea recibieron muchas ideas acerca de los frutales, entre otras - MWF). Ladrillos crudos son horneados, aunque toda la instalación se encuentra todavía en su etapa inicial, pero es notable. Nuestra tarea será pasar de lo bueno a lo mejor. Se afirma también que las habitaciones en el techo son agradables."*

En relación al cultivo del algodón el señor Walter Quiring escribe en 'Alemanes conquistan el Chaco', en la página 83: *"Algodón, ese producto del Chaco más importante y por el momento único para la exportación, ha podido afirmarse en el asentamiento de Fernheim en forma dificultosa, mientras que los colonos de Menno han reconocido la importancia del algodón como artículo de exportación ya en el primer año y la superficie del cultivo la ampliaron de año en año."*

Al final de este capítulo algunas anotaciones del profesor Hans Krieg, quien visitó las colonias menonitas al comienzo del año 1930, de su libro: 'Entre los Andes y el Atlántico', a partir de página 221: *"A los 'rusos' los encontré básicamente más activos y más abiertos que la gente de Canadá. Su tipo aparecía muchas veces fuertemente 'oriental'. Los 'canadienses' al contrario, en su tipo nórdico mucho más puro, quedaron, con pocas excepciones, de apariencia más severa, de una ortodoxia intolerante. Sus viejos líderes se quejaron en mi presencia por ejemplo de que la juventud comenzaba a cantar otras canciones que las de la iglesia - ¡e incluso a dos voces! Eso no podría conducir a nada bueno."*

Los colonos de Menno transportaron los huérfanos de la
Unión Soviética desde la estación Fred Engen, Km 145 al
campamento transitorio en Trébol cerca de Filadelfia.

CAPÍTULO XVIII

EL ESPINOSO CAMINO DE LA AUTOAD-MINISTRACIÓN EN LA COLONIA MENNO

*"Se trató nuevamente con el Consejo de la Iglesia
(Dirección de la Congregación)
el cambio en el 'Comité de Previsión' - y porque los miembros
del grupo de Saskatchewan y del grupo de la Reserva Occidental
estaban en contra, no se pudo acordar una modificación.
Y el Consejo de la Iglesia dejó la reunión con la observación,
de que a pesar de todo elegiría a más miembros."*

Acta del 'Comité de Previsión', junio de 1932

El deficiente aparato de administración

El proceso de desarrollo de la administración del asentamiento en los comienzos parecía de una manera notable a la naturaleza del Chaco y la entrada de los colonos a esta región. Era un camino lleno de espinas y púas, de malezas obstaculizantes, de contrariedades duras y atrasos múltiples. Tal vez fueron las causas para tal situación la falta de experiencia en el sistema secular de la administración y la inmensa confiabilidad hacia ese sistema, así que la estructura fundamentada legalmente en la autoadministración no funcionaba en la práctica. Solamente la paciente y la objetiva acción de hombres sabios llevó después de siete años de experiencia con el asentamiento, a una forma de administración que se adecuó mejor al bienestar y se acercó a las exigencias de la mayoría de los colonos.

Esa nueva forma de administración subsiste hasta hoy día, con algunos cambios realizados con el correr del tiempo.

La auto-administración concedida

Acerca de los privilegios concedidos por el gobierno paraguayo a los menonitas se expresó la revista norteamericana 'The Literary Digest' en julio de 1927: *"Una concesión no acostumbrada se le ha dado a un grupo de menonitas canadienses de parte del gobierno paraguayo, una concesión, que posiblemente no la hubieran recibido en ninguna otra parte del mundo entero, como alguien decía, que es la libertad del servicio militar, el derecho de tener sus propias escuelas y enseñar en su propio idioma, negar el juramento y tener un autocontrol absoluto sobre el asentamiento."*

De hecho se le había dado una concesión extraordinaria a los colonos del Chaco, una promesa amplia en el sentido que los colonos se administren a sí mismos, es decir, que podían gobernarse en todos los campos. Fue una promesa de mucha confianza de parte del gobierno paraguayo hacia los colonos del Chaco. Era una atribución enorme hacia su propio poder. Nunca habían practicado esto en forma tan abarcadora. En cuanto a la autoadministración social y económica estaban totalmente inexpertos. Lo que ellos conocían era el liderazgo de una comunidad enraizada tradicionalmente en la religión, incluso sus escuelas privadas conducidas por las congregaciones.

En realidad la instalación de una administración autónoma en la economía figuraba en segundo plano. Según sus convicciones conservadoras y tradicionales, la congregación y el sistema escolar ocupaban el primer lugar y debían ser respetadas por tal motivo. Al ser consultada una de las personalidades líderes de la emigración de Canadá y el asentamiento aquí en el Chaco, cómo se había imaginado la organización de la autoadministración durante el asentamiento, la respuesta fue: sobre este punto no habían reflexionado nada, sino se habían expresado en el sentido de que esto se daría por añadidura durante el asentamiento según las necesidades existentes. La palabra bíblica: *"Mas buscad primeramente el reino de Dios y su justicia, y todas estas cosas (lo necesario económicamente) os serán añadidas."* (San Mateo 6, 33), lo entendieron como una letra sellada y no razonaron en este sentido sobre la organización económica y administrativa planificada. No tenían una imaginación concreta sobre el asunto y ningún plan de cómo una autoadministración podría ser manejada y sobrellevada. Posiblemente no hubiera sucedido el mal de la administración que experimentarían poco más tarde, si hubieran pensado bien las medidas y predisposiciones organizativas necesarias para el buen desarrollo de las cuestiones técnico-administrativas en la economía.

En contra de muchas dificultades y desavenencias que surgieron en la conquista del Chaco, no habían existido posibilidades de prevención o de preservación. Se encimaron simplemente al entrar en el Chaco inhóspito y desolado. Distinto fue con la cuestión de los asuntos administrativos, que desembocó en graves discrepancias, y condujo a una situación conflictiva entre los grupos. Todo advino por la administración autodirigida deficiente del joven asentamiento como una tribulación. Se entró en tal situación, porque esta cuestión que en casos normales asume el gobierno, no había recibido la suficiente atención. El escándalo podría haber sido evitado. La culpa de no evitarlo radicó en la inexperiencia de los colonos en un asunto de tanta envergadura y en parte también en su actitud despreocupada hacia una autoadministración. Lo reconocieron prontamente, no demasiado tarde, pero sí con mucho retraso. De los errores se aprende, pero el asentamiento había sufrido ya bastante.

La autoadministración económica y social estaba fundada en la Ley 514, así como también la administración propia de la congregación y la escuela. Que para los colonos tuvieran prioridad la congregación y las escuelas, no era nada reprochable. En la Ley 514 ese punto está en primer lugar, fundamentado en el Artículo Uno y bien explicado. Lo que concierne a la administración económica, recién en el Artículo 6 se menciona y está presentada de tal manera, que el asunto debería resolverse por contactos con encargados del gobierno central paraguayo.

Cuando en junio del año 1928 llegó el momento de fijar y aclarar las disposiciones legales y el reconocimiento de la administración del asentamiento, se dio el nombre de 'Comité de Previsión' para la administración de la colonia. Aunque la administración del asentamiento tuvo que construirse sobre una base completamente nueva y recibiendo un marco totalmente diferente en su manejo práctico, fue una prosecución de lo que se había organizado como 'Comité de Emigración', que en una composición tripartita dirigió la emigración. El 'Comité de la Emigración' había sido llamado 'Comité de Previsión', un nombre tomado de la historia de la colonización en Rusia. El 'Comité de Previsión' en Rusia no había sido una organización menonita, por más que también había prestado sus servicios en las colonias menonitas.

También los menonitas en Rusia tuvieron una autoadministración comunal, subordinada a encargados rusos. El gobierno ruso tenía un órgano y una oficina especial fundada para supervisar la autoadministración. No estaba encargada de supervisar solamente los asentamientos menonitas, sino también los asentamientos extranjeros en general, fundado ya en el año 1763, cuando los menonitas todavía no estaban en Rusia. Fue fundado con el nombre de 'Cancillería de Asistencia' para todos los colonos extranjeros. En el año 1818 esta oficina de administración del gobierno para la supervisión de los colonos extranjeros en el sur de Rusia fue llamado 'Comité de Previsión'. En 1871 fue disuelto, cuando los asentamientos menonitas fueron subordinados directamente a las autoridades provinciales y locales.

El Comité de Emigración

En el año 1921, poco después del retorno de la delegación menonita del Paraguay, en Manitoba fue creado un 'Comité de Emigración' por los interesados menonitas en la emigración al Paraguay, justamente para fomentar el movimiento de la emigración. Los miembros de este órgano fueron Gerhard K. Dörksen, Abram F. Hiebert, Jakob Doerksen (participó de la expedición al Chaco) y Peter F. Krahn de la congregación Chortitzer de la Reserva Oriental; de los Sommerfelder de la Reserva Occidental estuvieron Bernhard Töws e Isaak Funk (los dos participantes de la expedición al Chaco). La tarea del comité en el sentido amplio fue analizar todas las preguntas relacionadas con la emigración, deliberarlas y buscar soluciones. Un asunto no poco relevante fue la venta de las propiedades como tierras, instalaciones agrícolas y todos los bienes inmuebles.

El Comité de Previsión

El primer comité de emigración fue reemplazado en noviembre de 1922 por un comité formal, fundado por los tres grupos interesados en la emigración al Paraguay y fue llamado 'Comité de Previsión'. El nombre y su contenido hicieron recordar a los colonos lo que había sido este comité en Rusia, donde sin embargo fue una organización del gobierno. Los miembros del nuevo Comité de Previsión fueron: de la congregación de los Chortitzer Martin C. Friesen y Abraham A. Braun, del grupo de los Sommerfelder Heinrich Unrau y Heinrich J. Friesen y de los Bergthaler de Saskatchewan Peter Peters y Peter I. Dyck. Este comité fue reconocido oficialmente y se encargó de las negociaciones para el traslado de Canadá al Paraguay.

La posición igualitaria de las tres congregaciones locales de los Antiguos Bergthaler no tenía una importancia determinante, porque los miembros no tenían un poder de decisión, sino solamente funciones de deliberación y de ejecución. El grupo de los Chortitzer formó la gran mayoría en el movimiento de la emigración, el 80 por ciento del total. No se puede imaginar que la peregrinación al Paraguay se hubiera podido plasmar en la colonización consecuente del Chaco, si esta congregación sólo hubiese participado de la misma manera que las otras congregaciones. La empresa de asentamiento solamente aceptó el negocio del traslado, habiendo podido liquidar una cierta cantidad de la venta / compra de las tierras. Esto posibilitó la decisión de emigración de muchos del grupo de los Chortitzer.

La cantidad de los miembros en el Comité de Previsión no tenía nada que ver con la cantidad de cada grupo en aquel momento, porque estos seis miembros eran intermediadores entre todos los emigrantes y la empresa de asentamiento. Los tres grupos formaban una unidad en el comité. Los trabajos preparatorios para la emigración no era iguales en los tres grupos. Esto no pesaba sobre las espaldas de los dos miembros del grupo representado en el Comité de Previsión, sino sobre todo el grupo mismo. Por eso el grupo de los Chortitzer tenía para su grupo un consejo de emigración mucho más grande que los otros grupos. Pero durante las negociaciones con la 'Intercontinental Company' los dos miembros del Comité de Previsión fueron los responsables. En Canadá no se pudo obviar esta organización tripartita, porque había tres grupos diferentes en lugares situados lejos uno del otro que se prepararon para la emigración. Cada grupo tuvo que arreglar sus propios asuntos. Juntos realizaron la emigración.

Se procuraba entonces en ese tiempo de las preparaciones la fusión de las tres congregaciones, para realizar la emigración como si nunca hubieran sido tres grupos locales diferentes. No se quiso fundar tres colonias diferentes de ninguna manera, sino formar una sola colonia cerrada. Y para ser fuerte en las dificultades a ser superadas en el Chaco, fue fundamental una unidad congregacional. Pero la fusión de los grupos no se plasmó, ya que se habían distanciado mucho más de lo que habían pensado. Lo que para un grupo era importante, para el otro parecía de segundo rango, y no se aceptaron las propuestas de arreglo.

Para emigrar de Canadá esas diferencias congregacionales y de opinión no resultaron inhibidoras. Todo seguía el camino planificado para el traslado organizado de la gente. En el Paraguay la división en tres no permitió la unidad armónica en el asentamiento, sino se endurecía para maldición del ya muy sufrido asentamiento, influyendo tanto en la congregación como en lo económico-social. Como organización de la emigración, el 'Comité de Previsión' canadiense hizo un trabajo de primera clase en estrecha relación con la Intercontinental Company, la empresa de asentamiento corresponsable.

El 'Comité de Previsión' en la nueva patria

El esquema para la organización de la administración menonita en el Paraguay fue creado en base a lo que a grandes rasgos presentaron algunos menonitas responsables y que luego fue elaborado por abogados en Asunción. El 19 de junio de 1928 se presentó el Estatuto de la administración en la oficina del juez de paz en Puerto Casado, ante los representantes menonitas. Estaban representados los tres grupos: los Chortitzer de la Reserva Oriental por Martin C. Friesen y Abraham A. Braun, los Sommerfelder de la Reserva Occidental por Isaak K. Fehr y Bernhard F. Penner y los Bergthaler de Saskatchewan por Peter Peters y Cornelius H. Wiebe. Después de cumplirse el acto de fundación, se fijó el 13 de julio de 1928 el estatuto del 'Comité de Previsión' como base de una institución administrativa de los ciudadanos y de la comunidad en el marco de la legislación estatal y del reconocimiento legal. El Presidente del gremio fue el señor Isaak K. Fehr. Más tarde este puesto fue llamado 'Oberschulze' (Administrador), o Presidente de la Cooperativa y Asociación Civil.

El 'Comité de Previsión' se organizó de la siguiente forma:

A. Las facultades

- Colonizar en el Chaco Paraguayo.

- Brindar apoyo moral y material cuando fuese necesario, crear facilidades para la instalación y el desarrollo del asentamiento u operaciones crediticias para el fomento de la colonización.

- Adquirir y vender bienes muebles e inmuebles, así como cualquier clase de mercancías.

- Realizar negocios, en el país como en el exterior, siempre cuando sirven al asentamiento.

- Concertar diferentes negocios, asumir representaciones en el país y en el exterior.

- Realizar contratos de hipotecas u otras garantías.

- Ejercer todas las plenipotencias permitidas por ley, concedidas a personas jurídicas.

- Ejercer y ejecutar todas las acciones útiles y que sirven para proteger a los colonos menonitas en el Paraguay y apoyarlos.

B. La dirección

- No perseguir intereses comerciales o intenciones de lucro para si mismo.

- Los servicios para los colonos tienen que ser gratis, es decir los servicios que se hacen para la comunidad.

- Si se originan gastos para el 'Comité de Previsión' por el fomento a intereses privados, tienen que ser pagados.

- Las ganancias por servicios privados tienen que ser empleadas debidamente para el bien general de los colonos.

- El comité tendrá seis miembros. Pero este número puede ser aumentado en base a una resolución mayoritaria de los socios.

- La empresa de asentamiento es tripartita, y para cada grupo habrá dos representantes.

- Cada grupo define entre sus miembros los representantes en el 'Comité de Previsión': dos de la Reserva Oriental, dos de la Reserva Occidental, y dos de Saskatchewan.

- Si uno de estos miembros fallece, sale del consejo, se ausenta por mucho tiempo, o es excluido por la mayoría de los miembros, tiene que ser reemplazado por el grupo de donde salió. La mayoría de los miembros del grupo tiene que elegir un nuevo miembro.

- Ningún miembro puede exigir o poseer parte de los bienes de la comunidad, ni tampoco sus descendientes.

- El 'Comité de Previsión' es representado por un secretario.

- Este secretario es nombrado entre sus miembros por ellos mismos.

- Queda en el cargo hasta que los miembros nombren a otro.

- El secretario llama a reunión a sus miembros. Con la presencia de cuatro miembros puede iniciar una sesión.

- El secretario tiene los siguientes derechos:

1. Representar a la comunidad frente a las autoridades del gobierno y terceros.

2. Llevar la correspondencia.

3. Realizar la contabilidad y presentarla de vez en cuando a los miembros en una reunión.

4. Realizar toda clase de negocios de dinero.

5. En general ejecutar todas las acciones que son de competencia de un gerente o de un Administrador o de una encargado general.

- Documentos que necesitan de una autorización especial deben de ser firmados por la mayoría de los miembros.

- El capital de esta Sociedad Civil llamada 'Comité de Previsión' posee un poco más de 50.000 ha de tierras en el Chaco Paraguayo, que ha sido pagado y que oportunamente será transferido al 'Comité de Previsión' por la Corporación Paraguaya.

En base a estos artículos, el 'Comité de Previsión', órgano de la autoadministración comunal del joven asentamiento, institución que fue creada como un consejo que se preocupaba, dirigía y representaba a la sociedad menonita, responsable por el crecimiento del asentamiento.

Durante la elaboración del estatuto para esa institución, los representantes de los Chortitzer no estaban presentes. Los dos eran pastores (el uno Anciano de la congregación) y por eso muy ocupados en asuntos de su congregación. Todavía no se les había liberado de la función del traslado hacia el asentamiento, con la cual estaban estrechamente ligados y confiados desde el inicio del movimiento de emigración en Canadá, y por tal motivo tuvieron que ayudar en todos los menesteres del asentamiento. Así responsabilizaron a los representantes de los otros grupos para elaborar un esquema de administración de la colonia para la presentación.

Era obvio que en cierto sentido sería un aparato de administración tripartito. Los tres grupos recibirían en forma separada derechos sobre sus tierras, es decir la Reserva Oriental, la Reserva Occidental y de Saskatchewan. Y cada grupo poseedor del título de propiedad de su terreno tendría su representante en la administración del asentamiento. Sería una sola colonia, formada por tres grupos diferentes con títulos de terreno propio.

Era un sistema bastante enredado que se había ideado, que podría haber funcionado como institución de la administración a pesar de su direccionalidad tripartita. Pero la repartición de los representantes de los grupos tendría que haberse hecho en relación a la cantidad de los colonos. Aquí radicaba el problema. Algunos años más tarde la congregación de Chortitzer intentaba lograr la adaptación del número de los miembros del comité a la cantidad de cada grupo. El intento fue rechazado en el 'Comité de Previsión' por la mayoría de dos tercios (las dos minorías), y se originó un problema sin salida. Los dos representantes del grupo Chortitzer, que al llegar al Paraguay abarcó el 70 % de los inmigrantes, y luego el 80 % de los colonos, por haber- se unido a ellos un grupo de la Reserva Occidental, reconocieron la trampa de aquella reunión en Puerto Casado el 19 de junio, cuando se dictaminó la organización del 'Comité de Previsión'. Se expresaron abiertamente sobre el asunto, diciendo que un número limitado de representantes significaría una participación desigual en las funciones y no les parecía correcta esta forma. Los demás cuatro miembros no aceptaron una nueva negociación y se aferraron al esquema una vez presentado. Cuando los dos represen- tantes de Chortitzer se dieron cuenta que a través de la insistencia suave no se conseguiría nada, dejaron sus propuestas de mejoras, para conservar la paz en el asentamiento. Más tarde reconocieron frente a los hermanos de la congregación, que haber cedido aunque en parte había sido un gran error. Mejor hubieran presentado el asunto enseguida a los hermanos para poder tomar una posición y formalizar la cuestión administrativa adecuadamente. Los dos representantes habían aceptado la propuesta y firmado, aún sa- biedo que lo hacían en contra de su voluntad. Si lo hubieran presentado a la congregación, el resultado hubiese sido un lío, pero más tarde hubieran tenido menos dificultades y complicaciones.

Finalmente se quiso demostrar una confianza recíproca y contar con que todo mejoraría. Ese pensamiento estuvo presente en aquel 19 de junio en Puerto Casado entre los Chortitzer. Pero fueron engañados en su buena fe. Lo que no se quiso que sea verdad, y se consideraba imposible, pasó pron- to. El derecho fundado en el estatuto de tomar resoluciones con la mayoría de dos tercios en el 'Comité de Previsión', y rechazar propuestas, fue puesto en práctica, cuando la gran mayoría de los colonos quiso que se haga algo (Chortitzer), pero que no estaba en el interés o por lo menos en la necesidad de los dos pequeños grupos. Estaban representados con los dos tercios de los votos en la administración, a pesar de que ellos constituían solo el 20 % de los colonos. Sobre esa base no se pudo esperar del 'Comité de Previsión' ningún fomento o algo útil para el asentamiento. Para el grueso de los colo- nos muchas cosas se quedaron en la nada por ese motivo.

¿Por qué estos dos grupos se encaminaron por una senda tan dudosa? Se había tenido la mejor intención con la instalación de la autoadministración, que en forma muy amplia había sido permitida y fundamentada en la Ley 514 por el gobierno paraguayo. Se anhelaba el progreso de la colonia. Pero los dos grupos más pequeños eran más fuertes económicamente que los Chortitzer. Cuando estos se empeñaron por sacrificarse por todos los medios para lograr el bien de sus socios, los representantes de los dos grupos menores rechazaron las propuestas buscando una resolución 'igualitaria' para todos los colonos, si las medidas a ser tomadas no les parecían necesarias para sus grupos. Como minoría aprovecharon su derecho legalmente asegurado sin escrúpulos.

El grupo grande de los Chortitzer tenía mucha gente pobre y por eso más obligaciones que cumplir. Exigía de ellos esfuerzos mucho más grandes para mantener su parte de la población del asentamiento y mucho más desarrollarla. No sorprendía que los pequeños grupos, que no estaban dependiendo del apoyo de los otros, buscaron protegerse frente a la mayoría absoluta, que económicamente estaba muy atrasada.

En realidad era una acción no sabia, no solamente en el sentido social, sino en cuanto a las leyes paraguayas sobre asuntos de decisión por mayoría. Por eso los cuatro representantes de los pequeños grupos no pudieron hacer nada, cuando finalmente los dos representantes del grupo grande, apoyado ahora ya por el 90 % de los colonos, se presentaron ante el Presidente de la República, pidiéndole apoyo para dar al aparato de la administración una base que buscaba el bien de todos los colonos. El asunto echó una sombra sobre el asentamiento joven y multiplicó las dificultades en el asentamiento, de los cuales ya había suficientes.

Aunque para la minoría existieron motivos para encerrarse frente al grupo grande, no se puede entender porqué malusaron las plenipotencias legales en contra de la mayoría absoluta de los colonos.

La representación desigual

Dos tercios de los inmigrantes asentados de los de la Reserva Occidental no habían apoyado la lucha por el derecho de la minoría. Habían decidido ya en 1927 en los campamentos transitorios unirse al grupo más grande (Chortitzer), mostrando un comportamiento ejemplar. Naturalmente este paso había provocado un fuerte descontento en los otros de la Reserva Occidental, que hubieran preferido levantar un alambrado antes que nada. Estos querían afirmar su independencia y conservar su grupo mano a mano con los de Saskatchewan. Todo esto pasó en nombre y en el marco de la empresa de colonización.

Las 27 familias de los Sommerfelder de la Reserva Occidental que se unieron a los Chortitzer, no lo hicieron para aprovechar la caja de auxilio para apoyar a la gente pobre. La mayoría de esas 27 familias era adinerada, algunos incluso muy adinerada. No se quedaron solamente entre sí, cuando las 11 aldeas del grupo de la Reserva Oriental fueron fundadas, sino se distribuyeron en siete de las 11 aldeas. Se identificaron con los Chortitzer, cumplieron las obligaciones de estos, y los más pudientes prestaron su plata a la caja de auxilio de la congregación. Participaron en todo, como si hubieran pertenecido siempre al grupo. Incorporaron sus terrenos a la Reserva Oriental.

De las 53 familias de la Reserva Occidental inmigradas en 1927 al Paraguay, habían regresado muchas a Canadá, y en 1928, después de juntarse las 27 familias con los Chortitzer, se quedaron solamente 13 familias. Ellas fundaron las aldeas Laubenheim y Waldheim. De esas 13 familias en poco tiempo más o menos la mitad no compartía más las ideas de la minoría. Parecida es la historia de los de Saskatchewan (Bergthaler), y una parte en poco tiempo se acercó a los Chortitzer. Así en poco tiempo el 90 % de los colonos presionaba a favor de una reforma de la administración.

El grupo de los Chortitzer eligió dos nuevos miembros para el 'Comité de Previsión' para sacar a sus dos miembros que al mismo tiempo eran empleados de la congregación. En reemplazo de Martin C. Friesen y Abraham A. Braun fueron designados Jakob A. Braun y Johann R. Doerksen. Braun pertenecía originariamente a la Reserva Occidental. Los nuevos miembros en el 'Comité de Previsión' no fueron reconocidos por el estatuto. Así que simplemente fueron representantes de los dos anteriores. Asistieron a las sesiones del 'Comité de Previsión' y participaron en resoluciones que concernían de la misma manera a los tres grupos.

El grupo grande de los Chortitzer precisó de ayudas más intensas y tuvo que negociar préstamos, lo que era de fundamental importancia para este grupo. El 'Comité de Previsión' tuvo todas las plenipotencias para crear posibilidades de la ayuda al asentamiento. Los esfuerzos de los Chortitzer fracasaron al encontrarse con los cuatro votos de los representantes de los dos grupos pequeños, que no necesitaban de estas medidas urgentes. El órgano rector de los Chortitzer, la dirección de la congregación, repetidas veces se acercó a los demás cuatro miembros del 'Comité de Previsión' con el pedido de terminar con las barreras de la administración, apoyado por consejeros económicos.

En las actas del 'Comité de Previsión' se menciona el problema de la administración por primera vez el 18 de enero de 1930: *"Un encuentro ha sido convocado por el secretario* (este es el Administrador, 'Oberschulze' de hoy - MWF), *para ver si es necesaria una elección en el 'Comité de Previsión'. Se propuso mantenerlo así como lo dice el estatuto del 'Comité de Previsión'."*

Como el grupo de la Reserva Oriental era mucho más amplio, se debió trabajar mucho más intensamente en esta región del asentamiento. En especial los colonos menos adinerados necesitaron de la entrega y de la intermediación de parte de la administración. Así decidió este grupo solicitar un crédito para la compra de ganado. Sus representantes la presentaron debidamente al 'Comité de Previsión' en una reunión. Los demás cuatro representantes no estaban a favor, y con eso se liquidó el asunto. El problema seguía y había que hacer algo urgentemente. Si los pequeños grupos no querían el crédito, para el grupo grande era fundamental para su vida y el desarrollo.

Por eso los colonos del grupo grande se vieron forzados realmente a echar su mirada a un comité de ayuda que se había fundado en Puerto Casado en 1927. Era el 'Comité de Transporte', que había tenido la tarea de aprovisionar los campamentos con harina y sobre todo había tenido la responsabilidad de organizar la entrada de los colonos al desierto, supervisarla y fomentarla. Este comité ya disuelto, fue activado de nuevo y creó una base común entre las congregaciones. No era una empresa ilegal, ni enía fuerza de ley, es decir, ninguna plenipotencia estatal. Pero procuraba hacer los básico para la gente de la Reserva Oriental. Mientras tanto no se dejaba de pensar en una reforma del sistema de administración.

En ese ínterin llegaron los menonitas de Rusia y fundaron la Colonia Fernheim, lindante a la Colonia Menno. Estos colonos juntos crearon las instituciones comunitarias. Su aparato administrativo fue fundado y apoyado por la mayoría. Lo mismo quería también la gran mayoría de los colonos de Menno, pero fracasó ante el sistema extraño de la administración.

En 1932 la dirección de la congregación de la Reserva Oriental organizó una reunión con el 'Comité de Previsión', para ver si por fin se podría hacer algo. La gente presionaba para tomar medidas, abrir e iniciar un camino posible y efectivo para eliminar las deficiencias en la administración. La reunión tuvo lugar el 28 de enero. En el consejo de la congregación ya había personas de la Reserva Occidental, y junto con algunos otros del mismo grupo ya no apoyaron la función paralizante del 'Comité de Previsión'. Se unieron totalmente al grupo grande, que de una manera decidida y muy objetiva presionaba por la superación de la situación miserable. Pero ni en esta reunión se logró más que una pelea verbal. Los Chortitzer intentaban convencer a los representantes de Saskatchewan, de no participar en la votación. Pero ellos llevaron al fracaso la cuestión del grupo grande con su 'mayoría absoluta' en la votación. No hubo nada que hacer. Los representantes de Saskatchewan se aferraron a lo que se había arreglado con el gobierno paraguayo. Significaba que los representantes del 10 % del asentamiento decidieron hasta por el 33 %. El consejo de la congregación hizo entender que buscarían consejo dentro de su grupo y buscarían qué hacer y qué camino tomar en esta   situación.

Intentos de reforma

El consejo de la congregación organizó las reuniones con los hermanos (feligreses masculinos) el 16 de febrero de 1932 en Osterwick y el 17 de febrero en Weidenfeld. Las reuniones exigían una representación de acuerdo al número del grupo de la Reserva Oriental en la administración. Se propuso fundar una administración nueva, y que se elija el presidente del 'Comité de Previsión' con la participación de todos los socios mayores de la colonia (hasta ese momento puesto en su cargo por los integrantes del 'Comité de Previsión') y llamarle jefe (Vorsteher).

La dirección de la congregación procuró repetidas veces la transformación de la miserable situación de la administración. Como demuestra un escrito del 3 de noviembre de 1932, hasta ese momento no se había logrado nada: *"Algunos puntos principales que fueron explicados y ofrecidos a los Bergthaler y a los de la Reserva Occidental en la reunión en la que estaban presentes algunos de la dirección de la congregación:*

1. Reformar el Estatuto del 'Comité de Previsión'. - No fue aceptado.

2. Fundar una nueva administración, a la que se debía de subordinar el 'Comité de Previsión' como órgano responsable de toda la propiedad de las tierras. - No recibió ninguna atención.

3. Se propuso organizar una reunión de hermanos más, en la que también estarían presentes todos los de la Reserva Occidental, para deliberar una vez más sobre el asunto. - No se consideró como algo aceptable. "

Po todo esto se consideró que había llegado el momento de ir con el asunto junto al Señor Presidente de la República. Como la administración había sido reconocida legalmente por el gobierno, y el estatuto le daba a un grupo pequeño las plenipotencias sobre todo el grupo, no había otra alternativa que ir junto al Presidente de la República. El Presidente de aquel entonces era el Dr. Eusebio Ayala, a quien los menonitas conocían como una hombre muy sabio, y que fue uno de los protagonistas de la realización de la colonización menonita del Chaco desde el primer día. Había sido Presidente de la Corporación Paraguaya. Se esperaba de él lograr suficiente apoyo. Como el Paraguay estaba en una situación de guerra con Bolivia, no se quiso ir en ese momento con estos problemas junto al jefe de gobierno, sino esperar el fin de la guerra.

Mientras tanto el grupo grande de los Chortitzer intentaba encontrar una solución interina. Cuando se vio que en el sistema no había posibilidad de cambio, se formó un comité de administración provisorio para el grupo grande. Los elegidos para formar parte del Comité fueron los colonos Jacob A. Braun, Jacob T. Dück, Wilhelm D. Giesbrecht y Johann A. Schröder. Fue   en el año 1932. Al fin y al cabo se tenían que arreglar diferentes asuntos en el nuevo asentamiento.

A la mitad de 1934 se dio cuenta el señor Jacob A. Braun en Asunción, que se podría presentar el problema de la administración. La guerra no había terminado, pero su final era ya previsible, y era muy favorable al Paraguay. El 3 de setiembre de 1934 algunos pastores de la congregación de los Chortitzer y tres representantes de la Reserva Oriental tomaron parte de una reunión del 'Comité de Previsión'. Ahí le informaron a los representantes de los pequeños grupos, que se pensaba ir a Asunción para buscar una solución al problema administrativo interno.

Presencia en Asunción

Jakob A. Braun, representante de la Reserva Oriental, ya había establecido una relación con un abogado en Asunción que hablaba el alemán, el Dr. Sigfredo V. Gross Brown. Este incluso había pasado por las colonias del Chaco durante la guerra. A él dirigieron un escrito unas seis semanas antes de su presencia en Asunción. Este documento rezaba que no se logró ningún éxito todavía en el asunto del 'Comité de Previsión'. Los cuatro miembros de los dos pequeños grupos no se subordinaban a la resolución de la comunidad, según la cual se debía reformar el comité, y que se instituya a representantes según necesidad, y que el encargado general (Vorsteher) debiera ser elegido por toda la colonia. No se había avanzado ni un solo paso.

En setiembre de 1934 fueron enviados tres hombres de los Chortitzer a Asunción, para presentarse con el asunto del 'Comité de Previsión': Jakob A. Braun, Peter T. Klassen y Abraham A. Braun. El 27 de setiembre hablaron con el Presidente. En primer término le explicaron la situación de la administración y después expresaron sus anhelos, pidiéndole su intermediación en las dificultades de la administración. En el escrito se explica en la introducción que el 'Comité de Previsión' es el órgano de la administración de los colonos. El comité está compuesto por seis miembros: dos para cada Reserva, es decir, dos de Saskatchewan, dos de la Reserva Occidental y dos de la Reserva Oriental.

Más adelante dice: *"La instalación de la administración se ha detectada como insuficiente y errónea después de varios años de experiencia, por la razón de que los miembros del 'Comité de Previsión' no han sido repartidos igualitariamente entre los colonos del asentamiento. Los primeros grupos mencionados anteriormente con una población de 300 personas más o menos y una superficie de tierras de 13.500 ha tienen cuatro representantes, mientras que el grupo nuestro con unas 1.200 personas y una superficie de 42.000 ha tiene solamente dos representantes.*

No siempre los intereses de los distintos grupos son los mismos. Por su situación, su población, por la manera y el tamaño de las plantaciones, nuestro grupo necesita a veces de ciertas medidas que no responden a las necesidades de los demás. Para eliminar estos errores, y con el deseo de crear una buena administración con una representación que se adapta a la importancia de nuestro grupo, hemos propuesto a los representantes de los grupos de Saskatchewan y de la Reserva Occidental, una de las dos siguientes cosas:

1. Permitir más representantes en el 'Comité de Previsión' para nuestro grupo, e instalar una administración general, en la que el Administrador General o el presidente sea elegido por toda la colonia, o:

2. Disolver el 'Comité de Previsión' e instalar una nueva administración.

Las dos propuestas han sido rechazadas."

Además le aseguraron al Señor Presidente que la situación en la que se encontraban era inaguantable, y que el pueblo tenía el deseo ferviente de lograr el cambio de la organización de la administración.

Se estaba dispuesto a hacer todo lo posible para conservar sus derechos. Se le comunicó al Presidente que de los dos pequeños grupos una cierta cantidad de colonos estaba ya del lado del grupo de la Reserva Oriental, deseando un cambio de la forma de administración lo antes posible. La audiencia terminó con la siguiente nota de parte de los visitantes menonitas: *"Como usted, Señor Presidente, siempre se ha entregado en forma especial por la colonización estando abierto a nuestras peticiones durante todo ese tiempo, le pedimos de todo corazón, Señor Presidente, mediar en nuestra causa, para que podamos encontrar una solución."*

Poco después se fueron también a Asunción algunos representantes de los pequeños grupos para hablar con el Presidente Ayala. En un memorándum de ellos del 30 de octubre de 1934, dice lo siguiente en relación a este encuentro: *"El Presidente nos explicó las quejas de los de la Reserva Oriental, que existen por escrito: División del 'Comité de Previsión', para que los de la Reserva Oriental tengan su propia administración. Los de la Reserva Oriental han exigido cinco representantes. Los de la Reserva Occidental y de los de Saskatchewan han rechazado esta propuesta. Existirían tantos asuntos en la Reserva Oriental, que no le interesarían al 'Comité de Previsión'. En otras palabras: El 'Comité de Previsión' no tomaría en cuenta los intereses locales, y avanzarían mucho más rápido económicamente si tuvieran su propia administración.*

El Presidente manifestó que lamentaba que los menonitas no estuvieran unidos, porque esto sería molestoso y desventajoso para ellos. Ya habían suficientes conflictos en el país. Los menonitas estarían ahí como ejemplos de unidad y fuer-

za. El pueblo paraguayo tendría la impresión de que nosotros (los menonitas) seríamos de una gran unidad y nos considerarían como ejemplo. El Presidente repitió varias veces, que nosotros (los menonitas) deberíamos mantenernos unidos; porque si el pueblo paraguayo se diera cuenta que no estábamos unidos, podría ser eso de gran desventaja para los menonitas.

El Presidente nos exigió con mucha insistencia consensuar esto con el Dr. Gross Brown. El Presidente dijo que iba a encargar al Dr. Brown viajar a la colonia para arreglar el asunto. Él dijo que el Dr. Brown mostraba mucha comprensión e interés para con los menonitas. Como hombre de derecho sabría evaluar la situación.

El Presidente nos exhortó, que se encuentre una solución para que nosotros podamos trabajar juntos otra vez. Nosotros expresamos nuestro pesar porque esta situación conflictiva haya tenido que ser presentada frente al gobierno.

El Presidente seguía explicando que la división de la colonia originaría muchos asuntos desagradables. Había que incorporar otras corporaciones públicas para traspasar las propiedades concernientes. La congregación no es una persona jurídica. En otras palabras: La congregación debería ser incorporada primeramente. Un grupo de personas no puede poseer una propiedad de inmuebles según la ley, si anteriormente no ha sido incorporado por el gobierno.

El Presidente dijo que él no quisiera inmiscuirse en cuestiones privadas. Él solo podría asumir el rol de intermediador, y estaba dispuesto a hacerlo, si se lo deseare.

El Presidente dijo al final, que él había preguntado a los querellantes, qué clase de acusaciones habían hacia el 'Comité de Previsión'. A lo que habían respondido, acusaciones no las tenían, por ejemplo de desfalco o de corrupción."

Esta audiencia duró 25 minutos.

Tan desagradable como era la cuestión, el grupo de la Reserva Oriental estaba decidido a hacer el cambio. El primer paso sería procurar conservar el 'Comité de Previsión', pero reformando su estructura. Si esto no fuera posible, se debería crear una nueva administración. En una asamblea de los colonos del 18 de febrero de 1935 se resolvió cambiar los artículos del 'Comité de Previsión' de la siguiente manera: 1. Que los miembros sean elegidos por la congregación y no por la mayoría de los miembros del 'Comité de Previsión' y 2. Que el líder (Vorsteher) fuera elegido por los colonos y no por los miembros del 'Comité de Previsión'. Con estas resoluciones los miembros de la Reserva Oriental se presentaron ante el 'Comité de Previsión'.

Lo que resultó de esta reunión, leemos en el acta del 'Comité de Previsión' del 11 de marzo de 1935: *"En primer término J.A. Braun y los otros de la Reserva*

Oriental querían tener la confirmación de cambiar el estatuto del 'Comité de Previsión':

a) Que los miembros del 'Comité de Previsión' sean elegidos por la congregación.

b) Que un Administrador General sea elegido por la colonia.

c) Que el 'Comité de Previsión' dependa de la congregación. A través de la lectura del Estatuto se procuró hacerles entender que el punto a) y el punto c) están totalmente cubiertos por el Estatuto. Pero, poner en el cargo a un Administrador General, no fue aceptado."

Los de la Reserva Oriental enviaron otros dos hombres a Asunción, al Anciano Martin C. Friesen y a Jacob A. Braun, para seguir aconsejándose con el Presidente, y qué camino seguir para el arreglo del asunto del 'Comité de Previsión'. Salieron de su casa el 18 de marzo. En Asunción se presentaron el 2 de abril ante el Señor Presidente, el Dr. Eusebio Ayala. El Dr. Sigfredo Gross Brown los acompañaba. También el señor Johann Priesz se sumó al grupo, pero no estaba del lado de los de la Reserva Oriental, sino apoyaba a los grupos pequeños. El 9 de abril regresaron al Chaco.

Del memorándum de esa visita al Presidente extraemos lo siguiente: *"El Presidente nos recibió en el palacio y tuvimos con él un diálogo de más de una hora. El Dr. Gross Brown hizo la introducción. El tema de la conversación fue la administración de la Colonia Menno. El señor Jacob A. Braun presentó la solicitud para la transformación del Estatuto para el 'Comité de Previsión'. El Señor Presidente como también el Dr. Gross Brown, leyeron el escrito e hicieron algunas observaciones en cuanto a lo leído. El Presidente revisó la cantidad de firmas y preguntó por el lado contrario. Mencionó que el lado contrario había presentado su protesta. Nosotros le entregamos al Presidente un proyecto para una organización administrativa, en el cual había una forma de seguridad contra la hipoteca y la venta de tierras a través del 'Comité de Previsión'. El Presidente respondó a eso que en el Paraguay no existía una ley relacionada al tema. También rechazó la posibilidad de decretar esta ley.*

Entre otras cosas dijo el Presidente que sería mejor separarse que vivir constantemente en desunión. Él recomendó instituir dos comités y aseguró que ellos aceptarían todos los asuntos de los dos comités, pero con nombres distintos, como lo habían hecho con uno hasta ahora. 'Pero me parece', acotó el Presidente, 'que no es su deseo dividirse'. Entonces dio la siguiente propuesta: el grupo de la Reserva Oriental debería tener en el futuro cuatro miembros en el 'Comité de Previsión' y un Administrador General debería ser elegido por todos los colonos. Preguntamos si se podría añadir una cláusula en el Estatuto, lo que el Presidente afirmó. Seguimos preguntando: ¿qué se tendría que hacer, si el 'Comité de

Previsión' no podría ser instituido en forma pacífica según su propuesta? El Presidente respondió: 'Entonces se tendrán que dividir'. Finalmente le preguntamos si era posible dividirse, si cuatro miembros estaban en contra. Él dijo que sí, pero el pueblo debería presentar entonces una solicitud.

El Presidente también expresó su preocupación sobre nuestras diferencias de opinión y dijo, que él quisiera hacer todo lo posible para ayudar a solucionar estas diferencias de opinión. También pidió que no entremos en un proceso jurídico y siguió explicando que él contaba con que quedásemos con este asunto entre nosotros. O - seguía preguntando - si procederíamos finalmente en forma jurídica. Nosotros respondimos que no lo haríamos.

Se observó que el 'Comité de Previsión' se había instituido para protección de una minoría. Y el Presidente agregó que así una minoría dominaba sobre la mayoría. Pero la mayoría debería gobernar. Se acordó presentarle al pueblo esta propuesta y después retornar junto al Presidente con el debido resultado.

Después que los señores Friesen, Braun y Priesz le habían presentado al Señor Presidente sus propuestas y sus asuntos y cada partido rechazara las propuestas de reformas del otro, el Presidente recomendó, para conservar la unidad de la colonia, tomar medidas para la solución de las diferencias de opinión de momento que él consideraba como favorables. Estas medidas posibilitarían una mejor administración de la Colonia Menno según su opinión, con la condición de que todos los grupos colaborarían en confianza mutua.

Las recomendaciones del Presidente eran las siguientes:

1. Parágrafo 5 del Estatuto del 'Comité de Previsión' tendría que decir: 'La cantidad de miembros de la organización será ocho, cuatro de ellos de la Reserva Oriental y dos de la Reserva Occidental y dos de Saskatchewan.

2. Los miembros del 'Comité de Previsión' deben reconocer como miembros a los que han sido elegidos por los grupos correspondientes.

3. Los tres grupos del asentamiento se responsabilizan entre sí, nombrar a un Administrador General, electo por toda la colonia o del 'Comité de Previsión'.

4. La propiedad del terreno se queda como antes a cargo del 'Comité de Previsión'. Como los de la Reserva Oriental han aumentado su representación, es imposible que el 'Comité de Previsión' pueda disponer sin la voluntad de este grupo sobre los terrenos de ellos."

Luego de retornar de Asunción los dos encargados de la Reserva Oriental en una reunión del 'Comité de Previsión' leyeron las recomendaciones del Presidente y conversaron con los otros cuatro representantes del 'Comité de Previsión'. Una respuesta a las recomendaciones no recibieron. Después de algún tiempo llegó la respuesta, como sigue: *"Viendo las propuestas del Presidente de la República del Paraguay del 2 de abril de 1935 hemos aceptado la propuesta como grupo de la Reserva Occidental y de Saskatchewan, que el grupo de la Reserva Oriental puede tener cuatro representantes en vez de dos en el 'Comité de Previsión', pero sin el Administrador General."*

Este comunicado no tiene firma.

Algunos días más tarde, el 21 de mayo, tuvo lugar otra reunión de colonos de la Reserva Oriental, y se tomaron las siguientes resoluciones:

*"1. Instituir una administración para la gente de la Reserva Oriental con el nombre de **Chortitzer Komitee.***

2. En caso de que sea necesario, se buscará otro nombre para la colonia.

3. Se debe elegir a un Administrador General (Vorsteher).

4. Dirigir una solicitud al Presidente de la República y pedir su consejo.

5. Para cubrir los gastos realizar una colecta."

Fundación de una nueva Administración: el Chortitzer Komitee

Se pensó ya fundar una nueva administración, porque las recomendaciones del Presidente de la República prácticamente no las había tomado en serio el 'Comité de Previsión'. Pero, para demostrar al Señor Presidente que las recomendaciones habían sido aceptadas por la mayoría de los colonos, se formuló un escrito posterior para que los colonos lo firmaran:

"Nosotros, los colonos de la Colonia Menno y miembros de la Reserva Oriental deseamos que se reforme el estatuto del 'Comité de Previsión', y que quede como sigue:

1. Que los miembros socios del 'Comité de Previsión' sean elegidos por los colonos de la Colonia según necesidad.

2. Que sea elegido un Administrador General por los socios de la Colonia.

3. Que el 'Comité de Previsión' dependa de la Colonia misma.

Confirmado con la firma de los presentes..."

La misma versión de ese deseo de reforma fue redactada para la Reserva Occidental y Saskatchewan. Del 20 % de los colonos de estos pequeños grupos firmó la mitad, quedándose el 10 % de ellos que quería mantener el Estatuto del Comité de Previsión así como había sido establecido, constituido y registrado una vez. Conjuntamente con el grupo de Chortitzer, firmaron el 90 % de los colonos de la Colonia Menno y expresaron con esta acción su deseo de reforma de la forma de administración.

En junio de 1935 la dirección de la congregación organizó elecciones para los miembros de la nueva administración a ser fundada y que se esperaba sea reconocida legalmente, y que llevaría el nombre de **'Chortitzer Komitee'**. Se eligieron cinco miembros del comité y un Administrador. Fue electo como Administrador el señor Jakob A. Braun y como miembros del comité Jakob T. Dück, Heinrich F. Harder, Peter T. Klassen, Jakob H. Hiebert y Jakob W. Kauenhowen. Las seis personas formaron el Directorio. Además fueron nombrados hombres de casi todas las aldeas - en total 33 personas - y registrados como vocales formando la columna vertebral legal de la nueva administración de la colonia.

En julio de 1935 dos representantes de la Reserva Oriental, el Anciano Martin C. Friesen y Jakob A. Braun, viajaron a Asunción y hablaron de nuevo con el Presidente de la República. Ellos tenían un ayudante extraordinario y líder en el abogado Dr. Sigfredo Gross Brown, con quien podían dialogar sobre todos los asuntos en alemán, y él traducía al castellano, si era necesario. Con el Dr. Eusebio Ayala conversaron sobre estos asuntos en inglés.

Los representantes de la Reserva Oriental presentaron al Jefe de Estado un escrito con el siguiente contenido: *"Los cambios en el estatuto del 'Comité de Previsión', como fue propuesto por usted, Señor Presidente, el 2 de abril, no pudieron ser realizados, porque los grupos de la Reserva Occidental y de Saskatchewan no aceptaron el punto que prevé la elección del Administrador a través de elecciones generales. Ante esa realidad y animado por el deseo íntimo por lograr la solución de este conflicto lo antes posible, nos dirigimos otra vez a usted, Señor Presidente, porque usted conoce nuestro deseo habiendo recibido nuestras preocupaciones siempre complacientemente.*

Por eso le pedimos ahora el apoyo para la fundación de una nueva sociedad, con el nombre **'Chortitzer Komitee',** *para nuestro grupo, que es llamado así en el Estatuto del 'Comité de Pervisión'. Debe ser la organización administrativa y del comercio de nuestro grupo y al mismo tiempo autorizado para la transferencia de las tierras. Esta sociedad debe consistir de cinco miembros y un Administrador General. Pero el número de los miembros puede ser adaptado en cualquier tiempo a las condiciones actuales. Los miembros deben ser elegidos por un año de servicio. La elección se organizará de tal manera, que no todos sean electos en forma simultánea."*

No se puede encontrar nada en cuanto a la reacción a aquella acción, pero se sabe que la entrega de la solicitud recibió la debida atención y el reconocimiento, pero el proceso fue lento.

De vuelta a la Colonia, se preparó un proyecto en base al Estatuto del 'Comité de Previsión' para una nueva sociedad administrativa a ser fundada. Se orientaron en parte en el estatuto del 'Comité de Previsión', se cambiaba otras partes, se dejaron afuera y se añadieron algunos puntos nuevos. Se procuró mantener en comunicación vía correo con Asunción, lo que no se lograba del todo. En enero de 1936 nuevamente dos representantes de la Reserva Oriental viajaron a Asunción para impulsar la causa. Eran Jacob A. Braun y Peter T. Klassen.

Parte del memorándum sobre la conversación con el Presidente de la República dice: *"Nosotros tratamos la solicitud del julio de 1935, en la que le pedimos al Señor Presidente su consejo y su ayuda para la fundación de una nueva sociedad con el nombre de 'Chortitzer Komitee', en base a la pro-puesta quenoshabíahechoaquellavez, y la quehabíamospresentadotambiénanuestro colonos. Nos habíamos puesto de acuerdo para fundar una sociedad según su propuesta. Habíamos dirigido un escrito al Dr. Gross Brown pidiéndole elaborar un estatuto y enviarnos una traducción al alemán. Como no había llegado una respuesta, pedimos ahora el consejo y la ayuda al Presidente, para saber cómo seguir en la cuestión. El Presidente respondió que estaba sobrecargado de trabajo y no podía decir cuándo podría dedicarse a nuestro trabajo. Pero - dijo él - el Dr. Gross Brown conocía bien el asunto, solo que en ese momento se encontraba en Buenos Aires. Así que tendríamos que esperar hasta que regrese."*

Después de que bajo la colaboración del Señor Presidente y del abogado Dr. Gross Brown se había elaborado la base del Estatuto para la fundación de una nueva sociedad administrativa, este fue examinado y tratado detalladamente en una asamblea de los colonos. Así surgió de nuevo un órgano de administración para una Sociedad Civil, pero ahora con una mayor canti- dad de personas con plenipotencias jurídicas. Se comenzó con 33 personas, más los seis miembros del Directorio. Todos tuvieron que firmar el Estatuto. Para hacer posible esto, vino un juez de paz de Puerto Casado hasta la estan- cia Pozo Azul, donde se encontró con los fundadores de la nueva administración, firmando todos ante su presencia. Era más fácil que el juez de paz llegue a Pozo Azul, en vez de que todas las personas viajen a Puerto Casado. Esto fue en julio de 1936. Un respiro profundo pasaba revista por las filas de los colonos. Las acciones administrativas hacían reavivar a la gente. Los representantes del grupo grande pudieron emprender los asuntos necesarios para el asentamiento joven en un marco legal reconocido. El proceso era lento, pero avanzaba. En abril ya se abrió el 'almacén de la colonia'. Se comenzó con eso en la aldea Reinland, donde se había alquilado un edificio del señor Wilhelm F. Krahn, que ya funcionó como tienda. Se adquirió la mercadería de su propiedad y además se inició la importación de mercaderías desde Asunción.

El contenido del Estatuto de la nueva administración abarcó lo siguiente:

"ESTATUTO

para una organización, que es concordante con las Leyes 514 y 914 y bajo la garantía y la protección de la Constitución y las Leyes de la República del Paraguay para una Sociedad Civil de los menonitas, que pertenece a la comunidad 'Chortitzer de la Reserva Oriental' en la Colonia Menno, en el Chaco Paraguayo y que bajo el nombre de 'Chortitzer Komitee' quiere formar sus instituciones en base a las siguientes condiciones y principios:

1. El asentamiento de la sociedad es la Reserva Oriental de la Colonia Menno en el Chaco Paraguayo, en la jurisdicción de Puerto Casado.

2. La sociedad se organiza en base a los siguientes fines y plenipotencias:

a) Colonización del suelo paraguayo en el Chaco.

b) Realizar la ayuda moral y material para la colonización, apoyos que para el establecimiento y el desarrollo de la colonia son necesarios y favorables, garantizarlos y crearlos.

c) Realizar operaciones de crédito, recepcionar, conceder préstamos para el establecimiento y el desarrollo de la Colonia para ayudar a los colonos mediante estas operaciones.

d) Comprar y vender bienes muebles e inmuebles de distinta clase en la República y fuera de ella.

e) Ejercer todas las actividades relacionadas con el comercio en el Paraguay y fuera de él que son necesarias para el desarrollo de la colonia.

f)) Poseer y registrar marcas industriales, comerciales y de animales.

g) Ejercer representaciones, comisiones y consignaciones, fundar agencias y representaciones en y fuera de la República.

h) Realizar fideicomisos, hipotecas y otras formas de garantías.

i) Ejercer todas las plenipotencias que son permitidas por las leyes y especialmente por el 'Código Civil' y por las personas que las realizan.

j) En general: realizar todas las actividades que son necesarias y útiles o apropiadas para favorecer, proteger y ayudar a los colonos menonitas, que se asientan en el Paraguay.

3. Los bienes de esta sociedad de administración consisten en 400.000 pesos paraguayos, 1.500 pesos argentinos y 42.306 ha de tierras, que en el presente están registradas a nombre del 'Comité de Previsión', que oportunamente transferirá estos bienes de tierras a la sociedad con nombre de 'Chortitzer Komitee'.

4. Nuevos socios pueden ser recibidos por decisión de la mayoría de los socios de la sociedad. Los 'representantes' (33 fuera del Directorio), deben pertenecer siempre a la mencionada sociedad 'Chortitzer'.

5. En caso de muerte o de una renuncia voluntaria, de una ausencia larga o la salida de uno de los miembros a través de la exclusión en base a la resolución de la mayoría del Chortitzer Komitee, este miembro saliente será reemplazado por otro menonita que pertenece a esta sociedad y es elegido por la mayoría de los socios de esta sociedad.

6. En caso de muerte o de una renuncia voluntaria, de una ausencia larga o la salida de uno de los miembros de esta sociedad a través de la resolución de exclusión por mayoría de los socios de esta sociedad, este miembro o sus descendientes no tendrán el derecho a reclamar una parte del capital de la sociedad.

7. La sociedad es administrada por un directorio de cinco miembros o más. Los miembros del Directorio son elegidos por simple mayoría de votos en la Asamblea General de la sociedad. Los miembros del Directorio se mantendrán por dos años en el cargo. Los plazos de servicio en el cargo son intercalados, para que no todos sean electos en forma simultánea.

8. La sociedad es representada por un Administrador General. Este Administrador General es puesto en su cargo anualmente por la Asamblea General. El Administrador tendrá las siguientes plenipotencias:

a) Llevar la correspondencia.

b) Abrir las cuentas de la sociedad, y presentarlas de vez en cuando al Directorio para su control.

c) Emitir y cobrar cheques, cambios y otros documentos de valor en nombre de la sociedad.

d) Recibir y hacer pagos de diversa índole.

e) Invitar a los socios anualmente a la Asamblea General.

f)) Ejercer todas las actividades que competen al Administrador y al plenipo- tenciado general.

g) Aquellas actividades que según la ley exigen un poder especial, serán ejecutadas por el Administrador General y a través de la mayoría del Directorio."

Disolución del 'Comité de Previsión'

El 'Comité de Previsión' permaneció existiendo de nombre, pero en sus funciones estaba paralizado - en realidad nunca había funcionado - porque debía fomentar el desarrollo de los colonos, y esto no había sucedido. Ahora era una cuestión de tiempo su disolución. Fue una organización sin contenido, que tenía un nombre y nada más. Después de largos años, en los años 1950, fue disuelto oficialmente y los tres títulos de terreno fueron transferidos al Chortitzer Komitee.

Es esta una hoja de mala fama en la historia de la Colonia Menno. Pero todos se han reconciliado con el pasar del tiempo - ¡que Dios sea glorificado! -y nadie llevó a la tumba el conflicto sin arreglar.

La planta industrial en Loma Plata que se inició con la desmotadora de algodón, prensa de aceite de maní y el aserradero.

Las vacas lecheras para las familias fueron llevadas al interior del Chaco desde Puerto Casado. Constituyeron la base de la ganadería.

EL señor Jacob A. Braun fue el çprimer administrador de la Sociedad Civil Chortitzer Komitee legalizada en 1936.

Capítulo XVIII Isaak K. Fehr, líder del Comité de Previsión que dirigió la inmigración al Chaco.